說成疑質

史瀘述重

西北大学法文化交流丛书

杨一凡 陈灵海 ◎ 主编

重述中国法律史

第一辑

中国政法大学出版社

2020 · 北京

图书在版编目（ＣＩＰ）数据

重述中国法律史. 第一辑/杨一凡, 陈灵海主编. —北京: 中国政法大学出版社, 2020.9
ISBN 978-7-5620-7253-9

Ⅰ.①重… Ⅱ.①杨… ②陈… Ⅲ.①法制史—中国—文集 Ⅳ.①D929-53

中国版本图书馆CIP数据核字(2020)第112077号

书　名	重述中国法律史·第一辑 CHONGSHU ZHONGGUO FALÜSHI · DIYIJI
出版者	中国政法大学出版社
地　址	北京市海淀区西土城路 25 号
邮　箱	fadapress@163.com
网　址	http://www.cuplpress.com (网络实名：中国政法大学出版社)
电　话	010-58908466(第七编辑部) 010-58908334(邮购部)
承　印	北京中科印刷有限公司
开　本	720mm×960mm　1/16
印　张	39.25
字　数	642 千字
版　次	2020 年 9 月第 1 版
印　次	2020 年 9 月第 1 次印刷
定　价	160.00 元

编辑缘起

学术在争鸣中发展，历史在质疑和求证中揭示真相。真理愈辩愈明。中国法律史学欲进一步走向科学，必须以"重述法史"为学术目标，大兴勇于求真、勇于争鸣的良好学风。

改革开放40年来的中国法律史学，其成就之辉煌，世人共知。然翻阅以往著述，大多仍偏重刑法史研究，行政、经济、民事、军事、文化教育诸领域的法律制度研究相当滞后，许多领域刚刚开始探索，还不能说已比较客观地揭示了古代法制的面貌。至于中国法律思想史，还是套用先秦至秦汉儒家、法家的基本观点"照葫芦画瓢"，好像汉以后法律思想没有多大发展。时至今日，我们对影响法史学科发展的一系列重大问题的认识仍处于模糊状态，法律史学仍处于有待成熟的攻坚克难阶段。

近年来，法律文献的搜集和整理取得了重大进展，已有近千种法律古籍影印或整理出版。丰富的法文化遗产为开拓法史研究提供了基础史料，同时也向许多学界公认的成说提出了挑战。大量确凿的史料表明，长期流传的"以刑为主""诸法合体""民刑不分""中国法律儒家化""司法行政合一""古代律学即法学""古代经济立法有欠发达"及明清"律例法律体系"说、"无令"说、《会典》系"官修史书"或"行政法典"说、"清代成案系司法判例"说等支撑法史的基本理论，有些属于臆断，有些存在偏颇或缺陷，有些需要通过反复论证、争鸣方能判断其是否成立。质疑成说，重述法史，已成为当代学者肩负的历史重任。

为什么在出版了数千部法史著作、发表了数万篇法史论文的今天，还会有这么多认识上的误区？究其缘由，除对古代法律文献尚未全面了解、治学不够扎实外，一个重要的原因是缺乏质疑和批判精神，没有形成学术争鸣的良好氛围，因而未能从传统思维模式的束缚中彻底解放出来。实事求是是治史的基本原则，质疑是实现学术突破的前提。当代学者的科研是站在前人的肩膀上探索的，既应充分尊重前辈学者的成果和贡献，也应敢于质疑成说，弥补前人研究中的失误或缺陷，把法史研究提升到更高的水平。

开展学术争鸣，引导学术发展，本是学术期刊的应有职责，然而国内的许多哲社类尤其是法学期刊，似乎已欠缺这种意识。如今，引用率被视为衡量期刊水准高低的重要标志，因法史论文的读者阅读面相对较窄，刊登的篇数逐年减少，有些法学期刊索性不再发表法史论文。在发表空间越来越小或一种期刊每年只能限额刊载几篇的情况下，利用期刊开展法史学术争鸣已是奢望。

追求真知并非易事，颠覆旧说、创立新说是一个艰辛的探索过程，需要学界同仁积极参与，贡献智慧；也需要通过开展学术争鸣、学术批评，集思广益，攻克难关疑点。学术创新类论文写作难度较大，最初形成的成果往往存在不足或偏颇，但"抛砖"可以"引玉"，其发挥的推动作用将是巨大的。我们编辑《重述中国法律史》的目的，就是为学界同仁发表新见提供学术交流的平台。

创新法律史学是丛刊的编辑宗旨。据此，《重述中国法律史》丛刊主要收入符合下述要求之一的论文：（1）颠覆旧说，创立新说；（2）开拓法史研究的新视角、新命题、新领域；（3）有重要的学术建树；（4）开展学术争鸣，能够引导法史学术发展。丛刊的编辑贯彻"百花齐放、兼容并收"的原则，同一命题观点不同的成果，只要有重大学术价值，或系一家之言，有助于开拓学术探讨视野，本书一并收入，供读者思考和研究参用。

本丛刊第一辑收入研究成果20篇，其中12篇是对"法律儒家化"、中国古代法律体系"律令说"、成文法公布、汉九章律、魏律颁行时间、《唐律疏议》颁行年代、明清律例法律体系、明令、清《会典》的性质等方面的成说专题驳正；另8篇就法史研究和文献考订中的疑义、前人不确之论或涉及的成说予以考辨，提出新见。

我们是本着"追求高标准"这一目标组织和编辑这部论文集的。前些年出版的一些论文集特别是会议论文集，粗制滥造问题突出，损害了"论文集"的声誉。近几年又走向另一个极端，许多高校规定只有收入CSSCI来源期刊的论文，才可算作教师的科研成果，收入论文集的论文不算。还有不少高校把期刊分为ABC若干档，将所谓"权威期刊""核心期刊"发表论文的数量，作为评价某一学者和学术单位科研实力的唯一标准。"唯核心期刊是瞻"的不正常现象，已变成学界默默遵循的"行规"。这种做法忽视了以往出版的论文集并非都是低劣作品、其收入的论文并非篇篇水平都低于核心期刊这一事实，不分青红皂白地把这类论文排斥在学术评价体系之外，无端砍掉了一大块学术交流阵地，损害了学术的发展。其荒唐的程度，如同把洗澡盆里的脏水和孩子一起倒掉那样令人难以理解。如何建立比较科学的、公正的学术评价机制？如何发挥期刊的学术引导功能和论文集在推动学术交流方面的作用？如何让学者在宽松的学术环境中潜心创造学术精品？这些都是保障和促进学术发展亟待解决的重大问题。鉴于纠正一些扭曲的学术评价标准还有待时日，出于确保本书质量和维护论文集声誉的考虑，我们提出：收入本辑的论文，大多数应达到权威期刊的发表水准。

重述中国法律史，推动这门学科走向科学，是当代中国法史学者肩负的历史重任。期待在国内外学界同仁大力支持下，本丛刊能够对法律史学的创新和繁荣有所奉献。

编　者
二〇一九年七月

目　录

质疑成说，重述法史

——四种法史成说修正及法史理论创新之我见

杨一凡*

摘　要　随着法律文献挖掘、整理取得重大进展，支撑法律史学的许多传统观点能否成立面临检验。本文在简述法史研究缺陷和需要重新审视的各种成说的基础上，重点针对至今影响颇大的"中国法律儒家化"说、明清《会典》"官修史书"及"行政法典"说、明清"律例法体系"说、古代"司法判例制度"说，逐一驳正，剖析其认识误区，论证新见之理据。呼吁学界以"质疑成说"为突破口，重述法史，并就如何推动学科理论创新提出建言。

关键词　质疑成说　法律儒家化　《会典》性质　法律体系　判例

十二年前，我写过一篇题名"重新认识中国法律史"[1]的论文；六年前，又出版了以"重新认识中国法律史"为书名的专题文集[2]，就如何全面和客观地认识中国古代法律体系、中国古代社会矛盾和法律的功能、古代法制发展的基本线索和规律、古代司法制度、传统法制的基本特征等关系学科发展的重要问题及相关成说的缺陷，阐述了自己的观点。这次又以类似的题目，谈谈最近研读古代法律文献的新感受：即对四种成说修正及法史理论创新的看法。

＊　本文作者系中国社会科学院荣誉学部委员、法学研究所研究员，西北大学"法史创新工程"首席专家。

此文是 2018 年 10 月 13 日作者在"质疑成说，重述法史"学术研讨会（中国法律史学会东方法律文化分会、常州大学史良法学院在常州举办）上的主题发言。

〔1〕　杨一凡："重新认识中国法律史"，载《纪念中国社会科学院建院三十周年学术论文集》（法学研究所卷），方志出版社 2007 年版，第 104~114 页。

〔2〕　杨一凡：《重新认识中国法律史》，社会科学文献出版社 2013 年版。

为什么要反复强调质疑成说、重新认识中国法律史？这不是随意提出的，而是大量新的法律文献向我们提出了这个挑战。改革开放 40 年来，承蒙学界和出版界共同努力，法律古籍整理和出版取得了重大进展。这里仅汇报一下我主持的法律文献整理出版情况。从 1994 年到现在 25 年来，已整理或影印出版法律古籍 800 余种〔1〕。今后三年内，《古代法制资料钩沉》《中国珍稀法律典籍集成》（修订本）、《清代章程汇存》《明清条约选编》《明清珍稀食货立法资料辑存》、古代食货、礼制法律文献等整理和编辑成果将陆续出版。外国和我国台湾地区数百家图书馆藏中华法律古籍调研大体完成。"十三五"国家规划出版项目"中华法律古籍基本库"编目和文献扫描，已于前年年底完成。该库首期工程收入古代法律文献 1800 余种，约 3 亿字。现在可以大胆地说，我们已掌握了现存古代法律文献的基本状况。

丰富的法律文献表明，长期流传的"中国法律儒家化""以刑为主""诸法合体""民刑不分""司法行政合一""古代律学等同法学""古代经济立法欠发达"及明清"律例法体系"说、《会典》性质系"官修史书"或"行政法典"说、明代"无令"说、"清代成案系司法判例"说等支撑法律史学的重要论点，有些属于臆断，有些存在偏颇或缺陷，有些需要通过反复论证、争鸣方能判断其是否成立。鉴于中国历史上皇权实际控制地区实行的是成文法制度，明清时期习惯已普遍规约化，如何看待和准确阐述"习惯法"，需要继续探讨；鉴于古代社会中后期特别是明清时期，礼的内涵、令的称谓、律例的法律地位都有重要变化，如何科学地阐述礼与法的关系、律的地位变迁等，也需要缜密思考。

丰富的法律文献还表明，法史研究的一些重要的领域亟待开拓，研究的方法也需要改进。比如，现行中国法律思想史实质上还是一部刑法思想史，对行政、经济、民事诸方面的法律思想基本没有挖掘。就刑法思想而言，还

---

〔1〕 大型法律丛刊收入文献数是：《中国珍稀法律典籍集成》（14 册）58 种、《中国珍稀法律典籍续编》（10 册）61 种、《皇明制书》（4 册）21 种、《中国监察制度文献辑要》（6 册）18 种、《中国古代地方法律文献》（40 册）137 种、《古代榜文告示汇存》（10 册，内含榜文告示 1000 余件）60 余种、《古代乡约及乡治法律文献十种》（3 册）10 种、《中国古代民间规约》（4 册，收入规约 500 余件）、《中国律学文献》（5 辑，33 册）60 种、《历代珍稀司法文献》（15 册）72 种、《古代折狱要览》（16 册）46 种、《历代判牍判犊》（12 册）53 种、《古代判牍案例新编》（20 册）29 种、《清代秋审文献》（30 册）38 种、《清代成案选编》（80 册）55 种、《古代珍稀法律典籍新编》（30 册）35 种、《清代判牍案例汇编》（甲、乙编，100 册）44 种。

是套用先秦至秦汉儒家、法家的基本观点"照葫芦画瓢"，好像汉以后的法律思想没有什么发展，这不符合中国古代刑法思想发展的实际。又如，食货法律是中国古代法律体系的重要组成部分，近年开始的元代以前食货法律资料辑佚和明清食货法律整理的初步成果表明，食货法律无论是立法总量，还是在国家治理中的重要性，都不亚于刑事法律。以往也有一些研究中国古代经济立法的成果发表。古代"食货法"的内涵比较宽泛，具有经济、财政金融、行政诸法相结合的特色，且不说用"经济立法"表述"食货法律"的概念有欠准确，就研究状况而论，还只能说是刚刚开始。又如，在中国古代法律体系中，既有朝廷颁布的法律，也有地方官府为实施朝廷法律颁布的大量实施细则性政令、法令，它们共同构成了完整的法律体系，但地方法律以及相关的民间规约研究至今没有受到应有的重视。忽视了法律体系中的这个重要环节，就很难揭示法律实施的真相。再如，多年的研究经验表明，只有把司法制度、司法指南类文献、判牍案例类文献结合研究，才能比较客观地揭示古代司法制度的真相。以往的研究中，对司法指南类文献涉及甚少，对于判牍案例类文献，又存在重案例、轻判牍的倾向，这就一定程度上削弱了研究成果的科学性。

基于以上所述，我以为，质疑成说，重述法史，已是关系到法律史学科发展能否走向科学所面临的重大课题。重述法史，是法史学科的自我革命和完善。"重述"一词的本意，是"再次详细复述"。"重"是双音多义字。我们所说的"重述"，除"复述"外，还强调"重新认识和阐述"，即纠偏正误，弥补缺失，开拓新领域，创立新说。因此，重述法史与以往的学术成果，不是随意否定的关系，而是继承、修正、完善的关系。

因本文篇幅所限，不可能一一介绍自己对这些成说的看法，仅就四种法史成说能否成立简述一孔之见。

一、"中国法律儒家化"说修正

半个多世纪以来，"中国法律儒家化"作为阐述汉以后中国古代法律史的重要学术观点，在国内外产生了广泛影响，几乎所有的法史教科书和论述古代法律史的著述都采用这一论断，它成为绝大多数学者普遍接受的成说，至今仍在国内学界占主导地位。诚然，也有一些学者质疑此说[1]，但并没有受到人们应有的重视。武树臣教授新作《礼法融合与古代刑法文化的演进——兼论"中国法律儒家化"命题的不足》，深入剖析了儒家、法家的学术渊源、政见分歧及归宿，阐述了秦汉以降，正统法律思想的确立与刑法实践的演进，指出"中国法律儒家化"说忽略了法家思想和在法家思想影响下形成的刑法制度的历史地位。西汉以后的儒家思想已非先秦儒家思想，而是经过荀子、董仲舒加工改造，将儒家思想和法家思想重新融合之后形成的古代正统法律思想。此间，法家思想在古代刑法实践中始终发挥着实际的不可或缺的作用。[2]我赞同他的观点，并在其研究成果的基础上补充以下几点。

其一，需要指出的是，陈寅恪先生在 20 世纪 40 年代是从研究礼与刑律关系的角度提出了刑律"儒家化"的命题。[3]瞿同祖先生在《中国法律与中国社会》中，又从研究魏晋以降，儒家思想与刑事法律相互关系的角度，比较系统地论述了"中国法律之儒家化"的问题。[4]他们所说的"法律儒家化"，实际上是指刑事法律而言，所以没有涉及行政、食货、军政诸法律。瞿同祖先生后来还强调说："我这书（《中国法律与中国社会》——引者注）绝对不是法制史，法制史的内容范围要比这更多，还要有法典、审判等内容，而我那书里面都没有。《中国法律与中国社会》作教材用不够，只可以作为备课的重要参考书之一。"[5]可见，瞿老也是反对用"法律儒家化"表述中国古代法律、中华法系的特征。但许多学者却忽视了他的本意，把这个论断的

————————————

〔1〕 对"中国法律儒家化"观点提出质疑的著述主要有：余英时："反智论与中国政治传统"，载氏著《历史与思想》，联经出版事业股份有限公司 1987 年版，第 31 页；郝铁川：《中华法系研究》，复旦大学出版社 1997 年版，第 1~56 页；[英] 马若斐："重估由汉至唐的'法律儒家化'"，蔡京玉译，载柳立言主编：《中国史新论·法律史分册》，联经出版事业股份有限公司 2008 年版，第 103~140 页；柳立言主编：《传统中国法律的理念与实践》序，我国台湾地区"中研院"历史语言研究所 2008 年版，第 6~7 页；杨振红："从出土秦汉律看中国古代的'礼'、'法'观念及其法律体现——中国古代法律之儒家化说商兑"，载《中国史研究》2010 年第 4 期；吴正茂："再论法律儒家化对瞿同祖'法律儒家化'之不同理解"，载《中外法学》2011 年第 3 期。

〔2〕 武树臣："礼法融合与古代刑法文化的演进——兼论'中国法律儒家化'命题的不足"，载《"质疑成说，重述法史"学术研讨会会议论文集》，中国法律史学会东方法律文化分会、常州大学史良法学院编，2018 年。该文收入杨一凡、陈灵海主编的《重述中国法律史》第一辑。

〔3〕 陈寅恪：《隋唐制度渊源略论稿》，河北教育出版社 2002 年版，第 102 页。

〔4〕 瞿同祖：《中国法律与中国社会》，中华书局 1981 年版，第 327 页、第 329 页、第 345 页、第 346 页。

〔5〕 王健："瞿同祖先生谈治学之道"，载《中外法学》2005 年第 2 期。

内涵无限扩大，把它说成是包括行政、食货、军政等在内的古代一切法律乃至中华法系的特征，这是不妥当的。

其二，中国法律是不是都"儒家化"了？我翻阅了"中国法律古籍基本库"[1]收入的390余种古代立法类文献，感到这个论断不好成立。在中国古代，律、令、例等各种法律形式并存，吏、户、礼、兵、刑、工各类法律并存。从立法总量看，刑事立法只占较小一部分，以明清两代为例，明朝颁布的20多种基本法律，除《大明律》《大诰》《问刑条例》外，其他都是非刑事法律。"中华法律古籍基本库"收入清代立法和法律汇编性文献253种，刑法类为31种，占立法总数的12.2%。从户类、兵类、工类法律看，绝大多数法律并不具有"儒家化"的色彩，也不都是在儒家思想指导下制定的。如户类法律也深受农家思想的影响，兵类法律则受兵家思想影响不小，法医类文献则受医家影响较多。客观地讲，应当说儒、法两家对古代法律影响巨大，儒家思想在吏政、礼制、刑事、民事法律领域的影响占主导地位，但墨、名、阴阳、道、农、兵、医、杂等诸子百家，也不同程度地影响着法律制度和法律文化，简单地用"儒家化"表述古代法律的特征似过于绝对。

其三，刑事法律"儒家化"的论断，也与法律古籍的记载不相吻合。我查阅了唐至明清260余种古代律学和司法文献序，[2]其中出现"法家""儒家"字样53处，内有"儒家"2处，"法家"51处。详阅这些文献序跋可知，古代法律典籍中从未出现过"儒家化"三字，中国古代中后期"儒家""法家"与先秦"儒""法"的含义也差异较大。古"律""法"同义，"法家"亦称"律家"。明清人通常把从事法律职业且有贡献的人士称为"法家"，把注释律学有重要成果的人士称为"律家"或"法家"。不少法律文献作者自称法家，并把多种律学文献称为法家成果。如朱绪曾《重刊宋本棠阴比事序》云"和氏之《疑狱》搞摭故实，乃法家之成案"[3]；金师文《律例歌诀序》云"此《律例歌诀》一书，不详编者姓氏，大抵名法家先辈之所为

〔1〕 "中国法律古籍基本库"是"十三五"国家出版规划项目，杨一凡主编，已于2017年12月完成了编目和文献扫描，定由社会科学文献出版社出版。

〔2〕 张松、张群整理：《古代法律文献序跋选辑》（收入杨一凡主编的《古代法律资料钩沉》，即将由社会科学文献出版社出版），收入古代法律文献序跋213篇，其中律例、律学类67篇，案例判牍类57篇，司法检验类19篇，官珍政书类60篇，其他10篇。我在撰写此文时检索了该书中的"法家""儒家"出现次数。在此向两位整理者表示致谢。

〔3〕 （宋）桂万荣：《棠阴比事》卷首朱绪曾《重刊宋本棠阴比事序》，日本江都青藜阁刻本。

也"〔1〕；张廷骧《办案要略序》云"王荫庭先生为乾隆中叶法家老手，著有《刑钱必览》《钱榖备要》《政治集要》等书行世"〔2〕，如此等等。有些法律古籍索性以"法家"命名，如《法家体要》《法家哀集》《新镌法家透胆寒》等。这些法家也都很"重礼"，其"礼法观"与儒家毫无二致。元人柳赟在论及法家与儒家的关系时说："法家之律，犹儒者之经。五经载道以行万世，十二律垂法以正人心。"〔3〕认为二者是"道"与"法"融合的关系。既然古人同时肯定儒、法两家在制定完善刑事法律中的作用，律学家又往往自称法家，今人的一些著述统统把"律家"界定为"儒家"，把法律和律学都说成是儒家的成果，就不太合适。

另外，就古代中后期立法、司法指导思想而言，也不全是儒家法律思想，比如明初朱元璋推行"重典治国"方针，是以"乱世用重典""先刑后教"为特色的"明刑弼教"思想为理论指导，颁行了《大诰》峻令和诸多酷法。"重刑""先刑后教"显然是与儒家的"慎刑""先教后刑"主张对立的，我们能说《大诰》峻令也是"儒家化"吗？又如，典例、律例关系理论是明清两代最重要的法律思想，这一理论的内容相当丰富，包括"以典为纲，以例为目""革冗琐难行，法制划一""常经之法与变通之法并用""律例并重"等诸多观点，它应是吸收了历史上法家、儒家等诸家学说形成的具有时代特色的正统法律思想，不加分析地把它划归于儒家思想显然是不适宜的。

二、明清《会典》"官修史书""行政法典"说修正

关于明清《会典》的性质，学界长期存在争议，其中史学界持"官修史书"说者居多，法学界持"行政法典"说者居多。两种对立的观点各说各话，并行传播，鲜见争鸣。

（一）"官修史书"说修正

要弄清明清《会典》是法典还是"官修史书"，必须解决三个疑义：一是《会典》编纂的目的是什么？二是典文是否都具有法律效力？三是《会

---

〔1〕（清）佚名辑：《律例歌诀》卷首金师文《律例歌诀序》，清光绪刻本。

〔2〕（清）王又槐：《办案要略》卷首张廷骧《办案要略序》，清光绪十八年（公元1892年）浙江书局刻本。

〔3〕（唐）长孙无忌等撰：《唐律疏议》卷首柳赟《唐律疏议序》，元至正崇化余志安勤有堂刻本。

典》是否行用？

1. 纂修《会典》的目的

从《会典》序、《会典》奏议和史籍的记载看，明清两代编纂各《会典》的目的，都是"完备一代大法"，"使臣民遵行"。正德《会典》是两代编纂的首部《会典》，其编纂的目的在于增修《诸司职掌》[1]。《诸司职掌》详记国家职官建置、职掌和活动规则，比较全面地规定了国家的基本制度，是洪武末至正德初被历朝遵行的国家"大法"。《诸司职掌》实际上是明初的《会典》，只是未以"会典"命名。该书刑部"宪科""比科""司门科""都官科"的"律令"下，详记《大明律》门目名称。因《大明律》当时已刊布天下，该书为节省篇幅，未记各律条内容。以往著述因疏忽所致，把它误判为行政法律。正德《会典》收入《诸司职掌》全文，"以《诸司职掌》为主，类以颁降群书，附以历年事例，使领其事，事归于职"，[2]"事类纲目一依《诸司职掌》"。[3]

2.《会典》是否具有法律效力

明正德《会典》和清乾隆、嘉庆、光绪《会典》采用典、例分编体例，明万历《会典》和清康熙、雍正《会典》采用典、例合编体例。就《会典》内容结构看，它由典文和事例两部分构成。典文是祖宗"常经"法律的整合，具有法律效力。事例由现行事例和远年事例组成。毫无疑问，现行事例具有法律效力。"官修史书"说之所以发生误判，是因为《会典》中记载了大量的远年事例。其实，《会典》收入的远年事例，都是按照"斟酌古今足法万世"的要求，从浩瀚的前朝事例中精心选择仍能够适用的事例编成的。古代法律的编纂方法与现代不同，遵奉祖宗成法被看作政权和法律合法性的重要标志。远年事例一旦编入法典，就被赋予法律效力。许多古代法典法律都是这样编成的。事例属因事立法，为防止官吏任意用法，明清两代规定，《会典》中远年事例的适用必须呈报皇帝允准。

---

〔1〕（明）徐溥等纂修，（明）李东阳等重校：《大明会典》书首李东阳等《进大明律会典表》，明正德六年（公元1511年）刻本。

〔2〕（明）徐溥等纂修，（明）李东阳等重校：《大明会典》书首明武宗正德四年（公元1509年）十二月十九日《御制大明律序》，明正德六年刻本。

〔3〕（明）徐溥等纂修，（明）李东阳等重校：《大明会典》书首《凡例》，明正德六年刻本。

3. 《会典》是否行用

修史是为了"存信史""供稽考"。《会典》是否行用，这是区分它是"法典"还是"官修史书"的重要标准。可惜多年来，已发表的著述都没有研究这个判断《会典》性质的要害问题。检索明清史籍就会发现，有关《会典》实施的记载比比皆是。仅据《度支奏议》《明经世文编》《丝绢全书》《国朝典汇》《南京都察院志》《万历会计录》《工部厂库须知》《国朝列卿纪》《宜焚全稿》《皇明从信录》《皇明疏抄》《续文献通考》《马政纪》《王国典礼》《西园闻见录》等15种文献统计，"明会典"字样出现上千次，其中行用的记载有上百处。既然《会典》被广泛行用，把它的性质界定为"官修史书"是不妥当的。

（二）"行政法典"说修正

把《会典》的性质说成是"行政法典"也是不恰当的。理由很简单：明代两部《会典》把《大明律》458条列入典文，康熙、雍正《会典》把《大清律例》列入其内，嘉庆、光绪《会典》都把《大清律例》列入《大清会典事例》，仅乾隆《会典》因《大清律例》《中枢政考》等书已单独刊行，为节省篇幅没有收入，但对此作了特别说明。既然刑律被列入《会典》，把它说成是"行政法典"就犯了简单的常识性错误。那么，明清《会典》的性质是什么呢？阅读《会典》序、有关《会典》的奏议和明清史籍可知，明清人把《会典》称为"大法"或"大经大法"。"经"者，"常道"也。"大经大法"，即经久适用的国家"大法"。

三、明清"律例法体系"说修正

中国古代"法律体系"与"中华法系"是两个内涵既有关联又有区别的概念。"中华法系"是在与世界法律比较的意义上提出的，其内容包括法律的历史传统和独特的法律制度、法律思想、法律文化等，其地域涉及中国古代及受影响的东亚、东南亚诸国。"法律体系"则是从立法形式、分类和整体法律结构的角度提出的。本文所说的"中国古代法律体系"，是指古代中国各个朝代的全部法律规范按不同法律形式及其表述的立法成果组合形成的体系化的、有机联系的统一整体。

对于如何正确阐述中国古代的法律体系，学界存在不同看法。这里仅就长期流传的明清"律例法体系"说提出质疑。

（一）"律例法体系"与明清立法实际相抵牾，难以自圆其说

"律例法体系"说与明清立法实际有五大抵牾：其一，此说是今人对明清法律体系的概括，但明清史籍中却没有这样的记载。明清人所说的律例关系，是指刑律与刑例的关系，而不是律与各种形式的法律的关系。其二，《会典》是明清两朝的"大经大法"，在法律体系中居于最高地位，刑律是《会典》的组成部分，它与《会典》是纲与目的关系。"律例法体系"说忽视了《会典》的存在，颠倒了《会典》与刑律的法律地位。其三，明代除《大明律》外，还有《大明令》《诸司职掌》《大明集礼》《宪纲》《大诰》《皇明祖训》《礼仪定式》等多种基本法律。清代的基本法律还有《大清通礼》和各部院寺监则例等多种，它们与《大明律》或《大清律》没有从属关系。"律例法体系"说把明清多种基本法律排除在外。其四，嘉庆、光绪《会典》把《大清律例》收入《会典事例》，"律例法体系"说对这种编纂方式难以作出解释。其五，明清例除刑例外，还有吏、户、礼、兵、工诸例，立法数量超过刑例多倍，它们与律并没有类似母法与子法这类关系。因此，以"律例法体系"表述明清法律体系是把多数法律排除在体系之外，显然是错误的。

（二）明清典例法律体系的确立和完善

明初变革传统律令体系，按照朱元璋"法贵简当"和"常经与权宜之法"并用的立法原则，为简化法律形式，把单行"令"的称谓更换为"事例"，以"制书"表述国家典章制度、以"例"表述"权宜之法"。当时法律草创，缺乏立法经验，颁行的基本法律称谓各异。洪武后期，随着国家"大法"《诸司职掌》的颁行和《大明律》的定型，初步建成了以典为纲、以基本法律和例为目的新的法律体系。在这个法律体系中，《诸司职掌》为"大经大法"，《大明集礼》《大明律》等12种法律为国家基本法律，包括条例、事例、则例、榜例在内的例为"权宜之法"，或"可变通之法"。

洪武末至弘治近百年间，明朝"衙门名目、制度改革、官员品秩、事体更易，又多与国初不同"，[1]《诸司职掌》已不能完全适应治理国家的需要，朱元璋颁行的各种基本法律彼此也有重复或抵牾之处，为整合祖宗成法，纂

---

〔1〕 （明）陆容：《菽园杂记》卷十一，中华书局1985年版，第132～133页。

修统一的完备法典，朝廷于弘治十五年（公元 1502 年）起编纂《会典》。"会典"，即汇祖宗成法之意。正德《明会典》的编纂，标志着明代典例法律体系的进一步规范。正德《会典》颁行后，明代法律体系的构成是：《会典》为"大经大法"，《大明律》和后嗣君主精心修订的条例为"常经之法"，包括则例、榜例在内的事例为"变通之法"。万历《会典》采取典、例合编体例，重修的目的是使"大经大法"更加规范和完善，法律体系的构成没有新的变化。

清朝沿袭明代，进一步完善了典例法律体系。与明代比较，清代在完善法律体系方面的主要进展是：一是《会典》内容和结构更加严密、规范；二是提升了则例的地位，则例成为表述国家基本法律的形式，国家以则例形式颁布了大量的规范中央机关活动的规则；三是《大清律例》的地位有所下降。总体上讲，清人仍然沿袭了明代的典例法律体系。

四、古代"司法判例制度"说修正

近 20 年来，论证古代"司法判例""判例法""判例制度"的著述日渐增多。[1]中国古代是否存在"判例制度"？学界存在争论。我对这个问题还没有进行全面研究，仅介绍一下研读史料形成的初步看法。

（一）本人以前对"判例"的理解

2005 年，我和徐立志教授主持整理和出版了《历代判例判牍》[2]，当时，我们认为中国古代不存在西方那种"法官造法"的判例制度，在该书"前言"中指出："在对历代判例的认识方面存在着许多误区。有的著述把一些朝代的法律形式乃至一般性案例误认为判例，还有一些著述在把中国古代判例与英美法系的判例进行比较时，认为二者基本类似而没有对其差别做科学的分析。"[3]鉴于中国古代审判活动中曾存在"比附断案"的情况，一时

---

〔1〕 近 20 年来出版的研究古代判例和判例制度的专著有十余部，发表论文数十篇，其中以"判例制度"为论文名称的有：余海民："中国传统判例制度及其现代价值研究"，对外经济贸易大学 2004 年硕士学位论文；杨思斌："中国古代判例制度的演变与基本特征"，载《法学杂志》2008 年第 2 期；吴秋红："中国古代判例制度的缺失与当代判例制度的确立"，载《湖北行政学院学报》2005 年第 6 期；陈婷："中国古代判例制度之现代构建"，载《市场周刊（理论研究）》2007 年第 1 期；胡兴东："中国古代判例制度形成的法文化语境"，载《人民法院报》2016 年 7 月 8 日等。

〔2〕 杨一凡、徐立志主编：《历代判例判牍》（12 册），中国社会科学出版社 2005 年版。

〔3〕 杨一凡、徐立志主编：《历代判例判牍》，中国社会科学出版社 2005 年版，第 5 页。

又找不到合适的法律术语表述，便仿效前人著述，采用了"判例"一词。在《历代例考》一书中，我又对使用"判例"一词的特定含义进一步作了解释："'判例'一词不是中国古代法律的法定用语。今人法史著述中所说的'判例'，是对古代司法审判中可援引作为判决依据的这类案例的现代表述。"〔1〕当时作这种解释的用意，是担心借用"判例"一词表述古代故事会造成概念的混淆，误导读者。今天看来，把古代"比附断案"表述为"判例"仍有两个缺陷：一是"判例"一词与西方英美法系"判例"以及现代法学使用的"判例"的内涵、性质不相吻合；二是古代中国无"判例"这一法律术语，用以表述"比附断案"的法律形式分别是"比""断例""事例""通行成案"，它们属于成文法的组成部分，使用"判例"一词会误导读者，使人产生中国古代实行的是"成文法与判例相结合"制度的错觉。"比""断例""事例""通行成案"这些古代的法言法语，生动具体地体现了不同历史时期比附断案的法律形式及其变化，今人也能够读懂，用不着借用现代法律语言替代。

（二）古代"司法判例"说的缺陷

1．"判例"一词不是古代的法定用语

古代史籍中尚无"判例法""判例制度"这些称谓的记载。"判例"作为法律用语，最早出于清抄本《刑事判例》《刑部各司判例》两书。《刑事判例》辑有清代道光朝案例，其抄录时间最早应是道光年间。《刑部各司判例》辑有嘉庆十八年（公元1838年）案例，其抄录时间最早应是嘉庆末。两书书名也不是官府命名或君主钦定，至于是抄者所写，还是后人所加，尚待考证。然据《刑部各司判例》"刑律"卷首赫然标有"通行"二字，可断定该书名中"判例"二字的含义，是指通行成案。清朝的"通行"是尚未被编入条例、则例，由各部院通令在全国或特定范围内遵行的皇帝谕旨及臣工条奏的统称，是为补律例之不足而立法，它虽具有"案"的外部结构形式，却被赋予类似定例的法律效力，可以在司法和行政事务中援引适用，故不再具有纯粹的"案"的性质，而属于制定法的范畴。仅以两书书名，还不能说清代已有"判例""判例法"的称谓。因此，今人著述中所说的古代司法"判例""判例法""判例制度"，并非历史上的法言法语，而是今人用现代法律用语作出的表述。

---

〔1〕 杨一凡、刘笃才：《历代例考》，社会科学文献出版社2012年版，第11页。

2. "司法判例"说对"故事""成案"的内涵、性质和功能论述有误

古代行政事务和司法审判中援引的事案，汉、魏晋时期多称为"故事"，隋唐以后多称为"成案"，"故事"是"成案"的前身。"故事"的本意为旧事、旧史，即已发生的事件、史实，又称为"先例"。"故事"内容广泛，以往的案例、规范、制度都称为"故事"，既有司法方面的故事，也有仪礼、职官及行政公务管理方面的故事，且后者的数量较多。

古人所说的"成案"，通常是用以指称已办结的公文卷宗，也指办理的行政诸事务的先例或诉讼中判定的案件。就成案内容而言，大体可分为两种类型：一类是行政公务类成案，一类是以刑案为主的司法成案。行政公务类成案是在具体的行政过程中产生的，通常采用公文的形式，其内涵有广义和狭义之分。从广义上讲，凡是各级衙门办理公务形成的包括官制、食货、礼仪、军政、外交诸方面的成案，都属于行政公务成案。狭义即清代法律文书所说的可"援照"的行政先例成案，是指经皇帝钦准、中央机构咨准具有规范性且能反复适用的成案，地方长官批准的可反复适用的地方事案也属于行政成案的范畴。行政成案对行政事务具有指导意义，是各级衙门处理行政事务的权宜办法，在以后的行政管理中，如出现法无明文规定的情况，可报请皇帝或上级批准，在特定的事务，或特定的区域，或特定的时限内援用。司法成案是通过审判活动产生的，以具体案例为表述形式，其内涵也有广义和狭义之别。凡诉讼中已结案的案件都属于司法成案的范畴。狭义即一些臣工条奏、法律文书中所说的"成案"，是指案情在没有律、例正文援引的情况下，以比附方式判决并经中央机构咨准或由皇帝钦准但尚未被确认为"定例"或"通行"的案件。

古代的"故事""成案"，并不都是司法案例，也不是所有的"故事""成案"都可以比附援用，只有经皇帝钦准上升为法律的"故事"，或经皇帝批准确定为"定例"或"通行"的成案，才具有法律效力。"定例者，法也。成案者，事也。"[1]古人对"案"与"法"的内涵有严格的区分。事案有参考和"案生法"的功能，但不具有法律效力，只有上升为法的事案才能在行政和司法中援用。"司法判例"说的致命性缺陷，是混淆了事案和法的性质、功能。

---

[1] （清）孙纶辑：《定例成案合镌》序，清康熙六十年（公元1721年）刻本。

3. 中国古代是否实行判例制度

除先秦、秦汉和元代我尚未深入研究外，就其他朝代来说，各朝都禁止在司法活动中援引成案，由此可断定这些朝代不存在法定的判例制度。现在至少可以肯定，中国古代没有普遍实行过判例制度。

中国古代实行成文法制度，成文法的编纂形式、体例多样。有精心制定的法典、法律，也有随时颁布的各种变通之法。就法律文本的形态而言，有些是由概括抽象的条文组成的，有些是由皇帝诏令或臣工题奏、官府文书组成的，还有一些是由案例组成的，或者在立法文本中夹杂有案例。比如，"例"作为古代重要的法律形式之一，就其内容表述形式而言，有些是以抽象的、概括的条文表述的，有些是采取具体地阐述案例的表述方式。又如清代的"通行"成案，就是在朝廷来不及修例的情况下，把具有普遍适用性的案例冠以"通行"之名，颁发各地遵行。一些著述把记有案例的法律文本定性为"判例"，这与其不清楚古代成文法编纂的体例和方式有关。

以上浅见，敬请读者指正。如今，"重述法史"已成为愈来愈多学者的共识。阅读近年发表的有关"中华法系""传统法律思想""礼与法"等方面著述，使我深切感受到，多年停顿的中国法律思想史研究又恢复了改革开放初期那样的生机；"如何科学地阐述中国法律史"已成为学界普遍关注的议题。但我同时也感到，重述法史是艰辛的探索，为避免重复出现前人研究中发生的偏差，有两个突出问题需要关注和解决。

其一，诸多古代法律用语、概念理解的不一，名称使用的混乱，需要学界尽可能形成共识予以规范。从已发表的成果看，有关"中华法系""中国法律体系""法律形式""法律样式""礼""德治""人治""法治""礼治""律学""法学""诏令""令""经济法""食货法""判例""判例法""判例制度""大经大法""例""故事""成案""习惯法""平民法""习惯"，等等，有些歧义较大，有些概念混淆不清，有些各说各话，这成为影响学术研讨深入开展的障碍。如果能够围绕这些概念、名称的规范使用，召开一些研讨会，对绝大多数法律用语内涵的界定形成共识，这对于推动重述法史目标的实现将极其有益。

我以为，古代法史研究中使用学术概念有必要坚持两个原则：一是凡是今人能够读懂的古代法律术语，最好仍使用古人的法言法语，不必用西方现代法律用语替代。二是如果有些法律现象、法律问题的概括只能借用现代法律术语才能表达清楚，使用现代法律术语表述时，概念的内涵、外延应完全一致。比如，古人把经济和财政、金融管理方面的法律统称为"食货法"，就不宜用"经济法"来替代，因为古代的食货法还包括钱法、钞法和户口管理等。又如，在研究中华法系和法律体系时，我认为使用"中华法系""古代法律体系""法律形式"这三个概念较好。"法律形式"是用以表述各种法律规范的外在表现形式，"古代法律体系"是从立法角度表述某一朝代或某一历史时期全部法律的组成、分类和整体结构，"中华法系"则是从与世界法律比较的角度表述中华法律和法文化的特色和全貌。再如，在表述古代基层管理法律制度时，使用"地方法律""民间规约""习惯"这些概念比较科学，应摒弃"民间法"的概念，慎用"习惯法""乡规民约"的概念。因为古代中国除蒙古进入中原前、清入关前及少数民族地区存在习惯法外，皇权控制地区特别是明清时期，汉族地区的"习惯"已规约化，"乡规民约"既有官府颁行的，又有民间组织制定的自治自律性质的，在使用这些概念时应恰如其分，防止泛化。

其二，要强调加强中国法律史学理论的研究。理论是学术的灵魂。任何一门学问要奠基在科学的基础上，必须有科学理论的指导。法史学科亦是这样。要让法律史学成为一门存信史、存思想智慧、传播法律文明精华的学问，必须创立一套符合历史实际、区别于其他专业的学科理论。我们应当承认，现在的中国法律史学理论是苍白的、滞后的、漏洞百出的。造成这种局面的原因是多方面的：与中国法律思想史未列为法律院校必修课、不受重视有关，与专业基础研究积累不够有关，与研究禁区多有关，与生搬硬套西方法律术语讲中国法的故事、研究方法欠科学、功利学风盛行有关。为此，我们应当认真总结以往法史研究的经验教训，采取有效措施，扎扎实实地推进法史理论研究。这里，我提三点建议：

一是以质疑成说为突破口，破中有立，修正旧说的错误或缺陷，在破旧中建立新说。"质疑成说"本身就是理论创新。我和陈灵海教授主编的这本《重述中国法律史》第一辑，以"质疑成说"为中心议题，收入专题研究性成果20篇，其中12篇是对"法律儒家化"、中国古代法律体系"律令说"、成文法公布、汉九章律、魏律颁行时间、《唐律疏议》制定的年代、明清"律例法体系"说、明令、清《会典》的性质等方面的成说进行专题驳正；另8篇就法史研究和文献考订中的疑义、前人不确之论或涉及的成说予以考辨，提出新见。学术在争论中发展，真理愈辩愈明。我们编辑此书的目的，是期望能够以"重述法史"为学术目标，大兴勇于求真、勇于争鸣的良好学风，推进法史理论的创新。

二是彻底走出"以刑为主"的窠臼，放宽视野，全面开发古人的法律思想和法律文化精华。恕我直言，相当多的法史学者对古代法律文献特别是对礼制、食货、军政、地方法律、民间规约等很少研读，对刑事法律、司法、律学、判牍案例文献了解也有限。在这种情况下，虽有良好的创新意愿，实际上还是用少量刑事法律或某一时期的刑事法律讲古代法的故事，这就会出现理论抽象的误差，也很难发现新的理论研究选题。以明清两代为例，"明刑弼教"是重刑政策的重要理论支柱，"律例关系论"是刑事立法的指导思想，典例关系学说是构建明清法律体系的理论指南，清统治者的食货法思想是乾隆朝创建食货法体系的理论基础，刑事、行政处罚分开思想为清代处分则例的制定开辟了道路。然而，这些重要的法律思想至今未受到关注。如果认真挖掘、辑佚和研究古代法律资料，就不难看到，任何新的法律制定都有其背景和深刻的思想动机，法律思想随着法制文明的进程不断发展变化，绝非简单的重复。因此，研究某一理论选题时，不全面了解古代法律制度，不重视全面占有资料，不下"力图穷尽资料"的笨功夫，就很难获得高水准的成果。

三是倡导交叉、比较的研究方法。所谓交叉研究，就是法律思想研究要与法律制度研究相结合，与古代哲学思想研究相结合。食货法律思想研究则要与古代经济财政制度、思想研究相结合，如此等等。所谓比较研究，就是要重视中西法文化比较研究，古代各个时期法律思想变化的比较研究。与古代法律从来都是政治的从属物一样，法律思想也是各代正统统治思想的组成部分。只有坚持交叉、比较研究的方法，才能准确理清法律思想与其他思想的相互联系与区别，并准确阐述有自身特色的理论。

法史学科的发展和走向科学，需要几代学者不懈努力。我们是站在前辈的肩膀上进行学术探索的，既要充分尊重前辈学者的成果和贡献，也应敢于质疑成说，弥补前人研究中的失误和缺陷，不断把法史研究提升到更高的水平。当然，要在短时期内实现重述中国法律思想史、建立科学的法律史学理论体系的目标是不可能的，但是，只要学界同仁看准了开拓前进的方向，抓住一些影响学科发展的重大理论问题，分工合作，每一课题用"十年磨一剑"的精神攻坚克难，并开展学术争鸣，不断完善，我相信在今后 20 年内，创新法史理论的目标就有可能实现。

礼法融合与古代刑法文化的演进

——兼论"中国法律儒家化"命题的不足

武树臣*

摘 要 "中国法律儒家化"说在法史学界的影响持续了半个多世纪。该命题所谓"法律",实是指刑法,这就导致人们产生了中国古代法律即是刑法这样的误读。本文认为,西汉以后儒家思想对古代刑法制度影响是深远而广泛的,不只是反映在儒家所坚持的"礼"对刑事法制的修正这个方面。"中国法律儒家化"说忽略了法家思想和在法家思想影响下形成的刑法制度的历史地位。实际上先秦法家最先将礼的某些精神成文法化。西汉以后的儒家思想已非先秦儒家思想,而是经过荀子、董仲舒加工改造,将儒家思想和法家思想重新融合之后形成的古代正统法律思想。此间,法家的法治思想在古代刑法实践中始终发挥着实际的不可或缺的作用。《唐律疏议》中有数十条规定从《睡虎地秦墓竹简》中找到其原型,就是最明显的证明。因此,"中国法律儒家化"说是否科学需要重新评估。

关键词 礼法融合 刑法文化 法律儒家化

前 言

秦汉至隋唐是中国古代刑法发展演变定型的重要历史阶段。海内外学者对这一阶段历史的描述和总结已经取得众多研究成果。其中就包括以"中国法律儒家化"为命题的理论。"中国法律儒家化"是 20 世纪出现并对历史学界特别是中国法史学界影响巨大而深远的一个命题。半个多世纪以来,"中国法律儒家化"命题不仅为学界普遍接受,而且成为一种研究视野,催生了大

---

* 本文作者系西北大学法律文化研究院院长、特聘教授。

量新的研究成果的问世，更不必说其立意、结论和研究方法至今仍然影响着一代人的思考。但是，地下考古文物的发掘和大量中国法史文献的不断问世，为学术界的研究提供了更为广阔的视野。

于是，不少学者从不同角度质疑"中国法律儒家化"命题或提出修正意见。今天，重新审视该命题，对于中国法史特别是刑法史的深入研究无疑具有积极意义。如何评价"中国法律儒家化"命题，仅仅是探讨问题的开始，而远远不是解决问题的全部内容和目的。于是，在无意之中，一个新的课题出现在我们面前：应当如何描述这段刑法史？或者说，我们在何种视野或范畴之下，应运用何种方法，适用何种标准或术语来描述这段刑法史才更为客观？本文作者不揣冒昧，知其不可而为之，试图将个人不成熟的看法整理出来，以乞教于方家。

一、正名定义："中国法律儒家化"命题的内涵和实质

（一）"中国法律儒家化"命题的产生及影响

20世纪40年代，陈寅恪先生首先提出"刑律儒家化"的命题："古代礼律关系密切，而司马氏以东汉末年儒学大族创建晋室，统制中国，其所制定之刑律尤为儒家化。既为南朝历代所因袭，北魏改律，复采用之。辗转嬗蜕，经由（北）齐隋，以至于唐。实为华夏刑律不祧之正统。"[1]此后，瞿同祖先生率先系统论述"中国法律儒家化"问题。他指出："秦汉的法律是法家所制定的，其中并无儒家思想的成分在内，以礼入法是后来的事，法律之儒家化是逐渐形成的。儒家化是中国法律发展史上一个极为重要的过程，中国古代法律因此而产生了重大深远的变化。"[2]"秦汉法律为法家系统，不包含儒家礼的成分在内。儒家以礼入法的企图在汉代已经开始。""归纳言之，中国法律之儒家化可以说是始于魏晋，成于北魏、北齐，隋唐采用后便成为中国法律的正统"，"所谓儒法之争"，"亦即差别性行为规范及同一性行为规范之争"，"所谓法律儒家化"，"也就是怎样使同一性的法律成为有差别性的法律的问题"。"近代中西学者常说中国法律为儒家主义之法律，亦系根据唐以来

---

〔1〕 陈寅恪：《隋唐制度渊源略论稿》，河北教育出版社2002年版，第102页。
〔2〕 瞿同祖：《中国法律与中国社会》，中华书局1981年版，第327页。

现有之法典立论。"[1]瞿同祖先生的观点在海内外历史学界特别是中国法史学界影响很大。国内许多教材、论著都在不同程度上沿用了这一论断,有学者将"中国法律儒家化"与"中国法律伦理化""中华法系的形成"、中国法律史的发展规律等研究领域相联系。故有学者总结道:"瞿先生的这个观点目前在国内仍居绝对主导地位,接受该观点的学者及其著作或教材不胜枚举,海外学者接受此观点者亦居多数。"[2]同时,在海外也是这样,"很多学者认为,从汉代至唐代,中国法律的发展经历了一个通常被称为'法律儒家化'的进程";"许多有影响的西方学者都接受了瞿同祖'法律儒家化'的理论";"尽管学者们对法律儒家化这一理论进行了一些细节上的修正,长期以来,这个观点已经在学术界被普遍接受"。[3]

(二)近年来学界对"中国法律儒家化"命题的讨论

在国内,20 世纪 70 年代以后,随着睡虎地秦墓竹简、张家山汉简等出土文献的出现,其中所反映的看来应当属于儒家思想的内容引起学界的重视。因此,有学者提出,古代法律的儒家化从战国秦代就已经开始。[4]在这之前,余英时提出"儒学的法家化"。[5]祝总斌亦撰文指出,古代法律的儒家化成果集中体现在晋代的晋律当中。[6]张纯、王晓波提出汉代法家被儒家化、儒家被法家化的观点。[7]郝铁川提出"封建法典法家化"一说,认为李悝法经、竹简秦律和后世法典一脉相承,都是"法家化的法典",其结论是古代法律未曾儒家化。[8]对此,范忠信提出批评意见。[9]杨振红撰文,在对中国古

〔1〕 瞿同祖:《中国法律与中国社会》,中华书局 1981 年版,第 345 页、第 346 页、第 329 页。

〔2〕 苏亦工:"唐律'一准乎礼'辨正",载《政法论坛》2006 年第 3 期。

〔3〕 [美] 马若斐:"重估由汉至唐的'法律儒家化'",载蔡京玉译,柳立言主编:《中国史新论·法律史分册》,联经出版事业股份有限公司 2008 年版,第 103 页、第 104 页、第 105 页。

〔4〕 孙家洲:"试论战国、秦、汉时期立法指导思想的演变",载《杭州师院学报(社会科学版)》1986 年第 1 期。

〔5〕 余英时:"反智论与中国政治传统",载氏著《历史与思想》,联经出版事业股份有限公司 1987 年版,第 31 页。

〔6〕 祝总斌:"略论晋律之'儒家化'",载《中国史研究》1985 年第 2 期。

〔7〕 张纯、王晓波:《韩非思想的历史研究》,联经出版事业股份有限公司 1994 年版,第 249 页。

〔8〕 郝铁川:《中华法系研究》,复旦大学出版社 1997 年版,第 1~56 页。

〔9〕 范忠信:"中华法系法家化驳议——《中华法系研究》之商榷",载《比较法研究》1998 年第 3 期。

代法律儒家化、法家化问题进行总结性评论的同时，以大量出土秦汉律文献为证据，描述了秦汉社会的等级秩序和家庭伦理秩序，指出，中国法律之儒家化说的前提——秦汉的法律是法家所制定的，其中并无儒家思想的成分在内，是对秦汉律特质以及中国历史上儒家、法家思想的误读；秦汉律的基本框架、原则和内容为商鞅所确立，秦汉律所构建和维护的家庭伦理秩序亦应当本于商鞅。这种秩序，从其建立伊始就已经存在了，而不是法律儒家化的结果。这样的结论显然与儒家化或法家化说关于礼法观念、儒法思想主张的认识有相当大的距离。[1]吴正茂指出，"法律儒家化"的立论将礼排除在法之外，忽略了对君臣关系的考察。[2]

在海外，在赞同瞿同祖先生"中国法律儒家化"观点的同时，也产生了一些修正、商榷的意见。比如，儒家关于礼的思想"对中国法律哲学的发展具有巨大意义，但是许多学者高估了它对中国法律发展的影响"；法律儒家化这一说法"过于模糊宽泛"；中国古代法律的发展当中，"儒家思想的影响并不是唯一的因素，我们也可以用其他方式解释这些制度产生的原因"；"家庭中的不平等、尊卑长幼的区别，以及孝的概念，均产生于孔子生活的年代之前"；"十恶中许多罪行的产生也早于儒家思想的出现"；"晋代依丧服定罪的制度，很可能只是为了维护家庭内部秩序"；"儒家思想对家庭制度的影响，主要在于地方习俗，而不是刑律的制定"；汉代统治者从来没有正式"推行任何哲学流派所提倡的理想行为模式"；即使是秦律、二年律令出现了孝的规定，也不能"推论出它们一定是在儒家思想的影响下产生的"；儒家经典所记载的礼的差异性原则，"这个原则本身并不是儒家思想的一部分"，而是源于"古老传统"；当法律出现差异性规定时，"我们不能仅用儒家思想的影响来解释这些规定被编入律法或诏令的缘由，必须考虑到其他方面的因素"；"'法律儒家化'这一命题夸大了儒家思想对早期法典的影响"；"尽管'法律儒家化'这一命题替中国法律从汉至唐的发展提供了一种明显的解释，但是否还有其他解释是同样甚至更加有效"，"我们必须认为，'法律儒家化'这一命

---

[1] 杨振红："从出土秦汉律看中国古代的'礼'、'法'观念及其法律体现——中国古代法律之儒家化说商兑"，载《中国史研究》2010年第4期。

[2] 吴正茂："再论法律儒家化对瞿同祖'法律儒家化'之不同理解"，载《中外法学》2011年第3期。

题无法有效地解释秦汉至唐代法律的发展"。[1]柳立言指出,"影响立法和司法的因素是多元的","假如只拿着儒家化去理解中国传统法律,恐怕只能得其一隅"。[2]

上述观点都分别反映了作者各自对中国古代法律或刑法制度历史演进过程的理解,因此都具有相对客观性,对我们今天的思考均具有启发性。这一切都说明,瞿同祖先生"中国法律儒家化"的观点影响很大,它的学术意义不仅在于试图揭示中国古代法律或刑法制度演变的规律性,还在于推动学术界关于这个重大课题的继续探讨。

(三)对"中国法律儒家化"命题的逻辑分析

为了客观分析"中国法律儒家化"命题的内涵,必须从该命题的中心思想、论据和论证过程入手。因此,必须认真阅读瞿同祖先生所著《中国法律与中国社会》,特别是《中国法律之儒家化》。[3]从学术观点来看,《中国法律与中国社会》和《中国法律之儒家化》一脉相承,前者是通史式论述,后者是专题式论述。或许可以说后者是前者的延续和进一步展开。比如,《中国法律与中国社会》末尾有简短的近 800 字的结论,指出,第一,中国古代法律的基本精神和主要特征有两个:一是表现在家族伦理方面的差异性,二是表现在社会阶级身份方面的差异性——"家族主义和阶级概念始终是中国古代法律的基本精神和主要特征";第二,中国古代法律之所以具有这两个特征,是因为儒家思想的影响——"法律之所以特别着重上述两种身份,自是由于儒家思想的影响。在儒家心目中家族和社会身份是礼的核心,也是儒家所鼓吹的社会秩序的支柱";第三,儒家思想对古代法律的影响自秦汉以后开

〔1〕 参见 [英] 马若斐:"重估由汉至唐的'法律儒家化'",蔡京玉译,载柳立言主编:《中国史新论·法律史分册》,联经出版事业股份有限公司 2008 年版,第 106 页、第 110 页、第 113 页、第 115 页、第 136 页、第 137 页、第 139 页。作者附注:由于篇幅所限,这里只摘录主要观点,没有一一标明作者及原始外文文献出处,特表歉意。同时,向专门整理这些观点的马若斐先生表示感谢。其中,有些观点属于马若斐先生本人,特请读者注意。

〔2〕 柳立言主编:《传统中国法律的理念与实践》,我国台湾地区"中研院"历史语言研究所2008 年版,第 6~7 页。

〔3〕 瞿同祖:《中国法律与中国社会》,吴文藻主编《社会学丛刊》甲集第五种,商务印书馆1947 年初版(1961 年出版英译本),中华书局 1981 年重印。《中国法律之儒家化》一文原载《国立北京大学五十周年纪念论文集》文学院第四种,北京大学出版部 1948 年版。该文约 10 000 字,作为附录亦载于瞿同祖所著《中国法律与中国社会》,中华书局 1981 年版,第 270~346 页。

始——"但这并不是说中国法律自上古时代以来即为儒家思想所支配。秦汉的法律是法家所制定的，其中并无儒家思想的成分在内。以礼入法是后来的事，法律之儒家化是逐渐形成的。儒家化是中国法律发展史上一个极为重要的过程，中国古代法律因此而发生了重大深远的变化"。[1]

为了客观评价"中国法律儒家化"命题，首先需要正名定义。如果将陈寅恪先生首先提出的"刑律儒家化"的命题，与瞿同祖先生的"中国法律儒家化"的命题、祝总斌先生的"晋律之儒家化"命题相比较，就会发现，三者的内涵、外延差别极大。

1. 是"中国法律儒家化"还是"中国刑法儒家化"

瞿同祖先生的《中国法律之儒家化》一文由序言、正论和结论三部分所组成。

序言部分论述了三个要点：第一，儒家法家对立的核心内容是不同性质的行为规范的对立。儒家思想以伦常为中心，"所以制定有差别的行为规范"，法家主张"一赏一刑"，故"以同一性的行为规范——法——为治国工具，使人人遵守，不因人而异其法"；第二，儒法之争的本质是差异性行为规范和同一性行为规范之争——"所谓儒法之争主体上是礼治、法治之争，更具体言之，亦即差别性行为规范及同一性行为规范之争"；第三，秦汉时的法律是法家式的法律，"法家得势，法律经他们制订后，儒家便转而企图将法律儒家化"，"所谓法律儒家化表面上为明刑弼教，骨子里则为以礼入法，怎样将礼的精神和内容窜入法家所拟订的法律里的问题。换一句话来说，也就是怎样使同一性的法律成为有差别性的法律的问题"。

正论部分涉及三个层次：

第一个层次："秦汉之法律为法家所拟订，纯本于法家精神"。战国之际，"法家在政治上既占优势，当时各国法律多由此辈制定，其所拟订之法律即法家平日所鼓吹之主张。李悝之《法经》，商鞅之秦法，固不待论，即萧何所制汉律亦全袭秦旧，为法家一系相承之正统"。

第二个层次："法律之儒家化汉代已开其端"。此处举数例以明之：第一例，贾谊建议"悉更秦法"；第二例，叔孙宣、郭令卿等诸儒注释汉律，"儒家对法律发生兴趣，而为法律章句，是极可玩味的事"；第三例，陈宠以法律

---

[1] 瞿同祖：《中国法律与中国社会》，中华书局 1981 年版，第 326~327 页。

传家，"议疑狱常亲自为奏，每附经典，务从宽恕"；第四例，公孙弘、董仲舒以春秋决狱。

第三个层次："儒家有系统之修改法律则自曹魏始"。"汉律承继秦律属于法家系统"，"魏改定刑制多依古义。所谓古义者实即汉以前儒家所崇奉的理想制度。换言之，亦即推翻汉代法家所拟，奉李悝、商鞅以来法家传统精神为圭臬的汉律"，制定魏律者皆儒家人物，"魏律出于此辈儒者之手，自难怪其儒家化程度之深"。具体表现是有条件地准许复仇（汉法禁止复仇）、除异子之科，使父子无异财（商鞅分户令）、八议入律。参与制定晋律的贾充、杜预等人也是"致力儒家经传"的儒者，"制律时人选即限于儒学，用以制定一部儒家化的法律"。具体表现是"峻礼教之防，准五服以治罪"，子孙违犯教令，敬养有亏，父母告子不孝，欲杀者皆许之。北魏一朝，参与制定法律的崔宏、崔浩、高允、刘芳等人都是饱读经学、兼通礼律的儒者。"魏律经崔浩、高允等人拟订，本已儒家化，今又经刘芳以经学大师之地位从事损益修订，儒家化程度之更为彻底可想而知。"具体表现是犯罪存留养亲、以官除刑、大臣犯罪赐自尽。此间"法律之儒家化（是）彻底而有系统，非局部的，小规模的"，究其原因是"元魏以胡族入主中原，因文化落后，部落社会与中原社会组织不同，自不得不以汉法统治汉族，治理中国"，在立法方面，"因本族治理人才的缺乏和不谙中国情形，不得不借重中原人才而重视士族。于是，立法工作落入那些不曾南徙而愿入仕北朝的旧族手中"，这些士族人物"便得从心所欲，尽量将儒家礼教的精华倾入新的法典中"。"中国法律之儒家化，魏晋已开始，但其完成则在北朝。"北魏的法律被后来的齐、隋所继承。齐律增加重罪十条不在八议之限的规定。

结论部分有四百字，指出："综上所述可知秦汉法律为法家系统，不包含儒家礼的成分在内。儒家以礼入法的企图在汉代已开始。虽因受条文的拘束，只能在解释法律及应用经义决狱方面努力，但儒家化运动的成为风气，日益根深蒂固，实胚胎酝酿于此时，时机早已成熟，所以曹魏一旦制律，儒家化的法律便应运而生……举例言之，魏以八议入律，晋代保留之，晋又创依服制定罪之新例。此二事为北魏所保留，而又加以留养及官当的条例。这些都为齐律所承受，又加入十恶条例。隋唐承之……归纳言之，中国法律之儒家化可以说是始于魏晋，成于北魏、北齐，隋唐采用后便成为中国法律的正统。"

不难发现，瞿同祖先生所谓"法律之儒家化"的"法律"，比陈寅恪先生的"刑律儒家化"的"刑律",祝总斌先生的"晋律之儒家化"的"晋律",其概念更为广阔。但是从瞿同祖先生的《中国法律之儒家化》一文来看,所涉内容从李悝《法经》乃至《唐律疏议》,实际上大都属于刑事法律,并未涉及刑事以外的诸如今天所谓民事、经济、行政等领域的异常庞大的法律制度。因此,从逻辑上判断,瞿同祖先生所论"中国法律之儒家化",实际上应当被理解为"刑事法律儒家化"。

2. 是"中国刑法儒家化"还是"中国刑法礼化"

但是,如果将"中国法律儒家化"命题改为"中国刑法儒家化",也仍然存在逻辑问题,即如何把握"儒家化"的概念。"儒家化"的表面含义是某一事物或制度本来不包含或未显示"儒家"的因素,但是该事物或制度在一定条件下向着"儒家"所主张或希望的方向转变、演化。问题是,儒家的思想和主张是一个十分丰富的同时又是变化的体系,包括近代学者所概括命名的"礼治""仁政""德治""人治"等。其政治主张,简而言之就是"富而后教",即要求统治者出于长远利益考虑而约束自己的行为,减轻对人民的压迫,使人民物质生活得到改善,在此基础上对人民进行教化,使人民在心中树立道德伦理观念,从而自觉地杜绝犯上作乱。教化的内容主要是"君君臣臣父父子子"的伦理道德规范。

我们可以设想,某一时期的刑法制度在儒家思想影响之下可能会发生的变化。比如,在"仁政"思想影响下产生废除肉刑的改革,在"德治"思想影响下推行轻徭薄赋的政策,在"慎刑"思想影响下实行死刑复奏、恤狱,等等。正如《中国法律与中国社会》一书的《结论》所说,"家族主义和阶级概念始终是中国古代法律的基本精神和主要特征";"法律之所以特别着重上述两种身份,自是由于儒家思想的影响。在儒家心目中家族和社会身份是礼的核心,也是儒家所鼓吹的社会秩序的支柱"。瞿同祖先生认为,中国古代法律的基本精神和主要特征,是"家族主义"和"阶级概念",或谓"家族和社会身份",这种概括与古代"礼"所具有的亲亲、尊尊的差异性精神是一致的。秦汉以后的刑法制度开始了"儒家化"的历程。但是,如果我们把体现"家族主义"和"社会身份"的精神称为"礼"的话,那么"礼"对古代法律实践活动的影响是自古已然且持续不断的。这一历史进程不曾以儒家的产生与否为先决条件。或者说,古代的"礼"自有其文化渊源且历史久远,"礼"可以被儒家所继承、传播、阐释及理论化,然而"礼"只是被儒家所重视、阐释而非儒家所创造。那么，是否能够因为儒家坚持"家族主义"和"社会身份"之"礼"，就把"礼"对法律实践活动的影响称为"儒家化"？倘若如此，则"中国刑法儒家化"也许可以更名为"中国刑法家族主义化""中国刑法社会身份化"或"中国刑法礼化"。且不说先秦法家也坚持"礼"的差异性精神，法家不仅推崇"尊君卑臣"的"社会身份"的差异性，而且也在一定程度上坚持并运用刑法手段维护父系家庭秩序。如韩非强调的"三事"（臣事君、子事父、妻事夫）和秦简所载"不孝""非公室告"诸规定。法家虽然主张"刑无等级""刑上大夫"，但是没有主张在法律面前人人平等的思想，正如同儒家从未主张在礼面前人人平等一样。因此，"所谓法律儒家化"，"也就是怎样使同一性的法律成为有差别性的法律的问题"，这样的结论显然失之突兀。而作为"儒家化"之前提的"法家"式的"同一性的法律"似乎很难找到扎实的证据。

3. 是"中国刑法的礼化"还是"古老之礼的刑法典化"

"礼"作为维护父系家族秩序的行为规范和观念，具有漫长的历史。如孔子就言及"夏礼""殷礼""周礼"。[1]"礼"至西周时发展到峰巅，史称"周公制礼作乐"，确立"周礼"。[2]此间的"周礼"在社会生活和文化层面表现

---

[1] "礼"的历史文化渊源是古老的血缘社会物质与精神生活中形成的风俗习惯即"礼俗"。"礼俗"中的仪式如祭祀、誓师、成人礼就是"礼仪"。"礼俗""礼仪"的制度化即"礼制"，对"礼俗""礼仪""礼制"的理论阐释即为"礼义"。比如复仇是一种"礼俗"，提倡复仇的道理是"礼义"，处理复仇行为的规则就是"礼制"。主张用"礼"的精神治理国家的思想叫做"礼治"。先秦儒家的最大贡献是将注重形式的贵族之"礼"变革为注重感情的平民之"礼"，并总结出关于"礼"的理论。据儒家经典的论述，"礼"的主要精神是亲亲、尊尊、长长，男女有别、同姓不婚。在亲贵一体的宗法贵族政体下，亲亲与尊尊是一致的。如《论衡·感类》所谓："公子公孙，亲而又尊"，"皆食采地，殊之众庶"。因此"陪臣执国命"既违背亲亲也违背尊尊。战国以后，亲亲、尊尊分道扬镳，亲亲以家庭亲属为范围，尊尊以朝廷君臣为范围。法家主张的"尊君卑臣"的官僚政体已经超越了血缘范畴。法家主张的"以法治国"的"法"是国家制定的行为规范，"法"在一定程度上冲破了血缘群体的界限，使国家和个人之间建立起简洁的权利义务关系，从而使"法"成为适用于统一社会的陌生人群体的行为规范。

[2] "周礼"的确立标志着古老之"礼"的政治化。"周礼"在政治领域表现为以国家为后盾的以分封制、世袭制为基础的亲贵一体的宗法贵族制度。在贵族政体下，古老的"礼"在很大程度上被制度化并成为"周礼"的有机组成部分。但是，由于诸侯国均保持自己的文化传统，"周礼"只能在周王畿和鲁国等诸侯国得到贯彻，而不能完全实行于各诸侯国。各诸侯国的风俗习惯继续存在，它们作为"地域文化"仍然发挥着重要作用。因此，在多元文化结构的视野里，"周礼"也是一种地域文化。"周礼尽在鲁矣。"（《左传·昭公二年》）站在地域文化的角度来看，孔孟儒家思想正是鲁国文化的结晶，法家思想正是晋秦文化的产物，荀子思想是齐国文化的成果。

为父系家族的伦理规范和观念。这种历史久远的"礼"是"周礼"的文化渊源。或者说"周礼"是古代"礼"的制度化和集中表现。"礼"的本质是"宗法等级名分"。[1]"礼显然是儒学的根本。"[2]一般来说，这种伦理规范是以血缘群体为适用范围的，它们是血缘群体的"法"。它们以历史逐渐形成和积累的风俗习惯的形式存在着，它们依靠社会舆论和人们内心的伦理感情来调节，而不直接进入以国家强制力为后盾的政治领域。但是，作为国家制度而存在的"周礼"，对社会家庭领域的伦理规范无疑是一种强有力的全面的拱卫和支配。在社会和家庭领域如果遇到纠纷诉讼，一般是凭借长者和先例故事即所谓"帅刑先考""议事以制"的方式来解决。久而久之，就形成了许多如后世那样的刑法原则或最初的罪名，诸如"父子无讼""君臣无狱""直钩则幼贱有罪""有亡荒阅""不孝""不友"，等等，它们大多是从重要的和反复适用的先例故事当中引申出来的古老原则。当时，这种以风俗习惯为载体的行为规范，既不可能也没有必要经过国家专门立法程序上升为成文法律。

秦汉以降，王朝出于某种需要，将古老的"礼"特别是其中的伦理规范加工成为成文法或制度。学术界对这个过程和实例多有表述，诸如有条件地准许复仇、除异子之科，使父子无异财（废止商鞅分户令），亲属得相隐、老少废疾者犯罪得收赎、老幼死罪不加刑、孕妇不决死刑、官当、八议、十恶入律，峻礼教之防，准五服以治罪，犯罪存留养亲、子孙违犯教令，父母告子不孝，欲杀者皆许之，禁止居父母及夫丧匿不举哀、释服从吉、忘哀作乐、居父母丧生子、居父母及夫丧嫁娶、夫丧守志强嫁、祖父母父母老疾无侍委亲之官、冒哀释服求仕、祖父母父母犯死罪被囚禁而作乐，以及"七出""三不去"，等等，经过国家立法和司法，使原先保存于民间之"礼"的风俗习惯上升为国家法律，成为正式的用文字表述的国家颁布实施的成文刑律的有机组成部分。《唐律疏议》的编纂，堪称这一历史任务大功告成。所谓唐律"一准乎礼"，其实质是将零散的古老的"礼"编入刑法典而已。因此，与其说"中国刑法礼化"，还不如说是"古老之礼的刑法典化"。[3]

〔1〕 丁凌华：《中国法制史新谭》，上海人民出版社 2010 年版，第 14 页。
〔2〕 姜广辉主编：《中国经学思想史》，中国社会科学出版社 2010 年版，第 247 页。
〔3〕 应当注意，有些制度如官当、八议、十恶不仅体现亲亲的伦理精神，而且还体现尊尊的集权精神。同时，有些慎刑恤狱的制度还体现了仁政思想。

4. 从秦律看传统之"礼"的最初成文法化

其实，"礼"的成文法化或刑法化，自商鞅变法时代就首开其端了。商鞅是最早主张把礼俗上升为成文法律的思想家。正如《商君书·画策》所说："所谓义者，为人臣忠，为人子孝，少长有礼，男女有别，非其义也，饿不苟食，死不苟生，此乃有法之常也。"依此逻辑，那些儒家强调的以内心深处的伦理感情为基础的礼俗，都应当被表述为客观的看得见摸得着的行为规范。"少长有礼，男女有别"的原则一旦变成法律条文，就是古老礼俗的最初成文法化。从文化演进的角度而言，商鞅变法未必不是一场深刻的文化革命——一方面运用法律手段改革"父子同穹庐卧"的游牧习俗，向中原农耕文明靠拢；另一方面，清扫宗法贵族社会的政治根基，独尚君权，实行法治，努力在国家和个人之间建立起简洁的权利义务关系，造就一个由千百万陌生人群体组成的泱泱大国。秦律就是在这场文化革命中诞生的。（详见后文）

先秦法家的变法和"法治"自始就不意味着必然全部排斥自古以来的文化传统，当然也就不意味着必然全部排斥礼制，正如同儒家自始就不曾全部排斥政令和刑罚一样。事实上法家不仅没有一般地否定父系家族伦理秩序，反而十分注意用法律手段维护这种秩序。这一特征在《睡虎地秦墓竹简》中得到较为充分的反映，最为明显的是"不孝"罪和"非公室告"制度。说到这里，与其说——正如有些学者所言的"中国法律儒家化"实际始于战国，不如说，那些古老的始终保持着生命力的"礼"，到了战国时期便发生了巨大变化——不仅从民间的无形的习惯变成有形的成文法，而且，保障"礼"的力量已经不只是内心自觉和社会舆论，而是公开的赤裸裸的国家暴力。

（四）关于"儒家化""法家化"术语

所谓中国古代法律的儒家化、法家化，其实是一个既真实而又虚拟的命题。说它是真实的命题，是因为这一命题客观地描述了古代刑法实践活动表现在某一侧面的带有某种规律性的演变。这种研究成果对此后进一步的学术探讨提供了有益启示。说它是虚拟的命题，是因为，在先秦儒家和法家诞生之前，中国古代法律实践中已经存在崇尚"礼"又崇尚"法"的思想萌芽。假设先秦儒家、法家从来没有问世，那么，古代法律仍然会按照自身的规律发展下去，并在某种程度上容纳"礼"和"法"的思想和制度元素。先秦儒家、法家的功绩在于总结历史、评判当今、筹划未来。他们从不同角度崇尚古代法律文化的某一个侧面，各自形成了相对独立的思想体系。西汉司马氏作《太史公自序》论六家之要旨，对先秦学术进行整理并提出六家之说，不仅概括了至西汉之际古代知识界集体的见解，而且为后人的研究提供了重要的线索，可谓旷世之功！但是，任何事物都具有两重性，先秦学术本来是融为一体互相浸润的，自从有了六家之说，便无异于给人们佩戴上有色眼镜，使人们自觉不自觉地运用六家的框框去审视古代文化素材。后来，人们为了简洁地评价某一思想的属性，慢慢习惯于用"儒家的""法家的"这样的概念，去看待和分析诸家学派产生之前即古已有之的思想制度元素。须知，"儒家的""法家的"这样的概念有似作品的标签，而不是原产地证书。久而久之，读者就不免产生错觉，似乎这些法律思想是儒家或法家创造出来的。其结果便是"数典而忘祖"、名实相离。

所谓中国古代法律的"儒家化"或"法家化"，"化"即是变化，就是一种演变过程。有过程就应当有始点有终点。"儒家化""法家化"的逻辑起点应当是，某个时代的法律本来没有儒家因素，后来逐渐加入儒家元素，使法律演变成儒家式的法律。或者说某个时代的法律本来没有法家因素，后来逐渐加入法家元素，使法律演变成法家式的法律。其实，这个逻辑起点是虚拟的，并不存在的。远在儒家之前，古代思想当中就包含丰富的成果。这些思想成果当中的某一部分被后来的儒家所推崇，而另一部分被后来的法家所推崇。所以儒家、法家并不是他们所推崇的思想的原作者。通览诸家著述，也是你中有我、我中有你的。孔子主"正名""宽猛相济"，但并未一般地否定"道之以政，齐之以刑"；孟子强调"不以规矩，不能成方圆"；《商君书》谓少长有礼，男女有别，不过是"有法之常"；《韩非子》更公开提倡"三事"，而且韩非本人也是名见经传、专门研究《春秋》的学者（参见《史记·十二诸侯年表》）。儒家思想内容本身就包含大量传世的文化知识。孔子"述而不作"，"孔门师弟所述，半为古人之恒言"。[1]加之，那些在后世被奉为儒家经典的著作包含大量法律材料。即使是被后世奉为儒家经典的著作当中也不乏这种记载。如《尚书》之《吕刑》、《周礼》之《秋官司寇》，更是专门论

---

〔1〕（清）阮元：《揅经室集》上《论语论仁论》，邓经元点校，中华书局1993年版，第185页。

及法律刑政。不论这些经典成书于何时，其所记载的内容应当有所依据，实为后人对先世的追述，故不能一言以蔽之曰后人杜撰。[1] 从西周《训匜铭》的"敢以乃师讼"，到《论语》的"子为父隐"，再到《秦简》的"非公室告"，我们似乎看到在儒家、法家学术背后一脉相承、未曾断绝的古代法律实践脉络。这些古老禁令和制度，很可能是古代司法职官世代掌握的专门文献。可见古老学术本是统一的，本无学派的分界。先秦知识分子在学习这些著作时不可能意识到——我在读儒家著述，或我在读法家著述。学者们研究传播儒家学术的同时，又何尝不是在传播古代法律常识呢？这样，如果用"儒家化""法家化"的名词来概括某种变化的性质，常常会遭致逻辑上的不周延。比如，后世确立《周礼》所述的以王权意志为中心的"八议"制度，能否因为《周礼》是儒家经典，就称"八议"制度的确立是"儒家化"呢？因此，从某种意义上来说，如果强调先秦学术本无学派、本属一系，也许更有利于全面客观审视先秦法律文化的本来面目及其发展脉络。否则，看到儒家经典当中有法家思想成分，就说这是儒家经典"法家化"；看到秦简当中有儒家思想成分，就说是秦代法律"儒家化"，并且自以为发现了新问题。这种研究方法不利于客观再现历史的本来面目。

　　"儒家化""法家化"的名词之所以不十分准确，还在于儒家思想、法家思想本来就是交叉的，不是壁垒森严、截然对立的。或者说，儒家思想当中

---

〔1〕　这些记载诸如《左传·文公十八年》曾载鲁国执政季文子之言："先君周公制《周礼》曰：则以观德，德以处事，事以度功，功以食民。作《誓命》曰：毁则为贼，掩贼为藏，窃贿为盗，盗器为奸。主藏之名，赖奸之用，为大凶德，有常，无赦。在《九刑》不忘。"《周礼·秋官司寇·掌戮》："凡杀其亲者，焚之；杀王之亲者，辜之；凡杀人者，踣诸市，肆之三日。刑盗于市，凡罪之丽于法者，亦如之。"《周礼·秋官司寇·禁杀戮》："凡伤人见血而不以告者，攘狱者，遏讼者，以告而诛之。"《周礼·秋官司寇·士师》载："凡以财狱讼者，正之以傅别约剂。"又《朝士》载："凡有责者，有判书以治，则听。"《礼记·月令》载："命有司修法制，缮囹圄，具桎梏，禁止奸，慎罪邪，务搏执。命理瞻伤、察创、视折，审断决狱讼必端平，戮有罪，严断刑。"《礼记·檀弓下》载："臣弑君，凡在官者杀无赦。子弑父，凡在宫者杀无赦。杀其人，坏其室，洿其宫而潴焉。"《礼记·王制》载："析言破律，乱名改作，执左道以乱政，杀。作淫声异服，奇技奇器以疑众，杀；行伪而坚，言伪而辩，学非而博，顺非而泽以疑众，杀；假于鬼神时日卜筮以疑众，杀。此四诛者不以听。凡执禁以齐众，不赦过。""司寇正刑明辟，以听狱讼。必三刺，有旨无简不听，附从轻，赦从重。"又载关市管理方面的几条禁令："有圭璧金璋，不粥（鬻）于市。命服命车，不粥于市。宗庙之器，不粥于市。牺牲不粥于市。戎器不粥于市。用器不中度，不粥于市。兵车不中度，不粥于市。布帛精粗不中数、幅广狭不中量，不粥于市。奸色乱正色，不粥于市。锦文珠玉成器，不粥于市。衣服饮食，不粥于市。五谷不时、果实未熟，不粥于市。木不中伐，不粥于市。禽兽鱼鳖不中杀，不粥于市。"不一而足。

也包括一定程度的法家思想元素，法家思想当中也包括一定程度的儒家思想元素。在某种事物既是甲、又是乙的情况下，非宣布这个事物是甲而不是乙，这在事实上和逻辑上都是容易出问题的。今天，如果我们非使用"儒家化""法家化"术语来描述古代法律制度的发展变化的话，那么，这个过程也只能说是既是"儒家化"，也是"法家化"。中国古代法律文化的演进，是一个漫长的综合的全方位的过程，已经分不出哪一阶段、哪一领域是儒家化而不是法家化，哪一阶段、哪一领域是法家化而不是儒家化。特别是秦汉以后，先秦儒家法家的概念已经变得稀释模糊，以至于学术界曾经对荀子、董仲舒的学派属性产生困惑。先秦儒家法家那种特定时期表现出来的壁垒森严的分野已经消失，正如同将甲乙两个泥塑打碎，重新兑水和泥，捏出一个新泥塑，又怎能称它为甲或乙呢？秦汉以后的所谓"儒家"只是一个符号。"儒家"已经是儒法合流的新式知识分子，或可称之为"儒法家""法儒家"。基于这一变化的事实，所谓"儒家化"是否应当改称为"儒法家化""法儒家化"？在新式知识分子的心目中，先秦儒家法家思想的分界早已经模糊难分彼此了。他们一旦参与立法司法事务，自不能抛弃儒家之学而专用法家之术，亦不能抛弃法家之术而专用儒家之学。那些将儒家经学和法家刑名之学融为一体的官僚们，当他们参与立法或讨论疑难案件时，早已忘记自己是主张儒家学术还是主张法家学术了。当然，汉代以后先秦儒家学术和法家学术并没有成为绝学，他们的学术影响始终客观存在，只是它们所附之皮已经不是原先的儒家法家了。

"儒家化""法家化"的名词之所以不十分准确，还在于先秦儒家法家思想内容是十分广阔的，其交叉、重叠之处可信手拈来。比如，儒家法家都主张社会成员身份的差别性，那么，一旦法律出现了差别性的规定，为什么就非称之为"儒家化"而非"法家化"呢？为什么说儒家主张差异性的法律，而法家主张同一性的法律呢？

严格而言，"儒家化"名词本身就不十分准确，这是因为"儒家化"所依托的"儒家"和"儒家学术"本身是与时偕行不断演变的，不是铁板一块静止不动的。如果以《论语》《孟子》为材料来概括孔孟儒家的思想，以《荀子》《春秋繁露》为材料来概括荀董儒家的思想，我们就会发现儒家前后之间的差别是划时代的。此时，原先孔孟儒家与商韩法家之间表现在各个领域的思想分歧——在政体上是贵族政体（政权形式）与集权政体，在法体[1]上是"议事以制"、遵从先例的"先例法""判例法"[2]与"事皆决于法"的成文法，在政略（治国方略）上是德政教化与赏刑二柄，在对行为规范的选择上是基于血缘群体的伦理规范和基于陌生人社会的制定法，在法理学上是人与法孰为第一性的评价，等等，到了荀子、董仲舒那里大都已经烟消云散、浑然一体了。基于这种客观的变化演进，"儒家化"指的是哪个儒家？如果指的是孔孟儒家，孔子坚持"议事以制"的贵族习惯而反对制定"刑鼎"那样的成文法，那么被孔孟儒家"儒家化"的对象或客体是什么？如果指的是荀董儒家，荀董儒家已经完成礼法合一的理论构建，那么被荀董儒家"儒家化"的具体针对性又表现在哪里？

（五）对"中国法律儒家化"命题的总体评价

众所周知，瞿同祖先生是研究中国法史的大家，为再现中国古代法律实践的本来面目并探讨其发展的规律性，倾注了毕生的心血。瞿同祖先生的著述颇丰，言他人所未言，自成一系，为学界所仰视。如我辈后生也正是在阅读瞿同祖先生的著述中成长起来的。瞿同祖先生所著《中国法律与中国社会》一书的第一章至第五章集中论述了家族、婚姻、阶级、巫术与宗教，可谓结构合理而新颖。最后一章《儒家思想与法家思想》，集中论述礼与法、德与刑、以礼入法三个问题，鞭辟入里，简洁明快。瞿同祖先生的《中国法律之儒家化》，虽只一万字之篇幅，其论述中国古代法律自西汉至隋唐的变化，可谓论点突出，层次清晰，论据详实，给人以启迪。我本人就曾经著文赞成和阐发这一观点。毋庸置疑，瞿同祖先生的研究成果，对于推进中国法史的研究发挥了积极的作用。但是，毋庸讳言，《中国法律之儒家化》也还存在一些

---

[1] 法体即法律样式，指国家立法、司法的宏观工作方式，如判例法、成文法、混合法。

[2] "判例"一词是清末才出现的"舶来品"。在此之前古代法律中没有"判例"这一法定用语。中国历史上也从未形成像现代西方那样的判例制度。作者借用"判例"一词并不是认为中国古代曾经有过像英美国家那样的"判例法"。当今法史学界著述中所说的"判例"是对古代司法审判中可援引作为判决依据的这类案例的现代表述。先秦判例制度似以"议事以制"、遵从先例为特征。秦汉以后，这种审判方式在缺乏成文法或成文法不完善的情况下起着临时补救的作用，并被以后的成文立法所吸收。除元代等极少数王朝曾经有过依据成案判决的情况外，秦汉以后历代均严格实行成文法制度，此外，由于皇权的强化及对全国司法的集中控制，绝大多数朝代都严禁在司法审判中直接援引成案。但成案对法官裁判案件特别是疑难案件无疑具有参考价值。参阅杨一凡、刘笃才：《历代例考》，社会科学文献出版社2009年版。

值得推敲之处。主要表现在以下几个方面：

第一，《中国法律之儒家化》的题目与内容之间有不尽协调之处。题目是中国法律，而论述则是刑法制度。这样对一般读者特别是域外读者来说，可能容易造成误解，以为中国古代刑法是全部法律，或中国古代法律全是刑法。

第二，在描述法律制度的发展演化过程时，文章过分夸大儒家思想的影响，忽略了法家学术传统的作用，忽略了古代刑法实践本身的发展规律性。须知，在汉武帝实施独尊儒术政策以后很长一段时间里，儒家思想并未实际支配政治法律实践，而法家传统的影响实际仍然存在，在盐铁会议上御史大夫公开为法家辩护就是一例。同时，由于过分夸大儒家思想的影响，又完全忽略了古代刑法实践本身的发展规律性，比如，"原心论罪"原则是强调分析犯罪行为人在实施犯罪行为时的主观心理状态——是故意还是过失？然后分别作出裁判。这一原则既是对以往刑法理论——区别犯罪的故意（非眚）过失（眚）——的继承，又是对秦汉刑事司法中存在的"客观归罪"[1]的一种矫正。如果只是因为"原心论罪"源于《春秋》，而《春秋》又是儒家经典，就把"原心论罪"的出现定性为"儒家化"，那就失之毫厘，谬以千里了。至于春秋决狱，只是当时驳议奏谳制度的一个侧面。

第三，《中国法律之儒家化》对秦汉以后刑法制度变化过程的描述尚存在一些空白。首先，在描述法律制度的发展过程时，忽视儒家最重要的思想的影响，即儒家"仁"的思想对于推动古代刑法从野蛮向文明发展演变的作用；比如，在司法实践领域，文帝废除肉刑、亲属相隐、族诛连坐制度的形成和完善，对复仇案的处理，死刑复奏，监狱管理，等等。其次，汉代居丧习俗的制度化[2]，魏晋南北朝"五礼"制度特别是朝廷礼仪的形成等[3]，似乎也应当涉及。

第四，文章过多强调学术派别在国家立法司法中的作用。学派或学者的思想主张，只有被统治者接受，才能发挥作用。故秦之盛，非独法家之功，秦之败，亦非独法家之过也。与其说某一时期的法律是某一学派制定的，不如说是当时的统治者接受了某家学派的主张。而某家学派的主张正反映了社

---

〔1〕 武树臣等：《中国传统法律文化》，北京大学出版社1994年版，第415页。

〔2〕 参见彭林："礼乐文明的确立、位移及其边缘化"，载郭齐勇主编：《儒家文化研究》第三辑《礼学研究专号》，三联书店2010年版。

〔3〕 参见梁满仓：《魏晋南北朝五礼制度考论》，社会科学文献出版社2009年版。

会发展的客观需要。

第五，文章在论述"儒家化"的社会原因方面，过多强调立法者的出身和知识结构对贯彻儒家思想的重要作用。这样一来，既忽视了统治集团及社会诸因素在国家立法时的决定作用，忽视了参与立法者的身份已经不是民间知识分子而是国家官吏，同时最重要的是，文章在分析先秦儒家法家法律思想的差别性时，既忽略了两者之间具有相同或相通之处，忽略了先秦儒家法家法律思想均来源于共同的中国古老文化传统，又忽视了西汉以后的学术思想界的巨变——儒家思想已经由于自我更新特别是吸收了法家等诸家思想因素，逐渐完成对原始儒家脱胎换骨的改造，演变成为新儒家，并宣示着正统法律思想的形成。而官方律学的诞生，则标志着以往民间式、学术式的法家已经转变成国家的职业法律家，那些一边阅读儒家经典，一边推敲法律条文的律学家们，是一批既超越了儒法学派界限又超越了礼法界限的职业法律家。而正是这些职业法律家，不仅继承并延续着古代司寇理官所谙熟的立法司法之术，而且为维护王朝的正常运行做出贡献。最后，"中国法律之儒家化"命题最明显的不足，是忽视了法家学术的历史地位和历史影响。历代职业法律家群体实际上成为先秦法家学术的继承者和发展者。他们对社会的贡献并非完全表现为法学学术著作，而是古代法律实践活动本身。他们不仅在刑法领域，而且在经济、行政、社会、军事、礼仪等领域，都付出良多。事实证明，法家所崇尚的成文法已经成为治理社会的不可或缺的手段。在这种背景下，没有职业法律家群体的运作，一个泱泱大国是无法正常运转的。同时，指导中国古代刑法实践的价值观是双元的——维护"尊君卑臣"的集权君主政体和"父慈子孝"父系家庭秩序，即所谓"法治"秩序和"礼治"秩序，陌生人群体的规矩和血缘群体的规矩。因此，只取其一而不及其二是显失公允的。

第六，中国古代刑法的价值观是双元的——既维护集权君主政体，又维护父系家庭秩序。这种双元的价值观分别体现在法家的"法治"和儒家的"礼治"思想当中。西汉以后，儒学被奉为官方正宗学术，这是一纸有形的宣言；而中央集权的君主政体的继续存在，则是无形的宣言。宗法家族社会细胞的生存与发展，是"礼治"的坚实基础；而集权官僚政体的巩固与壮大，则继续呼唤着"法治"。儒家思想的法典化和法家法律的儒家化，则使两者有机地结合起来。"礼治"与"法治"的结合可以在《唐律》的"十恶"中得到集中反映。这种二元式的法律传统在中国特殊的社会条件下竟结合得天衣无缝，不能不说是一个奇迹。古老的礼终于被国家上升为法条，以致在家族社会中发挥威力。而法家的法则在指挥一台庞大的官僚机器时发挥着独特的作用。法律和法律制度的字里行间处处浸透着君臣、贵贱、尊卑、长幼、亲疏、男女、贵贱之间的不平等精神。这种差异性精神是儒家、法家共有的精神。因此，在描述古代刑法的历史演进时，如果忽略了法家传统的影响，就等于战车失去了一只轮子。

第七，儒家的理论与法家的实践共同培育了"混合法"样式。

从法律样式角度来看，古代法律的演进表现为儒家提倡而法家实践的"混合法"逐渐社会化。先秦儒家所坚持"礼治"包括二义：一是世袭的宗法贵族政体，二是"议事以制"、遵循先例的司法方式。孔子反对"铸刑鼎"盖源于此。先秦法家所坚持的"法治"亦包括二义：一是集权君主政体，二是"成文法"〔1〕。西汉以后，逐渐形成以稳定的刑法典为主干、以非稳定的法律规范为辅助的"混合法"格局。诚如陈顾远在分析中国古代法律的特点时所说的："说它是成文法系，却因临时设制，有例，有比，有指挥，有断案，殊难为比；谓其近于英美法系，仍因常法俱在，有律，有令，有刑统，有会典，更难并论。总括起来，是成文而不成文，不成文而成文，兼具欧陆法系与英美法系的优点。"〔2〕其实，这种法就是中国古代所独有的"混合法"。从某种意义上可以说，"混合法"正是实践了荀子"人法并用""法类结合"的预言——"有法者以法行，无法者以类举，听之尽也"。（《荀子·王制》）

---

〔1〕 应当注意，"成文法"不是指具有文字形式的法。"成文法"亦即制定法，意谓国家制定并颁布法律，明确规定何种行为系违法犯罪，又当承担何种责任。法官断案只能严格依照法律，既不得援引以往的判例，又不得悖法裁判。这种法律用"妇孺皆知"的文字写成，目的是使"吏不敢以非法遇民"。"成文法"最早源于战争誓命，如《尚书·甘誓》。"成文法"这种司法方式是对西周春秋时期"议事以制"、遵循先例司法方式的否定。究其实质是集权官僚政体取代世袭贵族政体的社会变革的一个必然产物。先秦诸子曾经对成文法的特点进行过概括，比如《韩非子·定法》："法者，宪令著于官府，刑罚必于民心，赏存乎慎法，而罚加乎奸令者也。"《韩非子·难三》："法者，编著之图籍，设之于官府，而布之于百姓者也。"《墨子·非命》："发宪出令，设为赏罚。"《管子·立政》："凡将举事，令必先出，曰：事将为，其赏罚之数，必先明之。立者谨守令以行赏罚，记事致ি，复赏罚之所加。有不合令之所谓者，虽有功利，则谓之专制，罪死不赦。"等等。最初的"成文法"是战争誓命，尽管它凭借语言传播而非文字。

〔2〕 范忠信等编校：《中国文化与中国法系——陈顾远法律史论集》，中国政法大学出版社 2006 年版，第 54 页。

二、求本溯源：儒家法家学术的文化渊源、分歧及其归宿

（一）儒家法家学术的文化渊源

春秋（公元前 770 年~公元前 476 年）战国（公元前 475 年~公元前 221 年）是我国古代社会从宗法贵族制向地主制过渡的大变革时期。此间，由于铁制工具的普遍使用，生产力大大提高，导致了阶级结构的重新组合、古老宗法贵族制度的解体和新兴地主制的确立。神权、礼制的崩溃，造成了思想学术界的繁荣，并形成了百家争鸣的局面。其中，在法律思想方面主要是儒、墨、道、法四家。四家当中，影响最大的是儒法两家。

1. 儒家法家学术的问世

孔子创立的儒家学派，是我国古代第一个民间学术团体。古代所谓"儒"，泛指掌握一定文化知识即"六艺之学"（礼、乐、射、御、书、数）的文职人员或知识分子。以孔孟为代表的儒家学派主要代表了传统贵族的利益。孔孟儒家虽然主张改良，但总体上仍坚持古老的宗法礼治即贵族政体。同时，他们生活在社会底层，因而对劳动人民又较为同情。他们主张用调和的方法，约束统治集团成员的过分行为，提倡"仁者爱人"，即减轻对人民的剥削压迫，让人民过上富裕的生活。并在此基础上对人民进行教化，使人民树立道德伦理观念而自我约束，从而实现天下统一的安宁有序的美好社会。孔子的功劳有三：一是把西周"以德配天"的"德"的思想，发展成"德政"思想，即统治阶级治理天下的政治觉悟和主观条件；二是首倡"齐之以礼"，即对普通民众进行宗法伦理道德的教育，这样一来就把原先注重神权、血缘身份和外在仪式的西周贵族之礼，演变为注重内心感情的对所有人都适用的平民之礼；三，孔子在坚持"孝慈"的同时，倡导"忠恕"之"仁"，以己之心度人，提倡超越血缘纽带的平等的适用于个体自然人之间亦即陌生人群体的新的道德规范。从而使"仁"成为个体自然人的圣经。孔子之后，儒分为八。其中子夏、孟子、荀子为佼佼者。而荀子为先秦学术的总结者。

其间，自子夏之儒及至荀子之儒皆恪守《春秋》之旨，最得孔子真传。子夏自鲁而西，入教三晋西河，其弟子李悝为魏文侯师，参与魏国变法，富国强兵，整理六国法制，作《法经》。商鞅自魏入秦，主持变法，使秦从西戎之邦发展成强国。其后李斯、韩非入秦，汇集法家之术，为先秦法家学术之

殿后者。故法家之学兴起于三晋，昌盛于秦国，行法治，抑贵族，立郡县，奖耕战，富国强兵，遂灭六国，建立统一的集权国家。汉承秦制，秦法与秦吏犹存，故法家之术历久而未衰。

儒家法家学术并非突然之间出现的，它们直接源于西周的"礼乐刑法政俗"。这些制度化的内容又源于周公的"制礼作乐颁度量"。故《礼记·明堂位》谓：（礼）"天下传之久矣，君臣未尝相弑也，礼乐刑法政俗未尝相变也，天下以为有道之国，是故天下资礼乐焉。"又谓："周公践天子之位以治天下，六年，朝诸侯于明堂，制礼作乐，颁度量，而天下服。"关于周公的"制礼作乐颁度量"，据《左传·文公十八年》载："先大夫臧文仲教行父事君之礼曰：见有礼于其君者事之，如孝子之养父母也，见无礼于其君者诛之，如鹰鹯之逐鸟雀也。先君周公制周礼曰：'则以观德，德以处事，事以度功，功以事民。'作誓命曰：'毁则为贼，掩贼为藏，窃贿为盗，盗器为奸。主藏之名，赖奸之用，为大凶德，有常无赦，在九刑不忘。'"盖周公制礼作乐非歌舞升平之事，乃宣制定布治国方略之大事。西周分封立国，"本来是一种武装殖民的事业"，"这些贵族的领主地位要靠坚强的武力来维持"[1]。故治国不能缺少武力刑罚。周公之所言无非"以德事民"和"以法惩奸"二义，此二义正是儒家法家学术所继承之原版也。

除了西周的"礼乐刑法政俗"之外，儒家法家学术又都渊源于古代文化。《左传·成公十三年》谓："国之大事，在祀与戎。"祀指祭祀，戎指战争。祭祀活动的目的是求得神祇的保佑和启示，求得种族的生存和发展。能够把祭祀和战争紧密结合在一起就是"戎礼"。儒家法家学术与古代祭祀和战争联系密切。

2. 儒家学术源于执掌祭祀和礼俗之职故重礼仪教化

儒家学术源于执掌祭祀和礼俗之职故重礼仪教化。《汉书·艺文志》引《别录》："儒家者流，盖出于司徒之官。助人君，顺阴阳，明教化者也。游文于六经之中，留意于仁义之际，祖述尧舜，宪章文武，宗师仲尼，以重其言，于道为最高。"又《周礼·天官·大宰》："四曰儒，以道得民。"郑玄注："儒，诸侯保氏有六艺以教民者也。"贾公彦疏："诸侯师氏之下，又置一保氏之官，不与天子保氏同名，故号曰儒，掌养国子以道德，故云以道得民。"

[1] 张荫麟：《中国史纲》，中华书局2009年版，第40页。

《说文解字》："儒，柔也，术士之称，从人需声。"徐灏注笺："人之柔者为儒，因以为学人之称。"章太炎《国故论衡·原儒》载："太古始有儒，儒之名盖出于需……古之儒知天文占候，谓其多技。"徐中舒认为，"甲骨文需儒一字"，"（需）象人沐浴濡身之形，为濡之初文"，"上古原始宗教举行祭祀之前，司礼者须沐浴斋戒，以致诚敬。故后世以需为司礼者之专名"。甲骨文有"儒人""儒师""丘儒""子儒""儒帝子御史"。其中的"子儒"在殷王武丁身边工作，是负责祭祀祖先、接待宾客的专职官员。[1]

儒的前身是殷王身边的神职人员即巫祝卜史，他们分别负责祭祀的仪式，传达神祇的启示，记录重要的事件和言论。儒在民间则是主持婚丧礼仪的人员。周取代商以后，儒成为以相礼为业的术士。"相礼"的活动主要是主持丧葬和婚姻仪式。如《墨子·非儒下》："其礼曰：丧，父母三年，妻后子三年。""取妻，身迎，袛裯为仆，秉辔授绥，如仰严亲，昏礼威仪，如承祭祀。"至于"术士"，可能就是今天的算命先生。如《庄子·田子方》："儒者冠圜冠者知天时，履句屦者知地形，缓佩玦者事至而断。"

《周易》的第三卦《屯》记载抢婚习俗，"屯如邅如，乘马班如，匪寇婚媾"，"乘马班如，求婚媾"，"乘马班如，泣血涟如"。第四卦《蒙》讲送财礼的聘婚习俗，"纳妇，吉，子克家"，"勿用取女，见金，夫不有躬，无攸利"，"不利为寇，利御寇"。第五卦《需》记载儒主持婚礼之事，"利涉大川"，"需于郊，利用恒，无咎"，"需于沙，小有言，终吉"，"需于泥，致寇至"，"需于血，出自穴"，"需于酒食，贞吉"，"入于穴，有不速之客三人来，敬之，终吉"。古代结婚都需要司仪的安排。最初的婚礼还需要扮演抢婚时"寇"的"不速之客"的角色。"需"既是动词，表示主持婚姻仪式的司仪，又是名词，表示主持仪式的人，即儒。《需》卦的《象》云："云上于天，需，君子以饮食宴乐。"在古代，"酒食""饮食"有特殊含义。《礼记·乐记》："酒食者，所以合欢也。""合欢"即缔结婚姻。在婚姻家庭领域，最早的儒体现了媒人和司仪的职能。当然，后来儒的社会职能不断扩大至主持成人礼（文身）之类。总之，其职与教化为中心。其教化的范围是血缘群体，教化的内容就是作为古老风俗习惯的"礼俗""礼仪"，至于"礼义"则是由先秦儒

---

〔1〕 徐中舒主编：《甲骨文字典》，四川辞书出版社1989年版，第1248页、第878页、第879页、第880页。

家总结出来的。

3. 法家学术源于执掌军令和赏罚之职故重法度刑罚

法家学术源于执掌军令和赏罚之职，故重法度刑罚。祭祀活动与战争行为相结合就产生了战争之礼——戎礼。在远古社会，有一些人员是专门掌管戎礼的，其中还包括司法事务。他们开始时被称作巫史。

战争是古人最重大的活动。战争离不开祭祀，通过祭祀来召集族众，誓师，发布军令，指挥各族战士，捣毁敌方的城邑，杀死顽抗者，俘掠归顺者，最后向祖先神献俘，对有功者行赏，对有过者施罚，这些活动都离不开祭祀活动。最早的军令是战鼓之音节，即"律"。[1]战争是古人全体参与的关系族人生死存亡的大事。这使我们推测，最早的礼源于战争祭祀，最早的成文法是《甘誓》那样的军令，即明确公布何种行为是犯罪，又当如何制裁，而最早的法官是论功行赏、论罪施罚的军事法官，皋陶就是传说时代的大法官。《尚书·甘誓》："左不攻于左，汝不恭命；右不攻于右，汝不恭命；御非其马之正，汝不恭命。用命赏于祖，弗用命戮于社。"这是一条古老的誓命，也是一条流传最早的军令。战国法家主张的成文法与此是相通的。在商代，法字写作〔灋〕，实行军令的军事法官是御廌。甲骨文里面有〔廌心〕字，即"慶"字。"慶"与"赏"是相通的。《说文解字》："慶，行贺人也。"《礼记·月令》：（孟春之月）"行慶施惠，下及兆民"。在祭祀祖先神的场合，在御廌的主持下对获战功者进行表彰和赏赐。御廌作为古代军事法官的职责与权威，应当说已经十分清晰了。

军事法官是诸史之一，可以称之为执法之史。范罕说"史者，我国惯习法之专司也……祝官主天法史官掌祖法，遂为我国最古之学问机关，亦即法学思想渊源之所自也"；"祖法可称为经验天学而得之惯习法。司法之事，则史官掌之"；"自是以后，是为史官与儒家继续时代。而理官一小支流，遂为周末法家之鼻祖"；"左史记言，右史记事，事为《春秋》，言为《尚书》"。[2]执法之史的特点是熟知历史典故先例，其职能之一是论功行赏。西周金文的"灋"字在商代金文的〔灋〕字下面增加了一个"去"字，写作灋。"廌"是独角

〔1〕 武树臣："寻找最初的'律'——对古'律'字形成过程的法文化考察"，载《法学杂志》2010 年第 3 期。

〔2〕 范罕：《法论四篇》，载程波点校：《法意发凡——清末民国法理学著述九种》，清华大学出版社 2013 年版，第 18 页、第 20 页，初版于宣统二年（公元 1910 年）十月。

兽，专司审判事务。"去"由弓矢二字构成。弓矢是古代最重要的武器和工具，当人们在捕获俘虏和野兽时产生纠纷时，或者受到他人伤害时，法官凭着弓矢上面的符号来确定责任并作出判决。"灋"字增加的"去"字符是古代法从审判法发展到人判法的一个记号。〔1〕

从以上古文字可以看到，战争和日常生活，使司法事务成为一门必不可少的专业事务，而世代专司这一事务的家族便是司法之吏。在审判过程中，司法之吏或许会采取神判的方法。获取神意的方法是占卜。经过占卜而获得神的启示，必须严格执行。司法之吏无条件服从神的旨意，这种职业精神和后世法家忠于律的精神是相通的。

军事法官主持行赏施罚不仅需要秉公无私，还需要掌握审判技巧，才能够令人心口服。《诗经·鲁颂·泮水》描绘了春秋时鲁国"既克淮夷""淮夷卒获"之后论功行赏的情景："矫矫虎臣，在泮献馘，淑问如皋陶，在泮献囚。"《毛传》："馘，获也，不服者杀而献其左耳曰馘。"献同讞、[谳]，讯问。"献囚"不是审问战俘而是论功行赏，是古老军事法官的重要职责。《睡虎地秦墓竹简·封诊式》载，两战士争首级而致诉讼，长官通过"诊首"即凭借创口的特征来判断谁是斩首者。但是在远古时代，这种矛盾早已经被解决了。因为古人的弓矢上面刻有族徽或记号，把弓挂在俘虏脖颈上面便是直接的证据。作为俘虏的"臣"字就是这样产生的。〔2〕正确地行赏施罚不仅大大提高了誓命军令的权威性，还有力地维护了祖先神、社稷神的统治地位，鼓励全体部民服从统帅，勇敢杀敌立功。

在实行神判法的商代，法官"御鹰"逐渐从占卜之官中独立出来，成为最早的司法官员司寇、御史。他们不仅熟悉先王之政典、历代之故事，而且依然保留着忠于职守、忠于先王故典遗训的传统。法官裁判的结果就是《尚书·吕刑》所谓"灋"。这种行为规范当然没有打破"礼"的范畴，但是它在很大程度上超越了血缘氏族群体的狭小界限，并带有地域性和公开、公平、强制的色彩。战国法家主张的"法"，其精神盖源于此。

---

〔1〕 参见武树臣："寻找最初的'法'——对古'法'字形成过程的法文化考察"，载《学习与探索》1997 年第 1 期。

〔2〕 参见武树臣："寻找最初的德——对先秦德观念形成过程的法文化考察"，载《法学研究》2001 年第 2 期。

(二) 商鞅变法和秦律的三个历史使命

战国期间，商鞅变法和秦律的诞生是法律史的重大事件。商鞅变法和秦律所承载的历史使命是双元的，即建立超血缘的集权国家和父系家庭秩序。

1. 商鞅变法和秦律的第一个使命是缔造超血缘的集权政体

自西周春秋以来，以血缘为纽带的分封制一直占据主导地位。春秋后期在一些诸侯国产生局部的郡县设置。秦自商鞅变法以后，秦国领土不断扩大，郡县制也不断发展。但是，作为国家政体的官僚制还没有上升到国家政体层面。此间，《吕氏春秋》的作者曾经建议恢复封建制，"观于上世，其封建众者，其福长，其名彰"，"权轻重，审大小，多建封，所以便其势也"。(《吕氏春秋·慎势》) 这一建议可谓逆历史之道而行。在政体问题上，儒家法家的立场是对立的。面对春秋礼崩乐坏、诸侯兼并、陪臣执国命的社会现实，儒家要求"正名""为国以礼"，重建"礼乐自天子出"的统一的宗法贵族政体；法家则主张尊君尚法、废止世袭、赏功任能，建立非血缘的集权君主政体。法家之所以否定儒家的礼治、人治，其要害都在于否定以宗法血缘为纽带的世袭分封制的贵族政体。

从某种角度来看，商鞅变法的许多措施的目的都在于破除贵族政体而确立集权政体。商鞅在秦国先后主持过两次变法，是先秦法家变法最有成效者。第一次开始于公元前359年（一说公元前356年），主要内容是：其一，"改法为律"，增加"连坐法"即"令民为什伍而相收司连坐，不告奸者腰斩，告奸者与斩敌首同赏"（《史记·商君列传》），作为《秦律》颁行秦国，厉行法治。其二，奖励军功，禁止私斗。商鞅变法，令"宗室非有军功论不得为属籍"（《史记·商君列传》），"斩一首者爵一级，欲为官者为五十石之官"，"官爵之迁与斩首之功相称也"（《韩非子·定法》）；"为私斗者各以轻重被刑"，使人民"勇于公战，怯于私斗"。（《史记·商君列传》以下同）太子犯法，"刑其傅公子虔，黥其师公孙贾"。其三，奖励耕织，重农抑商。实行新法令，"僇力本业，耕织致粟帛多者复其身，事末利及怠而贫者，举以为收孥"。第二次变法开始于公元前350年，主要内容是：其一，确立土地私有制，"开阡陌封疆"，"改帝王之制，除井田，民得买卖"。（《汉书·食货志》）其二，推行县制，"集小都、乡、邑、聚（村落）为县，置令、丞凡三十一县（一说四十一县或三十县）"。（《史记·商君列传》）县令、县丞等地方官由国君直接任免，集权中央，并统一度量衡制度。其三，按户口征收军赋，"舍地而税人"，（《通典·食货典·赋税上》）以利开垦荒地和增加赋税收入，明令"民有二男以上不分异者倍其赋"。（《史记·商君列传》）这些通过秦律而进行的改革措施，一方面清理了贵族政体及其政治经济势力，一方面巩固了新兴地主阶级的经济基础和政治统治，从而使秦国从不被人重视的"夷狄之邦"，一跃而成为令东方诸国望而生畏的虎狼之国。

战国晚期，结束诸侯割据状态，建立统一的中央集权制国家、渴望安定的社会秩序，就成了大势所趋、人心所向。法家代表人物敏锐地把握了这一时代脉搏，提出了"富国强兵"的统一方略，秦始皇以法家思想为指导，通过兼并战争完成了统一大业，建立了中国历史上第一个具有统一文字、法律、职官、道路、度量衡的中央集权制国家。秦以后，中国一直实行统一的中央集权制，尽管有过短暂的分裂和战争状态，但统一始终是主流。其间，少数民族不仅建立过一些地区性国家政权，而且多次入主中原。但无论是汉族还是边疆少数民族建立的王朝都以中国正统自居，实现文化融合，把中华各民族纳入其版图之中。

2. 商鞅变法的第二个使命是改法为律确立成文法法体

史称商鞅改法为律。商鞅以《法经》为蓝本，结合秦国的具体情况加以修订、扩充，"改法为律"。尽管我们无法得知"改法为律"的具体情况，但是，通过《商君书·定法》，我们可以推测，当时的法律、法令是用"妇孺皆知"的语言写成的，"法官"负责解答民众咨询。直到韩非时，人们仍然记得商鞅之法——"今境内之民皆言治，藏管商之法者家有之"。（《韩非子·五蠹》）那些涉及社会生活各个领域的用普通民众熟知的文字写就的，兼而明示何种行为为违法犯罪又应当承担何种责任的法律，与"议事以制""刑不可知则威不可测"的古老法律相比，是一种全新的法体。

3. 商鞅变法的第三个使命是完成周礼确立的男系家体

从某种意义上来说，商鞅变法既是一场政治革命——政体之变，法律革命——法体之变，同时又是一场文化革命——家体之变。家体即家庭秩序或家庭制度。诚如蒙文通先生所云："是岂知商君之为，缘饰秦人戎狄之旧俗，而使渐进于华夏之文邪？"[1]从中国历史长河的角度来看，商鞅变法可与魏孝

---

〔1〕 蒙文通：《古史甄微》，巴蜀书社1999年版，第237页。

文帝变法齐美，他们皆以中原农耕文化为目标。商鞅变法以移风易俗为标志。商鞅变法时推行的一些新法令，涉及风俗习惯和婚姻家庭。这些法令具有双重意义：第一个意义是以中原农耕习俗为榜样改变秦人游牧的居住习惯。第二个意义是清除秦人的母系氏族残留的婚姻风俗。最终目的是实现周礼确立的男系（父权夫权）家庭秩序。

在中国古代，父系家庭秩序的确立，经历了漫长的过程。张荫麟说，"夏朝历年约莫四百。其君位是父死子继而不是兄终弟及"；"商朝王位的继承，自第二传以下，以兄终弟及为原则……最后的四传皆是以子继父"。[1]这种文化差异或源于夷夏东西之别，而延至殷周之际。王国维说"中国政治与文化之变革，莫剧于殷周之际"；"周人制度之大异于商者，一曰立子立嫡之制……二曰庙数之制，三曰同姓不婚之制"。[2]"在周代严格的宗法制度下，祭祀十分强调纯粹的父系血缘关系，非其祖先者不在祭祀之列"；"制礼作乐是西周统治者完善德治的一个根本措施，在制度上将政治宗教伦理化"。[3]"宗法制本是由氏族社会演变下来的以血缘关系为基础的族制系统，周人把它与嫡长制结合起来，使族的纵（嫡长继承）横（宗法系统）两面，都生联系。"[4]从某种角度而言，殷周之际的剧烈变革的本质，是建立父系婚姻家庭制度以取代具有母系特征的婚姻家庭制度。西周初期的"制礼作乐"及禁止"群饮"[5]，可能与此政策有关。但是，由于历史的和地域文化传统的原因，周初实行的变革并非在各个地方都立即奏效。秦国可能就属于成效甚微的国度。但是，建立以周礼为代表的父系婚姻制度的变革浪潮迟早会到来。

商鞅注意到法律与风俗之间的关系问题。他的态度是：法律可以改变风俗，同时，法律也应当尊重风俗。《商君书·立本》说"俗生于法"，"错法而俗生"。这是强调法律可以改变旧风俗，建立新风俗。那么，什么是旧风俗呢？

第一个旧风俗是游牧习俗。秦人世居西陲，与诸戎杂居。故世人称秦族

〔1〕 张荫麟：《中国史纲》，中华书局 2009 年版，第 12 页、第 7 页、第 8 页。
〔2〕 王国维：《观堂集林》上《殷周制度论》，中华书局 1959 年版，第 451 页、第 453 页、第 454 页。
〔3〕 张岂之主编：《中国思想学说史》先秦卷上，广西师范大学出版社 2008 年版，第 175 页、第 178 页。
〔4〕 郭宝钧：《中国青铜器时代》，三联书店 1963 年版，第 202 页。
〔5〕 群饮暗指母系制度下比较自由的婚姻习俗，《礼记·乐记》："酒食者所以合欢也。"

为"秦戎"。(《管子·小匡》)颇含贬义。及至秦孝公之世,秦人仍行"戎翟(狄)之教","父子同居一室"。商鞅变法,令"民有二男以上不分异者倍其赋"。孝公十二年,"令民父子兄弟同室内息者为禁"。颇具效仿东方诸国改革游牧民族传统风俗之色彩。这样,秦始"为男女之别,大筑冀阙,营如鲁卫"。(《史记·商君列传》)

第二个旧风俗就是以"赘婿"为代表的母系婚姻残余。商鞅变法之前,秦人可能在一定程度上保留着以女性为中心的族外婚制,男子成年之后嫁到女家,如此世代类推,遍布部落各氏族的男子,都是源于一族的兄弟,固有"四海之内皆兄弟"之说。而殷商前期"兄终弟及"继承制抑或与此有关。这种女婿即后来所谓"赘婿"。这种以女性为中心的族外婚制可能源于东夷民族。东夷民族素有收养外族人之习俗。《左传·襄公四年》载:寒浞为伯明氏所弃,"夷羿收之,信而使之"。这也是氏族社会中收养义子的习惯。[1]联想到殷王朝重用异族人伊尹,将伊尹与殷先王同列祭祀;联想到殷人珍视兄弟之谊,"商人祀其先王,兄弟同礼,即先王兄弟之未立者,其礼亦同"。[2]

我们再分析一下商鞅变法的内容:"令民父子兄弟同室内息者为禁","民有二男以上不分异者倍其赋","始秦戎狄之教,父子无别,同室而居。今我更制其教,而为其男女之别。大筑冀阙,营如鲁卫"。(《史记·商君列传》)我们是否可以这样推测:"父子"可以指父亲与儿子,似乎也可以指岳父与女婿,"二男"可以指两个儿子,也可以指两个女婿,"分异"指分家,如果家中只有一个儿子或女婿,将来女婿可以继承家业,就不必分家。相反如果家中只有两个成年儿子或两个女婿,就必须分家。"戎狄之教"指母系氏族残留的婚姻风俗。"男女之别"则不仅包括父与女、父与子媳,母与子、母与女婿之间的界限,还包括兄弟与姐妹,兄与弟媳、弟与嫂、姐与妹夫、妹与姐夫之间的界限,以此类推,这种男女之大防就可以扩大到所有家庭成员的范围。

秦人歧视"赘婿",泰山刻石有"贵贱分明,男女礼顺,慎遵职事。昭隔内外,靡不清净,施于后嗣"。(《史记·秦始皇本纪》)从文化革命的角度来看,商鞅变法的意义,就在于使秦人从世代沿袭殷礼——以女性为中心的族外婚制,转而实行周礼——以父系为中心的家庭制度。

---

〔1〕 王玉哲:《中华远古史》,上海人民出版社 2003 年版,第 148 页。
〔2〕 王国维:《观堂集林》上《殷周制度论》,中华书局 1959 年版,第 455 页。

4. 秦律的功能之一是确立和推行周礼所倡导的父系家庭秩序

以法律手段维护父系家庭秩序，此旨在《睡虎地秦墓竹简·法律答问》中得到较为充分的反映。其中有"非公室告"的规定："父母擅杀、刑、髡子及奴妾，不为公室告"，"非公室告，勿听"。甚至"子告父母，告者罪"。这些规定与西周春秋时代所推崇的"孝""君臣无狱""父子无讼"的古老礼治原则，甚至与儒家"父子相隐"都是一脉相承的。秦律又规定："免老告人以不孝，谒杀……亟执勿失。"《封诊式·告子》载："甲告曰甲亲子同里士伍丙不孝，谒杀，敢告。即令令史已往执。"《封诊式·迁子》载："某里士伍甲告曰：谒鋈亲子同里士伍丙足，迁蜀边县，令终身毋得去迁所，敢告……今鋈丙足……以县次传诣成都。"秦律的这一规定一直被后世法律所沿用。如《唐律疏议·斗讼·子孙违犯教令》载："诸子孙违犯教令及供养有缺者，徒二年……皆须祖父母父母告，乃坐。"[1]《大清律例·刑律·诉讼·子孙违犯教令》例文："其有祖父母、父母呈首子孙，恳求发遣，及屡次违犯，忤逆显然者，即将被呈之子孙，发烟瘴地方充军。"[2]可见，即使是在子壮分户的情况下，父家长的权力仍然得到国家法律的拱卫。《封诊式》中的"黥妾"记载着主人要求官府对其婢女施行黥劓之刑的请示公文，"迁子"记载着父母要求官府对其亲子实施鋈足流放的请示公文。[3]秦律规定，缔结婚姻必须向官府登记才有效，否则，不受法律保护。《法律答问》载："女子甲为人妻，去亡，得及自出，小未盈六尺，当论不当？已官，当论。未官，不当论"；"弃妻不书，赀二甲"。女子甲为人之妻，私逃，被捕或自首，如年少，身高不满六尺，应否论处？婚姻经官府认可的，应论处；未经认可，不应论处。丈夫休弃其妻而不报官登记，罚二甲。夫妻与第三方通奸是被严禁的，重婚也是被禁止的。"女子去夫亡"，与他人"相夫妻"，要"黥为城旦"。

远在成文法还未诞生之前，古老的礼制就已经发挥着后世法律那样的功能。秦律公开维护父系家长的特权和家族秩序，无异于首开礼制局部成文法化之先河。因此，这一过程是很难以儒家化、法家化来命名的。在这种所谓"纳礼入律"的实践过程中，似乎并没有引起大的思想交锋，一切都平平静静

---

〔1〕 （唐）长孙无忌等撰：《唐律疏议》，刘俊文点校，中华书局1983年版，第437页。

〔2〕 马建石、杨育棠主编：《大清律例通考校注》，中国政法大学出版社1992年版，第895页。

〔3〕 睡虎地秦墓竹简小组编：《睡虎地秦墓竹简》，文物出版社1978年版，第196页、第195页、第260页、第261页。

理所当然地进行着。这说明，在法家的思想深处，仍然为古老的礼治留有极大的空间，或者说，在法家的心目中，那些与贵族特权无干的民间之礼，自始就没有被视为敌人。先秦法家的变法和"法治"自始就不意味着必然全部排斥文化传统。事实上法家不仅没有一般地否定父系家族伦理秩序，反而十分注意用法律手段维护这种秩序。同时，这一现象也反映了法家所代表的新兴地主阶级的一个愿望，即借用古老的宗法家族的行为规范来维系新国家的社会基础。

尽管在秦律中未见关于"赘婿"的直接规定，但是秦简《为吏之道》摘录了两条魏律条文，因其与秦律的精神相一致，故被官吏特意抄录引为参考。《魏户律》："廿五年闰再十二月丙午朔辛亥，（王）告相邦：民或弃邑居野，入人孤寡，徼人妇女，非邦之故也。自今以来，假门逆旅，赘婿后父，勿令为户，勿予田宇。三世之后，欲仕仕之，仍署其籍曰：故某闾赘婿某叟之乃孙。"《魏奔命律》："廿五年闰再十二月丙午朔辛亥，（王）告将军：假门逆旅，赘婿后父，或率民不作，不治屋室，寡人弗欲。且杀之，不忍其宗族昆弟。今遣从军，将军勿恤视。烹牛食士，赐之三饭而勿与殽。攻城用其不足，将军以掩壕。"[1]可见，魏律对"赘婿"惩罚之严厉。这也说明，"弃邑居野，入人孤寡，徼人妇女"，"率民不作，不治屋室"的"赘婿"风俗，与父系家庭秩序是不能并存的，而这种古老风俗曾经长久地存在于广大地区。

除了秦律，秦推行的一系列政策也起着重要作用。《泰山刻石铭文》："贵贱分明，男女礼顺，慎遵职事；昭隔内外，靡不清净，施于后嗣。"《琅邪刻石铭文》："尊卑贵贱，不踰行次。""六亲相保，终无寇贼。"《会稽刻石铭文》："饰省宣义，有子而嫁，倍死不贞；防隔内外，禁止淫佚，男女絜诚；夫为寄豭，杀之无罪，男秉义程；妻为逃嫁，子不得母，咸化廉清。"《碣石刻石铭文》："男乐其畴，女修其业，事各有序。"而且，"三十三年，发诸逋亡人、赘婿、贾人，略取陆梁地，为桂林、象郡、南海，以适遣戍。"（《史记·秦始皇本纪》）《史记·货殖列传》："清寡妇也，能守其业。""秦始皇以为贞妇而客之，为筑女怀清台。"用行政手段旌表"贞妇"，自秦始。故顾炎武《日知录·秦纪会稽山刻石》谓："秦之任刑虽过，而其坊民正俗之意，固未

---

〔1〕　睡虎地秦墓竹简小组编：《睡虎地秦墓竹简》，文物出版社1978年版，第292页、第294页。

始异于三王也。"[1]

其实，古老礼俗的成文法化或刑法化，自商鞅变法时代就首开其端了。从文化演进的角度而言，商鞅变法未必不是一场深刻的文化革命——一方面运用法律手段改革"父子同穸庐卧"的游牧习俗，向中原农耕文明靠拢；另一方面，清扫宗法血缘社会的根基，实行法治，独尚君权，在国家和个人之间建立起简洁的权利义务关系，造就一个由千百万陌生人群体组成的泱泱大国。秦律就是在这场文化革命中诞生的。值得注意的是，秦律在维护君权、父权的同时，兼而注意维护夫权。韩非所谓"三事"说的创新之处就是夫权。这是儒家未曾完成的。因此可以说，是儒家和法家共同完善了传统的男系家庭伦理观。

（三）儒法之间：整体分歧及局部重叠

准确把握儒家法家法律思想内涵，是分析两家思想的内部结构及外部联系的前提。为此，必须首先厘清一些基本概念。

1. 儒家法家法律思想的整体分歧

由于文化传统和现实社会地位的不同，儒家法家各自形成了自己的法律传统。在先秦时代，儒家法家的法律思想表现出明显的差异性。

第一，在国家政体方面，孔孟儒家坚持自西周以来统一的宗法贵族政体。他们一方面主张恢复天子的权威，一方面又主张进行局部改良：实行"亲亲"原则下"举贤才"——亲齐则贤者先贵，贤齐则亲者先贵。儒家坚持贵族政体，故重视各级贵族个人品格的作用，主张"贤人政治"（人治），相对忽视法律和刑罚的作用。法家则主张通过变法废除宗法贵族政体，建立统一的集权君主官僚政体。运用法律武器剥夺贵族的世袭特权，尚贤使能，选拔有功者参与国家管理。各级官吏由君主任免，对君主负责。治理国家不寄希望于"贤人"而依靠"法治"。

第二，在处理统治者和被统治者之间的关系方面，儒家认为两者相互依存并可以互相转化，故主张"德治"。儒家对统治阶级与被统治阶级之间的辩证关系——相互依存缺一不可，在一定条件下又可以互相转化——有极为深刻的认识。《荀子·王制》说："君者，舟也；庶人者，水也。水则载舟，水

---

[1]　（清）顾炎武：《日知录集释》（中），黄汝成集释，栾保群、吕宗力点校，上海古籍出版社2006年版，第752页。

则覆舟。"意思是说，老百姓在正常情况下可以奉养君子，但在特殊情况下也可以起来推翻君子的统治。因此，儒家反复强调要重视老百姓的问题，注意改善人民的物质生活条件，劝说统治阶级不要过分压迫剥削劳动人民，要自我克制，不要专横暴虐，以免引起人民的反抗斗争。其基本方法就是"富而后教"，即"德治""仁政""教化"，以期建立一个虽有阶级分别和阶级剥削却没有阶级反抗的和谐社会。法家则独尚君权，维护君主的绝对权威。臣下和百姓应当无条件服从君主的支配，不能阳奉阴违，更不能对立反抗。法家主张运用法律管理和役使人民，用赏罚二柄奖励有功于国家的行为，制裁有害于国家的行为，用法律规范人民的言论行动，以期实现富国强兵、统一天下。

第三，在君主与大臣的关系方面，儒家主张君臣共治，共同治理国家社稷。《论语·八佾》云："君使臣以礼，臣事君以忠。"君主要尊重大臣，大臣在君主面前应当有较大发言权。儒家主张限制君主专横，君主不能凭着个人的喜怒专断。孔子主张"勿欺也而犯之"（《论语·宪问》）的事君之道，大臣要敢于讲真话，敢于批评君主的过失，这才是真正的"忠"。又以"予无乐乎为君，唯其言而莫予违也"为"丧邦之言"。（《论语·子路》）孟子甚至提出，对暴虐的君主，人民可以起来把他打倒；对屡劝不改坚持作恶的君主，大臣有权力罢免其王位并选立新的君主。荀子吸收法家"尊君""尚贤使能"的主张，维护集权君主制，同时又继承儒家限制君权的思想，主张社稷大臣"从道不从君"。"社稷之臣"为了国家的利益可以"强君""矫君"，"抗君之命，窃君之重，反君之事"，"以成国之大利"。（《荀子·臣道》）荀子限制君权的思与孟子的"民贵君轻"和"诛暴"说，可谓各有千秋。儒家把君主和大臣视为统治阶级的一个整体，认为君主与大臣虽然有差别，但都应当对社稷负有责任。

法家则主张尊君卑臣，认为君主的地位神圣不可侵犯，凡是君主的命令，都要绝对执行，不得违抗，否则就是犯上作乱。法家还提醒君主时时提高警惕，严防臣下谋权篡位。法家的这一见解不仅源于对人们"好利恶害"本性的认识，而且是基于春秋乱世的总结。在法家看来，社会秩序的混乱就在于诸侯贵族的以下犯上，而商汤、周武均以臣弑君，却得到人们的颂扬。《商君书·开塞》说："武王逆取而贵顺，争天下而上让。"《韩非子·备内》说："上古之传言，春秋所记，犯法为逆以成大奸者，未尝不从尊贵之臣也。"《韩非子·忠孝》说："尧舜汤武或反君臣之义,乱后世之教者也。尧为人君而君其臣,舜为人臣而臣其君,汤武为人臣而弑其主,刑其尸,而天下誉之,此天下所以至今不治者也。"法家则认为君臣之序是绝对不可以颠倒不可动摇的。正所谓"夫冠虽贱,头必戴之,履虽贵,足必践之";"冠虽穿弊,必戴于头,履虽五彩,必践之于地";(《韩非子·外储说左下》)故"人主虽不肖,臣不敢侵也"。(《韩非子·忠孝》)因此,君主应当时刻把握住国家权力,即所谓"国之利器不可以假人",处处防备大臣的反叛阴谋。"故明主者,不恃其不我判也,恃吾不可判也;不恃其不我欺也,恃吾不可欺也。"(《韩非子·外储说左下》)其办法就是施行法治、势治、术治。当然,也需要教育大臣:"孝子之事父也,非竞取父之家也;忠臣之事君也,非竞取君之国也。"法家的"君臣之义"说,与儒家"以道事君"的主张是截然对立的。

第四,在对行为规范及其价值的评价上,儒家强调道德规范是第一性的,法律规范是第二性的。在儒家看来,社会行为规范大致上可以分为两种:一种是以内心感情为基础的道德伦理规范;另一种则是凭借强制力保障实行的法律规范。儒家认为,发自内心的道德规范是真实的、有价值的、美好的,因而也是最为有效的;而靠暴力驱使的法律规范则是不真实的、片面的、不美的,其效力是十分有限的。法律可以用强迫的办法迫使人们做什么,禁止人们做什么,但并不能使人们从内心深处自觉地弃恶从善。人们一旦从内心的伦理要求出发去做什么或不做什么,就能够自我制约。这样,法律和刑罚就失去了作用。儒家强调宗法道德伦理规范的作用,所以,他们特别强调教化。统治者要对人民进行教化,自己首先就应当是圣君贤臣,这就需要修身养性自我约束。法家则认为法律规范是第一性的,认为人们"好利恶害"的本性是普遍的不可改变的,甚至也不必改变,正由于人民有此秉性,故赏罚可用,认为教育的作用十分有限,治理国家不能靠德政教化,只能靠法律和刑罚,只要人们服从法律即可,不必考虑内心的所谓伦理感情。

第五,在评价人与法的作用方面,儒家一般更强调人的作用,认为法是人制定的,又是靠人来执行的,故人的作用是第一位的。因此,在法律样式(立法司法的宏观方式)方面,孔子坚持贵族"议事以制"的传统习惯,抵制或轻视成文法。法家认为法律的作用是第一位的。人的因素有许多局限性,无法实现统一规格。只有法律特别是明确而详细的成文法,才能统一人们的行为和思想。因此,法家心目中的法就是成文法。它用寻常百姓容易读懂的

通俗文字写成，其目的是使人们有所遵循，同时杜绝官吏的非法行为，使"吏不敢以非法遇民"。(《商君书·定法》)

第六，在司法原则方面，儒家坚持礼的精神，依照当事人的血缘身份和社会地位，区别对待。比如所谓"刑不上大夫，礼不下庶人"，"亲疏相隐"，反对族诛连坐，等等。法家则一般坚持"刑无等级"，不论什么人，只要违反了国家法律，都要依法承担相应责任。一人犯罪，其亲属故人不得隐瞒不报，否则就实行连坐。但是，法家从来没有提倡法律面前人人平等，因为法律规定本身就充满差异精神。

第七，在犯罪原因、杜绝犯罪和刑罚措施方面，儒家认为犯罪是社会现象，其原因有二：一是由于物质生活上的贫困，使人民铤而走险；二是思想意识上没有达到自我约束。因此，儒家一般都把矛头指向统治阶级，要求他们减轻剥削压迫，实行富而后教的政策，从而杜绝犯罪。在刑罚措施上儒家一般主张罪刑相称，适当宽宥，尤其反对扩大打击面，反对族诛连坐。法家认为犯罪是从人们自私自利的秉性使然，是通过犯罪获得更大的利益。因此，杜绝犯罪只能实行严刑峻罚，使人们不愿意因图小利以获重罪。在刑罚措施上法家主张重轻罪，不赦免，对重大犯罪实行族诛连坐，以期"以刑去刑"。

综上所述，儒法两家法律思想的差异是很明显的。诚如《史记·太史公自序》论六家之要旨所概括："儒者博而寡要，劳而少功，是以其事难尽从，然其序君臣父子之礼，列夫妇长幼之别，不可易也。""法家严而少恩，然其正君臣上下之分，不可改矣……法家不别亲疏，不殊贵贱，一断于法，则亲亲尊尊之恩绝矣。可以行一时之计，而不可长用也。故曰严而少恩。若尊主卑臣，明分职不得相逾越，虽百家弗能改也。"

法家注意到法律与国家政体的关系问题。法家认为，法治的推行以建立国家政体为前提，这个政体必然是集权君主政体。在先秦诸子中，法家和儒家一样看到春秋弑君内乱兼并亡国的社会现实，极力寻找解决之策。儒家选择了人治（贤人政治）、德治、礼治，试图重建宗法贵族政体；法家则选择了集权君主政体，并确立"以法治国"作为治理国家的主要方略。

法家之所以主张"以法治国"，与战国的形势密切相关。战国社会的主要矛盾是失去国家秩序而引起长期的战乱，平民百姓无不深受战乱之苦。因此，除了儒家之外，其他诸家都程度不同地讨论过战争和军法，以期取得兼并战争的胜利。法家更是如此，故《汉书·艺文志》法家类列《商君》29 篇，而兵家类又有《商鞅》。重视兵家不一定能够取胜，不重视兵家其结果可想而知。深受儒家思想影响的鲁国很早被排除在战国七雄之外，并非偶然。儒家所谓"仁者无敌于天下""惟不嗜杀人者能一之"的口号虽然美妙，却不被诸侯国君所青睐，因为它们背离时代的主题。秦国采取法家建议，实行奖励耕战的措施，故国富兵强，最终统一天下。不管秦人出于何种目的，使用何种措施，在客观上毕竟完成了结束战乱统一国家的历史使命。

在中国古代社会，"礼"和"法"是一对既密切联系又有明显差异的行为规范。礼是历史积累的无所不包的以风俗习惯为载体的适用于血缘亲族的行为规范，法是社会权威机构制定的适用于陌生人群体的行为规范。阐明"礼"和"法"的共同渊源及其差别，是正确把握儒家法家法律思想内核的关键。

"礼"和"法"都源于古代社会生活实践。"礼"源于氏族对祖先神的集体祭祀和日常生活的风俗习惯。"法"源于部落战争的誓命、赏赐和惩罚。儒家法家法律思想的对立集中表现为"礼治"与"法治"的对立。这种对立究其实又源于古代行为规范当中"礼"与"法"的历史差异性。诚如吕思勉先生所谓"法律的来源有二：一为社会的风俗，一为国家对于人民的要求"。〔1〕此言道出古代行为规范的纵向（血缘）和横向（地缘）联系。国家的要求就体现为成文法。"因为旧道德的力量减少，又因为人口增加，都邑扩大，贵族和庶民间的关系日益疏远，礼的约束和威仪的镇压已不够作统治之用，所以有些精明的贵族感觉到制定成文法的必要。"〔2〕古代行为规范源于古代社会生活实践，即"国之大事，在祀与戎"。（《左传·成公十三年》）"礼""法"自此生也。

"礼"是氏族血缘群体——多血缘共同体的行为规范，源于对祖先神的祭祀活动，从而产生包括婚姻和对外交往的礼仪风俗。自周礼形成之后，"礼"体现为先天的宗法血缘的差异性等级规范，其精神为父系家庭伦理。这一精神在政体上体现为宗法世袭的贵族政体，在民间则体现为风俗习惯，它们靠社会舆论、道德评判和自悟自觉来实现。"礼制的维持毕竟靠风气和习惯的养成。"〔3〕遇到诉讼，则采取"议事以制"、遵从先例的原则，参考以往先例故

---

〔1〕 吕思勉：《中国文化史·刑法》，新世界出版社 2008 年版，第 140 页。
〔2〕 张荫麟：《中国史纲》，中华书局 2009 年版，第 83 页。
〔3〕 张荫麟：《中国史纲》，中华书局 2009 年版，第 142 页。

事以判断。"礼"始终体现氏族血缘群体的共同性而忽略个体自然人的特殊性。

"法"则是部落即超血缘群体或多血缘群体共同的行为规范,其来源有二:一是对外战争的誓命、赏赐、刑罚,具有公平、公开和强制的特征,这是"法"的第一个渊源;二是氏族之间的诉讼,当氏族内部的风俗习惯不足以解决氏族之间诉讼的场合,只能凭借部落权威机构出面解决,其判决亦构成"法"的第二个渊源。"法"在一定程度上具有脱离血缘纽带的色彩,基本上靠超血缘或多血缘的共同体的权威机构来保障施行。"法"在一定程度上弱化氏族血缘群体的共同性而承认个体自然人的特殊性。

春秋以降,宗法贵族政体式微,"礼"自政治领域逐渐边缘化,而在社会风俗领域依然存在。战国之际,集权君主郡县政体不断发达,"法"在政治领域的作用逐渐上升,最终成为法家变法的旗帜。"法"的精神有三:一是确立并维持集权君主政体。二是实行公开透明的成文法——明确规定何种行为是违法犯罪,又当承担何种责任,先秦诸子曾对成文法的特征进行概括。如《韩非子·定法》云:"法者,宪令著于官府,刑罚必于民心,赏存乎慎法,而罚加乎奸令者也。"《韩非子·难三》云:"法者,编著之图籍,设之于官府,而布之于百姓者也。"《墨子·非命》云:"发宪出令,设为赏罚。"《管子·立政》云:"凡将举事,令必先出,曰:事将为,其赏罚之数,必先明之。立事者谨守令以行赏罚,记事致令,复赏罚之所加。有不合令之所谓者,虽有功利,则谓之专制,罪死不赦。"法官司法只能依据法条,不得背法裁判。法家的视野全在政治领域,对民间礼俗及其作用关注相对较少。三是关注人与财产的关系,即"土地货财"之名分,如"一兔走百人逐之""定分止争"之论。

2. 儒家法家政治法律思想的局部重叠

(1) 孔子思想本来就含有法家思想元素。

孔子是儒家的创始人,孔子思想博大精深,其主体思想奠定了后世儒家思想的基本轮廓。然而其中也不乏某些可以启发后世各家思想(包括法家)的某些思想元素。有些思想元素和后世法家思想是相通的。这些思想元素主要有以下几个方面:

第一,孔子在一定程度上承认政令刑罚的作用。孔子主张治理国家应当以德治、礼治为本,但是孔子也认识到推行德治、礼治是十分困难的事情。他说"博施于民,而能济众"是"尧舜其犹病诸"的难题。(《论语·雍也》）孔子虽倡"德治"，但从不否定刑罚等暴力作用。每当教化无效时，他也主张诉诸暴力，使用刑罚。甚至当他听到郑国子产的继任者"尽杀萑符之盗"的消息，竟说："善哉！政宽则民慢，慢则纠之以猛。猛则民残，残则施之以宽。宽以济猛，猛以济宽，政是以和。"（《左传·昭公二十年》）这种"宽猛相济"的思想曾被后世封建统治者奉为圭臬。《韩非子·内储说上七术》亦记载子产临终之言："夫火形严，故人鲜灼；水形懦，故人多溺。子必严子之刑，无令溺子之懦。"但在一般情况下，孔子总是强调德化的作用。《论语·为政》说："道之以政，齐之以刑，民免而无耻；道之以德，齐之以礼，有耻且格。"意思是说，用政令、刑罚驱使人民，人民可以被迫去做，但心中没有善恶的道德观念；用恩德、教化对待人民，人民由于从内心树立辨别善恶的道德伦理观念而自我约束。因此，道德伦理规范的价值要高于法律规范。在这里，孔子虽然强调德政礼教的终极性价值，但是，并没有排斥政令刑罚的作用。

第二，孔子主张"正名"，即恢复社会秩序。他要求纠正当时各种违反"君君、臣臣、父父、子子"等级名分的混乱现象。他主张"礼乐征伐自天子出"，反对"八佾舞于庭"的僭越行径，也曾言及"无为而治"。而"正名"精神一旦运用到政治领域的"君君、臣臣"之间，自然引申出相应的职责或权利义务等概念。前期法家"君道无为""臣道有为"的主张很可能受到"无为而治"思想的影响。名分与国家权力直接相关。《左传·成公二年》载："新筑人仲叔于奚救孙桓子，桓子是以免，既，卫人赏之以邑，辞。请曲县繁缨以朝，许之。仲尼闻之曰：'惜也，不如多与之邑。唯器与名，不可以假人，君之所司也。名以出信，信以守器，器以藏礼，礼以行义。政亡则国家从之，弗可止也。'"仲叔于奚自恃有功而欲享受诸侯之礼乐，卫侯竟然同意了。孔子以为"器与名"（国家政权的象征）只能由君主支配，他人岂能染指。儒家并非在一般意义上否定法律和刑罚的作用。比如，孔子言"道之以政，齐之以刑"，"宽以济猛，猛以济宽"。孟子说："不以规矩，不能成方圆……徒善不足以为政，徒法不能以自行……上无道揆也，下无法守也，朝不信道，工不信度，君子犯义，小人犯刑，国之所存者幸也。"（《孟子·离娄上》）孟子以规矩比喻法律，和法家以绳墨角斛比喻法律如出一辙。又谓："入则无法家拂士，出则无敌国外患者，国恒亡。然后知生于忧患而死于安乐也。"（《孟子·告子下》）只是儒家没有把刑罚摆在治国的首位。

第三，孔子主张"举贤才"。孔子不惜修正周礼的"亲亲"原则而主张"举贤才"，在"近不失亲"，即"笃于亲"的原则下，做到"远不失举"，（《左传·昭公二十八年》）让非贵族出身的"贤才"能参与国政。并认为"举直错诸枉，则民服；举枉错诸直，则民不服"。（《论语·为政》）主张选拔贤能者进入国家管理层。

第四，孔子主张"司法以直"。《左传·昭公十四年》载：叔向的弟弟叔鱼接受贿赂，枉法裁判，叔向主张"杀之以正刑书"。孔子称赞叔向"治国制刑，不隐于亲"，"杀亲益荣"，是"古之遗直也"。孔子强调君主施行赏罚不能出以私心。《左传·昭公五年》载："仲尼曰：'周任有言曰：为政者不赏私劳，不罚私怨。'"孔子还主张司法官员应当遵从法律，据《春秋繁露·五行相生》载："司寇者水也，故曰金生水。北方者水，执法司寇也。司寇尚礼，君臣有位，长幼有序，朝廷有爵，乡党以齿……据法听讼，无有所阿，孔子是也。为鲁司寇，断狱屯屯，与众共之，不敢自专。是死者不恨，生者不怨。"

（2）儒家法家都主张建立和维护统一国家。

儒家虽然坚持世袭的宗法贵族政体，但是他们主张建立统一的国家，实现"礼乐征伐自天子出"的政治秩序。法家则主张通过变法实行法治以富国强兵，进而通过兼并战争实现统一。但统一的国家已不是贵族政体，而是中央集权的君主官僚政体。法家认为分封世袭的贵族政体是天下混乱的根本原因，故必须坚决废除之。

（3）儒家法家都主张维护男系家庭秩序。

法家注意到法律与风俗之间的关系问题。在这个问题上，法家的态度是：法律可以改变风俗，同时，法律也应当尊重风俗。《商君书·立本》谓"俗生于法"，"错法而俗生"。这是强调法律可以改变旧风俗，建立新风俗。商鞅变法中的一些措施，比如"民有二男以上不分异者倍其赋"之类，就是为了改革旧风俗，树立新风尚的。在传统风俗礼仪方面，法家认为只要不干扰法治的实行，即采取容忍甚至保护态度。《商君书·画策》说："所谓义者，为人臣忠，为人子孝，少长有礼，男女有别，非其义也，饿不苟食，死不苟生，此乃有法之常也。"符合法律的行为同时也就成了符合道德的行为。《韩非子·忠孝》说："臣之所闻曰：臣事君，子事父，妻事夫，三者顺则天下治，三者逆则天下乱。此天下之常道也。"商鞅、韩非的看法和荀子是一致的。《荀子·

仲尼》谓:"少事长,贱事贵,不肖事贤,是天下之通义也。"荀子的"天下之通义"、韩非的"天下之常道"是如出一辙的。这种"通义""常道"后来则被西汉董仲舒归纳为"三纲"说——"君臣父子夫妇之义,皆取诸阴阳之道。君为阳,臣为阴,父为阳,子为阴,夫为阳,妇为阴";"王道之三纲,可求于天"。(《春秋繁露·基义》)可见,法家和儒家在维护政治等级和家庭秩序方面是高度一致的。在意识形态方面,法家和儒家都维护宗法道德观念。法家强调道德的外在行为,故崇尚法律;儒家则强调忠孝仁爱的内在伦理感情,故重视教化。《睡虎地秦墓竹简·为吏之道》说:"君怀臣忠父慈子孝,政之本也。"以及秦律关于"不孝""非公室告"等规定,这些都反映了新兴地主阶级用宗法观念维系统治阶级内部及家庭内部秩序的愿望。

太史公所总结的儒法两家思想的特点和差别是比较客观的。但是,事实上儒家不仅重视父子夫妇长幼的宗法血缘之礼,也重视君臣上下的政治之序;法家不仅重视君臣上下之序,也重视父子夫妇长幼之礼。但是,法家一般强调人们客观行为的合法性,而忽略其内心的伦理感情。儒法两家在强调社会等级差异性方面是一致的。儒家法家法律思想在许多方面是重叠的,只不过角度和程度不同而已。比如,他们都认为法是人类社会产生的,不是神的派生物;他们都主张建立统一的国家,他们都承认政治等级和家庭秩序;他们都忽视个体自然人的权利;他们都主张一定形式的君臣合作,儒家主张"君使臣以礼,臣事君以忠";法家主张"君道无为,臣道有为"。他们都主张"无讼",但实现"无讼"的途径不同:儒家主张通过教育,使人们成为"重义轻利"的君子,从而避免诉讼;法家则主张凭借国家法律"定分止争",以达到"集兔满市""贫盗不顾"的境界。

先秦儒家法家之学术分歧直接源于春秋战国政体之变。诚如蒙文通先生所言,"法家之说为空言,而秦制其行实也,儒家之说为空言,而周制其行实也。周秦之政殊而儒法之论异";"盖自战国以来,布衣之士已崛起而居卿相,夫布衣之不容世族之久据贵势与豪人之独擅富厚,自必并力以摈之,固势理之必然,此思想之一变,而公羊所以讬春秋而讥世卿也";"法家摈贵族,而公羊因之讥世卿,讥世卿岂儒家孔孟之意耶!"[1]

西汉以后,儒法两家之所以能够合流,其客观条件是政治领域的"汉承

---

[1] 蒙文通:《古学甄微》,巴蜀书社 1987 年版,第 189~190 页。

秦制"和社会领域古老风俗习惯的存在，其主观条件是儒法两家思想本来就具有一系列共同特征。西汉以降，原始儒家的仁政、德治和教化等主张，促进了古代刑法从野蛮向文明的发展大势，而原先的法家精神从来没有退出历史舞台，依法治国的精神，守法尽职的职业法家，依然在古代法律实践活动中顽强地宣示着自己的存在。"其始也，儒法相争如寇仇，其卒也，儒法之调和如昆季，而学术以渐入于统一。"儒家"兼采法墨之长，各家相争之迹熄，而恢宏卓绝之新儒学以形成，道术遂定于一尊也"。[1]

（四）荀子思想与儒法学术的整合

荀子不仅是继子夏以后传承儒家经典的巨擘。清人汪中《荀卿子通论》说："荀卿之学，出于孔丘而犹有功于诸经。""自七十子之徒既没，汉诸儒未兴，中更战国暴秦之乱，六艺之传赖以不绝者，荀卿也。"荀子的功劳不仅在于传播经学，更在于与时俱进有所创新。郭沫若说："汉武以后学术思想虽统一于一尊，儒家成了百家的总汇，而荀子实开其先河。"[2]

严格来说，荀子的学术既非孔孟之儒学，亦非商韩法家之学，而是两者的改造与合一，故可称之为"儒法家"或"法儒家"。在秦朝以后两千余年的中国古代社会（又称之为集权君主制时代）当中，真正发挥作用的，既非孔孟的原始儒家，也非商韩的原始法家，而是荀子之学。荀子之学标志着先秦贵族学术的终结和集权君主时代正宗学术的肇始。可以说，古代社会的正宗学术均未超出荀子学术的范畴。西汉，董仲舒继承和发展了荀子学术，使儒学上升为官方正宗学术。汉武帝时"罢黜百家，独尊儒术"，其时之"儒术"已经经过脱胎换骨的自我变异，"蝶化"为儒法融合之后的新一代产儿。

1."隆一而治"的君道与"从道不从君"的臣道相结合

在国家政体方面荀子与商鞅韩非的主张基本一致，即主张建立集权君主制度，并要求臣民服从之。他说，"权出一者强，权出二者弱"，（《荀子·议兵》）"天子者，势至重而形至佚，心至愉而志无所诎，而形不为劳，尊无上矣"，"天子者，势位至尊，无敌于天下，夫有谁与让矣，道德纯备，智慧甚明，南面而听天下，生民之属，莫不振动从服以化顺之"。（《荀子·正论》）

在官僚政体之下如何做臣子，这是孔子孟子未曾涉及的新问题。荀子一

〔1〕 蒙文通：《古学甄微》，巴蜀书社 1987 年版，第 309 页。
〔2〕 郭沫若：《郭沫若全集》历史编第 2 卷《十批判书》，人民出版社 1982 年版，第 251 页。

方面坚持臣子忠于君主，以达到"可贵可贱也，可富可贫也，可生可杀不可使为奸"（《荀子·仲尼》）的境界；另一方面又坚持"从道不从君"的立场。作为臣子的最高境界是以伊尹为原型的"圣臣"即"社稷之臣"。"社稷之臣"——"君有过谋过事，将危国家殒社稷之惧也，大臣父兄有能进言于君，用则可，不用则去，谓之谏；有能进言于君，用则可，不用则死，为之争；有能比知同力，率群臣百吏而相与强君矫君，君虽不安，不能不听，遂以解国之大患，除国之大害，成于尊君安国，谓之辅；有能抗君之命，窃君之重，反君之事，以安国之危，除君之辱，功伐足以成国之大利，谓之拂。故谏争辅拂之人，社稷之臣也，国君之宝也，明君之所尊厚也，而暗主惑君以为己贼也……'从道不从君'，此之谓也"。（《荀子·臣道》）毋庸讳言，荀子关于"社稷之臣"的主张对皇权的威胁或杀伤力可能比孟子的"诛暴君"之说还要大，荀子思想不为后世王朝所容，盖源于此。

2. 既重德教又重刑罚

如果说，孔子所谓"道之以政，齐之以刑，民免而无耻；道之以德，齐之以礼，有耻且格"（《论语·为政》）是从道德规范高于法律规范的角度得出的结论，那么，荀子则是从统治阶级与被统治阶级之间的同一性（相互依存、互相转化）的深度来阐述德政思想。他说："鸟穷则啄，兽穷则攫，人穷则诈。自古及今，未有穷其下而能无危者也。"（哀公）《荀子·王霸》云："马骇舆，则舆人不安舆，庶人骇政，则君子不安位。马骇舆，则莫若静之。庶人骇政，则莫若惠之……传曰：'君者舟也，庶人者水也，水则载舟，水则覆舟。'此之谓也。故君人者欲安，则莫若平政爱民矣。"（《荀子·王霸》）但是，他同时又主张君子重义轻利，不与百姓争利："从士以上皆羞利而不与民争业。"（《荀子·大略》）

荀子主张"德政"，"以德兼人者王，以力兼人者弱，以富兼人者穷"。（《荀子·议兵》）"德政"与"富民""教化"密切联系，"不富无以养民情，不教无以理民性"。（《荀子·王霸》）君主施惠于民的目的是对人民进行教化。在教化的问题上荀子继承了孔子"齐之以礼"和孟子"谨庠序之教"的主张，并涉及人性领域。他说："人之性恶，其善者伪（人为）也。"只有后天的自我改造才能使人去恶向善并成为君子。在荀子看来，宗法家族社会是"人之所以为人"的必备环境，坚持"礼"就必须维护宗法家庭秩序。对破坏这种秩序的"元恶"，他主张严厉制裁，"不待教而诛"，（《荀子·

王制》）"虽陷刑戮可也"。（《荀子·修身》）但是，荀子主张先教后刑，"不教而诛，则刑繁而邪不胜"。（《荀子·富国》）同时主张罪刑相称，"赏不欲僭，刑不欲滥。赏僭则利及小人，刑滥则害及君子"。（《荀子·致士》）这就使荀子的主张和法家的严刑重罚思想区别开来。

3. "隆礼重法"与"礼者法之大分"的"礼法"说

荀子既重礼又重法，"其耕者乐田，其战士安难，其百吏好法，其朝廷隆礼，其卿相调议，是治国已"。（《荀子·富国》）实际上提出"国家主义"和"家族主义"相结合的二元的"法统"（法律的价值基础）说。不仅如此，荀子还基于"礼"与"法"名异而实同的见解，最先提出"礼法"的概念。比如"非礼，是无法也"，（《劝学》）"学也者，礼法也"，"礼法之枢要也"，"是百王之所同而礼法之大分也"。（《王霸》）梁启超说："荀子所谓礼，与当时法家所谓法者，其性质极相逼近。"〔1〕为了准确把握荀子的"礼法"说，首先必须了解荀子心目中的"礼"和"法"。

首先是从孔孟之"礼"到荀子之"礼"。孔孟所主张的"礼治"是纳国家政治与宗法家庭生活于一炉的"全面礼治"，即"为国以礼""为家以礼"。西周、春秋是"全面礼治"时代。"礼"作为宗法性行为规范的道德伦理观念，全面支配着社会生活的总体面貌。"礼"在国家政治生活中的体现是"亲贵合一"的宗法贵族政体。在这种政体下，政治等级与宗法等级相互重叠，政治上的"尊尊"与宗法上的"亲亲"毫无二致，服从长上与孝顺父祖无实质差别。荀子对"礼"的改造主要表现在：第一，吸收了法家"尚贤使能"的官僚集权政体；第二，把"礼"仅仅局限在宗法家族领域内。这样一来，就把孔孟的国家与家庭一元化的礼，改造成国家与家庭相分的二元化的新礼。〔2〕他认为，"任人唯亲"而不"尚贤使能"是国家危亡的主要原因。《荀子·君道》说："古有万国，今有十数焉，是无他故，莫不失之是也。"他在《君道》中宣布："贤能不待次而举，罢不能不待须而废。"在"贤能"与否的标准面前，王公大夫之子孙应"归之庶人"，而庶人之子孙，可以"归之卿相士大夫"。其目标是建立非血缘身份的、依人们后天行为而确立的上贤为三公、次贤为诸侯、下贤为士大夫的官僚政体。这就使荀子之"礼"与官僚政

---

〔1〕 梁启超：《先秦政治思想史》，中华书局 2015 年版，第 138 页。

〔2〕 张国华、饶鑫贤：《中国法律思想史纲》（上），甘肃人民出版社 1984 年版，第 118~119 页。

体挂上了钩。而在家庭生活领域，荀子则鲜明地坚持"礼"的精神。他在《非相》中强调："人之所以为人者，非特以二足而无毛也，以其有辨也。""辨"即"礼"。"礼"是国家社会得以存在的根本："君臣、父子、兄弟、夫妇，始则终，终则始，与天地同理，与万世同久，夫是之谓大本。"(《荀子·王制》)

经过这番改造，孔孟的全面之"礼"变成局部之"礼"。"礼"已经从国家政体上面滑落下来，在宗法家庭社会领域继续发挥其功用。同时"礼"作为人们的生活准则和思维方式仍发挥巨大作用。荀子同周公、孔孟、商韩一样，都主张用法律的形式和国家强制力去维护"礼"的差异性精神。

其次是从商韩之"法"到荀子之"法"。荀子坚持"隆一而治"的官僚集权政体，这是荀子与商韩法家相同的重要方面。同时，荀子对商韩法家的"法治"进行无情的批评和改造。荀子认为，人们"好利恶害"的本性是可以通过后天的教化和自我修养来加以改造的，故而重视教化的作用。商韩法家则认为人们的这一本性不能改变，故而否定教化而专任刑罚。荀子批评商韩的"赏罚二柄""严令繁刑"是"佣徒鬻卖之道""唯权势之嗜"，是"不求之于本而索之于末"。这样一来，荀子对商韩的"法治"进行了改造，一方面排除了一味遵从"赏罚二柄"和"重刑"主义的内容，另一方保留了官僚集权政体的主张，从而使原先全面的"法治"变成局部的"法治"，从全面的"法"变成局部的"法"。

荀子从文明起源的历史出发，论述"礼"与"法"都是适应组成社会，"明分使群"，制止纷争的共同需要而产生的。他还从人性论的角度指出，"礼"与"法"都是为着"化性起伪"而发挥作用的。荀子用绳墨规矩比喻"礼"，如同法家用角量权衡比喻"法"。这说明，荀子之"礼"，已经从纯主观的感情和观念变成客观的、稳定的、可以衡量和操作的、靠国家强制力维系的法律规范。这样一来，就使"礼"的实现途径，从孔孟一味教化的理想主义方针，变成立法司法的法律实践活动。于是，作为人们行为规范的"礼"终于依托在"法"上面，使两者合而为一了。"荀子的礼和法家的法有了这一点根本的相同，它们对于个人都是一种外来的钳制，他只有服从的义务，没有选择的余地，没有怀疑和批评的自由。"[1]荀子"礼法"观的社会价值不

---

〔1〕 张荫麟:《中国史纲》，中华书局 2009 年版，第 142 页。

仅在于提出了新名词、新概念，也在于揭示了法律实践活动的价值基础是父系伦理观念，一方面使法律由于注入"礼"的神圣性而获得合法性，另一方面又使原先依靠内心自觉和舆论调节的"礼"，由于获得国家强制力的保护而大大增加了权威性。

4. "人法兼重"论与"法类并用"说

在法与人的评价上，荀子有一句名言："有治人，无治法。"意谓有尽善尽美的人而没有尽善尽美的法。法虽然是治理国家的基础，"法者治之端也"，但是法是人制定的，"君子者法之原也"。只有好的人才能制定出好的法，而且好的法必须靠好的人来执行。否则，"法虽具，失先后之施，不能应事之变，足以乱矣"。其结论是："有良法而乱者，有之矣，有君子而乱者，自古及今，未尝闻也。"（《荀子·王道》）

在司法实践中，荀子十分重视人的作用。法官不仅要掌握法律条文——"法数"，更要深谙法律条文背后的宗旨——"法义"。

《荀子·修身》说，"人无法则伥伥然，有法而无志其义则渠渠然，依乎法而又深其类然后温温然"；《解蔽》说，"法其法以求其统类"；《儒效》说，"卒然起一方，则举统类而应之"。低水平的法官"不知其义，谨守其数"（《荣辱》），"不知法之义而正法之数者，虽博，临事必乱"（《君道》）。商鞅就强调法官"通数""以数治""以数相举"（《商君书》之《靳令》《禁使》《慎法》）。《庄子·天下》则谓之："以法为分，以名为表，以参为验，以稽为决，其数一二三四是也，百官以此相齿。"《荀子·非十二子》批评慎到"终日言成文典，仅循察之，则偄然无所归宿"。只有大儒那样的高水平的法官才能不仅明知"法数"而且更深谙"法义"。

更为重要的是荀子提出一种新的司法模式。《荀子·王制》及《大略》说，"有法者以法行，无法者以类举，听之尽也"；"有法者以法行，无法者以类举，以其本知其末，以其左知其右，凡百事异理而相守也，庆赏刑罚，通类而后应"。那么，什么是"类"？《荀子》言"类"约七十处（"统类"八见，"伦类"二见）。但更多见的是法律意义上的"类"。《方言》谓"肖，类，法也，齐曰类"；"类，法也"。[1]王念孙认为类即法，两者没有实质的差别。其文《类》云："类者，法也，言邪僻而无法也。《方言》：'类，法也，齐曰

---

〔1〕 周祖谟校笺：《方言校笺》，中华书局1993年版，第47页、第82页。

类。'《楚辞·九章》:'吾将以为类兮。'王注与《方言》同……《史记·乐书》律作类,《王制篇》曰:'其有法者以法行,无法者以类举。'盖法与类对文则异,散文则通矣。"[1]实则不然,类应当是与"法"并立而不同于"法"的一种法律形式,即故事、先例之类。荀子所谓"有法者以法行,无法者以类举",实际上提出了"成文法"与故事、先例相结合的"法体"(法律的宏观样式)理论,姑且名之为"混合法"。其大意是:有成文法律且宜于时用之际,便适用成文法律来裁判案件;无成文法律或虽有成文法律而不宜于时用之际,便援引以往的故事先例或依照它们所体现的法律原则来裁判案件,这是司法审判的全部方法——"听之尽也"。

适用故事、先例的思维方式是归纳推理。法官在审理案件时,从以往的故事、先例中寻找法律依据。适用"成文法"的思维方式是演绎推理,法官在断案时,从抽象的法条中寻找法律依据。

荀子把"成文法"故事、先例结合起来,也必然要把演绎推理和归纳推理结合起来。《荀子·正名》说,"有兼听之明","辨异而不过,推类而不悖,听则合文,辨则尽故"。《致士》载:"临事接民而以义,变应宽裕而多容,恭敬以先之,政之始也;然后中和察断以补之,政之隆也;然后进退诛赏之,政之终也。"所谓"兼听之明","听"即听讼之义;"兼听"即兼而运用"成文法"和"判例法"。"合文"即符合法条之义;"尽故"即符合判例之义。《王制》说:"中和者,听之绳也。其有法者以法行,无法者以类举,听之尽也。""中和"即"兼听",即把适用"成文法"的稳定性和适用故事、先例的灵活性结合起来。后世刑法有着多元的表现形式,其中最为稳定的法律形式是刑法典,但由于刑法典的先天不足——它不可能包揽无遗又难于随机应变,故必须通过比附援引的办法创制适用非稳定的法律规范,如令、比、决事比、行事、科、式、例,等等。纵观后世刑法之构成,不外乎是稳定法律形式与非稳定的法律形式所构成的格局。其中非稳定的法律形式为着弥补成文法典的欠缺而产生,经过积累检验之后又被成文立法所吸收。如此循环往复,未有穷期,这就是中国式的"混合法",它可以从荀子最早的设计中找到其原型。

荀子的"隆礼重法"(国家与家族主义)是后世王朝的"法统"(法律的

---

[1] (清)王念孙:《读书杂志》(四),上海古籍出版社2014年版,第1695页。

价值基础）的雏形，而其"有法者以法行，无法者以类举"则是后世成文法与先例相结合的"混合法"之"法体"（法律的宏观样式）的理论指南。仅此两端，足以使荀子成为中国古代法文化的设计者。近代谭嗣同指出："二千年来之学，荀学也。"[1]可以说，"二千年来之法，荀法也"。荀子的法律思想是后世正统法律思想的雏形。而确立正统法律思想的历史使命是由汉代大儒董仲舒完成的。荀子和董仲舒的思想是一系的，他们已经远远走出孔孟的庭院，但是并没有进入法家的大门。他们站在历史的高处，吸收了孔孟商韩的思想元素，为统一的王朝构架了一个新的体系——正统法律思想。

三、秦汉以降：正统法律思想的确立与刑法实践的演进（上）

（一）董仲舒的事功与正统法律思想的确立

董仲舒是汉初治春秋公羊学的大儒，曾向汉武帝倡议"罢黜百家，独尊儒术"——"诸不在六艺之科、孔子之术者，皆绝其道，勿使并进，邪辟之说灭息，然后统纪可一，而法度可明，民知所从矣"。此建议被采纳。此后，"立学校之官，州郡举茂材孝廉，皆自仲舒发之"。（《汉书·董仲舒传》）董仲舒远承孔孟，故《论衡·超奇》云："孔子曰：'文王既没，文不在兹乎?'文王之文在孔子，孔子之文在仲舒。"又近取荀子，故云：董仲舒"作书美荀卿"。（刘向《孙卿叙录》）董氏兼收阴阳五行及某些神权思想因素，构成了新儒家的理论体系。他的法律思想标志着封建正统法律思想的确立。其思想内容主要有以下诸方面：

其一，提出天命君权与灾异说，对集权君主制既歌颂又约束。

董仲舒提出"天人合一"的神学思想，神化皇权，神化三纲："受命之君，天意之所予也。"（《春秋繁露·深察名号》）"王者承天意以从事。"（《汉书·董仲舒传》）"仁义制度之数，尽取之天"，"王道之三纲，可求于天"。"君臣父子夫妇之义，皆取诸阴阳之道。"（《春秋繁露·基义》）同时，又提出"灾异谴告"说，试图对皇帝的过分行为加以约束。《春秋繁露·必仁且智》说："凡灾异之本，尽生于国家之失。国家之失乃始萌芽，而天出灾害以谴告之。谴告之而不知变，乃见怪异以惊骇之。惊骇之尚不知畏恐，其殃咎乃至……以此观之，天灾之应过而至也，异之显明可畏也。圣主贤君尚乐

---

[1]（清）谭嗣同：《谭嗣同全集》，《仁学》第二十九，中华书局1981年版，第337页。

受忠臣之谏，而况受天谴也？"这种"天谴天告"说，对于制约皇帝个人的专断行为来说的确发挥着潜在的威力。

其二，以"天道"神化"德主刑辅""大德小刑"说。董仲舒认为，人类社会的政治行为应当效法天道："圣人副天之所行以为政，故以庆副暖而当春，以赏副暑而当夏，以罚副凉而当秋，以刑副寒而当冬。庆赏罚刑异事而同功，皆王者之所以成德也。"（《春秋繁露·四时之副》）天道的精神是以阴阳来体现的，这个精神就是阳为主而阴为辅，阳主德而阴主刑；"刑者德之辅，阴者阳之助也"。（《春秋繁露·天辨在人》）"王者承天意以从事，故任德教而不任刑。"（《春秋繁露·王道通三》）这种神秘理论一方面神化了孔孟的"为政以德"的传统主张，另一方面在纠正秦朝专任刑罚的政策的同时，也把法家的法治安置到一个重要的位置上，或者说也使法家的法治同样具有了神性。这样，就把荀子的德刑兼重的主张理论化权威化了，从而把本来对立的儒法主张在神学模式下调和起来。

其三，提出"考绩之法"。董仲舒吸收了先秦法家"循名责实""据位治人"的统驭百官之法，并提出了"据位治人"考核官吏的具体措施。董仲舒设计了"考绩之法"。《考功名》篇说："考绩之法，考其所积也……考绩细陟，计事除废，有益者谓之公，无益者谓之烦。挈名责实，不得虚言，有功者赏，有罪者罚，功盛者赏显，罪多者罚重。不能致功，虽有贤名，不予之赏；官职不废，虽有愚名，不加之罚。赏罚用于实，不用于名，贤愚在于质，不在于文。故是非不能混，喜怒不能倾，奸轨不能弄，万物各得其真。则百官劝职，争进其功。"尽管董仲舒"考绩之法"在汉代未能实施，但他的目的是通过具体的制度来驾驭庞大的官僚机器，保证集权官僚政体的正常运转。董仲舒的考核之法既源于《尚书》的"三载考绩，三考黜陟"，又与先秦法家的"循名责实""赏贤罚劣"的"法治"精神相一致。作为名儒，董仲舒既宣扬儒家的传统治国之策，又对治吏之法津津乐道，反映了汉武帝时代儒法进一步融和的时代特征。

其四，首创"春秋决狱"的审判方式。董仲舒首创"春秋决狱"的审判方式，并作《春秋决狱》232事（今佚）。《汉书·艺文志》谓："《春秋》以断事，信之符也。"是说《春秋》所包含的义理和故事，均有行为规范的作用。董仲舒作为治公羊春秋的大儒，特别重视《春秋经》的作用。他曾多次强调《春秋》之义的重要地位。比如《春秋繁露·楚庄王》说："《春秋》之辞，多所况，是文约而法明也……古今通达，故先贤传其法于后世也。《春秋》之于世事也，善复古，讥易常，欲其法先王也。"

董仲舒一方面把《春秋》视为"义之大者"，是载"先王遗道""人道之极"的"大法"，另一方面还把《春秋》大义看做可以由之引申出具体法律原则的最高法源。这些具体的法律原则是可以通过举一反三、"伍其比、偶其类""比贯类""缦援比类"的方法来加以总结提炼出来的。这种从具体的特殊事物抽象出一般原则的推论方法，就是归纳法。

董仲舒从《春秋》中概括出许多儒家经义。公羊学派所专注的"微言大义"正是这样的法律原则。这主要有"近近而远远，亲亲而疏疏，贵贵而贱贱，重重而轻轻，厚厚而薄薄，善善而恶恶"；（《春秋繁露·楚庄王》）"《春秋》之听狱也，必本其事而原其志。志邪者不待成，首恶者罪特重，本直者其论轻"；（《精华》）"《春秋》之义：立嫡以长不以贤，立子以贵不以长，立夫人以嫡不以妾，天子不臣母后之党"；"《春秋》之义，臣不讨贼，非臣也。子不复仇，非子也"；（《王道》）"《春秋》君不名恶，臣不名善，善皆归于君，恶皆归于臣"。（《阳尊阴卑》）这些儒家经义不仅是处理国家政治、日常政务的依据，而且还是立法、司法所依照的重要原则。这些原则从《春秋》所载史事、故事、先例中被概括出来，并且运用到现实政治、行政、法律活动中。而《春秋》经典直接表述的经义，也有相应的具体事例加以论证。董仲舒以毕生精力研究《春秋》，他既善于从具体故事、案例中引申出法律原则，又善于援引具体故事、先例来论述法律原则。董仲舒倡始的"春秋决狱"是对古老"先例法"的一次历史回顾。

（二）正统法律思想的核心价值观

正统法律思想的内容和特征是在漫长的法律实践过程中形成的。从思想渊源来看，它们大都是对先秦时代的思想材料加以提炼而成的。这些思想材料有的本来是对立的，但在封建社会的政治法律实践中逐渐趋于融合、并行不悖。正统法律思想体现了"法治"与"礼治"相结合的二元价值观。法统即法律传统，是指导法律实践活动（立法、司法及思维）的价值基础。它决定着法律实践活动的内容、特点和发展方向。一般而言，一个民族的法律传统是一元的，而中国古代的法律传统则是二元的，即"礼治"和"法治"。"礼治"指源于远古时代的宗法家族的行为规范和伦理观念。"法治"的政治基础是春秋战国时期出现的集权君主官僚政体。

法家自战国初期到末期的发展，与儒家自孔、孟到荀况的发展之间，有着微妙的和谐之处。儒、法两家都由理想型转为务实型，儒家容忍集权专制，法家也捍卫宗法等级，他们都由强调礼法对立转而强调礼法合一。秦律维护父系家长的特权，无异于"礼治"的局部法典化。"礼治""法治"都是自然经济与宗法社会的产物，两者的差异仅仅在于：儒家是从维护宗法社会到维护自然经济，法家则是从维护自然经济到维护宗法社会。这正是绝妙的异曲同工、殊途同归。[1]

西汉以后，儒学被奉为官方正宗学术，这是一纸有形的宣言；中央集权的君主专制政体的继续存在，则是无形的存在。宗法家族社会细胞的生存与发展，是"礼治"的坚实基础；而集权官僚政体的巩固与壮大，则继续呼唤着"法治"。

"礼治"与"法治"的结合可以从《唐律》中的"十恶"中得到集中反映。"十恶"中有四条半是维护宗法家族秩序的，有四条半是维护集权专制政体的。一般犯罪只有一条。这种二元式的法律传统在中国特殊的社会条件下竟结合得天衣无缝，这不能不说是一个奇迹。

十恶，指封建刑律中十种重罪。秦律有不敬、不孝、犯上、非上之名，汉以后又有大逆、不义、大不敬、内乱。至《北齐律》称"重罪十条"。隋《开皇律》始称"十恶"。《唐律》仍旧。尔后历朝相沿不改。十恶重罪为常赦所不原，即使属"八议"范围者，亦不得议、请、减。犯十恶者均处以重刑。唐律规定，谋反、谋大逆者皆斩，家属从坐，子女年十六岁以上者皆绞。明清更严其罚，犯者凌迟处死，"祖父、父、子、孙、兄、弟及同居之人，不分异姓，及伯叔父、兄弟之子，不限籍之同异，年十六以上，不论笃疾、废疾，皆斩"。

《唐律·名列·十恶》疏议："五刑之中，十恶尤切，亏损名教，毁裂冠冕，特标篇首，以为明诫。其数甚恶者，事类有十，故称十恶。然汉律九章，虽并淹没，其不道、不敬之目见存，原夫厥初，盖起诸汉。案汉陈已往，略有其条。周齐虽具十条之名，而无十恶之目。开皇创制，始备此科，酌于旧章，数存于十。大业有造，复更刑除，十条之内，唯存其八。自武德以来，

---

〔1〕 武树臣等：《中国传统法律文化》，北京大学出版社 1994 年版，第 288 页。

仍遵开皇，无所损益。"

十恶之罪名及内容如下：

谋反。即"谋危社稷"，图谋推翻封建王朝，危及帝王的君位。

谋大逆。即"谋毁宗庙、山陵及宫阙"，图谋毁损皇帝家庙、黄陵、宫殿。

谋叛。即"谋背国从伪"，图谋背叛国家。

恶逆。即"殴及谋杀祖父母、父母，杀伯叔父母、姑、兄、姊、外祖父母、夫、夫之父母、父母者"。

不道。即"杀一家非死罪三人，肢解人，造畜蛊毒、厌魅"。

大不敬。即"盗大祀神御之物，乘服御物，盗及伪造御宝，合和御药误不如本方及封题误，若造御膳误犯食禁，御幸舟船误不牢固，指斥乘舆，情理切害及对捍制使，而无人臣之礼"。

不孝。即"告言、诅詈祖父母、父母，及祖父母父母在，别籍异财，若供养有缺，居父母丧身自嫁娶，若作乐，释服从吉，闻祖父母、父母丧，匿不举哀，诈称祖父母、父母死"。

不睦。即"谋杀及卖缌麻以上亲，殴告夫及大功以上尊长、小功尊属"。

不义。即"杀本属府主、刺史、县令、见受业师，吏、卒杀本部五品以上官长，及闻夫丧匿不举哀，若作乐，释服从去及改嫁"。

内乱。即"奸小功以上亲、父祖妾及与和者"。

纵观十恶之目，除"不道"系指灭绝人道的杀人罪之外，其余九条中，有四条（谋反、谋大逆、谋叛、大不敬）是维护中央集权的君主政体的；有四条（恶逆、不孝、不睦、内乱）是维护以父权为核心的宗法家族秩序的。剩下的"不义"，则两者兼而有之。

十恶中维护集权君主政体的内容，与法家历来主张的"尊君"思想是相通的。在法家看来，君主具有至高无上的权威，臣下和百姓均不得侵犯。国家秩序是高于一切的。为了维护国家秩序，应当付出成本，这就是用制度来容忍庸主和恶君。同时，儒家历来坚持的礼终于被国家上升为成文法条，在家族社会中发挥威力。法家的法并不因为添加了礼的内容而削弱了昔日的威严，它在指挥一个庞大的官僚机器时仍然发挥了独特的效力。此间的法律和制度的字里行间处处浸透着尊卑、长幼、亲疏、男女、贵贱之间的不平等精神，礼的差异性与法的差异性融而为一。这就使中华法系具有了区别于其他法系的独特精神。

简而言之，"礼治"的价值在于使"人之所以异于禽兽"，或者说使"人之所以为人"。这个"人"不是个体自然人，而是宗法意义上的"人"，也就是使人作为宗法血缘网络中的一个结而存在。"法治"的价值在于使臣民作为集权官僚机器上的小小螺丝钉而发挥作用，它是实现皇权的一个重要环节。这种二元的法律价值观使人不仅成为人，而且必须履行家族的和国家所赋予的双重义务。历代王朝法官的社会职能之一就是在家族之礼和国法之间寻求平衡。

表1　唐律十恶罪名及其所维护的社会关系

罪　　名	维护集权君主制度	维护宗法家族秩序	
谋　反	√		
谋大逆	√		
谋　叛	√		
大不敬	√		
不　孝		√	
恶　逆		√	
不　睦		√	
内　乱		√	
不　义	√	√	
不　道			√杀人罪

（三）循吏酷吏与官僚队伍的正规化

武帝采纳董仲舒的建议，"罢黜百家，表彰六经"，（《汉书·董仲舒传》）标志着正统法律思想的诞生。但是，这只是一纸有形的宣言。而中央集权的君主政体的继续存在、巩固壮大，则必然需要法家式的治国方法，从而使"法治"的生命力经久不衰。这是法家学术继续得以存在的社会政治基础。诚如吕思勉先生所说："儒家为时显学，众所共知，法家似较式微，实则明察之上，才智之臣，无不阴用之者。"[1]另一方面，宗法家族社会细胞的生存与发展，又是呼唤"礼治"的社会基础。正是在这种政治文化条件下，形成了官场的循吏与酷吏长期并行的有趣现象。

1. 酷吏的执政风格与社会职能

西汉以降，秦所确立的集权君主政体被承继下来。因此，秦原来用以维护集权政体的一整套官僚机构和治国方法也必然地被继承下来。这就是汉代酷吏得以生存的政治环境。酷吏的特征，为《史记·酷吏列传》所谓"其治暴酷""直法行治，不避贵威""暴酷骄恣""其治如狼牧羊""内深次骨""务在深文"；《后汉书·酷吏列传》所谓"以暴理奸""风行霜烈""政严猛好申韩法""专任刑罚""刻削少恩""专事威断""肆情刚烈""重文横人"，等等，其要只在"以猛服民"。

汉代酷吏作为专制皇权的鹰隼，其政治作用主要表现在以下几个方面：首先是镇压人民的反抗行为。西汉时，朝廷的残暴政治常激起民变，"吏民益轻犯法，盗贼滋起"，"大群至数千人，擅自号，攻城邑，取库兵，释死罪，缚辱郡太守都尉，杀二千石，为檄告县趣具食；小群以百数，掠卤乡里者，不可胜数也"。因此，"诛灭盗贼"是当时地方行政长官的要务。（《史记·酷吏列传》）其次是翦灭地方豪强势力。汉初，王国与郡同为地方高级行政机关。诸王拥兵自重、煮盐铸币，成为中央政权的威胁。而诸王宗族横行乡里，不遵法度，往往激起民变。因此，翦灭地方豪强是拱卫中央政权的需要。西汉时，"济南目闲氏，宗人三百余家，豪猾，二千石莫能制。于是景帝乃拜（郅）都为济南太守。至则族灭目闲氏首恶，余皆股栗。居岁余，郡中不拾遗"；郅都"独先严酷，致行法不避贵戚，列侯宗室见都侧目而视，号曰苍鹰"。（《史记·酷吏列传》）再次是维护社会治安。比如严延年为涿郡太守，当时，不逞之徒在当地大姓庇护下无恶不作，致使"道路张弓拔刃，然后敢行"。延年至，"穷竟其奸，诛杀各数十人。郡中震恐，道不拾遗"。（《汉书·酷吏列传》）最后是铲除奸党叛逆。酷吏工于审讯，长于理奸，因此在打击叛逆奸党方面成绩卓著。张汤"治陈皇后蛊狱，深竟党与"；"治淮南、衡山、江都反狱，皆穷根本"。（《史记·酷吏列传》）阳球为司隶校尉，奏治权宦王甫狱，"球自临考甫等，五毒备极"，"篲朴交至，父子悉死杖下"。（《后汉

---

[1] 吕思勉：《秦汉史》，商务印书馆 2010 年版，第 805 页。

书·酷吏列传》） 总之，汉代酷吏以拱卫中央集权的封建王朝为己任，以"以猛服民"为方针，以酷烈为手段，充当皇权的"鹰犬之任"。（《后汉书·酷吏列传》） 其作为虽有悖三尺律令，但因其符合王朝的根本利益，故每每得到朝廷的首肯。

2. 循吏的执政风格与社会职能

西汉以后，伴随着儒学的复兴和官吏荐举制度的推行，受到儒学教育的知识分子逐渐登上政治舞台。当他们有条件实现夙愿时，便沿着儒家的"德治""仁政"一展雄才，成为循吏。循吏有着深厚的社会文化根基，这就是儒家的思想。汉代循吏的社会职能主要有以下几方面：首先是为民兴利，使民安居乐业。汉代循吏在一定程度上认识到人民的物质生活状况对于维护封建统治的重要性，故将改善人民的生产和生活视为施政的重要内容之一。如西汉时召信臣为南阳太守，"好为民兴利，务在富之。躬劝耕农，出入阡陌，止舍离乡亭，稀有安居时。视行郡中水泉，开通沟渎，起水门提阏凡数十处，以广灌溉，岁岁增加，多至三万顷。民得其利，蓄积有余……其化大行，郡中莫不耕稼力田，百姓归之，户口增倍，盗贼狱讼衰止。吏民亲爱信臣，号曰召父"。（《汉书·循吏列传》） 其次是行德政以得民心。汉宣帝时，"渤海左右郡岁饥，盗贼并起，二千石不能禽制"，龚遂被任命为渤海太守。他认为民乱的原因是"民困于饥寒而吏不恤"，"治乱民犹治乱绳，不可急也，唯缓之，然后可治"。龚遂"至渤海界，郡闻新太守至，发兵以迎，遂皆遣还，移书敕属省悉罢逐捕盗贼吏。诸持锄钩田器者皆为良民，吏无得问，持兵者乃为盗贼。遂单车独行至府，郡中翕然，盗贼亦皆罢。渤海又多劫略相随，闻遂教令，即时解散，弃其兵弩而持钩锄。盗贼于是悉平，民安土乐业。遂乃开仓廪假贫民，选用良吏，尉安牧养焉"。（《汉书·循吏列传》） 再次是施行教化，移风易俗。循吏以地方行政长官的身份而肩负着教育者的职能。他们把推行国家的法律政令同向老百姓灌输儒家的道德伦理结合起来，成为把强制性行为规范演变为人们内心的伦理规范的灵魂工程师。西汉黄霸"独用宽和为名"，"为条教，置父老师帅伍长，班行之于民间，劝以为善防奸之意，及务耕桑，节用殖财，种树畜养，去食谷马"，"百姓乡化，孝子弟弟贞妇顺孙日以众多，田者让畔，道不拾遗，养视鳏寡，赡助贫穷，狱或八年亡重罪囚，吏民乡于教化，兴于行谊，可谓贤人君子矣"。（《汉书·循吏列传》） 最后是制约统治集团内部的过分行为。循吏大都受过儒家思想的熏陶，对统治者与被统治者之间相互依存、相互转化的关系有较为清醒的认识，因此，他们为封建朝廷长治久安计，敢于纠正统治集团的不理智的专断行为。如龚遂为郎中令，事昌邑王刘贺，"贺动作多不正，遂为人忠厚，刚毅有大节，内谏争于王，外责傅相，引经义，陈祸福，至于涕泣……面刺王过，王至掩耳起走，曰'郎中令善愧（辱）人'。及国中皆畏惮焉"。（《汉书·循吏列传》）如汲黯"好直谏，数犯主之颜色"，被称为"社稷之臣"。汲黯与廷尉张汤议事，"汤辩常在文深小苛，黯伉厉守高不能屈，忿发骂曰：'天下谓刀笔吏不可以为公卿，果然。必汤也，令天下重足而立，侧目而视矣！'"。（《史记·汲郑列传》）

循吏、酷吏是汉代政治法律活动的必然产物。大致而言，循吏的作用在于维护集权王朝的社会根基，没有循吏的工作，统治阶级和被统治阶级之间的政治关系就永远是紧张激烈的，社会不安定，王朝的稳定也就难于实现；酷吏则是专制皇权的忠诚"鹰犬"，他们用酷烈手段打击那些直接威胁皇权的民变和地方割据势力，其作用正如酷吏周纡所云："见无礼于君者，诛之如鹰鹯之逐鸟雀。"（《后汉书·酷吏列传》）循吏的出现，标志着先秦儒家已经由民间学术派别上升为官僚，他们兼民之父母、社会教师于一身，为维护王朝的社会基础发挥着重要作用。而酷吏的登场，则标志着先秦法家学术在新的历史条件下造就了一批职业法家。

3. 儒生与文吏的角色合一实现了官僚队伍的正规化

西汉以后，官僚队伍大致由两部分成员——文吏与儒生所构成。汉承秦制，亦承秦吏，故保留大批秦式的官吏。他们大都是"武力有功之臣"，（《史记·儒林列传》）和子承父业之吏。《论衡·程材》谓："文吏，朝廷之人也。幼为干吏，以朝廷为田亩，以刀笔为耒耜，以文书为农业，犹家人子弟生长宅中，其知曲折愈于宾客也。宾客暂至，虽孔墨之材，不能分别。儒生犹宾客，文吏犹子弟也。"儒生特指儒家知识分子出身的官吏。儒家知识分子得以大批"通经入仕"，全赖汉武帝时的新政策。儒生以所操之六经礼乐大批参与政治事务并进而为官，这正是孔子"学而优则仕"的百年梦想。

在官府当中，"先进于礼乐"的儒生之吏与"后进于礼乐"的秦朝之吏之间的差异、摩擦是避免不了的。文吏未曾系统接触过六经之学，不明子曰诗云之类，但谙习施政的惯例，通晓法律程式，熟知钱粮赋税捕盗及审判业务。《论衡·程材》谓："文吏幼则笔墨，手习而行，无篇章之诵，不闻仁义之语，长大成吏，舞文巧法。"儒生之吏系统学习过儒家经典，深明仁义礼智信等道德伦理和宽惠博施、富而后教的治民之道，以及"格物致知正心诚意修身齐家治国平天下"（《礼记·大学》）的道理。但是，他们不通政务，不习法律，不懂审判。两种成分的人"皆为掾吏，并典一曹，将知之者，知文吏儒生笔同而儒生胸中之藏当多奇余；不知之者，以为皆吏"。（《论衡·量知》）两种貌同而神异的官吏共同处理政务和司法时，将不可避免地发生分歧和冲突。

经过长期的磨合，官僚队伍的成分发生量变，致使"一府员吏，儒生什九"，"簿书之吏，什置一二"。（《论衡·程材》）儒家知识分子不仅位居三公，而且在郡县官府中占了八九成。其结果是：鄙视儒生之论难以存在，而儒生必须亲自"理事"。这就使儒生与文吏之间的对立与隔阂日益消除。儒生改变了"入文吏之科，坚守高志厂不肯下学"的孤芳自赏的态度，向文吏学习"理事"的本领；文吏也改变了"循今不顾古，趋仇不存志，竞进不案礼，废经不念学"（《论衡·程材》）的旧姿态，转而向儒生学习六经之学。原先"执法之吏，不窥先王之典，搢绅之儒，不通律令之要"的局面变成了"吏服雅训。儒通文法。故能宽猛相济，刚柔自克也"。[1]儒生之吏终于在官府中站稳了脚，造成了"以经术润饰吏事"（《汉书·循吏传》）的新局面，其结果是实现了官僚队伍的正规化。

此间，法家精神并没有退出历史舞台。法家精神在地方官僚群体中的侧影就是酷吏。在中央朝廷，赵禹"以刀笔吏积劳稍迁为御史"，张汤"无尺寸功起刀笔吏，陛下幸致为三公"，王温舒曾为亭长、小吏，"以治狱至廷史"，尹齐"以刀笔吏稍迁至御史"。（《史记·酷吏列传》）他们谙习政事，通晓刑名，以奉行朝廷法令为尚。朝廷政事的正常运转离不开这些经验丰富的官吏。

（四）春秋决狱的登场及其历史地位

"春秋决狱"作为中国古代刑法史的重大事件，是汉代一系列社会条件下的特殊产物。"春秋决狱"的价值方向是既维护集权君主制度又维护父系家庭秩序。"春秋决狱"所取得的成果不仅标志着古代刑法理论的进步，更重要的是形成了成文法与适用判例相结合的中国混合法的雏形。

---

〔1〕（东汉）王粲：《儒吏论·艺文类聚》卷五十二。

1. "春秋决狱"的生成

西汉以后，儒学进居统治地位并发挥了实际作用，皇帝下诏、大臣奏章无不引据儒家经典，以儒家经义为最高指导思想。儒生不断涌入官吏队伍，经过长期的施政实践，他们逐渐熟习政事与法律，自然以儒学精神来改造现行法律。完成这一历史使命的首先是经义决狱，由于多援引春秋之义，故称"春秋决狱"。

"春秋决狱"是儒学在法律领域构筑的第一座桥头堡，由汉武帝时治公羊学的名儒董仲舒开其端。所谓引经决狱（或春秋决狱），是指遇到涉及伦常而法律无明文规定，或虽有明文却有碍纲常情理的疑难事件，则引用儒家经典中所记载的古老判例故事，或从判例故事中引申出某项原则来，用以对该疑难事件作出裁决。这实际上等于确认儒家经义具有高于现行法律的特殊地位，从而为儒学向司法领域的渗透打开一条通道。从法律样式的角度来看，西汉开始的引经决狱（或春秋决狱）是对西周春秋"议事以制"审判方式的一次历史重温。

"春秋决狱"是汉武帝时集中出现的重大刑事司法事件或方式，它不仅对古代刑事法律的价值取向——维护集权王朝和宗法家庭秩序，而且对古代刑事司法的样式——成文法与"判例"[1]制度相结合——的形成，均具有重大的开创性和可持续性的影响。

"春秋决狱"产生的原因有六：第一，被奉为正宗的儒家思想特别是其中的伦理之礼和"以德服人"的精神，与当时汉承秦制之严酷刑律尚处于不协调、两张皮的状态，需要进行调整完善。第二，由于法律实践经验积累之不足，当时的刑律在维护集权王朝和家庭秩序两方面都显得很不充分，在立法条件尚不成熟之际，急需通过司法渠道率先加以强化。第三，当时刑事司法制度本身就存在缺欠，司法中又往往失之于严酷，加之法官的业务素质有限，在司法中常常机械地照章办案，不注意区别对待，甚至实行简单化的"客观归罪"[2]。这种情况需要及时修正。第四，儒家经典特别是其中的《春秋》，蕴含了丰富的治国经验和教训，记录了众多的先例、故事、格言、遗训，涵盖了君臣父子不可违犯的行为准则。《春秋》以记事之方法，批评暴乱之君

---

〔1〕 关于对"判例"一词的解释，参见前文。

〔2〕 武树臣等：《中国传统法律文化》，北京大学出版社 1994 年版，第 415 页。

父，鞭笞叛逆之臣子，明辨是非曲直，伸张礼义，其目的就在于恢复正当的社会秩序。[1]故后世学者以《春秋》为"孔子之刑书""儒家之法经""法律之断例"。范罕说："邵子曰，《春秋》，孔子之刑书也。程子曰，五经之有《春秋》，犹法律之有断例也。唐陈商立曰，《春秋》者，儒家之法经也。""《春秋》之为法经，为刑书，为断例，可以见其梗概矣。"[2]皮锡瑞称："《春秋》近于法家。"[3]因此，在治国理政司法等方面，《春秋》比起那些注重理论阐释而忽视具体操作的儒家经典，无疑具有更为具体、更为直接的使用价值。第五，在战国成文法确立之前，特别是在贵族政体下，其审判方式是"议事以制"，从而形成了"帅型先考"、遵从先例的习惯。只是在变法改制的战国时代，由于集权官僚政体和成文法的兴起，法官判案只遵从成文法，特别是前代先例故事所维护的社会关系已经过时，前代的先例故事从内容到形式均被政体搁置了。但是，"议事以制"、遵从先例的习惯和传统意识并未泯灭，一旦条件成熟，便可唤醒。第六，"学而优则仕"，当一代精研或熟悉儒家经典特别是《春秋》之旨的学者们有机会参与国家政治法律事务时，自然将儒家经义与现实司法结合起来。"春秋决狱"就是为适应当时的社会需要，且在主观客观条件基本具备的条件下登上历史舞台的。

2. "春秋决狱"的价值取向

"春秋决狱"的价值是什么？如果说荀子首倡"隆礼重法"的二元法律价值观的话，那么，汉代的"春秋决狱"正是实现二元的法律价值观：既维护集权君主政体的君臣之序，又维护父系家庭的父子之序。

---

〔1〕《史记·太史公自序》谓："夫《春秋》，上明三王之道，下辨人事之纪，别嫌疑，明是非，定犹豫，善善恶恶，贤贤贱不肖，存亡国，继绝世，补弊起废，王道之大者也。""《春秋》辨是非，故长于治人。""《春秋》以道义，拨乱世，反之正，莫近于《春秋》。《春秋》文成数万，其旨数千。万物之散聚皆在《春秋》。《春秋》之中，弑君三十六，亡国五十二，诸侯奔走不得保其社稷者不可胜数。察其所以，皆失其本已。故《易》曰：失之毫厘，差以千里。故曰：臣弑君，子弑父，非一旦一夕之故也，其渐久矣。故有国者不可不知《春秋》，前有谗而弗见，后有贼而不知。为人臣者不可不知《春秋》，守经事而不知其宜，遭变事而不知其权。为人君父而不通于《春秋》之义者，必蒙首恶之名。为人臣子而不通于《春秋》之义者，必陷篡弑之诛死罪之名……夫君不君则犯，臣不臣则诛，父不父则无道，子不子则不孝。此四行者，天下之大过也。以天下之大过予之，则受而弗敢辞。故《春秋》者，礼义之大宗也。"

〔2〕范罕：《法论四篇》，载程波点校：《法意发凡：清末民国法理学著作九种》，清华大学出版社2013年版，第20~21页，初版于宣统二年（公元1910年）十月。

〔3〕（清）皮锡瑞：《经学通论·春秋》，中华书局1959年版，第6页。

"春秋决狱"以维护集权君主政体的政治秩序为首务。维护以君臣关系为核心的国家秩序本来就是《春秋》之要义。故孟子曰:"孔子成春秋而乱臣贼子惧。"(《孟子·滕文公下》)春秋之义正是以此为首要目的。其具体表现如下:

第一,在处理统治阶级与被统治阶级的关系方面。春秋决事的做法可以追溯到秦。秦末陈胜起义,秦二世咨询对策,博士曰:"人臣无将,将即反,罪死无赦,愿陛下急发兵击之。"(《史记·刘敬叔孙通列传》)

第二,在确立皇位王位继承人方面。秦亡与其无确定的嗣君制度不无关系。"汉既初兴,继嗣不明。"(《史记·太史公自序》)"非刘氏而王者天下共诛之"的誓言并没有解决全部问题,而动乱常常起于萧墙之内。终汉之世,往往因王位继承而发生血腥变乱,皇族、贵戚、诸王无不卷入其中,究其实皆因未确立有效的继承秩序。汉景帝立嗣,犹豫于立子立弟之间。大臣以《春秋》之义"大居正,宋之祸宣公为之","《春秋》所以非宣公",(宋宣公不立子而立弟,故国乱祸不绝)"方今汉家法周,周道不得立弟,当立子"为谏,终立子。(《史记·梁孝王世家》)"子以母贵,母以子贵",即在皇族内部,母子之间因对方的尊贵身份而尊贵。该原则与"立嫡以长不以贤,立子以贵不以长"(《春秋公羊传·隐公元年》)原则在理论上可以避免因王位继承而引起的内乱。汉和帝针对"下邳王被病沈滞之疾,昏乱不明,家用不宁,姬妾适庶,诸子分争,纷纷至今"的情况,专门下诏,强调"《礼》重嫡庶之序,《春秋》之义大居正"的原则。(《东观汉记·下邳惠王衍》)在诸侯王位继承方面还有一个原则是"诛君之子不宜立"。"诛君"即有罪被诛的君主。《汉书·景十三王传》载:"缪王元嗣,二十五年薨。大鸿胪禹奏:'元前以刃贼杀奴婢,子男杀谒者,为刺史所举奏,罪名明白。病先令,令能为乐奴婢从死,迫胁自杀者凡十六人,暴虐不道。故《春秋》之义,诛君之子不宜立。元虽未伏诛,不宜立嗣。'奏可,国除。"在皇位继承上,上述原则所起的作用不是必然的,它们常常受到各种复杂政治因素的影响,而皇帝的最高决策权仍然占据着重要地位。

第三,维护尊君卑臣之序是刑法的首要任务。在汉代很长一段时间里,尊君卑臣之序尚未完全确立:"间者辅臣颛政,贵戚太盛,君臣之分不明。"(《史记·张敞传》)中央朝廷的权威受到来自旁系皇亲的挑战。《春秋》之义有"君亲无将,将而必诛"。"将"即谋逆之心。臣子或君主的亲属有叛乱谋反之心，即使没有采取行动也要诛杀。最突出的一例是淮南王案。《史记·淮南王安传》载："（众臣）皆曰：淮南王安，大逆无道，谋反明白，当伏诛。胶西王端议曰：安废法度，行邪僻，有诈伪心，以乱天下，营惑百姓，背畔宗庙，妄作妖言。《春秋》曰：臣毋将，将而诛。安罪重于将，谋反形已定，当伏法。"广陵王刘荆亦以此获刑。《后汉书·樊宏阴识列传》载："其后广陵王荆有罪，帝以至亲悼伤之，诏（樊）鯈于羽林监南阳任隗杂理其狱。事竟，奏请诛荆。引见宣明殿，帝怒曰：'诸卿以我弟故，欲诛之，即我子，卿等敢而邪！'鯈仰而对曰：'天下高帝天下，非陛下之天下也。《春秋》之义，君亲无将，将而诛焉。是以周公诛弟，季友鸩兄，经传大之。臣等以荆属托母弟，陛下留圣心，加恻隐，故敢请耳。如令陛下子，臣等专诛而已。'"曹爽不仅以此伏诛，且被夷三族。《魏志·曹爽传》载，公卿朝臣廷议："《春秋》之义，君亲无将，将而必诛。爽以支属，世蒙殊宠，亲受先帝握手遗诏托以天下，而包藏祸心，蔑弃顾命，乃与晏、飏、及当等谋图神器。范党同罪人，皆为大逆不道。"

第四，规范臣子的合法权限。依《春秋》之义："大夫受命，不受辞。出竟有可以安社稷利国家者，则专之可也。"（《春秋公羊传·庄公十九年》）意为外出官员出于维护社稷利益的考虑，在无法获得君主批准的情形下，可擅自采取应变措施。但是，秦汉统一王朝建立之后，这一古老原则就必须以"王者无外"的新原则重新加以诠释。《汉书·终军传》载："元鼎中，博士徐偃使行风俗。偃矫制，使胶东、鲁国鼓铸盐铁，还，奏事，徙为太常丞。御史大夫张汤劾偃矫制大害，法至死。偃以为《春秋》之义，大夫出疆，有可以安社稷，存万民，颛之可也。汤以致其法，不能诎其义。有诏下军问状，军诘偃曰：古者诸侯国异俗分，百里不通，时有聘会之事，安危之势，呼吸成变，故有不受辞造命颛己之宜；今天下为一，万里同风，故《春秋》'王者无外'。偃巡封域之中，称以出疆何也？且盐铁，郡有余臧，正二国废，国家不足以为利害，而以安社稷存万民为辞，何也？……偃穷诎，服罪当死。军奏：'偃矫制颛行，非奉使体，请下御史征偃即罪。'奏可。"

"春秋决狱"以维护父系家庭的秩序为宗旨，其具体表现如下：

首先是褒扬复仇。《春秋公羊传》赞许复仇："君弑，臣不讨贼，非臣也。子不复仇，非子也。"（《春秋公羊传·隐公十一年》）"九世犹可以复仇乎？虽百世可也。"（《春秋公羊传·庄公四年》）但是，复仇是有条件的，"父不受诛，子复仇可也。父受诛，子复仇，此推刃之道也"。(《春秋公羊传·定公四年》) 在这种观念影响下，汉代司法对复仇案的处理比较犹豫，《轻侮法》即其例。《后汉书·邓张徐张胡列传》载："建初中，有人侮辱人父者，而其子杀之，肃宗贳其死刑而降宥之，自后因以为比。是时遂定其议，以为《轻侮法》。敏驳议曰：'夫《轻侮》之法，先帝一切之恩，不有成科班之律令也。夫死生之决，宜从上下，犹天之四时，有生有杀。若开相容恕，著为定法者，则是故设奸萌，生长罪隙。孔子曰：民可使由之，不可使知之。《春秋》之义，子不报仇，非子也。而法令不为之减者，以相杀之路不可开故也。今托义者得减，妄杀者有差，使执宪之吏得设巧诈，非所以导在丑不争之义。'"虽然《轻侮法》被废止，但是终汉之世，复仇并未得到法律的严格禁止，司法中往往对复仇者予以宽宥，而民间舆论则赞颂复仇。

其次是主张亲亲相隐。《春秋公羊传》提倡亲属相隐："父母之于子，虽有罪，犹若其不欲服罪然。"(《春秋公羊传·文公十五年》何休注引孔子"父为子隐，子为父隐，直在其中矣") 汉时有疑狱："甲无子，拾道旁弃儿乙养之以为子。及乙长，有罪杀人，以状语甲，甲藏匿乙。甲当何论？仲舒断曰：'甲无子，振活养乙，虽非所生，谁与易之！《诗》云：螟蛉有子，蜾蠃负之。《春秋》之义，父为子隐，甲宜匿乙。诏不当坐。'"(《九朝律考》) 在司法实践中，只要不是谋反、不敬等重罪，亲属得相隐匿。

最后是"妇人无专制擅恣之行"。时有疑狱："甲夫乙将船，会海风盛，船没，溺流死亡，不得葬四月。甲母丙即嫁甲。欲当何论。或曰：'甲夫死未葬，法无许嫁。以私为人妻，当弃市。'议曰：'臣愚以为《春秋》之义，言夫人归于齐，言夫死无男，有更嫁之道也。妇人无专制擅恣之行，听从为顺。嫁之者归也。甲又尊者所嫁，无淫衍之心，非私为人妻也。明于决事，皆无罪名。不当坐。'"(《九朝律考》)"夫死未葬"，"私为人妻"，竟当处以弃市，旨在维护夫权。而"尊者所嫁""听从为顺"，旨在维护尊长之支配权。若夫死有男，则无更嫁之道，旨在提倡贞妇之行。以上春秋决狱的两个价值取向，二者不矛盾：孝弟就不犯上作乱，"求忠臣必于孝子之门"。(《后汉书·韦彪传》) 如果矛盾，"不以亲亲害尊尊"，(《春秋谷梁传·文公二年》)"不以父命辞王父命"，"不以家事辞王事"。(《春秋公羊传·哀公三年》)

3. "春秋决狱"的历史地位

"春秋决狱"在古代法律文化史中具有十分重要的地位，主要表现为以下六点。

第一，"春秋决狱"是古代刑法学理论的一大进步。在以《春秋》为儒家经典的视野里，将春秋决狱视为法律"儒家化"是很自然的。但是，如果从古代刑法实践历史的角度来看问题，其结论就不同了。如果回顾一下荀子的意见，或许可以得到启发。生活在战国成文法时代的荀子，在支持成文法的同时，敏锐地发现了司法中存在的不足，即机械地照搬法律条文。正如商鞅片面强调法官"通数""以数治""以数相举"，（《商君书》之《靳令》《禁使》《慎法》）而忽视了对法律宗旨的掌握。正如《庄子·天下》所谓："以法为分，以名为表，以参为验，以稽为决，其数一二三四是也，百官以此相齿。"因此荀子批评慎到"终日言成文典，仅循察之，则倜然无所归宿"。（《荀子·非十二子》）荀子认为法官不仅要掌握法律条文——"法数"，更要深谙法律条文背后的宗旨——"法义"。低水平的法官只能做到"不知其义，谨守其数"，（《荣辱》）其结果是"不知法之义而正法之数者，虽博，临事必乱"。（《君道》）"人无法则伥伥然，有法而无志其义则渠渠然，依乎法而又深其类然后温温然"；（《修身》）只有大儒不仅明知"法数"，而且更深谙"法义"。因此荀子提倡"议"即学习研究讨论："法而不议，则法之所不至者必废……有法者以法行，无法者以类举，听之尽也。"（《王制》）只有做到"有兼听之明"，才能够"辨异而不过，推类而不悖，听则合文，辨则尽故"。（《正名》）荀子的"法而议"有似汉代的驳议奏谳制度。"以类举"的"类"有似汉代的故事、决事比。而"不知其义，谨守其数"则有似汉代司法中的"客观归罪"。[1]

汉代的"客观归罪"，有二例："甲父乙与丙争言相斗，丙以佩刀刺乙，甲即以杖击丙，误伤乙。甲当何论？或曰：'殴父也，当枭首。'论曰：'臣愚以为父子，至亲也，闻其斗，莫不有怵怅之心，扶伏而救之，非所以欲诟父也。《春秋》之义，许止父病，进药于其父而卒。君子原心，赦而不诛。甲非律所谓殴父也，不当坐。'"又："甲夫乙将船，会海风盛，船没，溺流死亡，不得葬四月。甲母丙即嫁甲。欲当何论。或曰：'甲夫死未葬，法无许嫁。以私为人妻，当弃市。'议曰：'臣愚以为《春秋》之义，言夫人归于齐，言夫死无男，有更嫁之道也。妇人无专制擅恣之行，听从为顺。嫁之者归也。甲又尊

---

[1] 武树臣等：《中国传统法律文化》，北京大学出版社1994年版，第415页。

者所嫁，无淫衍之心，非私为人妻也。明于决事，皆无罪名。不当坐。'"〔1〕"殴父也，当枭首"，"夫死未葬法无许嫁，以私为人妻，当弃市"，正是不管行为人主观状态的客观归罪。原心定罪的本质是在考察犯罪所造成的客观后果的同时，注意分析犯罪行为人实施犯罪时的主观心理状态——是故意还是过失，然后作出裁判。这无疑是古代刑法理论的一大进步。这种刑法理论或源于前代的司法实践，或源于前代的刑法思想，如《尚书》所谓"眚"（故意），"非眚"（过失），"终"（累犯），"非终"（偶犯）之类。《春秋繁露·精华》说："春秋之听狱也，必本其事而原其志，志邪者不待成，首恶者罪特重，本直者其论轻。"而《盐铁论·刑德》则谓："春秋之治狱，论心定罪，志善而违于法者免，志恶而合于法者诛。"

法史学界对原心定罪似有扩大化的诠释——原心定罪为统治阶级罪刑擅断提供依据。其实这种看法并不符合其本来的意义。应当指出，当统治阶级的罪刑擅断与残酷的政治斗争结合在一起的时候，那已经远远超越了刑法理论的范畴了。而前例所谓"甲又尊者所嫁，无淫衍之心，非私为人妻也"，实际上同时开创了依情（特殊情节）论罪的先河。"以情断狱"之法盖源于春秋时代，如鲁庄公曾自谓"余听狱虽不能察，必以情断之"。（《国语·鲁语上》）可以说从"原心论罪"到"依情断罪"，是古代刑法理论的又一次提升。《唐律疏议·名例》有"原其本情，议其犯罪"，"临时科断，须究本情"〔2〕的规定，盖源于此。

第二，"春秋决狱"是古代刑事司法程序中驳议奏谳的一个重要环节和侧面，儒家经义借此法定程序进入司法领域并发挥指导作用。秦简秦律有《法律答问》，系上级回答下级司法官吏咨询的记录，其中也反映了对适用具体成文法条的不同理解。汉代刑事司法程序中有驳议奏谳之制："县道官疑狱者，各谳所属二千石官，二千石官以其罪名当报之。所不能决者，皆移廷尉，廷尉亦当报之。廷尉所不能决，谨具为奏，傅所当比律令以闻。"（《汉书·刑法志》）此制为汉后诸朝所延续。如《晋书·刑法志》载："凡为驳议者，若违律令节度，当合经传及前比故事，不得任情以破成法。"《魏书·刑罚志》载："（太平真君）六年春，以有司断法不平，诏诸疑狱皆付中书，依古经义决

〔1〕程树德：《九朝律考·春秋决狱考》，商务印书馆2010年版，第213页。
〔2〕（唐）长孙无忌等撰：《唐律疏议》，刘俊文点校，中华书局1983年版，第32页、第85页。

之。"春秋决狱属于驳议奏谳程序中出现的一个事物，只不过所发表的意见出于儒家经典特别是《春秋》而已。其中，那些就事论事的意见，诸如"殴父也，当枭首"，"甲夫死未葬，法无许嫁。以私为人妻，当弃市"之类，反映了忠于成文法条、只注重客观事实的法家思维方式。而注意行为人主观心理状态，又善于从历史典故先例中寻找法律原则的意见，则反映了儒家综合全面的思维方式。

第三，"春秋决狱"为古代刑法典的完善提供了条件。春秋决狱的实行程度与刑法典的完善程度成反比——刑法典越不完善则春秋决狱越盛行，刑法典越趋于完善则春秋决狱越趋于萎缩。在刑法典不断完善的过程中，春秋决事比和众多决事比不仅为司法裁判提供了参考和借鉴，而且为刑法典的修订和完善提供了新鲜材料。

第四，"春秋决狱"从内容、形式、程序诸方面在一定程度上对皇权有所制约。汉武帝以后，"春秋决狱"并非孤独一枝，而是随着官僚队伍的职业化，法律知识的成熟化，朝廷议事的程序化共同发展的。春秋之义多种多样，其中有些原则对皇帝依个人好恶独断专行具有一定制约作用。比如，"春秋之义，君子大居正"，"春秋之义，以功覆过"，"春秋之义，善善及子孙，恶恶止其身"，"春秋之义，功在元帅，罪止首恶"，"春秋之义，原情定过"，"春秋之义，尊上公谓之宰，海内无不统焉"，"春秋之诛，不避亲戚"，"春秋之诛，大义灭亲"，"礼云：公族有罪，虽曰宥之，有司执宪不从"。[1]

第五，"春秋决狱"是对前代"议事以制""判例法"传统的一次局部复兴，又是以"议事以制"的传统方式弥补成文法不足的积极尝试。"春秋决事比"与汉代"众多决事比"一起，奠定了成文法与"判例"共同组成的"混合法"的最初格局。西周春秋审判方式是"议事以制"。"事"即故事、先例，"议"即"度"，分析、选择。王念孙《议事以制》曰："'昔先王议事以制，不为刑辟。'李奇曰：'先议其犯事，议定然后乃断其罪。不为一成之刑铸于鼎也。'引之曰：议读为仪，仪度也。谓度事之轻重以断其罪，不豫设为定法也。古字多以议为仪，说见《经义述闻·左传》。"[2]其大意为，在审判案件时，先从以往的故事中选择一个最相类似的先例，从中概括出一个法律

---

[1]　程树德：《九朝律考·春秋决狱考》，商务印书馆 2010 年版，第 211~227 页。

[2]　（清）王念孙：《读书杂志》（二），上海古籍出版社 2014 年版，第 566 页。

原则，作为裁判的依据，然后作出判决。叔向断邢侯、雍子、叔鱼案时谓："夏书曰：昏墨贼杀，皋陶之刑也。"（《左传·昭公十四年》）子产断公孙楚、公孙黑互伤案时谓："直钧则幼贱有罪。"（《左传·昭公元年》）都是适用先例当中所蕴含的法律原则。这种审判方式是世袭贵族政体的产物，也与"帅型先考"的观念相契合。在战国成文法时代，一是实行国家制定的成文法，"诸产得宜，皆有法式"，司法官吏判案只能依照法律，不得参照以往的先例；二是以往的先例故事所维系的社会关系已经大大改变了，失去适用的可能性。因此，"议事以制"的审判方式被迫退出历史舞台。但是，由于成文法天然的缺欠——既不可能包揽无遗，又不可能随机应变，就需要一种成文法之外的方式来加以补救。于是春秋决狱就应运而生了。

"春秋决狱"的结果是形成先例故事。在后来的司法当中，该先例故事一经被援引即成为"春秋决事比"。从审理"甲误伤父乙"案的过程来看，首先从《春秋》史书当中找出"许止弑父"案的先例，该先例的判决是"赦而不诛"，判决理由是"许止无弑父之心"，从该先例当中引申出"原心"以论罪的法律原则。然后，以"原心"以论罪的法律原则适用于此案，以为甲无殴父之心，故不构成殴父罪，最后得出"不当坐"的判决。这种审判方式就是中国古代的"判例法"。《论语·为政》曰："温故而知新，可以为师矣。"古代士师正是通过研究以往的故事来寻找解决现实问题的钥匙。它和英国的判例法有没有形似之处？梅因说："英国法律中任何一条规则，必须首先从印成的许多判决先例所记录的事实中清理出来，然后再由特定法官根据其不同的风格、精确度以及知识而表现于不同的文字形式中，最后再把它运用于审判的案件。"[1] 丘吉尔说："英国人的自由并不依靠国家颁布的法律，而是依靠长期逐渐形成的习惯"；"法律早就存在于国内的习惯之中，关键是需要通过潜心研究去发现它，把见诸史籍的判例加以比较，并在法庭上把它应用于具体争端"。[2] 经义亦源于习俗："经义折狱，世人每以为怪，其实，事之厌于众心者，即成习惯，经义折狱，亦犹之据习俗，援法理耳，绝无足异也。"[3] 读了《春秋决狱》的文字，就可以发现，中国古代的判例法和英国的判例法

---

〔1〕 ［英］梅因：《古代法》，沈景一译，商务印书馆 1959 年版，第 9 页。

〔2〕 ［英］温斯顿·丘吉尔：《英语国家史略》（上），薛力敏、林林译，新华出版社 1985 年版，第 208 页。

〔3〕 吕思勉：《秦汉史》，商务印书馆 2010 年版，第 725 页。

在操作程序上没有天壤之别，这证明人类法律实践活动具有共通性。

《荀子·王制》说："有法者以法行，无法者以类举。"此处之"法"当即成文法。此处之"类"当即《礼记·王制》所谓"比"。汉代有"比"。《礼记·王制》载："众疑赦之，必察小大之比以成之。"郑玄注："小大犹轻重，已行故事曰比。"《周官·秋官司寇·大司寇》载："凡庶民之狱讼，以邦成弊之。"郑玄注："邦成，谓若今时决事比也。弊之，断其狱讼也。"又《汉书·刑法志》载武帝时"死罪决事比万三千四百七十二事"。

"春秋决事比"是汉代"比"的组成部分之一。《汉书·刑法志》载高祖诏："自今以来，县道官狱疑者，各谳所属二千石官，二千石官以其罪名当报之。所不能决者，皆移廷尉，廷尉亦当报之。廷尉所不能决，谨具为奏，傅所当比律令以闻。""当比律令"即最相类似的律令。《晋书·刑法志》载："凡为驳议者，若违律令节度，当合经传及前比故事，不得任情以破成法。""前比故事"当指先例故事。适用"当比律令"与适用"前比故事"的差别在于，前者是比附律令——成文法，后者是援引判例——判例法，即陈顾远所谓"比系以律文之比附为重，例则以已有之成事为主，是其所异"。[1]从适用"当比律令"到适用"前比故事"，反映出一种社会现象，即在成文法典不适合发展变化的社会生活之际，创制适用判例是非常明智的选择。陈顾远指出，"两汉至南北朝，有司依《春秋》经义而断狱，系比已行之故事为法，后世例所创始，此固不失为一种渊源，而汉代之比则更然也"。[2]"已行之故事"又称"行事"。王充《论衡·别通》曰："法令之家，不见行事，议罪不审。章句之生，不鉴古今，论事不实。""百家之言，古今行事。"王念孙《行事》曰："行事者，言已行之事，旧例成法也。汉世人作文言行事、成事者意皆同。"又《视已成事》曰："鄙谚曰：'不习为吏，视已成事。'……言不习为吏，则当视已事以为法也……三代之所以长久者，其已事可知也。"[3]陈顾远又指出："汉科之外，又有比，比之为义固繁，但汉之所谓比，不外以例相比况也。易词以言，律无专条，取其相近者比拟用之耳。后世之所谓比附，即汉之比，故与例同而又异也。""例之为义，比也类也颇似于比。但比系以律文之

---

〔1〕 陈顾远：《中国法制史概论》，三民书局 1964 年版，第 90 页。

〔2〕 陈顾远："汉之决事比及其源流"，载《复旦学报》1947 年第 3 期。

〔3〕 （清）王念孙：《读书杂志》（二），上海古籍出版社 2014 年版，第 865 页、第 763 页。

比附为重，例则以已有之成事为主，是其所异。然皆不外据彼事以为此事之标准，得互训之，此或汉重视比，而后世重视例，两名不并立之故也与。"[1]

中国古代刑法的表现形式是多元的，基本上由稳定的刑法典、法令和非稳定的比、例等共同组成。由于朝廷对全国司法活动统一而严厉的控制，其中的比、例常常被迅速提升为成文法条，纳入成文法的序列，从而失去原始判例的形式。诚如陈顾远在分析中国古代法律的特点时所说的："说它是成文法系，却因临时设制，有例，有比，有指挥，有断案，殊难为比；谓其近于英美法系，仍因常法俱在，有律，有令，有刑统，有会典，更难并论。总括起来，是成文而不成文，不成文而成文，兼具欧陆法系与英美法系的优点。"[2]其实，这种法就是中国古代所独有的"混合法"。

第六，"春秋决狱"有利于提高法官的逻辑思维水平，实现法官群体的职业化。战国的逻辑学即"形名之学"是与成文法的产生携手同行的，邓析、商鞅等均以"形名之学"见长。正如冯友兰先生所指出的："中国古代诡辩思想的产生，是和成文法的公布，法治思想的发展有密切的联系。从某种意义说，它们是对法治的一种反应。""所谓名家，也是和诡辩思想联系在一起的，而诡辩思想的产生，就其社会根源说，是春秋战国时期各国公布法令所引起的一个后果。"[3]依照法家的逻辑，立法活动的逻辑方法是"归纳"，即由具体到一般，罪名的产生过程近似于"归纳"，比如从盗窃各种财物的违法行为当中抽象出"盗窃"罪。其司法过程则近似于"演绎"，即从一般的罪名到具体的犯罪事实，亦即所谓"循名责实"。正如《庄子·天下》所谓："以法为分，以名为表，以参为验，以稽为决；其数一二三四是也，百官以此相齿。"故胡适总结道："中国古代以来的法理学只是一个刑名之学"，"刑名之学只是一个控名责实"。[4]"判例法"的操作过程则是这样的：首先是选择一个最相类似的先例，然后从中引申出一种法律原则，这个过程近似于"归纳"。其次，在适用判例时，由一般原理推演出适用于特殊情况的结论，这个过程又近似于"演绎"。春秋时代的法官善于适用判例。当时法官的标准是

---

〔1〕 陈顾远：《中国法制史概论》，三民书局1964年版，第88页、第90页。

〔2〕 范忠信等编校：《中国文化与中国法系——陈顾远法律史论集》，中国政法大学出版社2006年版，第54页。

〔3〕 冯友兰：《中国哲学史新编》（第1册），人民出版社1962年版，第307页、第309页。

〔4〕 胡适：《中国哲学史大纲》，中国言实出版社2014年版，第396页。

"直"和"博":"直能端辨之,博能上下比之。"(《国语·晋语八》)当时不乏子产、叔向那样"帅志博闻""习于春秋"(《国语·晋语七》)"心率旧典""能道训典"(《国语·楚语下》)的学者型法官。由于社会原因所致,法家式的法官只是熟知成文法条,而不谙历史典故包括儒家经典。因此,"春秋决狱"无疑是对法官群体的一场考验或法理培训。程树德先生曾指出:"《礼乐志》叔孙通所撰礼仪与律同录藏于理官。《说文》引汉律祠宗庙丹书告,《和帝纪》注引汉律春曰朝秋曰请,是可证朝觐宗庙之仪,吉凶丧祭之典,后世以之入礼者,而汉时则多属律也。"[1]那些只知道死背条文的法吏显然已经跟不上时代的发展而终将被淘汰。"春秋决狱"实践的结果,不仅促进了当时刑法制度的完善,而且还促进了法官群体的职业化,使法官成为既谙熟法条又"习于春秋"的新式法官。

"春秋决狱"只是汉代司法当中的一个侧面,其另一个侧面是以法决狱,两者并行不悖。马小红谓:"无论法家对律的阐释,与儒家思想有着怎样的冲突,律制在现实国家与社会的治理中都是无法废除的。"[2]且以汉代法律文书为例:"律曰:不孝,弃市。有生父而弗食三日,吏且何以论子?廷尉穀等曰:当弃市。有曰:有死父,不祠其家三日,子当何论?廷尉穀等曰:不当论。有子不听生父教,谁与不听死父教罪重?穀等曰:不听死父教,毋罪。"[3]很明显,"不听死父教,毋罪","死父,不祠其家三日,不当论"与儒家所谓"三年无改于父之道,可谓孝矣"(《论语·学而》)和"丧毕则祭"(《礼记·祭统》)是相违背的。这说明儒家有儒家的一套理论体系,刑法有刑法的一套理论体系,两者不可能完全合一,儒家提倡的礼不可能完全上升为国家刑法典。

"春秋决狱"仍是依律而行,不曾破坏当时的法律。诚如《论衡·程材》所云,"文吏治事必问法家,县官事务莫大法令","夫五经亦汉家之所立,儒生善政大义皆出其中。董仲舒表《春秋》之义,稽合于律,无乖异者"。而法律的地位未因"春秋决狱"而动摇。有些春秋之义如"君亲无将"其本身就

〔1〕 程树德:《九朝律考》,中华书局 2006 年版,第 11 页。

〔2〕 马小红:"律、律义与中华法系关系之研究(2013)",载赵晶主编:《法律文化研究》(第13辑),社会科学文献出版社 2019 年版。

〔3〕 彭浩、陈伟、[日]工藤元男:《二年律令与奏谳书》,上海古籍出版社 2007 年版,第 374页。

包括维护君权的宗旨，与法家本来一致。"从史事观察，汉代经与律均具崇高的地位，经义与律令乃构成汉代政治的两大依据"，"他（董仲舒）并没有明显地排斥法律明文，大都只是引经以济法条的不足"。[1]"法吏求之于律令而不持其平者，儒生求之经术，尤其是《春秋》，而得其情与理。"[2]

"春秋决狱"和法律注释不能完全解决所有司法中的问题："张斐杜预同注一章，而生杀永殊。"[3]相反，"春秋决狱"还很可能制造同案不同判，更不必说它还可能充当徇私枉法和政治斗争排除异己的借口。如梅因所谓"从合理的惯例产生出不合理的惯例。类比，这是法律学成熟时期中最有价值的工具，但在法律学的初生时代却是最危险的陷阱"。[4]刑法注释是刑法理论和实践本身的问题，伦理观念可以浸润之而不能解决所有问题。正如今天的司法不一，不能简单地归结为法官政治觉悟和业务水平问题，究其实质是成文法法条过于笼统，缺乏一系列判例加以明确仔细的诠释，从而造成法官自由裁量权过大。

陈顾远说："中国法系之体躯，法家所创造也，中国法系之生命，儒家所赋与也。"[5]汉代的"春秋决狱"无疑向我们展示了古代法的体躯和生命。中国法系之生命不仅包括宗法伦理精神，而且还包括崇尚人之主观能动性的"判例法"。

（五）六经之学与刑名之学熔于一炉

两汉经学大兴，著名经学大师获得官职之后，有机会兼而研讨儒经与汉律，从而派生出一门实用型的新学科——律学，或云法律注释学。他们用儒家经义来解释现行法律条文，洋洋万言。《晋书·刑法志》说，当时注律者"十有余家，家数十万言，凡断罪所当用者合二万六千二百七十二条，七百七十三万三千二百余言"。这样做的价值在于：第一，论证了某些法律条文的合理性；第二，使某些法律条文经过注释以后向儒家经义靠拢；第三，指出某些法律条文违背儒家伦理。这些注释之言或则经过朝廷的批准而具有法律效力，或则通过改变司法官的法律意识在司法中悄悄发挥作用。

---

〔1〕黄源盛：《汉唐法制与儒家传统》，元照出版有限公司2009年版，第18页、第115页。

〔2〕陶希圣：《中国法制之社会史的考察》，食货出版社1979年版，第155页。

〔3〕《历代刑法志·南北朝刑法志》，群众出版社1988年版，第255页。

〔4〕[英]梅因：《古代法》，沈景一译，商务印书馆2010年版，第13页。

〔5〕陈顾远：《中国法制史概论》，三民书局1964年版，第3页。

六经之学与刑名之学大都是同时代的产物，且各有师承各有文献。前者始自孔子的民间教育，从者云集、蔚为大观，其文献即诸经注释之文；后者或肇端于邓析"其持之有故，其言之成理"（《荀子·非十二子》）的刑名之学，其后继者代不乏人、不绝如缕，其文献若秦简《法律答问》之类。尽管两者研究的对象截然相异，然其注释方法或有相通者也。

在中国历史上，"刑名之学"的历史比经学更为久远。在西周初期，关于"眚"（过失）、"非眚"（故意）、"终"（累犯）、"非终"（偶犯）和"父子兄弟罪不相及"（《左传·昭公二十年》引《康诰》）的思想和刑事政策，不仅有效维系了新政权的稳定，还深化了古代的刑法理论。这种刑法思想当时在世界领域处于领先地位。春秋以降，伴随着成文法登上舞台，私家聚徒讲法之风兴起。其中，邓析就是最突出的一例。他不仅制定了"竹刑"，还教人们"法律之所谓"，指导当事人打官司。战国时的商鞅、墨子等都从研究成文法的"刑名"之学兼而研究逻辑的"形名"之学。汉代大儒董仲舒、马融、郑玄等，都通经而明法，在国家立法和司法实践中留下足迹。尔后，在经学昌明弘扬之际，研究法律实践问题的律学亦不绝如缕。及至明清，官方和民间研究成文法典和案例的著述数量惊人。

汉武帝以后，儒家知识分子进入官府，必然会接触法令刑狱。儒家知识分子出身的官吏，通过实践和学习，增加了履行职务的真本领，终于改变了"儒生不晓簿书，置之于下第，法令比例，吏断决也"（《论衡·程材》）的局面。儒者研究律令，自然是援用研究儒经的方法，即用一系列具体的案例来阐释法律条文之所谓。特别是汉武帝以后，"春秋决狱"蔚为风气，时间长了，经学研究与律学研究便融为一体，不分彼此。故"邵子曰，《春秋》，孔子之刑书也。程子曰，五经之有《春秋》，犹法律之有断例也。唐陈商立曰，《春秋》者，儒家之法经也"；"《春秋》之为法经，为刑书，为断例，可以见其梗概矣"。[1]儒家从过去强调仁德、鄙视刑政，发展到对律令断例融会贯通、津津乐道，是孔孟之儒不曾想到的。可见，儒家知识分子接受新事物是十分自信和敏捷的。更重要的是，儒家义理与法律实践得以结合，这种新学风对后世立法、司法悄悄地产生了巨大影响。

---

〔1〕 范罕：《法论四篇》，载程波点校：《法意发凡——清末民国法理学著述九种》，清华大学出版社2013年版，第20页、第21页，初版于宣统二年（公元1910年）十月。

从司法职业训练角度来看，古代法律的儒家化和法家化表现为经学的律学化或律学的经学化，从而完成了古代司法知识的职业化。大致而言，汉代的律学经过了"以法为教，以吏为师"和"以经为旨，以法为据"两个阶段。

史载武帝时，"律令凡三百五十九章，大辟四百九条，千八百八十二事，死罪决事比万三千四百七十二事，文书盈于几阁，典者不能遍睹。是以郡国承用者驳，或罪同而论异。奸吏因缘为市，所欲活则傅生议，所欲陷则予死比，议者咸冤伤之"。（《汉书·刑法志》）盖此时律令科比繁杂，歧义纷出，诸种规定或相抵牾，从而导致奸吏舞文弄墨，时有冤狱产生。在儒学被定为官方正宗学术，而汉承秦法的特殊社会条件下，传统的如秦简《法律答问》那样的"以法为教，以吏为师"的官方法律注释与传授方法，已经不能适应新的情况，因而治学方法的转变迫在眉睫。此时盛行的经学研究方法便成为可供借鉴之典范。"故而就经学的外部影响和律令之学的内在发展而言，传统的律令之学势必被深受儒家影响的律学所取代。"〔1〕

据《晋书·刑法志》载，汉代法律，世有增损，集类为篇，结事为章，"后人生意，各为章句"。深谙儒家经义的名儒们，将探寻微言大义、字斟句酌的看家本领，施用于法言法语之际，而这些活动曾经是法家津津乐道而被儒家视为旁门左道的雕虫小技。"后进于礼乐"、子继父业的文史们开始倾心学习儒家经典了，而"先进于礼乐"的儒家知识分子也逐渐熟悉日常政务。实践与理论的深层次结合促进了司法官吏群体的专业化进程。司法群体专业化的副产品就是经学的律学化或律学的经学化，其成果就是广义的律学或律章句之学。史载，"叔孙宣、郭令卿、马融、郑玄诸儒章句十有余家，家数十万言。凡断罪所当由用者，合二万六千二百七十二条，七百七十三万二千二百余言"。（《晋书·刑法志》）

"以经为旨，以法为据"的律学是经学与律学的局部重叠。此时的律学还不能称为经学的组成部分，因为律学仍然保持着自己相对独立的地位。这是因为：首先，儒家经学以儒家经典为研究对象，律学以当时的律令科比等为研究对象，儒家经典的内容不能涵盖律令科比的内容，其只有在某一具体的现行法律规定与儒家思想发生冲突之际才有可能发挥作用；其次，律学研究

〔1〕 林丛："两汉经义法律化研究"，山东大学 2017 年博士学位论文，第 129 页。

目的不是简单地去迎合经学之意，而是如何更好地依照现行法律条文准确地断狱听讼以解决社会现实问题；最后，律学自己有一套行之既久、不同于经学的由专门原则、概念、术语、习惯所构成的知识体系。因此，虽然律学受到经学的极大影响，"但还要注意到它所具有的相对独立性，不宜武断视之为经学的一个组成部分"。[1]

唐代"刑名之学"的突出代表作是长孙无忌等官修且被保存至今的《唐律疏议》。它反映了中国古代律学发展的最高水平，其中的问答式显然继承了秦简的答问方式。唐代以后，律学研究代不乏人。明清时期，由于集权政体的高度发展，统治者非常重视法律在治国中的作用，试图通过讲读律例的方式，普及法律知识以提高司法水平。此间的律学达到了空前的高度。

法家式的文吏与儒家知识分子深层次的交融，最终完成了司法群体的专业化。儒家希望君主成为圣贤之君，法家希望君主自觉守法，但他们都没有设计出一种可行的制度。然而司法群体的职业化和律学的相对独立性，在客观上成为制约皇权的重要因素。

四、秦汉以降：正统法律思想的确立与刑法实践的演进（下）

（一）从汉代司法实践看古代刑法的双重使命

如果说荀子首倡二元的法律价值观，那么，汉代的刑法实践则是实现了二元的法律价值观——既维护集权君主政体，又维护父系家庭秩序。

1. 汉代刑事司法的第一个宗旨是维护集权君主政体

汉代刑法实践的第一个宗旨是维护集权君主政体，主要表现在以下几个方面。

其一是严惩危及皇帝安全的"谋反"犯罪。危及以及有可能危及的行为莫过于"谋反"，故对"谋反"必须严厉惩处。如"淮阴侯韩信谋反长安，夷三族"；（《汉书·高帝纪下》）"鄂邑长公主、燕王旦与左将军上官桀、桀子骠骑将军安、御史大夫桑弘羊皆谋反，伏诛"；（《汉书·昭帝纪》）"楚王英谋反，废，国除，迁于泾县，所连及死徙者数千人"；（《后汉书·显宗孝明帝纪》）"阜陵王延谋反，贬为阜陵侯"（《后汉书·肃宗章帝纪》）等。张家山汉简《二年律令》规定谋反"皆要斩，其父母、妻子、同产，无少长皆

---

〔1〕 林丛："两汉经义法律化研究"，山东大学 2017 年博士学位论文，第 130 页。

弃市"。[1]对只有谋反心理即使未付诸行动者也绝不宽贷:"齐孝王孙刘泽谋反,欲杀青州刺史隽不疑,发觉,皆伏诛";(《汉书·昭帝纪》)"淮阳王延谋反,发觉。癸丑,司徒邢穆、驸马都尉韩光坐事下狱死,所连及诛死者甚众"。(《后汉书·显宗孝明帝纪》)与"谋反"相联系的还有"大逆不道"罪。如平通侯杨恽"不悔过,怨望,大逆不道,要斩";(《汉书·宣帝纪》)"躬母圣,坐祠灶祝诅上,大逆不道。圣弃市,妻充汉与家属徙合浦";(《汉书·蒯伍江息夫传第十五》)"奏赐、孟妄设袄言惑众,大逆不道,皆伏诛"(《汉书·两夏侯京翼李传》)等。对"大逆不道"者,依照汉律也处以极刑:"父母妻子同产皆弃市。"(《汉书·景帝纪》如淳注引《贼律》)

其二是重罚"亏礼废节"(《晋书·刑法志》)的"不敬"的行为。如"不举孝,不奉诏,当以不敬论";(《汉书·武帝纪》)秺侯商丘成"坐为詹事侍祀孝文庙,醉歌堂下曰'出居,安能郁郁',大不敬,自杀";(《汉书·景武昭宣元成功臣表》)"尚书奏伦探知密事,激以求直。坐不敬,结鬼薪";(《后汉书·儒林列传上》)武安嗣侯田恬"坐衣襜褕入宫,不敬,免";高平嗣侯魏弘"坐酎宗庙骑至司马门,不敬,削爵一级为关内侯";(《汉书·外戚恩泽侯表》)"信阳侯就倚恃外戚,干犯乘舆,无人臣礼,为大不敬";(《后汉书·宣张二王杜郭吴承郑赵列传》)"内幸因此潜康援引亡国,以譬圣明,大不敬,槛车征诣廷尉";(《后汉书·郭杜孔张廉王苏羊贾陆列传》)"巴为尚书,正朝大会,巴独后到,又饮酒西南噀之。有司奏巴不敬"。(《后汉书·杜栾刘李刘谢列传》李贤注引《神仙传》)平阳嗣侯宗"征和二年,坐与中人奸,阑入宫掖门,入财赎完为城旦";(《汉书·高惠高后文功臣表》)"又桀妻父所幸充国为太医监,阑入殿中,下狱当死";(《汉书·外戚传上》)"跸先至而犯者,罚金四两";(《汉书·张冯汲郑传》如淳注)安丘嗣侯张拾"坐入上林谋盗鹿,又搏揬,完为城旦";(《汉书·高惠高后文功臣表》)"伪写皇帝信玺、皇帝行玺,要(腰)斩以匀(徇)";"挢(矫)制,害者,弃市;不害者,罚金四两"[2];"汤奏当异九卿见令不便,不入言而腹非,论死";(《汉书·食货志下》)新甫侯王嘉"元寿元年,罔上,下狱瘐死"。(《汉书·外戚恩泽侯表》)侵犯宗庙的行为亦为汉律所不容。

---

〔1〕 朱红林:《张家山汉简〈二年律令〉集释》,社会科学文献出版社 2005 年版,第 3 页。
〔2〕 朱红林:《张家山汉简〈二年律令〉集释》,社会科学文献出版社 2005 年版,第 17 页。

如 "其后人有盗高庙座前玉环,得,文帝怒,下廷尉治。案盗宗庙服御物者为奏,当弃市";(《汉书·张冯汲郑传》) "三月,临江王荣坐侵太宗庙地,征诣中尉,自杀"。(《汉书·景帝纪》)

其三是制裁危害国家社稷的行为。在维护皇帝对公卿大臣及诸侯的绝对支配权方面,汉代刑法发挥着重要作用。如汝昌侯傅商 "元寿元年,坐外附诸侯免";(《汉书·外戚恩泽侯表》) 有利侯刘钉 "坐遗淮南王书称臣弃市"。(《汉书·王子侯表上》) "淮阳王舅张博、魏郡太守京房坐窥道诸侯王以邪意,漏泄省中语,博要斩,房弃市"。(《汉书·元帝纪》) "延熹二年,大将军梁冀诛,广与司徒韩缤、司空孙朗坐不卫宫,皆减死一等,夺爵土,免为庶人"。(《后汉书·邓张徐张胡列传》) "其所连及公卿列校刺史二千石死者数十人,故吏宾客免黜者三百余人,朝廷为空"。(《后汉书·梁统列传》) 在国防和军事方面,汉代刑法注意惩治违反军法的行为。例如 "吏当广亡失多,为虏所生得,当斩,赎为庶人";(《汉书·李广苏建传》) "上以虎牙将军不至期,诈增卤获,而祁连知虏在前,逗遛不进,皆下吏自杀";(《汉书·匈奴传上》) "广汉使长安丞按贤,尉史禹故劾贤为骑士屯霸上,不诣屯所,乏军兴";(《汉书·赵尹韩张两王传》) "匈奴入雁门,太守坐畏懦弃市";(《汉书·武帝纪》) 李陵降匈奴后,"族陵家,母弟妻子皆伏诛";(《汉书·李广苏建传》) "武陵蛮叛,寇江陵,南郡太守李肃坐奔北弃市"(《后汉书·孝桓帝纪》) 等。在维护社会稳定方面,汉代刑法注意惩治妖言图谶的行为。孝昭元凤三年正月,睦孟以异象妄言 "当有从匹夫为天子者",以妖言惑众大逆不道罪,伏诛。(《汉书·睦两夏侯京翼李传》) "有司奏英招聚奸猾,造作图谶,擅相官秩,置诸侯王公将军二千石,大逆不道,请诛之";又 "永平中,有上书告延与姬兄谢弇及姊馆陶主婿驸马都尉韩光招奸猾,作图谶,祠祭祝诅"。(《后汉书·光武十王列传》)

2. 汉代刑事司法的第二个宗旨是维护宗法家庭秩序

汉代刑法实践的第二个宗旨是维护宗法家庭秩序,主要表现在以下几个方面:

其一,严惩不孝罪。不孝最极端的表现莫过于殴杀父母尊长,故必须处以严刑。如 "杀母以大逆论"[1],"殴父也,当枭首"[2],杀尊长亦同。梧

---

[1] (唐)杜佑:《通典》卷一百六十六《杂议上》,中华书局1992年版,第4288页。
[2] 程树德:《九朝律考》,商务印书馆1935年版,第164页。

齐嗣侯戎奴"坐使人杀季父，弃市"；（《汉书·高惠高后文功臣表》）驷丘嗣侯刘毋害"坐使人杀兄弃市"。（《汉书·王子侯表上》）汉律规定，"妻殴夫，耐为隶妾"；"子贼杀伤父母，奴婢贼杀伤主、主父母妻子，皆枭其首市"；"子牧（谋）杀父母，殴詈泰父母、父母段（假）大母、主母、后母，及父母告子不孝，皆弃市"；"妇贼伤、殴詈夫之泰父母、父母、主母、后母，皆弃市"；"殴兄、姊及亲父母之同产，耐为隶臣妾。其会詈詈之，赎黥"；"殴父偏妻父母、男子同产之妻、泰父母之同产、及夫父母同产、夫之同产，若殴妻之父母，皆赎耐。其会詈詈之，罚金四两"。[1]

不孝的第二个表现是告父母尊长。如"及太子爽坐告王父不孝，皆弃市"；（《汉书·淮南衡山济北王传》）"子告父母，妻告威公，奴婢告主、主父母妻子，勿听而告者弃市"。[2]但属于"公室告"的犯罪则例外。如汉律规定："劫人、谋劫人求钱财，虽未得若未劫，皆磔之。罪其妻子，以为城旦舂。其妻子当坐者，偏（遍）捕、若告吏，吏捕得之，皆除坐者罪。"[3]

不孝的第三个表现是供养有缺。"律曰：不孝，弃市。有生父而弗食三日，吏且何以论子？廷尉毂等曰：当弃市。有曰：有死父，不祠其家三日，子当何论？廷尉毂等曰：不当论。有子不听生父教，谁与不听死父教罪重？毂等曰：不听死父教，毋罪。"[4]"有生父而弗食三日"，当处"弃市"。

不孝的第四个表现是居丧违礼。如"赵相奏乾居父丧私娉小妻，又白衣出司马门，坐削中丘县"；（《后汉书·宗室四王三侯列传》）"民有赵宣葬亲而不闭埏隧，因居其中，行服二十余年，乡邑称孝，州郡数礼请之。郡内以荐蕃，蕃与相见，问及妻子，而宣五子皆服中所生。蕃大怒曰：'圣人制礼，贤者俯就，不肖企及。且祭不欲数，以其易黩故也。况乃寝宿冢藏，而孕育其中，诳时惑众，诬污鬼神乎？'遂致其罪"。（《后汉书·陈王列传》）

其二，严惩奸非罪。奸非罪是指与家庭成员间具有不正当关系的行为。其中，最为严重的便是与母奸："律文立子奸母，见乃得杀之也。"（《春秋公羊传·桓公六年》汉代何休注）乘丘嗣侯外人"坐为子时与后母乱，免"。

〔1〕 朱红林：《张家山汉简〈二年律令〉集释》，社会科学文献出版社 2005 年版，第 38 页、第 39 页、第 45 页、第 46 页。

〔2〕 朱红林：《张家山汉简〈二年律令〉集释》，社会科学文献出版社 2005 年版，第 100 页。

〔3〕 朱红林：《张家山汉简〈二年律令〉集释》，社会科学文献出版社 2005 年版，第 66 页。

〔4〕 彭浩、陈伟、〔日〕工藤元男：《二年律令与奏谳书》，上海古籍出版社 2007 年版，第 374 页。

(《汉书·王子侯表第三上》)"春正月，美阳女子告假子不孝，曰：'儿常以我为妻，妒笞我。'尊闻之，遣吏收捕验问，辞服。尊曰：'律无妻母之法，圣人所不忍书，此经所谓造狱者也。'尊于是出坐廷上，取不孝子县磔著树，使骑吏五人张弓射杀之，吏民惊骇。"(《汉书·赵尹韩张两王传》) 此处之"母"含庶母继母，甚至包括"父之御婢"。如汝阴嗣侯"坐与父御婢奸罪，自杀，国除"。(《史记·樊郦滕灌列传》) 同理，"复兄弟、孝（季）父柏（伯）父之妻、御婢，皆黥为城旦舂。复男弟兄子、孝（季）父柏（伯）父子之妻、御婢，皆完为城旦"。[1]与同产相奸，亦为法律所不容。安城嗣侯寿光"坐与姊乱，下狱病死"；(《汉书·王子侯表上》) 代王年"坐与同产妹奸，废迁房陵，与邑百家"；(《汉书·诸侯王表》) "同产相与奸，若取（娶）以为妻，及所取（娶）皆弃市。其强与奸，除所强"。[2]

3. 汉代刑事司法层面的冲突与融合

秦汉法律本以法家精神为宗。《汉书·宣帝纪》注云："萧何承秦法所作为律令，律经是也。"《晋书·刑法志》谓"汉承秦制，肖何定律"。及至魏明帝时仍"承用秦汉旧律"。又《汉书·元帝纪》载宣帝之语："汉家自有制度，本以霸王道杂之，奈何纯任儒教用周政乎？"皆其证也。法家思想的影响持续存在。汉武帝建元元年诏，"举贤良方正直言极谏之士。丞相绾奏：'所举贤良，或治申商韩非苏秦张仪之言，乱国政，请皆罢。'奏可"。(《汉书·武帝纪》) 汉昭帝时召开盐铁会议，御史大夫桑弘羊等公开赞扬商鞅"夫鞅起布衣，自魏入秦，期年而相之，革法明教，而秦人大治"。(《盐铁论·非鞅》) "文吏治事必问法家，县官事务莫大法令"，"论者徒尊法家，不高《春秋》，是暗蔽也"。(《论衡·程材》) 杜恕上疏："今之学者，师商韩而上法术，竞以儒家为迂阔，不周世用，此则风俗之流弊，创业者之所致慎也。"(《三国志·魏书·杜畿传附杜恕》)

武帝以降，儒学虽被奉为官方正宗学术，但难以立即成为立法、司法的指导原则，它实际上还是被置之高阁的。当时意识形态领域与法律实践领域呈现出奇特的"两张皮"状态，前者是儒学为宗，后者是法家为用。

汉代司法在两方面仍体现出法家精神，其一是"刑无等级"（即"刑上大

---

〔1〕 朱红林：《张家山汉简〈二年律令〉集释》，社会科学文献出版社 2005 年版，第 131 页。

〔2〕 朱红林：《张家山汉简〈二年律令〉集释》，社会科学文献出版社 2005 年版，第 130 页。

夫"），相国萧何"为民请苑"，高皇帝疑其受贿，"乃下相国，廷尉械系之"。（《史记·萧相国世家》）身为绛侯、食邑万户、官居右丞相的大将军周勃被诬下狱，被狱吏捆绑斥责，他叹道："吾尝将百万军，然安知狱吏之贵乎！"（《史记·绛侯周勃世家》）故贾谊上书，建议大臣有罪"有赐死而无戮辱，系、缚、榜、笞、髡、刖、黥、劓之罪不及大夫"。（《汉书·贾谊传》）其二是客观归罪。《盐铁论·刑德》载"盗马者死"，"乘骑车马行驰道中，吏举苛而不止，以为盗马而罪亦死"；盗武库兵，其罪死，"今伤人持其刀剑而亡，亦可谓盗武库兵而杀之"。武帝时有一案："甲父乙与丙争言相斗，丙以佩刀刺乙，甲即以杖击丙，误伤乙。甲当何论？或曰：'殴父也，当枭首。'"[1]可见，汉代司法仍以法家精神和秦律原则为尚，而儒家区别对待、原心论罪的思想尚未实际指导立法、司法活动。

西汉以降，伴随着儒家法家法律思想的逐渐融合，正统法律思想悄然诞生。这只是问题的一个侧面。思想的融合并不能马上导致司法领域的变革。在司法领域，儒家法家法律传统还处在局部冲突状态。这种局部冲突经过长期磨合之后才最终解决。其中，最具有典型意义的是复仇、株连和亲属相隐。

第一是复仇。复仇原是原始社会的习惯。当本族成员被外族伤害时，大家都要为被害者报仇。当时，复仇既是一种权利又是一种义务。当阶级社会形成后，复仇的习惯仍被沿袭下来。中国古代社会是以家族为本位的，宗法观念很强，因此，复仇的习惯也表现得比较突出。孔子、孟子、荀子都没有讨论复仇问题。但是从儒家经典来看是支持复仇的。如《礼记·曲礼上》曰："父之仇，弗与共戴天；兄弟之仇，不反兵（身不离武器）；交游之仇，不同国。"《春秋公羊传·隐公十一年》载："君弑，臣不讨贼，非臣也；父弑，子不复仇，非子也。"但儒家又主张区别对待。如《周礼·地官司徒·调人》载："父之仇避诸海外，兄弟之仇避诸千里之外，从父兄弟之仇不同国。君之仇比父。师长之仇比兄弟。主友之仇必从父兄弟……凡杀人而义（宜）者，不同国，令勿仇，仇之则死。"杀了应该杀的人，只要离开本国境，就不许复仇。《周礼·秋官司寇·朝士》曰："凡报雠仇者，书于士，杀之无罪。"《春秋公羊传·定公四年》说："父不受诛，子复仇可也；父受诛，子复仇，此推刃之道也。"父亲犯罪不当死而被错判枉杀，子可以复仇；如果父亲犯死罪而

---

〔1〕 程树德：《九朝律考》，商务印书馆 1935 年版，第 164 页。

被依法处死，则不准复仇。否则被复仇者的子弟又将复仇，必然遭致反复相杀。同时儒家还主张实施复仇必须先报官，而且只能杀仇人本身。可见儒家并非一味放任复仇。

法家是坚决反对复仇的。商鞅变法时曾规定，"为私斗者各以轻重被刑"，使秦民"怯于邑斗，勇于寇战"。（《商君书·战法》）法家强调国家法律高于一切，只有君主才有权行赏施罚。

秦汉以后，民间一般肯定复仇，官方则举棋不定，时而禁止，时而放宽。特别是汉武帝以后正统思想确立，推行"春秋决狱"，儒家经义往往高于法律，五伦范围以内的复仇已成习惯，不复仇则为社会舆论所蔑视谴责。东汉初年的桓谭曾上疏道："今人相杀伤，虽已伏法，而私结怨仇，子孙相报，后忿深前，至于灭户殄业，而俗称豪健。故虽有怯弱，犹勉而行之。"（《后汉书·桓谭传》）东汉章帝时，有人因其父被人侮辱而将侮辱者杀死，章帝免其死罪从轻发落，此先例成为后来审判同类案件的依据。和帝时制定《轻侮法》，对复仇者加以宽待。后因张敏上疏以"杀人者死，三代通制。今欲趣生，反开杀路"而谏止。（《后汉书·张敏传》）

两汉司法对复仇者往往减免刑罚，而民间则极力赞颂复仇。三国时魏明帝明令禁止复仇："今海内初定，敢有私复仇者皆族之。"但后来制定的《魏律》又规定，杀人者逃亡，经报官以后，"听子弟得追杀之"。魏晋南北朝时期，总的情况是官方禁止或限制复仇，而实际上对复仇者又大都予以减免处罚。历代王朝长期彷徨于家礼与国法之间，在兼而避免"伤孝子之心"和"倚法专杀"之际寻找良方，于是才有了折中式的办法："贼斗杀人，以劾而亡，许依古议听子弟得追杀之，会赦及过误相杀，不得报仇，所以止杀害也。"（《晋书·刑法志》）

《唐律》中并没有明确禁止复仇的条文，《唐律·贼盗·亲属为人杀私和》规定："诸祖父母父母及夫为人所杀，私和者流二千里。"不许与仇人"私和"，其理由是：因"窥求财利"而"忘大痛之心"，这种见利忘义的行径被视为不齿于人的禽兽。《唐律疏议·斗讼》规定："诸祖父母父母为人所殴击，子孙即殴击之，非折伤之，勿论；折伤之，减凡斗折伤三等；至死者，依常律。"除致死的场合——"至死者，依常律"以外，子孙为祖父母、父母被人殴击复仇者都予以宽宥。

第二是株连。株连是族诛和连坐的统称，又称诛连、缘坐、连坐，意谓人与人之间如树干与枝叶相连，互相承担连带责任。以血缘为标准者为族诛，以地域、职官为标准者为连坐。

族诛的历史十分久远。据《尚书·甘誓》载，夏启征讨有扈氏时宣布誓命："弗用命戮于社，予则孥戮汝。"《汤誓》载："尔不从誓言，予则孥戮汝。"郑玄注："大罪不止其身，又孥戮其子孙。"《史记·秦本纪》秦文公二十年（公元前476年）"法初有三族之罪"。连坐产生于血缘纽带逐渐松解而地域关系不断加强的战国时期。秦国商鞅变法确立了什伍基层行政组织，"令民为什伍，而相收（牧）司连坐，不告奸者要斩，告奸者与斩敌首者同赏，匿奸者与降敌同罚"。（《史记·商君列传》）据《睡虎地秦墓竹简》载，一家犯罪，里正、伍老亦负连带责任。

汉初，废秦苛法，萧何定九章律仍保留"夷三族"之制。汉文帝时"除收孥诸相坐律令"，但实际上并未尽绝。盐铁会议中贤良文学批评道："今以子诛父，以弟诛兄，亲戚相坐，什伍相连，若引根本之及华叶，伤小指之累四体也。""自首匿相坐之法立，骨肉之恩废而刑罪多。"（《盐铁论·周秦》）汉武帝时作"见知故纵监临部主之法"，主管官吏知部下犯罪而不举劾者，与同罪。汉以后株连之法一直得到延续。

《唐律疏议·盗贼》规定："诸谋反及大逆者，皆斩。父子年十六以上皆绞，十五以下及母女、妻妾、祖孙、兄弟、姊妹，若部曲资财田宅皆没官，男夫年八十及笃疾、妇人年六十及废疾，并免。伯叔父、兄弟之子皆流三千里，不限籍之同异。"未嫁之女及未娶之媳，及收养、出家者均不缘坐。官员对属下的某些过错亦负连带责任。明清延续此制。清律扩大缘坐范围，奸党、邪教均适用缘坐。

第三是亲属相隐。亲属相隐是指亲属当中有人犯罪，其他亲属可以为之隐瞒而不受法律追究。相反，如果揭发检举却要受到法律制裁。

最早提出"亲属相隐"的是孔子。《论语·子路》载："子曰：父为子隐，子为父隐，直在其中矣。"法家主张"任法去私""信赏必罚"，故禁止亲属相隐而主张告奸。《商君书·禁使》载："夫妻交友不能相为弃恶盖非"，"民人不能相为隐"，否则就实行株连。但秦律规定，卑亲属告尊亲属是"非公室告"，官府不予受理。汉初仍实行"首匿相坐之法"。汉章帝时下诏："自今子首匿父母，妻匿夫，孙匿大父母，皆勿坐。"汉以后，此制被沿用。

《唐律疏议·名例律·同居相为隐》规定："诸同居，若大功以上亲及外祖父母、外孙，若孙之妇、夫，兄弟及兄弟妻，有罪相为隐，部曲奴婢为主隐，皆勿论。即泄露其事及摘语消息亦不坐。其小功以下相隐，减凡人三等。若犯谋反以上者，不用此律。"除十恶重罪之外，卑亲属不得告尊亲属。《唐律疏议·斗讼律·告祖父母父母》规定："诸告祖父母、父母者，绞。即嫡、继、慈母杀其父，及所养者杀其本生，并听告。"《疏议》规定："谋反、大逆、及谋叛以上，皆为不臣，故子孙告亦无罪，缘坐同首法，故虽父祖听捕告。若告余罪者，父祖得同首例，子孙处以绞刑。"《斗讼律·知谋反谋判不告》规定："诸知谋反及大逆者，密告随近官司，不告者绞。知谋大逆、谋判不告者，流二千里。官司承告，不即掩捕，经半日者，各与不告罪同。"

先秦儒家主张亲属相隐，即亲属之间可以相互包庇罪行而不受法律追究，目的在于维护王朝的社会基础——家族秩序。儒家反对株连，认为株连是"以有罪诛及无罪"，（《盐铁论·刑德》）违背"父子兄弟罪不相及"（《左传·昭公二十年》引《康诰》佚文）的圣人之道。法家则反对亲属熟知互相包庇罪行，主张"民人不能相为隐"，"夫妻交友不能相为弃恶盖非"。（《商君书·禁使》）法家又主张族诛连坐，驱使同族和同一行政单位的人们之间互相监视制约，以达到预防犯罪的目的。

亲属相隐和族诛本是截然对立的东西，但在熔儒法思想于一炉的古代法律中竟得以并行不悖，其办法是：对谋反、谋大逆、谋叛等重罪，施行族诛而不适用亲属相隐，允许子孙奴婢揭发；对一般罪行则不搞族诛而允许亲属相隐。在古代统治者看来，当犯罪行为危及统治阶级根本利益，国与家、忠与孝不能得兼时，只能委屈"亲亲"而将就"尊尊"，叫作"不以亲亲害尊尊"。（《春秋谷梁传·文公元年》）这样一处理，便可以既维护王朝的社会基础——宗法家族，又维护了王朝的根本利益。

（二）从条教、官箴看儒家法家治国理政方式的融合

1. 条教：以礼为体，以法为用

一般认为，教或条教是汉代出现的以郡守名义在所辖行政区域发布的指导管束吏民的地方性法规。"条教"一词始见于《汉书·董仲舒传》载："仲舒所著，皆明经术之意，及上书条教，凡百二十三篇。"但是最早的条教或产生于秦，如云梦秦简的《语书》。

《语书》起始谓："二十年四月丙戌朔丁亥，南郡守腾谓县道啬夫。"说

明此文告是南郡守腾发给所属县道首长的。以下的内容是：其一，为了"矫端民心"，"除其恶俗"，国家已经颁布了法律令，但是"吏民莫用"，官吏和百姓都不认真执行。为此，腾又整理并公布了法律令、田令，"令吏民皆明知之"。但是吏民仍然犯法不止，县令、丞也不举报，是"养匿邪僻之民"。现在我派人巡视，检举违法者，对县令、丞加以处分。同时考核各县官吏，对失职者上报处理。本文书发至各县，由驿站递送。其二，对各县道所属官吏进行考察，其标准是"良吏""恶吏"。要对"恶吏"进行惩罚。各县道收到本文书后，要传达给所属各曹。各曹把有过失的吏统计上报给县道，县道上报给郡，然后向全郡通报成为"恶吏"。《语书》的中心思想是依法治民，但主要矛盾是基层官吏不作为，因此必须首先严格治吏。这正是法家"明主治吏不治民"思想的体现。《语书》向我们透露了"以法为教，以吏为师"的时代气息。

汉代郡县长官多颁行条教以治地方。[1]汉以后及至魏晋南北朝，"下教""教曰"之语史不绝书。[2]

通过条教文字可见，郡县守丞在执行公务时，除了贯彻国家法律法令之外，还根据具体社会情况制作并发布条教。条教的制作者为郡县守丞，条教的适用范围为所属地方，其适用群体或为下属官吏，或为地方百姓，或为具体的事件、人物。条教的内容是根据具体情况做出的施政措施，其内容十分广泛，包括治群吏、保治安、行赏罚、劝农桑、兴庠序、饬风俗，等等。条教的特征是上合国法、下顺民情。条教的性质具有两重性：其中含有赏罚内容或强制性的条教可视为地方法规，否则可视为具有社会舆论约束力的劝诫之文。郡县守丞身兼二任，既是国家官长，又为民之父母，在这两种场合下，

---

〔1〕 如郑卿郑弘兄弟"皆著治迹，条教法度，为后所述"；（《汉书·公孙刘田王杨蔡陈郑传》）冯立"好为条教"；（《汉书·冯奉世传》）薛宣"所居皆有条教可纪，多仁恕爱利"；（《汉书·薛宣朱博传》）黄霸"使亭邮乡官皆畜鸡豚，以赡鳏寡贫穷者，然后为条教，置父老师帅伍长，班行之于民间，劝以为善防奸之意"；（《汉书·循吏传》）张湛"在郡修典礼，设条教，政化大行"；（《后汉书·宣张二王杜郭吴承郑赵列传》）史敞"化有能名，尤善条教，见称于三辅也"；（《后汉书·吴延史卢赵列传》注引司马彪《续汉书》）李膺"修庠序，设条教，明法令，威恩并行"。（《后汉书》卷六十七《党锢列传》注引谢承《后汉书》）

〔2〕 参见杨一凡、刘笃才：《两汉地方法制资料辑佚三国魏晋附》，收入《中国古代地方法律文献》（甲编第1册），世界图书出版公司2006年版；梁健："曹魏法制综考"，西南政法大学2012年博士学位论文。

郡县守丞分别充当着"道之以政，齐之以刑"的国家官吏和"道之以德，齐之以礼"的社会教师的角色。而条教就成了实现这两种角色的手段。下面择要述之：

其一，治群吏。秦简《语书》应系以条教治群吏之例。又《汉书·董仲舒传》载："仲舒所著，皆明经术之意，及上疏条教，凡百二十篇。"其"条教"已佚，而上疏犹存："今吏既亡教训于下，或不用主上之法，暴虐百姓，与奸为市，贫穷孤弱，冤苦失职，甚不称陛下之意。"可以推测，董仲舒的"条教"当有治群吏的内容。《汉书·王尊传》载，王尊为安定太守，"到官，出教告属县曰：'令长丞尉奉法守城，为民父母，抑强扶弱，宣恩广泽，甚劳苦矣。太守以今日至府，愿诸君卿勉力正身以率下。故行贪鄙，能变更者与为治。明慎所职，毋以身试法。'又出教掾功曹：'各自底厉，助太守为治。其不中用，趣自避退，毋久妨贤。夫羽翮不修，则不可以至千里，门枢内不理，无以整外。府丞悉署吏行能，分别白之。贤为上，毋以富。贾人百万，不足以记事。昔孔子治鲁，七日诛少正卯，今太守视事已一月矣，五官掾张辅怀虎狼之心，贪汙不轨，一郡之钱尽入辅家，然适足以葬矣。今将辅送狱，直符史诣合下，从太守守其事。丞戒之戒之。相随入狱矣。'"《三国志·魏书·司马芝传》载，司马芝为河南尹，"为教与群下曰：'盖君能设教，不能使吏必不犯也。吏能犯教，而不能使君必不闻也。夫设教而犯，君之劣也。犯教而闻，吏之祸也。君劣于上，吏祸于下，此政事所以不理也。可不各勉之哉！'于是下吏莫不自励"。

其二，保治安。为了有效集中打击盗贼豪强，郡县长官常常先发布条教，在社会上起震慑和瓦解作用。比如王尊发布条教后，"辅系狱数日死，尽得其狡猾不道，百万奸臧。威震郡中，盗贼分散，入傍郡界。豪强多诛伤伏辜者"；（《汉书·赵尹韩张两王传》）王堂条教实施后，"自是委诚求当，不复妄有辞教，郡内称治"；（《后汉书·郭杜孔张廉王苏羊贾陆列传》）阳球条教实施后，"郡中咸畏服焉"。（《后汉书·酷吏列传》）故条教的颁布与实施在一定程度上打击了犯罪，改变了社会风气。汉宣帝时，"渤海左右郡岁饥，盗贼并起，二千石不能禽制"，即任龚遂为渤海太守。他认为民乱的原因是"民困于饥寒而吏不恤"，"治乱民犹治乱绳，不可急也，唯缓之，然后可治"。龚遂"至渤海界，郡闻新太守至，发兵以迎，遂皆遣还，移书敕属省悉罢逐捕盗贼吏。诸持鉏钩田器者皆为良民，吏无得问，持兵者乃为盗贼。遂单车独行至府，郡中翕然，盗贼亦皆罢。渤海又多劫略相随，闻遂教令，即时解散，弃其兵弩而持钩锄。盗贼于是悉平，民安土乐业。遂乃开仓廪假贫民，选用良吏，尉安牧养焉"。（《汉书·循吏列传》）

其三，以条教劝农桑。《汉书·循吏传·黄霸》载，黄霸为太守，"时上垂意于治，数下恩泽诏书，吏不奉宣。太守霸选择良吏，分部宣布诏令，令民咸知上意。使邮亭乡官皆畜鸡豚，以赡鳏寡贫穷者。然后为条教，置父老师帅伍长，班行之于民间，劝以为善防奸之意，及务耕桑，节用殖财，种树畜养，去食谷马。米盐靡密，初若烦碎，然霸精力能推行之"。《后汉书·仇览传》载，"览为蒲亭长，劝人生业，为制科令，至于果菜为限，鸡豕有数"。《晋书·刘弘列传》载，刘弘都督荆州，"劝课农桑，宽刑省赋，岁用有年，百姓爱悦……旧制，岘方二山泽中不听百姓捕鱼。弘下教曰：'礼，名山大泽不封，与共其利。今公私并兼，百姓无复厝手地，当何谓邪！速改此法。'"

其四，以条教行教化。西汉黄霸"独用宽和为名"，"为条教，置父老师帅伍长，班行之于民间，劝以为善防奸之意，及务耕桑，节用殖财，种树畜养，去食谷马"，"百姓乡化，孝子弟弟贞妇顺孙日以众多，田者让畔，道不拾遗，养视鳏寡，赡助贫穷，狱或八年亡重罪囚，吏民乡于教化，兴于行谊，可谓贤人君子矣"。（《汉书·循吏列传》）"延寿为颍州太守，因与议定嫁娶丧葬仪品，略依古礼，不得过法，百姓遵用其教。"（《汉书·韩延寿传》）《后汉书·秦彭传》载，"彭为山阳太守，以礼训人，不任刑罚。崇好儒雅，敦明庠序。每春秋飨射，辄修升降揖让之仪。乃为人设四诫，以定六亲长幼之礼。有遵奉教化者，擢为乡三老，常以八月致酒肉以劝勉之"。《晋书·王沈列传》载，王沈为豫州刺史，"探寻善政，案贾逵以来法制禁令，诸所施行，择善者而从之。又教曰：'后生不闻先王之教，而望政道日兴，不可得也。文武并用，长久之道也。俗化陵迟，不可不革。革俗之要，实在敦学。昔原伯鲁不悦学，闵马父知其必亡。将吏子弟，优闲家门，若不教之，必致游戏，伤毁风俗矣。'于是，九郡之士，咸悦道教，移风易俗"。

从治国理政的方式而言，先秦儒家主张"道之以德，齐之以礼"，致力于德政教化；而法家则主张"道之以政，齐之以刑"，致力于法令赏罚。汉代以后，在正统法律思想支配下，儒法两家思想逐渐融合。德礼若无政刑做后盾，则无法推行；政刑若无德礼指导，则必然重蹈秦亡之覆辙。在新的社会条件下，随着治国理政方式终于调整到位，合格官吏的标准也出现了。正如晋武帝泰始四年（公元 268 年）诏曰："田畴辟，生业修，礼教设，禁令行，则长吏之能也，人穷匮，农事荒，奸盗起，刑狱烦，下陵上替，礼义不兴，斯长吏之否也。"（《晋书·武帝纪》）简而言之，即礼教为政事之本而刑法为政事之用。这种理论必须经过治国理政的实践才能变为现实。

2. 官箴：以德为体，以职为用

官箴泛指统治阶级内部的劝诫之词与公认的惯例。《说文解字》载："箴，诫也。"箴同鍼、针，是缝衣物的用具，针又是医疗器具，故箴有弥补漏洞、为人治病之义。官箴是古代官吏施政行法的行动指南，在法律活动中具有特殊的作用。

箴多见于古籍。《尚书·盘庚》之"犹须顾于箴言"，《逸周书》载有"夏箴""商箴"，《吕氏春秋·谨听》载有"周箴"。在"礼治"即贵族政体时代，有上对下之箴，也有下对上之箴。前者如《尚书》的"诰"，诸如"罔敢易法""无康好逸豫""师兹殷罚有伦""罔敢湎于酒"之类，都带有告诫意味；后者如《左传·襄公四年》所谓"昔周辛甲之为太史也，命百官官箴王阙"。阙，门观，此指王宫。这句话的意思是让百官从各自角度出发给朝廷提意见和建议。又引《虞箴》："芒芒禹迹，画为九州，经启九道，民有寝庙，兽有茂草，各有攸处，德用不扰，在帝夷羿，冒于原兽，忘其国恤，而思其牝牡，武不可重，用不恢于夏家，兽臣司原，敢告仆夫。"杨伯峻注："自此《虞箴》以后，箴便为文体之一。"

秦朝建立中央集权的官僚制政体，官吏众多。秦统治者标榜"以法治国"，又以为"明主治吏不治民"，故在"以法治吏"的前提下重视对官吏的教育培训。《睡虎地秦墓竹简》所载《为吏之道》应当说是今天所能见到的最早的官箴。《为吏之道》可以分两个部分：

其一是列举官吏的道德标准，如"精洁正直、慎谨坚固、审悉无私、微密纤察、安静毋苛、审当赏罚、严刚毋暴"，"临财见利，不取苟富，临难见死，不取苟免"，"君怀臣忠，父慈子孝，政之本也"，"除害兴利，慈爱万姓，勿罪无罪，无罪可赦"，"宽容忠信"，"和平毋怨"，"慈下勿陵"，"善度民力"，"正行修身"，"敬而起之，惠以聚之，宽以治之"。还有吏之"五善""五失"，等等。值得注意的是，关心百姓生活和注意自我道德修养，正与儒家思想有相通之处。这种文件竟然可以在秦官吏群体当中传播，说明当时厉行法治的政权对儒学的传播仍持开放的态度，或者说儒家思想因仰仗民间教育而不绝如缕。

其二是"从政之经",即日常政务,如"均徭赏罚""命书时会""阡陌津桥""沟渠水道""仓库禾粟""子息多少""庇藏封印""水火盗贼""作务员程""衣食饥寒""变民习俗",等等。这些内容虽然没有进一步阐释,但都属于日常施政范围。官箴既包括上级对下级的劝诫勉励之词,也包括官吏施政行法的经验总结。此外,秦简的《语书》虽然在体裁上可以被视为"条教",但是也含有官箴的内容。[1]

秦汉以后,中央集权的官僚制政体一直延续下来。为了有效地控制官吏的所作所为,同时也为了传递施政行法的经验,在国家行政法日趋完备的同时,官箴也逐渐发达起来。"不辱官箴""有玷官箴"成了官吏忠于职守或失职的代名词。尔后,官箴名目日渐繁多,如官箴、政经、自箴、臣戒、政训、牧鉴、政学,等等,不胜枚举。

官箴是中央集权君主政体和官僚制度的产物。在封建社会,中央朝廷控制幅员辽阔、人口众多的泱泱大国,主要靠两件东西:一是官吏,二是法律,而法律又靠官吏来执行。这样就使官吏处在十分关键的位置上,管好官吏是事关全局的事情。《学治说赘·福孽之辨》谓:"州县一官作孽易,造福亦易。天下治权,督抚而不莫重于牧令,虽藩臬道府皆弗若也,何者?其权专也,专则一,一则事事身亲……牧令之所是,上官不能意为非,牧令之所非,上官不能意为是。"

国家控制官吏的方法有两条:一是以人治之,二是以法治之。以人治之是设立有关监督机关,赏善惩恶;以法治之是用法律制约官吏的行为。但是这两条都不是十分有效,官吏仍可以钻各种空子以逞其私。因此,要使官吏自觉守法奉公,避免众多官署与官吏在无谓的互相摩擦、彼此倾轧中拖滞国家机器的正常运转,防止官吏治民无术无方而激化阶级矛盾,光靠法律和监督机关是远远不够的,这就必须借助于道德教化的力量。另外,官吏施政内容复杂,有一定专业要求,不断总结官吏的业务活动经验,以指导官吏施政,也是提高统治效率的重要途径。于是,官箴就应运而生了。它在对官吏的职

---

[1]《语书》以"有公心""能自端""明法律令事""廉洁佐上"为"良吏",以"无公端之心""易口舌""轻恶言而易病人""不明法律令、不知事""不廉洁无以佐上"为"恶吏"。这些内容亦当属官箴。

业道德教育和专业技能培养方面，的确起到了国家法律难以替代的作用。官箴的内容以统治阶级的道德、法律为依据，又是多年施政实践经验的总结与提高，因此，它常常成为官吏行动的指南。

官箴是官吏的行动指南和处世准则，所谓"居官格言""为吏须知""幕僚宝鉴"，又是长期施政执法经验与惯例的总结。违背官箴，可以造成直接或间接的后果，不仅有碍于施政与执法，而且还会遭到同僚和上级的非难、抵制、弹劾，必然影响官吏的前程。因此，官箴实际上成了官吏的第一法律。

官箴的内容很丰富，既有道德条目，又有施政纲要；既有中央官、地方官之要务，又有钱粮、农桑、市贾、国课、教化、刑狱、防御等具体专项。官吏日常施政所及，应有尽有。但总的来看，官箴的内容大致可以分为两类：一是为官道德，二是为政要则。大体而言，前者历来为儒家所倡导，后者为法家所乐道。

为政要则当中包括司法艺术。《睡虎地秦墓竹简·封诊式》所载《贼死》《经死》《穴盗》《出子》四份法律文件，不仅保留了我国现存最早的刑事勘查记录，同时还展示了比较丰富的司法检验技术。这些知识和技术被后世继承并发展，促成了法医学的繁荣。

《礼记·月令》载，孟秋之月，"是月也，命有司修法制，缮囹圄，具桎梏，禁止奸，慎罪邪，务搏执。命理瞻伤察创视折，审断决，狱讼必端平，戮有罪，严断刑"。其中，"命理瞻伤察创视折"，陈浩注："理，治狱之官也；伤者，损皮肤；创者，损血肉；折者，损筋骨也。""瞻伤察创视折"就应当属于法医学领域。可见，秦国的法医学自有其渊源。

中国古代以命案为案中之重者，确定死因是定案的关键因素，因此法医的检验技术十分发达。自汉至唐，已积累了关于鉴别死亡（窒息死、烧死、冻死、饿死、雷击死、急死）的初步经验，掌握了各类中毒（金属中毒、植物中毒、气体中毒、食物中毒）的症状，还发明了滴骨验亲之法。宋以后，法医检验技术进入空前繁荣阶段。其主要标志是：第一，法医检验逐渐制度化。法医检验已成为司法审判的必要程序，并为法律规范确定下来。第二，出现了法医检验的专门人员，作为司法职官的组成部分从事日常法医检验工作。第三，出现了大量的法医检验著作，如：《洗冤录》《平冤录》《无冤录》《内恕录》《检验法》《检验尸伤指南》，等等。宋慈的《洗冤集录》对当时及后世的司法审判活动产生了极大影响，成为司法官员必备读物。该书曾经被翻译成日本、朝鲜、德国、英国、法国、荷兰等国文字，成为世界法医学的名著。而这些成就均可以从《睡虎地秦墓竹简·封诊式》那里找到最初的源头。

（三）从秦律到唐律、明清律：古代刑法的历史脉络

自秦汉至明清，中国古代刑法的一贯精神始终是既维护集权国家的正常运转又兼而维护以父系家庭为细胞的社会秩序。在中国古代法史研究中，只取其一而不及其余的研究方法也许并不妥当，这种研究所得出的结论既不科学也不符合历史事实。基于同样的理由，我们始终应当意识到，中国古代法的"法统"即法律价值基础是二元的，即"法治"——集权君主国家，和"礼治"——父系家庭秩序。两者在不同的领域并适用于不同的群体——政治领域的君臣和家庭领域的亲属——各自发挥着指导和制约作用。法律毫无例外地分别在这两个不同的领域发挥作用。就像议亲、议贵、官当之制本来就不适用于庶民，而不孝、不睦、恶逆本来就不适用于君臣之间一样。我们承认"礼"所包含的"尊尊"之义，但是，当朝仪完全体现"尊君卑臣"之旨时，原先那种基于血缘家族的饱含伦理亲情的"礼"似乎早已时过境迁面目皆非了。因此，当我们试图描述中国古代刑法的发展脉络并揭示其规律时，应当尽量避免使用儒家化、法家化那样的失之武断的术语和标准。正如我们不能因为"八议"源于儒家经典《周礼》，就断言此项制度的产生就是法律儒家化，也不能因为"八议"制度旨在维护至高无上的皇权，就断言此项制度的产生就是法律法家化一样。

秦朝非常重视法律（成文法）在治理国家和社会中的作用，故当时社会生活的各个方面都有了相应的法律予以调整，即所谓"诸产得宜，皆有法式"。此间，刑事立法也取得了长足的发展，其表现就是奠定了最基本的刑法原则和刑罚制度。这些成就都集中体现在《睡虎地秦墓竹简》当中。但是，应当注意，秦律并不是凭空出现的，它一方面是对先秦法律文化历史成果的继承，一方面是对当时诸侯国变法实践经验的吸收，一方面是立足于本国文化传统和现实社会情况所作出的选择和创新。正如蒙文通所谓："商君之治，倘亦因秦之俗化而然也。""凡商君之法，多袭秦旧，而非商君之自我作古。"[1]毫无疑问，在此过程中法家思想发挥了重要影响，但是，一方面法家思想所关注的只是当时最迫切的现实课题——通过变法确立集权君主政体，进而取得兼

---

〔1〕 蒙文通：《古史甄微》，巴蜀书社 1999 年版，第 237 页。

并战争的胜利，最后建立统一国家，另一方面法家思想也只有在被诸侯国统治者接受时才能发挥作用，各家各派思想对政治的影响总是存在或然性。因此，我们不能简单宣布秦国变法和秦律都是"法家化"的产物。

秦律所确立的刑法制度适应了集权王朝、农耕社会和父系家庭的客观需求，既维护集权王朝的统治，又维护王朝的社会根基，故被历代王朝所继承和延续。而古代刑法典的经典之作是《唐律疏议》。

汉承秦制，亦承秦法，这是问题的一个方面。同时，西汉特别是汉武帝以后，法律的确发生了一系列的变化。汉代贾谊的"刑不上大夫"的"阶级论"被采纳，可以说是个开端，此后便一发不可收拾。比如"除异子之科使父子无异财"，（《晋书·刑法志》）既是对秦法"民有二男以上不分异者倍其赋"的否定，又是对儒家孝义的强化。及至"八议"，"以服制论罪"，"子孙违犯教令"，"犯罪存留养亲"，父母在禁止"别籍异财""同姓不婚""义绝""七出""三不去""八议""官当""十恶"等体现儒家伦常精神的内容，逐渐变成法律条文或制度。《四库全书总目·政书类·法令之属》案语谓唐律"一准乎礼"，宣告刑礼合一，"出礼则入刑"，（《后汉书·陈宠传》）终于大功告成。在世界主要法系当中，只有中华法系通篇洋溢着古老的伦理主义的浓烈色彩。唐律的那些"一准乎礼"的法律规定，大都不是立法机关的创制，而充其量只是一种整理或再确认。因此，它使寻常百姓感受到那些见惯不惊、耳熟能详的乡间礼俗，一夜之间都变成了庄严肃穆的法条。比如，按照民间礼俗，婚姻的缔结和解除要遵照"七出三不去"的原则，《唐律疏议》照单录之；按照民间礼俗，"子不复仇非子也"，《唐律疏议》规定：父为人所杀而私和者罪之；按照民间礼俗，父母在，"不有私财"，《唐律疏议》有禁止父母在子女"别籍异财"和"私辄用财"之制；按照民间礼俗，身为子孙应服从父母、祖父母之指挥，《唐律疏议》有"子孙违犯教令"之罪；按照民间礼俗，"闻丧即须哭泣"，《唐律疏议》有闻父母夫丧"匿不举哀"之罪；按照民间礼俗，"事亲有隐无犯"，《唐律疏议》有侮骂、殴打、状告父母、祖父母之罪；按照民间礼俗，身为子孙对其父母、祖父母应当"以其饮食忠养之"，《唐律疏议》有"供养有阙"之罪，等等。[1]可以看到，经过历代王朝的立法实践，那些本来在民间流传已久的，曾经被儒家经典记载或讨

---

〔1〕 参见（唐）长孙无忌等撰：《唐律疏议》，刘俊文点校，中华书局 1983 年版。

论过的，靠着道德自律和乡里组织调节的各种风俗习惯，都一一地披上法律的盛装，闪烁着王法的威严。"一准乎礼"的过程，正是古老礼俗成文法化的过程。

世称唐律"一准乎礼"，又有学者谓唐律大部分律条原出于礼。然观《唐律疏议》之构成，有《名例》《卫禁》《职制》《户婚》《厩库》《擅兴》《贼盗》《斗讼》《诈伪》《杂律》《捕亡》《断狱》凡12篇，如何判断何条出于礼之精神？何条源于法之原则？恐怕需要进行定量统计分析之后才能得出结论。

如果我们将《睡虎地秦墓竹简》和《唐律疏议》进行比较，就不难发现，从秦至唐1000多年间的刑法制度是一脉相承的。其中，《睡虎地秦墓竹简》与《唐律疏议》有相似相近规定者凡80余处。而《睡虎地秦墓竹简》所有而《唐律疏议》所无者也不在少数。《唐律疏议》所载条文当中与伦理观念、亲属身份、礼仪风俗相关者近百处。因此，我们是否可以这样判断：在《唐律疏议》最终将民间零散的礼仪风俗加工成为成文法典的同时，它还默默地承载着秦汉以来刑法典维护国家机器正常运转的传统精神，它的辉煌只是经过唐代官僚集体的整理之后，变得更加完善而无懈可击。那么，基于秦律与唐律之间存在那么多相似之处的事实，如果我们非要使用"儒家化""法家化"这样的术语不可的话，我们是否可以宣布：唐律既是"儒家化"又是"法家化"呢？

刘俊文先生指出，《唐律疏议》"以礼为中心，以君主专制、等级制度和宗法制度为支柱，构筑全部封建法律理论体系。它把锋芒毫不掩饰地指向破坏封建经济基础和封建统治秩序的言论和行为"。[1]可见，《唐律疏议》所体现的"法律理论体系"是以集权君主政体和宗法家庭制度为其支柱的。更不必说，古代刑法不论是作为国家法典，还是作为一门学科，那些由一整套诸如"犯罪""违令""谋杀""斗杀""过失""失刑""故纵"等专门术语所构成的专业知识体系，再加上刑事立法司法经验共同组成的刑法文化传统，实际上已经成为相对独立的、非如此不可的、具有客观规律性的一种社会科学常识或者政治习惯，它甚至强大到很难被个人哪怕是皇帝所轻易更改了。面对唐律的产生，我们怎么去评价它呢？如果我们非使用"儒家化""法家化"这样的术语不可的话，那么，是否可以说，唐律的产生既是"儒家化"

---

〔1〕（唐）长孙无忌等撰：《唐律疏议》，刘俊文点校，中华书局1983年版，第4页。

更是"法家化",而所谓"儒家化""法家化"又完全是同一个过程,是你中有我,我中有你,无法分开的。那么,从本质的意义和逻辑上来看,所谓"儒家化""法家化"只会使事情变得更加复杂而混乱。因此,与其称唐律是"一准乎礼",不如说唐律是"半准乎礼,半准乎法",更符合其本来面目。

　　唐律堪称古代刑法典之楷模,故被后世诸朝所因循。"自唐永徽定律以后,宋元皆因其故。惟明代多有更改,又增《奸党》一章,以陷正士";"唐律本隋,由魏而周而隋,渊源自在……汉律虽亡,其意犹赖以考见,深可宝贵。况我朝定律,鉴古立法,损益归于大中,而所载律条与唐律大同者四百一十有奇"。[1]宋代以后各朝制定的刑律,如《宋刑统》《大明律》《大清律》,其法律精神皆沿袭唐律。明清律虽更以六部格局,但其法律条文盖仍依唐旧。

表2　秦简秦律与先秦法律文化成果之间的联系

先秦法文化成果	出处	秦律	《睡虎地秦墓竹简》页码
墨	甲骨文·吕刑	黥	110
劓	甲骨文·吕刑	劓	155
刖	甲骨文·吕刑	斩左趾	93
宫	甲骨文·吕刑	宫	120
伐 杀戮	甲骨文·吕刑	戮 弃市	173 225
而	甲骨文·说文解字	耐 髡	147 182
罚寽	师旅鼎铭	赀	60、176
赎	吕刑	赎	53、54
赦	吕刑	赦	167、205
孝	甲骨文 酒诰:用孝养厥父母	赎为隶妾之母许之 赎为隶臣妾之父母许之	91 93

　　〔1〕（清）孙星衍:"重刻故唐律疏议序",（清）沈家本:《重刻唐律疏议序》,（唐）长孙无忌等撰:《唐律疏议》,刘俊文点校,中华书局1983年版,第668页、第670页。

续表

先秦法文 化成果	出处	秦律	《睡虎地秦 墓竹简》页码
不孝	吕氏春秋·孝行 引商书：刑三百 罪莫重于不孝 康诰：不孝不友	不孝	195、263
奸非	周礼注疏引尚书大传： 男女不以义交者其刑 宫	臣强与主奸同父异母 相与奸男女相与奸	183 225 260
五听	吕刑	讯狱	246
三宥	礼记·王制 礼记·文王世子	三环	195
鞭刑	训匜铭 鲁语上	笞掠	245、246
哲人惟刑	吕刑	良吏	19
哀敬折狱	吕刑	慈爱万姓	285
明用稽疑	洪范	勘察技术	261
五过之疵·惟货	吕刑	贵货贝 居官善取 权衡求利	283 283 284
君臣无讼 父子无狱	训匜铭文： 敢以乃师讼 周语中	非公室告	195、196
子为父隐	论语·子路	非公室告	195、196
贼	左传·昭公六年	贼	180、188
盗	左传·昭公六年	盗	205、252
弗用命 戮于社	甘誓	犯令	16、52
伤人见血不以告	周礼·秋官司寇· 禁杀戮	路见杀伤人不援救	194

先秦法文化成果	出处	秦律	《睡虎地秦墓竹简》页码
失火	周礼·夏官司马·司火	失火	109
布帛幅广不中量，不鬻于市	礼记·王制	布幅不合尺寸，不得通行	56
瞻伤察创视折	礼记·月令	封诊式·夺首、贼死、经死、出子	256~274
臣妾	费誓	臣妾	174、184
直	左传·昭公十四年	不直	191
臣妾逋逃不敢越逐	费誓	娶逃亡妇为妻	222、223
不慈	康诰礼记·曲礼上	杀子	181、183
下刑适轻上服	吕刑	二罪从重	207
夏箴、商箴周箴	逸周书吕氏春秋·谨听	为吏之道	280
司寇	左传·庄公二年	司寇	89、107
司马	左传·桓公二年	司马	124
司空	左传·桓公六年	司空	77、80
御史	战国策·韩策	御史	101
桎	周易·蒙：用说桎梏	鋈	198

附注：表右侧栏数字系指《睡虎地秦墓竹简》（文物出版社 1978 年版）的页码。

表3　秦简秦律与唐律疏议相类似的规定

云梦秦简	页码	唐律疏议	页码
盗杀人	180	盗杀人	367
谋杀人	184	谋杀人	326、327、329
勿强质	214	强牵财物	485、331
子告父母	195、196	子告父母	432
臣妾告主	196	部曲告主	438
诬告反坐	193、203	诬告反坐	428
告不审	167、169、170	不审 告虚	428 430、445、447
毁损仓粮	216	毁损仓库财物	292
逃役	221	逃役	310
投伪书 发伪书 转发伪传	176 176 176	投匿书 擅启印封 私阅制书	439 294 515
相奸	183、225、278	诸奸	493
奴强与主奸	183	奴奸良人	495
同母异父相与奸	225	奸缌麻以上亲	493
父母杀子	181、195	尊杀卑幼	334
主杀子臣妾	196	主杀部曲	406
殴大父母	184	殴父母	414
殴主	183	部曲殴主	424
夫殴妻	185	夫殴妻	409
非公室告者罪	195、196	告尊长告者罪	435
不孝 免老告以不孝	195、263 195	不孝 子孙违犯教令	263 437
官牛有损	30	饲养有损	280、281
官牛马死亡	35	饲养不如法	280
官牛瘦一寸笞十	30	官畜疮三寸笞二十	281

续表

云梦秦简	页码	唐律疏议	页码
连坐	33、57、61、63、81、90、109、124、155、159	连坐	118、124、135、234、253
娶逃亡妇为妻	223	娶逃亡妇为妻	265
路见杀人不救援 有人被贼伤四邻不号寇	194 193	见火起不救 有人被强盗邻里不救助	511 530
自告	154、178、207、208、251	自首	101
以赃论罪	154、155、156、157、158、161	以赃论罪	88、86
不直	20、165、166、171、191	出入人罪 失出失入	562 564
失刑	165	失刑	185
失囚	205、206	主守失囚	538
纵囚	191	纵死罪囚	574
通钱（行贿）	229、230	受财	219
讯囚	245	讯囚	552
笞掠	245、246	拷囚	554
擅兴奇祠	219	非法兴造	313
盗铸钱	253	私铸钱	480
赎	53、54、60、177、200、261	疑罪以赎	575
举荐不实	212、213	贡举非其人	183
厩苑律	31、32	厩库律	275
有罪弗举 有过匿而弗举	15 100	有罪不举劾	449

续表

云梦秦简	页码	唐律疏议	页码
赦	167、205、216、247、250、259、285	赦	68、98、567
稽留行书	103	稽缓制书	196
伪造官印	171	诈为官文书	460
器物违度	69	器物短狭	499
布匹不合尺寸	56	器物不合度 造作不如法	497 314
以爵抵罪	93	议贵 官当	18 44
盗徙封	178	侵夺私田 侵巷街阡陌	246 488
亡文书印 亡符券	213 213	亡失符印	519
逃亡	207、217、222	逃亡	536
失火	109	失火	508、509
损毁公器	72	亡毁官私器物	519
擅借公器	72	私借官物	291
私使军马	133	官车私载 私用官物	279 290
弃妻不书	224	违律为婚	272
斗杀人	180	斗杀人	387
斗伤人	188、189	斗伤人	386
赦前犯罪勿论	167	以赦前事告者罪	442
应报不报 应报不报	144 184	应报不报 应奏不奏	561、312 202

云梦秦简	页码	唐律疏议	页码
纳奸	179	容止浮浪 藏匿罪人	539 540
斗杀人	180	斗杀人	387
斗伤人	188、189	斗伤人	386
骗取爵位	147	诈称袭爵	463
共盗	209	共盗	375
私使下属	133	私役属下	224
擅杀子（生子弗养）	181	舍弃收养之子	237
动摇军心	173	市中惊扰	504
同居	63、147、159、 160、182、197、 230、238、268	同居	130、241
发（启）伪书	176	擅启印封	294
伪写印	175	伪写官文书印	453
赦前犯罪勿论	167	以赦前事告告者罪	442
隐瞒不报	100	知犯法不举劾	449
校正权斗升	70	校斛斗秤度不平	497
应征失期	221	征人稽留	306
役使私卒	133	役使所监临	224
置任不审	130	置官过限	182
栽赃陷害	241	诈陷人死伤	474
二罪从重	207	二犯从重	123
答问（司法解释）	149	问答（司法解释）	12
贼杀人	180	杀人	341
贼伤人	196、208	伤人	390
夫迁妻随之	178	夫流配妻妾从之	67

附注：1. 上述内容只是举其要并非全部涵盖云梦秦简与唐律疏议，遗漏之处尚多。

2. 上述内容未来得及进行严格的分类整理，有的内容之间只有相似之处，不一定十分贴切。

3. 表中的页码系指《睡虎地秦墓竹简》（文物出版社 1978 年版），《唐律疏议》（刘俊文点校，中华书局 1983 年版）的页码。

表 4 唐律疏议条文与伦理观念、亲属身份、礼俗相关者

篇章·条目	题目	内容
名例·十恶·6	恶逆	殴杀父母等
名例·十恶·6	不孝	告诅父母等
名例·十恶·6	不睦	谋杀尊亲等
名例·十恶·6	不义	匿夫丧不举哀等
名例·十恶·6	内乱	奸小功以上亲
名例·八议·7	议亲	皇族亲属等
名例·八议·9	议亲	皇太子妃等
名例·八议·10	议贵	七品官以上亲属
名例·八议·11	议贵	九品官以上亲属
名例·八议·13	议贵	五品以上妾
名例·19	免官	父母死罪被囚而作乐婚娶
名例·20	免所居官	父母老疾不侍委亲之官
名例·24	犯流应配	夫流妻妾从之
名例·26	犯死罪应侍家无期亲成丁	犯罪存留养亲
名例·27	犯徒应役家无兼丁	家无兼丁免徒加杖
名例·30	老小及疾有犯	年七十以上十五以下流罪收赎
名例·36	会赦应改正征收	以嫡为庶以庶为嫡违法养子应改正
名例·37	犯罪未发自首	犯罪未发自首原其罪
名例·42	共犯造意为首	家人共犯止坐尊长
名例·46	同居相为隐	同居诸亲属犯罪相为隐

篇章·条目	题目	内容
职制·105	乘舆服御持护修整不如法	依礼授立不跪授坐不立
职制·120	匿父母夫等丧	居父母夫丧匿不举哀释服从吉忘哀作乐
职制·121	府号官称犯父祖名	父母老疾无侍委亲之官冒哀求仕
户婚·155	子孙别籍异财	父母在子孙别籍异财
户婚·156	居父母丧生子	居父母丧生子及兄弟别籍异财
户婚·157	养子舍去	养异姓男徒一年养女者不坐养子舍去徒二年养三岁以下虽异姓听收养
户婚·158	立嫡违法	非以嫡妻长子为嫡,违法
户婚·159	养杂户等为子孙	养杂户男等子孙徒一年半养女杖一百
户婚·162	同居卑幼私辄用财	同居卑幼私辄用财十疋笞十应分田宅财物兄弟均分妻家所得不在分限兄弟亡者子承父分
户婚·175	许嫁女辄悔	许嫁女已报婚书及有私约辄悔杖六十男家自悔不追聘财
户婚·177	有妻更娶	有妻更娶徒一年各离之
户婚·178	以妻为妾	以妻为妾以婢为妻徒二年
户婚·179	居父母夫丧嫁娶	居父母夫丧嫁娶徒三年各离之
户婚·180	父母被囚禁嫁娶	父母被囚禁嫁娶处徒流尊父母命勿论
户婚·181	居父母丧主婚	居父母丧与应嫁娶者主婚杖一百居夫丧杖八十
户婚·182	同姓为婚	同姓为婚各徒二年缌麻以上以奸论
户婚·183	尝为祖免妻而嫁娶	尝为祖免亲之妻而嫁娶各杖一百缌麻及舅甥妻徒一年小功以上以奸论妾各减二等并离之
户婚·184	夫丧守志而强嫁	夫丧守志非女之祖父母父母而强嫁徒一年离之女归前家娶者不坐

续表

篇章·条目	题目	内容
户婚·185	娶逃亡妇女	娶逃亡妇女
		为妻妾离之会恩免罪者不离
户婚·186	监临娶所监临女	监临之官娶所监临女为妾杖一百
户婚·187	和娶人妻	和娶人妻及嫁之者各徒二年各离之
户婚·188	卑幼自娶妻	卑幼违尊长所定婚私自娶妻杖一百
户婚·189	妻无七出而出之	妻无七出及义绝之状而出徒一年半有三不去而出之杖一百追还合
户婚·190	义绝离之	义绝离之违者杖一百夫妻不谐而离者不坐
户婚·191	奴娶良人为妻	奴娶良人为妻徒一年半离之
户婚·192	杂户官户与良人为婚	杂户官户娶良人女为妻杖一百良人娶官户女为妻加二等
户婚·193	违律为婚恐吓娶	违律为婚恐吓娶者加本罪一等强娶者又加一等
户婚·194	违律为婚离正	违律为婚离之正之聘财不追女家妄冒者追还
户婚·195	嫁娶违律	嫁娶违律独坐主婚嫁娶者不坐
擅兴·228	征人冒名相代	征人冒名相代者徒二年同居亲属代者减二等
贼盗·248	谋反大逆	谋反大逆者皆斩其父子年十六以上皆绞十五以下及母女妻妾祖孙兄弟姊妹等没官男八十妇六十及废疾并免伯叔父兄弟之子皆流三千里
贼盗·251	谋叛	谋叛者绞妻子流二千里
贼盗·253	谋杀期亲尊长	谋杀期亲尊长外祖父母夫夫之祖父母父母者皆斩
贼盗·254	部曲奴婢谋杀主	部曲奴婢谋杀主者皆斩谋杀主之期亲及外祖父母者绞已伤者绞

篇章·条目	题目	内容
贼盗·255	谋杀故夫祖父母	妻妾谋杀故夫之祖父母父母者已杀者皆斩伤者绞
贼盗·260	亲属为人杀私和	祖父母父母及夫为人杀私和者流二千里期亲徒二年半大功以下减一等
贼盗·287	盗缌麻小功亲财物	盗缌麻小功亲财物减凡人一等大功减二等期亲减三等
贼盗·288	卑幼将人盗己财物	同居卑幼将人盗己财物以私辄用财物论加二等
贼盗·292	略人略卖人	略人略卖人为奴婢者绞为部曲者流三千里为妻妾子孙者徒三年
贼盗·294	略卖期亲以下卑幼	略卖期亲以下卑幼为奴婢者并同斗殴杀法
贼盗·299	盗经断后三犯	亲属相盗者不用此律
斗讼·314	殴府主刺史县令祖父母	殴府主刺史县令祖父母父母妻子者徒一年重伤者加凡斗伤一等
斗讼·315	殴皇家袒免以上亲	殴皇家袒免以上亲徒一年伤者徒二年伤重者加凡斗二等
斗讼·324	殴缌麻小功亲部曲奴婢	殴缌麻小功亲部曲奴婢各减杀伤凡人部曲奴婢二等
斗讼·325	殴伤妻妾	殴伤妻减凡人二等死者以凡人论殴妾伤者减妻二等
斗讼·326	妻殴詈夫	妻殴夫徒一年伤重加凡斗三等妾犯者各加一等妾詈夫杖八十妾犯妻与夫同
斗讼·327	殴缌麻兄姊	殴缌麻兄姊杖一百小功大功各递加一等
斗讼·328	殴兄姊等	殴兄姊徒二年伤者徒三年詈者杖一百
斗讼·329	殴詈祖父母父母	殴祖父母父母斩詈者绞子孙违犯教命祖父母父母殴杀者徒一年半

续表

篇章·条目	题目	内容
斗讼·330	妻妾殴詈夫父母	妻妾殴夫父母绞伤者斩詈者徒三年
斗讼·331	妻妾殴詈故夫父母	妻妾殴詈亡夫之祖父母父母者各减殴詈舅姑二等
斗讼·332	殴兄妻夫弟妹	殴兄之妻夫之弟妹各加凡人一等
斗讼·333	殴妻前夫子	殴伤妻前夫子减凡人一等殴伤继父者与缌麻亲同
斗讼·334	殴詈夫期亲尊长	殴詈夫期亲以下缌麻以上尊长各减夫犯一等妾犯者不减
斗讼·335	祖父母为人殴击子孙即殴击之	祖父母为人殴击子孙即殴击之伤者减三等至死依常律
斗讼·344	诬告人流罪以下引虚	诬告期亲尊长等虽引虚不减
斗讼·345	告祖父母父母	告祖父母父母非缘坐及谋叛以上绞
斗讼·346	告期亲以下缌麻以上尊长	告期亲以下缌麻以上尊长外祖父母夫夫之祖父母虽得实徒二年诬告者加诬罪三等若告谋反逆叛者不坐
斗讼·347	告缌麻以上卑幼	告缌麻以上卑幼虽得实杖八十大功以上递减一等
斗讼·348	子孙违犯教命	子孙违犯教命及供养有阙者徒二年
斗讼·349	部曲奴婢告主	部曲奴婢告主非谋反逆叛者皆绞告主之期亲及外祖父母者流
诈伪·383	父母死诈言余丧	父母死诈言余丧不解官者徒二年
杂律·410	凡奸	诸奸徒一年半有夫徒二年
杂律·411	奸缌麻以上亲	奸缌麻以上亲或其妻及妻前夫女同母异父姊妹者徒三年
杂律·412	奸从祖母姑	奸从祖祖母姑从祖叔伯母姑从父姊妹从母及兄弟妻者流二千里强者绞

篇章·条目	题目	内容
杂律·413	奸父祖妾	奸父祖妾伯叔母姑姊妹子孙之妇兄弟之女者绞
杂律·415	和奸无妇女罪名	和奸妇女与男子同论强者妇女不坐
杂律·416	监主于监守内奸	监主于监守内奸者加奸罪一等奸无夫妇女徒二年有夫妇女徒二年半居父母丧加一等
断狱·474	议请减老小疾不合拷讯	议请减年七十以上十五以下及废疾者不合拷讯皆据众证定罪
断狱·476	讯囚察辞理	讯囚必先以情审察辞理然后拷讯
断狱·477	拷囚不得过三度	拷囚不得过三度总数不得过二百拷满不承取保放之
断狱·482	决罚不如法	决罚不如法笞三十致死者徒一年
断狱·488	赦前断罪不当	赦前断罪不当若处轻为重宜改从轻处重为轻即依轻法
断狱·490	狱结竟取服辩	狱结竟令囚及家属告之罪名囚若不服更为审详
断狱·494	妇人怀孕犯死罪	妇人怀孕犯死罪产后一百日乃行刑
断狱·495	拷决孕妇	孕妇未产而拷及决杖笞者杖一百或产后未满百日而拷决者减一等
断狱·496	立春后秋分前不决死刑	立春后秋分前不决死刑违者徒一年
断狱·499	断罪应斩而绞	五品以上犯非恶逆以上听自尽于家
断狱·502	疑罪	疑罪各依所犯以赎论

　　附注：表中左侧栏中的数字系指唐律条目的序数，参见《唐律疏议》（刘俊文点校，中华书局1983年版）。

表5 《唐律疏议》中维护国家社会秩序的条文数量

章	数量	章	数量
名例	部分条文	卫禁	共 23 条
职制	共 59 条	户婚	部分条文
厩库	共 28 条	擅兴	共 24 条
贼盗	共 54 条	斗讼	部分条文
诈伪	共 27 条	杂律	部分条文
捕亡	共 18 条	断狱	共 34 条

附注：表中所列条文数字取自《唐律疏议》（刘俊文点校，中华书局 1983 年版）。

（四）"五礼"制度的确立标志着古老礼仪的国家制度化

孔子崇尚"仁"，以"天下归仁"为最高理想之境界。然而如何才能实现"仁"呢？依照孔子的思路，首先是治乱世以"春秋"，所谓"春秋大义在诛讨乱贼，微言在改立法制"[1]，然后则以"礼"治世——"为国以礼"。西汉以后，中国古代法律文化的演进正是通过这两条线索演进的：第一条线索是在刑法领域，以"春秋决狱"为代表的司法改革完成着刑法礼义化的路程；第二条线索是在社会领域，由于王朝的提倡，"礼"的实际作用不断提高和深化，其标志就是"五礼"逐渐被确立为一整套国家制度。

"礼"是一个极其丰富而很难把握的概念。如果我们把古代文献意义和理论意义的"三礼"（《仪礼》《礼记》《周官》），仪式意义和制度意义的"五礼"（吉、嘉、军、宾、凶），都放在同一个范围内来审视的话，也许可以把它们概括为三个层次——"礼义""礼仪""礼制"。[2]其中，"礼义"是

〔1〕 （清）皮锡瑞：《经学通论》，中华书局 1982 年版，第 1 页。
〔2〕 陈顾远先生提出礼之仪、礼之文、礼之容、礼之貌、礼之质、礼之实、礼之节等概念。参见氏著《中国法制史概要》，三民书局 1964 年版，第 363 页。张寿安提出礼制（典章、制度）、礼仪（仪文、节式）、礼义（价值、道德）三分说。参见氏著《以礼代理——凌廷堪与清中叶儒学思想之转变》，我国台湾地区"中研院"近代史研究所 1994 年版，第 4 页。高明士提出礼三分说：礼之义、礼之仪、礼之制。参见氏著《中国中古礼律综论——法文化的定型》，商务印书馆 2017 年版，第 14 页。彭林提出二分说：礼法、礼义。参见彭林："礼乐文明的确立、位移及其边缘化"，载郭齐勇主编：《儒家文化研究》第三辑《礼学研究专号》，三联书店 2010 年版，第 4 页、第 5 页。梁满仓提出礼学、礼制、礼俗、礼行四分说，参见氏著《魏晋南北朝五礼制度考论》，社会科学文献出版社 2009 年版，第 1 页、第 15 页。

"礼"的基本精神，比如基于社会教育和个人内心自我调整而维持的伦理感情和尊尊亲亲的差异性精神，它源于人们在现实生活中对"礼"的经验感悟的积累和理论研究成果及其社会传播，其理论包括"礼"的本质、精神、原则、特征、起源、功能等；"礼仪"是指人们体验"礼"时集体统一做出的外在的带有表演色彩的行动和仪节，可以细分为国家礼仪和民间礼仪；"礼制"指"礼"的原则或仪式被社会权威机构认可从而形成的行为规范，包括对违犯行为的处分方法，该方法包括民间的基于舆论批评的处分和国家强制力实现的制度处分，国家强制力实现的制度处分实际上即对违礼行为的刑罚处分。其前提条件是"儒家经典为法律条文"[1]或"法典的伦理化"[2]。因此，在这个意义上"礼制"又可以称为荀子所谓的"礼法"。制度或刑罚处分的出现意味着国家力量对民间之"礼"的深层次介入，其结果是完成民间"礼制"与国家法制的局部重合。

殷商时代，迷信鬼神，独重祭祀之礼，而人对社会事物的支配地位比较薄弱；西周伊始，注重德治，以德配天，其礼含有自我约束、怀保小民之义。春秋以降，礼崩乐坏，既有"周礼尽在鲁矣"（《左传·昭公二年》）之叹，又有"是仪也非礼也"（《左传·昭公二十五年》）之讥。西周贵族之礼赖儒家民间教育得以薪火相传，而民间婚丧之礼也未尝失也。荀子隆礼重法，首倡由礼而法、由法而礼的相互靠拢，成为礼法结合的先觉者。

西汉以后，王朝开始重视礼仪建设。汉七年，长乐宫成，诸侯文武百官皆依叔孙通所定朝仪行朝贺之礼。"御史执法，举不如仪者则引去"，"自诸侯王以下莫不振恐肃静"。高帝叹曰："吾乃今日知为皇帝之贵也。"（《史记·叔孙通传》）法家尊君卑臣和区分贵贱之旨在朝仪中得到充分展现。"叔孙通为高祖制礼，成为后世礼官津津乐道的前朝故事，历代帝王乐此不疲，礼制被建设成为繁缛森严的特权制度。"[3]

汉以后历朝正史大都编辑礼志、乐志。[4]但是这种官方公牍式的文献既

---

〔1〕 陈寅恪："崔浩与寇谦之"，载氏著《金明馆丛稿初编》，里仁书局1981年版，第129页。

〔2〕 高明士：《中国中古礼律综述——法文化的定型》，商务印书馆2017年版，第59页。

〔3〕 彭林："礼乐文明的确立、位移及其边缘化"，载郭齐勇主编：《儒家文化研究》第三辑《礼学研究专号》，三联书店2010年版，第23页。

〔4〕 二十五史当中除《三国志》《梁书》《陈书》《北齐书》《周书》《南史》《北史》《新五代史》之外，其余十七史均辟有《礼志》《乐志》。而《车服》《仪卫》《舆服》《祭祀》亦应属《礼志》《乐志》范围。

缺乏社会生活的鲜活色彩，又远离广大民众的感情寄托，成为流水账册而已。正所谓"自汉以来，史官所记事物名数、降登揖让、拜俛伏兴之节，皆有司之事尔，所谓礼之末节也"。（《新唐书·礼乐志一》）究其原因，在于礼失其本。司马迁谓："余至大行礼官，观三代损益，乃知缘人情而制礼，依人性而作仪，其所由来者尚矣！"（《史记·礼书》）司马迁所言之礼是以人们内心伦理情感为依据的民间之礼，与繁缛森严、尊君卑臣的帝王之礼有天壤之别。

毫无疑问，儒家知识分子在保留古代礼仪文献和礼仪研究方面贡献卓著。正是在儒家的倡导之下，古代礼仪才得以逐渐再现于社会生活中。从"三礼"之酝酿至"五礼"之确立，这一过程漫长而曲折。

汉初无"三礼"之名，当时所言"礼"特指"礼经"，别称"仪礼"，又称"士礼"。《史记·儒林列传》："及至秦焚书，书散亡益多，于今独有士礼，高堂生能言之。"而二戴所传《礼记》文字亦附于《仪礼》，并不独立为书。汉代礼家始无传《周官》者。"三礼"之名，起于汉末，源于郑玄为《仪礼》《礼记》《周官》三书作注，并将《周官》称为《周礼》。"郑君三礼之学，其闳通在此，其杂糅亦在此。"[1]后世遵行郑注，以三书为"三礼"，又以《周礼》为"经礼"，《仪礼》为"曲礼"。

春秋战国的政治人物曾经对礼的重要性做过即兴式的阐述，把礼的重要性提到无以复加的高度，如"天之经，地之义，民之行"（《左传·昭公二十五年》）之类。也有学者对礼的基本理论做过总结，如"为国以礼""明分使群"之论。但是，这些论述由于脱离了礼的原生素材而显得飘忽不定、抽象笼统、难于把握，故而缺乏实践性。礼的原生素材应当是《仪礼》那样的文献。故《史记·儒林列传》谓："礼固自孔子时，而其经不具，及至秦焚书，书散亡益多，于今独有《士礼》。""西汉所谓礼，专指今存之《仪礼》十七篇而言。""《礼记》者，礼之记也，故其始，当以释《仪礼》诸篇为主。"[2]《礼记》中，《冠义》《昏义》《祭义》等8篇与《仪礼》诸篇有直接关系；《丧服小记》《丧服大记》《三年问》等14篇与《仪礼》有间接关系；《王制》《月令》《明堂位》等13篇记古代制度礼俗，亦属于广义之礼；《仲尼燕居》

---

〔1〕（清）皮锡瑞：《经学通论》，中华书局1982年版，第4页。
〔2〕蒋伯潜：《十三经概论》，上海古籍出版社1983年版，第251页、第369页、第370页。

《孔子闲居》《檀弓》等 6 篇为格言之记录；《礼运》《大学》《中庸》等通论礼学。"五传弟子者……此所传皆《仪礼》也。"（《礼记正义序》）可以说汉代礼学所凭依的文献材料是以《仪礼》为礼经、以《礼记》为曲礼所构成的。应当注意，在儒家六经之学当中，"礼学"居于十分重要的地位。"六经之文，皆有礼在其中。六经之义，亦以礼为尤重"〔1〕，因为"礼"具有悠久历史根基和传统，是先秦儒家最重要的主张之一，其内涵广阔、无所不包，礼作为行为规范涉及伦理、制度和法律。这就使礼学具有比易、诗、书、春秋诸学更强的社会适用性，能够随着社会生活的变化而与时俱进、日益完善。如果说，两汉期间，春秋之学完成了儒学浸润司法的话，那么，接下来就开始了礼学浸润社会的时代。

两汉的礼学虽然得到"独尊儒术"政策的鼓励，又获得了来自司法领域如春秋决狱的实践支持，但是，由于当时的礼学恪守以《仪礼》为经、以《礼记》为传的模式，其研究视野和宗旨都受到明显的局限。《仪礼》所述有冠礼、婚礼、相见礼、乡礼、射礼、聘礼、朝礼、丧礼、祭礼凡九类。〔2〕其中，虽然也涉及政治层面，但大多以士庶民间为其着眼点，展示的是民间的礼仪秩序，没有突出展示国家君主和政府机器的重要职能，特别是缺少治吏、军事、财货和司法的内容，故其适用范围自然受到局限。《仪礼》不仅缺少封禅、郊祀国家大礼，而且，"士礼体系还有一个致命的缺陷，就是没有军礼"。〔3〕这种情况可能与儒家知识分子所处的社会地位有关，特别是从事民间教育的儒者，其教学内容比较切近于普通民众的日常生活，不太关注国家层面的礼仪，这是很容易理解的。回顾先秦两汉礼学研究成果，不难发现，由于当时关注的基础资料本身尚不充分，其研究成果很难适应国家和社会的现实需求。从治国理政的宏观角度来看，这些研究成果大都没有设计出以国家力量为后盾，将礼的精神整体地提升为国家施政最高原则，并进一步真正指导社会实践的途径和方法。正因如此，《周官》所具备的特殊价值就显得十分突出了。《周官》后来居上被世人青睐并非偶然。

《周官》地位的提高与郑玄有关。郑玄以文献所记"经礼三百""礼仪三

---

〔1〕 （清）皮锡瑞：《经学通论》，中华书局 1982 年版，第 81 页。

〔2〕 蒋伯潜：《十三经概论》，上海古籍出版社 1983 年版，第 356~362 页。

〔3〕 梁满仓：《魏晋南北朝五礼制度考论》，社会科学文献出版社 2009 年版，第 167 页。

百""礼经三百"正与《周官》三百六十同，而断言《周官》为经礼，《仪礼》为曲礼。"此由郑君尊崇周官太过，而后人尊崇郑义又太过，一轩一轾，竟成铁案"，"自郑君以《周礼》为经礼，《仪礼》为曲礼，于是汉代所尊为礼经者，反列于后，而《周官》附于礼经者，反居于前"。[1]故《周官》易名为《周礼》。魏晋南北朝的礼学模式则承袭郑玄，以《周礼》为经，以《仪礼》《礼记》为传。"以《仪礼》为经、《礼记》为传，和以《周礼》为经，《仪礼》《礼记》为传是古代礼学的两个不同的理论体系。"[2]前者以《仪礼》为代表，后者以《周礼》为代表。

与《仪礼》相比较，《周礼》的内容更为广阔，其书虽以职官为序，述及职名、职责、职禄、职数，但是各官职责分别涉及政治、经济、教育、法律、司法等领域，是治国理政的宏图大典。

其中春官大宗伯掌《礼典》，故有"五礼"（吉、凶、宾、军、嘉）之语："大宗伯之职，掌建邦之天神、人鬼、地祇之礼，以佐王建保邦国，以吉礼事邦国之鬼神祇。以禋祀祀昊天上帝，以实柴祀日月星辰……以血祭祭社稷五祀五岳，以狸沉祭山林川泽……以祠春享先生，以尝秋享先王，以烝冬享先王……以凶礼哀邦国之忧，以丧礼哀死亡，以荒礼哀凶札，以吊礼哀祸灾，以禬礼哀围败，以恤礼哀寇乱……以军礼同邦国。大师之礼，用众也；大均之礼，恤众也；大田之礼，简众也；大役之礼，任众也；大封之礼，合众也……以宾礼亲邦，春见曰朝，夏见曰宗，秋见曰觐，冬见曰遇，时见曰会，殷见曰同，时聘曰问，殷眺曰视……以嘉礼亲万民，以饮食之礼亲宗族兄弟，以昏冠之礼亲成男女，以宾射之礼亲故旧朋友，以飨燕之礼亲四方之宾客，以贺庆之礼亲异姓之国。"（《周礼·春官·大宗伯》）

不仅如此，有关实施"五礼"的内容还散见于各篇。如天官太宰所掌的《教典》《礼典》、祭祀、礼俗、亲亲、敬故、尊贵；地官大司徒所掌的"十二教"（"以祀教敬""以乐教和""以俗教安""以阳礼教让""以阴礼教亲"等），教万民以"六德"（智、仁、圣、义、忠、和），教万民以"六行"（孝、友、睦、渊、任、恤），教万民以"六艺"（礼、乐、射、御、书、数），以本俗六安万民（嫩宫室、族坟墓、联兄弟、联师儒、联朋友、同衣

---

〔1〕 （清）皮锡瑞：《经学通论》，中华书局 1982 年版，第 5 页、第 6 页。
〔2〕 梁满仓：《魏晋南北朝五礼制度考论》，社会科学文献出版社 2009 年版，第 71 页。

服),"乡八刑"(不孝、不睦、不渊、不弟、不任、不恤、造言、乱民)等。
这就使"五礼"所规定之礼仪与国家的政策、制度、教化密切联系在一起,
成为可以实施的总纲。特别值得注意的是,《周礼》有《秋官司寇》一篇,
专门论述司法事宜,对司法审判程序论述颇详。其所谓"三宥"之制比起
《礼记·文王世子》所谓"三宥"来,显然更为符合刑法的普遍适用性和专
业性。[1]古代军法与军事司法同源,两者本来就是分不开的,《秋官司寇》
中有些内容就带有仪式性,如"纳束矢"之类,或可称为"谳礼"或"讼
礼"。[2]故《秋官司寇》或可纳入军礼范畴。天官冢宰之职掌中首列"建邦
之六典",其中既有《礼典》《教典》,又有《治典》《刑典》,又有"以八法
治官府",从而在新的治国理政的高度上将原先的儒家和法家思想结合在一
起。这些内容正是《仪礼》所短缺之处,也是《周礼》被王朝青睐之处。
《周礼》一书,不管其名称如何,何人所著,又成书于何时,其内容是否源于
西周的实践,抑或源于作者主观设计,以及是否能够被王朝所采纳,等等,
仅就其文字而言,其文章之宏大规模,全篇结构之严谨,行文逻辑之得体,
所涉社会生活之广泛而细致,则实非闭门读书之士所能为也。在其作者心中,
儒家思想自有其脉络,故可以娓娓道来,而在其作者眼中,法家思想亦不可
或缺,故可以跃然纸上,其学术立场若非超然居于儒法两家之上,则断不能
如此也。

"五礼制度孕育于汉末三国,出现于魏晋之际,发育于萧梁(北朝至北魏
末),基本成熟于萧梁至隋。"此间,古代社会"血缘关系与地域因素的密切
交织,与五礼制度的产生发育成熟的发展轨迹不无关系"。五礼制度成熟于唐
代。"唐代礼仪制度已经形成完全成熟的五礼体系,内容包括吉礼、宾礼、军
礼、嘉礼、凶礼五个方面,152卷。其中吉礼55卷,主要是对天地日月、五
帝诸神、山川海渎、先王宗庙等祭祀的礼仪规定;宾礼有6卷,主要是对外
藩使臣接待的礼仪规定;军礼23卷,主要是军事演习和天子命将出征的仪式

---

[1] 《礼记·文王世子》:"公族无宫刑,狱成,有司谳于公,其死罪,则曰:某之罪在大辟。
其刑罪,则曰:某之罪在小辟。公曰:宥之。有司又曰:在辟。公又曰:宥之。有司又曰:在辟。及
三宥,不对,走出,致刑于甸人。公又使人追之曰:虽然,必赦之,有司对曰:无及也。反命于公,
公素服不举。为之变,如其伦之丧。"《周礼·秋官司寇·司刺》:"司刺掌三刺、三宥、三赦之法,以
赞司寇听狱讼⋯⋯壹宥曰不识,再宥曰过失,三宥曰遗忘。"

[2] 参见武树臣:"寻找礼的源头——以古文字为视野",载《人大法律评论》2016年第2期。

及驱邪禳灾仪式的规定；嘉礼 50 卷，主要是婚冠、四时节令、朝贺、抚慰臣下百姓、尊贤敬老等仪式的规定；凶礼 18 卷，主要是丧葬、丧服、赈灾、问疾等仪式及规定。"[1]

自魏晋至唐代，五礼制度之所以得到充分的发展乃至成熟，其原因是多方面的。第一，五礼制度特别是其中的国家祭祀制度增强了王朝的合法性和权威性；第二，五礼中的荒礼（赈济蒙受疾病天灾之患的民众），恤礼（抚恤百姓之愁苦），将儒家的仁爱之心变成了固定的国家制度，[2]这有利于缓和阶级矛盾，促进社会生产的恢复与发展；第三，五礼当中的宾礼有利于维护统治阶级内部的协调性，增强世家大族诸臣百官对朝廷的忠诚度；第四，五礼当中的以婚礼、养老礼、三年丧的丧礼等，有利于社会基层组织之伦理秩序的稳定性；第五，军礼的实行有利于提高军队的战斗力以加强国防；第六，五礼的实行有利于民族融合和中原文化的延续。

五礼制度化的意义何在？"五礼制度，使礼在社会生活中呈现出多种属性：对于封建国家，它是必须遵从的制度；对于上层建筑，它是统治阶级的意识形态；对于一个民族，它是文明进步程度的标志；对于社会整体，它是人们种种行为的规范总和；对于社会个体，它是道德修养的外在表现。礼的上述属性，表明了它已经具有道德教化和行为规范的双重功能，同时担当起治国与修身的双重任务。""五礼自魏晋南北朝孕育发展以来，至隋唐成熟定型，以后基本上一直延续到明清，在历史上的影响是深远的。"[3]

明代有《大明集礼》五十三卷。明徐一夔等奉敕纂，明嘉靖九年（公元1530年）内府刻本。洪武二年（公元1369年），明太祖以创业之初，礼制未备，诏诸儒纂修礼书，于三年（公元1370年）告成。现存《大明集礼》，是嘉靖初在内阁秘藏残缺的洪武《大明集礼》基础上诠补而成，书前有世宗皇帝《御制序》。该书集先秦至明历代礼制，其中"国朝"栏为明朝礼制，臣民必须遵行。全书分吉礼、嘉礼、宾礼、军礼、凶礼、冠服、车辂、仪仗、卤簿、字学、乐十一门，以吉、嘉、宾、军、凶五礼为核心内容。吉礼纪祀

---

〔1〕 梁满仓：《魏晋南北朝五礼制度考论》，社会科学文献出版社 2009 年版，第 14 页、第 15 页、第 126 页、第 127 页。

〔2〕 《礼记·曲礼》："岁凶，年谷不登，君膳不祭肺，马不食谷，驰道不除，祭事不悬，大夫不食梁，士饮酒不乐。"《周礼·秋官司寇·小行人》："若国凶荒，则令赒委（以财周济）之。"

〔3〕 梁满仓：《魏晋南北朝五礼制度考论》，社会科学文献出版社 2009 年版，第 176 页、第 177 页。

典之类，下设祀天、祭地、宗庙、社稷、朝日夕月、藉田享先农、专祀太岁风云雷雨师、专祀岳镇海渎天下山川城隍、祀旗纛、祀马祖先牧马社马步、祭厉、祀典神祇、三皇、孔子等目；嘉礼纪朝会婚姻等类，下设朝会、册拜、冠礼、婚礼、乡饮酒等目；宾礼纪朝聘，下设朝贡、遣使等目；军礼纪戎事，下设亲征、遣将、大射等目；凶礼纪丧葬之类，下设吊赙、丧仪等目。《大明集礼》规范了明朝的基本礼制，是国家最重要的基本法律之一。

清代有《大清通礼》五十卷，清来保等奉敕撰，清嘉庆二十三年（公元1818年）武英殿刻本。书前有东阁大学士梁诗正奉敕撰《御制大清通礼序》、乾隆元年（公元1736年）六月二十三日高宗皇帝上谕、清嘉庆二十三年十一月二十八日仁宗皇帝上谕、乾隆二十一年（公元1756年）六月十三日武英殿大学士来保等进呈《大清通礼》题本及编纂者衔名。该书始修于乾隆元年，乾隆二十四年（公元1759年）纂成，主要内容为冠、婚、丧、祭一切仪制。卷一至卷十六为吉礼，卷十七至卷三十八为嘉礼，卷三十九至四十二为军礼，卷四十三至卷四十四为宾礼，卷四十五至卷五十为凶礼。该书凡例云："首吉礼，尊天祖也；次嘉礼，本人道也；次军礼，征伐大权也；次宾礼，柔远人也；次凶礼，以厚终也。依序编纂，有条不紊。每篇首弁以数言，括其大指，仍于目录下，胪次诸仪之名，以便翻阅。"《大清通礼》为清王朝礼典，与《大清会典》互为表里。《会典》礼部类规定清一代礼仪的基本制度，《通礼》详载各种具体仪制及刑例的相关程序和细则。《大清通典》是中国古代礼仪规范的系统化和体系化，对于研究礼制的法律化和律法文化有重要的价值。

总之，五礼制度完善的过程，也是一种社会实践过程，要而言之，它是从整体上依照先秦儒家"为国以礼"，"道之以德，齐之以礼"的政治设计，以期达到使人民"有耻且格"进而实现"以德去刑"最高境界的社会实践过程。五礼制度与当时的刑律携手同行，共同为维护古代社会稳定和发展做出了贡献。这说明，治理国家，单单靠国家强制力实施的刑法是远远不够的，还需要靠社会舆论和人们内心伦理感情调节的行为规范，这就是"礼"。五礼制度使原先庞杂无序的"礼"变成人们看得见摸得着的日常行为规范。但是，五礼制度的作用也是有限的，单靠"礼"仍不足以治国，对待严重的犯罪还需要刑法。

结束语

自汉至唐，古代刑法逐渐发生变化，其总体态势是不断注入尊尊亲亲原则的礼的元素。只是在战国秦代，由于政治变革特别是宗法贵族政体的式微和集权君主政体的确立等社会原因，古老的尊尊精神与法家倡导的"尊君卑臣"之制挂上钩而得到较为充分的发展，而儒家倡导的亲亲的伦理精神因被整体忽视而远远没有发展到位。汉以后的刑法在继承秦代尊尊精神的历史遗产的同时，开始认真补上儒家倡导的亲亲的伦理精神这一课。究其原因可以从农耕生产方式、家庭组织形态和思想观念等方面去探讨。因为是认真补课，就显得似乎更为重要。但是如果过于夸大这一侧面的作用和影响，就会产生以偏概全的效果。因为，就秦汉以后刑法的宗旨而言，是既维护集权君主制度又维护父系家庭秩序的双重变奏而非一曲独唱。比如"八议"制度即兼含尊尊、亲亲两种原则。"法律儒家化"命题似乎就有独唱之嫌。比如自古就有认为唐律"一准乎礼"之论。此外还有学者将汉至唐的法律发展轨迹概括为从礼刑合一到礼主刑辅，认为唐律体现以礼为本、以刑为用的特征，等等。这无疑是个具有启发性的思路，但是客观上难免产生过于强调礼的副作用。实际上，刑法是国家设定犯罪和制裁犯罪的专门性法律体系，社会中存在的犯罪行为非常广泛，不全是由违礼行为所构成。即使国家立法强化了对违礼行为的制裁，也并没有改变刑法的价值观和社会功能。而且，违礼行为一旦经过国家立法程序上升为刑法条文以后，原先的违礼行为就变成需要刑罚手段加以制裁的违反刑法的犯罪行为了，此时在刑法领域就不存在以谁为主、以谁为辅的问题了，而对法官来说就是如何严格依法断案的问题了，更不必说制定公布刑法典并加以官方注释的目的，除了规范民众行为之外，更是规范众多官吏，防止徇私枉法，"使吏不敢以非法以遇民"。（《商君书·定法》）刑法典的教育作用是通过刑法实施以后的社会效果来体现的，即刑法理论的特殊预防和一般预防之类。礼刑合一、礼主刑辅只是关于道德伦理规范及道德教育与政令刑罚之间关系的概括之语，属于治国策略范畴，是关于对道德礼教和政令刑罚的社会价值的评价问题，充其量是涉及官吏群体的政治觉悟或观念。在刑法领域，对违礼违法行为施以刑罚，自远古既有之，秦汉律仍之，很难一言以概之为礼刑合一。唐律的产生标志着纳礼入刑法典，刑法典中几乎每条都涉及刑罚。刑法条文的逻辑表述是：何种行为是何种犯罪，又当依据何种程序处以何种刑罚。这样的刑法典很难一言以概之为礼主刑辅。显然，描述治国策略的思路语言与描述刑法的思路语言之间是存在差异的，应当避免把对刑法作用的宏观评价和刑法条文本身的特殊价值的评价混为一谈。

中国古代刑法是中国古代法律的重要组成部分而非全部，因此，对自秦汉至隋唐的中国古代刑法演变历史的描述，远远不能代替对中国古代法律的描述。正如同"中国法律儒家化"既不能概括古代刑法沿革的本质特征，更不能概括今天所谓的古代行政法和古代民法发展演变的本质特征一样。历史不能自行再现，任何对历史过程的描述在很大程度上带有主观性和片面性。作者的上述议论更是如此。尽管作者铺开了一个看似宏大的叙述体系，试图从宏观的法文化的角度进行探讨，但是，由于所面对的研究课题本身涉及的内容过于宽广，而作者的学力十分有限，故只能论其一隅。

本文所述意见不一定客观正确，亦属于一孔之见，希望引起深入讨论。应当指出，本文作者的本意既非标新立异，又非刻意颠覆前说。作者仍然认为，学术研究应当尊重既有的约定成俗的成果和习惯，因为这些成果虽然受制于当时的文献不足，却仍然具有不可忽视的学术价值，特别是有些观点已经被学界所熟悉和认可，那么就不必非要推倒重来另起炉灶不可。因此，作者并不反对学界继续沿用"儒家化""法家化"这样的术语，就如同不反对继续沿用那些使用已久的"礼治""德治""法治""人治"等术语一样。但是，这要有一个前提，就是一定要把事物的概念和本来面目说清楚，以避免以偏概全引起歧义和误解。只要基本概念清楚了，使用什么术语或命题则是次要的事情。应当指出，使用"儒家化"这样的命题或研究方法，其最大的不足之处是容易忽略事物的另一个侧面。作者无意苛求先贤，我们应当感谢学术前辈做出的艰难探索，他们的成果对后人永远具有启发作用，而后来者的使命是有所继承有所创新。不无遗憾的是，由于瞿同祖先生在写作时，诸如睡虎地秦墓竹简那样的史料尚未发掘，否则，瞿同祖先生就不会忽略古代礼俗对秦律的影响，以及秦律对后世刑法特别是唐律的影响。他一定会使用这些新材料来丰富自己的观点。继承学术前辈的学术成果，运用新的材料来修正、完善既有的学术成果，正是我辈后生的学术责任，对老一辈学者的敬仰和对学术的不懈追求两者可以并存。而年轻学者同样有责任批评、修正我辈学者的偏颇和错误。唯此，学术之树才能常青不衰。学术的价值在于斯，学者的使命亦在于斯。

后记：本文在撰写过程中包括初拟提纲和行文、修改、定稿，都得到了杨一凡先生的多次悉心指导。初稿形成之后，杨一凡先生又三阅文稿，对拙文提出了很多有益的意见和建议。特此向杨一凡先生表示衷心的感谢。遗憾的是，由于本人学力有限，没有完全达到他的要求。拙文当中仍不免存在许多不足之处，希望读者不吝赐教，以便有机会进一步修改完善。另外，《大明集礼》《大清通礼》的版本及内容亦由杨一凡先生提供。拙文中的汉代司法特别是春秋决狱部分，参考和使用了我的博士研究生林丛的博士论文《两汉经义法律化研究》（山东大学 2017 年 5 月）中的一些材料，特表谢意。

武树臣

2019 年 6 月 18 日于北京昌平蓬莱苑寓所

律令体制抑或礼法体制*

——兼驳中国法律体系"律令说"

俞荣根　秦涛**

摘　要　"律令说"创自日本学者，20 世纪 90 年代以后流行于中国。但"律令说"难以囊括古代中国的法历史，难以涵盖古代中国的法体系，将之移治中国古代法存在局限。中国古代法是礼法，包括礼典、律典、习惯法三个子系统，经历了原型期、重组期、成熟期、衰落期四个阶段。礼法体制的重拾，是认识中国法律史的自我、破解中国古代法的遗传密码之关键。

关键词　律令　礼法　中国古代法

认识中国法律史的自我，破解中国古代法的遗传密码，是几代法律史学人孜孜以求的目标。研究范式的转换与推进，对此目标的达成起到至关重要的作用。半个多世纪来，中国法律史研究已由"阶级分析法"，[1]转向以现代部门法体系认识中国古代法制，[2]并进一步朝着更为多元的方向发展。在

---

* 本文为中央财政支持地方高校发展专项资金"法律文化研究传播协同创新团队"建设项目、2013 年国家社科基金重点项目"重新认识中华法系"（项目编号：13AFX003）的阶段性研究成果。

** 俞荣根，西南政法大学教授；秦涛，西南政法大学讲师。

〔1〕 如《中国法律史学的新发展》对中华人民共和国成立以来的法制史研究进行回顾后指出："但在 20 世纪中期以后……社会形态论和阶级分析法几乎成了法史学科唯一可以使用的理论和方法。"中国社会科学院法学研究所法制史研究室编：《中国法律史学的新发展》，中国社会科学出版社 2008 年版，第 27~28 页。

〔2〕 这一点从 20 世纪 80 年代以来众多《中国法制史》教材的目录中可以看得很清楚，其中最具代表性、也是集大成者，即《中国法制通史》（十卷本），全书系以朝代为经、以部门法为纬进行组织。有趣的是，其中第一卷的编撰者已经认识到"以部门法总结归纳各代法律内容与制度是西方法律及法学传入中国以后才出现的"，但是"为了便于读者掌握，也为了与全书的体系保持一致，我们采用了以部门法归纳三代法律内容的写法"。（张晋藩总主编，蒲坚分卷主编：《中国法制通史》第一卷《夏商周》绪言，法律出版社 1999 年版）

近二三十年的研究动向中，"律令体制"的认识框架尤其值得关注。"律令体制"认识框架的由来是什么？此一概念的内涵、外延为何？以"律令体制"认识中国古代法制和中华法系是否准确？对这些问题予以厘清和省思，应该会对今后的研究工作产生积极的意义。

"律令体制"，在相关论著中还有"律令制""律令法""律令法系""律令法体系"等称谓。本文为叙述简便起见，权且以"律令说"统而名之。[1] 以"律令说"的概念来认识中国古代法和中华法系，在学界一般有两种用法：其一，以"律令说"来概括全部中国古代法，乃至整个中华法系；其二，以"律令说"来概括中国古代法的部分，即以律、令为代表的国家制定的成文法。本文将着重探讨前一种情况。

一、循名："律令说"之由来

（一）"律令说"创自日本学者

以"律令说"研究中国古代法的整体，乃至整个中华法系，这一范式始于日本学者。

日本自大化革新之时，便建立了"律令制"，进入了"律令国家"的时代。竹内理三博士主编的《日本历史辞典》中设有"律令国家"条目，对此作了比较清晰的说明："大化革新时建立，一直延续到平安时代的日本古代国家，以律令为基本法典，故称律令国家。"[2] 日本早期的学者，也往往以"律令"的名目认识其本国的这一体制，并进行日中法制比较研究。举其著者，如佐藤诚实《律令考》（1899）、[3] 桑原骘藏《王朝之律令与唐之律令》（1917）等。[4] 但这些研究中所使用的"律令"一词，还只是对两种法律形式的列举而已，并不具有特别的理论内涵，也没有涵盖整个中国古代法律

---

〔1〕 在"律令"后面加上一个"说"字，意在提醒研究者：这只是一种带有理论预设的学说而已，未必是对历史事实的纯客观描述。

〔2〕 ［日］竹内理三主编：《日本历史辞典》，沈仁安、马斌译，天津人民出版社 1988 年版，第22 页。据前言，该书选译自竹内理三主编《日本史小辞典》与《日本近现代史小辞典》。

〔3〕 佐藤诚实《律令考》一文，连载于《国学院杂志》第 5 卷第 13 号（1899 年 11 月）至第 6卷第 3 号（1900 年 3 月）。其内容可参见赵晶："近代以来日本中国法制史研究的源流——以东京大学与京都大学为视点"，载《比较法研究》2012 年第 2 期。

〔4〕 该文于 1917 年 11 月载于《历史与地理》第 6 卷第 5 号，收于《桑原骘藏全集》第三卷《中国法制史论丛》，岩波书店 1968 年版，第 228~241 页。

体系。

浅井虎夫《中国法典编纂沿革史》（1904 年）是研究中国古代法律体系的名作。此书虽然并没有明确提出"律令说"的概念，但值得注意的是，它把中国古代法统统分装在"律""令"两个筐内："中国法典体裁上之特色，在其略有一定。养（原文如此，疑误——引者按）中国法典，得大别之为刑法典及行政法典二者。刑法典，则律是也。行政法典，则令及会典（包含《六典》在内）是也。"[1]在浅井氏的书中，"律令说"已是呼之欲出。这可视为"律令说"的前身。

最早明确提出"律令说"的，应该是日本著名的法律史学家中田薰。1933 年，中田薰在为仁井田陞《唐令拾遗》作序时写道："大概依据可否属于刑罚法规，而把国家根本法分成律和令两部分，这是中国法特有的体系。"[2]到了 20 世纪 50 年代初，中田薰发表了 3 篇有关中国律令体系沿革的文章，[3]系统阐发了"律令说"。他认为："所谓律令法系，是指由律和令两种法典形式组成之国家统治的基本法的中国独特的法律体系。"[4]大庭脩说，"律令法"的概念是"中田博士在其晚年著作《关于中国律令法系的发展》一文中，根据唐代法律提出来的"。[5]池田温则进一步探索此概念的起源，认为中田薰"早在比较日本国固有法时，就将此作为概念使用"，而在战后又将之移作中国法律史的研究，"也就是说，在 20 世纪初，由日本法制史学之父中田薰氏创造出了'律令法'这一名词，在第二次世界大战后它作为法制史术语广为普及"。[6]

---

〔1〕 ［日］浅井虎夫：《中国法典编纂沿革史》，陈重民译，李孝猛点校，中国政法大学出版社 2007 年版，第 262 页。

〔2〕 序文中译见 ［日］仁井田陞：《唐令拾遗》，栗劲等编译，长春出版社 1989 年版，第 887 页。

〔3〕 三篇文章分别是："古法杂观"，载《法制史研究》1951 年创刊号；"关于中国律令法系的发展"，载《比较法研究》1951 年第 1 卷第 4 号；"《关于中国律令法系的发展》补考"，载《法制史研究》1953 年第 3 号。三文后均收入氏著《法制史论集》第 4 卷（补遗），岩波书店 1964 年版。参见徐世虹："秦汉法律研究百年"（二），载中国政法大学法律古籍整理研究所编：《中国古代法律文献研究》（第 6 辑），社会科学文献出版社 2012 年版，第 82 页。

〔4〕 ［日］中田薰："论中国律令法系的发达"，何勤华译，载何勤华编：《律学考》，商务印书馆 2004 年版，第 76 页。此文即前注所述《关于中国律令法系的发展》之节译。

〔5〕 ［日］大庭脩：《秦汉法制史研究》，林剑鸣等译，上海人民出版社 1991 年版，第 1 页。

〔6〕 ［日］池田温："律令法"，载 ［日］谷川道雄主编：《魏晋南北朝隋唐史学的基本问题》，李凭译，中华书局 2010 年版，第 195 页。

将研究日本法制史的术语移治中国法制史，用隋唐断代法制史的术语移治"上起汉代，下迄清王朝"的法制通史，其有效性与准确性如何，有没有局限性，中田氏都没有进行细致的论证。不过，这并不影响"律令法"的概念对此后中国法制史的研究者们产生的巨大吸引力。

　　中田薰于"律令说"有首创之功，但没有来得及细致考察"律令法"在中国漫漫两三千年法制史长河中的变化情况，以及"律"与"令"的区别究竟何在。继续这一工作的，是滋贺秀三。他的《关于曹魏〈新律〉十八篇篇目》（1955）一文，在主体部分考证了魏律十八篇的篇目，在该文结尾部分根据唐代律令的情况，明确提出了"律令法体系"作为"法典编纂技术"的两大特征：第一，"法规根据刑罚（即律典——引者按）、非刑罚（即令典——引者按）的观点分类编纂"；第二，"全部律或者令，作为单一不可分的法典（律典、令典）编纂施行"。[1]按照滋贺氏的观点，律令法体系的成立当始于魏晋。在中田薰提出"律令法"概念短短数年后，滋贺氏就作出如此精致的考证并对之进行修正与响应，让学界来不及对"律令法"概念本身进行省思，就开始了更加具体的细部考证。

　　随后的60年代，西嶋定生提出了"东亚世界"的概念。他认为，"构成这个历史的文化圈，即'东亚世界'的诸要素"主要有四项，即：汉字文化、儒教、律令制、佛教。其中，"律令制，是以皇帝为至高无上的支配体制，通过完备的法制加以实施，是在中国出现的政治体制。此一体制，亦被朝鲜、日本、越南等采用"。[2]西嶋定生的论说，使得草创未久、尚应争议的"律令制"概念跨出了法制史的研究圈子，超越了国界，具有了更广泛的文化与文明意义。

　　在此之后，堀敏一、大庭脩、富谷至等学者对中国的"律令制"进一步精耕细作，取得了丰硕的成果。[3]如今，"律令制"已成为日本学界研究中

　　〔1〕 该文原刊《国家学会杂志》第 69 卷第 7 号、第 8 号，1955 年。中译文载杨一凡总主编：《中国法制史考证》（丙编第 2 卷），中国社会科学出版社 2003 年版，第 265~266 页。

　　〔2〕 西嶋定生在 1962 年发表的《6—8 世纪的东亚》一文中即提出了这一观点，此引自氏著《东亚世界的形成》，载刘俊文主编：《日本学者研究中国史论著选译》（第 2 卷），高明士等译，中华书局 1993 年版，第 89~90 页。

　　〔3〕 如［日］堀敏一：《律令制与东亚世界》，汲古书院 1994 年版；［日］大庭脩：《秦汉法制史研究》，创文社 1982 年版；［日］富谷至："通往晋泰始律令之路"，载《东方学报》第 72 册、第 73 册，2000~2001 年，中译文载中国政法大学法律史学研究院编：《日本学者中国法论著选译》（上册），中国政法大学出版社 2012 年版。

国法制史乃至中国史的基础性概念与前提。其最新表述，可以从"讲谈社·中国的历史"的《绚烂的世界帝国：隋唐时代》中看到："所谓'律'，是指刑罚法规，'令'则是指有关行政、官僚组织、税制等与刑罚无关的法令"，"以律、令作为两个基轴来宣示权力的普遍性及统治的正统性，这样的时代就被称为律令制时代"。[1]

（二）日本学者对"律令说"局限性的反思

值得注意的是，"律令说"在日本虽然拥有很大的市场，但也有部分学者对之展开了冷静的反思。

最早进行反思的是宫崎市定。他在面向一般读者的普及读物《中国史》（1977 年）中写道："对事实进行抽象并制造出抽象用语后，这些词语就算没有事实的佐证也会有独立行走的危险。例如，从日本模仿中国制定律令这件事，有了'律令国家'这个词……要是从日本的情况来推测中国的情况，那就非常危险……就算都有'律令'这个名称，在自发产生的地方和将之引进的地方，其存在基础不一样，存在形态也不一样。"[2]这段深刻的阐论，发人深省，至今仍值得研究者再三体味。

1985 年出版的日本《大百科事典》，收录了"律令格式""律令制""律令法"的词条。"律令格式"词条由宫崎市定、早川庄八、井上秀雄执笔，分中国、日本、朝鲜三项记述；而镰田原一执笔"律令制"和石母田正执笔"律令法"两个词条，则专就日本加以解说，未涉及中国和朝鲜。[3]由此可以看出，《大百科事典》的主编者和撰写这两个词条的学者对"律令制""律令法"这样富含特定理论内涵的概念，究竟适用范围如何，仍然持较为谨慎的态度。

池田温的《律令法》（1997 年）一文，论及中日"律令制"更为具体的一些区别。他说："虽然用同一个名词来概括律令法、律令制，也应当牢记律与令的比重在中国和日本是有很大不同的。"文中进一步指出，日本学者普遍认为"令可以说是国家根本法中的根本法……所以从法令的重要性而言，律

---

〔1〕［日］气贺泽保规：《绚烂的世界帝国：隋唐时代》，石晓军译，广西师范大学出版社 2014 年版，第 28 页、第 159 页。

〔2〕［日］宫崎市定：《中国史》，焦堃、瞿柘如译，浙江人民出版社 2015 年版，第 10 页。

〔3〕转引自［日］池田温："律令法"，载［日］谷川道雄主编：《魏晋南北朝隋唐史学的基本问题》，李凭译，中华书局 2010 年版，第 200 页。

令当称令律”，“只有令才是第一意义上的根本法典，律莫如说是它派生出来的第二意义上的法典”，而在中国则情况完全相反。[1]

以上的反思，主要是在“律令说”内部展开的，告诫学者们要注意到中国的律令与日本的律令有所不同。

青年一代的学者，也开始在“律令说”之外有所探索。例如，渡边信一郎认为，“为了理解中国古代专制国家的政治秩序或者上层建筑的特质，必须没有偏颇地从整体上认识以律令为代表的法制与礼乐制度”，并在“礼入于法的结构分析”的思路下，展开了一系列古代中国礼乐制度的研究。[2]又，1992年池田温先生主编的论文集《中国礼法と日本律令制》出版。[3]该书的书名，似乎显示了对以往“律令说”某种反省的自觉，而其以“中国礼法”与“日本律令制”相提并论，亦隐隐然表现出对中、日两国古代法有所区别的认知。

（三）“律令说”在中国的流行

中国法律史学起步于清末。沈家本撰《历代刑法考》，其中有“律令”九卷，分别考证律、令、科、法等法律形式的名称及自上古至明代的法律。继承沈家本的法律史研究传统的还有程树德《九朝律考》（1925年），该书对已亡佚的汉律至隋律进行辑佚考证。这两种著作，代表了擅长于辑佚考证的“汉学”传统和古代律学的传统方法研究趋向。它们对“律”或“律令”之名的选择，都不过是列举式的，并不带有建构理论的企图。

清末民初法制史研究的新潮流，是以现代法理学概念“整理国故”。其中开创之作，当属梁启超《论中国成文法编制之沿革得失》（1904年）；而后续踵武的代表作，则有杨鸿烈《中国法律发达史》、陈顾远《中国法制史》等。[4]在这些著作中，律、令都只是作为一种法律形式的名称出现，并不作为组织中国古代法律体系的概念使用。

---

[1] ［日］池田温：“律令法”，载［日］谷川道雄主编：《魏晋南北朝隋唐史学的基本问题》，李凭译，中华书局2010年版，第198~200页。

[2] ［日］渡边信一郎：“隋文帝的乐制改革”，周东平译，载中国政法大学法律史学研究院编：《日本学者中国法论著选译》（上册），中国政法大学出版社2012年版，第237页。

[3] 参见［日］池田温编：《中国礼法と日本律令制》，东方书店1992年版。

[4] 关于近代中国法制史研究的总体情况，参见梁治平：“法史学的视界：方法、旨趣与范式”，载《中国文化》2002年第Z1期。

日本学界兴盛"律令说"的20世纪50年代，正逢共和国鼎革之初，中国大陆的法律史学研究也烙上了"革命法学"与阶级分析法的深深印记。由于显而易见的历史和政治原因，日本的"律令说"不可能流传到中国大陆，更不可能对中国大陆的法制史研究产生影响。

20世纪80年代以来，越来越多的日本法史著作被译介到中国大陆，"律令说"也随之映入了研究者的眼帘，引起了学界的青睐。

1998年，张建国先生发表《中国律令法体系概论》，正式将"律令法体系"的概念引入中国学界。[1]张建国先生在此文中没有过多介绍日本学者对"律令说"的论述，而是对其进行了符合中国国情的修正。文中写道："律令法体系是指以律令为主体、包括众多的法形式和内容的法律体系"，"以律令法体系作为自战国（部分诸侯国）至唐代的中国法律体系的一种代称，还是比较确当的，同时也是有较高学术意义的"。值得注意的是，张先生在对自己论文修订后收入其《帝制时代的中国法》一书时，增加了一段"夫子自道"，坦陈引入这一概念的两大意义：第一，引入"律令说"可以避免"翻来覆去总是以某某为纲，靠某些定性语句构成的简单生硬的研究套路"；第二，引入"律令说"，"有利于展开国际学术交流，特别是和具有认真、严谨、扎实的学风的日本学者之间的交流"。[2]张先生的良苦用心，令人感佩。

一经张建国先生的引入，"律令说"便迅速在国内学界占领了巨大的市场。具有较高学术权威性的《北京大学法学百科全书》的"法律史卷"也收录了"律令制"的词条："律令制，以律、令为法的基本渊源的制度。以这种法律制度为基础的国家体制为律令制国家。律令制起源于中国汉晋，并为周边国家所模仿。"[3]有趣的是，该词条除上引寥寥两句涉及中国外，剩下的主

---

〔1〕 张建国："中国律令法体系概论"，载《北京大学学报（哲学社会科学版）》1998年第5期，后经修订收入氏著《帝制时代的中国法》，法律出版社1999年版。刘笃才先生也说："现代法律史学界使用的'律令法'一词最早创自日本学者。它于1998年被张建国介绍到中国。"（见氏著"律令法体系向律例法体系的转换"，载《法学研究》2012年第6期）由此可见张建国先生此次引介工作的影响之大。

〔2〕 张建国：《帝制时代的中国法》，法律出版社1999年版，第16~17页。

〔3〕 《北京大学法学百科全书》编委会编：《北京大学法学百科全书：中国法律思想史　中国法制史　外国法律思想史　外国法制史》，北京大学出版社2000年版，第510页。"律令制"词条的执笔者为何勤华先生。

要篇幅都在讲日本的律令制。

其他以"律令说"为基本概念的论著也不胜枚举，举其重要著作如《唐代律令制研究》[1]、《唐宋律令法制考释——法令实施与制度变迁》[2]、《秦汉律令法系研究初编》[3]、《律令时代中国的法律与社会》[4]等，举其重要论文如《律令关系、礼刑关系与律令制法律体系演进——中华法系特征的法律渊源角度考察》[5]、《律令格式与律令制度、律令国家——二十世纪中日学者唐代法制史总体研究一瞥》[6]、《唐宋专卖法的实施与律令制的变化》[7]、《宋令的变化与律令法体系的完备》[8]、《以〈大明令〉为枢纽看中国古代律令制体系》[9]、《律令法体系向律例法体系的转换》[10]等。粗略来看，这些研究有两个特点：第一，将"律令说"的适用范围自秦汉延至明清，贯穿整个中国帝制时代；第二，对"律令说"中诸如"律令制""律令法制""律令法系"等概念多属拿来就用，顶多略加介绍，很少对概念本身的内涵和外延进行诠释或研讨。

仔细推敲目前中国学界使用的"律令说"的概念，至少有两个问题值得反思：

第一，"律令说"在时间上的上下限，以及刑罚法典与非刑罚法典的区分标准问题。对此，日本学者自 20 世纪 50 年代以来曾反复探讨，基本达成共识但仍有争议，中国学者在使用这一概念时是否予以默认？

第二，以日本"律令说"移治中国法制史的有效性问题。对此，日本学者未及深入探讨，但中国移治者却无法回避。尤其是，以日本学者的隋唐

---

〔1〕 郑显文：《唐代律令制研究》，北京大学出版社 2004 年版。

〔2〕 赖亮郡：《唐宋律令法制考释——法令实施与制度变迁》，元照出版有限公司 2010 年版。

〔3〕 张忠炜：《秦汉律令法系研究初编》，社会科学文献出版社 2012 年版。

〔4〕 郑显文：《律令时代中国的法律与社会》，知识产权出版社 2007 年版。

〔5〕 范忠信："律令关系、礼刑关系与律令制法律体系演进——中华法系特征的法律渊源角度考察"，载《法律科学（西北政法大学学报）》2014 年第 4 期。

〔6〕 周东平："律令格式与律令制度、律令国家——二十世纪中日学者唐代法制史总体研究一瞥"，载《法制与社会发展》2002 年第 2 期。

〔7〕 戴建国："唐宋专卖法的实施与律令制的变化"，载《文史哲》2012 年第 6 期。

〔8〕 吕志兴："宋令的变化与律令法体系的完备"，载《当代法学》2012 年第 2 期。

〔9〕 霍存福、张靖翊、冯学伟："以《大明令》为枢纽看中国古代律令制体系"，载《法制与社会发展》2011 年第 5 期。

〔10〕 刘笃才："律令法体系向律例法体系的转换"，载《法学研究》2012 年第 6 期。

"律令制"说移治自秦至清的中国法制通史，它的有效性如何？局限性又如何？

对以上两个问题的澄清，是继续使用"律令说"这一概念的前提。

二、责实：以"律令说"移治中国古代法的局限

（一）"律令说"难以囊括古代中国的法历史

中国古代法萌芽于上古三代，解体于清末近代，有长达四千年的法历史。"律令说"能否用以认识中国古代法如此漫长的法历史呢？恐怕是不行的。我们先来看日本学者使用"律令说"的有效时段。

中田薰是"律令说"的最早提出者。他认为"上述律令法系，如果从时间上说，上起汉代，下讫清王朝，存续了约二千年"。[1] 在持"律令说"的日本学者中，以中田薰所断的时限最长，但也只是将时间上限定在汉代。其实，在中田薰之前，小川茂树《汉律略考》（1930 年）就已提出汉代的律与令之分化"不明朗"的看法："律与令二者所含有的法规性质的区别、二者功能的分化，汉律令都还不明朗。"[2] 所以，中田薰关于"律令说"的有效时段的观点得到了他的后续研究者的修正。滋贺秀三在考证曹魏律的篇目后，认为："在魏《新律》编纂以后，历史上其实并不存在单行律。"而后，他明确提出，魏晋律令"创造律令体系的最初形态"。[3] 在此之后，日本学者基本认同"律令体系"的时间上限是魏晋。[4]

"律令说"引入中国以后，学者普遍忽视日本学界对时间上限的讨论，而将注意力放在时间下限。作为"律令说"的引入者，张建国先生利用出土文

---

〔1〕 ［日］中田薰："论中国律令法系的发达"，何勤华译，载何勤华编：《律学考》，商务印书馆 2004 年版，第 77 页。

〔2〕 转引自 ［日］仁井田陞：《唐令拾遗》，栗劲等编译，长春出版社 1989 年版，第 802～803 页。关于小川茂树及其《汉律略考》的情况，参见徐世虹："秦汉法律研究百年"（二），载中国政法大学法律古籍整理研究所编：《中国古代法律文献研究》（第 6 辑），社会科学文献出版社 2012 年版，第 81～82 页。

〔3〕 ［日］滋贺秀三："关于曹魏新律十八篇篇目"，载杨一凡总主编：《中国法制史考证》（丙编第 2 卷），中国社会科学出版社 2003 年版，第 263～266 页。

〔4〕 例如，富谷至在"通往晋泰始律令之路"中对秦汉律令、魏晋律令进行考辨后得出结论："晋以前并不存在具有完成形态的律典及令典。"载中国政法大学法律史学研究院编：《日本学者中国法论著选译》（上册），中国政法大学出版社 2012 年版，第 189 页。

献把它的时间上限上推至战国（部分诸侯国），而将下限限缩至唐代。[1]他发现，"此后（指隋唐以后——引者按）律令法系嬗变的结果，与早期中华帝国律的地位已有所不同，而令更是逐渐消失了"。所以在结论部分，他写道："至少可以说，以律令法体系作为自战国（部分诸侯国）至唐代的中国法律体系的一种代称，还是比较确当的。"[2]高明士先生赞同日本学者的时间上限，而将比较严格的下限定至唐代："拙稿所谓律令法，指令典成为完整性的法典而与律典成为相对关系的法典体系……就律令法的实施而言，较具体可谈，辄为西晋及隋唐而已。"[3]

诚如张建国、高明士先生所言，自宋代开始，律的地位明显下降，而令更是在明洪武年间回光返照后彻底消失，所以名副其实的"律令说"时间下限只能及于唐代，而形式上的"律令说"也止于明初。鉴于这个事实，刘笃才先生提议用"律例法体系"接续"律令法体系"，作为理解明清法律体系的基本概念。[4]

综合以上分析可以看出，以"律令说"移治中国古代法，在其有效时段上存在长、短两种说法。依持短说者言之，"律令说"的有效时段为魏晋至隋唐，仅600多年的时间；按持长说者言之，"律令说"的有效时段为战国至明初，约1800年的时间。然无论是持短之说还是持长之说，均有掐头去尾之嫌。

从"掐头"来看，传世文献记载，中国古代法律体系早在三代便有独具特色的"治之经，礼与刑"[5]的"礼刑体系"。就出土文物而言，"礼刑体系"至少在殷商已经初具规模，至周公制礼作乐、吕侯制刑，典章文物灿然大备，成为中国法制史上的礼法制度之典型。显然，"律令说"难以将之容纳。

从"去尾"来看，宋代诏敕凌驾律令，律令的地位明显下降。元代没有

---

　　〔1〕需要注意的是，在这里，张建国先生所采取的"令"的标准与日本学者是完全不同的。同样在掌握出土材料的情况下，近来日本学界的动向（如富谷至、广濑薰雄等）是基本否认秦汉"令"等同于书也，并不作为一种法律形式而独立存在。因此，日本学者仍然坚持"律令说"时间上限为魏晋的观点。参见［日］宫宅洁："近50年日本的秦汉时代法制史研究"，田旭东译，载黄留珠、魏全瑞主编：《周秦汉唐文化研究》（第3辑），三秦出版社2004年版，第270页。

　　〔2〕张建国："中国律令法体系概论"，载《北京大学学报（哲学社会科学版）》1998年第5期。

　　〔3〕高明士：《律令法与天下法》，上海古籍出版社2013年版，第1~2页。

　　〔4〕刘笃才："律令法体系向律例法体系的转换"，载《法学研究》2012年第6期。

　　〔5〕《荀子·成相》。

律典。明初《大明令》之后就没有令典。因此，无论就实质还是形式而言，"律令说"都难以容纳宋元以降尤其是明清两代的法制，但是这并不意味着宋元以降的法制没有特色与进步。日本学者曾有倡言"唐宋变革论"者，以宋代开始为中国近世之开端[1]；中国学者也说："华夏民族之文化，历数千年之演进，造极于赵宋之世。"[2]自宋代开始，中国古代法律体系进入了新的发展阶段，而这个阶段恰是"律令说"所难以囊括的。

以"律令说"认识中国古代法的历史，不仅有"掐头去尾"之弊，而且存在曲解之嫌。潜藏于"律令说"背后的思维方式是：唐律令为"东方法制史枢轴"（仁井田陞语），而唐代律令制的模式形成于魏晋时期，所以魏晋以前的法制史不过是律令制的形成史，而隋唐以后的法制史不过是律令制的衰亡史。这种思维方式，不仅容易在"律令说"光辉的掩盖下，忽视不同时段法制的自身特色，而且带有历史目的论的嫌疑，从而恰如一叶障目，遮蔽了古代中国博杂而自洽的法体制整体。

（二）"律令说"难以涵盖古代中国的法体系

古代中国的法体系博大庞杂，以往学界多用部门法体系或法律形式体系进行认识，而少有从中国古代法自身规律出发予以归纳者。"律令说"虽然以传统法制用语命名，但也只得其一端，难以涵盖中国古代法的法体系之全部。

"律令说"所谓之法体系，就其产生而言，是国家制定法；就其形式而言，是成文法；就其内容而言，是刑事法（律）和行政法（令）。这不仅是"律令说"的视野，也是近代中国法制史学科草创时期对其研究对象——"法制"的一般认识。梁启超在中国法制史的开山之作《论中国成文法编制之沿革得失》（1904年）中说："成文法之定义，谓国家主权者所制定而公布之法律也。"[3]所以"惯习法""君主之诏敕""法庭之判决例"均不属于成文法，不在其论述范围之内。同一时期浅井虎夫《中国法典编纂沿革史》也以法律

---

[1]　1910年，日本学者内藤湖南在《历史与地理》第9卷第5号发表《概括的唐宋时代观》，最早提出"唐宋变革论"（中译文载《日本学者研究中国史论著选译》第一卷"通论"，中华书局1992年版，第10~18页）。经百年来学界的充分探讨，已基本形成共识，即唐宋间历史发生了巨大的飞跃。

[2]　陈寅恪："邓广铭宋史职官志考证序"，载氏著《金明馆丛稿二编》，三联书店2015年版，第277页。

[3]　梁启超："论中国成文法编制之沿革得失"，载范忠信选编：《梁启超法学文集》，中国政法大学出版社2004年版，第121页。

编纂的最高形态"法典"为论述对象。查梁氏参考书目,除中国古籍外,均为日人著作(如穗积陈重《法典论》等)。[1]可以从中看出,这一视角受日本学者影响颇深,而日本学者的"法典"情结则直接来自欧陆的大陆法系。从这一层渊源来讲,"律令说"不过是为"成文法"或"法典"视角加上了中国式语词的外衣而已。从而也可以理解,为什么日本学者将"律令说"移治中国法制史时,会格外关注其时间上限而忽视其下限了。因为直至魏晋时期,"法典"的编纂形式才告成立,而明清时"法典"之存在已毋庸置疑,也就不必再管"律令"之有无了。

在这样一种"法典"的视野下,"律令说"难以看到古代中国法丰富多彩的法律样态。

首先,"律令说"难以容纳中国古代的乡规民约、家法族规。

持"律令说""法典论"者每谓中国古代缺少私法,这是因为中国古代的私法并不以律令、法典的形态呈现,而是大量存在于乡规民约、家法族规以及大量的习俗之中,是一种民间的、底层的"活法"。在古老久远的礼法社会中,它们无处不在、无时不有,还无人(成年人)不晓,是真正的"天网恢恢,疏而不失"的"无法之法"。梁治平在《清代习惯法:社会与国家》中提到,自唐律到《大清律例》,中国古代律典陈陈相因、一脉相承,没有显著变化;中国社会则发生了缓慢而巨大的变化,故而"社会的存在与发展必以一套国家法之外的法律为前提"。[2]以家法族规为例,费成康撰写《中国的家法族规》时,仅过目的家法族规即有"上万种",该书所附55种"江州陈氏义门家法"等家法族规,各具特色,可以窥其一斑。[3]再以契约为例,据学者"保守的估计",截至20世纪80年代,仅"中外学术机关搜集入藏的明清契约文书的总和","也当在1000万件以上"。[4]如此庞大数量的契约文书,若说其背后没有一种"私法"在起作用,是不可想象的。除此之外,中国古代的习惯法还有宗族、村落、行会、行业、宗教寺院、秘密社会、民族

---

〔1〕 梁启超:"论中国成文法编制之沿革得失",载范忠信选编:《梁启超法学文集》,中国政法大学出版社2004年版,第121~122页。

〔2〕 梁治平:《清代习惯法:社会与国家》,中国政法大学出版社1996年版,第30~31页。

〔3〕 参见费成康主编:《中国的家法族规》,上海社会科学院出版社1998年版,第221~415页。

〔4〕 杨国桢:《明清土地契约文书研究》,人民出版社1988年版,第3页。

习惯法等。[1]清末民国时期，曾展开几次全国范围的民商事习惯调查运动，先后编纂成《民事习惯大全》《民商事习惯调查报告录》。[2]日本学者滋贺秀三在撰写《中国家族法原理》时，也对其既往方法论予以反思，说"旧中国的私法那样的研究对象本身，我认为带有不能接受法实证主义的方法论那样的特性"。[3]而这种"法实证主义的方法论"正是"律令说"与"法典论"的基本立场。所以，处在中国古代法的法体系底层的丰富多彩的"活法"，难以入"律令说"的法眼。

其次，"律令说"难以容纳中国古代的大经大法、祖宗之法、天下之法。

前引西嶋定生说："律令制，是以皇帝为至高无上的支配体制。"[4]其实在中国传统法理中，比皇帝与律令更高的"高级法""法上法""理想法"还有天道天理、"先王之法"和"天下之法"，"经义"和礼制、祖制和祖训等。天道天理是帝制统治和立宪定制的根本法源，故有"奉天承运""口含天宪"之说。"先王之法"和"天下之法"传自上古圣王，必要时会被抬出来成为评价当时政治法制的标准，如黄宗羲的《明夷待访录》便是典型的例子。经义、礼制，是以孔子为代表的儒家圣贤创法立制的成果，在中国传统语境中一般被尊为"大经大法"。祖制和祖训统称"祖宗之法"，是本朝列祖列宗创法立制的成果，在中国传统语境中又可以表述为"先祖法度""祖宗故事""祖宗家法""祖宗典制"等。[5]在律令之外，大经大法、祖宗之法也都是司法、行政的重要依据，甚至会成为终极依据。

以经义为例。经义是议政议法的重要依据，也是司法、行政中高于律令的直接依据，其最为典型的显现便是"春秋决狱"。[6]"春秋决狱"又称"经

---

[1] 参见高其才：《中国习惯法论》，中国法制出版社 2008 年版。

[2] 郑定、春杨："民事习惯及其法律意义——以中国近代民商事习惯调查为中心"，载《南京大学法律评论》2005 年第 1 期。

[3] ［日］滋贺秀三：《中国家族法原理》，张建国、李力译，法律出版社 2003 年版，第 11 页。

[4] ［日］西嶋定生："东亚世界的形成"，载刘俊文主编：《日本学者研究中国史论著选译》第二卷"专论"，高明士等译，中华书局 1993 年版，第 90 页。

[5] 关于"祖宗之法"，可参见邓小南的力作《祖宗之法：北宋前期政治述略》（三联书店 2006 年版），该书第一章对两汉、唐五代和赵宋的祖宗之法进行了系统回顾。

[6] 《春秋》是孔子修订的一部鲁国的编年史。"春秋决狱"又称"经义决狱"，即除了用法律外，可以用《春秋》《诗》《书》《礼》等儒家经典中的"微言大义"，即经义来作为判决案件的依据。凡是法律中没有规定的，司法官就以儒家经义作为裁判的依据；凡是法律条文与儒家经义相违背的，则儒家经义具有高于现行法律的效力。

义决狱"，倡自西汉董仲舒。史载："仲舒在家，朝廷如有大议，使使者及廷尉张汤就其家而问之，其对皆有明法。"[1]两汉时代，从事"经义决狱"的代表人物除了董仲舒，还有公孙弘、卜式儿宽、应劭等人。[2]两晋强调"主者守文，死生以之"的同时，对"事无正据，名例不及"的疑案，允许"大臣论当，以释不滞"。大臣依据什么"论当"？东晋主簿熊远在奏议中说："凡为驳议者，若违律令节度，当合经传及前比故事，不得任情以破成法……诸立议者皆当引律令经传，不得直以情言，无所依准，以亏旧典也。"[3]北魏"经义决狱"进一步制度化："诏诸有疑狱，皆付中书，以经义量决。"[4]可见，在"律令体制"成形之后，"经义决狱"遗风尚存。法史学界有一种比较通行的看法，"春秋决狱"至唐而式微。作为一种定谳依据，这种看法不无道理，但若从议刑议法的理论依据上看，经义仍然发挥着权威依据的作用。以唐代翻来覆去争议的是否允许复仇为例，韩愈的《复仇状》、柳宗元的《驳复仇议》，无不征引经义来证明自己观点的正确性。如康买得复仇案，最后宣判"减死一等"，而依据就是"《春秋》之义，原心论罪"。[5]

礼制在中华法系的法体系中也具有很高的地位。宪法学者张千帆先生对"礼"进行考察后认为："总的来说，宪法是对'礼'的最合适定性。"[6]来自部门法学者的眼光，对我们反思中华法系不无启迪。

再看"祖宗之法"。从广义上讲，列祖列宗制定的"律令"也当属于祖宗之法的范畴。但这里强调的祖宗之法，主要是本朝开国君主制定、以约束包括后代君主在内的最高统治者的"家法"。比如汉高祖刘邦曾刑白马为盟："非刘氏不得王，非有功不得侯。不如约，天下共击之。"据学者考证，这是一项"以言辞定约束"的口头誓约，[7]曾被引来反对吕氏封王、封王氏外戚

---

〔1〕《汉书·董仲舒传》。

〔2〕《汉书·公孙弘卜式儿宽传》载：公孙弘少时为狱吏，"习文法吏事，缘饰以儒术"。擅长治《尚书》的儿宽为奏谳掾，"以古法义决疑大狱"。据《后汉书·应劭传》，应劭总结前人及自己的"春秋决狱"经验，撰有《春秋断狱》一书。

〔3〕《晋书·刑法志》。

〔4〕《魏书·世祖太武帝纪》。

〔5〕《旧唐书·刑法志》。

〔6〕张千帆："传统与现代：论'礼'的宪法学定性"，载《金陵法律评论》2001 年第 1 期。

〔7〕参见李开元：《汉帝国的建立与刘邦集团——军功受益阶层研究》，三联书店 2000 年版，第 180~195 页。

侯、封匈奴降者侯等，在两汉历史上起到了强有力的规范作用。再如宋代有"不杀士大夫"的祖宗家法："艺祖有约，藏于太庙，誓不诛大臣、用宦官，违者不祥。"〔1〕这样的家法也非律令所能容纳，而是立誓碑藏于太庙。〔2〕又如清顺治帝曾"命工部立内十三衙门铁牌"，严禁宦官干政，否则凌迟处死、决不宽贷。〔3〕类似于这样的祖训、祖宗之法，史不绝书，其效力位阶高于一般律令，后世君主非但不能违背，且轻易不得修改，否则会遭到巨大的压力。

另外，中国在对外关系上也有一套规则体系，非"律令说"所能容纳，有学者称之为"天下法"〔4〕。从宋《册府元龟·外臣部》体例而言，其内容包括封册、朝贡、助国讨伐、和亲、盟誓、纳质、责让、入觐等。"天下法"以政、刑、礼、德为基本要素，由此而展开结合、统治、亲疏、德化诸原理的运作，从而建立天下体系。违反"天下法"的制裁手段，即为"大刑用甲兵"的刑。〔5〕

综上所述，来自日本、流行于中国的"律令说"难以囊括中国古代法的法历史，难以涵盖中国古代法的法体系，以"律令说"认识中国古代法存在难以克服的局限。本文指出这些，并非要弃"律令说"而不用，而是试图对其适用范围加以限制，从而更好发挥其功用；同时探索更符合中国法律史实际的概念体系，为中华法系正名。

三、正名：中国古代法是礼法

综上所述，中国古代法不仅仅有"律令法""律令体制"，还有"大经大法""祖宗之法""天下之法"，以及规范普罗百姓民事生活时空的大量民间"活法"。中国古代法不能归结为"律令法""律令体制""律令体系""律令法系"，而是"礼法"。"律令"生于"礼法"，合于"礼法"，"礼法"统摄"律令"，包含"律令"。借用"律令说"的话语方式，它是一种"礼法"法，

---

〔1〕 （宋）曹勋：《北狩见闻录》，商务印书馆1939年版，第5页。

〔2〕 自民国学者张荫麟以来，对此誓约、誓碑的真伪多有争议。但宋代实际的政治、法律生活中确实存在着这样的祖宗之法，却是没有疑义的。参见李峰："论北宋'不杀士大夫'"，载《史学月刊》2005年第12期。

〔3〕 《清实录》第三册《世祖章皇帝实录》卷九二，中华书局1985年版，第724页。

〔4〕 参见台湾大学高明士教授的《律令法与天下法》。

〔5〕 以上关于"天下法"的论述，主要参考高明士：《律令法与天下法》，上海古籍出版社2013年版，第250~292页。

是"礼法体制""礼法体系"。

（一）"礼法"释义

"礼法"不是"礼"和"法"，或"礼"加"法"，也不是指"纳礼入法"，或"礼法融合"。"礼法"是一个双音节词汇，一个名词，一个法律学上的法概念，一个法哲学上的范畴，也是古代"礼乐政刑"治国方式的统称。

"礼法"一词古而有之，并非新造，更无臆断。《尔雅·释诂》云："典、彝、法、则、刑、范、矩、庸、恒、律、戛、职、秩，常也。"宋邢昺疏曰："皆谓常，礼法也。"〔1〕司马光《温公易说·系辞上》释"形而下者谓之器"云："有形可考，在天为品物，在地为礼法。"〔2〕"礼法"作为一个法律词汇，最早见于《荀子》。〔3〕如《修身》篇之"故学也者，礼法也"，《王霸》篇有"礼法之大分也""礼法之枢要也"等论述。近代学人吴寿彭在翻译亚里士多德《政治学》的"诺谟"（nomos）一词时提到："在近代已经高度分化的文字中实际上再没有那么广泛的名词可概括'法律''制度''礼仪'和'习俗'四项内容；但在中国经典时代'礼法'这类字样恰也常常是这四者的浑称。"〔4〕正是在这个意义上，只有"礼法"一词才能将中国古代法概而统之，才能比较准确地作为表达中国古代法的名词。由于古汉语的语言特点，中国古代典籍使用双音节的"礼法"一词较少，而往往以"礼""法""律""刑""宪""典""彝""谟""诰""则""范"之类单音节词汇代之，在阅读时需结合具体语境加以辨析。诚如邢昺所解释的，这些表示"常"的名词，实质上都是"礼法"。

质言之，"礼法"即法。确切地说，"礼法"是古代中国的法。

庞德曾有过这样一段著名的论述："社会控制的主要手段是道德、宗教和法律。在开始有法律时，这些东西是没有什么区别的，甚至在像希腊城邦那样先进的文明中，人们也通常使用同一个词来表达宗教礼仪、伦理习惯、调整关系的传统方式、城邦立法，把所有这一切看作一个整体；我们应该说，

---

〔1〕（清）阮元校刻：《十三经注疏》，中华书局 1980 年版，第 2569 页。

〔2〕（宋）司马光：《温公易说》卷五，四库全书本。

〔3〕参见《荀子》之《王霸》《修身》诸篇。

〔4〕［古希腊］亚里士多德：《政治学》卷三，章十六译注一，吴寿彭译，商务印书馆 1965 年版，第 170 页。

现在我们称为法律的这一名称，包括了社会控制的所有这些手段。"〔1〕在古代中国，这种"道德、宗教和法律"浑然不分的行为规范体系，名之曰"礼"，从而有"夏礼""殷礼""周礼"之说。荀子揭示其实质，指出它们就是"法"，并称之为"礼法"。

《左传》中说："国之大事，在祀与戎。"〔2〕"祀"是祭祀，包括祭天、祭地、祭祖宗、祭社稷、祭泰山、祭百神，等等。祭祀过程就是行祭祀之礼仪的过程。"戎"，泛指各种军事活动，战时出兵征讨，平时军队演习，都有一套军礼。出兵打仗有誓师之礼，要杀牲衅鼓祭旗。《左传》记载有晋国"被庐之蒐""夷之蒐""绵上之蒐"的情形。蒐是类似阅兵、军事演习一类的活动。蒐有蒐礼，亦属军礼，在"戎"的范围内。祀礼和军礼，所要昭示的是统治的合法性、正当性、神圣性和不可侵犯性，这样的"礼法"，当然是头等重要的"国之大事"。

庞德说，"甚至在像希腊城邦那样先进的文明中，人们也通常使用同一个词来表达宗教礼仪、伦理习惯、调整关系的传统方式、城邦立法"。他没有告诉我们"人们"是用一个什么词汇来表达的。有趣的是，首创"世界五大法系之说"的日本著名法学家穗积陈重〔3〕为了"表达"古希腊、古罗马的"宗教、礼仪、伦理习惯"这种混沌一体的行为规范体系时，所"使用一个词"竟然选择的是汉字中的"礼"字。据他考证，古希腊、古罗马的法也是从"礼"中分化出来的，其古代法也包含于"礼典"之中。国王即位有"即位礼"，婚姻有"婚姻礼"，养子有"收养礼"，相续"丧祭礼"等，一切制度都是关于祭祀天地、山川、祖宗、族神的宗教礼典的一部分。他指出，《梭伦法典》中，祭祀礼占其最重要的部分。罗马最古老的法令——王法（Leges Regiae）中遗存的都是宗教典礼。〔4〕

---

〔1〕 ［美］罗斯科·庞德：《通过法律的社会控制》，沈宗灵译，商务印书馆 1984 年版，第 9 页。

〔2〕 《左传·成公十三年》。

〔3〕 穗积陈重（1855—1926），日本首批法学博士五人之一。曾任东京帝国大学教授、法学部长、名誉教授，英吉利法律学校（日本中央大学的前身）的创立者，贵族院的议员、枢密院的议长、男爵。主要著作有《法典论》（1890 年）、《法国民法的未来》（1894 年）、《日本民法典：比较法学研究》（1920 年）及《法律进化论》（1924 年）等。于 1884 年系统地提出了法律进化论的思想，他认为世界上的法律制度，一般可以分为五大族：印度法、中国法、伊斯兰法、英国法和罗马法；1904 年，他又在原先五大法族基础上，增补了斯拉夫法和日耳曼法，从而划分为七大法系。

〔4〕 参见 ［日］ 穗积陈重：《祭祀及礼与法律》，岩波书店 1928 年版，第 199~200 页。

庞德和穗积陈重的研究表明，像"礼"一类的综合性行为规范形态曾广泛存在于不同的古代国家。按我们现在的法律理论被定义为"法律"的行为规范是逐渐从这样的"礼"中分离出来的。在古代中国，最早分离出来的是刑事法律，也就是秦律、汉《九章律》[1]、曹魏《新律》、晋《泰始律》、隋《开皇律》、唐《贞观律》和《永徽律》之类的历朝正律。其他诸如关于"国之大事"的宪法性规定、规范民商事行为的私法等，多还留在礼制中未加分离。帝制时代的历朝正律是"引礼入律"的成果，无不以礼为魂。也就是说，律是礼法的一种载体。而大量未加分离的律外之礼，则是礼法的又一载体。终帝制时代，中国古代法依然是一种"礼法"。

前文说到，由于古汉语的语法特点与表达习惯，多为单音节词汇。因而所见古文献中，"礼法"一词不多，而"礼"字则常见。于是又生出一个问题："礼"是否可以理解为"礼法"？

荀子是"礼法"一词的首创者。查阅《荀子》书，"礼"字到处可见，"礼法"仅四见。[2]以下两段文字是他最具代表性的"礼法"之论，都在《王霸》篇中。其一云："传曰：'农分田而耕，贾分货而贩，百工分事而劝，士大夫分职而听，建国诸侯之君分土而守，三公总方而议；则天子共己而已。'出若入若，天下莫不平均，莫不治辨，是百王之所同也，而礼法之大分也。"另一则曰："君臣上下，贵贱长幼，至于庶人，莫不以是为隆正。然后皆内自省以谨于分，是百王之所以同也，而礼法之枢要也。然后农分田而耕，贾分货而贩，百工分事而劝，士大夫分职而听，建国诸侯之君分土而守，三公总方而议，则天子共己而止矣。出若入若，天下莫不平均，莫不治辨，是百王之所同而礼法之大分也。"这里讲的全是政事、农工商事的分工和责任问题。

在春秋战国时代，人们所理解的法就是"分"或"定分"。"分""定分"是权利与义务、权力与责任的划分和界定，从而收到"定分止争"的功能。如《管子》书中说："法者所以兴功惧暴也，律者所以定分止争也，令者所以令人知事也。"[3]慎到举了一个十分形象的例子来说明"定分止争"的道理：

---

〔1〕 从传世文献与出土文献来看，秦汉律中还包含着相当部分的非刑事法律，这是先秦"礼—刑"体系崩溃、帝制时代礼法体制重建的过渡性现象。

〔2〕《修身》篇1处，《王霸》篇3处。

〔3〕《管子·七臣七主》。

"一兔走，百人追之；积兔于市，过而不顾。非不欲兔，分定不可争也。"〔1〕
《商君书》的作者重复这个兔子有主无主的故事后，作了些理论提升："一兔
走，百人逐之，非以兔可分以为百也，由名之未定也。夫卖兔者满市，而盗
不敢取，由名分已定也。故名分未定，尧、舜、禹、汤且皆如骛焉而逐之；
名分已定，贪盗不取……名分定，则大诈贞信，民皆愿悫，而各自治也。故
夫名分定，势治之道也；名分不定，势乱之道也。"〔2〕

荀子强调"礼法之大分"，正是以"分"来界定"礼法"的。那么，荀
子的"礼"呢？他说："礼者，法之大分，类之纲纪也。"〔3〕又说："故非礼，
是无法也。"〔4〕认为违礼就是违法。可见，在荀子那里，"礼法"与"礼"并
无明显的区别。"礼"就是"礼法"，反过来也一样。所以，荀子的"礼"和
"礼法"，与慎到这些早期法家的"法""律"有相通之处，都蕴含"分"的
内涵。不过，在荀子看来，"礼"和"礼法"之"分"是"枢要"性、根本
性的"分"，是指导荀子有主无主之类的"法"之"分"的"大分"。

在清末西法入华之前，国人对"礼法"和"礼"就是"定分"的认知大
体上不存在什么疑问。自"法律"一词作为外来名词译入中国，有了中西文
化的差异和冲突，疑问也就产生。于是需要有深谙中西文化的智者来打通中
西，重新诠释。

这样的任务只有最早向西方寻找真理的"先进的中国人"担当得起。首
先是严复，他在《法意》按语中指出："西文'法'字，于中文有理、礼、
法、制四者之异译，学者审之。"〔5〕精通六经又敏于时势的梁启超认为："故
凡礼制之著于竹帛者，皆可认为一种成文法。"〔6〕不过，在《论中国成文法
编制之沿革得失》一文中，他却将"礼"一概摒除在成文法之外。梁著堪称
中国法制史的开山之作，其"成文法"中有律无礼的体例对后来治法制史者
的影响不可谓不大。陈顾远先生耕耘中国法制史学半个多世纪，值得注意的

---

〔1〕 王天海、王韧撰：《意林校释》卷二引《慎子》佚文，中华书局 2014 年版，第 198 页。

〔2〕 《商君书·定分》。

〔3〕 《荀子·劝学》。

〔4〕 《荀子·修身》。

〔5〕 [法] 孟德斯鸠：《孟德斯鸠法意》，严复译，商务印书馆 1981 年版，第 3 页。严复于 1904
年开始翻译此书，1909 年译完最后一册（第七分册），在上海商务印书馆出版问世。

〔6〕 梁启超："论中国成文法编制之沿革得失"，载范忠信选编：《梁启超法学文集》，中国政法
大学出版社 2000 年版，第 126 页。

是，其晚年名著《中国法制史概要》一书中专设"法与礼"一目，指出："礼由儒家言之，实为一切规范之总称。有劝人为善之道德律，有出礼入刑之社会律，有安邦治国之政事律，其规范之内容及作用，更较法家所认为的法而广泛，而显著。"[1]

前贤创榛辟莽，其先见之明，终究会启迪后学。1987年，著名法学家、法史学家栗劲教授和他的高足王占通携手在《中国社会科学》上发表长文《略论奴隶社会的礼与法》，对于礼为什么具有法的属性，以及怎样实现其法的属性等给出了详尽的答案，认为："礼既具备道德规范的形式，又具备法律规范的形式；既符合道德规范的结构，又符合法律规范的结构，因此，'礼'具有道德与法律的双重属性。"其结论是：在夏、商、周"三代"，"'刑'仅仅是刑罚而没有法律内容；礼才是普遍适用的行为规范"。[2]该文富有说服力地论析了"三代"时期"法在礼中，礼外无法"的礼法制度。由于其论题所限，未涉及秦汉以后的礼法制度问题。

新近的法律史研究成果与趋向，对于礼的法律性质多有发明。论者以为：礼不仅对律令产生影响，并且礼自身也是一种具有规范功能的法度。[3]有学者指出："礼与法是中国传统法不可或缺的组成部分，对礼缺乏必要的探讨，我们就无从知晓中国传统法的精神，无法解释中国传统法的所以然。"[4]

这些研究成果对《中国法制史》教科书的编写体例不能不产生有力的挑战。通行法制史教科书对"礼"的态度出奇地一致：在夏、商、西周三代将"礼"作为与"刑"并列的一种法律形式，而从春秋战国以后直至清末，"礼"都只是作为对律令产生影响的一种存在而已。细究此种编写模式背后的研究态度，其实与当年梁启超对"礼"的态度如出一辙，很难说不受"法典论"和"律令说"的潜在影响，也反映出编写者对"礼"究竟是否属于"法"的态度仍然在依违之间、暧昧不明。

诚然，"礼"是一个比较浑杂的概念。从其分类而言，有"五礼""六礼"

---

〔1〕 陈顾远：《中国法制史概要》，商务印书馆2011年版，第324页。

〔2〕 栗劲、王占通："略论奴隶社会的礼与法"，载《中国社会科学》1985年第5期。

〔3〕 这方面比较重要的研究有马小红《礼与法：法的历史连接》、丁凌华《五服制度与传统法律》、吕丽《论中国古代的礼仪法》、朱腾《为礼所缚的汉代皇权——有关礼之规范功能的一个考察》等。

〔4〕 曾宪义、马小红："中国传统法的结构与基本概念辨正——兼论古代礼与法的关系"，载《中国社会科学》2003年第5期。

"九礼"之说〔1〕；从其构成来说，有"礼义""礼仪""礼制"之辨；从其内容来看，有道德、法律、宗教、习俗之分。若将礼全部纳入法律史研究对象，既不可能，也无必要。相比之下，作为中国法律史学的范畴，还是荀子创始的"礼法"一词比较适当。"礼法"的外延，若与礼相比，则小于礼，仅限于庞大的礼家族中具有行为规范性质并须承担违礼责任的部分；若与律令相比，又大于律令，包含律令。"礼法"就是中国古代法，是中国古代文化之"道统"在法制上的体现，是中国古代法之"法统"载体，涵盖了中国古代"礼乐政刑"之"治统"的原则和方法，承载了志士仁人追求"良法善治"的美好设计与愿景。借用"律令说"的话语体例，中国古代法是"礼法"法；中国古代法制是"礼法体制""礼法制度"或"礼法体系"。〔2〕

（二）"礼法"的构成

前文已有所说明，中国古代"礼法"是一个复杂的构成体。从法律形式上说，有成文法和不成文法、法典法和非法典法；从法的层级上说，有居于"法上法"的理想法、正义法，有相当于宪法的"国之大事"之祭礼和军礼等等，有体例完整的历朝刑事法"正律"，有大量的民间"活法"。总之，礼法是一个博大的系统，略作析分，内含三个子系统。

其一为礼典子系统，即以成文礼典为主干的"礼仪法"系统。

"礼典"是由朝廷编纂、颁布的礼仪大典。在"礼法体系"中，礼典的地位最高。

"礼典"一词出自《周礼》："大宰之职，掌建邦之六典，以佐王治邦

---

〔1〕 "五礼"即吉、凶、军、宾、嘉五种，祭祀之事为吉礼，丧葬之事为凶礼，军旅之事为军礼，宾客之事为宾礼，冠婚之事为嘉礼。"六礼"为冠礼、婚礼、丧礼、祭礼、乡饮酒礼、相见礼。"九礼"见《大戴礼记·本命》，指冠、婚、朝、聘、丧、祭、宾主、乡饮酒、军旅九类礼。

〔2〕 细心的读者可能已经发现，"律令说"的话语中有"律令法""律令体制""律令制度""律令法系"等。本文借用其话语来表达"礼法"说时，没有贸然使用与"律令法系"相对应的"礼法法系"一词。这是鉴于这样一种考虑："法系"作为一个比较法学说中的核心概念，有一定的时空内涵。一个世界性法系的形成，不但应有其久远的历史可考，而且有其超越一国的空间范围。中华法系之所以成为世界性法系，在于其创自中国而流播于日本、朝鲜、越南等国。前文已述，据日本学者研究，中华法系在日本曾表现为"律令法"，但此说并不适合于中国古代法。因此，谓日本古代法为"律令体制"则可，称中华法系为"律令法系"则不可。故"律令法系"之说不能成立。同理，尽管日本、朝鲜、越南等国同属中华法系，但其古代法是否表现为"礼法体制"，还缺乏可信的研究。为慎重起见，本文未使用"礼法法系"概念，而把"礼法""礼法法""礼法制度""礼法体制""礼法体系"等概念的适用范围限于中国古代法。

国……三曰礼典，以和邦国，以统百官，以谐万民。"〔1〕现存儒家经典"三礼"中的《仪礼》堪称礼典之祖。据考古材料及古文献所知，商、周统治者有名目繁多的典礼，繁缛复杂的仪节。《仪礼》是对这些古礼的整理和记载。历朝礼典的制定，大多以《仪礼》为重要依据，对后世社会生活影响至深。

历代王朝无不重视制颁礼典。刘邦建立汉王朝，命叔孙通制定朝仪制度，施行之后，刘邦大悦："吾乃今日知为天子之贵也!"〔2〕但叔孙通所撰礼仪，被认为驳杂不纯，未得流传。终两汉之世，议而不决，没能成功制定出礼典。帝制时代的第一部礼典是晋惠帝元康元年（公元291年）颁行的《新礼》，后世称《晋礼》。自此，《晋礼》之体例成为后代礼典依照的轨式，发展到唐代而有《大唐开元礼》这样的集大成之礼典，成为礼典的典范。

礼典首先要解决的是一代王朝的正统性、合法性的问题。中国传统政治统治需要四重合法性："天命"的神圣合法性；"以德配天"的德性合法性；以祭祀天地、山川、祖宗为主的礼仪程序合法性；以建筑、印玺、钟鼎、服饰、仪仗为载体的器物合法性。这四重合法性都通过礼表达，并由礼典规范。〔3〕

礼典的另一个重要功能是确定王朝内部内朝外朝、省部院寺、中央和地方，以及中央王朝和藩邦属国的权力与责任（即前所谓"天下之法"），规范君臣使佐、文武百官、士庶百姓的尊卑秩序。

除成文礼典外，礼典系统还包括：经典以及记载于经典中的古代制度、事例；祖宗之法、故事、旧典，即在王朝运作过程中逐渐形成的零散礼仪惯例或行政惯例。

在古代中国，礼典是经国安邦的"大经大法"，是相当于近现代宪法地位的法上之法。尽管王朝更迭不断，宫廷政变频仍，但其合法性论证，都得依礼而行。合礼即合法，非礼即非法，自天子以至于庶人，无不在其约束之列。

现代法理学给出了一个何为法律的定式：一切法律规范都须具备"假定、指示和制裁"三个要素。礼典对各种礼仪的规格、程序规定极为具体，可以称得上是不厌其烦，但无一不是"肯定的、明确的、普遍的"规定。这些规

---

〔1〕《周礼·天官·大宰》。

〔2〕《汉书·礼乐志》。

〔3〕参见徐燕斌：《礼与王权的合法性建构——以唐以前的史料为中心》，中国社会科学出版社2011年版。

定具备"假定"和"指示"两个要素，唯独缺乏一个"制裁"要素。确实，礼典本身不附有罚则，其法律效力主要体现为一种行政上的规范效力，对违礼行为的制裁是由律典去完成的。"维护礼典运作之角色，必须透过法典来扮演。"〔1〕西晋以后，"纳礼入律、令，违礼、令入律"的原则得以确立，〔2〕也就形成了"礼（礼典）主刑（律典）辅、出礼入刑"的礼法原则。这就是说，礼典、律典同属于礼法系统中的两个相须为用、相辅相成的子系统，应从"礼法"整体上去考量礼典是否具备"三个要素"，而不是将它从"礼法体系"中割裂出来。而这正是"礼法体制"的奥妙。

其二是律典子系统，即以成文律典为主干的"律令法"系统。

"律典"，是由朝廷编纂、颁布的刑律大典。〔3〕律的前身，可能是三代的"刑"、春秋战国时的"刑书"。从出土文献来看，战国时代的部分诸侯国已经有律了，《法经》、秦律、汉律都是较早的律典。近代"法典"意义上系统编纂的律典，则自曹魏《新律》始。除律典外，令、格、式、例等成文法，也属于律典系统。

律典系统是具有国家强制力的刚性规范，所以在礼法体系中显得最为夺目。不过，律典系统必须以礼典系统为依归，不得违反礼典系统的精神原则与具体规范。换言之，中国古代法中的律典系统，是礼法统摄下的律令。

从立法来看，自汉代开始"引礼入法"，礼的精神性原则和具体规范进入律典，至唐律已经实现礼法合一。仅以礼制中的"五服制度"为例，今本《唐律疏议》502 条中直接以服叙等级表述者达 81 条；涉及家族主义法、服叙法条文共 154 条，占全律条文的 31%。〔4〕若再算上其他礼制，则"一准乎礼"绝非虚言。

从法律的实施来看，如果律、令与礼的规定发生冲突，则往往"以礼为

---

〔1〕 张文昌：《制礼以教天下——唐宋礼书与国家社会》，台湾大学出版中心 2012 年版，第 368页。

〔2〕 高明士："从律令制的演变看唐宋间的变革"，载《台大历史学报》2003 年第 32 期。

〔3〕 日本学者的"律令法"理论中，"律典"之"典"具有特定含义，即"法典"（Code）之义。这样的律典，是在魏晋时期才形成的。本文所称律典，取典之本义。《说文解字》解释"典"的字形说："从册在丌上，尊阁之也。"地位较普通图书为高的图书，均可称之为典。律典，即是律系统中效力位阶最高的刑律。

〔4〕 丁凌华：《五服制度与传统法律》，商务印书馆 2013 年版，第 218 页。

主""改令从礼"。〔1〕以"复仇"案件的处理为例，因为存在礼、律冲突问题，唐代多不依律处断，即是其证。〔2〕

其三是习惯法子系统，即以礼义为旨归、礼俗为基础的乡规民约、家法族规等民间"活法"。

习惯法虽然起于民间习俗，但一方面这与礼的起源相同，所谓"礼从俗"〔3〕、"礼俗以驭其民"〔4〕，另一方面历来主其事者多为缙绅先生，所以家法族规的第一原则就是"合乎礼教"〔5〕，以礼义为旨归。自宋代以降，名臣大儒如司马光、朱熹、方孝孺、曾国藩等皆热衷于家礼、家法的制订，使得习惯法系统愈加成熟地圆融于礼法体系之内。习惯法位于礼法系统的底层，规范着老百姓日用常行的方方面面。

古代礼法社会的维系，仅靠礼典和律典自上至下的规范和强制是远远不够的，在相当程度上得借助于习惯法。正是由于这些民间"活法"，使得礼法精神扎根于社会之土壤、渗入百姓之心田，成为一种信仰，成为一种行为习惯，成为一种生活的常理、常情、常识。由于习惯法的规定与当时人们的信念和古老的传统相一致，人们从幼年开始就接受老人的言传身教，并在实际生活中反复训练。因此，当他们成年后，便能成为合格的礼法社会之社会人，都能清楚地知道，依据自己的身份地位、年龄、性别，应该怎样视听言动。同时，他们也都能预计得到，如果自己有违礼行为，肯定会受到制裁，而且也大体上知道将面临什么样的制裁。

礼典、律典、习惯法三个子系统之间关系紧密。从立法精神来看，律典子系统、习惯法子系统均须取于礼义、礼制，如有不合，则不具备合法性。从积极规范来看，礼典子系统、习惯法子系统构成了上和下两道防线，为天子以至于庶人提供了行为规范。从消极制裁来看，礼典子系统一般不具有自身的罚则，而须以律典子系统为保障；习惯法子系统虽然有一些惩戒措施，但须符合礼法原则，并得到国家的认可，且只能作为律典子系统之补充。三

〔1〕 霍存福："论礼令关系与唐令的复原——《唐令拾遗》编译墨余录"，载《法学研究》1990年第4期。

〔2〕 参见桂齐逊：《国法与家礼之间——唐律有关家族伦理的立法规范》，龙文出版社股份有限公司2007年版，第192~207页。

〔3〕 王斯睿：《慎子校正》，商务印书馆1935年版，第17页。

〔4〕 《周礼·天官·大宰》。

〔5〕 费成康主编：《中国的家法族规》，上海社会科学院出版社1998年版，第26~27页。

者各司其职、相辅相成，共同构成了多层次、多面向、多功能的礼法体系。

（三）"礼法"的历史

从原始习俗到礼仪、礼制的初成，再到"礼法"的提出和"礼法体系"的成熟，又最终走向衰微，曲折跌宕，贯穿整部中国法律史，撷其大要，或可分为四个阶段。

第一阶段：原型期（夏商西周）。

夏、商、西周，史称"三代"，法的形式为"礼与刑"，"礼"即夏礼、殷礼、周礼；"刑"即禹刑、汤刑、九刑。"礼与刑"的运作模式为"违礼即违法，出礼则入刑"。这是礼法的原型期。其特点为：礼刑一体、礼外无法、法在礼中、出礼入刑（罚）。当时还没有发展出后世精密的礼典、律典系统，礼法的法体系尚处于萌生阶段。

第二阶段：重组期（春秋至秦汉）。

通常的说法是，春秋战国时代，礼崩乐坏。这是以儒家为视角、从负面进行的评价。若从整个礼法体系的形成和发展来看，这一阶段是旧的"礼与刑"结构的礼法形式的崩坏，而律典系统则开始生长壮大，从而催生着新的礼法结构和帝制时代的"礼法体制"。

汉代开始尊崇儒术，陆续重拾礼仪。由于春秋战国至秦代的律典系统规模初现，一时成为法律思维定势，以至于其复兴之礼典无处安放，统统以"律"名之。如叔孙通制定的"礼仪"称为《傍章律》，赵禹制定"礼仪"叫做《朝律》。正如章太炎所说："汉律之所包络，国典官令无所不具，非独刑法而已……汉世乃一切著之于律。"〔1〕与礼、律在形式上相混同的同时，是礼、律在精神上的分离。"引礼入法"只能通过司法领域的"春秋决狱"、律家的律章句等方式从侧面切入，个案地进行，而无力制定一部真正的礼典和渗透礼义精神的律典。故两汉时代，仍然只能称之为礼法的重组期。

第三阶段：成熟期（魏晋至明清）。

"儒家有系统之修改法律则自曹魏始。"〔2〕所以曹魏《新律》既是中国历

---

〔1〕 章太炎：《章太炎全集》（三），《检论》卷三《原法》附《汉律考》，上海人民出版社1984年版，第438页。

〔2〕 瞿同祖：《中国法律之儒家化》，载氏著《中国法律与中国社会》附录，中华书局2003年版，第362页。

史上第一部系统编纂的律典，[1]也是第一部儒家化的律典。曹魏后期司马氏执政，开始制定《新礼》，至晋惠帝时颁行天下。西晋《新礼》是"中国第一部依据儒家学说体系编撰，而且是由国家所正式颁行之礼典"。[2]自西晋《新礼》与《泰始律》开始，此后的王朝在开创之初，多要同时并举礼典与律典两项大规模的立法活动，而有雄心壮志的帝王也多要重修前代的礼典、律典，如南梁《普通礼》与《天监律》，隋朝《开皇礼》与《开皇律》，《仁寿礼》与《大业律》，唐朝《贞观礼》与《贞观律》，《显庆礼》与《永徽律》，《开元礼》与《开元律》，宋朝《开宝通礼》与《宋刑统》，[3]明朝《大明集礼》与《大明律》，清代《大清通礼》与《大清律》等。[4]总之，这些王朝无不以"制礼作律"为功成治定的标志。所以，自魏晋至明清，是礼法法系的成熟期。

第四阶段：衰落期（清末以来）。

穷变通久，久则不免于僵化。自明清以来，专制集权加强，君主自毁礼法之精神，墨守礼法之形式，致使"制礼作乐"沦为粉饰太平的道具。遭遇西方法系的强势入侵，保守派不知变通而固守成规，错失变法良机。在三千年未遇之大变局下，中华法系走向解体，礼法也就此湮没不彰。

四、结语

近现代中国，列强欺凌，战乱频仍，内忧外患，民不聊生，其所遭受的"礼崩乐坏"远甚于孔子时代。中华文化数千年之道统毁损，法统断裂。为护持华夏国权、国域祖产和民族血统文脉，从"师夷长技"到洋务运动，从君主立宪到共和立宪，从开明专制到军政、训政、宪政的建国方略，从实业救国到主义救国，从维新改良到共和革命，从三民主义到社会主义和共产主义，从师法欧美到"以俄为师"……志士仁人不避血雨腥风，不懈探索，从未停滞推进民主、科学、宪政、法治的步伐。

---

〔1〕 参见前引［日〕滋贺秀三："关于曹魏新律十八篇篇目"，载杨一凡总主编：《中国法制史考证》（丙编第2卷），中国社会科学出版社2003年版，第263~266页。

〔2〕 张文昌：《制礼以教天下——唐宋礼书与国家社会》，台湾大学出版中心2012年版，第50页。

〔3〕 以上参见张文昌：《制礼以教天下——唐宋礼书与国家社会》表5-4-1，台湾大学出版中心2012年版，第366页。

〔4〕 以上参见杨志刚：《中国礼仪制度研究》，华东师范大学出版社2001年版，第223~237页。

　　剥极必复，贞下起元。我们终于等来了复兴中国传统文化，加快建设"法治中国"的宣告。它意味着法制和法学领域迎来了根本性的转型：从过去崇尚以维护阶级专政为目标的革命工具型法制，转向构建"良法善治"的治理型法制；从过去着重于移植欧美或苏俄（联）的移植型法制，转向与人类民主法治文明相向而行又富有中国范儿的特色型法制。实现这两个方面的转型需要上下齐心协力。道统绍续，法统维新，政统重建，时不我待。就其学术层面而言，还是本文开头说的那句话："认识中国法律史的自我，破解中国古代法的遗传密码"。非此，无从有效吸纳传统法文化"良法善治"之智慧，而特色型法制如果不能得到中华五千年传统法文化的支撑，也无疑会成为一句空话。

　　那么，这个"自我"，这个"遗传密码"，可从礼法传统中寻求乎?! 这便是本文求教于方家之处。

"直诉"源流通说辨正*

王 捷**

摘 要 "直诉"一词系近代以来的法史学研究术语。追本溯源,"直诉"源流之通说认为,"直诉"源于西周的"路鼓""肺石"制而成型于南北朝的登闻鼓制。通过考辨可知,《周礼》所载"路鼓"与"肺石"制度、秦汉至南北朝以前的上书制度、登闻鼓制等均非司法意义上的"直诉",通说关于"直诉"源流的认识不确。通说形成的历史原因在于:《周礼》立于官学后,时人多奉《周礼》为理想制度,将"登闻鼓""八议"等制比附《周礼》,出现了"法律《周礼》化",历代注家也层累地将"《周礼》化"的各种制度源头定为西周。但是,考诸传世文献并验之以出土法律文献可见,西周至春秋时期尚无明确的审级制度,自然就没有超越审级的"直诉"存在,当时的诉讼或均可视为单级审理的"直诉"。战国以降才逐步确立多级审制,本文通过对楚简司法文书所呈现的楚国诉讼程序进行的综合性研究表明,早在战国时期,楚国的"直诉"程序已经较为完备,这一史实的发现对于中国的诉讼程序发展史演变有着重要的意义。尤其是对"直诉"源流通说而言,是一个重要发覆,其中更涉及了法制史学的重要命题——"法律儒家化"成说的再思考。

关键词 直诉 审级 周礼 法律 《周礼》化

---

* 本文主要内容发表于《法学研究》2015年第6期,现将发表时因版面限制所删减部分复原,是为全貌,供学界批评斧正。

** 本文作者系华东政法大学法律学院副教授。

一、"直诉"制度研究回顾与问题所在

"直诉"作为表述中国古代诉讼程序的词汇，是就审级制度而言的。[1]在先秦可指单级审理，战国以降出现审级制度后，则指直接诉于君王（朝廷）的特别诉讼程序。但是，"直诉"在古代多是作为动词，表"直接诉告"义，未见作为法律术语用于表"诉讼程序"义。[2]在战国就有"直诉"制度之实，直至清代在法律术语方面却仍无"直诉"之名，[3]"直诉"在清代诉讼程序中被表达为"叩阍"。[4]"直诉"作为术语来指称古代中国的特定的诉讼程序，是在近代以来的法史学研究过程中产生的。就笔者所见，该词最早在著名法律史学家陈顾远的《中国法制史》（1934年）一书中开始使用，[5]陈氏以"直诉"表述《周礼》所载"路鼓肺石"制度、秦汉至隋唐时期的"登闻鼓""邀车驾"等制度。至今，法史学界多沿用不改。陈氏提出"直诉"源于《周礼》路鼓肺石制而成型于南北朝登闻鼓制的观点亦成法史学界通说。[6]

---

〔1〕 关于中国古代的审级制度，近代以来有多种认识，但多比附于近代西方的审级制度，认为中国古代的审级制早在西周时已经确立。不过，中西古今之间法制的形式上比附研究，或许容易陷入"关公战秦琼"的窘境，多是"形似"之比附，而非"神似"。中国古代的司法审级自有其不同于西方历史发展的内在逻辑。从史实看，在战国以降，已经出现了中央集权下郡县地方制，中央与地方之间已经有分野，诉讼审级也就开始逐渐出现，具体详见下文论述。

〔2〕 "直诉"在古人文集中少见有与诉讼程序有关，就笔者所见，元人文集记载有"（小民）或有事而不经官府直诉阙廷"一语有相近之意。参见（元）赵天麟：《太平金镜策》卷四《停淫祀》，续修四库全书本。

〔3〕《清史稿》有见"诉州不得，直诉监司"的记载，此处"直诉"为动词，非表示程序之意。参见（清）赵尔巽等撰：《清史稿》，中华书局1977年版，第13792页。

〔4〕 李典蓉："穿破浮云上青霄——论清代叩阍制度"，载我国台湾地区"中研院"历史语言研究所、"中国法制史学会"主编：《法制史研究》2007年第12辑。另参见柏桦："清代的上控、直诉与京控"，载《史学集刊》2013年第2期。

〔5〕 陈顾远：《中国法制史》，商务印书馆1934年版，第238~245页。不过陈氏当时即指出，秦汉以前的材料，《周礼》《尚书·吕刑》为最富，《礼记·王制》次之，但是否皆是周代制度实成疑问，虽为历代所宗，但不能武断其为确有。参见同书第238页。

〔6〕 "直诉"制度源于《周礼》路鼓肺石制而成型于南北朝登闻鼓制的通说，就笔者所见，从前引陈顾远《中国法制史》一书中提出以来，法史学者多从之。如戴炎辉将直诉与越诉并列，归于审级管辖制度之内，其认为直诉即是唐律所载登闻鼓、邀车驾及上表诉事。其认为："直诉于皇帝，源发于《周礼》所载的路鼓与肺石。汉代以来各代都有类此之制。"其又指出，"直诉可以说是越诉的一种，而律的处置不同。越诉都予以处罚；而直诉只处罚其不实者"。其认为直诉得实者不予以处罚的原因是"皇帝要表示其关切民瘼，开直诉之路，以警法司"。（参见戴炎辉：《中国法制史》，三民书局1986年版，第151~152页）李甲孚将"登闻鼓"列入上诉制度之一种，其认为"以现代观点言，应

通说为我们理解中国古代的诉讼程序演变提供了线索，贡献良多。但是，在这"地不爱宝"的时代，我们有必要对通说进行辨正。

（一）"直诉"制度研究回顾

在进入本文的讨论以前，有必要先回顾以往法史学界对"直诉"的认识和研究。总体而言，自"直诉"一词被提出后，历来的法制史通史（教科书）著述、专论等在论及中国古代的诉讼程序时，均不能略过。至今为止，学界研究也取得了相当丰硕的成果。

法史学界对"直诉"制度的研究主要涉及"直诉"制度的概念、内容、发展、运行、当代借鉴意义等。从现有研究来看，法史研究者主要以隋唐以降较为成熟的"直诉"形式（登闻鼓、邀车驾等）为论述基础，对隋唐以前的"直诉"类制度仅仅是作为历史背景进行介绍，不见对"直诉"制度源流史的考辨。

占据已有研究成果多数的，是关于"直诉"制度的介绍性文章。此类文章就内容而言，没有超出法史教科书或专著中涉及的"直诉"制度各方面的内容。如况腊生的《浅析中国古代直诉制度》就以唐代设置的邀车驾、挝登闻鼓、立肺石和上表制度作为中国古代的"直诉"制度代表，论述古代"直诉"制度的内容、具体实施及原因与效果分析。[1]由于此类文章引用史料源和解读史料的层次都大致相类，故内容也相类。此类文章往往还将"直诉"制度对当代中国的影响或者借鉴进行阐述（尤其多见与中国当代的信访制度联系），有应时之用，如李玉华的《我国古代的直诉制度及其对当今社会的影响》。[2]

（接上页）是民、刑诉讼中非常上诉的一种方法"。（参见李甲孚：《中国法制史及其引论》（增订本），三民书局1983年版，第183页）至今为止的大部分中国法制史教科书、诉讼法史、司法史类专著在论及"直诉"制度发展史时仍是持相类似观点，且多以《周礼》之路鼓肺石制度为西周时期即有的观点。需要注意的是，由于"直诉"一词系法史学者创设并常用之，故而其概念范畴具有鲜明的法学色彩，尤应注意限定于司法制度的范围内。因为从陈顾远先生使用"直诉"一词来看，其范围就是指称中国古代的特别诉讼程序，在常规的审级制度之外，后来的法史研究者多从之，故而"直诉"的非司法方面作用在研究中就需要予以甄别，本文的研究也是基于将"直诉"视为常规审级之外的特别诉讼程序进行的。

〔1〕况腊生："浅析中国古代直诉制度"，载曾宪义主编：《法律文化研究》（第四辑），中国人民大学出版社2008年版，第355~362页。

〔2〕李玉华："我国古代的直诉制度及其对当今社会的影响"，载《政治与法律》2001年第1期。

以某个历史时段的直诉为对象的研究是颇有代表性的研究。此类研究有的是以某一历史长时段范围的发展作为研究对象的，如李胜渝的《汉唐时期直诉制度探析》，该文以收入《中华法案大辞典》的直诉类案件作为资料基础，讨论汉唐时期的"直诉"制度的运作机制。[1]因作者是从宏观视角入手，故而史实的时间度、真实度方面或有关注不足之处，不能准确阐述"直诉"制度在汉至唐之间的演变历程。也有以某个朝代的"直诉"制度为研究对象的，此类文章多是关注隋唐及以后的朝代，因研究对象的时空范围缩减，又有较为有力的史料支撑，故而研究就较为深入，其论述史实与结论的可信度也比较高，如柏桦的《清代的上控、直诉与京控》。[2]不过此类研究还是以唐以后的"直诉"制度为主要研究对象，对直诉的渊源与形成史仍旧是作为历史背景介绍，关注相对较少。

有研究者关注直诉的作用等宏观方面问题。有从直诉在理冤方面的特别作用视角出发进行的研究，如艾永明、钱长源的《中国封建社会理冤制度述论》一文认为，直诉作为非正常诉讼程序是理冤制度的重要组成部分。[3]相同主题的还有如姜小川的《我国封建社会的理冤制度及其借鉴》，认为直诉是从当事人或他人申诉角度而言的再审。[4]还有从直诉在维护社会秩序方面作用进行的研究，付子堂、胡仁智的《传统中国的社会冲突法律调处机制探微》将"直诉"制度作为以维护社会和谐为目标的、社会冲突司法调处机制的代表进行论述。[5]此类宏观研究关注点不在于直诉渊源与形成史，故而较少见到对相关史料的深入辨析。

也有研究者关注"直诉"中某类具有代表性的现象。如张全民的《中国古代直诉中的自残现象探析》，该文对"诣阙告诉"直诉方式中出现的"自残"（或称"自毁伤"）现象进行剖析，论述了"自残"的各种表现、用意、

---

[1] 李胜渝："汉唐时期直诉制度探析"，载《求索》2008年第4期。

[2] 柏桦："清代的上控、直诉与京控"，载《史学集刊》2013年第2期。

[3] 艾永明、钱长源："中国封建社会理冤制度述论"，载《法学研究》1991年第4期。

[4] 在此需要说明的是，关于直诉在诉讼程序上归于上诉或再审程序的观点，都忽略了"直诉"作为现代名词，其用于描述的应该是越过审级直接诉于君王的特别诉讼程序，至于之前是"上诉"或"再审"，均是以现代的诉讼审级制度作为根据的，是以今律古，并不妥恰。参见姜小川："我国封建社会的理冤制度及其借鉴"，载《中外法学》1992年第5期。

[5] 付子堂、胡仁智："传统中国的社会冲突法律调处机制探微"，载《社会科学战线》2011年第5期。

产生原因、特点、对诉讼制度的影响等方面问题，其所用史料的时代还是以隋唐以后为主。[1]

(二) 通说的问题所在

我们可以看到，"直诉"制度的渊源与成型时期的通说，实际是基于对以下数项关键概念的串联：路鼓、肺石（《周礼》）→上书（秦汉）→登闻鼓（魏晋南北朝）→登闻鼓、邀车驾、上表（隋唐，入律）。对于"直诉"的渊源及其在南北朝以前的发展，学界还是基于前辈学人提出的通说，少见到较为深入梳理。隋唐以前的直诉发展史，则一直是依靠《周礼》及其注疏、历代史书的零星记载作为史料支撑，在研究上还是属于较为宏观的层面，深入讨论尚付阙如。

总体而言，"直诉"制度源于《周礼》路鼓肺石制而成型于南北朝登闻鼓制的通说，模糊而笼统。具体表现在如下数端：

其一，《周礼》一书在西汉末期出现，成书时代素有争议，聚讼千年不决，所述各项制度，是否属于西周即有，尤需逐一辨明。[2]"路鼓""肺石"制度自不例外，应先予以辨明是否为真实周制，再进而论其演变。但是，通说建基于"路鼓""肺石"制度为西周即有的观念，未见有详细考辨。[3]

其二，"路鼓""肺石"制度是属于诉讼程序范畴，还是更多归为"君王纳言""沟通上下"的行政制度范畴，亦未有辨明。再进而言之，被论者视为"路鼓""肺石"制度后世发展的上书制度、登闻鼓制等究竟是属行政范畴还

---

〔1〕 张全民："中国古代直诉中的自残现象探析"，载《法学研究》2002 年第 1 期。

〔2〕《周礼》所载法制多系春秋战国以降之产物，历代多有辨正之说，比如，20 世纪 30 年代钱穆先生曾撰《周官著作时代考》，专列"刑法"一节，论证《周礼》所载"法律公布之制""五刑""流放"等均非周制，而是后代才出现的制度。（该文收入钱穆：《两汉经学今古文平议》，商务印书馆 2001 年版，第 370~404 页）近几十年来，学界也多有利用出土文献就《周礼》所载法制的产生时代等进行讨论，在此不再胪列。

〔3〕 陈顾远先生在提出"直诉"概念时，认为直诉渊源于《周礼》，但却不曾断定是周代就有路鼓肺石制度，这是很谨慎的观点。遗憾的是，迄今为止坊间流行的各种中国法制史教科书、专著、论文往往直接就以《周礼》记载"路鼓肺石"制度为西周制度，实为不确。更由此而论在汉代为"上书"、在西晋为"登闻鼓"均是"直诉"制度，这类观点深究之下，未必妥当。首先，陈顾远先生在提出"直诉"概念的时候，是指唐代已有多审级制度背景下的最终上诉，无审级则无所谓直诉或越诉，换言之，在先秦时期尚无审级制度出现之前，均是单级审理，那么当时的诉讼或许应当都是"直诉"？其次，《周礼》的"路鼓肺石"制是否在西周时期真有事实，还是只是《周礼》作者的理想构造，至今尚未有定论。

是司法范畴，仍处在模糊而笼统的论说之中。

其三，被视为"直诉"成型标志的登闻鼓制，在汉至南北朝时期演变过程中，是行政制度抑或是司法制度，未见梳理。中国古代并无立法、行政、司法三者分权制衡机制，而是以普遍皇权之下科层制为特征，以行政为主导，故而司法往往附丽于行政。但自秦汉以降，司法开始有专业化趋势则是历史事实。在此背景下，后人论及当时制度，有可能也有必要对其属于行政或司法进行区分，如此方能正确把握该制度发展的真实脉络。

基于上述认识，本文将对通说进行梳理辨正，以明其是非，还原"直诉"制度在隋唐以前的演变史实。不当之处，尚祈方家批评。

二、辨说："路鼓"等制非"直诉"程序

通说以《周礼》所载"路鼓肺石"之制为"直诉"制度渊源，常见表述如："直诉，中国古代直接向皇帝告诉或申诉的制度，俗称告御状。起源于《周礼》记载的肺石制度。汉代已经有直诉之制，有击鼓、上书等方式，如缇萦上书。晋代设登闻鼓，以后历代相袭，成为一项重要的诉讼制度。唐代的直诉方式有四种：邀车驾、挝登闻鼓、上表、立肺石，意同《周礼》。"[1]

然细考辨之，则未必尽然。现逐一辨之：

（一）"路鼓""肺石"制度非"直诉"程序辨

1. 路鼓

路鼓在先秦传世史料中不见记载，唯见载于汉代出现的《周礼》，《周礼》所载"路鼓"主要是作为礼器用于以下场合。[2]

其一，祭祀之用，《地官·司徒》载：

---

[1] 参见《北京大学法学百科全书》编委会编：《北京大学法学百科全书：中国法律思想史 中国法制史 外国法律思想史 外国法制史》，北京大学出版社2000年版，第1035页，"直诉"条。目前所见中国法制史著述多有引《周礼》"路鼓"规定为西周时的"直诉"制度，代表性著作可参见胡留元、冯卓慧：《夏商西周法制史》，商务印书馆2006年版，第567~568页。

[2] 《周礼》版本历来多不胜数。阮校十三经注疏本的《周礼注疏》最为通行，孙诒让撰《周礼正义》被公认为清代最佳，现有上海古籍出版社出版的《周礼注疏》本系在阮刻基础上另选更好的宋版八行本为底本进行整理，兼此本现在更为常见，故作为引用文本，页码均以此本为准。涉及历代注疏辨正者，则引孙诒让撰《周礼正义》。

"鼓人，掌教六鼓……以路鼓鼓鬼享……"〔1〕

注云："路鼓，四面鼓也；鬼享，享宗庙也。"可见此处所指"路鼓"是作为鼓人所掌六鼓之一，用于宗庙祭祀的场合。

其二，礼乐之用，《春官·宗伯》载：

"凡乐……路鼓路鼗……于宗庙之中奏之……"〔2〕

此为宗伯下属大司乐负责的事务。

其三，军旅之用，《夏官·司马》载：

"中春教振旅……王执路鼓，诸侯执贲鼓，军将执晋鼓。"〔3〕

法史学著述中引以为"直诉"制度起源关于"路鼓"的记载，记载于军事职能为主的夏官所属太仆。《夏官·司马》载：

太仆：掌正王之服位，出入王之大命。掌诸侯之复逆。王视朝，则前正位而退，入亦如之。建路鼓于大寝之门外而掌其政，以待达穷者与遽令；闻鼓声，则速逆御仆与御庶子。〔4〕

夏官，按《周礼·夏官》所载，职为"使帅其属而掌邦政，以佐王平邦国"。孙诒让案云："此即《郑目录》政可以平诸侯，正天下之义。"〔5〕太仆为大司马属官，从《周礼》记载看，首先是"建路鼓于大寝之门外"由太仆"掌其政"，太仆的职能并不包括受理民众讼告，其主要职能为"掌正王之服位，出入王之大命，掌诸侯之复逆"。太仆闻鼓声，则是要"速逆御仆与御庶

---

〔1〕（汉）郑玄注，（唐）贾公彦疏，彭林整理：《周礼注疏》，上海古籍出版社 2010 年版，第 445 页。

〔2〕（汉）郑玄注，（唐）贾公彦疏，彭林整理：《周礼注疏》，上海古籍出版社 2010 年版，第 845 页。

〔3〕（汉）郑玄注，（唐）贾公彦疏，彭林整理：《周礼注疏》，上海古籍出版社 2010 年版，第 1108 页。

〔4〕（汉）郑玄注，（唐）贾公彦疏，彭林整理：《周礼注疏》，上海古籍出版社 2010 年版，第 1209 页。

〔5〕（清）孙诒让撰，王文锦、陈玉霞点校：《周礼正义》，中华书局 1987 年版，第 2236 页。

子",实际上是由"掌群吏之逆及庶民之复"的御仆(因其还有"掌王之燕令,以序守路鼓"的职责)向太仆报告关于"达穷者与遽令"的具体内容。

"达穷者""遽令"二郑注有所差别。郑众云:"穷谓穷冤失职,则来击此鼓,以达于王,若今时之上变事击鼓矣。遽,传也。若今时驿马军车当急闻者,亦击此鼓,则速迎御仆与御庶子。"即以汉时"上变事"和"驿马军车"为比喻,郑玄则谓:"达穷者,谓司寇之属朝士,掌以肺石达穷民,听其辞以告于王。遽令,邮驿上下程品。"郑玄则是将"达穷者"与《秋官·司寇》下属负责"肺石达穷民"的朝士联系在一起,即所谓"达穷民,与大司寇、朝士官联者也"。历代注者多注意于路鼓设于何门外,是否与肺石在同一处。[1]且多将路鼓、肺石与伸冤于王的直诉联系起来。实际上,二郑均没有明确此处路鼓与诉讼有关,[2]注文表达的主要意思仍在于"路鼓"是作为上下讯息的传达设施存在的,相关的小吏"御仆"职能亦在于此。"御仆",据《夏官·司马》载:

> 御仆:掌群吏之逆,及庶民之复,与其吊劳。大祭祀,相盥而登。大丧,持翣。掌王之燕令,以序守路鼓。[3]

从上引文看,"御仆"值守宫门路鼓所在地,负责上传下达讯息。

与御仆相关的御庶子,历代注家多有辨,[4]在此不赘。

2. 肺石

关于肺石的记载,先秦两汉时期的史籍中仅《周礼》有载。主要在《周礼·秋官·司寇》载:

> 以肺石达穷民,凡远近茕独老幼之欲有复于上而其长弗达者,立于肺

---

〔1〕 (清)孙诒让撰,王文锦、陈玉霞点校:《周礼正义》,中华书局 1987 年版,第 2498~2501 页。

〔2〕 很多法史论著根据此注认为汉代的上变事也是属于直诉形式,其实汉代的上变事与诉讼程序无大关联,详见下文。

〔3〕 (汉)郑玄注,(唐)贾公彦疏,彭林整理:《周礼注疏》,上海古籍出版社 2010 年版,第 1216 页。

〔4〕 参见(清)孙诒让撰,王文锦、陈玉霞点校:《周礼正义》,中华书局 1987 年版,第 2501~2502 页。

石三日，士听其辞，以告于上而罪其长。[1]

另外，属于司寇属官的"朝士"条记载：

左嘉石，平罢民焉；右肺石，达穷民焉。[2]

上引可见，肺石是属于"达穷民"的设置，其目的是给需要上言者提供特别途径，并不专限于诉讼。"肺石"成为诉讼途径，是随着历代注家的解释广为接受，甚至成为立法指导思想后，才成为实际的存在物，并在唐代成为直诉形式的一种。

综上所述，《周礼》所载路鼓制度的设计目的并非用于直诉，而是用于上下讯息沟通。肺石设置的最初目的也非专用于直诉，它成为直诉途径，是历代注家解释"层累"而成的结论。

（二）"上书"制度非"直诉"程序辨

秦汉时期逐渐建立严格的审级制度，司法审判中强调逐级审理，先秦时期的"直诉"模式也被审级制度所替代，这也是春秋战国以降的封建制转向郡县制的历史转型结果之一。前辈学人陈顾远曾指出，两汉至魏晋时期的"直诉"制度不详，[3]这是较为慎重的观点。从目前所见史料来看，两汉时期的"上书"制度虽是属于行政制度范畴，其在司法诉讼中也会发生作用，但不能将"上书"与"直诉"混为一谈，毕竟二者分属行政与司法，在秦汉魏晋时期即已明确。欲明此点，简要回顾"上书"制度即可知。

汉代兴起的"上书"制度，在史籍记载中屡屡得见，有称"诣阙上书""上变事书""上书"等，皆为同一制度。汉代负责上书事项的中央机构是卫尉属官公车，官长为公车司马令，"诸上书诣阙下者"皆由公车官署"集奏

---

[1] （汉）郑玄注，（唐）贾公彦疏，彭林整理：《周礼注疏》，上海古籍出版社2010年版，第1324页。

[2] （汉）郑玄注，（唐）贾公彦疏，彭林整理：《周礼注疏》，上海古籍出版社2010年版，第1373页。

[3] 陈顾远：《中国法制史》，商务印书馆1934年版，第242页。

之"。〔1〕西汉时设于未央宫北阙。〔2〕东汉时期则设于"宫南阙门",掌"凡吏民上章,四方贡献,及征诣公车者"。〔3〕可见,两汉时期的上书制度较为完备。汉代重视上书制度,其原因在于汉初刘邦能通过上书制度获得重要信息、治国善策、揽获人才等目的,且战国以降盛行的游说、上书风尚的历史渊源亦有相当影响。〔4〕后代皇帝也多遵循之,相当重视上书制度。

上书制度在两汉时期发挥多种作用。史籍记载的汉初上书多是告发诸侯叛乱等急事、大事,如高祖六年(公元前 201 年)"人告楚王信反";〔5〕又如"汉九年(公元前 198 年),贯高怨家知其谋,乃上变告之"。〔6〕此外,上书在立法中会有收集民间建议的作用,在司法程序中也会有引起皇帝监督司法官依法审案的作用。〔7〕但是,上书制度不属于汉代司法制度的范畴,二者属于并行关系。下面逐一辨明学界常用来说明汉代"直诉"制度的诸种上书形式。

其一,诣阙上书,有论者认为是一种越诉行为,不确。〔8〕因为诣阙上书属于上书制度的一种,上书制度本身并不属于诉讼制度。上书事项若属于个人诉冤案件,在代表皇帝的公车司马令收集后,递交给皇帝,接下来只是有可能进入司法,才有可能启动诉讼程序,而启动的诉讼程序自需按照司法制度的规定进行,二者相关但又不可混为一谈。"诣阙"在史籍中常见,而在此做一辨明:

诣。《说文·言部》云:候至也。从言,旨声。《玉篇·言部》云:到也,往也。《小尔雅·广诂》云:进也。

〔1〕《汉书·百官公卿表》载:"卫尉……有属官公车司马、卫士、旅贲三令丞……"颜师古注云:"《汉官仪》云公车司马掌殿司马门,夜徼宫中,天下上事及阙下凡所征召皆总领之。"参见(汉)班固撰,(唐)颜师古注:《汉书》,中华书局 1962 年版,第 728~729 页。

〔2〕《汉书·高帝纪》载:"萧何治未央宫,立东阙、北阙、前殿、武库、大仓。"条下颜师古注:"未央殿虽南向,而上书奏事谒见之徒皆诣北阙,公车司马亦在北焉……北阙为正门。"参见(汉)班固撰,(唐)颜师古注:《汉书》,中华书局 1962 年版,第 64 页。

〔3〕(晋)司马彪撰,(梁)刘昭注补:《后汉书志》(收入中华书局点校本《后汉书》第十二册),中华书局 1965 年版,第 3579 页。

〔4〕袁礼华:"汉代吏民上书制度述论",载《求索》2006 年第 10 期。

〔5〕(汉)班固撰,(唐)颜师古注:《汉书》,中华书局 1962 年版,第 59 页。

〔6〕(汉)司马迁撰,(宋)裴骃集解,(唐)司马贞索隐,(唐)张守节正义,顾颉刚等点校:《史记》,中华书局 1959 年版,第 2584 页。

〔7〕参见孙展:"上书与秦汉法制",载《人文杂志》2002 年第 3 期。

〔8〕张积:"汉代法制杂考",载《北京大学学报(哲学社会科学版)》1999 年第 1 期。

阙。《说文·门部》云：门观也。从门，欮声。

"诣阙"之"阙"又与路鼓有关联。因"阙"也可作"象魏"解，[1]《玉篇·门部》：阙，象魏阙也。《周礼·天官·大宰》载"乃县（悬）治象之灋（法）于象魏"（参贾公彦疏）。象魏阙在宫城门外，用于颁布法律并悬之于众（《汉书·五行志上》：阙，法令所从出也），与悬路鼓之门观左右相邻。即"宫门双阙者，旧悬法象，使民观之处，谓之阙"。[2]再者，与路鼓用于上书的含义联系在一起的则有《水经注·卷十六·谷水》引颍容说：阙者，上有所失下得书之于阙，所以求论誉于人，故谓之阙矣。[3]在东汉以降，随着阙门外登闻鼓设立，"诣阙上书"就开始演变成挝登闻鼓上书了（详见下文）。不过汉代的"诣阙上书"则尚未有和直诉程序有关的记载，其仍属于上下沟通讯息的行政机制。

其二，上变事。有论者认为是属于"直诉"，不确。上变事属于上书制度的一种，本身是属于行政机制，该制度主要用于上告非常之事，即颜师古所注"非常之事谓之变"。[4]在此，还需要对"上变事"做一说明，征诸史籍，上变事的记载多有见，主要有以下二类：第一，向皇帝上变事。有告谋反者，（汉高祖时）英布的中大夫贲赫向朝廷举报英布欲谋反，就是通过上变事的方式。[5]有上告非常之事。汉元帝时宗室刘向（更生）指使其外亲上变事。[6]还有上告官员不法。《汉书·息夫传》载："（哀帝时）躬、宠乃与中郎右师谭，共因中常侍宋宏上变事告焉，上恶之，下有司案验。"[7]还有见士民向上提供建议。如《汉书·梅福传》载："（梅福）后去官归寿春数因县道上言变

---

[1] 在此还需要辨明的是，孙诒让在《周礼正义》路鼓、象魏条下的案语中引《潜夫论》李注为依据，将路鼓和诣阙联系，并认为诣阙公府即为讼告之官府，由此路鼓即与诉讼相连。孙氏说法不确，首先是公府与宫阙不可等同，其次，引《潜夫论》李注，是属于以李注的观点格前代之史实，其证据属于传来证据。从正史记载来看，也有与李注不一样的记载存在，这样一来，李注能否成立，便成疑问。可见，孙氏在论证结果出来以前实际上跳过了中间的环节，将每个环节出现的多种可能性引向了结论需要的一种，却置其他可能性于不顾，这样的结论是不可靠的。

[2] （清）余萧客撰：《古经解钩沉》卷二十八引《尔雅·释宫》"观谓之阙"孙注，四库全书本。

[3] （北魏）郦道元撰，（清）王先谦校：《水经注合校》，中华书局 2009 年影印本，第 255～256 页。

[4] （汉）班固撰，（唐）颜师古注：《汉书》，中华书局 1962 年版，第 1930 页。

[5] 参见（汉）班固撰，（唐）颜师古注：《汉书》，中华书局 1962 年版，第 1887 页。

[6] 参见（汉）班固撰，（唐）颜师古注：《汉书》，中华书局 1962 年版，第 1930 页。

[7] （汉）班固撰，（唐）颜师古注：《汉书》，中华书局 1962 年版，第 2180 页。

事求假轺传诣行在，所条对急政辄报罢。"〔1〕第二，向上级上书。在居延汉简中有见。如：

肩水候官令史鳞得敬老里公乘粪土臣悥昧死再拜▢上言变事书

三八七·一二，五六二·一七（甲一八　二)〔2〕

粪土臣德昧死再拜上言变事书印曰臣德其丁丑合＝蒲藍□▢

EPT52·46A〔3〕

上引可见，在地方可以用于向上级上书报告，非用于诉讼程序。

上变事，在曹魏时期开始有专门的"变事令"进行规范，根据《晋书·刑法志》载：

秦世旧有厩置乘传副车食厨，汉初承秦不改，后以费广稍省，故后汉但设骑置而无车马，而律犹着其文，则为虚设，故除厩律，取其可用合科者以为邮驿令，其告反逮验别入告劾律，上言变事以为变事令，以惊事告急与兴律烽燧及科令者以为惊事律。〔4〕

由此可见，"变事令"用于规范上言变事，是与邮驿传递系统有关，与直诉无关。

(三)"登闻鼓"制度非"直诉"程序辨

"登闻"一词，始见于《尚书·周书·酒诰》：

弗惟德馨香祀，登闻于天。〔5〕

此处"登闻"为"升闻"之意。"登闻鼓"之设，在《周礼》立于官学

〔1〕（汉）班固撰，（唐）颜师古注：《汉书》，中华书局 1962 年版，第 2917 页。

〔2〕中国社会科学院考古研究所编：《居延汉简甲乙编》（下册），文物出版社 1980 年版，第 233 页。另参谢桂华等：《居延汉简释文合校》，文物出版社 1987 年版，第 548 页，《合校》指出"上言变事书"前有缺失字。

〔3〕甘肃省文物考古研究所等编：《居延新简·甲渠候官与第四燧》，文物出版社 1990 年版，第 230 页。

〔4〕（唐）房玄龄等撰：《晋书》，中华书局 1974 年版，第 924~925 页。

〔5〕（唐）孔颖达撰：《尚书正义》，清阮元校刻十三经注疏本，上海古籍出版社 1997 年版，第 207 页。

后受其影响方才出现，东汉时在宫城大门已有设。[1]不过最早并不是专门用于接受直诉案件，而是作为君王纳谏臣民上言的设置。登闻鼓之事多见史籍记载，现通行观点多认为登闻鼓即是"直诉"制度成型的标志。[2]不过细查史料记载，其实此种观点的史料依据似乎并不充分，其论证方式往往是先有观点——直诉形式之一的登闻鼓制度在此时期确立，然后找寻史书记载的涉及登闻鼓之典型事件以为证据。[3]若将有关这一时期关于登闻鼓事件的记载进行梳理就会发现，或许史实并非如此。

郦道元的《水经注》中对登闻鼓的建筑设置有详细说明，从中可见设立登闻鼓的历史过程。兹引以说明如次：

《水经注·谷水》载："（谷水）又南径通门、掖门西，又南流东转，径阊阖门南。"阊阖门，据郦道元案语，是源自《礼记》记载的雉门，在汉代时已有设，曹魏明帝改雉门为阊阖门。阊阖门外建巨阙，"犹象而魏之"，汉末兵起后被毁，至北魏时在"阙前水南道右，置登闻鼓以纳谏"。郦道元认为，此即"昔黄帝立明堂之议，尧有衢室之问，舜有告善之旌，禹有立鼓之讯，汤有总街之诽，武王有灵台之复，皆所以广设过误之备也"。[4]

上述登闻鼓设置可参见下图：

---

〔1〕 沈家本曾指出："以律目登闻道辞推知，似即登闻鼓，特未有明文可证耳。"见徐世虹主编：《沈家本全集》（第4卷），中国政法大学出版社2009年版，第330页。

〔2〕《北京大学法学百科全书》编委会编：《北京大学法学百科全书：中国法律思想史 中国法制史 外国法律思想史 外国法制史》，北京大学出版社2000年版，第138页，"登闻鼓"条。该条认为："登闻鼓，一种直接向皇帝申诉的制度，始于西晋初年，《晋书·武帝纪》载'西平人麴路代登闻鼓'。"类似观点在诸多法制史的教材中多见到。

〔3〕 若论中国法制史上某一制度存在，或需满足以下条件：一为该制度载之法典甚明，此点在尚无法典时代较难得证；二为该制度在某一时期常见实行，且多有事例或文物可稽。但在法史研究中，却常见以非常见之孤立事例、字词即欲证明某一制度存在者，此种以一见万的证明方法其实存在诸多风险，如后来又发现有相反事例的出现，或者是字词解读有误等情况的出现，均会导致结论不能成立。

〔4〕（北魏）郦道元撰，（清）王先谦校：《水经注合校》，中华书局2009年影印本，第255~256页。

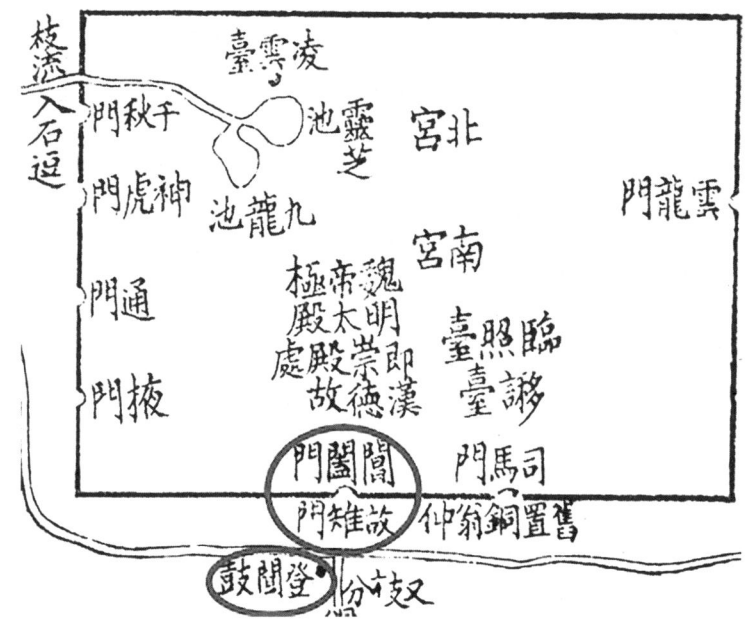

图1 登闻鼓位置图〔1〕

　　由郦道元所述可见，登闻鼓在东汉时即在洛阳有设，魏晋时期延续，至南北朝时期北魏定都洛阳又重建，主要用于纳谏，未见到与直诉有关的记载。当时的中央朝廷（皇帝）审理大案则另有平望观（曹魏时设），北魏时改为听讼观。即郦道元所云：“其水自天渊池东出华林园，径听讼观南，故平望观也。魏明帝常言，狱，天下之命也，每断大狱，恒幸观听之。以太和三年，更从今名。”〔2〕参见下图：

<hr />

　　〔1〕 《洛阳城图·谷水篇》，引自（清）杨守敬等编绘：《水经注图（外二种）》，中华书局2009年影印版，第631页。

　　〔2〕 （北魏）郦道元撰，（清）王先谦校：《水经注合校》，中华书局2009年影印本，第253页。

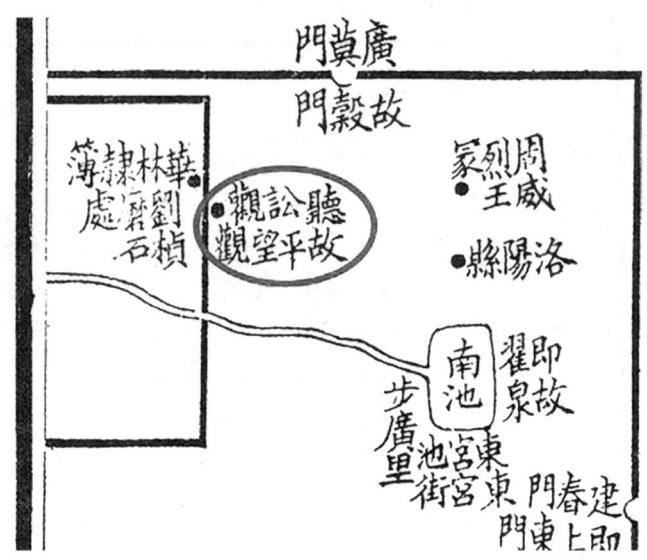

图 2　曹魏平望观位置图[1]

登闻鼓设置后，还有类似汉代公车司马的"登闻令"官，如《魏书·崔挺传》就记载崔挺"于长安书文明太后父燕宣王碑，赐爵泰昌子，转登闻令"。[2]当时已经有负责登闻鼓的专官。北魏以降，登闻鼓逐渐演化为向君王伸冤的设置，至隋唐时"挝登闻鼓"入律成为直诉方式之一，学界著述多有，在此不赘。[3]

登闻鼓在《唐律疏义·斗讼》"邀车驾挝鼓诉事不实"条载：[4]

> 诸邀车驾及挝登闻鼓，若上表，以身事自理诉而不实者，杖八十；即故增减情状，有所隐避诈妄者，从上书诈不实论。

"越诉"条载：[5]

---

〔1〕 （清）杨守敬等编绘：《水经注图（外二种）》，中华书局 2009 年影印版，第 630 页。

〔2〕 （北齐）魏收：《魏书》，中华书局 1974 年版，第 1264 页。

〔3〕 较有代表性论述可参见李交发：《中国诉讼法史》，中国检察出版社 2002 年版，第 196~197 页。不过李著认为属于晋首创登闻鼓则未必然。

〔4〕 （唐）长孙无忌等撰：《唐律疏议》，刘俊文点校，中华书局 1983 年版，第 447~448 页。

〔5〕 （唐）长孙无忌等撰：《唐律疏议》，刘俊文点校，中华书局 1983 年版，第 447~448 页。

　　诸越诉及受者，各笞四十。若应合为受，推抑而不受者笞五十，三条加一等，十条杖九十；

　　【疏】议曰：即邀车驾及挝登闻鼓，若上表诉，而主司不即受者，加罪一等。

　　上引二条，为唐代登闻鼓直诉相关的规定。刘俊文认为，"唐代允许直诉。所谓允许直诉，就是允许那些案情重大和冤抑莫伸者，超出一般受诉官司和上诉程序之范围，直接向皇帝投诉"，"唐东、西两京王城门外置有大鼓，名'登闻鼓'。又置有赤石，名'肺石'。凡上表不达者，即听挝登闻鼓以诉；其老幼不能挝鼓者，则可立于肺石之下"。[1]刘俊文认为，"关于此律的渊源，史籍无直接记载。不过挝登闻鼓诉冤之制早已有之"。其引《周礼·夏官·太仆》以及郑司农注、《晋书·刑法志》载魏律序为据，认为"汉许'上变击鼓'，其鼓名'登闻'，而其法载于汉科。据此推断，则唐律此条当本自汉，亦属渊源有自者也"。[2]刘氏此说认为汉代即有登闻鼓应是如前文所述东汉洛阳设置的登闻鼓。但是，需要注意的是，汉代登闻鼓并不是后代的登闻鼓，简单地以名词相同而认为是同一制度，这种认识往往只会得到"形似"的表面认识。大庭脩曾经指出，在汉以后的正史职官志和《通典》《唐六典》等唐代的政书类中，或有认为汉代的制度是把当时的制度与《周礼》所描绘的周制相联系的时代产物，或有认为汉制系唐制的历史渊源，这种认识实是根据《周礼》或后代制度的特有规律来加以理解的，而不是按照汉制的逻辑来理解的。[3]大庭脩的观点实际上已经指出了汉代以后《周礼》在思想方面对制定法制的影响之深。

　　（四）"直诉"渊源之通说源于"法律《周礼》化"

　　《周礼》记载的"路鼓""肺石"制，或许归入行政制度更为恰当，其与诉讼审级制度的关系不大，不能视为后来的"直诉"制度的渊源。东汉以后多有论者认为"路鼓""肺石"制为登闻鼓制渊源，其实与《周礼》在这一时期兴起背景有关。荀悦《汉纪·成帝篇》载："刘歆以周官十六篇为周礼，

---

〔1〕　刘俊文：《唐代法制研究》，台北文津出版社 1999 年版，第 168～169 页。

〔2〕　刘俊文：《唐律疏议笺解》，中华书局 1996 年版，第 1671 页、第 1673 页。

〔3〕　参见［日］大庭脩：《秦汉法制史研究》，林剑鸣等译，上海人民出版社 1991 年版，第 18 页。

王莽时，歆奏以为礼经，置博士。"[1]陆德明《经典释文·叙录》载："王莽时，刘歆为国师，始建立《周官经》为周礼。"[2]在刘歆力争将《周礼》置博士以后，它成为经学的重要组成部分，学术与政治影响逐渐扩大；东汉以降的经师们在注疏《周礼》时，往往以《周礼》某制度为他们的"当代"某制度相比况，即孙诒让所云"二郑释经，多徵今制"；[3]历代统治者欲立新制度，也往往多引《周礼》为其历史和理论依据，以寻求正当性。"登闻鼓"制如此，其他所谓的"儒家化"法制也多类此。比如，"上请"在《周礼》盛行之前的西汉时期已有之，汉高祖七年诏："郎中有罪耐以上，请之。"[4]宣帝黄龙元年诏："吏六百石位大夫，有罪先请。"[5]平帝元始元年，令"公、列侯嗣子有罪，耐以上先请"，[6]适用范围逐步扩大；至曹魏时期定《新律》，"上请"制度扩为"八议"入律，即以《周礼》所载"八辟丽邦"之法为理论依据（唐律律疏述及"八议"制度渊源即作此论）。可见，论及《周礼》对中国传统法制的影响方面，与其向前看，即争议于《周礼》所载是否真属周制（这与《周礼》"出身不明"有关），不如向后看，观察《周礼》经刘歆置博士之后对后世法制的影响。因为，在汉以后各朝代的制度订立过程中，《周礼》往往成为统治者寻求其理论道统或历史正当性的重要依据，"上请""八议"即为显例，至于唐律，其疏议中更是多见引《周礼》为据。更进言之，汉唐时期的法律儒家化论，或许在更具体的层面上是"法律《周礼》化"更为妥恰？

三、疏证："直诉"成型于战国时期

（一）战国以前审级制述略

从诉讼法发展史来看，在早期，由于国家官僚机构尚未发达，诉讼还未有审级之分。徐朝阳在论古代中国的诉讼审级时有"数级审理主义"与"单

---

　〔1〕　（汉）荀悦、（晋）袁宏撰，张烈点校：《两汉纪·汉纪·后汉纪》，中华书局2002年版，第435页。孙诒让《周礼正义》引文以"周官十六篇"为"《周官经》六篇"。当以孙书为是。参见（清）孙诒让撰，王文锦、陈玉霞点校：《周礼正义》，中华书局1987年版，第5页。

　〔2〕　（唐）陆德明：《经典释文》，上海古籍出版社2013年影印本，第43页。

　〔3〕　（清）孙诒让撰，王文锦、陈玉霞点校：《周礼正义》，中华书局1987年版，《周礼正义略例十二凡》第5页。

　〔4〕　（汉）班固撰，（唐）颜师古注：《汉书》，中华书局1962年版，第63页。

　〔5〕　（汉）班固撰，（唐）颜师古注：《汉书》，中华书局1962年版，第274页。

　〔6〕　（汉）班固撰，（唐）颜师古注：《汉书》，中华书局1962年版，第349页。

级审理主义"之分，徐氏认为："罗马古代法律，专用单级审理主义，故无上诉之制度，无审级之区别。"但其却认为"稽阅《周礼》所载，似周制之诉讼审级为三级三审制度"。[1]徐氏说古罗马无审级区别用单级审理主义，这是诉讼法发展早期的共同现象，但其用《周礼》证周制有三级三审制度不确。从历史上看，战国以前的诉讼并未有明确审级的观念，属于单级审理，从中国历史的语境来说是属于直接诉诸君王的"直诉"。

在西周金文讼辞中多有见到直诉于王或朝廷执政大臣的案件。比如西周厉王三十一年（公元前847年）器《曶比鼎》铭文记载了曶比讼攸卫牧侵夺田土案。从程序上看，本案原告是将案件直诉于王（"曶比以攸卫牧告于王"），[2]由王下令史南将此案交虢旅调查并判决。再如，西周恭王五年（公元前964年）器《五祀卫鼎》铭文记载了补偿田地案，从诉讼程序看，"卫以邦君厉告于邢伯、伯邑父、定伯、𤳉伯、伯俗父"，[3]原告裘卫将邦君厉起诉至王廷的诸位执政大臣处，由各位执政大臣共同进行审理。目前见到的西周时期诉讼，大致是贵族之间讼争直诉于王或执政大臣，并直接审理后下判。[4]从审级制视角观察，此时抑或尚属于单级审理，讼案还是以"直诉"模式为主。[5]

春秋时期的诉讼程序，限于史料难以言说清楚，尚未有明确的审级制度。有见周王受理者，如虢仲与大夫詹父讼案（《左传·桓公十年》），有见诸侯盟主受理者，如卫国大夫元咺诉国君卫成公杀其弟叔武案（《左传·僖公二十八年》）、莒国诉鲁国侵犯田土案（《左传·昭公元年》）等。也有见诸侯国国君直接受理者，如鲁国季平子与叔孙婼讼案（《左传·昭公十二年》）。[6]

---

〔1〕 徐朝阳著，吴宏耀、童友美注：《中国古代诉讼法·中国诉讼法溯源》，中国政法大学出版社2012年版，第39页。

〔2〕 吴镇烽编著：《商周青铜器铭文暨图像集成》（第5卷），上海古籍出版社2012年版，第355页。

〔3〕 吴镇烽编著：《商周青铜器铭文暨图像集成》（第5卷），上海古籍出版社2012年版，第385页。

〔4〕 赵平安："从金文看西周诉讼制度"，载氏著《金文释读与文明探索》，上海古籍出版社2011年版，第186页以下。

〔5〕 《礼记·王制》载："成狱辞，史以狱成告于正，正听之。正以狱成告于大司寇，大司寇听之棘木之下。大司寇以狱之成告于王，王命三公参听之。三公以狱之成告于王，王三又，然后制刑。"见（汉）郑玄注，（唐）孔颖达疏：《礼记正义》，阮元校刻十三经注疏本，中华书局1980年版，第1343页。有论者以此认为西周时期即有审级制度，实则不然。因为从"史"→"正"→"大司寇"→"王"→"三公"→"王"的案件处理流程来看，此处强调的不是审级，而是同一审级中案件处理流程而已。《礼记·王制》的这段记载，实际上也能得到金文讼辞记载的印证。

〔6〕 关于春秋时期案件受理情形的总结，参见李远明：《春秋时期司法研究——从纠纷解决的视角切入》，中国政法大学出版社2014年版，第272页。

总之，在郡县制出现以前，还是以单级审理制为主，或者说以"直诉"模式为主。

战国以降，各国变法，封君制向郡县制转型，在楚国就出现了封君制与郡县制并行的体制，从国家体制来看，开始出现层级官僚制度，与此相随的是诉讼也开始有审级。就目前所见楚国的诉讼档案史料来看，当时已经有多级审理制度，更有超越审级的直接诉诸楚王的"直诉"。战国中期楚怀王时期的诉讼档案包山楚司法简的出现为我们梳理战国时期的"直诉"程序提供了可靠的一手资料。[1]下文将分别论述。

（二）包山楚司法简所见战国楚地审级制度

审级制度以受理讼案的官方机构层级为核心。包山楚司法简中涉及讼案受理的文书主要是"疋狱"文书，另外也有个案的案卷中记载的地方讼案的受理。从这些文书可以看到，在战国中期的楚国，司法审级制度已经有后世的二元化特征，一方面已经具备了从地方到中央的逐级审理制度，另一方面则又有超越逐级审理的"直诉"制度的存在。

1. 案卷文书所见地方审级制度

春秋时期楚国就已置县，在战国时期则因应战争需要在县上设郡专责军事，因此郡无专门的地方行政职能。同时楚国又以封君制杂与郡县并行，形成了二元并行的地方官府架构。就包山楚司法简所见的楚国地方区划有邑[2]、敔、或、州、里、县、郡等名称。其中反映了封建制度的有州，州系作为封

---

　　[1]　当然，我们在使用出土文献时要特别注意其"碎片化"的局限性，仍需要在传世史料的整体性框架下进行叙述，毕竟现有的出土文献还是不能达到整体重述历史的地步。本文使用包山楚司法简来论证战国时期的诉讼程序也是将其放在先秦诉讼制度发展的整体框架下进行的。日本学者籾山明曾指出："出土史料各自不过是'局部性'的……研究者会按照自己所关注的问题与新史料比较，但是只追逐出土文字史料，整体的历史图像就很难构筑起来。"这是以出土文献进行研究时需要特别注意的。见［日］籾山明：《中国古代诉讼制度研究》，李力译，上海古籍出版社 2009 年版，序第 3 页。
　　[2]　在包山楚司法简中与邑相类似还有宫，但此二者不能等同。简言之，邑在包山楚简中大部分表现为地方行政区划，处在乡野，邑中有居民故也有地域的概念，邑是最基层的地区区划，在邑之上有敔，敔之上有或，构成层级依次递增的地域系统。另外邑也有封君之邑的用例，但同样是在城市之外。与此不同的是，宫作为行政区划，其类似于后世的"都"，是处在城内的，另从包山楚司法简关于"宫"的其他用例看，也有可能是一种职官名称，如"大夫宫""大宫""少宫"。关于邑的研究，可以参见陈伟："包山楚简所见邑、里、州的初步研究"，载《武汉大学学报（哲学社会科学版）》1995 年第 1 期。（韩）朴俸柱："战国楚的地方统治体制——关于县邑支配体制的试论之一部分"，罗运环："释包山楚简有或敔宫三字及相关制度"，二文均载李学勤、谢桂华主编：《简帛研究（二〇〇二~二〇〇三）》，广西师范大学出版社 2005 年版。另见王准："包山楚简所见楚邑新探"，载《中国史研究》2013 年第 1 期。

君封邑的食税单位或官员的官职俸邑，独立于郡县体制之外，包山楚司法简所见州多分布在郢都附近，有出现过 41 次，这在某种程度上证实了楚国的封建制的封邑尚存甚多。[1] 属于郡县体系则是：邑→敔→弍→里→县→郡。可见包山楚司法简的记载也证实了楚国系封建与郡县二元并行的体制，由此在司法审级制度上也是呈现出二元并行的复杂情形。

"县"在战国楚地的行政层级设置中最为常见。从包山楚司法简记载看，是司法审级的第一级。[2] 比如，从郑傻窃马杀人案（简 120~123）看，涉及的地方官府有"里"和"县"，[3] 楚国的基层，以里、县最为常见，里是县的直接下级，[4] 包山楚司法简所见"里"大致有从属于某人与从属于某地之分。[5] 从审级来看，案件第一审是在县级官府进行的。"里"一级的基层官吏只是在县级官吏的命令下执行抓捕、传唤、调查等辅助作用。

但是涉及封君的案件，一审也许就要考虑更多因素。比如舒庆杀人案（简 131~139）涉及地方和中央，就地方而言，有"里"、封君、县、郡，[6]

---

〔1〕 关于包山楚司法简所见"州""里"的研究，参见罗运环："论包山简中的楚国州制"，载《江汉考古》1991 年第 3 期；顾久幸："楚国地方基层行政机构探讨"，载《江汉论坛》1993 年第 7 期；陈伟："包山楚简所见邑、里、州的初步研究"，载《武汉大学学报（哲学社会科学版）》1995 年第 1 期；颜世铉："包山楚简地名研究"，台湾大学 1997 年硕士学位论文，第 267~269 页；鲁鑫："包山楚简州、里问题研究缀述"，载《中原文物》2008 年第 2 期。

〔2〕 包山楚司法简所见地方官府以"县"的数量最多，可见其在楚国已经较为普遍设置。如陈伟认定包山楚司法简中的楚县有 28 个，颜世铉后来认定有 94 个，日高认定有 51 个，吴良宝认定有 90 个。参见陈伟：《包山楚简初探》，武汉大学出版社 1996 年版，第 97~100 页。颜世铉："包山楚简地名研究"，台湾大学 1997 年硕士学位论文，第 114 页。日高："包山楚简所反映的楚县和楚郡"，北京大学 1998 年硕士学位论文，附录二。吴良宝：《战国楚简地名辑证》，武汉大学出版社 2010 年版，第 166~268 页。尽管学者认定的楚县数量有所不同，但楚县仍属于包山楚司法简中见到的数量最多的地方官府。

〔3〕 "里"分别是属于下蔡的简 120 寻里、简 121 山阳里、关里、东邧里、薨里。县分别是简 121 郫阳和简 120、121 下蔡，下蔡又见于简 163 和 182。

〔4〕 颜世铉："包山楚简地名研究"，台湾大学 1997 年硕士学位论文，第 259~260 页。陈伟："包山楚简所见邑、里、州的初步研究"，载《武汉大学学报（哲学社会科学版）》1995 年第 1 期。

〔5〕 鲁鑫："包山楚简州、里问题研究缀述"，载《中原文物》2008 年第 2 期。

〔6〕 "里"见于简 132 阴侯之东窬之里；封君见于简 132、133，另在简 51 亦见。"县"见于简 131、132、133、134、135、138、135 反、137 反、139 反的"阴"，另"阴"亦见于简 51 和简 162。也有研究者认为简 23 所见"邻"即本案之"阴"。参见颜世铉："包山楚简地名研究"，台湾大学 1997 年硕士学位论文，第 174 页；日高："包山楚简所反映的楚县和楚郡"，北京大学 1998 年硕士学位论文，附录二；吴良宝：《战国楚简地名辑证》，武汉大学出版社 2010 年版，第 166~268 页。可能属于县的还有"汤"见于简 131、135 反。"郡"见于简 133、134、139 反的"邔（宛）"，该郡名还见于简 92、93、183、192。

楚郢则有"郢"和"薉郢"。〔1〕原告舒庆是封君之人（"秦景夫人之人"），其案发时又居住在另一个封君阴侯下属的东窞里，即居住地在阴地。根据简文 132~133 记载，本案的二被告人苛冒、趄卯居住地和案件发生地均在阴地。故而舒庆是向在阴地的最高级长官郚（宛）公起诉。〔2〕宛公受案后指派审理的官员掺杂了封君的下属和地方官府官吏，比如负责逮捕的为封君阴侯之庆李百宭君等，负责断案的是阴地敫客。

在第一审之后，从包山楚司法简的记载来看，也有向上一级上诉的情况，不过由于材料缺乏，目前尚难予以系统阐述。包山楚司法简的整理者曾指出，楚国讼案的告诉、审理、复审均在县廷，左尹负责全国的司法工作，接受上诉，并指导复审。〔3〕

2. "疋狱"文书与直诉

"疋狱"为记录讼案的意思，"疋狱"文书系由左尹官署的属吏记录受案之情实而形成的，文书来源于左尹官署，反映了楚国中央受理直诉的情况。〔4〕与此相关联的"受旨"文书是中央的左尹官署发出的文书登记底簿（即左尹官署在受理直诉后为了审理案件发出的各类命令文书的登记底簿）。关于此，可由以下两个方面来证实：其一，从文书的制作者看，"疋狱"文书结尾所载的"敫者""为李者"属于左尹属吏，而不是各个地方官吏；其二，"疋狱"文书中所见的"敫之""为李"系标示案件的登记者和审理者，且部分"疋狱"简还记录了受理案件后的左尹官署发出命令文书以进行调查或传唤的官方行为，如简 80 之"既发竽，执勿失"、简 85 之"既发竽，将以廷"等。以上两点说明"疋狱"文书系同一机构——左尹官署作出，而非各地官府报送上至左尹官署。〔5〕

---

〔1〕 郢见于 132 反，另见于简 43、102 反。"薉郢"见于简 131，需要注意的是"薉郢"在包山楚司法简中常见，司法简有简 12、58、126、127、128 反、129、140、141、162，卜筮祭祷简则有简 205、206、207、209、212、216、218、220、221、224、225。

〔2〕 楚国的郡是军事机构，而不是县的上级行政机构。

〔3〕 参见湖北省荆沙铁路考古队：《包山楚墓》（上），附录二二，彭浩：《包山楚简反映的楚国法律与司法制度》，文物出版社 1991 年版，第 552~554 页。

〔4〕 参见王捷："包山楚简'疋狱'文书二题"，载王沛主编：《出土文献与法律史研究》（第 2 辑），上海人民出版社 2013 年版。

〔5〕 关于疋狱文书的签署者的身份认定为左尹属吏以及疋狱文书不是来源于地方政府的论证，可以参见陈伟：《包山楚简初探》，武汉大学出版社 1996 年版，第 45~47 页。

从"疋狱"等文书简看,楚国"直诉"的提起途径大致有以下三类:

第一类,原告直接向楚王起诉。如简 15~17 的司败若诉倌人被抓案。[1]

第二类,原告在地方起诉后又直诉于楚王。如简 131~139 的舒庆杀人案。

第三类,原告直接向中央左尹起诉。在包山司法简中此类案件最多——应和该批档案源自左尹官署有关,"疋狱"简所见的 20 多个案件均属于此。[2]

据以上分析可见,在战国楚地的左尹官署作为中央司法机构,受理"直诉"的范围非常广泛。将左尹官署与秦汉时期的中央司法机构进行比较,可以见到楚国的特点在于其大量接受直诉,原因或有多样,其中一个重要的因素当是地方的行政层级划分。因为楚国尽管在春秋时期即设县,是诸侯国中最早设县的,但是直至战国中期的楚怀王时期,仍是封君制与郡县制并行。郡县制反而是在后起的秦国经商鞅变法后而得到较为彻底的推行。郡县制与封君制的背后是君主集权强弱的问题,郡县制有利于君王集权,封君制则相反。那么楚国中央为了加强其集权,通过楚王受理地方直诉,或是通过中央司法机构大量受理地方民众的直诉,就是可行的途径,在包山楚司法简中就见到大量的和封君有关的直诉案件,即是明证。

(三)战国时期楚国"直诉"的运行机制

包山楚司法简有较为完整的案件程序文书群,如"集箸言"类文书、无篇题的"案卷"类文书,本文选取较为完整而有代表性的简 131~139 的舒庆杀人案为主要材料分析楚国"直诉"的运行机制。[3] 舒庆杀人案从诉讼程序的角度看,因舒庆在地方官府起诉后,在地方官府尚未下判的情形下,越过地方官府自行前往郢都向楚王呈告,与后世所见的"直诉"程序相当接近。

---

[1] 但是此类案件有其特殊性,是公务案件,而非私人案件,主要体现在两个方面:其一,当事人的身份,原告若是楚王军队下属的司败,被告盘㛥冬是邯行大夫,二者身份均是贵族官员;其二,案由也是和公务有关,原告因其下属的倌人(工匠)被抓走后影响其业务,如简 17 所载——"鬶倌颈事将废"。还需注意的是,楚王并不直接处理案件,而是将其转给专职司法裁判的左尹处理。关于司败若诉倌人被执案,参看王捷:"直诉制度的历史实践渊源新证——以包山楚司法简为材料",载《华东师范大学学报(哲学社会科学版)》2015 年第 1 期。

[2] 不过需要注意的是,从"疋狱"简中尚不能看出这些向左尹起诉的案件是否已经过地方审理,其他材料也不能佐证。

[3] 本文所引用包山楚简简文释文参见荆州荆沙铁路考古队编:《包山楚墓》(上、下册)、《包山楚简》,文物出版社 1991 年版,释文与编联根据学界研究进展以及鄙见或有所不同。为便于阅读和排版,释文采用宽式隶定,按文意分段,并逐段给出现代语译。因本文研究重点不在于文字释读,故而不再一一注明相关字词的释读意见。

1. 舒庆杀人案的卷宗分组编联

为方便下文讨论，先将舒庆杀人案的简册材料做一梳理。

舒庆杀人案卷宗在包山楚司法简中最为复杂，编联问题一直都被学界关注，此前已有诸多研究成果，在此不一一胪列。本文按照案件流程从类似于案件卷宗的视角将文书分为三组，并在简册释文后依次译为现代文，以供参考：

第一组——案件来源：

楚王下发给左尹官署的文书记录：132 反。（表明本案源自楚王受理的直诉）

> 郰緹之亨月甲午之日，鄬尹杰墅从郢以此志来。 132 反

东周之客郰緹致胙于郢之岁亯月甲午日〔1〕，鄬尹杰墅从郢都送来本案文书。 132 反

附件：直诉诉状 132、133、134、135。

> 秦景夫人之人舒庆，坦处阴侯之东郊之里。
>
> 敢告于视日：
>
> 阴人苛冒、桓卯以宋客盛公騲之岁荆夷之月癸巳之日， 132 金杀仆之兄明。
>
> 仆以诰告子郘公，子郘公命郹右司马彭恳为仆笑簿，以愈阴之敩客、阴侯之庆李百宣君，命为仆捕之。得苛 133 冒，桓卯自杀。敩客百宣君既以致命于子郘公，得苛冒，桓卯自杀。子宛公葴之于阴之敩客，使断之，今阴之敩客不为其断而 134 倚执仆之兄緹，阴之正又执仆之父逆。苛冒、桓卯金杀仆之兄明，阴人陈夓、陈旦、陈越、陈衜、陈宠、连秎皆知其杀之。
>
> 仆不敢不告于视日。 135

---

〔1〕 简文将纪年省记为"许緹"，完整纪年应为"东周之客许緹致胙于郢之岁"，即楚怀王十二年（公元前 317 年）。

舒庆，系秦景夫人封邑的庶人，现居住于阴侯封地内的东鄹里。

敢告于视日：

宋客盛公鼹之岁刜屏月癸巳日[1]，阴地人苛冒、桓卯 132 共同将仆的兄长（舒）朙杀害。仆以"诰"[2]的形式向郙公大人告发。郙公大人（受理告发后）命令郡的右司马彭悬为仆（发出）笑筶，要求舍[3]阴地方的戡客、阴侯的庆李百宰君将（二被告人）为仆捕之，（结果）得苛 133 冒，而桓卯自杀。戡客和百宰君完成后向郙公大人复命称：得苛冒，桓卯自杀。郙公大人誼令阴地戡客为之断案。现在，阴地戡客不为其断案，而是 134 偏倚（被告一方），将仆的兄长（舒）絰强执（关押），阴地的正又将仆的父亲（舒）逝强执（关押）。苛冒、趄卯共同杀害仆的兄长（舒）朙的事实，下列人等均知：阴地的陈臖、陈旦、陈邨、陈卸、陈宠、连秒。

仆不敢不告于视日。 135

第二组——督办记录（调查）：

传命地方（唐公）与地方复命摘要记录：135 反、137 反。

左尹以王命告唐公："舒庆告谓：苛冒、桓卯杀其兄朙，阴之戡客捕得冒，卯自杀。阴之戡客又执仆之兄絰，而久不为断，君命速为之断。夏栾之月，命一执事人以致命于郙。" 135 反

左尹将王上的旨命告知汤公：

"舒庆告称：苛冒、桓卯杀了其兄长（舒）朙。阴地的戡客捕得苛冒，桓卯已自杀。阴地的戡客又将其兄长（舒）絰强执（关押），并（将案件）久拖不断。（现在）君上指示要求迅速了断（此案）。（请在）夏栾月（之内），指派一位执事人至郙都复命。" 135 反

附件：地方复命文书：131、136、137。（此处又分为左尹所做的摘要与

---

[1] 此日期应是案件发生日，为楚怀王十一年（公元前 318 年）荆郙月癸巳日，距离左尹官署受理此案，已逾一年又二个月，可见应该是舒庆在逃亡中通过某种途径向楚王提出直诉。

[2] 应是呈告文书的一种，此处出现，有可能是指书面起诉。

[3] 疑为衍文。

原文）

唐公复命文书（摘要）

以致命于子左尹。仆军造言之：视日以阴人舒庆之告諅仆，命速为之断。阴之正既为之盟证，庆逃，腄违徇，其余执，将至时而断之。视日命一执事人致命，以行古榮上恒，仆倚之以致命。 137 反

（现）复命于左尹大人。

仆军造汇报如下：

视日将阴人舒庆告发（的案件）諅令仆，要求迅速了断（此案）。阴地的正已经（为此案）完成盟、证程序。

现在（舒）庆逃离（阴地），他的兄长（舒）腄窬拘所（而逃），其余的（案件当事人）都还强执（关押）中。（定）将在期限内了断（此案）。

（因）视日（有）要求指派一位执事人复命，以行古榮上恒，仆依此以复命。 137 反

唐公复命文书（原文）

东周之客许腄归胙于蕆郢之岁，夏柰之月癸丑之日，阴司败梅渾告唐公景军言曰：

执事人諅阴人桓糈、苛冒、舒逇、舒腄、舒庆之狱于阴之正， 131 使听之。

逇、腄皆言曰：苛冒、桓卯佥杀舒朋。小人与庆不信杀桓卯，卯自杀。

桓糈、苛冒言曰：舒庆、舒腄、舒逇杀桓卯，庆逃。

夏层之月癸亥之日，执事人为之 136 盟证，凡二百人十一人。既盟，皆言曰：

信！

察问知：舒庆之杀桓卯，逇、腄与庆皆。

察问知：苛冒、桓卯不杀舒朋。

舒腄执，未有断，违徇而逃。 137

东周之客鄹腄归胙于蕆郢年夏柰月癸丑日，阴地的司败梅渾向唐公景军

报告称：

执事人誯令阴地的正作为阴地人桓䊷、苟冒、舒逌、舒㺿、舒庆的刑案 131 审判官。（审得诸当事人口供如下）

（舒）逌、（舒）㺿皆供称：苟冒、桓卯共杀舒朋。小人与（舒）庆确认没有杀桓卯，桓卯系自杀而亡。

桓䊷、苟冒供称：桓卯系被舒庆、舒逌、舒㺿所杀，（舒）庆逃离。

夏㾓月癸亥日，执事人为（此案）举行 136 盟、证程序，共有二百十一人（参与）。盟结束后，（参与者）皆称：

信！（确认以下为事实）

察问知舒庆杀了桓卯，（且系）逌、㺿与庆（三人）共同所为。

察问知苟冒、桓卯没有杀舒朋。

（现）舒㺿被强执（于拘所）后尚未下判，（但）他已窬出拘所而逃。 137

第三组——督办记录（盟证）：

盟证指令与要求：139 反、138 反。

左尹督办记录二（督命举行盟证程序）

左尹以王命告子䣛公，命欯上之䜁狱为阴人舒㺿盟，其所命，于此箸以中以为证。 139 反 使㺿之仇除于㺿之所证，与其仇有怨不可证。同社、同里、同官不可证。匿至从父兄弟不可证。 138 反

左尹将王上旨命告知䣛公大人，命欯上的䜁狱官员为阴人舒㺿进行盟之程序。有关证人的（具体）命令（内容）在此： 139 反

在作证时要排除（舒）㺿的仇人，（因）与其系仇人，有怨者不可作为证人。

（与当事人）系同社、同里、同官关系的不可作为证人。

（与当事人）系从父兄弟以内亲属关系的不可作为证人。 138 反

附件：参与盟证人员名单：138、139。

阴人舒㺿命证，阴人御君子陈旦、陈龙、陈无正、陈㷷、与其䜁客，

179

百宰君、大史连中、左关尹黄悬、酷佐蔡惑、平狀公蔡冒、大喋尹连虞、
138 大脰尹公夢必与嶅卅。139

阴地人舒𦊖要求进行作证（的人员）：阴人御君子陈旦、陈龙、陈无正、
陈炱、以及（阴地的）戝客。（阴侯的庆李）百宰君、大史连中、左关尹黄
悬、酷佐蔡惑、平狀公蔡冒、大谍尹连虞、138 大脰尹公夢必，以及嶅
卅。139

2. 直诉的受理

该案的情况较为复杂，根据第一组以诉状为中心的文书，其直诉前的过
程可以简述如下：直诉人（原告）舒庆在郜郡起诉被告阴地人苟冒、桓卯共
同杀害其兄长舒昢，之后被告苟冒和被告桓卯的亲属桓精向地方官府反诉原
告舒庆与其兄（舒逊）、父亲（舒𦊖）共同杀被告桓卯，由此地方官府将原
告及其父兄也收案关押。原告逃离地方到郢直接向楚王廷申诉，楚王将其申
诉转给左尹处理。

从舒庆杀人案的第一组关于案件来源的文书中我们可以看到本案受理的
文书流程。第一组的简 132 反记载：

> 许絰之喜月甲午之日，嵒尹杰驲从郢以此志来。

关于此句记载，需要分以下二项申说。

其一，格式文句及其程序意义。

就此句而言，是公文书的格式文句表述。最后一字的"来"是表明誊抄
在简文正面的上诉状系嵒尹杰驲从郢都送来的，广濑薰雄将本句称为文书到
达句。[1]类似的文书句式在包山楚司法简中还有简 126~128 同室调查案的书
写在简 128 反面：

戠（职）言市既吕（以）迟（跖）郢。

这种文书句式在后世同样得到了延续，比如在秦国征服楚国后，原楚地
的里耶地区的公文书中也有同样的记载：

---

　　〔1〕〔日〕广濑薰雄："楚国行书制度管窥"，载楚文化研究会编：《楚文化研究论集》（第 6 集），
湖北教育出版社 2004 年版，第 202~211 页。

八月癸巳水下四刻，走贤以来。(J1⑧133b)〔1〕

简 132 反的程序意义。简 132 反是一个文书流转的记录，从字面看是说楚王下属的䨄尹杰䭾按楚王之命将舒庆的诉状（简 132~135）交给左尹，从诉讼程序的角度看，本句透露的信息是舒庆在脱逃后赴郢都呈诉于楚王，楚王受理后将本案交付给左尹官署处理。

其二，文书日期与案件来源。

简 132 反还有关于文书到达左尹的记录："䩓綎之盲月甲午之日"，此句的"䩓綎"如前述是"东周之客䩓綎致胙于郢之岁"（楚怀王十二年，公元前 317 年）纪年的省记，文书到达的日期从程序的角度看，也可视为左尹官署受理案件的日期。根据第一组中的诉状（简 132）记载，案件发生日期为宋客盛公䁅之岁（楚怀王十一年，公元前 318 年）荆屑月癸巳日，距离左尹官署受理此案，已逾一年又二个月，故第一组所见的舒庆的诉状可能是其在逃亡途中上诉于楚王。楚王接受其诉告后，将案件转给左尹官署处理，这也说明左尹官署受案的案件来源是楚王詿命，这一处理方式在包山楚司法简中的其他案件亦常见。另外，舒庆诉状中"敢告于视日""不敢不告于视日"的格式文句在简 15~17 的五师宵倌司败若告昭行大夫盬阿邻执其下属倌人案中同样见到，这也证实了在当时楚王廷所置"视日"的职能是代表楚王接受臣民告诉。"视日"的意涵和设置，与后世所见的登闻鼓制用于司法的时候颇有类似之处。〔2〕由此，抑或有实践渊源的历史相承？

在此还需要对诉状里涉及的文书格式语和相关术语作一疏通，以便我们对"直诉"的受理机制有更深的理解。

在舒庆杀人案的案卷中（简 132~135），我们见到其中有公文书的格式文句，即以"敢告于视日"开始，以"不敢不告于视日"结束。此种起始呼应的句式，在秦汉文书简中最为常见的莫过于"昧死言"等格式语，同样也是表示文书的开始与结束。在包山楚司法简中这一格式文句同样见于简 15~16，

---

〔1〕 张春龙、龙京沙："湖南龙山里耶战国——秦代古城一号井发掘简报"，载《文物》2003 年第 1 期。

〔2〕 关于"视日"的讨论，是一个逐步推进的过程，至目前来看，比较公认的看法是，"视日"作为楚王的值日官，负责上下沟通，其职能或与《周礼》所载太仆、汉代的公车司马令、北魏时期的登闻令等相似。视日代表楚王接受臣民直诉时，是作为第一受理的官吏而存在，详见下文。

而简 15~16 同样是记载呈于楚王的诉状，因此我们可以判断此种格式应是当时楚国书面诉状的通行格式。那么此种格式文句的含义是什么？最重要的是两个术语的解读——"告"与"视日"——的内涵。

在包山楚司法简中"告"当是指原告的起诉，起诉若以书面方式提起，该书面诉状则是用"诰"表示，关于此可有舒庆杀人案中记载可证："（仆）以诰告子宛公。"此处之"诰告"即"书状以告"的意思。[1]

关于"视日"。学界对其认识是逐步推进的。最初释读为"见日"，后则是释为"视日"成为通说。在释为"见日"的时候，主要的看法有指左尹和指楚王二说。郭店楚简出土后，裘锡圭首先将"见日"隶释为"视日"[2]。裘锡圭的释读意见得到了多位学者的认同。后来有学者开始提出不同意见，认为"视日"应是类似于王廷的具体事务负责人或值日官。[3]

我们认为，尽管以上学者均从文字含义和典籍寻找依据，试图证实"视日"即楚王，但仅从文书称谓一致性的角度看，若"视日"指楚王，则在文书中无法疏通。在简 15~16 的诉状中开始的"敢告视日"的"视日"如果是指楚王的话，那么在其诉状中同样提到楚王的时候也应该是"视日"，但实际上在诉状中原告却用了另一个词"君王"。同样地，"视日"也不指左尹，简 15~16 载原告的起诉经过时明确地说"仆以告君王，君王諈仆于子左尹"。可见此"见日"即非左尹。因此，将"视日"解释为王廷或左尹官署的值日官或具体事务负责人的说法可从，在本案中，可以进一步明确的是，其所指对象应是和楚王受理臣民直诉事务有密切关系官员，即"视日"应是代表楚王接受臣民告诉的机构或对该机构的负责官员的尊称。

---

〔1〕 参见王捷："直诉制度的历史实践渊源新证——以包山楚司法简为材料"，载《华东师范大学学报（哲学社会科学版）》2015 年第 1 期。

〔2〕 裘锡圭："甲骨文中的见与视"，载台湾师范大学国文学系、我国台湾地区"中研院"历史语言研究所编：《甲骨文发现一百周年学术讨论会论文集》，文史哲出版社 1998 年版，第 2~5 页。不过对于将楚文字的"见"释为"视"，也有学者提出不同意见，如白于蓝认为该字是疑字，其意见是：从字形上看，包山简中从见之字很多，所以从见旁均作"𧠟"，未见有作"𦣻"者。从用法上看，"𧠟"字在包山简中无一例外地均出现在"见日"这一官名中，而"𦣻"字则未见在这一官名中出现过。可见"𧠟""𦣻"有别，"𦣻"非见字，宜入存疑字。参见白于蓝："《包山楚简文字编》校订"，载《中国文字》新廿五期，艺文印书馆 1999 年版。

〔3〕 参见王捷："直诉制度的历史实践渊源新证——以包山楚司法简为材料"，载《华东师范大学学报（哲学社会科学版）》2015 年第 1 期。

综上所述，当时楚国臣民可以直诉于楚王。代表楚王接受臣民告诉的机构或官吏也很可能就是被称为"视日"。需要说明的是，直诉于楚王的案件，在包山楚司法简中仅见此案，更多的是直诉于中央司法机构的案件，这类案件的记录在"疋狱"简。

3. 直诉的原因

从舒庆杀人案的卷宗来看，关于舒庆至郢都将本案直诉于楚王的原因，就呈诉人舒庆而言，是因为其认为地方审判不公。具体而言，舒庆提出的理由是他认为地方官郙公指派的审判人阴地戠客不为其下断（即判决），反而接受被告桓卯的亲属桓精和被告苛冒的反诉，认为被告桓卯被杀可能系舒庆与兄长舒緅、父亲舒逊共同所为，故而要抓捕舒氏父子三人。阴地的正又已将其父收押，其兄舒緅也被阴地戠客收押（后来也已经脱逃）。在此情况下，舒庆认为在地方审判官有偏袒行为，将原告变被告，其已经无法相信地方官府，故而也逃离阴地，前往郢都向楚王提出直诉。

但根据简136、137反的汤公向左尹的复命文书及摘要记载，我们可以看到最直接的原因是舒庆从原告变成被告，地方审判官要将其抓捕，故而逃离阴地。因此从司法程序上看，舒庆到郢都向楚王提出越诉时其已经属于逃犯。

这里引申出一个颇具趣味的问题，楚王接受舒庆诉告时，舒庆已经属于逃犯，从程序上讲，对已经成为逃犯的舒庆应该立即抓捕才是，由于简文中并没有记载舒庆此时的状态，故而我们也无法判断。不过本案从地方案发到楚王接受越诉，时间已经过去一年又二个月，其中自然有不可为外人道的秘辛。

4. 直诉的审理

在舒庆杀人案中，从简文看，在舒庆的申诉被受理后，楚王的处理方式也是如同前文第一个案例，将案件转给左尹官署处理。那么左尹官署如何审理该案？根据我们对本案案卷的分组，左尹在接受楚王转来案件后，就审理案件做了两件事情：一为调查舒庆的越诉是否属实，这是第二组文书，我们将其命名为"左尹督办记录一"（督命汤公进行调查），主要由三份文书构成。二为督办盟证程序的进行，这是第三组文书，我们将其命名为"左尹督办记录二"（督命举行盟证程序），由两份文书构成。下面进行逐一分析：

第一，左尹督命地方再调查程序。

在本组文书中透露出的信息需要我们注意的是：其一，中央司法机构和地方官府的关系。第一份文书记载于简135反，是左尹的督命记录，要求地方官汤公在夏栾月（楚历七月）内指派一个执事人到郢都（也即是到左尹官署）复命调查情况，此份文书当是在前述的简132反之后，简132反记录的日期是宫月甲午日（楚历六月），已经是宫月月底，故而在本份文书给予地方官的调查期限为次月（夏栾月）底，即给予一个月的时间，这一期限应是有地理距离因素的考虑。简135反的行文是以转发王命开始的，其云"左尹以王命告汤公"，而在该文书后面要求汤公及时完成调查任务时，其又加上一句"君命速为之断"。由此可见，左尹和汤公之间，作为中央最高司法长官和地方官之间并无直接的领导关系，故而左尹必须以共同的领导——楚王命令督促汤公在期限内进行调查，而不是以直接命令下属的口气行文。这里透露出中央司法机构和地方官府之间的权力界限，司法机构专职司法，无权直接下令地方政府，只能以转发君王命令的形式要求地方政府配合调查。在汤公的回复中也透露出同样信息，在简137反的回复文书中其称："仆军造言之：视日以阴人舒庆之告詈仆，命速为之断。"可见汤公（其名军，仆为自我谦称）是接受楚王廷的命令，故而其云"视日詈仆"，而不是回复左尹。其二，地方的调查是由专职人员进行的，说明司法事务在楚国有专门化的趋势。根据简131、136、137的复命文书正文记载，进行具体案件事实调查的是案件发生地——阴地司败梅㳀，从司败的称呼看，其应是在阴地官府中负责有关讼案事宜的专门官吏。联系到舒庆在其诉状中陈述的地方审理经过，其中也出现了负责"笑簿"（记录讼状和案件情况的，类似于现在的法院书记员）的郾右司马彭懃，有负责抓捕被告的阴之㪟客、阴郻之庆李百宜君，有负责断案阴之㪟客，可见在楚地地方官府中对司法事务有专人专职负责，且在诉讼程序中有不同的职能分工。需要注意的是，负责本次调查的司败梅㳀在舒庆的越诉状中没有出现，说明其最初并没有参与该案在地方的审理。另外，我们看到原来参加审理的官员在舒庆越诉后均不再出现，包括原来受理案件的宛公也不能参与案件的再次调查，在本组文书中出现在地方主持再次调查的是汤公，二人均被尊称为"公"，当是一地之首脑人物。其三，直诉案件的再调查通过文书传递形式完成。我们从本组文书可以看到，在左尹官署的督命调查文书中要求在一个月之内完成事实的再调查，汤公回复文书的时间是夏栾月癸丑日，时距左尹官署收到楚王誣命审理本案的时间也才过去20天。由于史料匮乏，我们不能对当时的文书传递制度进行考察。不过就客观条件看，汤公在接受并执行楚王命令时是相当有效率的。郢在今湖北荆州市，阴在今湖北老河口市，两地地理距离约600里，来回超过1200里，在先秦时期道路交通并不发达，故而传递文书的在途时间当在12日以上，再加上本案调查命令并不是直接送达阴地，而是先交汤公，汤在今陕西白河至湖北郧县一带，虽与阴地相距不远，但文书在此中转仍需时日，最后我们还要考虑到调查本身需要的时间。因此20日之内完成调查和文书的传递仍是非常高效的，在高效的背后应有相应邮驿系统的支持。

第二，左尹督命地方重新盟证程序。

根据第三组文书，本案中左尹官署指示下级官吏对案件的相关人员举行盟证程序。从第二组地方上报原审理经过看，本案已经进行过一次盟证，且此次盟证的结果对舒庆相当不利。根据简136~137盟证记录表明，左尹官署受理本案的前一个月即夏层月（楚历五月）癸亥日，阴地已经就本案进行了盟证程序，共有211人参加。参盟者都证实是舒庆与其父兄（逰、尫）三人一起杀了桓卯，而且被告苟冒、桓卯没有杀舒明。正是以上原因，才有第二次举行盟证。根据简139反的记载，此次盟证的命令仍是楚王所下——"左尹以王命告子宛公"，楚王关于此次盟证还有具体要求——"其所命，于此书以中，以为证"。那么楚王对盟证的要求是什么？简言之，根据简138反的记载是对证人资格的规定，同时在简138~139还具体罗列了舒庆提出的证人名单，其中还有曾经参与本案审理的地方司法官吏——阴之戠客、阴侯之庆李百宵君。

由此可见，本案尚未结束仍需等待第二次的盟证结果。其后的进展如何，包山楚司法简中并未再见到相关的记载。

（四）战国时期"直诉"在楚国已成型

总结上述分析，楚国的"直诉"案件的审理流程如下：

第一，受理。案件的来源主要是楚王接受臣民控告后转交给左尹处理的案件，以及左尹官署自行受理地方民众向其提出诉告的案件。

第二，调查。从包山楚司法简来看，当时的楚王受理案件后并不直接审理，而是交由专门的司法机构左尹进行处理，并予以必要的督促，比如指定审理调查过程中的某些规则，或下达限期处理的命令等。左尹官署在进行调查的时候也是通过逐级下传的方式进行，中间还有某种回避制度，以保证调查结论的真实性。

第三，审理。我们从包山楚司法简中可以看到，审理各类案件的官吏有属于左尹官署属官的，也有不属于左尹下属的，由楚王指派的其他职官参加。此种情形，也表明当时的楚国司法机构尚未有完全独立的性质。当然，我们也可以想象得到，在当时的历史条件下，司法职能尚未完全独立。

第四，下判。从包山楚司法简来看，尚未见到关于下判的完整记录。这也许是和这批简牍的形成背景有关，它们都是属于左尹的随葬品，之所以会被选中下葬，就是因为其都是未审理完毕的案件，在"事死如事生"的观念的影响下，希望左尹能够在另一个世界里继续完成其未了的使命。

从相关的审理案卷看，在当时楚国的行政体制是封君制与郡县制并行，在司法审级制度方面也体现此种二元体制的特色，既有逐级审理制度，也有越级审理，后者的体现就是我们在包山楚司法简中所见到的各种案件。越级审理制度既是对于此前历史的继承，也是对于逐级审理制度的有效补充，因为它们可以让臣民有机会越过逐级官府，直接向君王或中央提出讼告，实现申冤诉白的目的，君王也可从此种越级审案件中实现对地方各级官府审判和封君处理司法事务情况的监督和纠正。

从中国诉讼审级制度发展史的视角看，上述史实可以说明，在战国时期的楚国即已经有了较为成熟的直诉运行机制，以往认为在南北朝时期直诉成型的观点或将需要修正。在此或许还有一个问题需要面对：既然"直诉"在战国已经成型，为何在秦汉却又不详于史籍，[1]直至南北朝时期又再次成为诉讼定制并将其渊源追溯至《周礼》？上述问题的历史原因或在于：秦汉时期逐步建立严格的审级制度而禁止越级诉讼，战国时期的"直诉"模式也被审级制度所替代。再者，战国时期的"直诉"就目前材料看，其成熟于楚国，在秦灭六国推行秦法于天下的背景下，楚制属于被消除的对象，汉虽是楚人建立，但刘邦集团却强调在立法方面为"汉承秦制"，"直诉"作为楚制，在司法诉讼中也就不会被重视而予以专门立法进行规制。但"直诉"确实有利于中央监督地方司法，加强中央集权，其在魏晋南北朝时期又被重新提起，

---

〔1〕 陈顾远：《中国法制史》，商务印书馆1934年版，第242页。

这是历史发展的需要。从思想史背景来看，在重新确立"直诉"制度的历史进程中，伴随的是《周礼》的兴起，故而《周礼》所载"路鼓""肺石"制度就成为时人立"登闻鼓"等制度的历史与理论依据，汉人将汉制比附《周礼》。[1] 由此，"层累"地形成了"直诉"在隋唐以前的源流史。

结　论

"直诉"渊源与发展的通说为我们了解中国古代审级制度的发展提供了良好线索。但是如果将《周礼》的"路鼓"等制度视为西周时期制度，在史实面上难以确证；从理论层面看，在战国以前，中国并未有成熟的审级制度，大量所见的乃是单审级制的"直诉"，后世的那种超越审级的"直诉"是不存在的。

战国以降开始出现审级制度，此时就有了相应的超越审级的"直诉"存在并运行，包山楚司法简的记录就证明了在战国时期已经有了较为成熟的"直诉"运行机制。由此，"直诉"成型的时间应提早至战国时期，而不是以往认为的南北朝时期。

汉代的上书制度设计与运行的主要目的是君王纳谏、沟通上下，而不是专门的司法程序。有吏民上书使案件受到皇帝关注并予以审理的史实只是个案，不能说明上变事、诣阙上书等各种上书制度为汉代的"直诉"形式。秦汉时期的审级制度日益成熟，从传世史籍和出土秦汉法律简牍看，逐级审理成为被严格遵循的法则。

西汉以降，《周礼》影响渐大，现实制度多有以其为理想依据，"登闻鼓"等制就是显例，但其设计之初的着眼点在于行政沟通机制，而不是成为超越审级的非常上诉机制。汉魏以降，因应多级审级制运行中形成的各种弊端，为彰显皇权权威与公正，缓和科层官僚体制带来的社会与国家对立矛盾，加强皇帝对官吏的监督和集权等目的，"登闻鼓"类制度经历了从行政机制向司法机制转型的历程。

在隋唐时期，立法者将前代的"登闻鼓"制和《周礼》的"肺石"制结合入律，是现实制度与理想构造的结合，从而形成正式的"直诉"制度安排。由此申言之，在论及《周礼》对中国传统法制的影响方面，或许更需要向后

---

〔1〕 ［日］大庭脩:《秦汉法制史研究》，林剑鸣等译，上海人民出版社1991年版，第18页。

看，即观察《周礼》对西汉以后立法的影响。东汉以降，《周礼》往往成为立法者寻求其理论道统或历史正统性的重要文本依据，汉唐时期的"法律儒家化"在立法层面上或许是"法律《周礼》化"的进程。[1]

————————

　　〔1〕关于"法律儒家化"成说的检讨，参见［英］马若斐："重估由汉至唐的'法律儒家化'"，蔡京玉译，载柳立言主编：《中国史新论·法律史分册》，联经出版事业股份有限公司 2008 年版，第 103 页以下、第 397 页以下；韩树峰：《汉魏法律与社会——以简牍、文书为中心的考察》，社会科学文献出版社 2011 年版，第 244 页以下。

周秦两汉法律"布之于民"考

徐燕斌*

摘　要　长期以来，围绕中国早期法律公布的时间问题，学界存有争议。对于先秦两汉法律是以何种形式公布的，至今鲜有关注。论文运用出土与传世文献资料，对殷周时期的"诰"和"宪刑"、春秋时期的铸刑书和刑鼎、战国秦代的权量布法及汉代的刻石、扁书、露布等多种法律公布形式，进行了比较系统的考证，认为在中国文明的早期，法律公布已是常态，"古代法律公布始于春秋时期郑国铸刑书"和"藏法于官"的传统观点不能成立。

关键词　出土文献　法律公布　权量

　　自 20 世纪 30 年代杨鸿烈先生提出中国法律公布始于郑国铸刑书以来，50 年间几成不刊之论，直到 20 世纪 80 年代才有学者对此问题提出质疑，并由此爆发了一场历时 30 余年的论战，至今未有定论。同时，受"藏法于官"传统观点的影响，对于先秦、秦汉时期公布法律问题的研究至今未受到应有的关注。

　　所谓"法律之公布"，有其特定的内涵。据《辞海》释义："政府制定法律或命令，依一定之方式宣示于大众曰公布。"也就是说，"法律之公布"是指将成文法律"布之于民"而非指仅对某个特定阶层的公开。本文拟运用出土资料与传世文献的记载，对周秦两汉时期法律通过何种方式"布之于民"作一具体探讨，以期对早期中国法律的公布问题进行重新审视。

一、西周法律"布之于民"考

　　杨鸿烈先生曾论及，春秋郑国铸刑书之前，"法律仅为极少数人所掌握，

---

　　* 本文作者系武汉理工大学文法学院教授。

绝不令一般人民识其内容",［1］那么是否西周真如杨先生所云"藏法于官"而不令民知悉呢？现有资料表明，西周法令不仅公布，而且形式多样。

关于西周的法律公布，在金文中有一些旁证，这从西周时期与"法"密切相关的几个金文字形可以略窥一二。如2005年公布的曾伯陭钺中，其铭文正面："曾白（伯）陭铸戚戉（钺），用为民"；铭文背面为"𣂪，非歷殴井（刑），用为民政"。此段铭文出现两次"刑"。按照黄锡全先生的看法，刑字下从"贝"，系自"鼎"字演变而来。而刑鼎二字合体为"刑"，则首见于金文，故黄先生推测可能与铸成文法典于鼎有关，［2］意指刑书铭之于鼎，用以示民。这种做法，从字形来看颇类似春秋时期郑国的铸刑书。从"刑"字义项的演变来看，"刑"字释为"法度"是西周中期后才有了义项，［3］曾伯陭钺铸造年代大约为西周末，当时的"刑"已可作为"法度"之用。如果黄先生所论不谬的话，西周末期就已经有了铸刑书于鼎以示民的做法。

这种类似的用法同样出现在可与"法"同训的"则"的金文中。如西周晚期的五年琱生簋载："唯五年正月己丑，琱生有事，召来合事，余献妇氏以壶，告曰：以君氏令曰，余老止公，仆庸土田多谏，弋伯氏纵许，公宕其叁，汝则宕其贰，公宕其贰，汝则宕其一，余惠于君氏大璋，报妇氏帛束、璜，召伯虎曰：余既讯，𢆶我考我母令，余弗敢乱，余或致我考我母令，琱生则鬶圭。"（《集成》：4292）该段出现三个"则"，其金文原文分别写作"𣉻""𣆶""𣇗"。"则"有时也作"𣊵"。在更早的段簋铭文"令龏讯馈大则于段"（《集成》：4208）中"则"金文为"𣊵"。虽然字形略有不同，但其基本含义都是指用刀将法令刻之于鼎上，［4］与金文中的"刑"义相通。由此二字字形推测，铸刑书布之于民可能不是春秋时期的首创，而是西周以来传统的

［1］ 杨鸿烈：《中国法律发达史》，商务印书馆1930年版，第50页以下。

［2］ 黄锡全："枣阳郭家庙曾国墓地出土铜器铭文考释"，载襄樊市考古队等编著，陈千万主编：《枣阳郭家庙曾国墓地》，科学出版社2005年版，第372页以下。

［3］ 见王沛："'刑'字古义辨正"，载《上海师范大学学报（哲学社会科学版）》2013年第4期；王沛："刑名学与中国古代法典的形成——以清华简、《黄帝书》资料为线索"，载《历史研究》2013年第4期。

［4］ 王沛："刑鼎源于何时——由枣阳出土曾伯陭钺铭文说起"，载《法学》2012年第10期。

延续。[1]

西周晚期的毛公鼎记载了当时的法令公布情况，其铭文谓："历自今，出入敷命于外，厥非先告父厝，父厝舍命，毋有敢𤔅敷命于外。"（《集成》：2841）此处"𤔅"当释为从心秦省声（精组真部），也可以读为精组歌部的左声或差声字，训为"别"。[2]其意为自今而后凡出入布命于外，须先告毛公厝，毛公舍命，乃能布命于外；不告毛公，毛公不舍命，不得别布政命于外，为当时法令公布的程序要求。

在传世文献中也有不少西周将法律"布之于民"的记载。如《尚书·酒诰》是周公在殷商故地颁布的禁令。其开篇"王若曰：'明大命于妹邦'"，即明示《酒诰》所公布的范围是殷商故土卫国，意谓该禁令要向卫国全体国民颁示。《酒诰》中记录了禁令的内容："文王诰教：小子、有正有事，无彝酒；越庶国，饮惟祀，德将无醉。惟曰我民迪小子惟土物爱，厥心臧。聪听

---

[1] 除金文中的"刑""则"二字有制定成文法的含义，与法含义相同的"律"也有类似的含义。《尔雅·释言》载"律……述也"下郝懿行义疏便说："聿即律矣。""聿"在甲骨文、金文中也可找到证明。聿字本作"𦘒"，像手提笔以刻画甲骨器物之状，其后方引申指刻画甲骨器物之笔，这是聿乃笔字在文字学上的根据。这一点非常重要，后来的法律之"律"，正是从聿字的上述含义进一步发展而成的。律字从"聿"，从字形来看，其意为将规则书写于某一载体之上，更有学者从甲骨文字形分析"聿"可能指的就是带有锋刃的原始"楔梃"硬笔和契刻硬笔。这正好与前文分析上古时期与法同义的"刑""则"暗合。一般而言，上古造字源于对具体生活经验的认知与记录，"刑""则""律"这些在上古时期作为规范准则含义的文字，在金文中都含有用笔书写之义，这与成文法（written law）的概念正好相通，这种契合或在某种程度上显示了中国古代法律的成文法（written law）转型远早于春秋时期的铸刑书，从这个意义上说，中国文明早期法律的成文化为此后周秦法律的公布奠定了基础。对于"律"义的相关研究，参见祝总斌："'律'字新释"，载《北京大学学报（哲学社会科学版）》1990年第2期；陈寒非："'律'义探源"，载《现代法学》2013年第3期。

[2] "𤔅"旧释为从心春省声字，但据清华简《楚居》载："至酓（灵）王自为郢迁（徙）居𤔅溪之上，以为尻（处）于章 [华之台]。竞坪王即立（位），犹居秦溪之上。"又据《系年》谓："盍（阖）虖（庐）即殜（世），夫𤔅（差）王即立（位）。"此第二处夫𤔅为夫差，自无疑议。"𤔅溪之上"之"𤔅"，当从李守奎先生说读为"滠"。此与鲁庄公四年，楚武王伐随，"卒于樠木之下。令尹鬬祁、莫敖屈重除道、梁溠，营军临随，随人惧，行成"。又阖卢入郢，昭王奔随，复国后灭唐，复居"秦（滠）溪"。与《水经·溳水》溳水东北"径上唐县故城南……旧唐侯国"，"溳水又屈而东南流。东南过隋县西。县故隋国矣……有溠水出县西北黄山……东南径隋县故城西……又南流注于溳"相合。据此，"𤔅"当释为从心秦省声（精组真部），也可以读为精组歌部的左声或差声字，训为"别"。此与《尚书·康诰》"乃别播敷，造民大誉"的记载颇为相契。此处"别"，《经义述闻》读"别"为"辩"，训为"徧"。"别"与"播"合用，正有制定法令并发布传播之意。相关论述参见马楠："据《清华简》释读金文、《尚书》两则"，载《深圳大学学报（人文社会科学版）》2012年第2期。

祖考之彝训，越小大德。"此处"小子"指"文王子孙"；"有正有事"指"群吏"，也就是"正官之下有职事之人"；"我民迪小子"指"民之子孙也"。〔1〕也就是说《酒诰》公布的对象不仅包括殷商遗民，同时也有西周官吏与国人，它要求官员、贵族除祭祀外不得饮酒，并告诫臣民须教导子孙不得浪费粮食，使他们一心向善，彰显美德。《酒诰》禁令根据对象的不同，其内容与公布的范围也有差异，法令只向具体涉及的利益群体进行颁示。记载西周法律"布之于民"的还有《康诰》："外事，汝陈时臬，司师兹殷，罚有伦。"又曰："汝陈时臬事，罚蔽殷彝。用其义刑义杀。"此处的"陈"，孔安国与孔颖达皆释为"布陈"，即公布；"臬"，孔颖达释为"准限之义，故为法也"。〔2〕周公要求康叔按照已经公布的法令裁断案件，做到"义刑义杀"，刑罚有伦。又据《尚书·吕刑》载："吕命，穆王训夏赎刑。"孔颖达疏："吕侯以穆王命作书，训畅夏禹赎刑之法，更从轻以布告天下。"据孔疏之意，吕侯被穆王任命为司寇，穆王采用吕侯的建议，让吕侯参照夏的赎刑，制定刑书，吕侯以周穆王的名义布告天下。〔3〕此处表明《吕刑》在制定之后也是曾经广为公布的。

需要说明的是，上述《酒诰》《康诰》与《吕刑》属今文《尚书》，历来认可度颇高，但其是否确为殷周信史却仍存较大疑虑。新近整理出版的清华简在很大程度上为其可靠性进一步提供了佐证。如《康诰》中的许多史实为清华简《系年》证实。〔4〕清华简《尹至》《尹诰》《程寤》篇中很多的用词和语法与今文《尚书》中的《盘庚》《吕刑》是一样的，〔5〕清华简《耆夜》

〔1〕（汉）孔安国传，（唐）孔颖达疏：《尚书正义》，上海古籍出版社 2007 年版，第 341 页。

〔2〕（汉）孔安国传，（唐）孔颖达疏：《尚书正义》，上海古籍出版社 2007 年版，第 538 页。

〔3〕（汉）孔安国传，（唐）孔颖达疏：《尚书正义》，上海古籍出版社 2007 年版，第 768 页。

〔4〕《系年》第四章说："周成王、周公既迁殷民于洛邑，乃追念夏、商之亡由，旁设出宗子，以作周厚卑。乃先建卫叔封于庚丘，以侯殷之余民。卫自庚丘迁于淇卫。"其与左传中相关内容可相互印证（见李学勤："清华简《系年》解答封卫疑谜"，载《文史知识》2012 年第 3 期）。另郭店简《成之闻之》两章中亦引《康诰》文，其与传世（去掉今文）《尚书·康诰》大体吻合。这些出土文献均可证明《康诰》的可靠（见李学勤："试说郭店简《成之闻之》两章"，载《烟台大学学报（哲学社会科学版）》2000 年第 4 期）。

〔5〕比如《尹至》开头，汤见到伊尹，"汤曰：格"，现在今文《尚书·汤誓》有"王曰：格"，王就是汤，就等于说"汤曰：格"。《商书·盘庚》有"王若曰：格"这种句子，其他地方没有，所以它们应该是同出一源，同时而作；"何监非时，何务非和，何裹非文，何保非道，何爱非身，何力非人"（见李学勤："清华简与《尚书》、《逸周书》的研究"，载《史学史研究》2011 年第 2 期）；同样的句式也见于《尚书·吕刑》"在今尔安百姓，何择非人，何敬非刑，何度非及"，还有"今往何监非德"（见李学勤："清华简九篇综述"，载《文物》2010 年第 5 期）。

与《酒诰》中周公酒政的思想意蕴亦不乏相通之处。[1]这些新近整理的出土资料，在很大程度上证明了《尚书》中相关记载的可靠性。

除《尚书》外，《周礼》也记录了西周时期法律公布。《周礼》中比较常见的一种法律公布方式叫"宪刑"。《周礼·秋官司寇》载："布宪掌宪邦之刑禁。正月之吉执旌节以宣布于四方，而宪邦之刑禁以诘四方邦国，及其都鄙，达于四海。凡邦之大事合众庶，则以刑禁号令。"这里的"宪邦之刑禁"就是"宪刑"，而"刑禁"即所谓"国之五禁"。其内容为："一曰宫禁，二曰官禁，三曰国禁，四曰野禁，五曰军禁。"对于"宪刑"，郑玄注："宪，表也，谓县（悬）之也。"即"示人使知者也"。宋代刘彝对布宪公布法令的过程有过考证："必书其刑禁之宪于民者，以达于州伯，州伯以达于卒正，卒正以达于连帅，连帅以达于属长，属长以达于诸侯，诸侯则以达于都鄙，而要服以达于四海。布宪则执旌节以巡行四方，诘其违于禁令者，庶乎其无所不及也。"[2]这里勾画出了法令制定之后自中央传播到四方的路线图。布宪是专掌刑禁公布的官员，明代丘濬也曾论及布宪的职责："布宪中士二人、下士四人、史四人、胥四人、徒四十人，每岁自正月之吉则执旌节巡行，以宣布其宪令于四方。盖邦之刑禁正月既布于象魏，县于门闾、都鄙、邦国，然恐其奉行之者不必谨，或有废格而懈弛者，于是设布宪之官，每岁自正月始遍巡天下，自内而至于外、由近而至于远，内而方国，外而海隅，无不至焉。"[3]西周刑禁在制定之后，为了使民众远离犯罪，周王朝将法律内容公开，派官员由中央至地方，逐级传递，不仅如此，布宪还要巡行四方，监督法律的施行情况。

除布宪外，小司寇也兼有宪刑之责，《周礼·秋官司寇》载："小司寇之职，掌外朝之政……宪刑禁，乃命其属入会，乃致事。"此处小司寇也可"宪刑禁"，但与布宪不同。贾公彦释曰："此所宣布，则《布宪》所云者是也。此官主之，彼乃布之，事相成也。"可见，小司寇的主要职责是制定刑禁，而布宪则主管刑禁之公布，二者相互配合，各有分工。类似的官员还有士师、

---

[1] 刘光胜等通过对清华简与《酒诰》的研究，认为"《尚书·酒诰》作于周公摄政时期，清华简《耆夜》则可能是周公去世后尊崇周公思潮的反映"。见刘光胜、李亚光："清华简《耆夜》与周公酒政的思想意蕴"，载《社会科学战线》2011年第12期。

[2] （明）丘濬：《大学衍义补》，京华出版社1999年版，第919页。

[3] （明）丘濬：《大学衍义补》，京华出版社1999年版，第919页。

内宰、小司徒等。[1]从《周礼》的记载来看，根据法律适用对象与内容的不同，宪刑的官员也有不同。周礼中所宪之刑的内容区分非常细致，如《周礼·地官司徒》中的司虣"掌宪市之禁令。禁其斗嚣者，与其虣乱者，出入相陵犯者，以属游饮食于市者。若不可禁，则搏而戮之"。胥师"各掌其次之政令，而平其货贿，宪刑禁焉。察其诈伪、饰行、儥慝者，而诛罚之，听其小治小讼而断之"。胥师与司虣所公布法律内容颇为相近，都属市场经济法规。胥师所宪之刑为市场交易中的欺诈作假行为，司虣宪刑针对的是欺行霸市、扰乱市场秩序的行为，两者行为性质不同，后者更加严重，故分属不同的官职分别予以公布。

由以上分析可知，"宪刑"是西周时期公布法律的重要方式。尤须注意的是，通过"宪"的方式发布法令在出土文献中也有反映。西周墙盘铭载："𪉗圣成王，𠂇（左）右綬䇞刚鯀，用肇取周邦。"这里的"𪉗"，徐中舒先生释曰："𪉗同宪，公布政令教令也。古代政令教令合一，政令教令皆公布之，是为宪。"[2]成王是西周前期的君主，因公布法令而著名，故称之为"宪圣"，以此来纪念他的功绩。[3]

墙盘铭文中的"宪"与周礼中的"悬法"，为一物之二名。《广韵·集韵》说："《周礼》悬法示人曰宪法。"郑玄注布宪"宪刑禁"曰："司寇正月布刑于天下，正岁又县（悬）其书于象魏。布宪于司寇布刑，则以旌节出宣令之。于司寇县（悬）书，则亦县（悬）之于门闾及都鄙邦国。"清人孙诒让《周礼正义》注"宪邦之刑禁"："宪，表也，谓县（悬）之也。"[4]《康

---

[1] 如对于士师宪刑，《周礼·秋官司寇》载："士师之职……正岁，帅其属而宪禁令于国及郊野"；内宰的宪刑之权，《周礼·天官冢宰》载："（内宰）正岁均其稍食，施其功事，宪禁令于王之北宫而纠其守。"对于小司徒的宪刑，《周礼·地官司徒》载："小司徒之职……正岁，则帅其属而观教法之象，徇以木铎曰：'不用法者，国有常刑。'令群吏宪禁令，修法纠职以待邦治。"可见这三个官职都有宪刑之则，只是各自工作有所分工：布宪主要是负责将五禁之法进行宣布，而士师则负责法令的实施。

[2] 徐中舒："西周墙盘铭文笺释"，载《考古学报》1978年第2期。

[3] "宪"字从目，其早期写作"𡄚"（伯宪盉）或"𡄚"（墙盘铭），形态颇像以目仰望之态。到了春秋初期始写作"𡄚"（秦公钟），"宪"字下又增加了"屮"，其形如人群聚集之状，正与法令公布使人周知之义相契合。见王沛："《尔雅·释诂》与上古法律形式——结合金文资料的研究"，载杨一凡编：《中国古代法律形式研究》，社会科学文献出版社2011年版，第44页。

[4]（清）孙诒让：《周礼正义》（第1册），中华书局1987年版，第2889页。

熙字典》解释"宪"为"悬法示人曰宪",亦即法律公布之谓。由此可见,"悬法"与"宪刑"名称虽异却实为一物。

对于《周礼》中的"悬法"之制,郑玄注《天官·大宰》云:"大宰以正月朔日,布王治之事于天下,至正岁,又书而县(悬)于象魏,振木铎以徇之,使万民观焉……郑司农云:象魏,阙也……从甲至甲谓之挟日,凡十日。"孙诒让注曰:"古凡典法刑禁之大者,皆表县(悬)之门闾,即布宪之义也。"〔1〕又,《左传·哀公三年》载:"夏五月辛卯,司铎火。火踰公宫,桓、僖灾……季桓子至,御公立于象魏之外……命藏象魏,曰:'旧章不可亡也。'""命藏象魏"句下杜预注曰:"《周礼》,正月县(悬)教令之法于象魏,使万民观之,故谓其书为象魏。"孔颖达疏云:"《地官》、《夏官》、《秋官》皆有此言:《地官》云:'布教县(悬)教象。'《夏官》云:'布政县(悬)政象。'《秋官》云:'布刑县(悬)刑象。'各县(悬)所掌之事为异,其文悉同。唯《春官》不县(悬)者,以礼法一颁,百事皆足,不可又县(悬),故不县(悬)之。杜总彼意言'县(悬)教令之法',彼所县(悬)者皆是教令之事故也。由其县(悬)于象魏,故谓其书为象魏,命藏其书也。彼言朔日县(悬)之,十日即敛之,则救火之时,其书久已藏矣。而此立象魏之外,方始命藏此书者,象魏是县(悬)书之处,见其处而念及其书,非始就县(悬)处敛藏之。"杨伯峻先生《春秋左传注》亦云:"此象魏可以藏,非指门阙……当时象魏悬挂法令使万民知晓之处,因名法令亦曰

---

〔1〕(清)孙诒让:《周礼正义》(第1册),中华书局1987年版,第117页。对于周礼的可靠性,史学界一直有争论。20世纪三四十年代顾颉刚、钱穆先生都曾做过考证,认为《周礼》中所载战国资料居多〔钱穆:"周官著作时代考",载氏著《两汉经学今古文平议》,商务印书馆2001年版,第319页以下;顾颉刚:"周公制礼的传说和《周官》一书的出现",载中华书局编辑部编:《文史》(第6辑),中华书局1979年版〕;有学者综合考察青铜器铭文,认为"《周礼》在主要内容上,与西周铭文所反映的西周官制,颇多一致或相近的地方"(张亚初、刘雨:《西周金文官制研究》前言,中华书局1985年版);李学勤先生将1970年以来出土的湖北云梦睡虎地秦简、湖北江陵张家山汉简、四川青川郝家坪木牍所载法律资料与《周礼》作比较研究后发现:"《周礼》要早于秦汉律,而且比《逸周书·大聚》似乎也要早一个时期。"(李学勤:《简帛佚籍与学术史》,江西教育出版社2001年版,第113页)近几十年以来先秦出土文献与金文资料的研究,也越来越证明《周礼》某些材料的可靠性。对于《周礼》真伪的各种争论,俞荣根先生做过详细的考辨。最新的成果是朱红林先生的《竹简秦汉律与周礼的比较研究》系列,通过对近年出土秦汉竹简的研究,佐证《周礼》中的相关资料,对于重新认识《周礼》中的法制具有非常重要的意义(朱红林:"战国时期国家法律的传播——竹简秦汉律与《周礼》比较研究",载《法制与社会发展》2009年第3期)。

象魏，即旧章也。"〔1〕《左传》史学家一般认为可信度较高，周礼中的"悬法"可与《左传》的记载相互佐证，也说明了西周时期的悬法之制具有很高的可信度。

二、春秋至秦法律"布之于民"考

如果说西周时期法律的公布还不是很常见的话，那么周秦之际法律的公布则呈井喷之势。其中最著名的公布法律事件当为公元前536年郑国铸刑书与公元前513年晋国铸刑鼎。春秋以降，法律的公布已经成为常态，各诸侯国竞相公布成文法，相较于西周时期，法律公布无论从形式到内容都发生了深刻的变化：〔2〕从形式上说，法律公布方式从礼器扩展到权量器皿；〔3〕从内容上说，铭刻的内容由刑事法律规范转变为经济法律规范。

春秋时期除了将刑事法律铸之于鼎进行公布外，许多经济类法律都铭刻于权量之类的器物上，这一趋势在战国时期更为明显。目前可见不少出土的权量器具上都铸有规范度量衡的法令，如齐国的陈氏三量（子禾子釜、陈纯釜、左关铜鋗）。以子禾子釜为例，其铭文为："□□莅事岁，禝月，丙午，子禾子□□内者御和□□命谒陈得：'左关釜节于廪釜，关鋗节于廪牷，关人築杆灭釜，闭□，又□外漶釜，而车人制之，而以□□退。如关人不用命，则寅□御。关人□□其事，中型人遣，赎以□半钧。□□其亩，厥辟□遣，赎以□犀。□命者，于其事区亦。'丘关之釜。"（《集成》：10374）该铭文大意是说，子禾子命某某人去禀告陈得：左关釜的容量须以仓廪之釜作为标准，如有关人弄虚作假，擅自增大或减少容量，均当予以制止。若有关人不服从命令，则根据其情形轻重，除以相当之刑罚。

〔1〕 杨伯峻：《春秋左传注》，中华书局1995年版，第1622页。

〔2〕 李雪梅教授认为："法律公布方式经历了从铸铭到刻铭、从礼器到实用器、从金属器到石材等的转变；铭文内容经历了从彰显礼制和刑法过渡到'物勒工名'以防伪杜奸的转变。"战国至于秦代，刻石布法也颇不罕见，著名的如琅琊刻石等。相关研究见李雪梅："古代中国'铭金纪法'传统初探"，载《天津师范大学学报（社会科学版）》2010年第1期。

〔3〕 现存大量春秋战国时期的权量器物长期以来一直没有作为法律史的研究素材，这不能不说是一件十分遗憾的事情。从现有的资料来看，这段时期不少权量器物上都铭刻了官方的政令，其中以秦国（代）最具代表性，秦国（代）多数权量上都刻有始皇四十字诏书与二世诏书，这些由君主发布统一度量衡的命令，将之视为以国家强制力颁布的度量衡方面的经济规范当无太大疑义。目前张伯元先生在这方面已做了有益的探讨，见张伯元："商鞅量汇考"，载张伯元：《出土法律文献丛考》，上海人民出版社2013年版，第217页以下。

再看陈氏三量中的陈纯釜。其有铭文 34 字，谓："陈献莅事，岁几月戊寅，格兹废（安）陵命左关师发敕成左关之釜，节于系釜者曰陈纯。"（《集成》：10371）该铭文是左关署使用标准量器的法令。其大意是，某月戊寅陈献到达安陵某地，命令左关釜的容量须以仓廪之釜作为标准。还有左关铜鍴，其外壁刻"左关之鍴"，此鍴铭文与子禾子釜相对应，谓："关鍴节于㮣䊬"。以上三件器物是一组同时使用的量器，从铭文内容可知这是关于左官署使用标准量器的法令。三件铜量同时出土以及所刻铭文相互关联，都充分说明了齐国在战国时期，度量衡制度已逐步建立、健全。齐国统治者为了贯彻执行而将度量衡的校对方式、管理措施都以条令形式铸刻在器物之上，犹如春秋时期之铸刑书刑鼎。从这个意义上说，我们可以将之视为官方公布的经济法律规范。

与之类似的还有楚国的郾客问量与赵国的司马禾石铜权。郾客问量铭文为："郾（燕）客臧嘉闻（问）王于蔵郢之岁，享月己酉之日，罗莫嚣（敖）臧币（师）、连敖屈上（让），以命攻（工）尹穆丙、工佐竞之、集尹陈夏、少集尹舺赐、少工佐孝癸，铸廿金桶，以赆，告（造）七月。"（《集成》：10373）铭文讲到罗莫敖等人命工尹等人铸金桶的因由，内容涉及赋税征收、俸禄发放等，备受政府的重视。楚国在春秋战国时期是农业大国，同时也重视商业，粮食调剂的进出与商品的交换都需要统一的量器。郾客问量上镌刻法令，表示该量器已被官方认可，说明了楚国在量器的制作上曾颁发有统一的标准。除此外赵国的司马禾石铜权也是以官方法令的形式确定的度量衡器，其铭文为"五年，司马成公䏁敀（委）吏（事），命校口尉与下库工师孟，关师四人，口禾石半石𨹛平石"。意为禾石权当以半石𨹛作为标准来铸造。因此，司马禾石铜权上所铸刻的实际也是赵国用以规范度量衡的法令。

以权量之器推行统一度量衡法令最有成效的当属秦国，其现存较早的量器是春秋早期的秦公簋。其铭文内容主要是颂扬秦国先祖"丕显朕皇，祖受天命"，盖上又有铭文"一斗七升大半升"，后有"西元器。一斗七升少半升"（《集成》：4315），以之作为容器标准。这种做法此后被延续下来。如秦孝公时期的"商鞅量"是商鞅变法时制作的标准量器。其左壁铭文为："十八年，齐遣卿大夫众来聘。冬十二月乙酉，大良造鞅爰积十六尊五分尊壹为升。"右壁为："临"；器壁与柄相对的一面为："重泉"；其底部铭文为："廿六年，皇帝尽并兼天下诸侯，黔首大安，立号为皇帝，乃诏丞相状、绾：法度量则不壹，嫌疑者皆明壹之。"[1]（《集成》：10372）据《史记·秦本纪》载：孝公"十年，卫鞅为大良造"，可知此器是商鞅任"大良造"时所铸。最初，它是颁发给"重泉"的标准器；秦始皇统一天下后，又继续以它为标准器来统一混乱的度量衡，并在其底部刻上统一度量衡的诏书，颁发给"临"地。这实际上是将国家法令刻之于量器上，以统一天下的度量衡。张伯元先生认为："虽然孝公十八年商鞅方斗铭文未注明是诏令，但是应该说是得到了孝公的首肯的。器底廿六年始皇诏书的加刻，表明其后得到了始皇的确认，作为统一天下后的经济措施之一，方斗标准器颁行天下，统一度量标准，具有法律效力。"[2]这是非常精辟的看法。商鞅量上加刻的诏书也表明了秦自商鞅至秦始皇，度量衡的相关法规、制度等均未改变，甚至连器物本身都一直沿用而不必更造，显示出了秦国的度量衡法规具有很强的稳定性与延续性。

据初步统计，目前全国各地博物馆收藏的秦量有18件，其分布如下图：[3]

表1 目前全国各地博物馆收藏的秦量分布

序号	器物名称	标值	年代	馆藏
1	始皇诏铜方升	一升	秦	1件，上海博物馆
2	始皇诏铜方升	一升	秦	1件，中国国家博物馆
3	武城铜椭量	四分之一斗	秦	1件，中国国家博物馆
4	始皇诏铜椭量	四分之一斗	秦	共5件，分别藏于中国国家博物馆、天津历史博物馆、旅顺博物馆、吉林大学考古系
5	两诏铜椭量	三分之一斗	秦	共2件，分别藏于上海博物馆与江苏省东海县博物馆
6	南诏北私府铜椭量	半斗	秦	陕西国家博物馆
7	两诏铜椭量	一斗	秦	共2件，中国国家博物馆

〔1〕 始皇诏书历来释读不一，骈宇骞、孙常叙、张文质与王辉先生看法各自不同，最新研究参见单育辰："始皇廿六年诏书'法度量则不壹歉疑者'补论"，载《中国文字》第35期，艺文印书馆2010年版，第171~178页。

〔2〕 张伯元："商鞅量汇考"，载张伯元：《出土法律文献丛考》，上海人民出版社2013年版，第217页。

〔3〕 根据丘光明等：《中国科学技术史》（度量衡卷），科学出版社2001年版，第174~176页，综合整理而来。

序号	器物名称	标值	年代	馆藏
8	始皇诏陶量	半斗	秦	共3件,分别藏于山东省博物馆、中国国家博物馆
9	始皇诏陶量	斗	秦	1件,山东省博物馆
10	始皇诏陶量	一斛六斗	秦	1件,中国社科院考古所

从目前的资料来看,上述秦量尽管量值、质地或形制大小不同,但都铸刻上秦始皇统一度量衡四十字诏书,有些还加刻了二世元年诏书。始皇诏书是统一度量衡的命令,铸造在量器上以作为官定的标准器。除了铜量和陶量外,还发现过一些铜诏版,这些诏版上面刻的也是始皇的四十字诏书。诏版有的镶嵌在铜、铁权上;有的四角或边缘带孔。据李学勤先生的研究,这种大型诏版是镶在某种中大型量器的肩部,可能是钉在木量上的。[1]这些实物资料表明,秦代确实把统一的度量衡法令卓有成效地推行至全国。

除了量器外,秦国还有数量较多的铭刻诏书的权器。成书于隋代的《颜氏家训·书证》中就有发现秦代铁权的记载:"《史记·始皇本纪》:二十八年,丞相隗林、丞相王绾等,议于海上。诸本皆作山林之'林'。开皇二年五月,长安民掘得秦时铁秤权,旁有铜涂,镌铭二所。其一秦廿六年诏版曰:'廿六年,皇帝尽并兼天下诸侯,黔首大安,立号为皇帝,乃诏丞相状、绾,法度量则不壹、歉疑者,皆明壹之。'凡四十字。其一所曰:'元年,制诏丞相斯、去疾,法度量,尽始皇帝为之,皆□刻辞焉。今袭号而刻辞不称始皇帝,其于久远也,如后嗣为之者,不称成功盛德,刻此诏□左,使毋疑。'凡五十八字,一字磨灭,见有五十七字,了了分明。其书兼为古隶。"该文的记载与现存的大量秦国(代)权器一致,表明秦始皇统一中国之后,权器曾大量铸造,并得到广泛使用。秦代权器中著名的如现藏于陕西历史博物馆的高奴禾石铜权,其铭文为:"三年,漆工配、丞诎造,工隶臣牟。禾石,高奴。"(《集成》:10384)从铭文可见秦国工师、丞、工三级手工业监督层级,表明秦在战国时期,对于衡器的制造已有严格的制度规范。此权在秦始皇统一度量衡时,加刻二十六年诏书;秦二世即位后,再次勘定,增刻二世元年诏书,

---

〔1〕 李学勤:《东周与秦代文明》,上海人民出版社2007年版,第151页。

与《颜氏家训》中诏书的刻铸情形吻合。该权数次镌刻铭文，长期作为标准器使用，反映了自战国秦至秦朝一直保持着统一的度量衡制度与法规。[1]

目前已存的秦权数量大大超过了秦量，其大致分布图如下：[2]

表2　目前全国各地博物馆收藏的秦权分布

序号	器物名称	标值	年代	馆藏
1	两诏钧铜权	一钧	秦	1件，中国国家博物馆
2	两诏铜权	一斤	秦	共7件，分别藏于上海博物馆、陕西历史博物馆与甘肃省博物馆、秦始皇兵马俑博物馆
3	两诏铜权	五斤	秦	1件，陕西历史博物馆
4	两诏铜权	三十斤	秦	1件，中国国家博物馆
5	咸阳亭半两铜权	半两	秦	1件，上海博物馆
6	两诏左乐铜权	三十斤	秦	1件，陕西历史博物馆
7	始皇诏大騩铜权	九斤	秦	1件，南京博物院
8	始皇诏旬邑铜权	九斤	秦	1件，天津市历史博物馆
9	始皇诏铜权	一斤	秦	共3件，分别藏于中国国家博物馆、故宫博物院、陕西历史博物馆
10	始皇诏铜权	二斤	秦	1件，中国国家博物馆
11	始皇诏铜权	五斤	秦	共4件，分别藏于中国国家博物馆、旅顺博物馆、上海博物馆
12	始皇诏铜权	八斤	秦	共7件，分别藏于中国国家博物馆、南京大学考古系、陕西历史博物馆、旅顺博物馆
13	始皇诏铜权	九斤	秦	共1件，中国国家博物馆
14	始皇诏铜权	十斤	秦	共1件，咸阳市博物馆
15	始皇诏铜权	十六斤	秦	共3件，藏于吉林大学考古系、旅顺博物馆、中国国家博物馆
16	始皇诏铜权	二十斤	秦	1件，中国国家博物馆

---

〔1〕 丘光明等：《中国科学技术史》（度量衡卷），科学出版社2001年版，第174页。

〔2〕 根据丘光明等：《中国科学技术史》（度量衡卷），科学出版社2001年版，第174页以下，综合整理而来。

续表

序号	器物名称	标值	年代	馆藏
17	始皇诏铜权	三十斤	秦	1件，陕西历史博物馆
18	始皇诏铜权	一二〇斤	秦	1件，南京博物院
19	"首"字铜权	一斤	秦	1件，秦始皇兵马俑博物馆
20	"左"字铜权	一斤	秦	1件，秦始皇兵马俑博物馆
21	临潼铜权	一斤	秦	1件，临潼县博物馆
22	旬邑铜权	九斤	秦	1件，上海博物馆
23	始皇诏铁权	一二〇斤	秦	共11件，分别藏于河南宝丰县文化馆、山西省博物馆、南京博物院、内蒙古自治区昭乌达盟文物工作站、中国国家博物馆、山东文登县文化馆、河北省博物馆、河北围场满族蒙古族自治县文管所
24	铁权	一斤	秦	1件，藏于咸阳市博物馆
25	铁权	十斤	秦	共2件，藏于宝鸡市博物馆与陕西历史博物馆
26	铁权	六十斤	秦	1件，藏于济南市博物馆
27	铁权	九十斤	秦	1件，藏于山东省荣县文化馆
28	铁权	一二〇斤	秦	共2件，藏于咸阳市博物馆与陕西历史博物馆
29	铁石权	一石	秦	共2件，藏于宝鸡市博物馆与咸阳市博物馆
30	高奴禾石权	一石	战国·秦	1件，陕西历史博物馆
31	宝鸡陶权	十六斤	秦	1件，宝鸡市博物馆
32	千阳陶权	五斤	秦	1件，陕西省千阳县博物馆
33	始皇诏陶权	十斤	秦	1件，陕西历史博物馆

与秦量类似的是，这些秦权上也多刻始皇诏，有的加刻二世诏。若二世时铸造的权，一般是两诏同刻。近年来刻有秦始皇诏书的各种权器大量出土，诏书形式多样，有的直接刻铸于铜、铁质的权器上，也有的大型铁质石权，则先制成铜诏版再镶嵌在权体上；还有一些刻有诏文的陶质的权，[1]这意味

---

[1] 丘光明等：《中国科学技术史》（度量衡卷），科学出版社2001年版，第176页。

着秦代统一度量衡的法令曾多次颁布。

秦权和秦量以出土地点来看，分布极广，有力地证明了秦始皇在统一度量衡后短短的十几年内，已将统一的政令推广到全国各地，实现了"一法度、衡石、丈尺"的统一度量衡目标。[1]将诏书铸刻于不同的权量器上，表明每一种器物所代表的度量衡容积都得到了最高权力的认可，既彰显了国家的权威，又有利于度量衡标准在社会生活中的贯彻执行。

三、两汉法律"布之于民"考略

与前代相比，汉代法律的公布形式更为多样灵活，几乎涵盖了后世常见的各种形态，包括刻石、扁书、露布、粉壁及榜等。以下对此作一简略的探讨。

（一）刻石

整体来看，秦代及以前的刻石主要是为君王歌功颂德，其与法律直接相关者较为罕见，即便在汉代，所见刻石中也是以记录田土交易的石券为主，用以公示法律的现存并不多。目前代表性的有四川凉山州昭觉县发现的东汉两块石表[2]、"诏书等字残碑""樊毅复华下民租田口算碑"及"簿书残碑"等。除凉山昭觉县石表二与"诏书等字残碑"因碑面残损严重难以通读之外，凉山昭觉县石表一全文大略可解，其为光和四年五曹诏书刻石，具体内容涉及基层官吏的调动，复除当地民众的赋税等事。这与《风俗通义》中"光武中兴以来，五曹诏书，题乡亭壁"的记载相吻合。石表二与"诏书等字残碑"虽然内容不可辨识，但至少说明当时以刻石公示法令的做法并不是特例，这些刻石法令的存在，说明在人群来往密集的通衢市集树立石碑，将中央与民众切身相关的法令晓示于民，可能是汉代定制。[3]汉代涉及赋税的不少法令都曾镌刻于石碑，如"樊毅复华下民租田口算碑"与1966年4月四川省郫县出土的簿书残碑。前者是臣下上奏给朝廷的奏疏，其内容主要是减免治下民众赋税等事项；后者因缺乏上下文，仅是一些名目数据的简单罗列，故而难

---

〔1〕 丘光明等：《中国科学技术史》（度量衡卷），科学出版社2001年版，第177页。

〔2〕 石表一正面镌刻文字9行，侧面镌刻文字3行，近400字，可辨者130余字；石表二文字风化严重，不易辨识。见刘弘等："四川凉山州昭觉县好谷乡发现的东汉石表"，载《四川文物》2007年第5期。

〔3〕 刘弘等："四川凉山州昭觉县好谷乡发现的东汉石表"，载《四川文物》2007年第5期。

以定性，根据《后汉书》中三次政府查田的诏令，多数学者倾向于认为此碑是汉代为征收赋税在查田后所立的"簿书"。[1]这些法令之所以镌刻在石碑之上，可能一方面是彰显朝廷仁政爱民，体恤民力，另一方面也是因为赋税事宜关乎普通民众切身利益，故刻之于石，使民周知。

此外，汉代地方官员为了治理地方，常将相关法规、禁令刻之于碑石，置放于闹市路途显要处，以使民知悉。前述凉山州昭觉县出土器物中还有两块石碑。从其中一件"顿首顿死罪死罪臣谨案文书"等用语推测其铭文应为上陈朝廷的奏疏，又据"防禁夫妻父子""百人以为常屯""队食汉民治水""丁男给宅"等内容来看，大约为官员基层管理的方略。这种情形在传世文献中也有所反映。如《后汉书·王景传》载，"遂铭石刻誓，令民知常禁。又训令蚕织，为作法制，皆着于乡亭"。《太平御览·职官部五十八》载：（召信臣）"躬劝耕农，开通沟渠，为民作均水约束，刻石立于田畔，以防分争。"文献记载与石刻资料契合，都是汉代官员通过刻石公布禁令进行地方治理的实例。

（二）扁书

所谓扁书，就是将政令、法律书之于木板之上，悬于高处的一种法律公布形式。目前汉简中辑录的扁书共计十九则。[2]其内容主要是中央王朝的法令，为了将国家法律及于帝国统治的末梢，使身处边境的国民感受中央王朝的约束教化，朝廷在法令制定后传递到边陲要塞，将之誊录于木板并悬挂于亭塞、城门等高显处，使人周知。

汉代扁书可能与西周"悬法"有某种渊源关系。陈槃先生对此做过专门考证，认为周礼之悬法虽不言扁，而其实亦即扁书。陈先生谓："县，古悬字，律法之文悬挂壁间，故曰悬律。淮南氾论篇天下悬官法曰，是其类也。虽其不言扁，而其实亦即扁书也……又秋官士师：'掌国之五禁之法，书而悬于门间。'然则汉代之悬扁书，本是古法。"[3]陈氏之言，是非常有见地的。

---

〔1〕 对此学术界有不同意见，有学者对照其他碑文，认为"这一残碑不是查田后所立簿书，而是地主家庭中分家析产的分书（或称分析单）"。见张勋燎、刘磐石："四川郫县东汉残碑的性质和年代"，载《文物》1980 年第 4 期。

〔2〕 参见徐燕斌："汉简扁书辑考——兼论汉代法律传播的路径"，载《华东政法大学学报》2013 年第 2 期。

〔3〕 陈槃：《汉晋遗简识小七种》，我国台湾地区"中研院"历史语言研究所专刊1975 年版，第95 页。

值得注意的是，在居延汉简 4.1 中有关于"悬律"的记载："二月戊寅张掖太守福、库丞承熹兼行丞事敢告张掖农都尉、护田校尉府卒人：谓县律曰：臧它物非钱者以十月平贾计。案戍田卒受官袍衣物，贪利贵贾赍予贫困民，吏不禁止，浸益多，又不以时验问。"古时"律""法"二字本就可互训，故汉代文献与简牍中所谓"悬律"与周礼中"悬法"或是同一种法律公布形式，扁书是悬法在汉代发展的可能性很大。

（三）露布

露布也是汉代公布法律的方式。所谓露布，乃是对皇帝诏令等在往下级传达过程中不做保密封缄处理，以使天下知闻。从目前史料来看，汉代皇帝的诏令有相当一部分以"露布天下"的形式发布，其中以赦赎法令居多。如《后汉书·肃宗孝章帝纪》载汉章帝发布诏令，要求官吏轻刑罚、进贤良、退贪残、顺时令、理冤狱，最后要求将诏书"露布天下，使明知朕意"。汉代还对哪些文书用露布的形式发布作了规定，据《后汉书·卷二九·鲍昱传》李贤注引《汉官仪·上》："群臣上书，公卿校尉诸将不言姓。凡制书皆称玺封，尚书令重封。惟赦赎令司徒印，露布州郡也。"其意指所有的制书都必须先用玺封，再用尚书令印重封，只有发布赦令、赎令、诏令三公亲到朝堂接受制书，此类制书用司徒印封。送到州郡时，再以露布的形式公之于众。

从露布的含义来看，最早是作为政令信息发布的布告而存在，所谓的"露布上书""露布天下"，这是露布原初的功能，这一功能主要是在汉代。汉代以后，将法令露布天下的做法已极少出现。到三国后期，在露布原有的功能之外，露布被广泛地作为军旅文书使用，用作檄文或报捷文书。这一阶段露布这三种功能之间的界限并非泾渭分明，从现有资料来看，其同时并存，又各自适用于不同领域；南北朝以后，露布的檄文与布告功能只是偶尔见诸史书，其作为捷书的功能却得到更广泛地适用；唐宋以后，露布作为捷书在战争中使用的频率大为减少，"进露布"逐渐成为军礼中献俘仪的一部分，并一直沿用到明清时期。

（四）粉壁

汉代见诸史书的另一种重要的法律公布形式是粉壁。[1]粉壁，也称为壁

---

〔1〕 关于粉壁的研究，参见徐燕斌："唐宋粉壁考"，载《华东政法大学学报》2014 年第 5 期。

书、题壁，亦有学者将之称为大扁书，[1]是将诏书、律令书于泥墙，以使人周知的一种法律公布形式。从现有的资料来看，粉壁被用来公布法律，在汉代就已经出现。据《太平御览》引《风俗通》曰："光武中兴以来，五曹诏书题乡亭壁，岁辄正多有阙谬。永建中，兖州刺史过翔笺撰卷别，改著板上，一劳而九逸。"说的是东汉光武帝以来，为使上情下达，五曹诏书常题于各县乡亭墙壁之上；汉永建之后，逐渐将政令改著木板之上。这里将诏书书于亭壁之上的形式，就是粉壁。1992 年在敦煌悬泉发现的《四时月令诏条》，是迄今为止发现最早、保存最完整、内容最详实的粉壁，其书题于西汉后期，共 101 行，计 2000 余字，其内容与《礼记·月令》多有关联。该粉壁的发掘，为我们了解汉代粉壁的基本情况提供了宝贵的第一手资料。《四时月令诏条》发布的时间为平帝元始五年，以太皇太后名义向全国发布，其主要内容涉及环境保护的禁令及四季农事活动的安排等。因为这些规范具有较强的约束力，性质为朝廷律令，而发布的地点在汉帝国边陲的敦煌，显示汉帝国注重通过粉壁的形式将律法传播到帝国边境，以加强对国家的控制，维护专制国家的大一统。

对于扁书与粉壁的关系，目前学界尚有不同意见。[2]不管粉壁与扁书是否为同一种法律公布形式，但不可否认的是二者的确有比较密切的关系。汉代统治者采用何种方式，具体取决于需要公布法令的性质。由于粉壁与扁书的物理属性不同，如若公布的法令因地临时而发，具有阶段性特征，则以扁书公布为佳；如若希望法令能长久保存，则以粉壁形式公示较为适宜。如悬泉《月令诏条》，其文题于西汉后期，距今已有 2000 余年，可见粉壁更适于法律的长久保存与宣传。

（五）榜

榜是唐宋以后统治者用以公布法律的重要方式，但在汉代并不多见，目前的记载主要在出土文献中。据《居延新简释粹》："古薪二石，沙一，破烽一，马矢二石，沙二石，卅，传榜书。"[3]这里的"传榜书"，薛英群先生认

---

〔1〕 胡平生："'扁书'、'大扁书'考"，载中国文物研究所、甘肃省文物考古研究所编：《敦煌悬泉月令诏条》，中华书局 2001 年版，第 48 页以下。

〔2〕 扁书与粉壁的关系参见徐燕斌："唐宋粉壁考"，载《华东政法大学学报》2014 年第 5 期。

〔3〕 甘肃省文物考古研究所：《居延新简释粹》，兰州大学出版社 1988 年版，第 85 页。

为是指"张贴告示的宣传栏"。对于榜文的渊源，宋代朱熹曾认为《周诰》等篇，"只似如今榜文晓谕俗人者"。[1]明代丘濬认为悬法"即后世于国门张挂榜文之制也"。[2]朱、丘二人认为先秦时期的诰、悬法与榜形态类似，大概是后世榜文的滥觞，这种看法应该是可能的。另外，汉代榜与扁书之间的关系也值得探讨。薛英群先生认为居延新简中的"传榜书"就是"大扁"。[3]章太炎在《国故论衡》卷上谓："榜又称篇，今字扁亦为榜，又楄部训方木，是也。"榜字从木，当时纸张尚未大规模使用，故推测大约是将法令诏文誊写于木板处，悬挂在人群交汇处使人周知。从形态来看，这两种法令的公布方式相似度确实很高。

从汉代的传世文献来看，扁与榜在很多情形下也是可以通用的。如《后汉书·百官志》谓："凡有孝子顺孙，贞女义妇，让财救患，及学士为民法式者，皆扁表其门，以兴善行。"这里的"扁表其门"是汉代的用法。魏晋以后，多用"榜其门闾"或"榜表门闾"代替。如《南史·郭世通传》传："元嘉四年，大使巡行天下，散骑常侍袁愉表其淳行，文帝嘉之，敕榜表门闾，蠲其租调，改所居独枫里为孝行焉。"《南史·孝义下》载："诏榜门曰'笃行董氏之闾'，蠲一门租布。"《南史·张景仁传》载："乡里言于郡县，太守萧琛表上，诏榜其门闾。"从政令公布方式的演进来看，自西晋以后，关于扁书的记载已经较为鲜见，榜却日渐增多，几乎已经取代了曾经的扁书。[4]

需要指出的是，汉代这几种法律公布形式之间并非完全的替代关系，有时是几种形式并存共通。如前引《太平御览》引《风俗通》认为，东汉光武中兴后"五曹诏书题乡亭壁"，至永建诏书"改著板上"。但实际上，永建之后，虽然扁书在汉代法令发布中一度比较流行，但粉壁仍不时见诸史书，一直到宋元时期，粉壁仍作为重要的政令传播方式，成为联接中央朝廷与地方政府、政令上情下达的信息载体。整体而言，两汉的多数统治者都比较注重综合运用各种法律公布形式，根据不同的需求因时因地制宜，使法律的传布

〔1〕（宋）朱熹：《朱子语类》，中华书局1986年版，第1981页。

〔2〕（明）丘濬：《大学衍义补》，京华出版社1999年版，第919页。

〔3〕甘肃省文物考古研究所编：《居延新简释粹》，兰州大学出版社1988年版，第85页。

〔4〕马怡先生认为，扁、榜或有过一个共用或通用的时期，但后者逐渐取代了前者。见马怡："扁书试探"，载孙家洲主编：《额济纳汉简释文校本》，文物出版社2007年版，第178页。

为现实的政治、经济、社会秩序服务，从而实现对国家的控制与管理。

余论：古代法律"藏之于官"与"布之于民"

结合前引西周铭文、《周礼》《左传》及汉代出土资料，我们大体可以确定，法令在制定后予以公布是中国古代法律的传统，从"宪刑""悬法"，到春秋时期的铸刑书、刑鼎与权量布法，都是这一传统在不同时期的具体表现形式。古人对此问题的叙述与今人的认识也有很多差异。如明人丘濬曾论及中国历史上的法律公布问题，谓："盖宣布于邦国，揭而示之，使知所避而又使之入会以计其多少之数焉。且布于正月者则挟日而敛之，所以示夫京畿之人；于正岁者则宣布于四方，所以通于天下之众，则是先王之制刑定罪，惟恐愚民不知而误入之而为之宣布者如此。后世律令藏于官，及民有犯者然后捡之以定其罪，而民罹于刑辟不知其所以致罪之由者多矣，此古之刑所以难犯而后世之刑所以易犯也欤。"〔1〕丘氏之论颇值得玩味。他认为先王之制刑定罪，惟恐愚民不知而广为宣传，而后世律令往往藏于官府，民众因不知刑辟而所以犯者众多。这与今天法律史学界的通识大异其趣。中国古代法律是"藏之于官"还是"布之于民"，看来似乎还有进一步探讨的必要。

我们还是先从早期的法律公布入手，分析当时何种法律需要公布，以及为何要公布。据《周礼》载，西周所悬之法主要有"刑象之法""治象之法""教象之法"及"政象之法"四种。"刑象之法"由大司寇掌管，内容包括三典、五刑、刑狱等职责，主要是刑事法律方面的规范；"治象之法"由大宰掌管，其内容包括六典、八柄、八统等，其中内容多涉及税赋、礼俗、农耕等方面；"教象之法"乃大司徒之职，内容涉及土地配置、祀礼教敬、稼穑树艺等方面；"政象之法"为大司马所掌管，内容涉及分封、征兵、操练民众等方面。从上述悬法的内容来看，皆与西周国人有直接利害关系，与普通民众生活紧密相联，因此，这些法律具有公布的现实必要性。

另有某些法律因只涉及特定群体的利害关系，故仅在该群体中进行公布。如《周礼·天官冢宰·小宰》载："（小宰）乃退，以宫刑宪禁于王宫，令于百官府曰：'各修乃职，考乃法，待乃事，以听王命。其有不共，则国有大刑。'"此处之"宫刑"，杜子春认为"皆当为官"，故"宫刑"乃为"官

---

〔1〕（明）丘濬：《大学衍义补》，京华出版社1999年版，第920页。

刑"，郑玄则释为"在王宫中者之刑"。[1]无论"宫刑"是"王宫之刑"还是"官刑"，其都是针对百官，自然就没有必要向民众公布，所以"宪禁于王宫"，让官员知悉即可。类似的记载还见于《周礼·天官·内宰》，"（内宰）正岁，均其稍食，施其功事，宪禁令于王之北宫而纠其守"。此处"北宫"，郑玄与孙诒让均释为"后之六宫"，[2]意即内宰公布禁令于王之后宫。因法令主要是针对后宫嫔妃事宜，故法令仅对她们公布，无需广示天下。类似情形在金文中也有涉及，如1963年陕西省出土的西周早期的何尊铭文记载的是成王以诰的形式向当初辅佐文王、武王的贵族后代何氏发布命令，要其效法先父，谨奉武王遗训，为社稷效力，建功于上天的事迹。该铭文谓"王诰宗小子于京室"，[3]意指该政令是专门向何氏宗室颁布，而无须牵涉其他人。

可见，先秦时期法律的公布并非绝对，其主要取决于法律涉及的利害关系。如法令调整范围广泛，事关一般民众的利益，则需要公布；反之，法令则有可能仅在特定群体间公开，甚至藏于王官。后世的中国王朝大体沿袭了这一做法。以宋代为例，针对州县官员在考课过程中存在的冒功隐过之弊，太宗太平兴国二年（公元977年）下诏严加整饬，并"揭榜于录事参军听事"（《宋会要辑稿·职官五九·考课》）；仁宗景祐三年（公元1036年），宋廷颁布官员致仕事宜，规定官员满七十须自陈致仕，"限满不陈乞者，亦许御史台纠举，诏榜朝堂"（《续资治通鉴长编》卷一一八，宋仁宗景祐三年）；仁宗嘉祐二年（公元1057年），颁诏禁止请托谋求恩赏，违者治罪，并"榜御史台、合门"（《续资治通鉴长编》卷一八六，宋仁宗嘉祐二年）。这些法令或属行政事项，或为吏治事宜，专为特定官员群体而设，故颁布在一个特定的不开放的空间，如听事、朝堂、合门等特殊场所，针对官员这一特定的受众群体进行集中的法律信息传递。

故而，丘濬"后世律令藏于官"之论固然有偏执愤激之嫌，但却使我们看到中国古代在法律公布问题上呈现出的不同面向。从目前的资料来看，中国古代多数王朝在法律公布问题上采取了较为灵活务实的态度，法律公布与否及其公布的范围主要取决于该法律涉及的利害关系。如法令调整牵涉面广，

---

〔1〕（清）孙诒让：《周礼正义》（第1册），中华书局1987年版，第157页。
〔2〕（清）孙诒让：《周礼正义》（第1册），中华书局1987年版，第533页。
〔3〕李民："何尊铭文补释——兼论何尊与《洛诰》"，载《中州学刊》1982年第1期。

事关一般民众的利益，则往往在全国范围内公布；反之，如果法令仅仅涉及某个特定群体的利益，则有可能仅在该群体所在的专门空间进行公示，甚至仅限于王宫之中，这也就难怪明人丘濬有"后世律令藏于官"的慨叹了。整体而言，殷周及多数后世王朝的统治者积极地将法律调整所涉及的利益群体纳入到法律的实施过程中来，缘情布法，灵活务实。这是古代法律公布的特点，也是中国传统法律的重要特点。

"法令滋彰，盗贼多有"辨

张伯元*

摘　要　文史学者对《老子》"法令滋彰，盗贼多有"一语没有太大争议，但该语对法制史学者却殊为重要，考辨"法令"与"盗贼"的因果关系，有助于加深对中国古代法律基本形式中"令"的确立及其影响的认识。出土文献显示，"法令"是"法物"之异文，传统的"法令滋章"是千年误读。学界认为"法物"指钱币，或读为"废物"，均不能成立。本文认为，"法物"与"难得之货"是同一意思，通常指奇珍异宝。法令的存在本身，与老子"小国寡民"理想相抵触，不可能出现"法令滋章"的问题，当时一些国家法律条文尚处于不公开状态，即使制定法令的邦国也远未达到"滋彰"的地步。"盗贼"与"法令"没有必然因果关系而与"法物"即珍宝有关。

关键词　法令滋彰　盗贼多有　老子　法物

《老子》第57章"法令滋彰，盗贼多有"句，郭店楚简《老子》简31中作"法物慈章，盗贼多又（有）"，是为异文。传世的《老子》多种注本沿用此"法令"文句外，连《淮南子·道应训》引《老子》文时，也写作"法令滋彰，盗贼多有"。[1]这是传统的《老子》（或《道德经》）文本中所见文句，影响深刻，延宕至今。我国古代思想史、哲学史、文学史以及中国法制史的各种教本上都这么引用，尽管几十年前简帛本《老子》出土多种，旧的引文则依然故我，我行我素。

"法令滋彰，盗贼多有"这八个字，世人习见，觉得不错，都认可它存在的真实性，即使有不同看法，学术界，特别在文史哲学者看来也不算是个大

---

* 本文作者系华东政法大学教授。

〔1〕 刘文典：《淮南鸿烈集解·道应训》，中华书局1989年版，第381页。

问题。然而，它对研究中国法制史的学者来说，却十分重要，都很较劲儿。较劲的关键在"法令"与"盗贼"的因果关系上，甚至认为能借此认识我国古代法律基本形式中"令"的确立及其影响，是个非同小可的原则性问题。

今本《老子》第 57 章"法令滋章，盗贼多有"句在郭店楚简《老子》甲本简 31 中写作"𣶒（法）勿（勿、物）慈章，𥥛（盗）𥤩（贼）多又（有）"。大同小异，小异恰是关键，关键就在"法勿（物）"二字上。为此，学界对"法勿（物）"展开了热烈的讨论，对传统的"法令"之见提出了挑战。彭浩先生做了细致的校读，其疏证如下：

> 勿，借作"物"。帛乙本、河上公本、龙兴观碑本等作"物"，王弼本作"令"。河上公注："法，好也。珍好之物滋生彰著，则农事废，饥寒并至，故盗贼多有也。"蒋锡昌云："'令'字景龙、河上本皆作'物'，以老校老，当从之……皆以货物与盗贼连言，均其例证。"王弼本"令"仍"物"字之误。[1]

学界也都认同"勿"即古"物"字，无多异议。为便于下文阐述，再列出《老子》第 57 章"法令滋章，盗贼多有"的异文，作对照表如下：

郭店楚简《老子》甲 31	战国	法勿慈章，𥥛（盗）恻（贼）多又（有）	图版 31
马王堆帛书《老子》甲 57	西汉	□□□□，□盗贼□□	图版 42
马王堆帛书《老子》乙 57	西汉	□物滋章，而盗贼□□	图版 19（下）
《道德经》河上公注本	相传为西汉	法物滋彰，盗贼多有	《四部丛刊》
严遵《道德真经指归》	西汉	法令滋彰，盗贼多有	《道藏》
北大藏汉简	西汉	瀗物兹章而盗贼多有	北大藏本图版 55
王弼《老子道德经注》	三国魏	法令滋彰，盗贼多有	中华书局点校本
傅奕《道德经古本篇》	唐	法令滋章，盗贼多有	《道藏》
龙兴观道德经碑	唐景龙二年	法物滋彰，盗贼多有	简称《景龙碑》

通过校读，有两点值得我们关注：第一点，"法令"是"法物"之异文，

---

〔1〕 彭浩校编：《郭店楚简〈老子〉校读》，湖北人民出版社 2000 年版，第 60~61 页。

传统的"法令滋章"可谓千年误读；第二点，学术界对"法物"有不同的解读：一说"法物"当指钱币，其义同于"法化（货）"〔1〕；一说"法勿"可读为"废物"〔2〕；一说读为"乏物"，犹今语所谓稀缺之物。〔3〕对此，我们并不认同。

一

尽管学术界认同"勿"即古"物"字，无多异议。但"法令"的深刻影响很难消弭。原因正如上文所说"世人习见，觉得不错，都认可它存在的真实性"，所谓真实性，即它并不违背老子的思想。若纵观秦汉的历史发展，"法令滋彰，盗贼多有"也确乎有它合理的成分存在。其实，对"法令"是"法物"的误读问题，仅凭郭店楚简异文所做出的肯定结论，其说服力读者可能尚感不足，由此看来，我们还应该补做一点考证和疏解。

首先，我们必须探究造成"物"字误传为"令"字的原因。这个"令"字，从郭店楚简"勿"字看，字形相当清晰，不该被误读为"令"。而且，在其前一简，即郭店楚简 30 的末尾上有"载物慈起"四字，其"物"字也是"勿"形，隶释为"物"字，后世各版本也均写作"物"。据此对照，可以肯定地说，因字形模糊而被误认为"令"的可能性并不存在。紧跟在这枚简 30 后面的就是"法勿慈章"四字，在上下文句中同样一个"勿"字做出两种截然不同的释读，这种情况时有出现，但不是普遍现象。何况传世的河上公注本、景龙碑都明白写作"法物"，世人却视而不见。看来，所谓的"法令"异文误传，是汉代人有意为之。说是汉代人，最直观的依据就是上表中的严遵《道德真经指归》。至于能不能将汉代人有意为之的时段定得更切近一些，在本文的第三部分我们将做进一步的论证。

再说"法令"的概念，事实上，在老子所处春秋末期的时代还未有明确的定义。我们今天说"法令"，指的是法律或律令，即"律"和"令"。其

---

〔1〕 魏启鹏："楚简《老子》柬释"，载陈鼓应主编：《道家文化研究》（第 17 辑），三联书店 1999 年版。

〔2〕 刘国胜："郭店老子札记"，载武汉大学中国文化研究院编：《郭店楚简国际学术研讨会论文集》，湖北人民出版社 2000 年版。

〔3〕 李零：《郭店楚简校读记》，北京大学出版社 2002 年版，第 19 页。

实，在老子所处的时代里，法律意义上"令"的概念并不存在。为解决"'令'作为法律规范的一种基本形式起于何时"的问题，笔者曾作《"秦令"考》一文，所得出的结论是这样的：

> 总括上面说的，秦王时期已逐步完成从诏令意义上的"令"向律令意义上的"令"的转化，或者说"令"逐步从诏令中剥离出来；诏令的律令化进程自秦王始。"令"补"律"之不足的功能也已显露。
>
> 最近，据报道岳麓书院所藏秦简中有"秦令"23目。可证"秦令"作为基本法律形式正式存在，从诏令中剥离了出来。[1]

再进一步，我们假设老子用了"法令"一词，然而，在《老子》一书中，除此一例外，再无出现所谓的"法令"，甚而至于连表示律令意义的"法"字也没有出现。现在看来，这个假设不成立。

此外，再看在《老子》与老子的思想体系中，对"法令"的看法又是如何？老子有无可能对法令采取排斥的态度？《老子》一书中有无"法"思想的隐性表述？

老子没有专章讲述"法"，从他哲学家的思想出发，讲的是"道"："王法地，地法天，天法道，道法自然。"法，效法，其哲学思想的精髓在于顺应自然。其政治理想也从"道法自然"出发，无为而无不为，追求的是返璞归真、小国寡民的政治局面。

"法令滋彰，盗贼多有"中特别强调了盗贼的存在。对此，我们试用逆向推理的办法，看一看做偷盗的人，也就是出现盗贼之后，老子是如何对待的？《老子》第12章有"难得之货令人行妨"句，行妨的"妨"，《说文》曰："害也。"这里指的就是偷盗行为。句中说的是：珍贵的货物，使人产生贪图之心，那样，就会去做危害人的事。这句话跟《老子》第3章"不贵难得之货，使民不为盗"句是同一意思，老子从正反两面说。"难得之货"跟"法物滋章"中的"法物"应该是同一的。那些"难得之货"，往往就是奇珍异宝，巧夺天工的珍品，巧于取利的东西。正因如此，《老子》第19章云："绝巧弃利，盗贼无有。"

---

[1] 张伯元：《律注文献丛考》，社会科学文献出版社2016年版，第262页。

二

对"法物"有不同的解读,一说钱币,意同"法化(货)";一说"废物";一说"乏物",犹今语所谓稀缺之物。对此,我们并不认同。

"法物"指钱币,其义同于"法化(货)"。而在《老子》中有没有涉及货币的论说,说货币的泛滥,产生盗贼,是影响社会安定的直接原因?如果仅据此"法物"一词指为钱币,却在《老子》中再无提及,有违常理。用与"法物滋章,盗贼多有"相对的一句——《老子》第19章云"绝巧弃利,盗贼无有"相比对,那么,也就是说抛弃钱币,就是摒绝奇巧和利益?钱币和奇巧利益二者相并论,扞格不通,有违事理。《老子》中有多处用到"货"字,如第3章:"不贵难得之货,使民不为盗。"第12章:"难得之货令人行妨。"妨,害也。第44章:"身与货孰多?"货,财货。第53章:"财货有余,是谓盗夸。"盗夸,盗魁。第63章:"是以圣人欲不欲,不贵难得之货。"遗憾的是,此数句郭店简均无。假定存在,此"货"是否可借用"化",是否表示钱币,还都很难成说。我们退一步说,即使它们都出现在郭店简内,也都不能作为"钱币"来解读的;从财货的角度看,它所涉及的范围要比钱币广泛得多,如果把注意力放在钱币上,则与老子的无为学说和返璞思想距离太大。

"废"是"法"的又一义项,认为"法勿"可读为"废物"。认同"勿"隶释为"物"的同时将"法"字释为"废"。废,是"法"的又一义项。最熟悉的例子就是20世纪70年代出土曾轰动一时的睡虎地秦简,举秦简《法律答问》第142简为例,云"何为'犯令'、'法(废)令'","令曰为之,弗为,是谓'法(废)令'也"。这里的"法(废)令"的"废"与"废物"的"废"是有所不同的。废令,指的是不执行法令。即使说多有废弃的东西,与"盗贼多有"没有必然的联系。同样,联系《老子》第19章"绝巧弃利,盗贼无有"句,相比对后,就更觉得轩轾不协。《老子》第18章:"大道废,有仁义。"此句在郭店楚简丙本第2简中,"大道废"写作"大道發"。"發"通"废",是"發(废)"而不是与"法(废)"字相通。第36章"将欲废之,必固举之"。句郭店简未见,即使存在,据"大道發"推断,也不会写成"法(废)"字。

"乏",也可以说是"法"的又一义项。正如有说"乏物",犹今语所谓稀缺之物。但是隶释为"乏"的"法"字并不写成"瀍"形，而出自"金"形。不过，如果将"法物"理解为"犹今语所谓稀缺之物"，倒也是说得通的。但那不是对"乏物"之"乏"的认同，而是对"法物"一词的理解和诠释。

我们认为"法物"，即珍好之物，或贵重器物。

三

我们认为"法物"，即珍好之物，[1]正如上引河上公所注："法，好也。珍好之物滋生彰著，则农事废，饥寒并至，故盗贼多有也。"很显然，它与"人多伎巧，奇物滋起"相承接，与第19章中的"绝巧弃利，盗贼无有"相对言。上一节所主的三种说法以及采用河上公说，无一例外，都不认为"法物"与法律有关。[2]"盗贼多有"与法令烦苛、频繁制订与公布，不存在因果联系。

现在看来，"法物滋彰，盗贼多有"句取用河上公的解说，从正反两方面看，与老子的思想是切合的。

其实，"法物"这个词并不是一个生僻的词，它的生命力很强，一直沿用至今；其词义亦未有稍变。如《晋书·纪瞻传》有云："奸宄既殷，法物滋有。"与《老子》"法物滋彰，盗贼多有"的思想基本一致，揭示了法物泛滥、奸宄弥暴的社会现实。为此，"淫刑沦胥"，"是以狱用弥繁，而人弥暴，法令滋章，盗贼多有"。在这里既用了"法物"，又用了"法令"，意义、用法均不同。直至清代，"法物"与"名迹"连用，同样表示珍好、贵重之物的意思。如清人徐康《前尘梦影录》李兰绥序云："从来著述之道，考证为难。考证之学，图谱为难。苟非目击古今之法物名迹，末由而品题之也。"近代，在《殷虚书契前编》中，永丰乡人自题"考释"云："摩挲法物穷钻仰，学易曾闻屡绝韦。"此永丰乡人，即近人罗振玉也。

下面我们再回到"法令滋章，盗贼多有"这八个字上来，它的意思是明

---

[1] 傅斯年说"物"字有现代民族学中"图腾"的意义。夏人的图腾，参见氏著《傅孟真先生集》第四册卷四，第236~240页。
[2] 唯见尹振环在《楚简老子辨析——楚简与帛书〈老子〉的比较研究》一书中将"法物滋章"解释为"法令刑具越是繁多"，有失偏颇，中华书局2001年版，第253页。

白的，说：国家的法令愈是繁苛，盗贼也愈加增多，其句义直指国家法令。为此，我们需要讨论的问题是：它何以与老子小国寡民的政治理想不合？"法令"一词究竟是在什么情况下出现的？若是着意的改写，其必有特定的时代原因值得我们思考。

《老子》第60章中说，"治大国若烹小鲜"，说的是治理国家不能翻来覆去折腾。又在第59章中说，"治人事天莫若啬"，治人事天要收敛一点，深藏内蓄。这么说，"法令滋章，盗贼多有"表面上看与此类说法是一致的。其实，法令的存在本身就是与小国寡民理想相抵触的。《老子》第80章中就具体描述了他的理想社会："使人复结绳而用之，甘其食，美其服，安其居，乐其俗；邻国相望，鸡犬之声相闻，民至老死不相往来。"在这样的社会里可以说"法令"是用不着的，不可能出现"法令滋章"的问题。更何况，即使在老子所处的时代存在制定有法令的邦国，恐怕"法令"也远未达到滋彰的地步。如果子产相郑铸刑鼎的事件是历史的真实，那么当时的法律条文还处在不予公开的局面中。可见，盗贼的有无与法令制定之间的联系并不存在，更谈不上必然的因果关系。

以今人看来，"法令滋章"的世道主要是指秦，商鞅变法及其后继者，而不是老子所处的春秋后期。

从上表看，最早出现"法令滋章"的"令"的《老子》版本是严遵的《道德真经指归》。严遵，字君平，蜀人。读《老子》，扬雄少从其学。[1]其所著《老子指归》已佚，今所传《道德指归论》曹学佺疑为赝托。蒙文通仅辑有《严君平道德指归论佚文》。

据《汉书·严遵传》记载：他以卜为业，认为"卜筮者贱业，而可以惠众人。有邪恶非正之问，则依著龟为言利害。与人言依于孝，与人弟依于顺，与人臣言依于忠，各因势导之以善。从吾言者，已过半矣"。其思想是应该归属于儒家的，尽管他传授《老子》之学，依老子、庄子之旨著书十余万言，《道德真经指归》和《道德指归论》也应该包括在内，当然他借助老子、庄子之书宣扬他的儒家思想，也是很正常的事。从他的立场和理解出发，认为"法物滋彰，盗贼多有"当改为"法令滋彰，盗贼多有"，只有这样改，才符合老子的思想，这也无可厚非，我们不能苛求古人。

---

〔1〕 扬雄（公元前53—前100），西汉成帝时蜀人，长于辞赋。

据此表明，《老子》在西汉时已经有所抄改，也不时会加进反映儒家或法家思想的片言只语。

下面我们再以"辠"字为例，从字形变化的时代特征着眼考察《老子》抄改的可能性和时间。在帛书和今本《老子》中"辠"都写作"罪"，而只有郭店楚简甲本简 5"辠莫厚虖甚欲"这一句中写作"辠"，列表如下：

郭店楚简《老子》甲 5	战国	辠莫厚虖甚欲	图版 5
马王堆帛书《老子》甲 46	西汉	罪莫大于可欲	图版 19
马王堆帛书《老子》乙 46	西汉	罪莫大可欲	图版 9（上）
《道德经》河上公注本	相传为西汉	罪莫大于可欲	《四部丛刊》
严遵《道德真经指归》	西汉	罪莫大于可欲	《道藏》
北大藏汉简	西汉	罪莫大于可欲	北大藏本图版 25
王弼《老子道德经注》	三国魏		中华书局点校本
傅奕《道德经古本篇》	唐	罪莫大于可欲	《道藏》
龙兴观道德经碑	唐景龙二年	罪莫大于可欲	简称《景龙碑》

大家知道，始皇以"辠"字似"皇"乃改为"罪"，"罪"字后起，这更进一步表明帛书和通行本《老子》都是秦或秦之后抄录或抄改而成的。

有意思的现象是，在上古文献中，表示命令这一义项的"令"字一般多用"命"来表示。《老子》第 32 章"民莫之令而自均"句，这一句话在郭店《老子》甲本第 19 简中就写作"民莫之命而自均"，写作"命"，而不作"令"；除此之外，其他各种版本则均作"令"字，甚至包括马王堆帛书《老子》乙本在内。

楚简中表示命令之义的词，通常用"命"字。《缁衣》上博简 8、郭店楚简 8 均写作"命"，而传世本作"令"。包山简中"命"字数十见，字的构形时有不同，有在"命"字下加两画的，有无口形而下加两画的，但无"令"字。当然我们列出这个现象并不是针对"法令"说的，而是考虑到上面提到"法令"一词的出现是汉代人有意为之的问题，力图求得更确切的时间概念。

顾颉刚认为,《老子》成书于《吕氏春秋》之后、《淮南子》之前。[1]这是受当时史料不足所限,特别是近几十年所见简牍的未曾出土,根据传统本子所做出的推断,难免出现时间上的误差。我们今天所见郭店战国楚简等简帛之后,情况就完全不同了。

确定《老子》"法物滋彰,盗贼多有"中的"法物"被改写作"法令"的大致时间,应该是在汉文帝之前。其依据是这样两条:一条是出现"法令"的本子,一条是用"辠""命"而不用"罪""令"等,综合这两条,确定在马王堆帛书《老子》出现之前,据考古报告所示,马王堆三号墓墓主是利苍的儿子,为轪侯利豨。时间在文帝十二年(公元前168年),[2]也就是文帝时期,或之前。

近读《艮斋杂说》,有云:"后世为黄老之学者,文景曹参之后,难乎为继矣。"[3]事实确实如此,"法物"之所改"法令",也正可说明这一点。

---

〔1〕 顾颉刚等编著:《古史辨》(第4册),上海古籍出版社1982年版,第517页。在《从〈吕氏春秋〉推测〈老子〉之成书年代》一文中,顾颉刚指出,"《老子》的成书年代必在此二书之间"。
〔2〕 据考:《史记》《汉书》所载,利豨死于文帝十五年,恐误。
〔3〕 (清)尤侗:《艮斋杂说》,中华书局1992年版,第32页。

"九章律" 质疑

张伯元*

摘 要 《汉书·刑法志》《晋书·刑法志》记载了汉高祖刘邦命萧何制作"九章律"的情况,自古及今,汉律九章成为定说,中外学者概莫能外。在胡银康、李振宏等学者提出质疑的基础上,本文进一步对"九章律"提出质疑,认为终西汉之世未有九章律之说,关于九章律的内容各种材料抵牾甚多。萧何"次律令",意指萧何领衔对秦律令作了整理编排,成为汉律,"九章"之名非实指,或汉律之异名,称名而已。前人在没有见到众多秦汉竹书、帛书和近30年来出土的秦汉律简牍的情况下,受文献资料所限,以今律古,语多推测,亦属情有可原。但"武帝之后制定九章"及"《二年律令》即是萧何所作之律"这两种观点均为推测,缺乏实证,时髦而不可取。

关键词 九章律 汉律 二年律令 质疑

汉律,习称"九章律",据《汉书·刑法志》记载,公元前202年,西汉王朝建立之后,"(刘邦)与父老约,法三章耳,杀人者死,伤人及盗抵罪"。三章,是指约法三章的"三章"。"汉兴之初,虽有约法三章,网漏吞舟之鱼","三章之法不足以御奸",于是命丞相萧何"捃摭秦法,取其宜于时者,作律九章"。除盗、贼、囚、捕、杂、具六律外,增加兴、厩、户三篇,即"九章律"。《晋书·刑法志》也说,汉承秦制,萧何定律,"除参夷连坐之罪,增部主见知之条,益事律兴、厩、户三篇,合为九篇"。自古及今,汉律九章已为定说,陈陈相因,固守"传统",中外学者概莫能外。

对于萧何作律"九章"问题,20年前胡银康先生曾作《萧何作律九章的质疑》一文(以下简称"胡文"),提出质疑,质疑的主要依据是这样三点:

---

* 本文作者系华东政法大学教授。

（1）终西汉之世未有"九章律"之说；（2）有关"九章律"的内容，各种材料的抵牾甚多；（3）汉初不存在升"户、兴、厩"为正律的社会政治和经济的要求。从而推断得出"'九章律'的制定理应在汉武帝之后"。[1]笔者以为胡文的基本观点应予肯定，并大有深入研讨的余地，所以在此基础上，拟作汉"九章"质疑补。

草稿写就之后又见李振宏先生《萧何"作律九章"说质疑》一文（以下简称"李文"），该文对萧何作律九章的依据及班固理想化的说法提出质疑，并提出张家山汉简"《二年律令》即萧何所作之律"的论断。[2]为此，笔者对拙稿作了较大调整和必要补充。

一、终西汉之世未有"九章律"之说

胡文提出的"终西汉之世未有'九章律'之说"是成立的。这是根据历史文献的记载所做出的判断，为历代法律史家所公认。之所以出现后世史家大都认为西汉之世存在"九章律"的看法，那是后人据《汉书》《晋书》的记载所做的推断，陈陈相因，"层累地造成"的。

注重于史料考据的学者都注意到这样一点：历史文献中提到"九章律"的，都出现在西汉之后的史料中。引用西汉之后的史料来证明"九章律"在汉初的存在乃至萧何制律，说服力总显不足。除班固在《汉书·刑法志》《艺文志》《叙传》中提到萧何捃摭秦法，"作律九章"外，还有：

《后汉书·崔寔传》："昔高祖令萧何作九章之律，有夷三族之令，黥、劓、斩趾、断舌、枭首，故谓之具五刑。"

《晋书·刑法志》："是时承用秦汉旧律，其文起自魏文侯师李悝……是故所著六篇而已，然皆罪名之制也。商君受之相秦。汉承秦制，萧何定律，除参夷连坐之罪，增部主见知之条，益事律《兴》、《厩》、《户》三篇，合为九篇。""文帝为晋王，患前代律令本注烦杂……就汉九章，增十一篇，仍其族类……"

《隋书·刑法志》："汉初，萧何定律九章，其后渐更增益，令甲已

〔1〕 见胡银康："萧何作律九章的质疑"，载《学术月刊》1984 年第 7 期。
〔2〕 见李振宏："萧何'作律九章'说质疑"，载《历史研究》2005 年第 3 期。

下，盈溢架藏。"

以上历史记载，追述了汉律"九章"的内容要点，然而，最早的历史记载应推司马迁的《史记·太史公自序》，他在自序中提到了"汉兴萧何次律令"，[1]并未提及"九章"。司马迁的提法应该得到充分的重视。在没有有关"九章"律新材料出现的情况下，凭目前所见，"终西汉之世未有'九章律'之说"是成立的。

值得注意的是，司马迁在这里用了一个"次"字。在这里一个"次"字用得恰到好处。特别是在汉初战事甫定、百废待兴的历史背景下，与萧何的身份、才能相符。关于萧何其人其事，我们在后文还将谈到。

除了胡文摆出的三条理由外，其实最具说服力的是张家山汉简《二年律令》（以下简称《二年》）的出土。[2]从时间上说，《二年》为吕后二年，即公元前186年的法律，其时离刘邦建立汉朝仅20年时间。与"萧何次律令"的时间最为接近，也最能反映汉初法制的实际状况。从《二年》所列汉律篇目看，并非只有所谓"九章"（或称"九篇"），原简俱在，有目共睹。

下面就是按照《二年》原整理"目次"编列的篇名：贼律、盗律、具律、告律、捕律、亡律、收律、杂律、钱律、置吏律、均输律、传食律、田律、关市律、行书律、复律、赐律、户律、效律、傅律、置后律、爵律、兴律、徭律、金布律、秩律、史律。另外，张家山336号墓有朝律，[3]合计28目。

上列28目篇名均为"×律"或"××律"，都单独书写在一枚简上，是律名，确凿无疑。《二年》的526枚竹简没有出现某些律名应归类到某个律名或某个总律名之下的情况。

还有，书题"二年律令"四字写在首简背面，它是全部律令的总称。它以时间为题，而并非以律名数目为题。在当时的历史背景下，《二年》28目

---

〔1〕《汉书》卷一《高帝纪》中也说"天下既定，命萧何次律令"，中华书局1964年版，第81页。

〔2〕1983年张家山汉墓竹简出土，在其247号墓中出土的《二年律令》包括律27种和令1种。

〔3〕1988年初发掘336号墓，发现《盗跖》《食气却谷书》《功令》和汉律15种等竹书。

律文不会凭空造作，必有所本，何况它离刘邦建立汉朝仅20年时间，吕后听政之初，羽翼未丰，立足未稳，还不具备进行全面法制改革的条件，基本承用旧律是最稳妥的治政之策，汉承秦制，是也。

二、"九章律"内容自相抵牾

"有关九章律的内容，各种材料的抵牾甚多"也是确实存在的。

其实，所谓"九章律"的内容无非是律名的多寡和众说纷纭的后人推测。首先，萧何作律九章的提法，多有不同：

> 扬雄《解嘲》："萧何造律。"
>
> 班固《汉书·刑法志》："取其宜于时者，作律九章。"《汉书·艺文志》："汉兴，萧何草律，亦著其法。"《汉书·叙传》："汉章九法，太宗改作。"张晏注："改，除肉刑也。"
>
> 《太平御览》卷六三八引《傅子》："律是咎繇遗训，汉命萧何广之。"
>
> 《晋书·刑法志》："汉承秦制，萧何定律，除参夷连坐之罪，增部主见知之条，益事律《兴》、《厩》、《户》三篇，合为九篇。"

以上提法多有不同，而且有相互抵牾之处。

首先，我们在上一节中提到了"汉兴萧何次律令"中的"次"字。《说文·欠部》："次，不前、不精也。"《广韵》载："次，次第也。"次律令，通俗的说法也就是给律令条目排个序列而已；次，并不含有制作、制定的意思，何况它的本义是"不前、不精"，有承用前事、不加修饰的含义。由此可见，司马迁在自序中所言"汉兴萧何次律令"的"次"字表明：萧何对于汉律充其量是在现有律令，即秦律令基础上的整理编排；一个"次"字，点明了萧何在汉初定律过程中的作用，不过是领衔编次而已。这与他在楚汉战事中，攻入咸阳"独先入收秦丞相御史律令图书藏之"直接有关。一个"次"字与上面引文中造律的"造"、作律九章的"作"、草律的"草"、汉命萧何广之的"广"、萧何定律的"定"字都不同。"次"与这五个词相比较，其意义殊异。其中"广"字，跟"次"字最相接近，其他的都含有"创造"的意思，师古为"草"字作注云:"草,创造之。"[1]即使都含有"创造"的意思,几个词的细微差别还是存在的,比如说,"草"虽可作创造解,但带有草创的意思,《匡谬正俗》:"草创者,犹言草昧,盖初始之谓矣。"这不仅与"次"字不同,而且与班固所说的"作律九章"的"作"不同,与其他的"造""广""定"又不同……这林林总总的不同提法,不同用词,恐怕不能用古人写作习惯或用字的随意性来解释,我们以为这是史料本身的缺乏和史事的不确定性造成的。

其次,班固在《汉书·刑法志》中说,"汉兴,高祖初入关……于是相国萧何捃摭秦法,取其宜于时者,作律九章",这里"取其宜于时者"可以与《晋书·刑法志》"除参夷连坐之罪,增部主见知之"条相联系起来看。据《汉书·高后纪》记载,除参夷即去除三族刑,当在孝惠之时。而今所见《二年·贼律》说,"及谋反者,皆腰斩。其父母、妻子、同产,无少长皆弃市"。参夷之条,赫然在目。同样,除连坐之罪,在汉初并未去除,在《二年·贼律》中有"其坐谋反者,能偏捕,若先告吏,皆除坐者罪"条,这里的"坐"指的就是被连坐者。去除连坐之罪,最早当在文帝之时,《汉书·文帝纪》上说:"尽除收孥相坐律令。"再说"增部主见知之"条,则见于武帝之时,《汉书·刑法志》说:"孝武即位……作见知、故纵、监临部主之法。"由此可证,这些汉律内容上的变化,都不是发生在汉初萧何次律令的草创时期。如果说《汉书·刑法志》上所说萧何"取其宜于时者"指的就是这些,那是缺乏依据的;如果不是指这些内容,那只能说所谓的"取其宜于时者"是一种含混的提法,是一种缺乏真实史料依托的反映。

再次,《汉书·艺文志》具体地引用了一条律文,说:"汉兴,萧何草律,亦著其法,曰:'太史试学童,能讽书九千字以上,乃得为史。又以六体试之,课最著者以为尚书御史史书令史。吏民上书,字或不正,则举劾。'"这里只说草律,未说作律"九章"。这条律文与《说文》叙上所说的大体相同,许慎称之"尉律"。[2]这一条题名为"尉律"的律文,它不在"九章"的九篇之内。班固未将律名写出。

---

[1]《汉书》卷三十《艺文志》注,中华书局 1964 年版,第 1722 页注五。

[2]许慎云:"《尉律》,学僮十七已上,始试,讽籀书九千字,乃得为史。又以八体试之,郡移大史并课,最者以为尚书史。"另可参见拙作"'史律'可订正《说文》叙之疏失"一文,载拙著《出土法律文献研究》,商务印书馆 2005 年版,第 47 页。

在今所见的《二年》中未见有《尉律》一目，但是，《二年》中有与此律文内容十分相近的《史律》：

> 史、卜子年十七岁学……试史学童以十五篇，能讽书五千字以上，乃得为史。又以八体试之……取最一人以为其县令史……取最一人为尚书卒史。

毫无疑问，这是一条很有价值的汉律律文遗存，绵延几百年，历经数十代，它的存在说明历代都很重视史、卜人才的培养和选拔，正因如此，同一条律文从汉初一直沿用至东汉，只是在用字上作了有限的改动。至于将"史律"改为"尉律"，或许是其后将原本"史律"的内容移植到了"尉律"中；或许《二年》中原本有此律目，只是律目简散失而未能得见。[1]班固不将律名写出，不知何故。在他之前有"史律"篇名存在，在他之后又有"尉律"之名的沿用，夹在中间时段内，无论如何他都应该知道这一条律文的篇名，他避而不提，无意乎，抑或着意回避欤？

三、萧何次律令与西汉之初的改律活动

胡文还指出，汉初不存在升"户、兴、厩"为正律的社会政治和经济的要求。"汉初全面继承秦法，没有过一次系统地删定秦法的立法活动。"在这里，涉及萧何次律令与西汉之初改律活动的关系问题。为此，我们首要明确讨论的对象有这样三个支点：一是汉初，二是萧何，三是改律。

对"汉初"概念的理解，言人人殊。汉朝建立之初是汉初；从汉朝建立起30年内可以说是汉初，五六十年内也可以说是汉初。如果以不同理解的"汉初"来讨论问题，势必会导致公理婆理说不到一起去。我们认为，既然问题的主角是萧何，问题的内容是"九章律"，那么"汉初"这个时间概念就应该定在萧何生前及其过世不久，这么一算，我们所定义的"汉初"当在汉朝建立起的20年间。之所以这么界定，是因为"九章律"为萧何所编"次"，无疑应是其生前所为；又因为法律的延续性和滞后性特点，因此将萧何死后的一段时间也界定在"汉初"内。以20年算，止于高后元年左右。

---

〔1〕当然，也不排除误写的可能。岳麓秦简有《尉卒律》。有关培养和选拔史、卜人才的部分法律规定，在云梦秦简《内史杂》中。

时限确定之后，我们再讨论西汉之初的改律活动才可能有共同语境。

当然，史家一般给某朝代分期，讲到西汉之初，会界定在汉朝建立之后的五六十年之内，或称之西汉前期，这也完全合乎情理。既然如此，我们不妨先后退一步，看一看在西汉之初的五六十年中又有哪些改律活动？我们不妨先看一看这些改律活动是否与"九章"的增损有关。史书上"世有增损"，这些增损是以"九章"为基础，还是另有传承。

汉初的改律活动主要有：（1）"孝惠四年，省法令妨吏民者，除挟书律。"曹参为惠帝丞相，成语"萧规曹随"的影响是深远的。（2）文帝废除肉刑。出自齐太仓令淳于意女缇萦为父赎罪事，事在文帝四年："书闻，上悲其意，此岁中亦除肉刑法。"文帝下诏书除肉刑则在文帝前元十三年，"其除肉刑"。[1]《汉书·叙传》中说："汉章九法，太宗改作。"张晏作注，云："改，除肉刑也。"汉文帝进行了法制改革，时任太中大夫的贾谊就"悉更秦之法"，"诸法令所更定……其说皆自贾生发之"。[2]（3）晁错更律。《汉书·晁错传》载："错又言削诸侯事，及法令可更定者，书凡三十篇"，"景帝即位，以错为内史。错数请间言事，辄听，幸倾九卿，法令多所更定"，[3]等等。

除挟书律，无疑是针对秦始皇"焚书"令而提出的。由此反证：孝惠四年之前，与"有敢偶语《诗》《书》者弃市。以古非今者族，吏见知不举者同罪"相同内容的条文还存在于当时的法律文本中。除此而外，无甚大变。"萧规曹随"，典出扬雄的《解嘲》，比喻按照前人的成规办事。曹参（？—公元前190年）在惠帝时，继萧何为相，主黄老无为之说，《史记》本传所载："举事无所变更，一遵萧何约束。"曹参坦言："高帝与萧何定天下，法令既明，今陛下垂拱，参等守职，遵而勿失，不亦可乎？"而今出土的《二年》中无"挟书律"，自在情理中；惠帝时律令一遵汉初萧规，推想几年后的吕后《二年》律令大变的可能性也不会大，同样自在情理中。

按理说，我们已经将"汉初"的时段作了界定，上述（2）（3）两点文景时期的改律活动也就可以排除在外，没有复述的必要了。问题是《晋书·刑法志》在叙述魏新律序的时候，称《新律》合十八篇，"于正律九篇为增，

---

〔1〕《史记》卷十《孝文本纪》。

〔2〕《汉书》卷四十八《贾谊传》。

〔3〕《史记》卷一百五十《扁鹊仓公列传》。晁错更定法令的篇数，《西汉会要》上称，"错所更令三十章"。汉景帝刘启即位在公元前156年，离所谓萧何制律的时间大约四五十年。

于旁章科令为省矣"。说到《晋律》时，又称"……等十四人典其事，就汉九章，增十一篇，仍其族类，正其体号"。正律九篇，指的就是汉九章，汉王朝自始至终一直传承着、施行着萧何的"九章律"，这一提法的影响所及，根深蒂固。

以往的史家大都将上述（2）（3）两点文景时期的改律活动也视为"汉初""萧何"造作"九章"的延续。但是，我们从上述（2）（3）文景时期的改律活动中，看不到它与所谓的"九章"有多大关系，只是某些律条的增删而已，因此，我们既不能将他们看成是一次次的法制改革，更不能将其当做萧何次律令的依据。在改律问题上，李文有这样的看法："分析以上材料，大抵可以得出几点认识。其一，以上几次对法律的调整，都不是大规模的、系统的法律修订和法律体系的调整，没有增加新的法律条目。也就是说，在汉武帝以前，汉王朝所施行的法律，一直是汉初萧何所制定的法律体系。其二，张家山汉简中的《二年律令》是目前所能看到的萧何所制定的汉律的基本面貌。其三，惠帝废除的'挟书律'，文帝废除的'盗铸钱令''田租税律'等，以及张家山汉简《二年律令》中的大部分条目和内容，远非'九章'所能涵盖，也就是说，所谓萧何'作律九章'是不符合历史事实的。"此观点基本上是可以成立的，同时也解决了上述（2）（3）两点文景时期改律活动的问题。

还需要特别提一下的是，汉文帝时，贾谊曾"悉更秦之法"，"诸律令所更定……其说皆自贾生发之"。[1]这里怎么还提"秦之法"，还提律令的"更定"？既然早就有汉法"九章"存在，何以再要提秦法，再要提"更定"？我们可以推想，贾谊之前的法律条文中有相当数量的律文源自秦律，即秦之苛法。这也正印证了"汉初全面继承秦法，没有过一次系统地删定秦法的立法活动"的立论，这个论点是可靠的。

四、出土法律文献与萧何次律令

据不完全统计，在近 30 年来出土的法律文献中，秦律律目有 30 多种，主要见于云梦秦简、岳麓秦简（仅限于已刊布的）。汉律律目见于张家山 247 号墓的《二年》，有 27 种律目。另外，张家山 336 号汉墓出土的竹简中有汉律

---

〔1〕《史记》卷八十四《屈原贾生列传》。

15 种，尚未公布。现将出土法律文献中已见的秦汉律律目列表比照如下：

	律名	秦律		汉律	备注
		睡虎地	岳麓	二年	
1	田律	√	√	√	
2	厩苑律	√			
3	仓律	√	√		
4	金布律	√	√	√	
5	工律	√			
6	赍律	√			
7	徭律	√	√	√	
8	军爵律	√			
9	置吏律	√	√	√	
10	传食律	√		√	
11	效律	√		√	
12	除吏律	√			
13	游士律	√			
14	除弟子律	√			
15	中劳律	√			
16	臧律	√			
17	公车司马猎律	√			
18	傅律	√		√	
19	敦表律	√			
20	捕盗律	√			
21	戍律	√	√		
22	葬律	√？			睡虎地 77 号墓
23	关市律		√	√	
24	贼律		√	√	

续表

	律名	秦律		汉律	备注
		睡虎地	岳麓	二年	
25	行书律		√	√	
26	杂律		√	√	
27	内史杂律		√		
28	尉卒律		√		
29	狱校律		√		
30	奉敬（奔警）律		√		魏有奔命律
31	兴律		√	√	
32	具律	√	√	√	
33	盗律			√	
34	告律			√	
35	捕律			√	
36	亡律			√	
37	收律			√	
38	钱律			√	
39	均输律			√	
40	复律			√	
41	赐律			√	
42	户律			√	魏有户律
43	置后律			√	
44	爵律			√	
45	秩律			√	
46	史律			√	
47	朝律			√	张家山 336 号墓

我们应该正视这些事实，用唯物史观的眼光来审视它。"九"可以表示多

数。如果我们把九章律的"九"看作是律目数的具体表述的话，事实上汉律并不是"九"种，而且，汉律的律目名称都是各自单独书写在一枚简上的，明确是律目，没有例外；律目与律目之间是并列关系，没有从属之分，主次之别，律目之下也没有分出层级或小目。由此可见汉初之律并不是"九"章或"九"篇。

按上表所列，将秦汉律相比对，汉律篇名与秦律篇名相同的（表中用粗体的√表示），其所占比例是 13/28，约占 46%。如果将捕盗律与捕律、军爵律与爵律也看作是篇名相同者计，那么，其所占比例则是 15/28，约占 54%。由此可以得出这样的结论：从现存的秦汉律竹简看，其篇名相同者为 50% 左右。因目前所见到的秦简、汉简多有残损，缺失不全，在所缺失的简中还有相当数量的篇名和条目，这是肯定的，那么秦汉律相比对，其比例将远在50% 以上。从这个角度看秦汉律的传承关系就很清楚了。汉承秦制，是在法史史实基础上的概括，但又不是机械地照搬照抄。

李文在谈到萧何作律的依据问题时，将云梦秦简和《二年》作了比较，力图说明"萧何捃摭秦法，取其宜于时者"编纂而成的说法，是符合历史事实的。李文作了这样的表述：

> 1975 年湖北云梦睡虎地出土的秦墓竹简《秦律十八种》中，保存的秦律有：《田律》《厩苑律》《仓律》《金布律》《关市》《工律》《工人程》《均工》《徭律》《司空》《军爵律》《置吏律》《效》《传食律》《行书》《内史杂》《尉杂》《属邦》。《为吏之道》[1]中出现的律名还有《除吏律》《游士律》《除弟子律》《中劳律》《藏律》《公车司马猎律》《牛羊课》《傅律》《敦表律》《捕盗律》《戍律》等。这些当然不是秦律的全部。1983 年湖北江陵出土的张家山汉墓竹简的《二年》中保存的汉律篇名有：《贼律》《盗律》《具律》《告律》《捕律》《亡律》《收律》《杂律》《钱律》《置吏律》《均输律》《传食律》《田律》《□市律》《行书律》《复律》《赐律》《户律》《效律》《傅律》《置后律》《爵律》《兴律》《徭律》《金布律》《秩律》《史律》《关津令》等。

比较上面汉律和秦律的律目名称，可以看到，《二年》中的汉律篇

---

[1]《为吏之道》为《秦律杂抄》之误。

名，如《捕律》《置吏律》《传食律》《田律》《行书律》《效律》《徭律》
《金布律》《□市律》《傅律》《爵律》等，都直接来源于秦律。汉初实行
的法律，是以秦律为根据的。

读后，笔者有这样三点补充意见。第一点补充是，我们主张云梦秦简中
不加"律"字的篇名暂时从中剔除，因为不加"律"字的秦简存在两种可能
性：一种可能是抄写者抄漏了"律"字，但是我们无法判定是否抄漏；另一
种可能是它本来就不是"律"，或是"令"或是"课"。如上列的《牛羊课》
《工人程》《关津令》三目毫无疑问就首先应该排除在"律名"之外（在前面
的表格中已经剔除）。尽管说云梦秦简原整理者将它们归入《秦律十八种》的
篇题之下，但以笔者看来，这样做是不够严密的。事实上在秦汉律的法制体
系中，"律名"与"令名"有不少是相同的，如有田律，也有田令；有金布
律，也有金布令；有厩律，也有厩令；等等。[1]何况在云梦秦简《秦律十八
种》中有些所谓律文的表达形式和内容都有异于"律"，如所谓的"司空
（律）"就多为行政管理方面的法律规定，还不能贸然视为"律"；尽管当时
的法律条文不会如我们想象的那样"规范"。沈家本在《汉律摭遗》的自序
中也提到过此类问题，他说："诸书所引律、令，往往相淆，盖由各律中本各
有令，引之者遂不尽别白。如'金布律'见于《晋志》，而诸书所引则'金
布令'为多。今于律、令二者亦不能详为区别；若二郑注之所称'今时'，固
难定其为律、为令也。"

第二点补充是，目前出土的秦律不止睡虎地一处，还可以将其他诸如岳
麓书院所藏秦简已公布的律名加进去，可能会对论证有所帮助。岳麓书院所
藏秦简已刊布的律名有 16 种（见上表）。

第三点补充是，《军爵律》与《爵律》有所区别；不能把《□市律》说
成来源于《关市》。其实秦汉律两相对照，尽管律名相同也不能就此直接说明
源与流，更重要的是条文内容的分析，最具传承关系的是《田律》中的一条：
云梦秦简《秦律十八种》之《田律》"春二月"条与《二年》简 247"禁诸
吏民徒隶"条的内容基本吻合。其他诸如《金布律》《徭律》《效律》等，都

---

[1] 所举田令、金布令、厩令分别见于《睡虎地秦墓竹简》《语书》，《汉书》卷七十八《萧望
之传》，《敦煌悬泉汉简》简 87—89C：9。

可以从它们具体条文的异同中看到其中的内在联系及其传承关系。

五、"九章"中囚律的存废问题

我们再将秦汉律竹简中与"九章"相同或相近的篇目相对照,看看所谓的"九章"篇名在现存秦汉律竹简中的存废。列表如下:

九章	盗	贼	囚	捕	杂	具	兴	厩	户
秦律		√		捕盗	√	√	√	厩苑	
汉律	√	√		√	√	√	√		√

对照之后我们发现在秦汉律中没有"囚律"一目,是囚律竹简的遗失,还是原本就没有囚律一目?作为传统的说法,囚律自在律九章之中。但是,在目前所见到的秦汉律中囚律却缺失了。囚律的缺失能说明什么问题?

其实,这个问题早在《法经》的"六法"中就已存在。在"盗法""贼法"之后次列"网法""捕法"二目。网,搜罗,收容,是关于搜索、收容罪犯的法律。有将"网"改作"囚",认为"网"为"囚"字之误;但是,"囚法",是拘禁、关押罪犯的法律。从《法经》而言,如果作"囚法",则它理应在"捕法"之后;关押应在追捕之后,方合自然情理。《唐律疏议》《唐六典》均改作"囚",这一点日本学者小川茂树曾经有过论述。[1]

沈家本的《汉律摭遗》中列有"囚律"一目,"囚律"包括"诈伪生死、诈自复除令丙、告劾、传覆、系囚、鞫狱、断狱"。[2]有关"诈伪"的内容出自《令丙》,不在律名之下。至于"告劾、传覆、系囚、鞫狱、断狱"等内容,则都归在《二年》的"具律"(也许当归入《告律》)中。以"妇告威姑"一条为例,《汉律摭遗》揽入"囚律",而《二年》则归入《告律》。[3]其实将"告劾、传覆、系囚、鞫狱、断狱"等条目统于《囚律》之下本身就不妥,沈家本早就看到了这一点,他说:"……汉统于《囚律》,而唐统于《断

---

〔1〕 [日]小川茂树:"李悝法经考",载《东方学报》1933 年第 4 册。

〔2〕《汉律摭遗》卷一,《历代刑法考》,中华书局 1985 年版,第 1372 页。

〔3〕《汉律摭遗》卷六,《历代刑法考》,中华书局 1985 年版,第 1476 页。关于"妇告威姑"一条的考辨,见拙著《出土法律文献研究》中《妇告威姑之"姑"为"公"字之误》一文,商务印书馆 2005 年版,第 40 页。

狱律》最为得之。"可见，即使在传世文献的记载中，除九章说之外，亦并不存在"囚律"篇名。

秦汉律中未列"囚律"（或称网律）一目，是一个明智的抉择。在有"捕盗律"或"捕律"存在的情况下，"囚律"（或称网律）就没有存在的必要了。硬要说"囚律"作为九章之一而存在，强作解人，难以令人信服。

六、"九章"别义

先说"九"。九，是个数字，个位数中的最大数；九，又可泛指多，是个虚数，如九鼎、九州、九野、九天，等等，《吕氏春秋·有始》上说："天有九野，地有九州，土有九山，山有九塞，泽有九薮。"九，是一个吉祥而神秘的数字，古人崇尚"九"，以致将"九"视为圣数。从这个角度去看九章律的"九"，在其始用之时，其深层的意义可能不在"律"而在"天"。武帝之后，频繁用"九"字命名，是"天人合一""天地合德"思想的折射。《淮南子·天文训》上说："人主之情，上通于天，故诛暴则多飘风，枉法令则多虫螟，杀不辜则国赤地，令不收则多淫雨。"

再说"章"。律"九章"有的也写成律"九篇"，章与篇似是同义，《广韵·阳韵》云："章，篇章。"《诗经·周南·关雎》云："关雎五章，章四句。"孔疏："章者，积句所为，不限句数也。"又如《急就章》《苍颉篇》等字书，用"章"或用"篇"，都表示成文的文章。此外，《说文·音部》有云："章，乐竟为一章。"本指乐曲之所止。再则，也可指法度、章程，如《诗经·大雅·假乐篇》云："不愆不忘，率由旧章"，孟子也引此诗句，竭力倡导"遵先王之法"。不过，从文章体式言，可指组织文字的一定章法。《资治通鉴·汉纪十三》载："廷尉一岁至千余章。"胡三省注："章者，诸狱告劾之书，上之廷尉者也。"莫衷一是，言人人殊。

其实，"九章"之名亦并非汉律所专有，也就是说"九章"不是法律专用术语，在战国、秦汉时期"九章"二字还用在其他方面。

如楚辞《九章》。众所周知，战国楚国的屈原写有楚辞《九章》，《九章》分惜诵、涉江等九篇。一般都认为"九章"的章是篇章的意思，"九章"就是九篇。然而，汉王逸（约公元89年—公元158年）序中却说："章者，著也，明也，言已所陈忠心之道，甚著明也。"照他的解释，"九章"的"章"是彰明的意思。明末学者王夫之也这么认为："章者，无言不著，以告天下后世。"[1]他们的解释是有道理的。"章"就是"彰"的本字，有彰显、著明之义。《易·姤卦》"品物咸章"注云："章，明也。"

其后，之所以会把"九章"理解为九篇，是因为后人辑佚所得，得到九篇，合为一卷。正如朱熹所云："后人辑之，得其九章，合为一卷，必非出于一时之言。"然而，东汉王逸在为《九歌》作章句时，指出："楚辞《九歌》本十一篇，而以'九'数标目，则数之不止于九者，亦可以九为数。盖'九'训为'究'，又为极数，凡数之指其极者，皆得称之为九，不必泥于实数也。"[2]对楚辞《九章》《九歌》的解释是不是可以作为解释"九章律"的一点启示或旁证？王逸是东汉时人，其理解相对来说可能更贴近实际。[3]

又如《九章算术》。《九章算术》也是大家熟悉的一部数学书，成书大约在公元前3世纪到1世纪之间。汉张苍、耿寿昌等据旧文遗残删补，"苍等因旧文之遗残，各称删补。故校其目则与古或异，而所论者多近语也"。[4]流传至今的是晋刘徽、唐李淳风的注本。凡九卷。九章算术就是方田、粟等九类问题的解法，共246则算术题，内容多反映秦汉间的社会生活，总结了当时人民的数学知识。

1984年张家山汉墓247号墓出土有《算数书》一部。《算数书》比《九章算术》的成书年代要早。专家经过对比分析，认为："《九章算术》放弃了题名，改用九个章名统领各类算题。这也就不可避免地出现了章名与算题内容不完全吻合的现象。""《九章算术》在对《算数书》的改编过程中还存在着删削不当的问题。"[5]

至此，我们基本上可以这样说，汉律，之所以取名"九章"，其声名流传，代代不息，其原因不在篇数；上文我们考察过出土文献中的秦汉律实际，

---

〔1〕《楚辞通释》卷四。

〔2〕刘师培：《古书疑义举例》补之七《虚数不可实指之例》，中华书局1956年版。又，《左庵集》卷八《古籍多虚数说》中说："盖九训为究，又为极数，故数指其极均得称九；凡古籍所谓九攻九守九变者，亦可以斯例求。"转引自《刘师培学术文化随笔》，中国青年出版社1999年版，第119页。

〔3〕有认为《楚辞·九章》之名的出现当在司马迁之后、刘向之前，或者可能就是刘向所题。参见周苇风：《楚辞发生学研究》，广西师范大学出版社2008年版，第220页。

〔4〕（晋）刘徽：《九章算术注》序。

〔5〕彭浩：《张家山汉简〈算数书〉注释》，科学出版社2001年版，第28~29页。

事实上无论是秦还是汉的律目都不只是九篇。九，可以泛指多；章，可以释作著、明，与楚辞《九章》以及以"九章算术"之名取代《算数书》的题名变化情况，有极其相似之处。以前所说的九章就是指盗律、贼律等九篇，这也是后人凑合成"九"篇篇名而成，以致形成了以讹传讹的思维定势。

七、王充对"萧何制律九章"说的质疑

制律者谁？答曰：萧何者也。萧何是怎样的一个人？萧何（？—公元前193年），沛人，曾为沛吏，曾辅佐刘邦建立汉王朝。据史载，高祖入咸阳，萧何收集秦律令图籍，得以确掌全国山川险要、郡县户口、社会情况。汉高祖为汉王时，萧何为丞相，楚汉战争中，留守关中，补兵馈饷，军得不匮。天下既定，论功第一，封酂侯。史称，汉之律令典制多其制定。[1]扬雄在《解嘲》中说："甫刑靡蔽，秦法酷烈，圣汉权制而萧何造律，宜也。"不过，《晋书·刑法志》上却添足说："昔萧何以定律受封。"意思是萧何被封侯是因为他制定法律有功，这就言不符实了。对此，胡文反驳道："据考，司马迁笔下有'叔孙通定礼仪'之文，无'萧何定律'之句，萧何封侯也只是因为'镇国家，抚百姓，给馈饷，不绝粮道'有功，并非因为制定律令方面有特殊的功绩。"事实也是如此，在汉初封侯列位次时，关内侯鄂君曾将萧何与曹参做了比较，评功摆好的结果是：萧何建"万世之功"，"萧何第一，曹参第二"。详细情况都记载在《史记·萧相国世家》中。

"萧何次律令"，出自《史记·太史公自序》，这是最可靠的依据。尽管汉"九章"之名在《史记》上未有记载，但是，史学界仍不讳言"九章"的存在，对于萧何制律"九章"，少有怀疑。

然而，东汉思想家王充（公元27年—约公元97年）毫无顾忌地对此提出了质疑。王充在《论衡·谢短》篇中回答"'九章'，谁所作也"这个问题时说：

> 或曰："萧何也。"诘曰："萧何，高祖时也。孝文之时，齐太仓令淳于意（一作德）有罪，征诣长安，其女缇萦为父上书，言肉刑壹施，不

---

[1] 高敏在《汉初法律系全部继承秦律说——读张家山汉简〈秦谳书〉札记》一文［载中国秦汉史研究会编：《秦汉史论丛》（第6辑），江西教育出版社1994年版］中说："相国萧何改秦律为汉律的年代，应在高祖十一年十一月以后和十二前……极可能完成于高祖十二年。"

得改悔。文帝痛其言，乃改肉刑。案今'九章'象刑，非肉刑也，文帝在萧何后，知时肉刑也。萧何所造，反具肉刑也？而云'九章'萧何所造乎？"

对萧何制律"九章"提出质疑的，王充可能是史上第一人。不过，他是站在礼经的角度，从"九章象刑"与肉刑的矛盾中，看到了问题的存在。胡文对此做了译释，他说："肉刑被明令废除，并被采入律是在汉文帝之世，所以不可能由半个世纪前的萧何预先设法。"这一点我们在第三节"萧何次律令与西汉之初的改律活动"中已经有所阐述，此处不赘述。

接着，王充在《论衡·谢短》篇中又设问：

> 古礼三百，威仪三千，刑亦正刑三百，科条三千。出于礼，入于刑；礼之所去，刑之所取，故其多少同一数也。今《礼经》十六，萧何律有"九章"，不相应，又何？"五经"题篇，皆以事义别之，至礼与律犹（一作独）经也，题之，礼言经（一作昏）礼，律言盗律，何？

王充从篇数和篇名两个方面向"九章"发出诘问。尽管从礼与刑的对应角度加以批驳，论证显得乏力，但是用历史发展的观点看，王充在那个时代能从正确处理礼法关系的角度加以驳难，是抓住了问题的要害，给论敌以致命的打击。具体来说，从他对"九"的质疑看，是与他同时代的班固所言"作律九章"针锋相对；尽管"九章"的篇数和篇名的确存在问题，但是篇数和篇名并非绝对的对应，对此我们不能苛求古人。最关键的问题并不在于他的论证，而是他提出了世人都不敢想不敢说的问题；他敏锐的洞察力，敢于向传统挑战的无畏精神，值得敬佩。

在这里附带啰嗦一句：王充与班固是同时代人，王充年长五岁。

八、九章"正律"说及汉律体式

有学者认为"九章"是正律，而九章之外的律文均为单行律。"正律"之说源自《晋书·刑法志》载："（魏新律）……合十八篇，于正律九篇为增，于傍章科令为省矣。"刘俊文在《唐律疏议笺解》序论中伸张此议，认为九章由秦六篇"罪律"的基础上增加了三篇"事律"形成综合性的基本法典。他说：

应注意的是：第一，《兴》《厩》《户》三律并非萧何创作。从云梦秦简出有秦厩律及魏户律推测，三律皆为秦律旧有，萧何的工作不过是斟酌损益，"取其宜于时者"，并将三律由单行律纳入正律而已；第二，汉律内容相当庞杂，《九章律》只是其中一部分。以正律而论，《九章律》外，尚有叔孙通等人制定的《傍章律》十八篇、张汤等人……合计六十篇。正律以外，还有从秦律承袭下来的各种单行律，如《金布律》《田律》等，以及汉王朝根据需要随时颁布的大量的令、科、比等。

云梦秦简出有秦厩苑律，而非"厩律"，且未见"兴律"，何以能一概说成"三律皆为秦律旧有"？汉简《二年》出有"户律""兴律"，而无"厩律"。秦律中有厩苑律，而无"户律""兴律"，将魏户律纳入秦律中，也并不合适。如果这就是"由单行律纳入正律"的依据，则大多出于推测，得出这样的结论过于仓促。在没有全面论证秦律中何谓正律、何谓单行律的前提下，直接就得出汉律中的正律、单行律，甚至武断地下了除九章所谓正律外的所有法律规定都是非正律或单行律的结论，其推测出的结论是大胆的，但需要有证据作为支撑。

或许汉初的《二年》法律文本中本来就没有设"厩律"一目。因为在《二年》的28种律令中，与厩律法律规定相近的内容，部分已经出现在其他的律目之下。《晋书·刑法志》上有一段话值得注意，说："秦世旧有厩置、乘传、副车、食厨，汉初承秦不改，后以费广稍省，故后汉但设骑置而无车马，而律犹著其文，则为虚设，故除'厩律'，取其可用合科者，以为'邮驿令'。"

如上所述，汉律中有"厩律"，也是形同虚设，至魏律将"厩律"删除。事实上是，在《二年》中已有"传食律"，"传食律"自第228~238号共11枚简，其内容包括乘传、传食等。在"金布律"中有骑置的内容，如第425号简中有"传马、使马、都厩马日匹口一斗半斗"等。在"行书律"中大多以邮行为内容。这样看来，原来所列出的"厩律"的内容大多数已经分散到其他律目下的条文中去了，若是这样，还有没有再设"厩律"的必要呢？连《晋书·刑法志》中说形同虚设的"形"恐怕也并不存在。后代的"厩库"与以"旧有厩置、乘传、副车、食厨"为内容的厩律已相去甚远；也不能因为后代有厩库律就倒推上去，说汉律也一定存有厩律。[1]

再说"兴律"。《二年》中有"兴律"一目，按《晋书·刑法志》的说法当为萧何定律时所增。实际上可能并非如此。云梦秦简《秦律十八种》"徭律"简115："御中发徵……水雨，除兴。"据考，这里的"除兴"二字当断开，作"水雨，除。兴"，意思是：发大水和下雨，免除发徵。"兴"是律目名，即兴律。[2]关键的问题是它是否已单列为目。此说能否成立？如果成立，所谓"益事律《兴》《厩》《户》三篇"的说法，值得商榷。在最新发表的岳麓书院所藏秦简中，著录有律名16种，"兴律"也在其中。可见所谓的"兴律"也为萧何所"增"，则无从说起。[3]尽管上文所引刘文说秦有"兴律"，但未论证，其时岳麓简尚未面世。

至于"户律"，正如刘文所言："从云梦秦简出有秦厩律及魏户律推测，三律皆为秦律旧有。"商鞅自魏入秦，魏户律入秦律是很自然的事；但这样的推测是否必然，也尚难确认。

"正律"早先出自《商君书·算地》："故为国任地者，山林居十一……都邑蹊道居十四，此先王之正律。"其中虽有脱文，但意思是明白的，要平衡自然资源，充分利用和开发资源，即所谓"尽地力"，"此所谓任地待役之律也"。"正律"或称之"正条"，见《魏书·刑罚志》："虽律无正条，罪合极法，并处入死。"法律文本中有正律、正条存在，必有非正律、非正条。按照上面的引文所认为的，除"九章"之外都是非正律。后世所创设的"疏议""附例"，与法律有同等的法律效力，似乎可视为非正律、非正条的实际存在。

由正律和非正律引出了汉律的体式问题。在《晋书·刑法志》中提到"一章之中或过数十"的问题。这是唐人的推定？今人则推而广之，有人提出二级分类。

讨论汉初法律文本的体式问题，实际上也就是讨论汉初简牍制度的问题。这很重要，简牍，特别是竹简，它与帛书以及后世的纸质书籍所用材料不同，其文章体式也受到限制。

---

〔1〕 即便我们作了许多这样的分析，对《厩律》在汉律中的位置我们暂时还为之保留着，其原因为：一是在厩置、禁苑方面还应有法律规定，二是漏抄的可能性也是存在的。

〔2〕 主张如此句读的文章可能是在网上读得的，当时并不在意，今记起，稍作疏解。原文作者及出处失记。

〔3〕 见陈松长："岳麓书院所藏秦简综述"，载《文物》2009年第3期。

我们以出土文献为例。1972年银雀山汉墓出土竹简兵书《孙子兵法》和《孙膑兵法》。少数简背有篇题，因竹简残损严重，《孙子兵法》"简本原篇题残缺的，由编者据宋本《十一家注孙子》补加"。《孙膑兵法》也是同样的情况，简本原篇题残缺的，由编者补加，"每篇释文前标出篇题。凡由编者补加的篇题，外加〔 〕号以示区别"。这些都写在编者的"凡例"内，无法分出一级还是二级。

今本《战国策》是二级分类的体式，全书分为东周、西周、秦、齐、楚、赵、魏、韩、燕、宋、卫、中山各卷，每卷之下又分若干章，如卷一东周凡二十八章，一秦兴师临周、二秦攻宜阳……当然，我们知道，因为时代的变迁或战乱，古书散佚，今人所见是经过后人整理的结果。而在1973年长沙马王堆汉墓出土的《战国纵横家书》中二十七章"原无章名，为了阅读方便，整理小组在每章释文前加了章名"。从帛书看，没有诸如东周、西周、秦、齐、楚……的国别标题，不是二级分类。

在马王堆汉墓出土的《经法》等四种佚书，编者在"凡例"中说："佚书篇后原有篇题，为醒目起见，现将篇题加在各篇释文之前。"将篇题加在篇末或竹简的简背是当时简帛制度的通例。这是帛书，是一级。

上文说到"简牍，特别是竹简，它与帛书以及后世的纸质书籍所用材料不同，其文章体式也受到限制"，但是也不是绝对的。最好的例证是上博简（四）《采风曲目》一篇的篇目就采用了二级分类的方法：简中有各种歌曲目录，先列出宫、商、徵、羽等四声名诸调，然后在每一声名曲调之后都有一曲或多曲的篇目，其表达形式是这样的：

宫穆：《硕人》《又文又敔》。宫巷：《丧之末》。宫讦：《疋坙月》《埜又莱》《出门以东》（第一简）

所引的采风曲目中，宫穆、宫巷、宫讦是声名诸调，在各声名诸调之下的《硕人》《又文又敔》《丧之末》《疋坙月》《埜又莱》《出门以东》等都是曲的篇目。可见作为《采风曲目》的目录，是能采用二级分类方法来表述的。

作为古代的法律文本能有这样的目录吗？应该有。

1972年4月在山东临沂银雀山西汉墓出土了《孙膑兵法》《孙子》《尉缭子》等之外，还出土有"守法、守令等十三篇"。它是汉人抄录的古文献，他们将"守法、守令等十三篇"的篇目集中写在木牍上，不采用二级标目。

"守法、守令等十三篇"篇名的确定，依据的是银雀山一号墓出土的木牍所示。据出土记载：木牍断裂为二，缀合后完整无缺，长 22.9 厘米，宽 4.6 厘米。所书十三篇篇名共分三栏，释文及其排列如下：

守法	守令	兵令	
要言	李法	上篇	
库法	王法	下篇	
王兵	委法	凡十三	□□□
市法	田法		

据介绍，"守法、守令等十三篇"的内容是丰富的，《守法》《守令》记守城之法；《田法》记土地分配和赋税之法；《库法》记库藏之法；《市法》记市廛之法等。[1]

齐《田法》《库法》《市法》此三篇为临沂银雀山汉墓所出竹书。裘锡圭先生在《啬夫初探》一文中说，从三篇法的内容来看，它们显然都是战国时代的作品。

这样的篇题目录在出土的秦汉律中可能不会有存。如果有，我们推测也可能就是这种形式，而不会像战国楚竹书《采风曲目》那样因为声名诸调（五声）与曲目完全不同；宫、商、徵、羽等四个声名诸调是确定的。法律文本则不同，如果第一级是"×律"，而第二级还是"×律""×律"的话，岂不要造成篇名的混淆和识读的困难，这样的目录无法做。

无独有偶，我们的确发现有法律文本的目录，那就是湖南张家界古人堤遗址发现的简牍 90 枚。《湖南张家界古人堤遗址与出土简牍概述》一文中说："张家界古人堤汉律目录木牍，第一、二、三栏大都残破，似为《盗律》目录，第四、五、六栏墨迹尚存，为《贼律》目录。"[2]其时大致是东汉永元、

---

[1] 吴九龙释：《银雀山汉简释文》，文物出版社 1985 年版。又，参见吴九龙："银雀山汉简齐国法律考析"，载《史学集刊》1984 年第 4 期。
[2] 张春龙、胡平生、李均明："湖南张家界古人堤遗址与出土简牍概述"，载《中国历史文物》2003 年第 2 期。

永初年间，[1]时间相对汉初是晚了点。但简牍出土不会以我们的需要而出现。

张家界古人堤汉律律目木牍（29 正面）的部分内容如下：

□□□	□奴□□
□子贼杀	殴决□□
□子（?）贼杀	贼燔烧宫
父母告子	失火
奴婢贼杀	贼伐燔□
□□偷	贼杀伤人
殴父母	犬杀伤人
奴婢悍	船人□人
父母殴笞子	诸□弓弩
诸人食官（第五栏）	奴婢射人
	诸坐伤（?）人（第六栏）（29 正面）[2]

上面引证的是东汉永元、永初年间贼律目录所属的条目名称，这些条目名称采用概括条目内容或用条目开头几个字的方式表示。从这个目录可以看出当时的法律文本是单级的编排形式。尽管从时间上说它是东汉的遗物，但是从法律文本的传承而言，它有参考价值。

从后代法典中二级分类的体式看，一级与二级的表述方法是有所区别的，一级用了"××律"之后，二级就不可能再用"××律"来表述，否则会引起混乱。如《律音义》律目与条目的关系就是这样。此外，一级的律目名大多为两个字或三个字，力求简约整齐，而二级的条目就不受字数限制，唐律、明

---

　　〔1〕从时间上看，张家界古人堤遗址出土的简牍的时间在何时，木牍 33 背面的"五月朔""戊戌一"究竟是哪一年，也付之阙如。简牍整理者对此做了求证，说："据《二十史朔闰表》，东汉时五月朔日为戊戌者只有两年，一是光武帝建武三十二年（公元 56 年）四月改元为建武中元元年（公元 57 年）五月戊戌朔；二是灵帝光和三年（公元 180 年）五月戊戌朔。这批简牍中所见年号有永元元年（公元 89 年）、二年（公元 90 年）及永初四年（公元 110 年）等，似乎很难确认此简之'五月朔'，'戊戌一'究竟是哪一年。"

　　〔2〕张春龙、胡平生、李均明："湖南张家界古人堤遗址与出土简牍概述"，载《中国历史文物》2003 年第 2 期。笔者以为，其中四、五、六栏的贼律，其实大多还是盗律律目。如第四栏"贼杀人"、第五栏"子贼杀"、第六栏"贼杀伤人"，在汉律盗律中有"贼伤"条，盗伤与杀同罪。如沈家本云："律目'贼伤'，则指有心伤人者言，凡强盗杀伤人之类皆包在内。"（《汉律摭遗》卷二）

律均如此，无须赘举。这合乎人们的思维习惯和表述方法。对照目前所能见到的出土汉律是单级的，面对这样的实物，我们只能这样看。

结　语

萧何是否作律"九章"问题的出现，究其原因有二：

第一，以今律古，多后人推测之词。前人没有见到如此众多的秦汉竹书、帛书，更没有见到近 30 年来出土的秦汉律简牍，受文献资料所限，情有可原。

第二，对古代史家的盲目信从，陈陈相因。顾颉刚在 20 世纪 20 年代提出"层累地造成中国古史"的著名命题，影响至今。

胡文认为"按照汉代'前主所是著为律，后主所是疏为令'的习惯，九章律的制定理应在汉武帝之后"。此可谓：武帝之后制定九章说。李文的意见却与之相反，则以"史律""钱律"为依据，认为"《二年律令》即是萧何所作之律"，此可谓：萧何作《二年》说。以上两种观点，均为推测。虽都不能绝对说没有可能，但缺乏实证；观点时髦，然缺少直接证据，诚不可取。

笔者的意见是：萧何次律令，即萧何领衔对秦律令作了整理编排而成汉律。"九章"之名非实指，或汉律之异名，称名而已。

魏律修成时间考

——兼驳魏律颁于太和三年说

梁　健[*]

摘　要　魏律编纂之事，唐以前的史书记载不甚明了，唯《资治通鉴》记为太和三年，后世沿袭此说并加以发挥，皆云魏律始修、颁定施行皆在是年。本文认为，"魏律颁于太和三年"说无据可证，任其流传，看似无关大体，实关魏晋成文法编纂、公布之意义。本文就"魏律颁于太和三年"说之由来、历代学者对魏律颁行时间的疑义、刘劭修律时身份和任职时间以及对《通典》所载曹魏丧制等疑义的考证，阐明魏律始修与颁行时间之别，以澄清旧说之谬误。

关键词　魏律　修订时间

关于魏律令制定与颁布的时间，《三国志·明帝纪》及陈群、刘劭等修律人物本传皆不载年月。《魏书·刑罚志》不记曹魏修律之事。[1]《晋书·刑法志》（以下简称《晋志》）亦不载年月，但将魏修律系在但用郑氏章句、置律博士二事之后。故后世聚讼纷纭，互生疑异，其中宋人史笔中的"魏律颁于太和三年（公元229年）"说（以下简称太和三年说，且不再重复标注公元年份）影响颇大，今就此说作二三辨正，试图求其本真。

　＊　本书作者系西南政法大学行政法学院副教授。

　〔1〕　按：《魏书·刑罚志》仅云："魏武帝造甲子科条，犯钛左右趾者，易以斗械。明帝改士民罚金之坐，除妇人加笞之制。"

一、太和三年说之由来

（一）宋人史笔中的曹魏修律事件

《资治通鉴》卷七一《魏纪三·明帝太和三年》记载："冬，十月，改平望观曰听讼观。帝常言：'狱者，天下之性命也。'每断大狱，常诣观临听之。初，魏文侯师李悝著《法经》六篇，商君受之以相秦。萧何定《汉律》，益为九篇，后稍增至六十篇。又有《令》三百余篇、《决事比》九百六卷，世有增损，错糅无常，后人各为章句，马、郑诸儒十有余家，以至于魏。所当用者合二万六千二百七十二条，七百七十三万余言，览者益难。帝乃诏但用郑氏章句。尚书卫觊奏曰：'刑法者，国家之所贵重而私议之所轻贱；狱吏者，百姓之所悬命而选用者之所卑下。王政之敝，未必不由此也。请置律博士。'帝从之。又诏司空陈群、散骑常侍刘劭等删约汉法，制《新律》十八篇，《州郡令》四十五篇，《尚书官令》《军中令》合百八十余篇，于《正律》九篇为增，于旁章科令为省矣。"[1]

按《资治通鉴》之说，魏置律博士与修律皆在太和三年。此说为后世广引，并以为魏律成于太和三年。《资治通鉴》所言太和三年十月，改平望观为听讼观一事在《三国志》中是可找到确证的。[2]我们也毋庸置疑，《资治通鉴》的资料源自《三国志》《晋书》等宋以前史料。但将置律博士、修律二事皆系在太和三年，在宋以前史料中未曾发现，是为孤证。再者，《资治通鉴》将与曹魏法制相涉的三事系在太和三年，有因类相编的嫌疑，这种嫌疑也是魏律令颁于太和三年说的漏洞所在。尽管《资治通鉴》所记但用郑氏章句、置律博士、修律三事次序同于《晋志》，但其将置律博士、修律皆系在魏改听讼观这条资料后仅是一家推断之说，并不自然证明皆在太和三年，更不能指证魏律颁行于太和三年。

朱熹《资治通鉴纲目》云："太和三年冬十月，魏立听讼观，置律博士。"小注依次记述但用郑氏章句、置律博士、修律三事，皆从《资治通鉴》

〔1〕（宋）司马光：《资治通鉴》卷七一《魏纪三·明帝太和三年》，中华书局 1956 年版，第2257~2258 页。按：胡三省作注时未辨此时间，应从《资治通鉴》之说。

〔2〕（晋）陈寿撰，（宋）裴松之注：《三国志》卷一《魏书·明帝纪》，中华书局 2006 年版，第 59 页。

之文。〔1〕到朱熹时已直接将置律博士定在太和三年，实际上也同《资治通鉴》之说。但令人不解的是，既然朱熹小注本自《资治通鉴》，其在《资治通鉴纲目》正文中将置律博士一事直接归为太和三年，却仍将修律一事归入小注。如果朱熹也认为修律在太和三年的话，那么《资治通鉴纲目》正文应该是"太和三年冬十月，魏立听讼观，置律博士，修律"，这样的记述方显合理。修律一事未被《资治通鉴纲目》归入正文，难道朱熹认为修律的重要性不如置律博士，故不将其记述在正文当中？显然这样的推测也难以让人信服。至于朱熹是否对此时间有疑问，又未见辨正。

王应麟《玉海》亦将但用郑氏章句、置律博士、修魏律三事依次而述，同《晋志》《资治通鉴》。王氏引置律博士一事有小注云，"《通鉴纲目》：太和三年，立听讼观、置律博士"。〔2〕王氏从《资治通鉴纲目》之说，但不知其是否认为修律在太和三年。

据上，《资治通鉴》将但用郑氏章句、置律博士、修律三事依次系在太和三年魏改听讼观事后。让后人产生了这样的误会或判断：既然记述在后，且附在同一条资料、同一个时间点之中，那么魏改听讼观、但用郑氏章句、置律博士、修律也就顺理成章地发生在太和三年。朱熹《资治通鉴纲目》、王应麟《玉海》更多是对《晋志》，特别是《资治通鉴》的转述，并没有对《资治通鉴》之说有何实质性的异议，因此，可以断定自司马光立说之后，朱、王皆随从之。〔3〕

《册府元龟》在记述魏律令部分时未述魏太和三年改听讼观一事，而是将但用郑氏章句、置律博士、修律三事以小注的形式系在明帝青龙二年"十二月诏有司删定大辟减死罪"云云正文之后，所述三事之文皆本《晋志》。〔4〕这种史笔同于《资治通鉴》《资治通鉴纲目》，如果《资治通鉴》中但用郑氏章句、置律博士、修律系在太和三年魏改听讼观之后，可以让人推断这四件事情都发生在同年的话；那么，《册府元龟》则给我们提供了另一种推断：既

---

〔1〕 （宋）朱熹：《资治通鉴纲目》卷一五《朱子全书》（第9册），上海古籍出版社2002年版，第933页。

〔2〕 （宋）王应麟：《玉海》卷六五《律令》，清光绪九年（公元1883年）浙江书局重印本。

〔3〕 按：司马光《资治通鉴考异》、袁枢《通鉴纪事本末》皆不考修律一事。

〔4〕 （宋）王钦若：《册府元龟》卷六一《刑法部二·定律令第二》，中华书局1989年版，第1886页。

然但用郑氏章句、置律博士、修律三事以小注的形式系在明帝青龙二年"十二月诏有司删定大辟减死罪"云云正文之后，则此四事皆在青龙二年。这样的推断也不足以令笔者信服，因为宋人对魏修律时间的记载差异说明宋人在修书时已不能断定魏律颁于何年，故将其系在当时曹魏某一事件某一时间点之后，从以类相编的角度看，这是符合史笔的。《通志》则从《晋志》之文，但用郑氏章句、置律博士、修律三事依次相述，唯不载年月。[1]可见，同样是宋人所编之书，不乏抵牾，这也更能证明《资治通鉴》的叙事系年只是作者的推断，并非公论。[2]

（二）后世对宋人史笔的采用与发挥

《资治通鉴》资料的唯一性并不使得学者以为孤证不立，而对此资料弃之不用。相反，《资治通鉴》的编年体性质，会给太和三年说增加论证的"砝码"，使人确信魏律制定或颁布都在太和三年。如以下例：

内田智雄译注《晋志》所载"其后，天子又下诏改定刑制……"部分，仅引《资治通鉴》之文。[3]

林咏荣云太和三年"编成新律十八篇"。[4]

郭成伟云魏于"太和三年下诏改定刑制……太和三年十月颁行"。[5]

张晋藩等以为魏律颁行于太和三年。至于修于何年，未辨。[6]

张警引《资治通鉴纲目》之说，以为魏律颁行于太和三年十月。[7]

陆心国云"《资治通鉴·魏纪三》载在太和三年十月颁行"。[8]

胡守为、杨廷福云"太和三年下诏改定刑制，命司空陈群……制定《新律》十八篇"。[9]

---

〔1〕 （宋）郑樵：《通志》卷六〇《刑法略·志七二五》，中华书局 1987 年版，第 725 页。又，《通志》卷七《魏纪七·明帝·志一四七》太和三年不载修律事。

〔2〕 在以上事件中，还涉及另外一个问题，即卫觊上疏议设律博士的时间和置律博士的时间是否皆在太和三年，笔者将另撰文辨正。

〔3〕 ［日］内田智雄编：《译注中国历代刑法志》，日本创文社 1964 年版，第 100 页。

〔4〕 林咏荣：《中国法制史》，大中国图书公司 1976 年版，第 52 页。

〔5〕 郭成伟：《中国法制史》，中国法制出版社 2003 年版，第 88 页。

〔6〕 张晋藩：《中国法制史》，法律出版社 1995 年版，第 146 页。

〔7〕 张警：《〈晋书·刑法志〉注释》，成都科技大学出版社 1994 年版，第 57 页。

〔8〕 陆心国：《〈晋书·刑法志〉注释》，群众出版社 1986 年版，第 52 页。

〔9〕 胡守为、杨廷福主编：《中国历史大辞典》魏晋南北朝史卷"魏律"条，上海辞书出版社 2000 年版，第 749 页。

董念清引《晋志》之文，采《资治通鉴纲目》之说，以魏律制于太和三年。[1]

高潮、马建石，[2]王宏治，[3]何勤华，[4]陶世鲲，[5]皆主魏律于太和三年颁行。

……

从以上例可见，或主张魏律颁行于太和三年，或主张魏律制定与颁行皆在太和三年。在笔者看来，这些都是受到《资治通鉴》之说的影响。

二、历代学者对魏律颁行时间之疑

《资治通鉴》虽在"太和三年"系有修律一事，毕竟资料晚出，司马光撰书时有何确证参考，不可得知。但就《资治通鉴》之前的资料而言，如《晋志》等皆不言时间，可知宋以前的史家对此问题是阙考存疑的。这个责任应该归在陈寿身上，《三国志》本应是后世考证魏律的第一手资料，但《明帝纪》不载修律之事；《刘劭传》不载时间；《陈群传》又不载其参与修律；参与修律的庾嶷、荀诜、韩逊、黄休等人在《三国志》中更无传记（裴松之注，《晋书》亦无）。以上种种，为后世学者对魏律进行深入研究造成了极大障碍，是为遗憾。《三国志》的略而不载，使得后世史书在此问题上语焉不详，或使得论者下笔更加谨慎，皆陈寿史笔所致。

（一）历代学者对魏律颁行时间的阙考存疑

史书不载魏修律年月，或因资料审查不周，或有存疑而阙考，实待以更正补录也。历代学者对此阙考存疑有以下例。

1. 唐人之阙考

《晋志》将但用郑氏章句、置律博士、修魏律三事依次而述，不载年月。

---

〔1〕董念清："《魏律》略论"，载《敦煌学辑刊》1995年第2期。董氏"魏律略考"（载《法学杂志》1996年第5期）未考此事。

〔2〕高潮、马建石主编：《中国古代法学辞典》，南开大学出版社1989年版，第354页。

〔3〕《北京大学法学百科全书》编委会编：《北京大学法学百科全书》中国法制史辞条分类目录"《魏律》"条，北京大学出版社2000年版，第845页。

〔4〕何勤华：《中国法学史》（第1卷），法律出版社2000年版，第248页。

〔5〕陶世鲲编著：《历代律令》，河南大学出版社2005年版，第7页。

《通典》将置律博士事系在魏修律之前，文同《晋志》，具体时间未明。[1]

《唐六典》注言"魏氏受命，参议复肉刑，属军国多故，竟寝之。乃命陈群等采汉律，为《魏律》十八篇"云云，不载年月。[2]

虽经战乱，文献散失，但魏晋六朝资料在唐人著述中尚可觅得一二，唯此事不明时间，确属可疑。或唐人不得亲见魏律，故连其制定时间也语焉不详。

2. 唐以后人之阙考

《文献通考》卷一六四《刑考三·刑制》录《晋志》之文，不辨修律年月。

万斯同：《三国大事年表》不载修律之事。[3]

周嘉猷：《三国纪年表》不载修律之事。[4]

谢钟英：《三国大事表》不载修律之事。[5]

钱仪吉：《三国会要》卷三三《刑二·刑》录《晋志》文，不辨年月。[6]

杨晨：《三国会要》卷一八《刑》录《晋志》文，不辨年月。[7]

侯康：《补三国艺文志》录《晋志》《唐六典》文，不辨修律年月。[8]

姚振宗：《三国艺文志》录《刘劭传》《晋志》《唐六典》文，又云："《卫觊传》明帝即位，觊奏请置律博士，转相传授。事遂施行。此劭等撰《新律》之缘起。"[9]姚氏以为，刘劭等人修律在置律博士后，事在何年未明。

---

〔1〕（唐）杜佑撰，王文锦等点校：《通典》卷一六三《刑法一·刑制上·魏》，中华书局1988年版，第4202页。

〔2〕（唐）李林甫等撰，陈仲夫点校：《唐六典》卷六《尚书刑部·郎中》，中华书局1992年版，第181页。

〔3〕（清）万斯同：《三国大事年表》，《三国志补编》，北京图书馆出版社2005年版，第1~4页。

〔4〕（清）周嘉猷：《三国纪年表》，《三国志补编》，北京图书馆出版社2005年版，第5~6页。

〔5〕（清）谢钟英：《三国大事表》，《三国志补编》，北京图书馆出版社2005年版，第7~14页。

〔6〕（清）钱仪吉：《三国会要》，上海古籍出版社1991年版，第471页。

〔7〕（清）杨晨：《三国会要》，中华书局1956年版，第324页。

〔8〕（清）侯康：《补三国艺文志》刑法类"魏法制新律十八篇"，《三国志补编》，北京图书馆出版社2005年版，第600页。

〔9〕（清）姚振宗：《三国艺文志》刑法类"魏律十八篇"，《三国志补编》，北京图书馆出版社2005年版，第656页。

卢弼：《三国志集解》卷二一《刘劭传》"《新律》十八篇"云云文后，其集解录《晋志》文，引《通典》、姚振宗说，不辨年月。[1]

梁启超：《论中国成文法编制之沿革得失》"魏晋间之成文法"部分言，"魏明初政，励精图治，乃命司空陈群、散骑常侍刘劭……删约旧科，傍采汉律，定为魏法，制《新律》十八篇"云云。其将魏晋南北朝法典之名、篇数、制定发布时间制表，"魏新律十八篇"一栏亦阙载年月。其论律博士一事，言"《晋书·刑法志》载卫觊奏云'刑法者，国家之所贵重，而私议之所轻贱。王政之弊，殆由于此。请置律博士，转相传授。'事遂施行。然则当时以有新律之故，而法学渐至成为一种科学之形矣"。[2]不知其所言"以有新律之故"而有法学之发展，是否指律博士藉魏律之成而得发展之意。若是，则其以卫觊之奏在魏律颁行之后，与前引姚氏所言置律博士是"劭等撰《新律》之缘起"的观点相左。

孙荣《古今法制表》考魏律"比汉律增劫掠、诈伪、毁亡、告劾、系讯、断狱、请赇、惊事、偿赃九篇。按自汉自魏关于刑事者大具惟民事诉讼法，仍如上古不详"云云，不辨年月。[3]

丁元普《中国法制史》"魏太和时命陈群刘劭等修新律十八篇"云云，未明何年。[4]

张舜徽《三国志辞典》"新律"条，不述修律年月。[5]

近世以来一些重要的法制史论著皆阙考，如章太炎《五朝法律索隐》、杨鸿烈《中国法律发达史》、壮生《中国历代法制大要》、陈顾远《中国法制史》和《中国法制史概要》、郁嶷《中国法制史》、朱方《中国法制史》、黎孤岛《中国法制史》、秦尚志《中国法制及法律思想史讲话》、戴炎辉《中国法制史》、蔡枢衡《中国刑法史》、瞿同祖《中国法律之儒家化》、韩国磐

〔1〕 卢弼：《三国志集解》，中华书局 1982 年版，第 530 页。按：钱剑夫整理本《三国志集解》亦未考证，上海古籍出版社 2009 年版，第 1715 页。

〔2〕 梁启超：《论中国成文法编制之沿革得失》，载《饮冰室文集》之十六，中华书局 1989 年版，第 14 页、第 20 页、第 19 页。梁氏又云"魏明初政，天下稍苏息，始克从事斯业。而陈群即出其家学以当编辑之任"，亦不直言年月，见是书第 17 页。

〔3〕 （清）孙荣：《古今法制表》卷一五《刑罚·历代刑制沿革轻重比较表》，清光绪三十二年（公元 1906 年）四川泸州学正署刻本。

〔4〕 丁元普：《中国法制史》，上海法学编译社 1933 年版，第 7 页。

〔5〕 张舜徽：《三国志辞典》，山东教育出版社 1993 年版，第 546 页。

《中国古代法制史研究》、杨鹤皋《魏晋隋唐法律思想研究》、叶孝信《中国法制史》、史凤仪《中国古代法律常识》、刘海年与杨一凡《中国古代法律史知识》等。今人对魏晋间法制研究的一些代表性论文也阙考，如叶炜《论魏晋至宋律学的兴衰及其社会政治原因》（载《史学月刊》2006 年第 5 期）、张建国《魏晋律令法典比较研究》（载《中外法学》1995 年第 1 期）〔1〕、李玉生《魏晋律令分野的几个问题》（载《法学研究》2003 年第 5 期）、薛菁《魏晋南北朝刑法研究》〔2〕、高明士《从律令制的演变看唐宋间的变革》等。日本学者对魏晋间法制研究的一些代表性论著也阙考，如浅井虎夫《中国法典编纂沿革史》、滋贺秀三《曹魏新律十八篇篇目考》〔3〕、大庭脩《律令法系的演变与秦汉法典》、堀敏一《晋泰始律令的制定》等。法制史教材多以魏律修于太和三年或明帝时，至于修成于何年，阙而不述。如张金鉴《中国法制史概要》、曾代伟《中国法制史》、薛梅卿《新编中国法制史教程》、范忠信《中国法制史》等。何勤华所编《律学考》，内有近世以来研究律学特别是魏晋律学的诸多重要著述，对此时间问题也未言及。

史学界对此问题也多阙而不载，如翦伯赞《中国史纲要》、白寿彝《中国通史》、范文澜《中国通史》、韦庆远《中国制度史》、何兹全《魏晋南北朝史略》、王仲荦《魏晋南北朝史》、韩国磐《魏晋南北朝史纲》、张大可《三国史》、马植杰《三国史》等。

（二）沈家本之疑：魏律修于青龙三年（公元 235 年）

沈家本《历代刑法考》云："魏律修于何年，《魏志》、《纪》、《传》并无年月可考，《晋志》亦未详。《通鉴纲目》与立听讼观、置律博士同书于太和三年十月，盖以《明帝纪》太和三年十月改平望观为听讼观，故连类及之。

─────────

〔1〕 张建国另文《中国律令法体系概论》（载《北京大学学报（哲学社会科学版）》1998 年第 5 期）亦不言此时间。张建国著、蒲坚审定《两汉魏晋法制简说》（大象出版社 1997 年版，第 142 页）云魏律制定的时间"估计大约在太和三年左右"。对是否同年颁行，并无主张。

〔2〕 薛文为福建师范大学 2005 年历史学博士论文，第 44 页。其云"关于魏《新律》制定的时间，学术界通常确定为太和三年"，又引沈家本和乔伟观点。但言魏律是"魏明帝在位期间（公元 227～239 年）制定"，知其并无提出新解。

〔3〕 要指出的是，如滋贺秀三之文重点在于讨论魏律篇目，故对魏律制定时间的问题搁置不议是合情合理的。因此，本文就一些对魏律制定时间没有具体考证或考证不详的论著进行罗列，其本意非针对作者学术能力，而是借以描述在没有公论确说之前，学者对此问题是如何取舍的。当然，限于精力，笔者也不会对每一种著述都极尽搜罗，所列者仅作代表。

律博士之设乃从卫觊之请,《魏书·觊传》亦不言何年也,《晋志》于置律博士之下称‘是时,钟繇求复肉刑,王朗议不同,又寝。其后,天子又下诏改定刑制’云云。朗死于太和二年,则律博士之置大约同在此时,而改定刑制既云‘其后’,则必非一时之事。青龙二年,诏删定大辟,减死罪,修律之事或在此时。”〔1〕置律博士时间此暂不展开讨论,据沈家本说,其与魏修律皆不在太和三年。沈氏是对《资治通鉴》太和三年说提出了异议,并指出太和三年说形成的原因:因类相编。但沈氏又以《明帝纪》所载青龙二年诏删定大辟减死罪之事为据,以为魏修律在青龙二年,实际上是接受了《册府元龟》的叙事系年,因为根据《册府元龟》,修律正是系在青龙二年诏删定大辟减死罪之事的小注中。若说《资治通鉴》中的立听讼观、置律博士、修律是为“连类”,那么《册府元龟》中的删定大辟减死罪、置律博士、修律也应该是“连类”。因此,沈氏是疑《资治通鉴》,而不疑《册府元龟》。再者,《明帝纪》所云青龙二年诏删定大辟减死罪,是否指代魏修律一事,也尚待考证。揣沈氏“青龙二年,诏删定大辟,减死罪,修律之事或在此时”一句语义,似以为魏律修于青龙二年。按《明帝纪》载青龙二年二月诏减鞭杖之制,沈氏据此又言:“是年两下减刑之诏,疑改汉法为魏法即是年事也。史文不具,无以明之。”〔2〕对于魏律是否颁行于青龙二年或二年之后,沈氏并无确论,但其至少否定了魏律颁行于太和三年说。

沈氏魏律修于青龙二年说,也有人支持,如黄惠贤所著《中国政治制度通史》魏晋南北朝卷认为“大约在曹魏青龙二年(公元234年),明帝令司空陈群……制定《魏律》18篇”,并云“制定《魏律》的时间,从沈家本《历代律令》上册‘律令’三,‘魏新律’”。〔3〕但不知黄氏“制定”意指魏律修于青龙二年抑或修成颁行于青龙二年。

(三)程树德之疑:魏律成于太和青龙间

程树德《魏律考》云“考魏明帝颁定新律,《魏志》不载年月。据《通鉴纲目》,太和三年诏司徒陈群等,删约汉法,制新律十八篇,系于十月立听讼观之后,未知何据?《魏志》明帝青龙二年二月,诏减鞭杖之制。十二月,

---

〔1〕 (清)沈家本:《历代刑法考·律令考三·新律 旧律 魏令》,中华书局1985年版,第888页。
〔2〕 (清)沈家本:《历代刑法考·律令考三·新律 旧律 魏令》,中华书局1985年版,第888页。
〔3〕 黄惠贤:《中国政治制度通史》第四卷《魏晋南北朝》,人民出版社1996年版,第304页。

诏有司删定大辟减死罪。是魏律成于太和青龙之间，盖无可疑者"。[1]又，程氏《中国法制史》所言与《魏律考》同。[2]按魏太和至青龙凡有十年，程氏所谓的太和青龙之间，只笼统言之。就算太和青龙之间是指太和三年至青龙二年，尚隔太和四、五、六年和青龙元年，究竟何指并不明确。但程说同样否定了魏律颁行于太和三年，也不认为魏律会在青龙之后的景初年间修成颁行。

又，程树德谓"司徒陈群"有误。按：《陈群传》未载陈群为司徒事，查《资治通鉴纲目》原文作"司空陈群"。[3]检周明泰《三国志世系表》、洪饴孙《三国志职官表》、万斯同《魏将相大臣年表》、黄大华《三国志三公宰辅年表》，皆云陈群黄初七年为司空，不记其为司徒。

(四) 乔伟之疑：魏律修于太和三年，修成颁行于青龙末景初初

乔伟考云："关于魏律颁布的时间，据《资治通鉴》的记载，似在太和三年（公元 229 年）。但仔细考证《三国志·魏书》有关纪传，则太和三年为魏明帝下诏修订律令的开始时间。何时律成并颁行天下，《明帝纪》中并无记载。《三国志·魏书·刘劭传》云：'明帝即位，出为陈留太守，敦崇教化，百姓称之。征拜骑都尉，与议郎庾嶷、荀诜等定科令，作《新律》十八篇，著《律略论》。'此传虽并未著明具体时间，但接着又叙述刘劭于'青龙中'的事迹，故其与议郎庾嶷、荀诜等修订律令应在太和年间无疑。又据《三国志·魏书·卢毓传》载：'青龙二年，入为侍中。先是，散骑常侍刘劭受诏定律，未就。毓上论古今科律之意，以为法宜一正，不宜有两端，使奸吏得容情。'这说明刘劭等人定律，到青龙二年尚未完成，因此《资治通鉴》认为魏律于太和三年公布是不对的。据以上史料记载推算，曹魏正式修订律令，开始于太和三年，律成及公布的时间当在青龙末年与景初初年。因为此次修订律令，是秦汉以来的一次大规模的法典编纂活动，削烦去蠹，复位体例，短时间内是很难完成的。从太和三年到景初元年，共计六年多的时间，如能完成

[1] 程树德：《九朝律考》卷二《魏律考》，中华书局 2003 年版，第 189 页。
[2] 程树德：《中国法制史》，上海华通书局 1931 年版，第 64 页。
[3] (宋) 朱熹：《资治通鉴纲目》卷一五《朱子全书》（第 9 册），上海古籍出版社 2002 年版，第 933 页。按《通志》卷六九《艺文略七》别集类云"司徒《陈群集》五卷"，其对陈群的官职记载亦误。

如此大量的修律工作就是一件很了不起的事情了。"〔1〕乔说亦不认为魏律颁行于太和三年，其依据是《卢毓传》的记载，这是目前对魏律始修、修成颁行时间最为详细的考证，但仍有重新审视之必要。

（五）吕思勉之疑：魏律未颁行

吕思勉《中国制度史》引《晋志》之文，不辨年月。〔2〕《吕思勉读史札记》"著魏律者"条引《晋志》《刘劭传》《卢毓传》文，不辨年月。〔3〕但吕氏《中国通史》却云"魏篡汉后，才命陈群等从事于此，制成新律18篇，未及颁行而亡"。〔4〕

尽管学界对魏律始修、修成颁行时间有所争议，但对魏律确已修成颁行这个问题应已有定论。不知吕氏以为魏律"未及颁行而亡"有何依据。揣其意，"未及颁行而亡"应指陈群等人已修律完成，但未等颁行实施，晋已代魏。若说终明帝一世，魏律皆不得颁行，那么明帝之后，曹爽尚得专政，其虽多改法度，也未必敢全废魏法。此外，司马氏改革魏法，其起点是在咸熙年间。自正始至咸熙尚有20年之多，要说期间统治不依靠魏律运转，实在难以圆通。再者，嘉平元年（公元249年）四月，王凌、令狐愚谋废齐王曹芳，立楚王曹彪。时郭淮妻为王凌之妹，以当从坐兄之罪，后司马懿免其罪，知嘉平元年未废犯大逆者诛及已出之女制度。《晋志》云正元时，"景帝辅政，是时魏法，犯大逆者诛及已出之女。毌丘俭之诛，其子甸妻荀氏应坐死，其族兄顗与景帝姻，通表魏帝，以匄其命。诏听离婚。荀氏所生女芝，为颍川太守刘子元妻，亦坐死，以怀妊系狱。荀氏辞诣司隶校尉何曾乞恩，求没为官婢，以赎芝命。曾哀之，使主簿程咸上议曰：'夫司寇作典，建三等之制。甫侯修刑，通轻重之法。叔世多变，秦立重辟，汉又修之。大魏承秦汉之弊，未及革制，所以追戮已出之女，诚欲珍丑类之族也。然则法贵得中，刑慎过制。臣以为女人有三从之义，无自专之道，出适他族，还丧父母，降其服纪，所以明外成之节，异在室之恩。而父母有罪，追刑已出之女。夫党见诛，又有随姓之戮。一人之身，内外受辟。今女既嫁，则为异姓之妻。如或产育，

---

〔1〕 乔伟主编：《中国法制通史》（魏晋南北朝卷），法律出版社1999年版，第21~22页。

〔2〕 吕思勉：《中国制度史》，上海教育出版社1985年版，第818页。

〔3〕 吕思勉：《吕思勉读史札记》，上海古籍出版社2005年版，第974页。

〔4〕 吕思勉：《中国通史》，华东师范大学出版社1992年版，第164~165页。

则为他族之母，此为元恶之所忽。戮无辜之所重，于防则不足惩奸乱之源，于情则伤孝子之心。男不得罪于他族，而女独婴戮于二门，非所以哀矜女弱，蠲明法制之本分也。臣以为在室之女，从父母之诛。既醮之妇，从夫家之罚。宜改旧科，以为永制。'于是有诏改定律令"。[1]此二案所反映魏"犯大逆者诛及已出之女"制度的演变，皆可旁证魏律（法）之存在与颁行。

按《晋书·贾充传》载："（贾）充所定新律既班于天下，百姓便之。诏曰：'汉氏以来，法令严峻。故自元成之世，及建安、嘉平之间，咸欲辩章旧典，删革刑书。述作体大，历年无成。先帝愍元元之命陷于密网，亲发德音，厘正名实。'"据晋武帝诏书所言，"建安、嘉平之间，咸欲辩章旧典，删革刑书"，是指自曹魏、曹丕、曹睿、曹芳时皆有改革汉法的举措，但"述作体大，历年无成"。此言"历年无成"是否指魏律没有修成或颁行之意呢？若如此，这很可能是吕氏持魏律"未及颁行而亡"之说的立论依据。细看该诏，其逻辑关系应如下：汉法严峻，虽经汉元帝、成帝改革，至魏亦历经四帝删削，但律令仍然苛烦严峻，若继续行之，民皆陷法网，司马昭（先帝）有患于此，故令贾充等人修律。《晋志》又云"文帝为晋王，患前代律令本注烦杂，陈群、刘劭虽经改革，而科网本密，又叔孙、郭、马、杜诸儒章句，但取郑氏，又为偏党，未可承用。于是令贾充定法律"。[2]《魏书·刑罚志》云"晋武帝以魏制峻密，又诏车骑贾充集诸儒学，删定名例，为二十卷，并合二千九百余条"。[3]可见修晋律之目的是改革汉魏旧法的苛烦，而非填补曹魏没有颁行律令的尴尬。因此，"历年无成"实指汉魏律令虽经改革，但严峻苛烦之状未改变之意，非指魏律未修成未颁行。故吕说不足为训。[4]

三、从刘劭修律身份与任职时间驳太和三年说

《三国志·刘劭传》云："明帝即位，（刘劭）出为陈留太守，敦崇教化，百姓称之。征拜骑都尉，与议郎庾嶷、荀诜等定科令，作《新律》十八篇，

---

[1] 《晋书》卷三〇《刑法志》，中华书局1974年版，第927页。

[2] 《晋书》卷三〇《刑法志》，中华书局1974年版，第927页。程树德也据此云"新律在当时已不满人意"。

[3] 《魏书》卷一一一《刑罚志》，中华书局1974年版，第2872页。

[4] 在关于《晋志》所言魏律序略问题上，吕氏前后亦有抵牾之处，如其《吕思勉读史札记》云"《晋志》所谓《序略》，当即《（刘）劭传》所谓《略论》也"（上海古籍出版社2005年版，第974页）。其《中国通史》却谓"陈群《魏律序》"（华东师范大学出版社1992年版，第164页）。

著《律略论》。迁散骑常侍。时闻公孙渊受孙权燕王之号，议者欲留渊计吏，遣兵讨之，劭以为'昔袁尚兄弟归渊父康，康斩送其首，是渊先世之效忠也。又所闻虚实，未可审知。古者要荒未服，修德而不征，重劳民也。宜加宽贷，使有以自新'。后渊果斩送权使张弥等首"。[1]下文接以青龙中刘劭事迹。《三国志》虽未明载刘劭修律时间，但通过传中所记各事之时间关系，可捕捉一些相关信息：其一，刘劭修律时的身份为骑都尉，修律完成之后方迁散骑常侍。其二，刘劭迁散骑侍郎与公孙渊受燕王、斩张弥事同时。

按《三国志·孙权传》载："嘉禾二年春正月，诏曰：'朕以不德，肇受元命，夙夜兢兢，不遑假寝。思平世难，救济黎庶，上答神祇，下慰民望。是以眷眷，勤求俊杰，将与戮力，共定海内，苟在同心，与之偕老。今使持节督幽州领青州牧辽东太守燕王，久胁贼虏，隔在一方，虽乃心于国，其路靡缘。今因天命，远遣二使，款诚显露，章表殷勤，朕之得此，何喜如之！虽汤遇伊尹，周获吕望，世祖未定而得河右，方之今日，岂复是过？普天一统，于是定矣。《书》不云乎，一人有庆，兆民赖之。其大赦天下，与之更始，其明下州郡，咸使闻知。特下燕国，奉宣诏恩，令普天率土备闻斯庆。'三月，遣舒、综还，使太常张弥、执金吾许晏、将军贺达等将兵万人，金宝珍货，九锡备物，乘海授渊。举朝大臣，自丞相雍已下皆谏，以为渊未可信，而宠待太厚，但可遣吏兵数百护送舒、综，权终不听。渊果斩弥等，送其首于魏，没其兵资。"[2]吴嘉禾二年（公元233年）即魏青龙元年。《宋书·天文志》亦载："太和六年十一月丙寅，太白昼见南斗，遂历八十余日恒见。占曰：'吴有兵。'明年，孙权遣张弥等将兵万人，锡授公孙渊为燕王。渊斩弥等，虏其众。"[3]魏太和六年（公元232年）之"明年"即青龙元年。《资治通鉴》亦将公孙渊受燕王、斩张弥二事分别系在青龙元年（公元233年）正月、六月。[4]

据以上资料知公孙渊受燕王、斩张弥皆在青龙元年（公元233年）。前论刘劭迁散骑侍郎与公孙渊受燕王、斩张弥事同时，则刘劭修律完成之后迁散

---

〔1〕《三国志》卷二一《魏书·刘劭传》，中华书局2006年版，第370页。

〔2〕《三国志》卷四七《吴书·孙权传》，中华书局2006年版，第675页。

〔3〕《宋书》卷二三《天文志》，中华书局1974年版，第682页。

〔4〕（宋）司马光：《资治通鉴》卷七二《魏纪四·明帝青龙元年》，中华书局1956年版，第2284~2285页。

骑常侍亦在青龙元年（公元 233 年）。刘劭由修律时的骑都尉迁为散骑常侍可以说是魏律修成的一个旁证，要说太和三年魏律已颁、刘劭迁为散骑常侍，那只能推断与刘劭迁散骑侍郎同时的公孙渊受燕王、斩张弥二事也在太和三年，显然这种推断与上引史实不合。

对于《刘劭传》的资料，乔伟认为述刘劭修律之后，接着又叙述其在青龙中事迹，"故其与议郎庾嶷、荀诜等修订律令应在太和年间无疑。又据《三国志·魏书·卢毓传》载：'青龙二年，入为侍中。先是，散骑常侍刘劭受诏定律，未就。毓上论古今科律之意，以为法宜一正，不宜有两端，使奸吏得容情。'这说明刘劭等人定律，到青龙二年尚未完成，因此《资治通鉴》认为魏律于太和三年公布是不对的。据以上史料记载推算，曹魏正式修订律令，开始于太和三年，律成及公布的时间当在青龙末年与景初初年"。[1] 按《刘劭传》，其叙述刘劭青龙中事迹确系在修律之后，但二事中间尚有青龙元年刘劭就公孙渊受燕王封号建议一事。乔氏显然没有注意到此事时间是在青龙元年，魏律修成刘劭迁散骑常侍之后。既如此，乔氏将魏律修成时间"扩大"到青龙末年与景初初年之说断难成立。

又，《三国志·卢毓传》载："青龙二年，入为侍中。先是，散骑常侍刘劭受诏定律，未就。毓上论古今科律之意，以为法宜一正，不宜有两端，使奸吏得容情。"[2] 乔氏也引此资料云："这说明刘劭等人定律，到青龙二年尚未完成，因此《资治通鉴》认为魏律于太和三年公布是不对的。"乔氏言下之意是，青龙二年（公元 234 年），卢毓为侍中，同时又上论导致刘劭修律未就。按：《卢毓传》中"先是，散骑常侍刘劭受诏定律"云云，刘劭的身份与《刘劭传》所载相驳，因为《刘劭传》中刘劭修律的身份是骑都尉，修成之后刘劭才迁散骑常侍。《卢毓传》中的"散骑常侍刘劭"，或是陈寿笔误，或是标注后任官职以示尊崇，非指修律时的身份。吕思勉亦考云："（刘）劭当定律之初，尚未为散骑常侍。《毓传》及《晋志》皆从其后来所迁之官言之。"[3] 乔氏并未察觉此点。陆心国在注释《晋志》"天子又下诏改定刑制，命司空陈群、散骑常侍刘劭"一句时言，"散骑常侍：秦代的官名。本来散骑

---

〔1〕 乔伟主编：《中国法制通史》（魏晋南北朝卷），法律出版社 1999 年版，第 21~22 页。

〔2〕 《三国志》卷二二《魏书·卢毓传》，中华书局 2006 年版，第 389 页。按：《资治通鉴》未系其事在青龙二年（公元 234 年）。

〔3〕 吕思勉：《吕思勉读史札记》（中）"著魏律者"条，上海古籍出版社 2005 年版，第 974 页。

和中常侍是分别设立，都不规定人员数。魏文帝黄初初年，才把二官合并，称作散骑常侍……明帝时，出任陈留太守，又征为骑都尉散骑常侍"云云。[1] 陆氏注释"散骑常侍"，显然知道其与"骑都尉"有别。其引"骑都尉"，当本《三国志·刘劭传》所言，却又将"骑都尉""散骑常侍"二者混一连读，不别刘劭任官之先后，亦不审也。再者，按史书笔法，"先是""初"之类的记述多是陈述旧事。而在《卢毓传》中，"先是，散骑常侍刘劭受诏定律，未就。毓上论古今科律之意，以为法宜一正，不宜有两端，使奸吏得容情"一事虽系在"青龙二年（公元234年），入为侍中"之后，但其发生时间肯定是在青龙二年（公元234年）之前。故乔氏以此推论"刘劭等人定律，到青龙二年尚未完成"，有失严谨。此外，从字面上看，"未就"确有魏律未修成之意，但是能否排除当时有所争议而耽搁一段时间呢？卢毓据此上论云云，应是当时就修律一事所提的意见，导致修律有所耽搁，至于这种耽搁会持续到青龙末年，缺乏充实论据。相反，《卢毓传》关于"先是"的记述却可反证魏律在青龙二年（公元234年）卢毓入为侍中之前已经修成。乔说认为"此次修订律令，是秦汉以来的一次大规模的法典编纂活动，削烦去蠹，复位体例，短时间内是很难完成的。从太和三年到景初元年，共计六年多的时间，如能完成如此大量的修律工作就是一件很了不起的事情了"，不能否认，其以曹魏短时间很难完成大量修律工作的推论有一定合理性，但是工作量的大小和进展的速度，绝不能用今人的标尺来衡量，因此，乔氏的判断看似圆通，实则过于情感化。

基于刘劭修律完成之后迁散骑常侍在青龙元年多有确证，可以推断魏律成于太和末年至青龙元年之间；其颁行不会超出青龙元年，断不会在太和三年就已经颁布。

四、从《通典》所载曹魏丧制疑难与《丧葬令》驳太和三年说

《通典》载："魏尚书左丞王昶。除陈相，未到国而王薨。议者或以为宜齐缞，或以为宜无服。王肃云：'王国相，本王之丞相。按汉景帝时，贬为相；成帝时，使理人。王则国家所以封，王相则国家使为王臣，但王不与理人之事耳。而云相专为理人，不纯臣于王，非其义也。今昶至许昌而闻王薨，

---

〔1〕 陆心国：《〈晋书·刑法志〉注释》，群众出版社1986年版，第51页。

姓名未通，恩纪未交，君臣未礼，不责人之所不能，于义未正服君臣之服。《传》曰："策名委质，贰乃辟也。"若夫未策名，未委质，不可以纯君臣之义也。礼，妇人入门，未三月庙见死，犹归葬于其党；不得以六礼既备，又以入室，遂成其妇礼也。则臣之未委质者，亦不得备其臣礼也。曾子问曰："娶女有吉日而女死，如之何？"孔子曰："婿齐缞而吊，既葬而除之。夫死亦如之。"各以其服，如服斩缞，斩缞而吊之，既葬而除之也。今㬷为王相，未入国而王薨，义与女未入门夫死同，则㬷宜服斩缞，既葬而除之，此礼之明文也。《礼》曰"与诸侯为亲者服斩"，虽有亲，为臣则服斩缞也。臣为其君服之，或曰宜齐缞，不亦远于礼乎？'诏如肃议。司空陈群议：'诸王相国不应为国王服斩缞，古今异制，损益不同。古者诸侯专国子人。至汉初，患诸王子强暴，夺之权，食租而已。乃选贤能代王居国，相王为善，否则弹纠。国家置王以下之吏，非陪臣之谓也。《礼记》虽有"与诸侯为亲服斩"者，盖谓异于国臣，与有亲于王斩耳。虽陪臣，不亲，犹不为服。岂专帝臣，而为藩王服斩？未有实不为臣而名称臣。若欲假虚名以优王者，欲崇君臣而服，纠其罪。名实既借，君臣义乖，遗礼失教，难以为典。近防辅小吏，尚不称臣，况剖符帝臣而称臣妾于藩王！若使正名为王臣，则尚书当称陪臣，则王正臣不可不服，则不宜还纠王罪。若不称陪臣，俱言臣者，此为王与天子同臣也。'诏曰：'若正名实，司空议是也。且谓之国相，而不称臣制服，则亦名实有错。若去相之号，除国之名，则伤亲亲之恩也。宜释轻从重，以彰优崇之大义也。'"[1]王㬷出任陈相，未到任而陈王死，其要为陈王服何种丧在当时引起争论。王肃认为王㬷与陈王之间没有行君臣之礼，故不需依礼经服斩缞三年，只需"即葬而除"，其意见得到了采纳。陈群驳之，认为曹魏的诸侯王与上古不同，王㬷作为陈王相，并非"陪臣"，其与陈王皆是"帝臣"，故不需为陈王服丧。最后的处理意见是偏向了王肃之说，认为王㬷要为陈王服丧，且"释轻从重，以彰优崇之大义"。

下文皆接以"《丧葬令》云：'王及郡公侯之国者薨，其国相官属长史及内史下令长丞尉，皆服斩缞，居倚庐。妃夫人服齐缞，朝晡诣丧庭临。以丧服视事，葬讫除服。其非国下令长丞尉及不之国者相内史及令长丞尉，其相

---

〔1〕（唐）杜佑：《通典》卷八八《礼·沿革·凶礼·斩缞三年》，中华书局 1988 年版，第 2418~2420 页。

内史吏，皆素服三日哭临。其虽非近官而亲在丧庭执事者，亦宜制服。其相、内史以列侯为吏令长者无服，皆发哀三日。'"〔1〕此令所言"王及郡公侯之国者薨，其国相官属长史及内史下令长丞尉，皆服斩缞，居倚庐"，即上引诏书所言"释轻从重，以彰优崇之大义"的制度化，即由诏书著为令文。从陈群不主张国相为诸侯王服丧到王肃认为不需依礼经服斩缞三年，只需"即葬而除"，再到《丧葬令》中国相为诸侯王服斩缞丧。其服丧从重的色彩显而易见。可以说《丧葬令》的制定正是针对王㬎是否要为陈王服丧这样的例子而发。

通过以上，可发掘到一些关于曹魏律令的信息。

首先，《通典》之"陈王"，即陈思王曹植，其亡在太和六年。此段时间陈群也正好为司空，则陈群之议至少是在太和六年。所言之诏即魏明帝所颁。

其次，系在王㬎事件之后的《丧葬令》应是曹魏之令，即陈群等人所修之魏令。严可均《全三国文》、钱仪吉《三国会要》、杨晨《三国会要》皆以此为魏制。〔2〕甘怀真也主张发生此事之后，曹魏便颁布了此《丧葬令》。〔3〕程树德《魏律考》《晋律考》均不收此令，疑其未察。张鹏一编著、徐清廉校补之《晋令辑存》（三秦出版社 1989 年版）未收此条，或二人皆以此为魏令而不录。

再者，依《通典》所载梳理几件事情的时间顺序：

太和六年（公元 232 年）曹植亡——陈群与王肃议论——明帝下诏书——颁《丧葬令》。

于此，不难让人做出这样的推论：此《丧葬令》从属魏令，又在太和六年曹植亡之后颁行，则陈群等人修成魏律令的时间最早也是在太和六年，《资治通鉴》以为魏律令于太和三年颁行之说不攻自破。从以上事件经过可见，通过对王㬎是否要为曹植服丧的讨论，将各家意见落实到魏令中，转化为制

---

〔1〕（唐）杜佑：《通典》卷八八《礼·沿革·凶礼·斩缞三年》，中华书局 1988 年版，第 2420 页。

〔2〕按：严氏收入《全三国文》卷五五《魏·阙名》中，亦标"《丧葬令》"，商务印书馆 1999 年版，第 561 页。钱氏收入《三国会要》卷一〇《礼·丧制》中，上海古籍出版社 1991 年版，第 274 页。杨氏收入《三国会要》卷一二《礼·杂录》，中华书局 1956 年版，第 227 页。

〔3〕甘怀真："魏晋时期官人间的丧服礼"，载《"中国历史学会"史学集刊》1995 年第 27 期。甘氏在撰文时也引用了《通典》的这则资料，可能由于研究的方向和视角不同，故没有就魏律的时间进行探讨，但他对于此条资料的分析给予笔者一定启发。

度，这是情理之中的事。这说明魏修律令本自众人之力，非陈群独见，而是汇通诸家之言。如果说此令是曹植死前，太和三年所颁定，则很难有关于此类问题的详尽规定。如果太和三年就已修成魏律，颁布此令，那么到了太和六年，陈群就不应对此类事情再生争议，而是依律令行事；若陈群是有意违之，那么其作为魏律撰定人的意义又将何存呢？太和六年，王肃与陈群的讨论意见经魏明帝诏书确认，后在《丧葬令》中落实，此可证明《丧葬令》决非在太和三年就已经颁定。此外，《丧葬令》文系在王肃、陈群论议资料之后，杜佑在编撰《通典》时，自不会将资料时间顺序倒置。若观此书体例，即知其有编年体的特点，不需笔者详辨。相反，《通典》资料更比《资治通鉴》所记原始，基于此也可驳魏律令太和三年颁行之说。

行文至此，或有人会提出反问，难道制度确定之后（以魏律令颁于太和三年为时间点，在太和三年之后）就不会碰到疑难、不会有人再生议论了吗？在当时环境下，曹魏历秦汉之弊，改革旧律的决心与动作都很大，寻求律令统一性与确定性的努力都很强烈。如果有统一具体的规定，肯定会参照执行，不会破坏律令。作为修律之人的陈群，应不会带头违反此道。再者，在立法过程中，巨大的争议与博弈如果没有达成共识，往往导致一事一议的情况延宕不休。对有争议的问题暂不立法或不予立法，在情理上是可以圆通的，这也并不妨碍陈群、王肃等人对此有所驳论。与其在规则制定出来后饱受诟病而无法通行，还不如退而求其次，搁置争议，待时机成熟再以立法形式固定下来。《通典》资料所反映的"太和六年曹植亡——陈群与王肃议论——明帝下诏书——颁《丧葬令》"，就暗合了这样一个历经讨论、最终立法的过程。因此，发生此事时（太和六年），魏律令皆未修成，导致并无此类制度规定供参照的可能性更大，下再举例证之：

《通典》载"魏河南尹丞刘绰问曰：'士孙德祖以乐陵太守被书迁陈留，已受印绶，发迈迎吏，虽未至，左右已达，未入境而亡。不知乐陵送故吏当持重乎？陈留迎吏当持重乎？'河南尹司马芝答曰：'德祖见陈留太守，故乐陵守耳。乐陵吏以旧君服，复何疑也。'刘绰难云：'虽去乐陵，其义未绝；陈留虽迎，其恩未加。今使恩未加而服重，恩未绝而服轻乎？《礼》：娶女有吉日而女死，婿齐缞而吊，既葬除之。谓乐陵宜三年矣。'芝答：'德祖已受帝命，君名已定，乃欲以已成名之君，比未成之妇，何邪？'绰又难：'陈留之吏既未相见，而使三年，是责非时之恩。《礼》云：仕而未有禄，违而君麑，弗为之服。明服以恩不以名也。'"〔1〕时乐陵太守士孙德祖转任陈留太守，未上任却身亡。乐陵与陈留二郡的官吏应如何服丧，成为难题。有人认为士孙德祖出任陈留，与陈留官吏已成君臣关系，故陈留官吏依礼经"臣为君"之义服斩衰；乐陵官吏是其故吏，只依为旧君服的制度即可。刘绰认为，士孙德祖于乐陵官吏有恩义之实，而与陈留官吏只有"帝命"之"名"而乏恩义，因此陈留官吏重服并不合理。据此可知，当时对于官长接到新任他官的命令后，赴任期间死亡，其原任官之故吏和新任官之新吏，要为其服何种丧，这种情况曾引起争论。要注意的是，争论的焦点并非故吏能否为旧君服丧，而是服何种丧，据此知曹操当年所制故吏不得为旧君服丧之制已有松动，但这并不等于论证曹魏已有故吏为旧君服丧之制，因为单就《通典》所引，是刘绰与司马芝的论辩，结果如何，不得而知。〔2〕

《南齐书·褚渊传》载：褚渊本宋臣，入南齐被拜为司徒，但一直拒授。其亡后出现这种局面："司空掾属以渊未拜，疑应为吏敬不？王俭议：'依《礼》，妇在涂，闻夫家丧，改服而入。今掾属虽未服勤，而吏节禀于天朝，宜申礼敬。'司徒府史又以渊既解职，而未恭后授，府犹应上服以不？俭又议：'依中朝士孙德祖从乐陵迁为陈留，未入境，卒，乐陵郡吏依见君之服，陈留迎吏依娶女有吉日齐衰吊，司徒府宜依居官制服。'"〔3〕《南齐书》所载略于《通典》，后人多以"中朝"指代曹魏、两晋，在此即指曹魏。〔4〕如同《通典》一样，《南齐书》也没有记载士孙德祖一事如何处理，因为王俭之议也仅仅是重述刘绰之见，并不能说刘绰之见就是当时的处理意见，更不能认为王俭所引即为曹魏已经施行的丧服制度。又，《司马芝传》云：司马芝"黄

---

〔1〕（唐）杜佑：《通典》卷九九《礼·沿革·凶礼·郡县守令迁临未至而亡新旧吏为服议》，中华书局1988年版，第2640页。刘绰之说本自《礼记》："曾子问曰：'取女，有吉日而女死，如之何？'孔子曰：'婿齐衰而吊，既葬而除之。夫死亦如之。'"

〔2〕此外，二人之问、答、难，更近于经学答问体例。

〔3〕《南齐书》卷二八《褚渊传》亦载此事："时司空掾属以彦回未拜，疑应为吏敬以不？王俭议：'依《礼》，妇在途，闻夫家丧，改服而入。今掾属虽未服勤，而吏节禀于天朝，宜申礼敬。'司徒府史又以彦回既解职而未恭后授府，应上服以不？俭又议：'依中朝士孙德祖从乐陵迁为陈留，未入境，乐陵郡吏依见君之礼，陈留迎吏依娶女有吉日，齐衰吊。司徒府宜依居官制服。'"

〔4〕《文心雕龙·时序》载："自中朝贵玄，江左称盛。"《世说新语·文学》载："中朝时有怀道之流。"《史通》卷一一《外篇·史官建置》载："若中朝曹魏、西晋。"按《南齐书全译》未翻译"中朝"一词，疑其未参阅到这些资料，见许嘉璐主编，杨忠分史主编：《南齐书全译》，世纪出版集团·汉语大词典出版社2004年版，第310页。

初中"为河南尹，明帝即位赐爵关内侯，"居官十一年，数议科条所不便者。其在公卿间，直道而行。会诸王来朝，与京都人交通，坐免"。[1]按魏诸王朝京都事在太和五年，以其居官年限计算，其任河南尹应在黄初二年。即《通典》所云士孙德祖一事，发生在黄初二年至太和五年间，如果当时魏律令已颁行，且对此类问题在魏令中有所规定，自然不会产生疑难。由此，也可证前引刘绰与司马芝的论辩所反映的是：在黄初二年至太和五年间，曹魏尚未对士孙德祖一事中的丧服问题提出解决的良策。司马芝曾"数议科条所不便者"，当不会置律令不顾，士孙德祖一事存疑正是黄初二年至太和五年间曹魏没有制定《丧葬令》、缺乏具体丧服制度的反证，基于此也可驳太和三年之说。

更重要的是，士孙德祖一事所揭示的官长卒，其属僚是否要服丧这个问题，在曹魏制定《丧葬令》之后得到了相应的解决。《通典》引"魏令：官长卒官者，吏皆齐缞，葬讫而除之"，[2]知魏制规定：属吏为长吏服齐缞，至终丧礼为止。这条令文当是陈群等人所修。程树德《魏律考·魏令》引此条，并云"未知属何令，姑附于《尚书官令》之下"。[3]程树德以为《通典》所引"魏令"在《尚书官令》中，其归类可商榷。若以魏令三大篇目来分类，其置于《州郡令》为妥，应为《州郡令》中的一篇，"丧葬"或其名。又，《通典》引晋《丧葬令》："长吏卒官，吏皆齐缞以丧服理事，若代者至，皆除之。"[4]知晋制规定，属吏为长吏服齐缞，若遇新任长官上任，则服丧中止。晋令的这一规定当本自魏令，同时也是对魏律的修正，晋令的灵活处理之处在于避免新官在旧官丧期到任，众人继续服丧而耽误政事。这正好印证魏晋令的一脉相承，也是魏存在《丧葬令》的明证。程氏《晋律考·晋令》亦收录了此条晋《丧葬令》，应晓此制在魏晋令中的流变与差异，惜无详考。[5]可以肯定，曹魏《丧葬令》"官长卒官者，吏皆齐缞，葬讫而除之"颁布在后，故刘绰与司马芝论辩时皆不能引之。

---

〔1〕《三国志》卷一二《魏书·司马芝传》，中华书局 2006 年版，第 236 页。

〔2〕（唐）杜佑：《通典》卷九九《礼·沿革·凶礼·郡县吏为守令服议》，中华书局 1988 年版，第 2246 页。

〔3〕程树德：《九朝律考》卷二《魏律考》，中华书局 2003 年版，第 209 页。

〔4〕（唐）杜佑：《通典》卷九九《礼·沿革·凶礼·郡县吏为守令服议》，中华书局 1988 年版，第 2246 页。

〔5〕程树德：《九朝律考》卷三《晋律考》，中华书局 2003 年版，第 296 页。

甘怀真认为，"魏晋以后，封建礼法受到重视，而且被置于国宪的位阶，它反映了当国家权力在历经汉朝的扩张之后，地域社会（包括各级地方政府）逐渐被整合成一个体系，而且人与人之间，组织与组织之间，发生了更深的依赖关系。这时候统治阶级必须要建立起以朝廷为中心的权力关系，使统治阶级的成员，能够清楚的知道自己所处的位置，与人际的关系"。[1]制定律令的目的是要符合现实，解决现实问题。就曹魏制定律令，特别是《丧葬令》而言，其目的是制定丧葬的基本原则与制度，解决丧制疑难，为其臣民订立标准。因此，曹魏《丧葬令》之类的礼制律令化，是希望通过丧服礼来固定人与人之间的尊卑亲疏，并以构建整个国家的身份秩序，以示贵贱之差、远近之别、内外之异。但通过王肥、士孙德祖二例可见，至少在太和六年之前，曹魏在丧服制度方面仍有诸多疑难。这些疑难最后通过什么途径解决，无非依靠律令，具体而言即《丧葬令》；在何时解决，即使是立即制令进行规范，也不会早于太和六年。如果太和三年之说成立，那么其时制定的《丧葬令》必然要解决太和三年之前的一些丧制疑难，但太和五年、六年的丧制争议皆是没有制度规定所导致的反证。因此太和六年之前出现的一些丧制疑难，可以反证曹魏当时对此类丧制疑难尚缺乏明确、统一的规定，据此也可推定魏律令颁行于太和三年之说不成立。

五、结论

魏律令颁于太和三年说影响颇大，窃以为是深受宋人史书，特别是《资治通鉴》的影响。但是将置律博士、修律皆系于太和三年之下，是司马光因类相编的史笔所致，抑或司马光本身就持魏律颁行于太和三年之说，今已难证。但其为孤证，孤证不立，采之则不审矣。再者，前人对此问题也有诸多存疑，特别是考证之处，这是我们必须认真阅读和重新审视的。如果主张魏律始修、修成颁行皆在太和三年。就目前资料而言，能反驳之处甚多。沈家本"《资治通鉴》因类相编"已驳，乔伟所言"因为此次修订律令，是秦汉以来的一次大规模的法典编纂活动，削烦去蠹，复位体例，短时间内是很难完成的。从太和三年到景初元年，共计六年多的时间，如能完成如此大量的修律工作就是一件很了不起的事情了"云云，也反驳了魏律始修、修成颁行

---

[1] 甘怀真："魏晋时期官人间的丧服礼"，载《"中国历史学会"史学集刊》1995 年第 27 期。

皆在一年的观点。从魏末司马昭命贾充等人修律即知晋律修成时间跨度之大，况且贾充等人还是在陈群等人改革的基础上再次进行改革，如滋贺秀三所言："与其说晋律是基于修正魏律的意图编纂的，毋宁说是直接以汉代以来的法规累积为素材编纂的，是重复一次魏律编纂者所尝试过的同样的整理组合工作。"[1]因此，要魏人在一年之内完成改革秦汉旧弊的任务，是否为难了点呢？学者认为魏律始修、修成颁行皆在太和三年，难以为信。

实事求是，就资料本身和个人能力而论，要彻底考证出魏律具体在哪一年修成、颁行，笔者力有不逮，前辈学人也未下断然结论。

如沈家本，仅认为魏律修于青龙二年，其主张魏律修成、颁行于何年不得而知。至于魏律始修于何年，这又是一个重要的问题。沈氏已经提出了异议，但就笔者研究而言，沈说也不能为后人所全盘接受，至少主张魏律修于太和三年仍然是学界通说，众多观点中也只得沈氏一家主张魏律修于青龙二年。再者，据《刘劭传》载，刘劭修律时为骑都尉，修律完成后迁散骑常侍，时在青龙元年。如果沈说成立，那么青龙二年修律时刘劭身份也应是骑都尉，这与本传所云刘劭青龙元年即为散骑常侍相驳。可见沈说亦有不周之处，故本文对于魏律始修时间仍从太和三年之说。

如乔伟，仅认为魏律修于太和三年，修成颁行于青龙末景初初。如上论，其论证《卢毓传》有抵牾之处，也忽视了刘劭修律时为骑都尉，修律之后迁散骑常侍，时在青龙元年这一资料。故其将魏律修成颁行时间"扩大"到青龙末景初初，合于情却悖于史。

如程树德，仅认为魏律成于太和青龙间；除了征引陈群官职错误之外，程说是目前所见诸说最能说服笔者的。因为从前论刘劭修律时为骑都尉，修律完成后迁散骑常侍，时在青龙元年这一资料来看，魏律修成颁行不会晚于青龙元年。王叟、士孙德祖二例，是本文用以论证魏律令颁行不会早于太和六年的材料。魏律修成颁行早不出太和六年，晚不过青龙元年，正合程说。

阙考存疑，或以模糊之语言论魏律在魏明帝时制定颁布，未尝不是对问题进行"冷处理"的好方法。但既然有疑，结合各说进行自己的推论，这也并不违反学问之道。本文的重心在于反驳魏律颁行于太和三年说，论证《资

---

[1] [日]滋贺秀三："曹魏新律十八篇篇目考"，载刘俊文主编：《日本学者研究中国史论著选译》（第8卷），姚荣涛、徐世虹译，中华书局1992年版，第91页。

治通鉴》将修律一事系于太和三年之下不能成为学者认定魏律颁行于太和三年的证据，亦就魏律始修、修成颁行时间推测如下：其始修于太和三年，修成颁行在太和六年至青龙元年之间。以此求教于方家。

魏修律令，史籍虽只言片语之存，但于政治、文化、社会之重要意义实不容忽视，以今日语意言之，是为曹魏人民政治生活中的一件大事。唯其对曹魏的影响时刻起自何时，是为疑案。这样一个问题若置于浩瀚的法制史研究中，其价值确实微乎其微；若置于法制史教材的叙述中，这样的问题恐怕会一笔带过。但对历史而言，魏律修成时间若能考证清晰，或有助认识一二问题。在此不妨将眼光扩至魏晋之际：咸熙元年（公元264年）司马昭"患前代律令，本注烦杂，陈群、刘劭虽经改革，而科网本密。又叔孙、郭、马、杜诸儒章句，但取郑氏，又为偏党，未可承用"，[1]于是"奏司空荀𫖮定礼仪，中护军贾充正法律，尚书仆射裴秀议官制，太保郑冲总而裁焉"，[2]凡十四人典其事。泰始三年晋律成，诏云："昔萧何以定律令受封，叔孙通制仪为奉常，赐金五百斤，弟子百人皆为郎。夫立功立事，古今之所重，宜加禄赏，其详考差叙。辄如诏简异弟子百人，随才品用，赏帛万余匹。"[3]时武帝亲自临讲，使裴楷执读。泰始四年（公元268年）正月大赦天下颁行新律，又封爵赐帛各有差。[4]时从卢珽、张华所议，"抄新律诸死罪条目，悬之亭传，以示兆庶"。[5]又诏颁张、杜律注于天下。凡此所述即晋律修成的大体过程，时人对律令编纂之隆重可见一斑。称之"时人"，以其典午之纯臣，亦魏之旧臣

---

〔1〕《晋书》卷三〇《刑法志》，中华书局1974年版，第927页。

〔2〕《晋书》卷三〇《刑法志》，中华书局1974年版，第44页。

〔3〕《晋书》卷三〇《刑法志》，中华书局1974年版，第927~928页。《贾充传》亦载诏云："汉氏以来，法令严峻。故自元成之世，及建安、嘉平之间，咸欲辩章旧典，删革刑书。述作体大，历年无成。先帝愍元之命陷于密网，亲发德音，厘正名实。车骑将军贾充，奖明圣意，咨询善道。太傅郑冲，又与司空荀𫖮、中书监荀勖、中军将军羊祜、中护军王业，及廷尉杜友、守河南尹杜预、散骑侍郎裴楷、颍川太守周雄、齐相郭颀、骑都尉成公绥荀辉、尚书郎柳轨等，典正其事。朕每鉴其用心，常慨然嘉之。今法律既成，始班天下，刑宽禁简，足以克当先旨。昔萧何以定律受封，叔孙通以制仪为奉常，赐金五百斤，弟子皆为郎。夫立功立事，古之所重。自太傅、车骑以下，皆加禄赏，其详依故典。"

〔4〕《晋书·武帝纪》载时诏云："古设象刑而众不犯，今虽参夷而奸不绝，何德刑相去之远哉。先帝深愍黎元，哀矜庶狱，乃命群后，考正典刑。朕守遗业，永惟保乂皇基，思与万国以无为为政。方今阳春养物，东作始兴，朕亲率王公卿士耕藉田千亩。又律令既就，班之天下，将以简法务本，惠育海内。宜宽有罪，使得自新，其大赦天下。长吏、郡丞、长史各赐马一匹。"

〔5〕《晋书》卷三〇《刑法志》，中华书局1974年版，第931页。

也，况且晋律"开工立项"也是始于魏末。由司马昭、司马炎诸人编纂律令的"轨迹"而论魏修律，曹叡、陈群诸人必也有此政风世俗；其增损秦汉旧律，与晋为比恐更大费周章，而律令成就，必也大美其功。至于魏人修律时如何"隆而重之"，已难晓其详，但魏晋的制法成治确属中国古代成文法公布沿革的重要一环。若说咸熙元年、泰始三年、泰始四年分别承载了晋律始修、修成、颁行公布三层历史意义的话，那么对于魏律，这三层意义是否都由太和三年"独自承担"呢？难道我们不应用同样的眼光审视魏律的编纂吗？自咸熙元年至泰始四年，是中国古代律令两分的重要时刻；若将视线放长至太和三年，自太和三年始至泰始四年，则是律、令编撰体例体系的转型时期。既如此，则不管是魏律或晋律，其始修、修成、颁行公布对古代成文法沿革而言，每一步都有着不可估量的作用。尽管这种作用是由律典、令典本身所彰显的，但在表面上，每一个步骤的时间不也是其体现吗？故对时间的讨论，是能加深我们对魏晋律编纂，特别是颁行公布的认识的。笔者所作魏律"始修于太和三年，修成颁行在太和六年至青龙元年之间"的推测，在主观上确实有着为魏人，特别是为太和三年"分忧解难"的心态，即认为魏要在一年内毕修律之事，太和三年有着"历史无法承受之重"。要表明的是，对这种心态的任何质疑，笔者都是乐见和愿意探讨的。若说本文所推断的是为"多虑"，那么本文所要坚持和揭示的又恰是此点。

现存的《唐律疏议》为《永徽律疏》之新证

——以敦煌吐鲁番出土的唐律、律疏残卷为中心

郑显文*

摘　要　本文通过对敦煌、吐鲁番发现的唐律、律疏残卷进行分析，对唐律的传承提出了新的观点，认为《贞观律》《永徽律》的律文变化不大，《垂拱律》的用语有了较大改动，内容也有变通，《神龙律》复原《永徽律》的原貌，《开元律》与《永徽律》相比发生了较大的变化。而大规模编撰律疏只有永徽四年（公元 653 年）一次，开元二十五年（公元 737 年）作了修订，因此律疏出现了两个不同的蓝本系统，即《永徽律疏》和《开元律疏》，两者在书写格式上没有太大变化，但后者在内容和用语方面有较大变化。现存元代版《唐律疏议》与敦煌、吐鲁番所保存的《开元律疏》残卷有很大不同，说明前者可能是《永徽律疏》或与其同属一个蓝本系统。《宋刑统》和日本《养老律》同属另一个蓝本系统，直接沿袭了《开元律疏》。

关键词　唐律疏议　永徽律　开元律　养老律　宋刑统

我国著名法史学家杨鸿烈先生曾对中华法系作了如下论述："中华法系者，盖指数千年来支配全人类最大多数，与道德相混自成一独立系统且其影响于其他东亚诸国者，亦如其在本部之法律制度之谓也。"[1]唐律是中华法系的代表性法典，它代表了中国古代立法的最高成就。长期以来，国内外学者对《唐律疏议》这部法典给予了高度重视，中国、日本、韩国以及欧美等许多国家的学者发表了众多研究成果，对现存《唐律疏议》的制作年代、版本流传、立法思想、条文内容等进行了认真的探讨。但是到目前为止，法史学

---

* 本文作者系上海师范大学哲学与法政学院教授。

〔1〕　杨鸿烈：《中国法律对东亚诸国之影响》，中国政法大学出版社 1999 年版，第 2 页。

界对于现存的元代刊本《唐律疏议》究竟是永徽四年（公元 653 年）的《永徽律疏》还是开元二十五年（公元 737 年）的《开元律疏》仍存在着重大分歧。值得庆幸的是，20 世纪初，在中国西北敦煌的藏经洞发现了部分唐律、律疏的残卷；20 世纪六七十年代，在新疆吐鲁番的阿斯塔那等地又发现了一些唐律、律疏的残卷。这些律典残卷的发现，对于探究《唐律疏议》的成书年代提供了珍贵的资料。下面笔者就以这些新发现的唐律、律疏为线索，结合传统文献的记述，对现存《唐律疏议》的制作年代进行考察，不妥之处，敬请学界批评指正！

学术界最早对流传至今的元代版本《唐律疏议》是《永徽律疏》持怀疑态度的是日本学者佐藤诚实。早在明治三十年（公元 1897 年），佐藤诚实就发表了《律令考》一文，提出《唐律疏议》有为中宗、武后、玄宗避讳之处，怀疑其书是否为《永徽律疏》，开始了《唐律疏议》制作年代的争论。[1]此后，日本学者仁井田陞、牧野巽发表了《〈故唐律疏议〉制作年代考》一文，开篇即提出了"《故唐律疏议》不是《永徽律疏》"的观点，并通过分析"推翻了认为《故唐律疏议》即《永徽律疏》的传统定说，进而论证出其大体上以开元二十五年（公元 737 年）《律疏》为主干、在形式与内容中都加入了后世修改的部分。作为《故唐律疏议》基本部分的律疏的实际制作年代，要比迄今所认为的年代晚四朝八十余年（自高宗永徽四年至玄宗开元二十五年）"。[2]不过中国学者杨廷福、蒲坚、徐道隣等人仍坚持现存的《唐律疏议》是《永徽律疏》的观点。[3]杨廷福从文献著录、敦煌写本律疏残卷、《唐律疏议》的刊本与长孙无忌的《进律疏表》《唐律疏议》的避讳、《唐律疏议》的律条等七个方面论证了现存的《唐律疏议》就是《永徽律疏》。近年来，日本学者冈野诚又提出了折中的观点，即唐代进行编纂《律疏》，只有

---

〔1〕〔日〕佐藤诚实："律令考"，载《国学院杂志》第 5 卷第 13 号、第 14 号，第 6 卷第 1 号；后收入〔日〕佐藤诚实：《佐藤诚实博士律令格式论集》，汲古书院 1991 年版。

〔2〕〔日〕仁井田陞、牧野巽："《故唐律疏议》制作年代考"，载律令研究会编：《译注日本律令》（一·首卷），东京堂 1978 年版；中译本收入杨一凡主编：《中国法制史考证》（丙编第 2 卷），中国社会科学出版社 2003 年版。

〔3〕杨廷福："《唐律疏议》制作年代考"，载杨廷福：《唐律初探》，天津人民出版社 1982 年版；蒲坚："试论《唐律疏议》的制作年代"，载中国法律史学会《法律史论丛》编委会编：《法律史论丛》（第 2 辑），中国社会科学出版社 1982 年版；徐道隣：《中国法制史论集》，志文出版社 1975 年版，第 56 页。

永徽四年（公元653年）一次而已，到开元时进行修订，这个《律疏》就是后来流传的《唐律疏议》。[1]众所周知，唐代前期大规模编纂和修订律、律疏的活动共有三次，即贞观、永徽和开元时期。《贞观律》《永徽律》和《垂拱律》三者之间律文的内容变化不太大，而开元二十五年制定的《律》和《律疏》，却对《永徽律》和《律疏》作了较大程度的修改。

现存的《唐律疏议》究竟是《永徽律疏》还是开元二十五年新修订的《开元律疏》，学界迄今尚无定论。尤其是经过唐后期、五代、宋、金、元时代的变迁，又曾加入了宋学的注释、金代的避讳等若干改动，[2]使我们对现存《唐律疏议》成书年代的认定更加困难。笔者认为，从敦煌、吐鲁番新发现的唐律、律疏残卷中，或许可以找到一些蛛丝马迹。

根据中国学者刘俊文、唐耕耦、陆宏基以及日本学者山本达郎、池田温等人的调查整理，目前敦煌吐鲁番文书中有关唐律、疏议的残卷共有16件，另外新发现的一些唐代司法文书也涉及了个别唐律条文的内容。这些新发现的唐律、律疏残卷和唐代司法文书所援引的唐律条文几乎涵盖了唐前期所有的律典，若把它与现存的《唐律疏议》进行比对，对于认定现存《唐律疏议》的制作年代会有很大帮助。

一、CH0045号《捕亡律》断片，Дx1916、3116、3155号《名例律》断片，Дx1391号《名例律》断片，大谷8098号《擅兴律》断片，TIVK70~71号《擅兴律》残卷，大谷5098、8099号《贼盗律》断片，大谷4491、4452号《诈伪律》断片与现存的《唐律疏议》之比较

唐太宗于贞观十一年（公元637年）命长孙无忌、房玄龄等人修订《贞观律》。在英国伦敦印度事务部图书馆藏有一件斯坦因所盗的敦煌文书《捕亡律》断片，文书编号为CH0045号。关于CH0045号的书写年代，日本学者池田温认为该残卷是《贞观律》或《永徽律》残卷，中国学者刘俊文根据文书第13行出现的"治"字认为，唐高宗的名字为"李治"，唐人有避讳的传统，

---

[1] ［日］八重津洋平："故唐律疏议"，载［日］滋贺秀三主编：《中国法制史——基本资料之研究》，东京大学出版会1993年版。

[2] ［日］内藤乾吉："泷喜斋本《唐律疏议》的刊行年代"，载《法学杂志》1958年第4卷第3号、第4号。

此件文书应在永徽之前,"所载可能为《贞观律》"。[1]笔者同意 CH0045 号残卷是《贞观律》的观点。该文书仅存 14 行,经与现存的《唐律疏议》相对应条文进行比较,两者内容基本相同。

唐高宗即位之初,命太尉长孙无忌、司空李勣、左仆射于志宁等人撰定律令格式,"旧制不便者,皆随删改"。永徽三年(公元 652 年),高宗又下诏说:"律学未有定疏,每年所举明法,遂无凭准。宜广召解律人条义疏奏闻。仍使中书、门下监定。"于是太尉赵国公长孙无忌、司空英国公李勣、尚书左仆射兼太子少师监修国史燕国公于志宁、银青光禄大夫刑部尚书唐临、太中大夫守大理卿段宝玄、朝议大夫守尚书右丞刘燕客、朝议大夫守御史中丞贾敏行等,参撰《律疏》,成三十卷,四年十月奏之,颁于天下。自是断狱者皆引疏分析之。[2]永徽四年颁布的《永徽律疏》在唐代法典编纂史上具有重要的意义,它从此成为唐代官方的司法解释,为各级司法机关的审判活动所援引,也为明法科考生参加科举考试提供了权威性的司法解释。

20 世纪初,在我国西北的敦煌、吐鲁番等地发现了一些唐代前期的法典《名例律》残卷,这些残卷共有三个断片,其一现藏于俄罗斯圣彼得堡东方研究所,原断片碎裂为三小片,编号为:Дx1916、3116、3155 号《名例律》断片;其二现藏于英国伦敦图书馆,编号为 S9460 号 A《名例律》断片;其三现藏于俄罗斯圣彼得堡东方研究所编号为 Дx1391 号《永徽名例律》断片。其中 Дx1916、3116、3155 号《名例律》断片为"十恶"条一条法律条文。关于其书写年代,刘俊文、唐耕耦等人根据条文内容断定其应为永徽时期《名例律》的残卷。[3]比对现存的《唐律疏议》卷一"十恶"条文,Дx1916、3116、3155 号《永徽名例律》断片有抄写错误,如第 3 行"谓盗大祀神御叔父母之物",其中"叔父母"三字属于衍文;"情误不牢固","情"字为衍文。由于该文书字迹杂乱,我们推测该残卷可能是唐代敦煌地区民间抄录的唐律条文。现藏于俄罗斯圣彼得堡东方研究所编号为 Дx1391 号的唐《名例律》断片首尾残缺,共存 15 行,其中有 6 行不完整。对于该残卷,俄国学者

---

〔1〕 刘俊文:《敦煌吐鲁番唐代法制文书考释》,中华书局 1989 年版,第 100 页。

〔2〕 《旧唐书·刑法志》。

〔3〕 刘俊文:《敦煌吐鲁番唐代法制文书考释》,中华书局 1989 年版,第 24 页;唐耕耦、陆宏基编:《敦煌社会经济文献真迹释录》(第 2 辑),全国图书馆文献缩微复制中心 1990 年版,第 513 页。

孟列夫、日本学者池田温、冈野诚，以及中国学者刘俊文、唐耕耦等人曾进行过探讨。[1]日本学者认为是《永徽律》或《开元律》，中国学者刘俊文认为，其书写格式及笔记与前述 Дx1916、3116、3155 号《永徽名例律》断片相同，疑为同一卷子之分离物，所载亦当是《永徽律》。笔者认为，Дx1391 号残卷抄写比 Дx1916、3116、3155 号《永徽名例律》断片工整，断定两者是否为同一残卷，尚需要作进一步研究，但笔者同意刘俊文的观点，认为该残卷应是《永徽律》的残卷。该文书为《名例律》"同居相为隐"条、"官户部曲官私奴婢有犯"条、"化外人有犯"条、"本条别有制"条及"断罪无正条"条。兹抄录如下：

1 若大

2 □兄弟妻，有罪

3 即漏露其事，及以下相隐，减□

4 人三等。若犯谋叛律。

5 诸官户、部曲、称部曲者，部曲官私奴婢有犯，本条无正文妻及客女亦同。

6 者，各准良人。若犯流、徒者，加杖免居作。应征正赃及赎，

7 无财者，准铜二斤，各加杖十，决讫付官主。若老小

8 及废疾不合加杖，无财者放免。即同主奴婢自相杀，

9 主求免者，听减死一等。亲属自相杀者，依常律。

10 诸化外人同类自相犯者，各依本俗法；异类相犯

11 者，以法律论。

12 诸本条别有制，与例不同者，依本条。即当条虽

13 有罪名，所为重者，自从重。其本应重，而犯时不

14 □者，依凡论；本应轻者，听从本

15

---

　　〔1〕［苏联］孟列夫主编：《苏联科学院亚洲民族研究所藏敦煌汉文写本注记目录》（第 1 册），苏联东方文献出版社 1963 年版，第 566 页；刘俊文：《敦煌吐鲁番唐代法制文书考释》，中华书局 1989年版，第 32 页；唐耕耦、陆宏基编：《敦煌社会经济文献真迹释录》（第 2 辑），全国图书馆文献缩微复制中心 1990 年版，第 519 页。

比照现存的《唐律疏议·名例律》诸条、"同居相为隐"条、"官户部曲官私奴婢有犯"条、"化外人相犯"条，我们发现，敦煌文书Дх1391号《永徽名例律》断片与现存《唐律疏议》相对应的条文内容基本相同。若Дх1391号《永徽名例律》断片确实为《永徽律》的残卷，则元代流传至今的《唐律疏议》应为唐高宗永徽四年颁布的《永徽律疏》。

大谷文书8098号《擅兴律》断片20世纪初发现于吐鲁番吐峪沟，为日本大谷探险队掠走，现藏于日本京都龙谷大学图书馆。日本学者池田温、冈野诚考证其第6行至第8行间有西州都督府之印，说明是一件官方的法律文书。由于该断片没有疏议的内容，日本学者泷川政次郎断定其为唐律的断片。[1]该残卷仅存不完整的8行，字迹很大且较为清楚，内容为唐《擅兴律》之"征讨告贼消息"条和"主将守城弃去"条。

关于8098号《擅兴律》断片的书写年代，一些学者认为其可能是《永徽律》，刘俊文推断其书写于显庆三年至天宝元年之间。笔者更倾向于认为其是《永徽律》的残卷。比照现存《唐律疏议》卷一六"征讨告贼消息"条，我们不难发现大谷文书8098号《擅兴律》残卷与现存的唐律条文相同。

20世纪初发现于吐鲁番吐峪沟、现藏于柏林科学院东方学与亚洲历史研究所编号为TIVK70~71号的《擅兴律》残卷破损严重，其书写年代约为公元8世纪，关于该断片究竟是《永徽律》还是《开元律》，目前尚难定论。其条文内容为《擅兴律》之"征讨告贼消息"条、"主将守城弃去"条、"主将临阵先退"条、"镇所私放征防人还"条、"征人巧诈避役"条、"镇戍有犯"条、"非公文出给戎仗"条。TIVK70~71号《擅兴律》残卷绝大部分条文与现存的唐律内容相同，只有个别地方略有出入，如残卷"镇所私放征防人还"条：

5 □在军所及在镇戍私放征防人还者，各以征镇人逃亡

6 减二等，若放人多者，一人准一日，多者，一日准一人谓放三人各□□累成十五日□□□□

7 者斩，被放者各减一等。临军征讨，而巧诈

---

〔1〕〔日〕泷川政次郎：《律令之研究》附录，刀江书院1966年版，第48页。

比照现存的《唐律疏议》该条："诸在军所及在镇戍，私放征、防人还者，各以征、镇人逃亡罪论；即私放辄离军、镇者，各减二等。若放人多者，一人准一日；放日多者，一日准一人。谓放三人各五日，累成十五日之类。并经宿乃坐。临军征讨而放者，斩。被放者，各减一等。"很明显，残卷第六行缺少了"放日"二字。

日本大谷文书5098、8099号《贼盗律》残卷发现于吐鲁番地区吐峪沟，为日本大谷探险队所掠，现藏于日本京都的龙谷大学图书馆。该残卷破损严重，为唐《贼盗律》之"知略和诱和同相卖而买"条。关于该文书的年代，由于其背面所抄佛经有武周时期的新字"Θ"字，刘俊文教授认为其绝不会晚于神龙元年（公元705年）。笔者认为其抄写年代应在武则天《垂拱律》颁布之前，可能为《永徽律》的残卷。比照现存的《唐律疏议》卷二十"知略和诱和同相卖而买"条，可知残卷的内容与现存《唐律疏议》条文的内容完全相同。

现存于日本京都龙谷大学图书馆的大谷文书4491、4452号唐《诈伪律》残卷仅存3行，为唐《诈伪律》之"伪造御宝"条和"伪写官文书印"条。由于该残卷背面抄写的佛经中有武周时期的新字"圣""人"等字，故其书写年代为7世纪后半期，律文内容是《永徽律》或《垂拱律》的条文。[1]现抄录如下：

1 造皇帝八玺
2 绞，皇太子妃玺，流三千里，
3 文书

比照现存唐律"伪造御宝"条："诸伪造皇帝八宝者，斩。太皇太后、皇太后、皇后、皇太子宝者，绞。皇太子妃宝，流三千里。伪造不录所用，但造即坐。"[2]据《唐六典》卷八"门下省符宝郎"条注文记载，武则天时期，改"符玺郎"为"符宝郎"。大谷文书4491、4452号《诈伪律》残卷除了上述差别外，其余内容与现存的法律条文相同。

---

〔1〕唐耕耦、陆宏基编：《敦煌社会经济文献真迹释录》（第2辑），全国图书馆文献缩微复制中心1990年版，第515页。

〔2〕《唐律疏议》卷二五。

1972 年，在新疆阿斯塔那第 223 号墓出土了《唐为处分支女赃罪牒》，其中也援引了唐律《斗讼律》"诬告反坐"条的条文，引之如下：[1]

> 5 既是实，准《斗讼律》："若告二罪重事实□数事等，但一
> 6 事实，除其罪。"请从免者。准状故牒。

关于该文书的成书年代，刘俊文认为"与此件同墓所出之残文书，多有'文明''天授'等明确纪年。因而可以推断，此件当是唐初文献"。[2]根据吐鲁番文书整理小组的研究，第 223 号墓所出文书的纪年，最早为唐景龙二年（公元 708 年），最晚为开元十一年（公元 723 年），笔者认为该残卷所援引的唐律条文可能是唐中宗即位后复原的《永徽律疏》条文。若将其与现存的《唐律疏议》"诬告反坐"条进行比对，我们发现两者完全相同。

二、敦煌文书 P3608、P3252 号唐垂拱《职制户婚厩库律》残卷与现存《唐律疏议》之比较

P3608、P3252 号唐垂拱《职制户婚厩库律》残卷两个断片之间并不衔接。P3608 号断片残存 153 行，首尾皆残，共八纸；P3252 号残卷亦首尾残缺，存二纸 18 行。该文书书写工整，除个别字迹有涂抹外，整体上字迹清晰。对于该残卷，日本学者内藤乾吉、冈野诚以及中国学者刘俊文等人都作过探讨。[3]

唐《垂拱律》是一部临时性的法典，该残卷的发现不仅有助于人们了解武则天时期的法制情况，甚至对于探究现存的《唐律疏议》是《永徽律疏》还是《开元律疏》也具有重要的参考价值。武则天垂拱时期改定的《垂拱律》，与唐高宗永徽年间制定的《永徽律》相比，改动很小。据《旧唐书》卷五十《刑法志》记载："其律令惟改二十四条，又有不便者，大抵依旧。"近二千条律、令条文改动 24 条，应该说《垂拱律》整体上延续了《永徽律》

---

[1] 中国文物研究所等编：《吐鲁番出土文书（图录版）》（第 4 册），文物出版社 1996 年版，第 124 页。

[2] 刘俊文：《敦煌吐鲁番唐代法制文书考释》，中华书局 1989 年版，第 496 页。

[3] ［日］冈野诚："论敦煌本唐户婚律部曲放良条———P3608 和 P3252 再探"，载《法律论丛》第 60 卷 4、5 合并号，日本明治大学 1988 年；刘俊文："敦煌吐鲁番发现唐写本律及律疏残卷研究"，载北京大学中国中古史研究中心编：《敦煌吐鲁番文献研究论集》（一），中华书局 1982 年版。

的格局。可以这样认为，《垂拱律》无论从内容还是形式，都更加接近于《永徽律》。从现存的 P3608、P3252 号残卷来分析，《垂拱律》的修订，主要是对《永徽律》中的官名、地名进行修改和变动。因此，有的学者推测，关于 P3608、P3252 号断简律，其体裁与《永徽律》相同。[1]

在 P3608、P3252 号残卷的纸面上，有文字改动的迹象。据《唐大诏令集》卷二《中宗即位敕》记载："业既惟新，事宜更始，可改大周为唐。社稷、宗庙、陵寝、郊祭、礼乐、行运、旗帜、服色、天地等字，台阁、官名一事以上，并依永淳故事。"又据《旧唐书》卷八八《苏瓌传》记载："神龙初，入为尚书右丞。以明习法律、多识台阁故事，特命删定律令格式。"神龙初年的这次改动法律，是把 P3608、P3252 号残卷的内容文字恢复到永淳以前的《永徽律》，还是《神龙律》在《垂拱律》的基础上作了较大的修改，目前学术界还有分歧。冈野诚认为新条文的底本是神龙元年完成的《神龙律》的可能性最大。[2]坂上康俊则认为改动后的底本应为《永徽律》。[3]笔者认为，神龙初的这次改动，律文的整体格局并没有什么大的变化，改动的重点应是对令、格、式的修改，至于律，总体来说是复原成《永徽律》的原貌。因此，无论是武则天时期的《垂拱律》，还是神龙初对《垂拱律》的改动，与原来的《永徽律》相比，条文的内容并没有太大的变化。

P3608、P3252 号残卷保存了《垂拱律》卷九、卷十、卷十一共计 51 条法律条文，几乎是唐律中《职制律》的全部。P3608、P3252 号残卷不像现存的元代刊本《唐律疏议》那样把《职制律》分成三卷，而是合而为一，可见武周以前唐代的法典《律》作为一种法典体例是单独存在的，律、律疏是当时存在的两种不同的律典体例。

唐代前期存在律、律疏两种不同的法典体例。中国国家图书馆藏有北宋时期的善本文献《律附音义》12 卷，孙奭撰。根据专家考证，《律附音义》一书为唐律之正文，不附长孙无忌等所撰疏。如果把该书与现存的《唐律疏

〔1〕〔日〕内藤乾吉："敦煌发现唐职制户婚厩库律断简"，载〔日〕内藤乾吉：《中国法制史考证》，有斐阁 1963 年版。

〔2〕〔日〕冈野诚："论敦煌本唐户婚律部曲放良条——P3608 和 P3252 再探"，载《法律论丛》第 60 卷 4、5 合并号，日本明治大学 1988 年。

〔3〕〔日〕坂上康俊："敦煌发现唐律断简（P3608、P3252）和《大宝律》"，载日本历史学会编：《日本历史》第 509 号，吉川弘文馆 1990 年。

议》正文对勘，亦合符节。"足证《律》十二卷，即为唐律。《音义》一卷，乃宋孙奭为注解唐律所撰。"〔1〕北宋孙奭为唐律所撰的《音义》究竟是《永徽律》还是《开元律》，书中没有明确记载。由于该书的条文内容与现存的《唐律疏议》条文内容相同，可以初步推断两者为同一时期的作品。

P3608、P3252号残卷与现存《唐律疏议》律文相比，无论在内容还是在用字用语方面都有一些差异。下面笔者把P3608、P3252号残卷与现存《唐律疏议》中律文、注文部分进行对比，以此来分析《垂拱律》与现存《唐律疏议》这两部法典之间的关系。

P3608号《垂拱职制户婚厩库律》残卷第14行"监当主食有犯"条与现存的《唐律疏议》卷九当条略有出入，据P3608号残卷记载："诸监当官司及主食之人，误将杂药至御服所者，绞。"现存的《唐律疏议》该条"御服"作"御膳"。

《唐律疏议》卷九"私有玄象器物"条记载："诸玄象器物，天文，图书，兵书，七曜历，太一、雷公式，私家不得有，违者徒二年。私习天文者亦同。其纬、候及《论语谶》，不在禁限。"该条文与敦煌文书P3608号残卷略有出入，P3608号残卷没有注文"私习天文者亦同"七字，王重民先生在《敦煌古籍叙录》一书中认为该注文内容是"武后或武后以后所增窜"。对于上述观点，笔者不敢苟同。笔者认为，唐律中的注文部分应形成于《永徽律疏》之前，是对律文内容的补充。长孙无忌等人在对律文和注文作了"疏议"以后，已经找到了补充、解释律文的方法，没有必要再以注文的形式对律文的内容加以补充和解释。因此，现存《唐律疏议》的注文部分应形成于《永徽律疏》之前。P3608号残卷没有注文"私习天文者亦同"七字，恰恰证明了现存《唐律疏议》的制作年代早于《垂拱律》。

敦煌本P3608号残卷"稽缓制书官文书"条与现存的《唐律疏议》卷九也有文字上的出入。据残卷第20行"稽缓诏书官文书"条记载："诸稽缓诏书一日，笞五十，腾诏勅、符、移之类皆是。一日加一等，十日徒一年。其官文书稽程者，一日笞十，三日加一等，罪止杖八十。"现存的《唐律疏议》"诏书"二字皆作"制书"，与残卷不同；注文部分的"腾"字恐为抄写者笔误，应作"膳"字。

---

〔1〕 （宋）孙奭：《律附音义·序》。

P3608 号残卷"增乘驿马"条记载："诸增乘驿马者，一匹徒一年；一匹加一等。应乘驿驴而乘马者，减一等。主司知情，与同罪；不知情者，勿论。余条驿司准此。"现存的刊本《唐律疏议》该条作："诸增乘驿马者，一匹徒一年；一匹加一等。应乘驿驴而乘驿马，减一等。主司知情，与同罪；不知者，勿论。余条驿司准此。"注文部分增加了"者"字，正文部分增加了"情"字。

P3608 号残卷第 77 行"事后受财"条有抄录者错写之处，"诸有事先不许财，事过之后而受财者，事若枉，准枉法论；事不枉者，以受所监临财勿论"。现存的《唐律疏议》该条"以受所监临财勿论"作"以受所监临财物论"，残卷"勿"字当为抄录者笔误。

P3608 号残卷"役使所监临"条也可纠正现存《唐律疏议》的误字，据残卷记载："诸监临之官，私役使所监临，及借奴婢、牛马驼骡驴、车船、碾硙、邸店之类，各计庸、赁，以受所监临财物论。即役使非供己者，非供己，谓流外官及杂任应供官事者。计庸坐赃论，罪止杖一百。其应供己驱使而收庸直者，罪亦如之。供己求输庸直者，不坐。若有吉凶，供使所监临者，不得过二十人，人不得过五日。其于亲属，虽过限及受馈、乞贷，皆勿论。"而现存的《唐律疏议》该条"若有吉凶，借使所监临者"，北宋孙奭《律附音义》该条与现存的《唐律疏议》条文内容相同，从上下文的意思分析，应该是后人把"供"字误抄成"借"字。

P3608 号第 99 行"脱漏户口增减年状"条："诸脱户者，家徒三年，无课役者减二等，女户又减三等。谓一户俱不附贯。若不由家长，罪其所由。即见在役任者，虽脱户及计口多者，各从漏口法。脱口及增减年状，谓癃、老、中、小之类。以免课役，一口徒一年，二口加一等，罪止徒三年。其增减非免课役，及漏无课役口者，四口为一口，罪止徒一年。即不满四口，杖六十。部曲奴婢亦同。"该条文与现存《唐律疏议》卷十二该条内容文字上有所差异，残卷"家徒三年"，应作"家长徒三年"，漏一"长"字。"以免课役"一句，现存版本作"以免课役者"；注文部分"谓癃、老、中、小之类"，现存版本作"谓疾、老、中、小之类"。

P3608 号残卷"州县不觉脱漏增减"条："诸州县不觉脱漏增减者，县内十口笞三十，三十口加一等；过杖一百，五十口加一等。州随所管县多少，通计为罪。各罪止徒三年。知情者，各同里正法。不觉脱漏增减，无文簿者，官长为首；有文簿者，主典为首。佐职节级连坐。"残卷注文部分脱漏"以下"二字，现存《唐律疏议》该条注文作："佐职以下，节级连坐。"

P3608 号残卷第 117 行"放部曲奴婢还压"条有文字涂抹和删除的迹象，说明当地官府后来又对《垂拱律》该条进行了修改，现抄录如下：

> 部曲奴婢
>
> 诸放奴婢为良，已给放书，而还压为贱者，徒二年；若压为部曲，及放为良各各即压为部曲，及放为部曲而压为贱者，又减一等，各还正之。
>
> 部曲而压为贱者，减一等；放部曲为良还压为部曲者，又减一等。

在开头"部曲"二字及"放部曲为良还压为部曲者，又减一等"十五字旁边，均有朱点，表示已经有涂抹删除的迹象。对于这一情况，日本学者冈野诚认为，由于中宗复位，随即下诏："业既惟新，事宜更始，可改大周为唐。社稷、宗庙、陵寝、郊祀、礼乐、行运、旗帜、服色、天地等字，台阁、官名一事以上，并依永淳以前故事。"因此，"旧条文底本 X 的年代，从旧条文中出现的'诏''尚书'的用词来看，可以认为是《永徽律》。"[1]

P3608 号第 118 行"相冒合户"条："诸冒相合户，徒二年，无课役者，减二等，谓以疏为亲，及有所规避者。主司知情，与同罪。即于法应别立户而不听别，应合户而不听者，主司杖一百。"《唐律疏议》卷十二该条"冒相合户"作"相冒合户者"，除了"冒相"二字顺序颠倒外，句尾还增加了"者"字。

P3608 号"同居卑幼私辄用财"条："诸同居卑幼，私辄用财者，一匹笞十，十匹加一等，罪止杖一百。即同居应分不均平者，计所侵用，坐赃论减三等。"现存《唐律疏议》该条作"即同居应分不均平者，计所侵，坐赃论减三等"，缺少了"用"字。

P3252 号残卷第 5 行至第 8 行"嫁娶违律"条与现存的《唐律疏议》也有很大差别：

---

[1] [日] 冈野诚："论敦煌本唐户婚律部曲放良条——P3608 和 P3252 再探"，载《法律论丛》第 60 卷 4、5 合并号，日本明治大学 1988 年。

> 本条称以奸论者，各从
>
> 诸嫁娶违律，祖父母、父母主婚者，独坐主婚。本法，至死减一等。
> 若幕亲尊长主婚者，主婚为首，男女为从；事由男女，男女为首，主婚
> 为从；其男女被迫，若男年十八以下及在室之女，亦主婚独坐；未成者，
> 各减已成五等；媒人各减首罪二等。

比照现存《唐律疏议》卷十四"嫁娶违律"条，我们发现现存的版本在
"主婚为首，男女为从"之后，多了"余亲主婚者，事由主婚，主婚为首，男
女为从"17个字，这是一个非常明显的变化。至于这17个字究竟是残卷抄录
者遗漏还是《垂拱律》在制定时删除了该项条款内容，很值得深入探究。笔
者更倾向于为《垂拱律》所删除。

P3608号、P3252号残卷在行文内部夹杂着许多武则天时期新颁布的文
字，如"年"作"季"，"日"作"⊖"等，这对于认定P3608号、P3252号
残卷的书写年代具有重要的作用。另外，文书的字迹还有明显改动的迹象，
改动后的唐律残卷有可能又回归到《永徽律》的原貌。通过对现存的《唐律
疏议》与P3608号残卷进行比较，我们发现除了P3252号残卷第5行至第8
行之间缺少了"余亲主婚者，事由主婚，主婚为首，男女为从"17个字外，
其余的法律条文只是个别文字的变化。

**三、敦煌吐鲁番文书 P3593 号《开元名例律疏》残卷、河字第 17 号
《开元名例律疏》残卷、73TAM532 号《开元名例律疏》残卷、S6138 号
《开元贼盗律疏》残卷、李盛铎旧藏《开元杂律疏》残卷、P3690 号《职
制律》残卷与现存《唐律疏议》之比较**

敦煌、吐鲁番发现了唐开元二十五年（公元737年）修订的《开元律》
残卷一件、《开元律疏》残卷五件。这六件《开元律》和《开元律疏》残卷
为我们断定现存的《唐律疏议》是否为开元二十五年的《开元律疏》提供了
有力的证据。如果现存的《开元律疏》残卷与现存《唐律疏议》相比，只是
个别文字的差别，法律条文和疏议部分没有太大的差异，则现存的《唐律疏
议》为唐开元二十五年的《开元律疏》；如果两者之间的差别很大，则现存的
《唐律疏议》应为唐高宗时期的《永徽律疏》。下面我们就把现存的《唐律疏
议》与上述的几件唐开元二十五年律、律疏残卷逐一进行比较。

第一，P3593号《开元名例律疏》残卷。该残卷现藏于法国国立图书馆，编号为P3593号，首尾残缺，共存五纸104行，卷子正面内容为《名例律》"十恶"条之一部分，背面为《佛说相好经》。关于该文书的书写年代，在第49行"替亲"二字作"周亲"，是为了避唐玄宗李隆基的"基"字讳。因此学者推断该残卷为唐开元二十五年的律疏。[1]

P3593号残卷与现存《唐律疏议》最大的不同之处是两者的书写格式不同，据P3593号残卷记载：

> 19 二曰谋大逆
> 20 议曰：此条之人，干纪犯顺，违道悖德，逆莫大焉，故曰大逆。
> 21 注云：谓谋毁宗庙、山陵及宫阙。
> 22 议曰：有人获罪于天，不知纪极，潜思释憾，
> 23 将图不逞，遂起恶心，谋毁宗庙、山陵及宫阙。
> 24 宗者，尊也，庙者，貌也。刻木为主，敬象尊容，
> 25 置之宫室，以时祭享，故曰宗庙。山陵者，古
> 26 先帝王因山而葬。黄帝葬桥山，即其事也。
> 27 或云，帝王之葬，如山如陵，故曰山陵。天有紫
> 28 微宫，人君则之，所居之处故曰宫。其阙者，《尔
> 29 雅·释宫》云：观谓之阙。郭璞云：宫门双阙也。
> 30 《周礼·秋官》：正月之吉日，悬政象之法于象魏，
> 31 使人观之，故谓之观。

现存的《唐律疏议》卷一的书写格式是：

> 二曰谋大逆。谓谓谋毁宗庙、山陵及宫阙。
> 疏议曰：此条之人，干纪犯顺，违道背德，逆莫大焉，故曰"大逆"。
> 注：谓谋毁宗庙、山陵及宫阙。
> 疏议曰：有人获罪于天，不知纪极，潜思释憾，将图不逞，遂起恶心，谋毁宗庙、山陵及宫阙。宗者，尊也，庙者，貌也。刻木为主，敬

---

〔1〕 刘俊文：《敦煌吐鲁番唐代法制文书考释》，中华书局1989年版，第112页。

象尊容，置之宫室，以时祭享，故曰宗庙。山陵者，古先帝王因山而葬。黄帝葬桥山，即其事也。或云，帝王之葬，如山如陵，故曰山陵。天有紫微宫，人君则之，所居之处故曰宫。其阙者，《尔雅·释宫》云：观谓之阙。郭璞云：宫门双阙也。《周礼秋官》：正月之吉日，悬政象之法于象魏，使人观之，故谓之观。

比较两者的书写格式，我们发现现存的元代刊本《唐律疏议》在谋反、谋大逆、恶逆、不道、大不敬罪名之后，有注文对罪名作了解释；而 P3593 号残卷除"谋叛"之外，在罪名之后直接以"议曰"的形式对罪名进行疏议，说明两者之间的书写格式并不相同。

P3593 号残卷"谋叛"条款与现存的《唐律疏议》相比也有文字上的出入，如"谋叛"条：

三曰谋叛，注云：谓谋背国从伪。

议曰：有人谋背本朝，将投蕃国；或欲翻城从伪，或欲以地外奔，即如莒牟娄以牟夷来奔，公山弗扰以费叛之类。

现存的《唐律疏议》和《宋刑统》疏议部分与 P3593 号残卷略有差异，作"三曰谋叛，谓谋背国从伪。议曰：有人谋背本朝，将投蕃国；或欲翻城从伪，或欲以地外奔，即如莒牟夷以牟娄来奔，公山弗扰以费叛之类"。查阅《左传·昭公五年》："夏，莒牟夷以牟娄及防、兹来奔"，可知现存的版本有误，残卷的记述准确。其原因也可能是因为现存的《宋刑统》和日本《养老律令》其祖本是唐开元二十五年新修订的《唐令》和《开元律疏》，它们属于同一蓝本系统；而现存的《唐律疏议》是唐高宗永徽四年制定的《永徽律疏》，属于另一蓝本系统。从内容上进行考察，唐玄宗开元二十五年制定的《开元律疏》对唐高宗时期的《永徽律疏》作了较大的修改。

P3593 号残卷"恶逆"条款与现存的《唐律疏议》也有文字出入，残卷第 47 行"按丧服"三字，现存的《唐律疏议》作"案丧服制"，多了一个"制"字；第 48、49 行残卷"亦如夫之父母服周"，现存的《唐律疏议》该条作"亦如夫之父母服期"，把"周"改为"期"字。没有避唐玄宗李隆基的"基"字讳。

第二，河字第 17 号《开元名例律疏》残卷。中国国家图书馆藏河字第 17

号《开元名例律疏》残卷发现于中国敦煌的藏经洞，现存于国图善本特藏部。卷子首部残缺，中部已有缺失，卷尾相对完整。该残卷为染黄纸，幅高 26.5 厘米，墨书大字，字迹清晰。全部残卷共有十纸 148 行，内容为《律疏》卷二《名例律》最后两条，即"官当"条一部分及"除名"条全部内容。关于该文书的年代，由于残卷后面第 143 行至第 147 行有如下记载：[1]

143 开元二十五年六月二十七日知刊定中散大夫御史中丞上柱国王敬从上

144 刊定法官宣义郎行滑州酸枣尉明法直刑部武骑尉臣俞元祀

145 刊定法官通直郎行卫州司户参军事明法直中书省护军臣陈承信

146 刊定法官承议郎前行左武卫胄曹参军事飞骑尉臣崔冕

147 银青光禄大夫守工部尚书同中书门下三品上柱国陇西郡开国公知门下省事臣牛仙客

148 兵部尚书兼中书令集贤院学士修国史上柱国成纪县开国男臣李林甫

参照《唐会要》卷三九"定格令"条："开元二十五年九月一日，复删缉旧格式律令。中书李林甫、侍中牛仙客、中丞王敬从、前左武卫胄曹参军崔冕、卫州司户参军直中书陈承信、酸枣尉直刑部俞元杞（祀）等，共加删缉旧格式律令及敕，总七千二十六条，其一千三百二十四条于事非要，并删除之；二千一百八十条随事损益；三千五百九十四条仍旧不改。总成律十二卷，律疏三十卷，令三十卷，式二十卷，开元新格十卷。"可知该文书是唐开元二十五年《开元律疏》的残卷。又，唐代自贞观中，"始用黄纸写敕制"，刘俊文据此认为："此残卷系尚书省颁往沙州之官文书，有可能即是史籍所云：敕于尚书都省写五十本，发使散于天下者。"[2]从文书的书写情况来看，残卷文字秀美，工整清晰，显然非一般的练习之作，应属于官府抄写的国家法典。关于残卷书写的时间，仁井田陞认为："根据这里记载的奏上年月与删定者奏上者的名字，可以得知残篇的年代。而且，残篇中有'周年'的说法，与避玄宗讳将期亲作周亲相同，这也成为认定为玄宗时代以后制作的证据。

---

〔1〕 唐耕耦、陆宏基编：《敦煌社会经济文献真迹释录》（第 2 辑），全国图书馆文献缩微复制中心 1990 年版，第 527 页。

〔2〕 刘俊文：《敦煌吐鲁番唐代法制文书考释》，中华书局 1989 年版，第 134 页。

又，根据残篇中有'自依恒典'，不避穆宗讳的情况来看，就像王仁俊氏曾经解释的那样，可以大体推定是长庆元年以前的写本。"[1]

中国国家图书馆所藏敦煌文书河字第 17 号残卷所保存的法律条文很多，若将其与现存的《唐律疏议》进行比较，我们发现两者之间无论是内容还是用字用语都有很大的差别。

中国国家图书馆藏河字第 17 号残卷第 1 行至第 6 行为"官当"条：

1 □一□（官）；□□（勋官），□□□□□□□（即正从各为一官）
2 又云：先以高者当。注云：若去官未叙，亦准此。
3 议曰：先以高者当，谓职事等三官内，取最高
4 者当之。去官未叙者，谓以理去任及虽不以理
5 去任，（此处字迹被涂抹）告身不追者，亦同。并
6 准上例，先以高者当。

比照现存的《唐律疏议》卷二"官当"条作："（前略）为一官，勋官，即正、从各为一官。先以高者当，若去官未叙，亦准此。【疏】议曰：'先以高者当'，谓职事等三官内，取最高者当之。若去官未叙者，谓以理去任及虽不以理去任，（此处字迹被涂抹）告身不追者，亦同。并准上例，先以高者当。"我们发现在残卷第 2 行前面有"又云"二字，为现存的版本所无；残卷第 4 行"去官未叙者"与现存版本相比，少了一个"若"字；在残卷第 5 行"去任"二字之后，有文字涂抹的迹象，或许是抄录者错抄所致，或是删去了此前律典中疏议的内容。

国家图书馆所藏第 17 号残卷第 7 行至第 15 行：

7 问曰：律云，若去官未叙，亦准此。或有去官未
8 叙之人而有事发，或罪应官当以上，或不至
9 官当，别敕令解，其官当叙法若为处分？
10 答曰：若本罪官当以上，别条云以理去官与见

---

[1] ［日］仁井田陞、牧野巽："《故唐律疏议》制作年代考"，载律令研究会编：《译注日本律令》（一·首卷），东京堂 1978 年版；中译本收入杨一凡主编：《中国法制史考证》（丙编第 2 卷），中国社会科学出版社 2003 年版。

11 任同，即依官当之法；若本罪不至官当，不追

12 告身，叙法依考解例，周年听叙，不降其品。从

13 见任解者，叙法在《狱官令》。先已去任，本罪不

14 至解官，奉敕解者，依《刑部式》，叙限同考解

15 例。本犯应合官当者，追毁告身。

该段文字与现存的《唐律疏议》也有很大出入，现存的《唐律疏议》卷二中该段文字记作：

> "问曰：律云：'若去官未叙，亦准此。'若有去官未叙之人而有事发，或罪应官当以上，或不至官当，别敕令解，其官当叙法若为处分？答曰：若本罪官当以上，别条云'以理去官与见任同'，即依以官当徒之法；用官不尽，一年听叙，降先品一等；若用官尽者，三载听叙，降先品二等。若犯罪未至官当，不追告身，叙法依考解例，期年听叙，不降其品。从见任解者，叙法在《狱官令》。先已去任，本罪不至解官，奉敕解者，依《刑部式》，叙限同考解例。本犯应合官当者，追毁告身。"

比照残卷与现存刊本，我们发现两者之间的差别有如下几处：其一，残卷第 7 行"或有去官未叙之人而有事发"，现存版本作"若有去官未叙之人而有事发"，"或"字被改为"若"字。其二，残卷第 11 行作"即依官当之法"，而现存版本作"即依以官当徒之法"，增加了"以"和"徒"二字。其三，现存版本比残卷第 11 行之后多出了"用官不尽，一年听叙，降先品一等；若用官尽者，三载听叙，降先品二等" 27 个字。其四，残卷第 11 行作"若本罪不至官当"，现存版本作"若犯罪未至官当"，"本罪"改作"犯罪"。综合以上四点差异，笔者认为，以前对《唐律疏议》版本进行研究的学者，无论是仁井田陞还是杨廷福等人，都没有注意到河字第 17 号残卷与现存版本的差异。[1]仅从上述该条文我们即可断定，现存《唐律疏议》版本与开元二

---

〔1〕［日］仁井田陞、牧野巽："《故唐律疏议》制作年代考"，载律令研究会编：《译注日本律令》（一·首卷），东京堂 1978 年版；杨廷福："《唐律疏议》制作年代考"，载杨廷福：《唐律初探》，天津人民出版社 1982 年版。

十五年的《开元律疏》不属于同一个版本系统。

中国国家图书馆藏河字第 17 号残卷第 40 行至第 49 行文字与现存《唐律疏议》该条款有三点不同：其一，残卷第 40 行以"又云"二字开句，为现存的版本所无；其二，残卷第 46 行"赎徒年者"，现存版本原衍"一"字，《律附音义》及河字第 17 号残卷无；其三，残卷第 48 行作"或犯徒用官不尽者"，为元代至正本、日本文化本和《宋刑统》所无。

河字第 17 号残卷第 50 行至第 141 行是唐律《名例律》"十恶"的条款，该条文与现存刊本《唐律疏议》也有几点差别：其一，在第 50 行"诸犯十恶，故杀人、反逆缘坐"之后，没有注文的内容"本应缘坐，老、疾、免者，亦同"十字；其二，残卷第 51 行"十恶，谋反以下"，现存的版本作"十恶，谓谋反以下"，增加了"谓"字；其三，第 53 行"称以谋煞"后原有文字，后被刮去，笔者认为有两种可能，或为抄写者抄错，或为开元二十五以后对疏议的内容进行了修改；其四，第 54 行"其部曲、奴婢等，非"，现存版本及《宋刑统》均作"其部曲、奴婢者，非"。

中国国家图书馆所藏河字第 17 号残卷第 85 行至第 101 行：

> 85 问曰：监守内略人，罪当除名之色，奴婢例非良
> 86 之限。若监守内略部曲亦合除名不？
> 87 答曰：据杀一家非死罪三人，乃入不道。奴婢、部
> 88 曲不同人例；强盗若伤财主部曲，即同良人。
> 89 各于当条见义，亦无一定之理。今略良人及奴
> 90 婢，并合除名，举略奴婢是轻，计赃入除名之
> 91 法部曲是重，明知亦合除名。又《斗讼律》：殴
> 92 伤部曲，减凡人一等，奴婢又减一等。又令云，转易
> 93 部曲事人，听量酬衣食之
> ……
> 101 并赃得罪，各依已分为首从科之。

将其与现存的版本相对照，有如下几点差别：其一，残卷第 86 行"若监守内略部曲亦合除名不"，现存版本"不"字作"否"；其二，第 88 行"部曲不同人例"，现存版本《唐律疏议》及《宋刑统》作"不同良人例"，显然

残卷有脱字的现象，脱一"良"字；其三，残卷第 91 行"又《斗讼律》"，现存版本作"又《斗讼律》云"，增加了"云"字；其四，第 94 行后有 5 行空白之处，失去了疏议的部分内容，恐为后来人们所剪除。现存的版本则保存了被剪除的内容。

河字第 17 号残卷第 110 行至第 130 行与现存版本《唐律疏议》在文字上也有很大出入。如残卷第 112 行"在禁身死者，谓犯法合死"，现存版本作"即在禁身死者，谓犯罪合死"，句首多了"即"字，"犯法合死"作"犯罪合死"；残卷第 112 行"免死别配者"，现存版本作"若免死别配者"，句子前面增加了"若"字；第 117 行"依注法奏画"，现存版本作"依法奏画"，省略了"注"字；残卷第 126 行"自依恒典"，现存版本作"自依常典"，恐为宋人避宋真宗"恒"字讳而改。

第三，73TAM532 号《名例律疏》残卷。73TAM532 号《名例律疏》残卷 1973 年发现于新疆的阿斯塔那，现藏于新疆维吾尔自治区博物馆。全卷共由四个断片组成，首尾残缺，共 41 行字，每行字数在 15~19 字。在两大断片接缝处各有一钤"西州都督府之印"，证明这是一件唐代西州地区的官文书。关于该文书的书写年代，据当时整理者记述，由于"本墓盗扰严重，无墓志及随葬衣物疏，所出文书两件，皆为唐代"。[1]中国学者刘俊文推测此卷所记载的律文当是开元二十五年律疏。[2]

笔者认为，从残卷第 16 行的书写格式来看，与中国国家图书馆所藏河字第 17 号开元二十五《开元名例律疏》残卷的书写格式相同，73TAM532 号《名例律疏》残卷为唐开元二十五年（公元 737 年）的《开元律疏》应该没有任何疑问。

73TAM532 号残卷残损严重，条文内容也不多，将其与现存《唐律疏议》进行比较，我们还是发现两者之间有文字的差异。如残卷第 5 行至第 15 行是唐律《名例律》卷六"称日年及众谋"条的一部分条款：[3]

---

〔1〕 国家文物事业管理局古文献研究室等编：《吐鲁番出土文书》（第 9 册），文物出版社 1990 年版，第 198 页。

〔2〕 刘俊文：《敦煌吐鲁番唐代法制文书考释》，中华书局 1989 年版，第 153 页。

〔3〕 中国文物研究所等编：《吐鲁番出土文书（图录版）》（第 4 册），文物出版社 1996 年版，第 366 页。

6 问曰：依《户令》：□□（疑有）奸欺，随状兒（貌）定

7 年兒（貌）县异得依令兒（貌）定科罪以不？

8 答曰：令为误役生文，律以定刑立制。惟

9 刑是恤，兒（貌）即奸生。课役稍轻，故得临时兒（貌）

10 定刑名事重，止可依据籍书。律令义殊，

11 不可破律从令。或有状兒（貌）成人而作死罪，

12 籍年七岁，不得即科；或籍年十六已上，

13 而犯死刑，检其形兒（貌），不过七岁：如此事类，兒（貌）

14 状共籍年悬隔者，犯流罪以上及除、免、官

15 当者，申尚书省量定。须奏者，临时奏闻。

比照现存《唐律疏议》卷六该条，我们发现与残卷有两点不同：其一，残卷第8行"令为误役生文"，现存的版本作"令为课役生文"，显然是残卷抄写有误；其二，第13行"检其形貌"，现存的版本作"验其形貌"，"检"改作"验"字。

73TAM532号残卷第28行至第37行与现存《唐律疏议》相比，在文字上也有几点明显差别：其一，对于同一条文未完，以"又云"二字起句，以区别于注文和疏议的内容。其二，在律文之后，没附有注的内容。如现存的元代至正本、日本文化本在"加者，数满乃坐，又不得加至于死；本条□入死者，依本条"之后，有注文的内容"加入者绞，不加至斩"八字。其三，第30行"加者数满乃坐者"，现存版本无"者"字。"假令凡盗"，现存版本作"假令犯盗"，刘俊文认为现存的版本"犯"字有误，[1]笔者同意其观点。其四，第31行"依《盗律》"，"盗"字之前省略了"贼"字，现存版本作"依《贼盗律》"。其五，残卷第31行至第32行"窃盗五匹徒一年，五匹加一等。为少，止徒一年"，现存版本作"窃盗五匹徒一年，五匹加一等。为少一寸，止徒一年"，增加了"一寸"二字。其六，残卷第32行"依《捕亡律》"三字，现存版本无。其七，残卷第37行"此是本条加入死者依本条"，现存版本"加入死者依本条"七字脱漏。

第四，S6138号《贼盗律》断片。敦煌文书S6138号《贼盗律》断片于

---

[1]《唐律疏议》卷六。

20 世纪初发现于敦煌的藏经洞，现藏于英国伦敦图书馆，编号为 S6138 号。对于该残卷，仁井田陞认为其为开元《贼盗律疏》的断简。[1]中国学者认为其字体为开天之际的风格，书写格式与《开元律疏》残卷相类，估计所载为开元二十五年（公元 737 年）《开元律疏》。该残卷仅存 8 行，每行字数 14～15 字，文字秀美。残卷背面为白纸，说明是当时正式抄录的官府法律条文的写本。现抄录如下：

> 1 反谋无能为害
> 2 父子、母女、妻妾并流三千里。
> 3 □□（资财）不在没限。故云：谓结谋真实而
> 4 □能为害者，若自述休征，言身有善
> 5 应，或假托灵异，妄称兵马，或虚论反
> 6 状，妄说反由，如此传惑众人，而无真
> 7 状可验者，自从妖法，
> 8 不

比照现存的《唐律疏议》卷十七，可知该残卷为《贼盗律》"谋反大逆"条疏议之一部分。与现存的刊本《唐律疏议》相比较，我们发现有一处不同，如第 3 行"故云：谓结谋真实而不能为害者"，现存的日本文化本、岱南阁丛书本以及《宋刑统》作"注云：谓结谋真实而不能为害者"，"故"字作"注"字。

第五，李盛铎旧藏《开元律疏》残卷。李氏旧藏开元《律疏》残卷二十世纪初发现于敦煌藏经洞，是经过斯坦因、伯希和劫后遗留下来的残卷。20 世纪 30 年代末，李氏将该残卷卖往国外，至今下落不明。泷川政次郎认为其与前面的《名例律疏》残卷同发现于敦煌石室，恐为同一残卷的各一半。[2]该残卷首尾残缺，存四纸 80 行，每整行 16～17 字，卷子背面为佛教写经。现仅存有胶片，且字迹模糊，很难辨认。

关于该残卷所反映的律疏年代，由于文书中多处出现了"宝"字、"制"字，可以推断，其为开元二十五年（公元 737 年）的《开元律疏》。从残卷的

---

〔1〕［日］仁井田陞：《中国法制史研究·法与习惯、法与道德》，东京大学出版会 1981 年版，第 170 页。

〔2〕［日］泷川政次郎："敦煌出《开元律疏》残篇"，载《律令之研究》，刀江书院 1966 年版。

条文内容看，与现存的《唐律疏议》有许多文字上的不同，如残卷第 10 行至第 19 行是《杂律》"停留请受军器"条：〔1〕

> 10 诸请受军器，事讫停留不输者，十日杖六十，
> 11 十日加一等，百日徒一年；过百日不送者，减
> 12 私有罪二等。其弃毁者，准盗论。
> 13 议曰：请受军器，谓鍪、甲、稍、弩、弓箭之类，
> 14 征戍事讫，停留不输者，十日杖六十，十日加
> 15 一等；百日徒一年；过百日不送者，减私有罪
> 16 二等。《擅兴律》：私有甲一领，流减二等，徒二年
> 17 半之类。其有或弃或毁者，准盗论，各依
> 18 《盗律》，盗甲弩者，流二千里，禁兵器徒二年，
> 19 如此之类，并准盗法。

参照现存《唐律疏议》该条，有如下几点不同：其一，残卷第 16 行"私有甲一领，流减二等"，现存版本在"流"后加有一"上"字，作"私有甲一领，流上减二等"。其二，第 17 行至第 18 行"各依《盗律》"，现存版本作"各依《贼盗律》"。其三，第 19 行"并准盗法"，现存版本作"各名盗法"，显然，"名"字是后来误抄，"准"字允当。

李盛铎旧藏《开元律疏》残卷第 37 行至第 49 行为《杂律》"弃毁亡失官私器物"条也与现存的《唐律律疏》有两点不同：其一，残卷第 38 行注文的内容出现在法律条文内，这种情况在前面的《开元律疏》残卷较为少见。其二，第 49 行"制勒并是"中"并是"二字原作小字并列，可能是后来传抄者所误。

李氏旧藏残卷第 58 行至第 74 行是《杂律》"亡失符印求访"条的后半部分内容与现存的《唐律疏议》也有一处明显不同，残卷第 65 行"每二百纸以下，加一日程"，原本作"每二百纸以上"，参照《名例律》卷五"公事失错"条和《职制律》卷九"稽缓制书官文书"条，我们认为李氏旧藏《杂律》残卷的说法较为准确。

---

〔1〕 唐耕耦、陆宏基编：《敦煌社会经济文献真迹释录》（第 2 辑），全国图书馆文献缩微复制中心 1990 年版，第 527~532 页。

第六，P3690 号唐《职制律》残卷。该残卷首尾残缺，仅存 12 行。对于 P3690 号唐《职制律》残卷，仁井田陞认为其书写格式与日本《养老律》相似，《养老律》系沿袭《大宝律》，而《大宝律》则以《永徽律疏》为蓝本，故此《职制律》断简似可断定为《永徽律疏》。[1] 此外，泷川政次郎根据其书写格式，认为残卷应是《开元律疏》。

笔者不同意上述两位学者的观点，认为 P3690 号唐《职制律》残卷既非《永徽律疏》的残卷，也不是开元二十五年《开元律疏》的残卷，而是开元二十五年（公元 737 年）《律》的残卷。关于具体的理由，已另撰有专文进行讨论，此不赘述。敦煌文书 P3690 号残卷与现存《唐律疏议》相比，有三处明显不同：其一，残卷"合和御药有误"条注文部分与现存《唐律疏议》相比，残卷多了"但应供奉之物"六个字。其二，P3690 号残卷"造御膳"条与现存《唐律疏议》对应条文疏议部分也有个别文字出入，现存《唐律疏议》作"不品尝者，杖一百，谓酸咸苦辛之味不品及应尝不尝，俱得杖一百之罪"。残卷有脱字的现象，缺少了"得杖"二字。其三，残卷"御幸舟船有误"条，与现存《唐律疏议》条文内容基本相同，只是残卷第 9 行"工匠"二字误作"功匠"，系抄录者笔误所致。

综上所述，通过对新发现的《永徽律》《垂拱律》和开元二十五年（公元 737 年）的《开元律》《开元律疏》残卷进行分析，笔者认为现存的元代刊本《唐律疏议》与敦煌吐鲁番发现的《永徽律》残卷的内容基本相同；与武则天时期的《垂拱律》残卷在内容上略有不同，在用字用语上也有一些差别；与开元二十五年颁布的《开元律疏》残卷无论是在内容上还是用字用语方面都有较大的差别。众所周知，唐代前期大规模修订的律典有三部，即《贞观律》《永徽律疏》《开元律疏》。《贞观律》因为没有疏议的内容可以先排除在外，余下的只有《永徽律疏》和《开元律疏》这两部法典。通过对敦煌、吐鲁番发现的六件唐开元二十五年律、律疏残卷与现存的《唐律疏议》进行比较，我们发现每一件残卷都与现存的《唐律疏议》有不同程度的差别。这些差别有书写格式的差异，也有内容上的增补和删改，还有用字用语上的不同。由此我们可以从中得出这样的结论：现存的《唐律疏议》和开元二十

---

[1] [日] 仁井田陞：《中国法制史研究·法与习惯、法与道德》，东京大学出版会 1981 年版，第 248 页。

五年新修订的《开元律疏》应不属于同一版本系统，现存的元代刊本《唐律疏议》有可能是唐高宗永徽四年颁布的《永徽律疏》。

现存的《唐律疏议》为《永徽律疏》，还可以找到一些佐证。日本学者小林宏曾将万有文库本《唐律疏议》与日本律《养老律》残卷、《宋刑统》相对照，发现《唐律疏议》与《养老律》残卷、《宋刑统》在用字用语上有72处不同，而《养老律》残卷与《宋刑统》的用字用语几乎大体相同，[1]这说明日本的《养老律》残卷与《宋刑统》同属于一个蓝本系统，现存的《唐律疏议》则属于另一个蓝本系统。

关于《开元律疏》和《宋刑统》的关系，仁井田陞认为，《宋刑统》中所包含的律疏为继承开元二十五年《律疏》的产物。[2]《开元律疏》是《宋刑统》的蓝本，在宋代的文献中有明确记述，《玉海》卷六六载："（宋）太宗以开元二十六年所定令式，修为《淳化令式》。"另据马端临《文献通考》引《直斋书录解题》记载："唐令三十卷，式二十卷。唐开元中，宋璟、苏颋、卢从愿等所删定。考《艺文志》，卷数同，更同光、天福校定。至本朝淳化中，右赞善大夫潘宪、著作郎王泗校勘。"上述这些史料表明，《开元律疏》与《宋刑统》有着父子般的传承关系。

总之，通过对敦煌、吐鲁番发现的唐律、律疏残卷进行分析，我们对唐律的传承有了比较清楚的认识：首先，《贞观律》和《永徽律》之间律文的内容变化不大；《垂拱律》与《永徽律》相比，在用字用语方面作了较大的改动，在内容方面也略有变通；《神龙律》主要是复原《永徽律》的原貌；《开元律》与《永徽律》相比发生了较大的变化。

其次，唐代前期大规模进行编撰律疏，只有永徽四年一次，开元二十五年又作了修订。因此，唐代的律疏也就出现了两个不同的蓝本系统，即《永徽律疏》和《开元律疏》。《永徽律疏》与《开元律疏》在书写格式上没有太大的变化，但《开元律疏》与《永徽律疏》相比，无论是内容还是在用字用语方面都有了较大变化。现存的元代版本《唐律疏议》与敦煌、吐鲁番所保

〔1〕［日］小林宏："关于《唐律疏议》的原文"，载国学院大学日本文化研究中心主编：《日本律复原之研究》，国书刊行会1984年版。

〔2〕［日］仁井田陞、牧野巽："故《唐律疏议》制作年代考"，载律令研究会编：《译注日本律令》（一·首卷），东京堂1978年版，中译本收入杨一凡主编：《中国法制史考证》（丙编第2卷），中国社会科学出版社2003年版。

存的《开元律疏》残卷有很大不同，这说明现存的《唐律疏议》有可能是
《永徽律疏》，或者与《永徽律疏》属于同一个蓝本系统；宋代的法典《宋刑
统》和日本《养老律》属于另一个蓝本系统，而《宋刑统》又直接沿袭了
《开元律疏》，所以现存的元代刊本《唐律疏议》与《开元律疏》应属于两个
不同的蓝本系统。

现存《唐律疏议》是《永徽律疏》吗

岳纯之[*]

摘 要 我国学者杨廷福等曾提出观点，认为现存《唐律疏议》为《永徽律疏》，郑显文先生最近在敦煌吐鲁番文书的基础上又提出新证，力证《唐律疏议》为《永徽律疏》不谬。但检讨郑显文先生的各项证据，发现并不足以支持现存《唐律疏议》为《永徽律疏》的观点，目前唯一可以肯定的是，现存《唐律疏议》并不是永徽四年（公元 653 年）的《永徽律疏》，它应该是开元年间修订过的《开元律疏》。

关键词 唐律疏议 永徽律疏 开元律疏

现存《唐律疏议》的制作年代是学术界长期以来聚讼纷纭的一个问题，日本学者仁井田陞等认为是完成于开元二十五年（公元 737 年），现存《唐律疏议》也就是《开元律疏》[1]；我国学者杨廷福等则认为完成于永徽四年（公元 653 年），现存《唐律疏议》也就是《永徽律疏》[2]。也许由于新资料的缺乏，近年关于这个问题的讨论逐渐趋于沉寂，但问题并没有得到解决。最近看到郑显文先生大作《现存的〈唐律疏议〉为〈永徽律疏〉之新证——以敦煌吐鲁番出土的唐律、律疏残卷为中心》[3]（以下简称郑文），十分欣

---

[*] 本文作者系南开大学法学院教授。

[1] 在日本对《唐律疏议》为《永徽律疏》最早提出质疑的是明治时代的学者佐藤诚实，而力主《唐律疏议》为《开元律疏》的则是学者仁井田陞和牧野巽。佐藤诚实之说见其著《律令考》，载 [日] 佐藤诚实：《佐藤诚实博士律令格式论集》，汲古书院 1991 年版。仁井田陞、牧野巽之说见其著《〈故唐律疏议〉制作年代考》，载杨一凡主编：《中国法制史考证》（丙编第 2 卷），中国社会科学出版社 2003 年版。

[2] 持此说者有蒲坚等人，而最有力者则非杨廷福莫属，杨说见其著《〈唐律疏议〉制作年代考》，原载《文史》1978 年第 5 期，后收入其论文集《唐律初探》，天津人民出版社 1982 年版。

[3] 郑显文："现存的《唐律疏议》为《永徽律疏》之新证——以敦煌吐鲁番出土的唐律、律疏残卷为中心"，载《华东政法大学学报》2009 年第 6 期，本文中所引郑文均出自该文，以下不再注明。

喜，以为现存《唐律疏议》的制作年代应当可以得到某种程度的解决，但拜读之后却极为失望，郑文不但未能提供新的证据，而且论证上也颇有漏洞，观点更是令人难以信服，因此，试作此文，聊述管见，兼与郑先生商榷。郑文共从三个方面对现存《唐律疏议》为《永徽律疏》进行了论证，为了论述的方便，本文也将依循郑文，分三个方面进行讨论。

一

郑文的第一个方面是论证现存《唐律疏议》与《永徽律疏》律文的一致性，以此来证明现存《唐律疏议》为《永徽律疏》。要对此展开论证，需要做两方面的工作，一是确定现存文献中哪些属于永徽律或《永徽律疏》，二是将《唐律疏议》与被确定为永徽律或《永徽律疏》的文献进行比较。

首先，现存文献中哪些属于永徽律或《永徽律疏》？20世纪，敦煌及吐鲁番曾经出土了部分唐代法律文书，郑文认为其中的 CH0045 号《捕亡律》断片，Дx. 1916、3116、3155 号《名例律》断片，Дx. 1391 号《名例律》断片，大谷 8098 号《擅兴律》断片，TIVK70 - 71 号《擅兴律》残卷，大谷 5098、8099 号《贼盗律》断片，大谷 4491、4452 号《诈伪律》断片[1]就是永徽律或为永徽律所承袭的贞观律的残存，正是通过与这些残存律文的比较，郑文初步确定现存《唐律疏议》为《永徽律疏》。

据我所知，敦煌及吐鲁番出土的唐代的律和律疏文书并不多，大都已经汇集到我国学者刘俊文所著《敦煌吐鲁番唐代法制文书考释》一书中，从这些文书来看，即使它们都属于《永徽律疏》，而且都与现存《唐律疏议》一致，也未必能够证明现存《唐律疏议》就为《永徽律疏》，因为有关文书残缺漫漶，而且只涉及唐律名例、职制、户婚、厩库、擅兴、贼盗、诈伪、杂、捕亡等九律的一小部分内容，仅凭这一小部分内容又如何能够断定一整部现存《唐律疏议》即为《永徽律疏》？为了将问题弄清楚，我们姑且像郑文一样，假定凭这些残缺漫漶的法律文书可以判断现存《唐律疏议》是否为《永徽律疏》，那么郑文所确定属于贞观律或《永徽律疏》的 CH0045 号《捕亡律》断片，Дx. 1916、3116、3155 号《名例律》断片，Дx. 1391 号《名例律》

---

[1] 为了讨论的方便，文中敦煌吐鲁番文书的题名，除个别有误者外，均采用郑文的题名。

断片，大谷 8098 号《擅兴律》断片，TIVK70-71 号《擅兴律》残卷，大谷 5098、8099 号《贼盗律》断片，大谷 4491、4452 号《诈伪律》断片是否就一定属于贞观律或永徽律呢？

CH0045 号《捕亡律》断片，为英藏敦煌文书，共十四行，近二百字，每行上半部皆残。日本学者池田温认为该文书是贞观律或永徽律残卷，刘俊文则认为可能为贞观律，理由是"此件所载律文与《律附音义》及今传诸本《唐律疏议》有重要差异，又此件字体为唐早期风格，第 13 行且有讹字'治'出现"，而"治"是唐高宗的名讳。[1] 我国台湾地区学者高明士也认为 CH0045 号《捕亡律》断片为贞观律文，并从官制等方面做了补充论证。[2] 综观诸家之说，CH0045 号《捕亡律》断片为贞观律当无疑义。

Дх. 1916、3116、3155 号《名例律》断片，为俄藏敦煌文书，残存五行，其中第五行残缺颇甚，仅余七字。刘俊文认为该文书中，第三行有残"玺"字，第四行有残"诏"字，按诸史书，"隋初，有符玺局，置监二人，属门下省。炀帝改监为郎，大唐因之。长寿三年，改为符宝郎。神龙初，复为符玺郎。开元初，复为符宝郎"[3]；符宝郎"本名符玺郎，延载元年五月十一日，改为符宝郎。神龙元年正月二十二日，复改为符玺郎。开元元年十一月十日敕：'传国八玺既改为宝，其符玺郎宜改为符宝郎矣。'"[4] 武则天称帝后，"改永昌元年十一月为载初元年正月……太后自名曌，改诏曰制"。[5] 据此，刘俊文断定 Дх. 1916、3116、3155 号《名例律》断片"所载为永徽律似无疑义"[6]。从 Дх. 1916、3116、3155 号《名例律》断片的图版来看，"玺"字下半部残缺，而且比较模糊，但从字形和律文判断，应为"玺"字无疑。"诏"字仅剩"口"形，但从律文判断，为"诏"字也应没有问题。因此，刘俊文之说应可信从。

Дх. 1391 号《名例律》断片，为俄藏敦煌文书，共十五行，其中第一、

---

〔1〕刘俊文：《敦煌吐鲁番唐代法制文书考释》，中华书局 1989 年版，第 100 页。

〔2〕高明士："从英藏 CH0045 捕亡律断片论唐贞观捕亡律之存在问题"，载杨一凡主编：《中国法制史考证》（乙编第 1 卷），中国社会科学出版社 2003 年版。

〔3〕（唐）杜佑：《通典》卷二一《职官·门下省》"符宝郎"条，中华书局 1988 年版，第 559 页。

〔4〕（宋）王溥：《唐会要》卷五六《符宝郎》，上海古籍出版社 1991 年版，第 1143 页。

〔5〕（宋）司马光：《资治通鉴》卷二〇四，永昌元年十一月条，中华书局 1956 年版，第 6462~6463 页。

〔6〕刘俊文：《敦煌吐鲁番唐代法制文书考释》，中华书局 1989 年版，第 25 页。

十五两行无法辨识，二、三、四、十四等四行严重残缺。从该断片所载文字来看，无法断定其属于哪一时期的唐律，刘俊文认为其书写格式及笔迹与前述 Дх. 1916、3116、3155 号《名例律》断片相同，因此"疑二者为同一卷子之分离物，所载亦当是永徽律"〔1〕。但正如郑文所说，"Дх. 1391 号残卷抄写比 Дх. 1916、3116、3155 号《永徽名例律》断片工整，断定两者是否为同一残卷，尚需要作进一步研究"，换言之，就目前来看，刘俊文的推断是不能令人信服的。尽管如此，郑文却仍然认为该断片应是《永徽律》的残卷，而且没有提供任何说明，颇令人费解。

大谷 8098 号《擅兴律》断片，为日藏吐鲁番文书，共八行，每行后半部皆残，第八行残缺尤甚，仅余两字。据图版检视，第六行至第八行间有"西州都督府之印"的印痕，"考西州都督府之设，始于显庆三年（公元 658 年）五月二日，天宝元年（公元 742 年）改称交河郡都督府，乾元元年（公元 758 年）复称西州都督府，直至贞元七年（公元 791 年）没于吐蕃"，因此，刘俊文推断："此件之书写，当在显庆三年五月二日至天宝元年，以及乾元元年至贞元七年之间，从字体特征判断，应是唐前期之写本，估计所载为永徽律。"〔2〕从刘俊文的推断可以看出，刘俊文对大谷 8098 号《擅兴律》断片是否属于永徽律也没有实据，唯一可以肯定的就是该断片书写于"显庆三年五月二日至天宝元年，以及乾元元年至贞元七年之间"。郑文表示更倾向于该断片是永徽律的残卷，但也没有提供任何证据，是一种较刘俊文之说更主观的认定。

TIVK70-71 号《擅兴律》残卷，为德藏吐鲁番文书，共十一行，每行后半部均有不同程度的残缺，第一、九、十、十一行上半部也有不同程度的残缺。此残卷诚如刘俊文所说，"无可判明年代之处"，所以刘俊文将之"姑定为永徽律"，而且还特别强调"以俟后考"〔3〕，显示出前辈学者治学的认真严谨。关于此断片是否属于永徽律，郑文亦没有把握，所以也说："究竟为《永徽律》还是《开元律》，目前尚难定论。"

大谷 5098、8099 号《贼盗律》断片，为日藏吐鲁番文书，共三行，均残

〔1〕 刘俊文：《敦煌吐鲁番唐代法制文书考释》，中华书局 1989 年版，第 33 页。
〔2〕 刘俊文：《敦煌吐鲁番唐代法制文书考释》，中华书局 1989 年版，第 87 页。
〔3〕 刘俊文：《敦煌吐鲁番唐代法制文书考释》，中华书局 1989 年版，第 90 页。

缺不全，能够清楚辨识的仅二十九字。大谷 4491、4452 号《诈伪律》断片，也是三行，残缺程度比大谷 5098、8099 号《贼盗律》断片还要严重，能够清楚辨识的仅十一字。此两断片背面均抄有佛经，内中分别包含武周新字"日"及"圣""人"，据此可以断定，它们应书写于载初元年（公元 689 年）至神龙元年（公元 705 年）武则天当政的武周时期，而所载律文当为永徽律[1]或接近永徽律的垂拱律。

以上我们对郑文据以论证现存《唐律疏议》与《永徽律疏》一致性的各项根据做了仔细检讨，从我们的检讨可以看出，CH0045 号《捕亡律》断片可以确定为贞观律残卷，Дx. 1916、3116、3155 号《名例律》断片可以基本确定为永徽律残卷，大谷 5098、8099 号《贼盗律》断片，4491、4452 号《诈伪律》断片可以大体确定为永徽律或接近永徽律的垂拱律。其他几份，则均无法判定其归属，更遑论其为永徽律。以现存《唐律疏议》与这样一些唐律断片残卷相比较，充其量只能向我们展示出它们之间的某种同源关系，对论证现存《唐律疏议》为《永徽律疏》则并无多大助益。有意思的是，有的残卷如 TIVK70-71 号《擅兴律》残卷，郑文也认为无法判定其到底是永徽律还是开元律，这一方面显示出郑文实事求是的学术态度，另一方面也暴露出其逻辑论证上的混乱。

其次，比较上举敦煌吐鲁番文书与现存《唐律疏议》的内容，检讨其是否具有一致性。尽管对郑文力图通过寻找敦煌吐鲁番文书中所谓的永徽律或贞观律残卷与现存《唐律疏议》的一致性，来证明现存《唐律疏议》为《永徽律疏》的做法，我并不赞成，但为了弄清真相，我仍然按照郑文的思路做了一番比较。通过比较，我发现除文字的讹误衍脱外，大部分都像郑文所揭示的，两者基本一致，只有 CH0045 号《捕亡律》断片有两处与现存《唐律疏议》不同，郑文没有提到，需要加以讨论。

《唐律疏议》卷十八"主守不觉失囚"条规定："诸主守不觉失囚者，减囚罪二等；若囚拒捍而走者，又减二等。皆听一百日追捕。限内能自捕得及他人捕得，若囚已死及自首，除其罪；即限外捕得，及囚已死若自首者，各又追减一等。监当之官，各减主守三等。故纵者，不给捕限，即以其罪罪之；

---

[1] 刘俊文将之定为永徽律，参见氏著《敦煌吐鲁番唐代法制文书考释》，中华书局 1989 年版，第 95 页。

未断决间，能自捕得及他人捕得，若囚已死及自首，各减一等（谓此篇内，监临主司应坐，当条不立捕访限及不觉故纵者，并准此法）。" CH0045 号《捕亡律》断片载有同条部分内容，迻录于下：

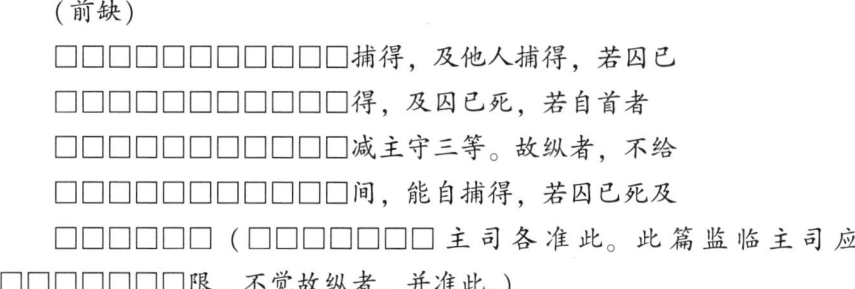

（前缺）

□□□□□□□□□□□□捕得，及他人捕得，若囚已

□□□□□□□□□□□得，及囚已死，若自首者

□□□□□□□□□□减主守三等。故纵者，不给

□□□□□□□□□□间，能自捕得，若囚已死及

□□□□□□（□□□□□□主司各准此。此篇监临主司应

□□□□□□□限，不觉故纵者，并准此。）

这部分内容残缺颇甚，但两相比较，仍可以发现它们之间的若干不同，其中最显著者，一为上引 CH0045 号《捕亡律》断片第四行无 "及他人捕得" 五字，而现存《唐律疏议》有；二为上引 CH0045 号《捕亡律》断片第五行有 "主司各准此" 五字，而现存《唐律疏议》无。

第一处不同，因为上引 CH0045 号《捕亡律》断片第二行曾提到 "及他人捕得" 五字，第四行缺 "及他人捕得" 应是抄写者遗漏，贞观律中当有此五字。这种情况说明现存《唐律疏议》与《永徽律疏》、贞观律在这一点上是相同的。第二处不同，在 "主司各准此" 之上应还有缺文，根据日本《养老律·捕亡律》逸文，所缺之字为 "余条监当官司及"，合起来就是 "余条监当官司及主司各准此"。《养老律》制定于公元 718 年，其蓝本是此前于公元 701 年制定的《大宝律》，《大宝律》的蓝本则是唐朝永徽四年（公元 653 年）制定的《永徽律疏》，因此可以推知《永徽律疏》中也应该有 "余条监当官司及主司各准此" 十二字。这种情况表明，《永徽律疏》'与贞观律确实一脉相承，而现存《唐律疏议》则与之都有所不同，现存《唐律疏议》不是永徽四年（公元 653 年）制定的《永徽律疏》。

综上所述，我认为郑文通过敦煌吐鲁番文书中的律疏文书与现存《唐律疏议》条文的一致性来论证现存《唐律疏议》为《永徽律疏》的方向是错误的，因为我们在敦煌吐鲁番文书中看到的仅仅是很小一部分唐律条文，即使它们都属于永徽律或《永徽律疏》，而且都与现存《唐律疏议》一致，也仅仅说明它们具有同源关系，而不能说明现存《唐律疏议》就是《永徽律疏》。而通过我们上面的检讨，我们发现即使被郑文当做永徽律的敦煌吐鲁番文书，其实也不都属于永徽律，或接近永徽律的贞观律、垂拱律，这进一步削弱了郑文逻辑推理的正当性。最后通过被郑文认为是永徽律或贞观律的敦煌吐鲁番文书与现存《唐律疏议》的比较，我们又发现二者之间存在某些差异，这些差异有的是文书的讹误衍脱造成的，有的则是永徽律或《永徽律疏》本身的规定不同于现存《唐律疏议》所致。这表明，现存《唐律疏议》确实与《永徽律疏》之间存在差异，不能简单地说现存《唐律疏议》就是永徽四年（公元 653 年）制定的《永徽律疏》。

二

郑文的第二部分是敦煌文书 P. 3608、3252 号唐垂拱《职制户婚厩库律》残卷与现存《唐律疏议》的比较，目的是通过展示现存《唐律疏议》与唐垂拱《职制户婚厩库律》残卷的大同小异，证明《唐律疏议》与唐垂拱《职制户婚厩库律》残卷既非常相似，又不完全是垂拱律，而是垂拱律所自出的母本《永徽律疏》。现存《唐律疏议》不管是否《永徽律疏》，其与垂拱律的大同是意料中的事，因此，我们将着重讨论现存《唐律疏议》与唐垂拱《职制户婚厩库律》残卷的不同。

所谓 P. 3608、3252 号唐垂拱《职制户婚厩库律》残卷，郑文有简略介绍，是 20 世纪初发现于我国敦煌的一种法律文书，全卷由前后两个断片组成，两个断片之间并不衔接。P. 3608 号断片首尾皆残，共八纸一百五十三行；P. 3252 号断片亦首尾残缺，存二纸十八行。此残卷中包含大量武周新字，而武则天统治时期曾于垂拱元年（公元 685 年）修律，因此，学界依其内容将之定为唐垂拱《职制户婚厩库律》残卷。郑文列举了 P. 3608、3252 号唐垂拱《职制户婚厩库律》残卷与现存《唐律疏议》的许多不同之处，但大都属于个别字词的误倒衍脱，比如"御膳"误做"御服"，"誊"讹为"腾"，"物"写为"勿"，"相冒"颠倒为"冒相"，不能说明什么问题，比较重要的只有三处，此外，还有三处重要的不同郑文并没有提及，下面一并列出。

（1）《唐律疏议》卷九"乘舆服御物"条规定："诸乘舆服御物，持护修整不如法者，杖八十；若进御乖失者，杖一百。其车马之属不调习，驾驭之具不完牢，徒二年；未进御，减三等。应供奉之物阙乏者，徒一年；其杂供有阙，笞五十。"P. 3608 号残卷同条没有"其杂供有阙，笞五十"八字。

（2）《唐律疏议》卷九"私有玄象器物"条规定："诸玄象器物，天文，图书，谶书，兵书，七曜历，《太一》《雷公式》，私家不得有，违者徒二年（私习天文者亦同）。其纬、候及《论语谶》，不在禁限。"P. 3608 号残卷同条没有注文"私习天文者亦同"七字。

（3）《唐律疏议》卷十二"放部曲为良"条规定："诸放部曲为良，已给放书，而压为贱者，徒二年；若压为部曲及放奴婢为良，而压为贱者，各减一等；即压为部曲及放为部曲，而压为贱者，又各减一等。各还正之。"P. 3608 号残卷同条原作"诸放奴婢为良，已给放书，而还压为贱者，徒二年（笔者按：此处之'年'为武周新字）；若压为部曲，及放为部曲而压为贱者，各减一等；放部曲为良还压为部曲者，又减一等"，后又改为"诸放部曲为良，已给放书，而还压为贱者，徒二年（笔者按：此处之'年'为武周新字）；若压为部曲及放奴婢为良，而压为贱者，各减一等；即压为部曲及放为部曲而压为贱者，又减一等。各还正之"。两相比较，P. 3608 号残卷修改前与现存《唐律疏议》出入颇大，而修改后则已基本相同。

（4）《唐律疏议》卷十三"盗耕种公私田"条规定："诸盗耕种公私田者，一亩以下笞三十，五亩加一等；过杖一百，十亩加一等，罪止徒一年半。荒田，减一等。强者，各加一等。苗子归官、主（下条苗子准此）。"P. 3608 号残卷同条基本相同，惟在"诸盗耕种公私田者"下原有注文"若以上籍，同贸易"七字，后朱点抹消。

（5）《唐律疏议》卷十四"嫁娶违律"条规定："诸嫁娶违律，祖父母、父母主婚者，独坐主婚（本条称以奸论者，各从本法，至死者减一等）。若期亲尊长主婚者，主婚为首，男女为从。余亲主婚者，事由主婚，主婚为首，男女为从；事由男女，男女为首，主婚为从。其男女被逼，若男年十八以下及在室之女，亦主婚独坐。未成者，各减已成五等。媒人，各减首罪二等。"P. 3252 号残卷同条在"若期亲尊长主婚者，主婚为首，男女为从"后没有"余亲主婚者，事由主婚，主婚为首，男女为从"十七字。

（6）《唐律疏议》卷十五"验畜产不以实"条规定："诸验畜产不以实者，一笞四十，三加一等，罪止杖一百。若以故价有增减，赃重者，计所增减坐赃论；入己者，以盗论。"P. 3252 号残卷同条残缺颇甚，迻录于下："诸验畜

产不以实者，一答册，三加一等，罪止杖□□□□□□□□□□□□□□□□
准盗论，入己者，以盗论。"从 P. 3252 号残卷这一条规定来看，尽管残缺严
重，但仍可看出《唐律疏议》中的"坐赃论"，在 P. 3252 号残卷中则是作
"准盗论"。

上列六处是现存《唐律疏议》与 P. 3608、3252 号唐垂拱《职制户婚厩库
律》残卷最重要的不同之处。那么这六处不同是否能够证明现存《唐律疏议》
为《永徽律疏》呢？我们下面就逐一讨论这六处不同。

第一处不同，在郑文中并没有提到，但相对于郑文提到的那些不同，确
实应属比较重要。P. 3608 号残卷"乘舆服御物"条为什么没有"其杂供有
阙，答五十"八字呢？这有两种可能，一是抄写者的遗漏，二是垂拱律中本
来就没有此项规定。查日本《养老律》卷三《职制律》，也有"乘舆服御物"
条，规定如下："凡乘舆服御物，持护修整不如法者，答五十。其车马之属不
调习，驾驭之具不完牢，徒一年；未进御，减三等。应供奉之物缺乏者，杖
六十。"与现存《唐律疏议》相比，可以发现它们之间有若干不同，比如
《唐律疏议》的"杖八十"，《养老律》作"答五十"；《唐律疏议》有"若进
御乖失者，杖一百"一句，《养老律》则没有；《唐律疏议》的"徒二年"，
《养老律》作"徒一年"；《唐律疏议》的"徒一年"，《养老律》作"杖六
十"。而特别值得注意的是，《唐律疏议》有"其杂供有阙，答五十"一语，
而《养老律》则和 P. 3608 号残卷一样，也付诸阙如。同样都以《永徽律疏》
为蓝本的 P. 3608 号残卷和《养老律》不约而同地都缺少"其杂供有缺，答五
十"一语，显然不是偶然的巧合，或抄写者的遗漏，而是说明作为它们共同
蓝本的《永徽律疏》根本就没有此项规定，现存《唐律疏议》的此项规定至
少是在武则天退位之后才增加进去的，[1]而这与郑文要证明现存《唐律疏
议》为《永徽律疏》的目标显然是不相符的。

第二处不同，在郑文中曾经提到，并将之视作现存《唐律疏议》为《永
徽律疏》的有力证据。依我的看法，P. 3608 号残卷"私有玄象器物"条之所
以没有注文"私习天文者亦同"七字，与第一处不同一样，也有两种可能性，

---

[1] 仁井田陞、牧野巽也注意到这种不同，并且也推测"或许不是因为日本律按照《永徽律》
的形态流传，相反，是永徽以后的律损益旧律的结果"，只是他们没有注意到 P. 3608 号残卷，否则他
们应会更加肯定。仁井田陞、牧野巽之说见［日］仁井田陞、牧野巽："《故唐律疏议》制作年代考"
（下），载杨一凡主编：《中国法制史考证》（丙编第 2 卷），中国社会科学出版社 2003 年版，第 85 页。

一是抄写者的遗漏，二是垂拱律中本来就没有这条注文。查日本《养老律》卷三《职制律》，有"私有玄象器物"条，规定如下："凡玄象器物，天文，图书，谶书，兵书，七曜历，《太一》《雷公式》，私家不得有，违者徒一年（私习亦同）。其纬、候及《论语谶》，不在禁限。"与现存《唐律疏议》比较，除了句首之字不同外，它们尚有两处不同，一是《唐律疏议》的"徒二年"，《养老律》作"徒一年"；二是《唐律疏议》的注文"私习天文者亦同"，《养老律》作"私习亦同"，没有"天文者"三字。从第二处不同来看，尽管《养老律》的表述和《唐律疏议》略有不同，但可以看出作为《养老律》蓝本的《永徽律疏》也应该有此注文，P.3608 号残卷之所以付阙，当是抄写者的遗漏。这种情况说明，在这一点上，不管垂拱律的情形如何，现存《唐律疏议》与《永徽律疏》应该是基本一致的。

第三处不同，在郑文中也曾经提到，也是被当作现存《唐律疏议》为《永徽律疏》的有力证据。如前所述，P.3608 号残卷修改前的文字与现存《唐律疏议》出入颇大，而修改后则已基本相同。那么 P.3608 号残卷为什么要被修改呢？是抄写错误还是后来官方对这条规定做了调整？如果是抄写错误的话，那么后来的修改只不过是一种改正行为，它说明现存《唐律疏议》与垂拱律基本一致，有着同源关系。但正如学者们所指出的，这种修改不太可能是改正行为，而应是后来官方对修改前的规定做了调整，因为修改前的条文文从字顺，修改的笔迹与修改前的笔迹也不相同。[1]如果是这样的话，问题随之而来：这种修改发生于什么时候？目前学界倾向于发生在武则天退位、中宗复位之后，理由是修改后的条文中的"正"字没有使用武周新字。这种推论不无道理，但也并非没有疑问，因为中宗复位之后明令"天地等字，台阁官名，一事已上，并依永淳已前故事"[2]，但我们却发现 P.3608 号残卷中有不少武周时期的新字，如"天""地""日"等都依然是武周新字的写法，并未改正，尤其在修改后的条文中就有武周新字"年"，此字居然没有被涂掉重写，岂不奇怪？这种情况表明，P.3608 号残卷的修改也有可能发生于

〔1〕 〔日〕冈野诚："论敦煌本唐户婚律部曲放良条——P3608 和 P3252 再探"，载杨一凡主编：《中国法制史考证》（丙编第 2 卷），中国社会科学出版社 2003 年版，第 390 页；刘俊文：《敦煌吐鲁番唐代法制文书考释》，中华书局 1989 年版，第 76~77 页。

〔2〕 （宋）宋敏求编，洪丕谟等点校：《唐大诏令集》卷二《中宗即位赦》，学林出版社 1992 年版，第 6 页。

武周时期。如果修改发生于武周时期的话，一个合理的推论就是现存《唐律疏议》"放部曲为良"条可能不是来自《永徽律疏》而是来自垂拱律，这显然无助于证明现存《唐律疏议》是《永徽律疏》的立论。即使退一步说，P. 3608 号残卷的修改确系发生于武则天退位、中宗复位之后，至多也只能说明现存《唐律疏议》"放部曲为良"条是来自《永徽律疏》[1]，而不能证明其本身就是《永徽律疏》，更何况正如郑文所说，唐中宗复位后对唐律的修改是恢复《永徽律疏》原貌，还是有新的变动，也还悬而未决。

第四处不同，郑文没有提到。P. 3608 号残卷"盗耕种公私田"条在"诸盗耕种公私田者"下比现存《唐律疏议》同条多出注文"若以上籍，同贸易"七字。值得注意的是，在这七个字的旁边标有朱点，表示删除，删除之后的 P. 3608 号残卷"盗耕种公私田"条与现存《唐律疏议》完全相同。那么这七个字为什么要被删除呢？唐耕耦、陆宏基认为"七字注文与律文不对应，显系误书"[2]，也就是说是抄写者将之误植其中，所以要予以删除。但这种可能性并不大，因为从现存《唐律疏议》来看，在"盗耕种公私田"条的疏议的最后有"若已上籍，即从下条'盗贸卖'之坐"一语，似乎呼应的就是"若以上籍，同贸易"的注文，而且 P. 3608 号残卷所载仅是律文，将后面的疏议内容如此完整地植入前面的律文似乎也不符合常理。所以，我认为应如刘俊文所说，"非因误书，而系律文改动"[3]，也就是说，此前的唐律中应当有"若以上籍，同贸易"的七字注文，后来可能是在唐中宗复位之后，也可能是在武则天在位时期的某个时间，这"若以上籍，同贸易"的七字注文被删除了。被删除的原因并不是这七字注文有错误，或法律在惩罚盗耕种公私田问题上有变化，而是因为它们是一种没有意义的重复。在现存《唐律疏议》和 P. 3608 号残卷中有一条共同的规定，即"妄认公私田"条。按照此条规定："诸妄认公私田，若盗贸卖者，一亩以下笞五十，五亩加一等；过杖一百，十亩加一等，罪止徒二年。"将别人的土地"上籍"，登录到自己的户

---

〔1〕 日本学者冈野诚认为，P. 3608 号残卷的修改以发生于神龙元年（公元 705 年）的可能性最大，但他仍然认为修改后的条文是来自垂拱律和继承垂拱律的神龙律，而不是《永徽律疏》。参见[日] 冈野诚："论敦煌本唐户婚律部曲放良条——P3608 和 P3252 再探"，载杨一凡主编：《中国法制史考证》（丙编第 2 卷），中国社会科学出版社 2003 年版，第 390 页。

〔2〕 唐耕耦、陆宏基编：《敦煌社会经济文献真迹释录》（第 2 辑），全国图书馆文献缩微复制中心 1990 年版，第 512 页。

〔3〕 刘俊文：《敦煌吐鲁番唐代法制文书考释》，中华书局 1989 年版，第 61 页。

籍名下，自然是一种"妄认公私田"的违法行为，已经包含在"妄认公私田"条的规定当中，正因如此，再在"盗耕种公私田"条"诸盗耕种公私田者"下予以注释当然就是多此一举，必须删除之。[1]这种情况进一步说明，现存《唐律疏议》虽然渊源于《永徽律疏》，但并不就是《永徽律疏》本身，二者之间是存在一些差异的。

第五处不同，郑文曾经提到，当然也是郑文极为珍视的现存《唐律疏议》为《永徽律疏》观点的有力证据，P. 3252 号残卷"嫁娶违律"条为什么在"若期亲尊长主婚者，主婚为首，男女为从"后缺"余亲主婚者，事由主婚，主婚为首，男女为从"十七字呢？郑文认为："至于这 17 个字究竟是残卷抄录者遗漏还是《垂拱律》在制定时删除了该项条款内容，很值得深入探究。笔者更倾向于为《垂拱律》所删除。"那么为什么要倾向于为垂拱律所删除呢？郑文没有说明，也没有探究。实际上，郑文是将一个极为简单的问题复杂化了。仔细观察就会发现，P. 3252 号残卷"嫁娶违律"条缺"余亲主婚者，事由主婚，主婚为首，男女为从"十七字完全是由抄写者造成的遗漏，因为文中已经明确规定"期亲尊长主婚者，主婚为首，男女为从"，如果再规定"事由男女，男女为首，主婚为从"则显然自相矛盾，所以"事由男女，男女为首，主婚为从"之前必有遗漏，而现存《唐律疏议》的"余亲主婚者，事由主婚，主婚为首，男女为从"十七字则正好弥补了这一遗漏。这种情况说明，现存《唐律疏议》在这一点上与垂拱律是一致的。查《养老律》逸文"嫁娶违律"条，在"若二等（笔者按：唐律中的'期亲'，《养老律》一律改为'二等'）尊长主婚者，主婚为首，男女为从"后有"余亲主婚者，事由主婚，主婚为首，男女为从"等字，说明现存《唐律疏议》在这一点上与《永徽律疏》也是一致的。

第六处不同，郑文没有提到。现存《唐律疏议》卷十五"验畜产不以实"条的"坐赃论"为什么在 P. 3252 号残卷同条规定中被写作"准盗论"？是讹误还是垂拱律中原本如此？似乎都有一定可能。不过，据《养老律·厩库律》逸文，也是作"坐赃论"，与现存《唐律疏议》相同，因此，垂拱律

---

〔1〕 刘俊文认为，"此注后被抹消，则抹消前律文所适用者，仅为盗耕种公私田而不上籍之人。如已至官府登记为己地（即上籍），则须按盗贸买公私田从严惩处。此注抹消，说明修改后之律文对此类罪之处罚有所放宽"。刘俊文的解释没有注意到唐律"妄认公私田"条的规定，误。参见刘俊文：《敦煌吐鲁番唐代法制文书考释》，中华书局 1989 年版，第 79 页。

是否作"坐赃论"可以讨论,但现存《唐律疏议》和《永徽律疏》都作"坐赃论"则应没有疑义。

综上所述,我们对现存《唐律疏议》与 P. 3608、3252 号唐垂拱《职制户婚厩库律》残卷的六处重要不同进行了讨论,从这些讨论可以看出,我们能够确定为现存《唐律疏议》与《永徽律疏》不同的有一处,即第一处;相同的有三处,即第二处、第五处和第六处;第三处、第四处虽然我们做了一些推测,但缺乏直接证据,是否相同待定。这种情况说明:第一,现存《唐律疏议》与《永徽律疏》之间确实存在大量相同之处,如果再考虑到没有列入我们讨论范围的那些 P. 3608、3252 号唐垂拱《职制户婚厩库律》残卷的条文,这一点会更加明显。这构成了现存《唐律疏议》与《永徽律疏》关系的基本方面。第二,现存《唐律疏议》与《永徽律疏》之间也确实存在不同之处,虽然从 P. 3608、3252 号唐垂拱《职制户婚厩库律》残卷来看,这只占一个很小的部分,但它至少表明《永徽律疏》在后世是有过变化的,而且这种变化并非仅仅局限于避讳、地名改易、官职名称改易等形式方面,而是具体规定也有增删调整,现存《唐律疏议》并不完全等同于永徽四年(公元 653年)的《永徽律疏》。

三

郑文的第三个方面是敦煌吐鲁番文书 P. 3593 号《开元名例律疏》残卷、河字 17 号《开元名例律疏》残卷、73TAM532 号《开元名例律疏》残卷、S. 6138 号《开元贼盗律疏》残卷、李盛铎旧藏《开元杂律疏》残卷、P. 3690号《职制律疏》残卷与现存《唐律疏议》的比较,目的是通过比较,用两者的差异性证明现存《唐律疏议》不是《开元律疏》,而是《永徽律疏》。用郑文的话说就是:"如果现存的《开元律疏》残卷与现存《唐律疏议》相比,只是个别文字的差别,法律条文和疏议部分没有太大的差异,则现存的《唐律疏议》为唐开元二十五年的《开元律疏》;如果两者之间的差别很大,则现存的《唐律疏议》应为唐高宗时期的《永徽律疏》。"下面我们就一一检讨 P. 3593 号《开元名例律疏》残卷、河字 17 号《开元名例律疏》残卷、73TAM532 号《开元名例律疏》残卷、S. 6138 号《开元贼盗律疏》残卷、李盛铎旧藏《开元杂律疏》残卷、P. 3690 号《职制律疏》残卷与现存《唐律疏议》的异同。

P. 3593 号《开元名例律疏》残卷，为法藏敦煌文书，首尾残缺，共存五纸一百零四行。该残卷记载了唐代名例律疏的部分内容，起"十恶"的疏语，迄"六曰大不敬"的注文。文中有避唐玄宗李隆基之讳及"宝"等字，再参照据信为开元二十五年（公元 737 年）法律文书的其他文书的格式，该残卷被学界确认为《开元名例律疏》[1]。将这份残卷与现存《唐律疏议》相比，除书写格式略有不同及个别字词的讳改和讹脱外，其他完全一致。当然，郑文曾提到 P. 3593 号《开元名例律疏》残卷与现存《唐律疏议》的一处不同：

> 三曰谋叛，注云：谓谋背国从伪。
> 议曰：有人谋背本朝，将投蕃国；或欲翻城
> 从伪，或欲以地外奔，即如莒牟娄以牟夷
> 来奔，公山弗扰以费叛之类。

郑文认为这一段文字与现存《唐律疏议》有差异，而且《唐律疏议》错误，残卷正确。差异确实存在，上引文中的"莒牟娄以牟夷来奔"，现存《唐律疏议》作"莒牟夷以牟娄来奔"，但与郑文说的正相反，不是现存《唐律疏议》错误，而是残卷错误。刘俊文先生早已指出此点[2]，不赘。此外，我还想进一步指出，这种差异显然是抄写者抄写致误，而不是《开元律疏》与现存《唐律疏议》的差异，不应予以过分夸大。

河字 17 号《开元名例律疏》残卷，为中国国家图书馆所藏敦煌文书，卷首残缺，中部有缺失，卷尾完整，共十纸一百四十八行。该残卷记载了唐代律疏卷二名例关于官当和除名的规定，因卷尾列有明确奏上时间"开元廿五年六月廿七日"，而且文中有"制书""制敕"等字样，且避唐玄宗讳将"期年"改为"周年"，因此被确定为《开元律疏》[3]。该残卷书写工整，校订

---

〔1〕 刘俊文：《敦煌吐鲁番唐代法制文书考释》，中华书局 1989 年版，第 112 页。

〔2〕 刘俊文：《敦煌吐鲁番唐代法制文书考释》，中华书局 1989 年版，第 113 页。

〔3〕 参见王仁俊："唐写本开元律疏名例卷附案证"，载杨一凡编：《中国律学文献》（第 2 辑第 1 册），黑龙江人民出版社 2005 年版，第 42~43 页；〔日〕仁井田陞、牧野巽："《故唐律疏议》制作年代考"（下），载杨一凡主编：《中国法制史考证》（丙编第 2 卷），中国社会科学出版社 2003 年版，第 85 页。

精审，装潢甚都，用唐代尚书省官文书用纸书写，当是官方正式文书〔1〕。将该残卷与现存《唐律疏议》比对，我们发现二者确实有所不同，除个别字词的差异〔2〕和书写格式不一致外，最重要的就是现存《唐律疏议》"官当"条疏议竟比河字 17 号残卷"官当"条多出了整整一句话，二十七个字，逐录如下："用官不尽，一年听叙，降先品一等；若用官尽者，三载听叙，降先品二等。"为什么现存《唐律疏议》会多出这么多字，或河字 17 号残卷会少这么一句话呢？近人王仁俊认为，"确有命意，当非脱漏"，应是开元二十五年（公元 737 年）修律时负责编纂律疏的官员故意"删缉"所致〔3〕；刘俊文持同样看法，也认为"盖开元二十五年律疏所刊削者"〔4〕。郑文则声称这是"以前对《唐律疏议》版本进行研究的学者，无论是日本学者仁井田陞还是中国学者杨廷福等人，都没有注意到"的差异，并由此断定，"现存《唐律疏议》版本与开元二十五年的《开元律疏》不属于同一个版本系统"。仁井田陞、牧野巽则在《〈故唐律疏议〉制作年代考》（下）一文中指出，这是"残篇有所脱漏"，并进行了迄今为止最为认真的讨论。权衡上述各种看法，我认为仁井田陞、牧野巽的说法较为合理，是一种基本可以接受的解释。

首先必须承认，仁井田陞、牧野巽并没有为他们的观点提供有力的证据，其最为有力的证据是说河字 17 号残卷错误较多。将河字 17 号残卷与其所对应的现存《唐律疏议》"官当"条、"除名"条相比对，发现文字确实有些不同，比如：（1）《唐律疏议》"犯徒二年半私罪"，河字 17 号残卷作"犯二年半私罪"；（2）《唐律疏议》"以本阶从五品官当徒二年"〔5〕，河字 17 号残卷作"以本阶从五品当二年"；（3）《唐律疏议》"亦犯私罪徒二年半者"，河字 17 号残卷作"亦犯私罪二年半徒者"；（4）《唐律疏议》"亦用本品官当徒一年"，河字 17 号残卷作"亦用本品当徒一年"；（5）《唐律疏议》"或有从五

〔1〕 参见刘俊文：《敦煌吐鲁番唐代法制文书考释》，中华书局 1989 年版，第 134 页；王仁俊："唐写本开元律疏名例卷附案证"，载杨一凡编：《中国律学文献》（第 2 辑第 1 册），黑龙江人民出版社 2005 年版，第 42 页。

〔2〕 郑文说河字 17 号残卷第四十八行作"或犯徒用官不尽者"，为元代至正本、日本文化本和《宋刑统》所无，实际仅其中的"者"字为他本所无，郑文误。

〔3〕 王仁俊："唐写本开元律疏名例卷附案证"，载杨一凡编：《中国律学文献》（第 2 辑第 1 册），黑龙江人民出版社 2005 年版，第 42~43 页。

〔4〕 刘俊文：《敦煌吐鲁番唐代法制文书考释》，中华书局 1989 年版，第 135 页。

〔5〕 徒二年，《养老律》、敦煌文书河字 17 号开元律疏残卷均作"二年"，无"徒"字。

品官下行正六品官"，河字 17 号残卷作"或有从五品官下行正六上"；（6）《唐律疏议》"其正六品上散官守五品者"，河字 17 号残卷作"其正六上散官守五品者"；（7）《唐律疏议》"五品所守，别无告身"，河字 17 号残卷作"所守无别告身"；（8）《唐律疏议》"若五品行六品者，以五品当罪"，河字 17 号残卷作"若五品行六品者，五品当罪"，等等。仁井田陞、牧野巽认为这些不同都是河字 17 号残卷的错误，并且据以证明河字 17 号残卷脱漏"用官不尽，一年听叙，降先品一等；若用官尽者，三载听叙，降先品二等"一句具有合理性。实际如果用《养老律》《宋刑统》加以比对的话，就会发现，这些不同未必都是错误，比如（1）（2）（3）（4）四处不同，《养老律》都同于河字 17 号残卷，有的甚至《养老律》《宋刑统》都与河字 17 号残卷相同。（8）的不同，实际可能不是不同，因为从河字 17 号残卷图版来看，《唐律疏议》"以"字的位置是存在的，只是墨污严重，无法辨认。（7）的不同，无论《唐律疏议》还是河字 17 号残卷，文义都通，也不能说河字 17 号残卷就是错误。目前基本可以断定是河字 17 号残卷错误的只有（5）（6）两处。这种情况说明，河字 17 号残卷并不像仁井田陞、牧野巽所说的那样有很多错误，甚至它的有些表述要比现存《唐律疏议》更正确。这样，仁井田陞、牧野巽用河字 17 号残卷错误证明河字 17 号残卷无"用官不尽，一年听叙，降先品一等；若用官尽者，三载听叙，降先品二等"一句话二十七字是脱漏的合理性就被大大降低。实际上，即使河字 17 号残卷真的有很多脱漏衍倒等错误，就一定可以证明上述一句话二十七字是脱漏吗？至少逻辑上说不通。尽管如此，仁井田陞、牧野巽认为河字 17 号残卷有所脱漏的观点仍然是可以接受的。

之所以这样说，原因之一是王仁俊、刘俊文及郑文的看法存在较多疑点。对王仁俊、刘俊文及郑文来说，其所要面对的第一个问题是，《永徽律疏》关于"官当"条的疏议是什么样的，是否包含"用官不尽，一年听叙，降先品一等；若用官尽者，三载听叙，降先品二等"一语？《养老律》保留了部分《永徽律疏》"官当"条疏议，但并不全面，尤其与我们所讨论问题相关的部分，《养老律》并没有记载。在《永徽律疏》疏议部分我们不了解的情况下，如何可以断定河字 17 号残卷无"用官不尽，一年听叙，降先品一等；若用官尽者，三载听叙，降先品二等"是开元年间修律刊削所致？说开元年间修律刊削所致，一个基本的逻辑预设是现存《唐律疏议》是《永徽律疏》，但《唐律疏议》是否《永徽律疏》本身还需要证明，怎么能将一个尚需证明的东西轻易用作立论的前提？唐朝后期乃至五代各朝仍然行用律疏，而且都是三十卷，这些律疏均沿袭了开元以来的律疏，宋朝法典《宋刑统》就是在这些律疏的基础上，又综合后周的《大周刑统》而成书，如果现存《唐律疏议》真是《永徽律疏》，而与开元二十五年的《开元律疏》不属于同一个版本系统的话，那么《宋刑统》应该没有"用官不尽，一年听叙，降先品一等；若用官尽者，三载听叙，降先品二等"这一句话，而事实却是刚好相反！郑文明确提出"现存的《唐律疏议》更有可能是唐高宗永徽四年（公元653年）颁布的《永徽律疏》，或者与《永徽律疏》属于同一个蓝本系统；宋代的法典《宋刑统》和日本《养老律》同属于另一个蓝本系统，而《宋刑统》又直接沿袭了唐开元二十五年的《开元律疏》"，那么分属两个蓝本系统的现存《唐律疏议》与《宋刑统》在"用官不尽，一年听叙，降先品一等；若用官尽者，三载听叙，降先品二等"这一句话上却出奇地一致，不很奇怪吗？诸如此类的问题，我想都是王仁俊、刘俊文及郑文必须要面对却又无法回答的问题，由此亦可见其说之不可能。

原因之二是仁井田陞、牧野巽的说法具有较大可能性。在排除了王仁俊、刘俊文及郑文的看法后，在河字17号残卷无"用官不尽，一年听叙，降先品一等；若用官尽者，三载听叙，降先品二等"一语的问题上实际就只剩下两种可能，一是开元之后对唐代律疏的添加，二是河字17号残卷脱漏。所谓开元之后对唐代律疏的添加，就是说"用官不尽，一年听叙，降先品一等；若用官尽者，三载听叙，降先品二等"这句话是在开元之后的某个时期被添加到疏议当中，但从唐朝五代的有关记载来看，其时并没有对律疏的修改活动。《唐会要》卷三九《定格令》说："（元和二年）八月，刑部奏改律卷第八为斗竞。"这是史书明确记载的开元之后对唐律的唯一一次修改，但这种修改并没有被后人接受，而且也没有涉及《名例律》。因此，"用官不尽，一年听叙，降先品一等；若用官尽者，三载听叙，降先品二等"一语在开元后被添加到律疏中的可能性并不大，最有可能的还是河字17号残卷在抄写时有所脱漏。而从前文所述P.3252号残卷"嫁娶违律"条等的情况来看，这种脱漏也确实时有发生。如果我的这种分析不谬的话，则现存《唐律疏议》与河字17号《开元名例律疏》实际可能除个别字词稍有差异外，也没有什么不同。

73TAM532号《开元名例律疏》残卷，系新疆维吾尔自治区图书馆所藏吐鲁番文书，全卷由两大两小四个断片组成，首尾皆缺，共四十一行，其中二十行残缺不全，所载为唐代名例律疏"称日年及众谋"条和"称加减"条的各一部分内容。刘俊文、郑文推测该卷为开元二十五年律疏，[1]从其书写格式来看，确与 P. 3593 号《开元名例律疏》残卷、河字 17 号《开元名例律疏》残卷相同，刘、郑之说可从。S. 6138 号《开元贼盗律疏》残卷，系英藏敦煌文书，首尾皆缺，残损严重，共计八行，仅两行完整，所载为唐代贼盗律疏"谋反大逆"条的部分疏文。仁井田陞、刘俊文以及郑文都认为是《开元律疏》，[2]从其书写格式来看，应该是可信的。李盛铎旧藏《开元杂律疏》残卷，系敦煌文书，首尾皆缺，共四纸八十行，其中仅两行残损，所载为唐代杂律疏部分内容。刘俊文、郑文将其定为开元二十五年律疏，从其书写格式以及残卷文中多次出现"宝""制"等字来看，应该是有道理的。P. 3690 号《职制律疏》残卷，系法藏敦煌文书，首尾皆缺，共十二行，所载为唐代职制律疏的部分内容。仁井田陞、刘俊文据文书格式、字体大小将之定为《永徽律疏》，[3]日本学者泷川政次郎则认为残卷应是《开元律疏》，郑文不同意上述学者的观点，"认为 P. 3690 号唐《职制律》残卷既非《永徽律疏》的残卷，也不是开元二十五年《开元律疏》的残卷，而是开元二十五年（公元 737 年）《律》的残卷"。[4]实际上，根据有关记载来看，仁井田陞、刘俊文的观点应是较为可靠的，郑文、泷川政次郎的看法则殊难成立，因为 P. 3690 号《职制律疏》残卷中写有疏议内容，而且书写格式也与前举几份《开元律疏》残卷迥然不同，前举几份《开元律疏》都是每行平列，律文、注文、疏文大字书写，注文上冠以"注云"二字，此卷则每条首字"诸"字高出一格，律文、注文作大字，注文上无"注云"二字，疏文作小字双行。[5]因此，P. 3690 号《职制律疏》残卷既不可能是开元二十五年律，也不可能是开元二十五年律疏。将这四份郑文认为都是《开元律疏》或开元律的残卷与

---

〔1〕 刘俊文：《敦煌吐鲁番唐代法制文书考释》，中华书局 1989 年版，第 153 页。

〔2〕 ［日］仁井田陞：《中国法制史研究·法与习惯、法与道德》，东京大学出版会 1981 年版，第 170 页；刘俊文：《敦煌吐鲁番唐代法制文书考释》，中华书局 1989 年版，第 166 页。

〔3〕 ［日］仁井田陞：《中国法制史研究·法与习惯、法与道德》，东京大学出版会 1981 年版，第 248 页；刘俊文：《敦煌吐鲁番唐代法制文书考释》，中华书局 1989 年版，第 163 页。

〔4〕 郑显文："唐开元二十五年《律》为日本《养老律》蓝本之新证——以敦煌吐鲁番发现的唐律、律疏残卷为中心"［载中南财经政法大学法律文化研究院编：《中西法律传统》（第 7 卷），北京大学出版社 2009 年版］对此有详细论证，但并不能成立，我已有专文讨论，此处从略。

〔5〕 刘俊文：《敦煌吐鲁番唐代法制文书考释》，中华书局 1989 年版，第 162 页。

现存《唐律疏议》比对，我们发现它们之间除了个别字词的讹脱衍重外，其差异主要在于书写格式方面，现存《唐律疏议》与 P. 3690 号《职制律疏》残卷书写格式的差异尤其明显。至于内容方面，则基本相同，并不像郑文所说"有较大的差别"。

综上所述，通过仔细比对 P. 3593 号《开元名例律疏》残卷、河字 17 号《开元名例律疏》残卷、73TAM532 号《开元名例律疏》残卷、S. 6138 号《开元贼盗律疏》残卷、李盛铎旧藏《开元杂律疏》残卷、P. 3690 号《职制律疏》残卷与现存《唐律疏议》，我们发现，这些残卷与现存《唐律疏议》除个别字词稍有差异外，区别主要在于书写格式上的差异，P. 3690 号《职制律疏》残卷尤其明显，而在内容上二者则几乎完全一致，郑先生说"现存的元代版本《唐律疏议》与敦煌、吐鲁番所保存的唐开元二十五年的《开元律疏》残卷有很大不同"，显然是过甚其辞。如前所述，郑文曾说，如果现存《开元律疏》残卷与现存《唐律疏议》相比，只是个别文字的差别，法律条文和疏议部分没有太大的差异，则现存《唐律疏议》为唐开元二十五年的《开元律疏》；如果两者之间的差别很大，则现存《唐律疏议》应为唐高宗时期的《永徽律疏》。如果我们像郑文一样将 P. 3593 号《开元名例律疏》残卷、河字 17 号《开元名例律疏》残卷、73TAM532 号《开元名例律疏》残卷、S. 6138 号《开元贼盗律疏》残卷、李盛铎旧藏《开元杂律疏》残卷、P. 3690 号《职制律疏》残卷都看作是《开元律疏》或开元律的残卷的话，那么我们得出的结论恰好与郑文相反，即现存《唐律疏议》不是《永徽律疏》，而就是《开元律疏》。当然，事实上，如我们前边所分析的，这六份所谓的《开元律疏》或开元律残卷中，有五份大体可以确定是《开元律疏》，P. 3690 号《职制律疏》残卷则比较接近《永徽律疏》，因此，像郑文那样据此断言现存《唐律疏议》是《永徽律疏》固属不妥，说现存《唐律疏议》是《开元律疏》也不能令人信服，必须综合考虑其他因素始可作出正确的判断，而这些工作，仁井田陞、牧野巽早在几十年前就已经做过，并且得出了正确的结论，即现存《唐律疏议》不是传统所认为的《永徽律疏》，而是在《永徽律疏》基础上经过开元年间修改调整过的《开元律疏》。

（原文载《敦煌研究》2011 年第 4 期，有改动）

新介绍的吐鲁番、敦煌本《唐律》《律疏》残片

—— 以旅顺博物馆以及中国国家图书馆所藏资料为中心

[日] 冈野诚*

摘 要 本文讨论了近年来新介绍的吐鲁番、敦煌发现的《唐律》《律疏》残片，在有关永徽、开元年间法律修订的问题上提出了新的见解。作者指出，首节论及的残片属于《旅博研究》及《新疆选粹》收录的旅顺博物馆所藏大谷文书，是《律疏》的三个残片，即名例律疏的第 27 条、第 28 条的疏文。从其书写风格看是唐朝中期以后官员抄写的开元律疏的一部分。次节论及的《国家图书馆藏敦煌遗书》所收《金刚般若波罗蜜经》纸背残片，一为杂律疏第 38 条疏文，二为同条疏文的一部分，两者能够缀合，但此前学者的年代推定方法不妥。龙谷大学收藏的大谷文书永徽（或垂拱）律、贼盗律第 48 条的两个残片和诈伪律第 1 条、第 2 条的两个残片，应是从同一文本中分离出来的。2003 年荣新江介绍的新残片是旅顺博物馆的大谷文书的一部分，能和已知的大谷 5098 缀合，可确认与贼盗律第 46 条、第 47 条、第 48 条的正文和注文相当。作者对新残片中的贼盗律条文与日本《养老律》及《唐律疏议》相关条款进行了对比并指出了异同，认为永徽、开元之间条款有所修改，略卖、和卖的犯罪客体有所扩大，法的实效性得到提高。此后编纂的《宋刑统》和《唐律疏议》以接受了这种修改的《开元律》和《开元律疏》为基础，所以《开元律疏》法规内容的矛盾仍保留在这两部法典中。

关键词 吐鲁番 敦煌 唐律 律疏 大谷

序 言

1902~1914 年，在西本愿寺第 22 代门主大谷光瑞的指挥下，西域探险队

---

* 本文作者系日本明治大学教授。

（又称大谷探险队）三次（第一次：1902～1904 年；第二次：1908～1909 年；第三次：1910～1914 年）调查中国新疆地区的佛教遗迹。

这一探险事业消耗了巨额费用，不久之后，它就成为西本愿寺面临财政压力的一个原因，进而发展为与财政运营相关的贪污事件。大谷光瑞承担了这个责任，于 1914 年辞去了门主与伯爵之职。所以这三次艰苦的西域探险收集到的经卷、文书、佛像等被分藏在国内、国外。[1]

有关这些收集品现在的收藏情况，藤枝晃曾在《大谷收集品的现状》一文中作了如下分类：A1 群，中国旅顺博物馆；A2 群，北京图书馆（现为中国国家图书馆）；B 群，韩国国立中央博物馆；C1 群，东京国立博物馆；C2 群，京都国立博物馆；D1 群，龙谷大学；D2 群～D5 群（省略探险队员及其家族等寄赠或寄存于龙谷大学的藏品——引者注）。[2]

在这个分类的基础上，上山大峻在演讲记录《大谷收集品的意义》的“演讲资料”中又把大谷收集品做了大致分类：Ⅰ. 日本龙谷大学图书馆藏，Ⅱ. 日本东京国立博物馆藏，Ⅲ. 日本京都国立博物馆藏，Ⅳ. 中国旅顺博物馆藏，Ⅴ. 中国北京图书馆藏，Ⅵ. 韩国国立中央博物馆（省略西藏搜集资料Ⅰ、Ⅱ以及其他团体、个人所藏）。[3]

因此，中国旅顺博物馆藏有大谷探险队带来的经卷、文书以及考古发掘品等重要收集品，此前就已为学界所知悉，但了解其现状则是近些年的事情。尤其是借由龙谷大学和东洋文库等教育、研究机构所属或与它们相关的研究者的努力，与旅顺博物馆展开密切的学术交流所积累的成绩，具有极其重大

---

〔1〕 有关大谷光瑞和大谷探险队的书籍、论文，如今数量已相当庞大。其中，给笔者留下特别深刻印象的有：彻底搜集细节信息，以此为基础描绘了以二乐庄为中心的地域和时代的芦屋市立美术博物馆编：《现代主义再考——二乐庄与大谷探险队》（芦屋市立美术博物馆 1999 年版）、和田秀寿编：《现代主义再考——二乐庄与大谷探险队Ⅱ》（芦屋市立美术博物馆 2003 年版）；在近代佛学的世界潮流中追寻大谷光瑞踪迹的井ノ口泰淳所著《大谷光瑞师与近代佛教学》（龙谷大学 350 周年纪念学术企划出版编辑委员会编：《佛教东渐——从祇园精舍到飞鸟》，龙谷大学 1991 年版）；以及利用宝贵的照片、图版，以亚洲和欧洲的近代史为背景，追寻大谷探险队的史实与意义的白须净真所著《大谷探险队及其时代》（勉诚出版社 2002 年版）等。

〔2〕 参照〔日〕藤枝晃：“大谷收集品的现状”（〔日〕井ノ口泰淳：《大谷探险队带来的西域文化资料选目录》，龙谷大学 1989 年版，前引《佛教东渐》再录）再录书第 224～230 页。

〔3〕 参照〔日〕上山大峻：“大谷收集品的意义”（杉村栋、徐光辉编：《佛的到来之路——丝绸之路的文物》，东方出版社 2005 年版），其“演讲资料”（同书卷末）第 10～12 页。

的意义。[1]

以下所举是与大谷文书相关的最新成果：

旅顺博物馆、龙谷大学合编《旅顺博物馆藏新疆出土汉文佛经选粹》，法藏馆，2006年。（以下简称为《新疆选粹》）

郭富纯、王振芬著《旅顺博物馆藏西域文书研究》，万卷出版公司，2007年。（以下简称为《旅博研究》）

有关旅顺博物馆所藏大谷文书，我们根据这些书籍，第一次得到附加了许多文书（包含小残片）影像的信息。[2]

本文检讨上述2种书籍所含唐代法典，特别是《律》和《律疏》的残片。与此相关，我也对现在出版中的《国家图书馆藏敦煌遗书》第22册所含《律疏》2个残片阐述拙见。

作为唐代刑法典的《唐律》（在唐代仅称为《律》）12卷是以前代的隋《开皇律》为基础，在纳入唐初53条格后编纂而成的，于武德七年（公元624年）奏上。接下来，在太宗贞观十一年（公元637年）颁行《贞观律》，根据记载，此后分别于永徽二年（公元651年）、垂拱元年（公元685年）、载初元年（公元690年）、神龙元年（公元705年）、太极元年（公元712年）、开元七年（公元719年）加以刊定，开元二十五年（公元737年）做了最后修订，一直适用至唐末。[3]

这一《律》的官方注释书是《律疏》30卷，以统一《律》的解释为目的而编纂，于永徽四年（公元653年）颁行。对《永徽律疏》的刊定，则在开元二十五年（公元737年）。《律疏》不仅是《律》的官方注释书，而且还补充了《律》的不足，在唐代的裁判中可以作为法源被引用。

---

〔1〕 关于旅顺博物馆的藏品，参照旅顺博物馆编《旅顺博物馆》（文物出版社2004年版），尤其是该书第9章"新疆文物"（第200~223页）。又，以该馆藏品为中心的展览会也曾在日本举办数次，其中最新的图录是郭富纯、葛华、上山大峻、三谷真澄监修《旅顺博物馆展——西域佛教文化的精华》（旅顺博物馆展实行委员会2007年版），卷末收录了上山大峻和三谷真澄2篇有用的解说。入泽崇、三谷真澄、橘堂晃一监修《龙谷大学所藏西域文化资料展示图录——旅顺博物馆展 西域佛教文化的精华》（旅顺博物馆展实行委员会2007年版）是在同一展览会中出版的龙谷大学藏品的图录和解说。

〔2〕 其他相关的重要业绩，还有刘广堂、上山大峻主编：《旅顺博物馆藏吐鲁番出土汉文佛典研究论文集》（龙谷大学西域研究丛书4，旅顺博物馆、龙谷大学文学部2006年版）。

〔3〕 关于唐代法典编纂史的详细情况，参照［日］池田温："唐令"，载滋贺秀三编：《中国法制史——基本资料的研究》，东京大学出版会1993年版，第204~213页；［日］滋贺秀三：《中国法制史论集——法典与刑罚》，创文社2003年版，第72~88页。

遗憾的是，唐代的《律疏》钞本并没有完全流传至今，在西域发现的法制文献中，可以找到若干断简、残片（后述）。另一方面，现存的北宋刑法典《宋刑统》完全照录了《唐律》12 卷和《律疏》30 卷，可以窥见《开元律疏》的全貌（实际上，在《宋刑统》现存最早的明钞本中，卷一至四有较大的残缺，卷二四至二六有较小的残缺，所以无法确认《律疏》的全部文字）。

与唐《律疏》十分相似的文献有《故唐律疏议》（通常称为《唐律疏议》）30 卷。迄今为止，我们无法充分了解《唐律疏议》是在何时、何处、由谁、因何目的而制作的书籍，也无法明确地称它是特定王朝的刑法典。若是从它与《宋刑统》的关系上说，在《唐律疏议》中可以窥见《宋刑统》的影响，因此被认为是比《宋刑统》晚出的文献。至少可以说，在唐代没有行用《唐律疏议》的事实。[1]

世上将《律疏》与《唐律疏议》等同视之的记述并不少见。然而，如前所述，《律疏》在唐代是对《律》的官方注释书，而《唐律疏议》是宋元以后的法律书。[2]在现存的《唐律疏议》的刊本中，明确属于宋版的并不存在，全部都是元代以后的刊本。

关于两者的关系，笔者认为，唐代《律疏》的撰定仅有永徽四年（公元653 年）一次，开元二十五年（公元 737 年）是它的刊定，而以这个开元刊定的《律疏》和《开元律》为基础，后代（宋末元初前后）制作了《唐律疏议》。当然，在开元刊定《律疏》与《唐律疏议》之间，还可能存在着几部已经亡佚的文献。[3]

---

〔1〕 据仁井田陞、牧野巽："《故唐律疏议》制作年代考"（上、下）（《东方学报·东京》1、2，1931 年，此后收录于律令研究会编《译注日本律令》Ⅰ〔首卷〕，东京堂 1978 年版）言："在宋代以前的文献中，据我们所知，唐律疏议这个名称一次都没有出现过。"（下第 115 页）笔者的调查也是如此。

〔2〕 前引仁井田陞、牧野巽的论文批判了《唐律疏议》以《永徽律疏》为基础的学说，主张《开元律疏》说。因此，需要注意的是，他们时而持一种较有伸缩度的看法，如"要言之，故唐律疏议中存在着后代的加笔，其主体是开元二十五年律疏——这是我们最后得出的结论"，时而又会简单化地处理为"否定故唐律疏议的永徽律疏说，论定它是开元二十五年律疏……"同样的看法也见于中国，如将吐鲁番出土的《律疏》断简称为《唐律疏议》是不合适的〔国家文物局古文献研究室等编：《吐鲁番出土文书》（第 9 册），文物出版社 1990 年版，第 199~202 页〕。《律疏》与《唐律疏议》在书式上是不同的。关于这一点，可参照拙文："西域发现唐开元律疏断简的再检讨"（载《法律论丛》50-4，1977 年，第 53~54 页）。

〔3〕 参照杨廷福，冈野诚译："唐律疏议制作年代考"（载《法律论丛》52-4，1980 年，第 178~180 页）的"译者附记"。

因此，为了校勘西域发现的《唐律》《律疏》钞本的残片的文字，首先应该使用《律附音义》和《宋刑统》。然后，《律附音义》当然不会包括《律疏》，而天一阁旧藏钞本《宋刑统》存在着相当程度的残缺，误字也不在少数，所以作为次要的手段，也会用《唐律疏议》进行校勘。笔者绝非将唐代的《律疏》与《唐律疏议》等同视之，而是认为应该将它们先行区别，再加讨论。

以下简要说明本文频繁引用的主要文献。

唐律（12 卷）：《律附音义》，上海古籍出版社 1984 年版。

　　　　　北宋覆刻《唐律》12 卷，孙奭附加《音义》1 卷。本书影印的是中国国家图书馆所藏宋元递修本。[1]

唐律疏议（30 卷）：律令研究会编《译注日本律令》Ⅰ〔首卷〕1978 年、Ⅱ〔律本文篇上卷〕、Ⅲ〔律本文篇下卷〕1975 年、Ⅶ〔唐律疏议译注篇3〕东京堂出版，1987 年。[2]

宋刑统（30 卷）：《重详定刑统》30 卷，明乌丝栏钞本，8 册。

　　　　　明天一阁旧藏本，现在由中国台北"故宫博物院"保管（本文简称为宋刑统）。[3]

西域发现唐代法制文献：T. Yamamoto, O. Ikeda & M. Okano co-ed., *Tun-huang and Turfan Documents Concerning Social and Economic History*, Ⅰ Legal Texts,（A）Introduction & Texts,（B）Plates, the Toyo Bunko, 1980, 1978.（简称 TTD-Ⅰ）[4]

---

〔1〕　参照拙文"北京图书馆藏宋刻律十二卷音义一卷简介"〔《中嶋敏先生古稀纪念论集》（上），该纪念事业会 1980 年版〕、《近刊景宋刊本律附音义》（载《法律论丛》53-1、2，1980 年）。

〔2〕　若为参考而作一些叙述的话，刘俊文点校的《唐律疏议》（中华书局 1983 年版）是以四部丛刊三编所收滂熹斋藏宋刊本的上海涵芬楼影印本即四部丛刊本为底本的。滂熹斋本本身现在也藏于中国国家图书馆。然而，无论是将四部丛刊本选为底本，还是将滂熹斋本认定为宋版（刘氏认为是南宋后期刊行的），笔者都不赞同。笔者如此判定的论据是仁井田陞所著《（补订）中国法制史研究》Ⅳ〔法与惯习・法与道德〕（东京大学出版会 1981 年版，1964 年初版）的第 5 章"再论唐律疏议现存的最早版本"。其中，仁井田陞认为，滂熹斋本是先于泰定本的元刻本。原来被认为是宋版的部分是根据《宋刑统》补写的，所以它不是宋版（该论文第 83 页）。关于四部丛刊本，仁井田陞把它称为潘氏本（滂熹斋本）的"变造本"（该论文第 98 页），无法令人信赖且加以使用。此外，本文所用《译注日本律令》Ⅱ、Ⅲ所收《唐律疏议》，其底本用的是至正本系统的岱南阁丛书本。

〔3〕　参照拙文《宋刑统》（前引滋贺秀三编：《中国法制史——基本资料的研究》，东京大学出版会 1993 年版）。

〔4〕　作为本书的先行成果，还有池田温、冈野诚："敦煌、吐鲁番发现唐代法制文献"（载《法制史研究》27，1978 年）。

> T. Yamamoto et al. , *Tun-huang and Turfan Documents Concerning Social and Economic History*, Supplement, (A) Introduction & Texts, (B) Plates, the Toyo Bunko, 2001.

> 日本律（养老律）：前引《译注日本律令》ⅡⅢ，［日］井上光贞等校注：《律令》，"日本思想大系 3"，岩波书店 1976 年版。

另外，关于条文的名称、序号，遵照以下原则：根据《唐律疏议》全 12 篇的篇目名和每个篇目的条文序号。例如，"贼 47"是指贼盗律第 47 条的略卖期亲卑幼条。12 个篇目的简称是：名（名例）、卫（卫禁）、职（职制）、户（户婚）、厩（厩库）、擅（擅兴）、贼（贼盗）、斗（斗讼）、诈（诈伪）、杂（杂律）、捕（捕亡）、断（断狱）。《律附音义》《宋刑统》《日本律》TTD-Ⅰ在原则上也都照此处理。

一、旅顺博物馆藏名例律疏残片

（一）旅顺博物馆的大谷文书

通过上述 2 种新刊书，我们能够更详尽地知道旅顺博物馆所藏的大谷文书的现状。[1]

笔者首先拿到的是《旅博研究》，然后再是《新疆选粹》的一部分复印版，正好与文献的出版顺序相反。这么做的理由在于，《新疆选粹》虽然是日语书，但它的价格非常高，不用说个人，即使是公立图书馆想要购入也是非常难的。

拿到《旅博研究》后看了一遍，了解到在"从馆藏大谷收集品中新整理出的文书"的"一、经册中的社会文书"中有如下文书的照片和录文（177～180 页）[2]：

---

　　〔1〕 关于旅顺博物馆所藏的大谷文书，参照 ［日］小田义久："旅顺博物馆所藏的西域出土文物"（《龙谷大学论集》449，1996 年），［日］上山大峻、三谷真澄：《旅顺博物馆藏大谷探险队带来的资料》（《国际文化研究所纪要》龙谷大学 3，2000 年）。此外就大谷文书残片的杂贴账，也就是所谓的"蓝色笔记本"，参照 ［日］橘堂晃一：《基于二乐庄的大谷探险队带来佛典残片的整理与研究——旅顺博物馆所藏的所谓"蓝色笔记本"》（东洋史苑 60、61，2003 年）。

　　〔2〕 （二十一）～（二十五）是《旅博研究》中单纯为了排列而使用的番号，不是文书番号。文书番号举例来说应该是（1514_410）这样的形式。此外《新疆选粹》中，文书番号都以"LM20_"开头（LM 指旅顺博物馆所藏资料，20 表示新疆出土文物）。顺便一提 LM20_1502 以后都是用纸袋保管的文书残片，所以（二十一）～（二十五）中只有（二十四）被贴附在蓝册上，其他的 4 个残片则被保管在纸袋中。

（二十一）律典（1514_410）

（二十二）法律文书（1507_988）

（二十三）法律文书（1507_1176_4）

（二十四）法律文书（1457_20_1）

（二十五）法律文书（1509_1570_2）

在此当中，（二十二）（二十三）（二十四）（二十五）一眼看上去是与《唐律》《律疏》类似的史料。

上述的 5 件文书中（二十一）（二十二）（二十三）（二十四）4 件，在《新疆选粹》中也有清晰的照片（照片在该书第 202 页）。将对应的文书编号（基本部分共通）与编者所拟的文献名进行比定之后，可记为如下的形式：

（二十一）LM20_1514_410 非佛典（日讲春秋解义）

（二十二）LM20_1507_0988 非佛典（唐律）

（二十三）LM20_1507_1176 非佛典（唐律）

（二十四）LM20_1457_20_01 不明

（二十五）未被登载

《新疆选粹》的编者，将（二十二）和（二十三）记为《唐律》，可见其当然知道具体的篇目名和条文名，但是在一览表中并没有详细记载。

北京大学教授荣新江在对《新疆选粹》的书评（《敦煌吐鲁番研究》10，2007 年）中，正如他在论文《唐写本中的〈唐律〉〈唐礼〉以及其他》（《东洋学报》85-2，2003 年）中论述的一样，认为（二十四）所对应的残片正是唐贼盗律残片（这些是由已知的龙谷大学所藏大谷 5098 以及大谷 8099 缀合而成）。[针对（二十四）的唐律残片，本文将在第 3 节进行讨论] 此外，残片（二十二）（二十三）都是名例律疏残片，由于其书写整洁，可以认为其是官方颁布的精抄本（参照该书评第 412 页）。[1]

以下本文将按照（二十五）（二十二）（二十三）的顺序，对三个残片的

---

〔1〕 荣新江在"书评《旅顺博物馆藏新疆出土汉文佛经选粹》"（《敦煌吐鲁番研究》10，2007 年）第 412 页指出，（二十二）和（二十三）的 2 个残片都是《唐律疏议·名例律》"工乐杂户"条（名 28）的疏文。

外形、内容进行讨论。

（二）（二十五）（1509_1570_2）

上述残片的照片与录文，虽然被《旅博研究》（第179~180页）收录，但是并没有被《新疆选粹》收录。文书的大小是通过推算得出的：竖9.6cm×横5.5cm。如图1所示，残片共3行，没有格子线。虽然照片不是很清晰，但文字依然可以判读。在《旅博研究》编者的录文中，就第1行的两个重复符号的处理而言，存在着若干个问题。例如，在记述为"^{（祖）}□ 父〃母〃"的语句（下划线）中，其意思应当是唐律中的惯用语"祖父母父母"。所以录文保留了原文"〃母〃"的形式。与现行本的唐律疏议相比较，第1行、第2行是名例律疏（名27）的疏文，第3行是名28条的疏文。下面将展示其与《唐律疏议》相对应的部分。

名律例·徒应役无兼丁条（名27）〔1〕
诸犯徒应役，而家无兼丁者。（妻年二十一以上，……）
（中略）
盗及伤人者，不用此律。（亲老疾合侍者，仍从加杖之法）。
疏议曰：盗及伤人……亲老疾合侍者，谓有祖父母父母年八十以上及笃疾合侍，家无兼丁者，虽犯盗及伤人，仍依前加杖之法。
名例律·工乐杂户条（名28）
诸工乐杂户及太常音声人、
疏议曰：工乐者，工^{（在）}_属少府，乐属太常，竝不贯州县……
（下略）

根据前述《唐律疏议》，可以确认的是，录文第1行下端的_____以及第2行上端的_____中应当填入的文字是"合侍，家无兼丁者，虽犯盗及伤"这12字。从第1行、第2行推算，1行大概能记录21个字。

---

〔1〕 律令研究会编：前述《译注日本律令》Ⅱ，第108~115页。

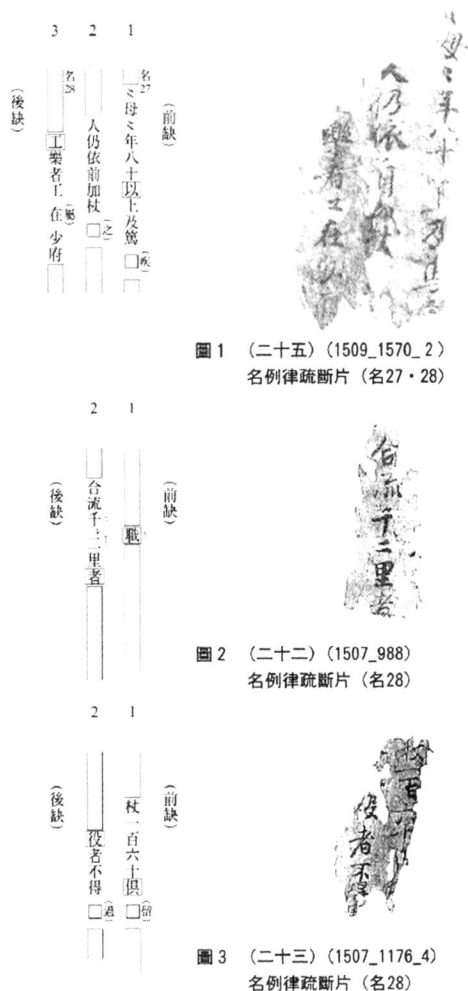

图1　(二十五)(1509_1570_2)
名例律疏斷片（名27・28）

图2　(二十二)(1507_988)
名例律疏斷片（名28）

图3　(二十三)(1507_1176_4)
名例律疏斷片（名28）

圖版1　郭富純・王振芬著「旅順博物館藏西域文書研究」萬卷出版公司、2007年、180頁
圖版2・3　旅順博物館・龍谷大學編著「旅順博物館藏　新疆出土漢文傳靜選粹」法藏館、2006年、202頁

接下来考虑第 2 行下端的 _____ 与第 3 行上端的 _____ 应该填入的文字。首先，"法" 1 字（名 27 疏文）、"诸工乐杂户及太常音声人" 11 字（名 28 本文），"议曰" 2 字（名 28 疏文）共计 14 字，而且这里是接排书写《律疏》，在引用前至少要有 1 个字的空格，所以在"诸"字以及"议曰"两字之前应该各自有一个字，共计两个字的空格。也就是说，从录文第 2 行的下端到第 3 行上端的残缺部分中，应当写着 16 个字（包括两个字的空格）。

从第 2 行和第 3 行来看，1 行字数可推算为约 22 字。简单地说，第 2 行下端到第 3 行上端的残缺部分，虽然在照片版中一个字也确认不了，但是可推测其包含了律文本的 11 个文字。

校勘上存在的问题是录文第 3 行的"工在少府"。在现存《唐律疏议》中，下划线部分是"属"字，由于"在"和"属"意思相近，所以可以认为是个笔误。"属"字应当是正确的。

此外，书写风格是熟练的楷书，并且混入了一部分的行书体（"笃""少"等字）。由此可见是唐代中期以后的抄本。

（三）（二十二）（1507_988）

这个残片的照片和录文已被《旅博研究》（第 177~178 页）收录，照片也被《新疆选粹》（第 202 页）刊载。根据后者，残片的大小是竖 6.5cm×横 2.3cm，且没有格子线。文字是 1 行共 6 个字，但是《旅博研究》的录文落下了"合流ㄟ千 レ 里者"中的转倒符号。书写人本来想要写的是"合流二千里者"，之后发现弄倒了"二"和"千"两个字的位置，就又添上了转倒符号（参见图 2）。

此外，从照片上看，"二"字的右侧一行（也就是前一行）中有两个墨点，可以确定是残留的笔画，但是到底是什么字则无法确定。从位置上来看，很有可能是"职"字的一部分，日后对该残片进行调查之后再行考虑这个问题。

在《唐律疏议》中，与本残片对应的字句是《名例律》"工乐杂户"条（名 28）第 2 段的疏文。

> 名例律·工乐杂户条（名 28）〔1〕
> 诸工乐杂户及太常音声人、
> 疏议曰：工乐者……
> 犯流者，二千里决杖一百，一等加三十，留住俱役三年。（犯加役流者，役四年）
> 疏议曰：此等不同百姓，职掌唯在太常少府等诸司。故犯流者，不同常人例配。
> 合流二千里者，决杖一百。二千五百里者，决杖一百三十。三千里

---

〔1〕 律令研究会编：前述《译注日本律令》Ⅱ，第 111~115 页。

者，决杖一百六十。俱留住役三年。犯加役流者，役四年。名例云，累
徒流应役者，不得过四年。

　　故三年徒上，止加一年，以充四年之例。若是贱人，自依官户及奴
法。（下略）

　　现存的字句与《唐律疏议》一致，所以这个残片应当是唐《律疏》的一
部分。文字主要是楷书，但也有一部分快速书写的行书（比如"流"字）混
杂在其中。从笔法纯熟的感觉来看，这应该是唐代中期以后的书写风格。

　　（四）（二十三）（1507_1176_4）

　　这个残片的照片和录文，被《旅博研究》（第 178 页）收录，其照片也被
《新疆选粹》（第 202 页）收录。根据后者，残片的大小是竖 7.5cm×横
4.1cm，共计 2 行，没有格子线。《旅博研究》的录文将第 2 行的第一个字写
成了"杀"，但是这应该是"役"字之误（参见图 3）。

　　在《唐律疏议》中，与此残片对应的语句应当也出自《名例律》"工乐
杂户"条（名 28），即前引《唐律疏议》名 28 中有双重下划线的文字。这与
《唐律疏议》在字句上完全吻合。

　　因此这个残片应当是唐《律疏》的一部分。文字是楷书，一看就感觉笔
法纯熟，所以应当是唐中期以后的写本。

　　作为本节的总结，本文拟对上述 3 个残片，即《旅博研究》的（二十五）
（二十二）（二十三），是否出于同一文本进行讨论。

　　第一，（二十五）是《律疏》的名 27 疏和名 28 疏，（二十二）是《律疏》
的名 28 疏，（二十三）也是名 28 疏。三者虽然不能直接缀合，但也可以说是
位置相当近的条文。特别是（二十二）应该是（二十三）第 1 行的前一行。

　　第二，从书写格式上看，《律疏》（原则上来说，由律本文、注、疏文、
问答组成）全文是被接排书写的（参见图 4，3 个残片以外的文字，可将《唐
律疏议》改成《律疏》的格式后加以引用，只是注用的可能是小字）。在每
个残片中，1 行的平均字数可推测如下：（二十五）大概是 21~22 字，（二十
二）不明，（二十三）大概是 23 字，而且 3 个残片都没有格子线。

　　第三，从照片上看，纸质是相同的，无法透过纸面看到纸背的文字（当
然有可能 3 个残片的纸背根本就没有文字）。

　　第四，字体都是楷书，但是混入了一部分行书，是非常纯熟的书写风格，

应该是唐中期以后所写的。

　　从以上理由可以看出，这 3 个残片是从唐《律疏》的同一个抄本中分离出来的。但是，荣新江仅以书写风格为根据，得出这些残片为官颁本的结论，笔者还是难以赞同。从书写格式上来看，残片中没有格子线，全部接排书写，并且是用较快的笔法写成的。就现在来看，笔者认为该些残片是某个地方官员为自己需要而抄写的开元年间刊定的《律疏》。

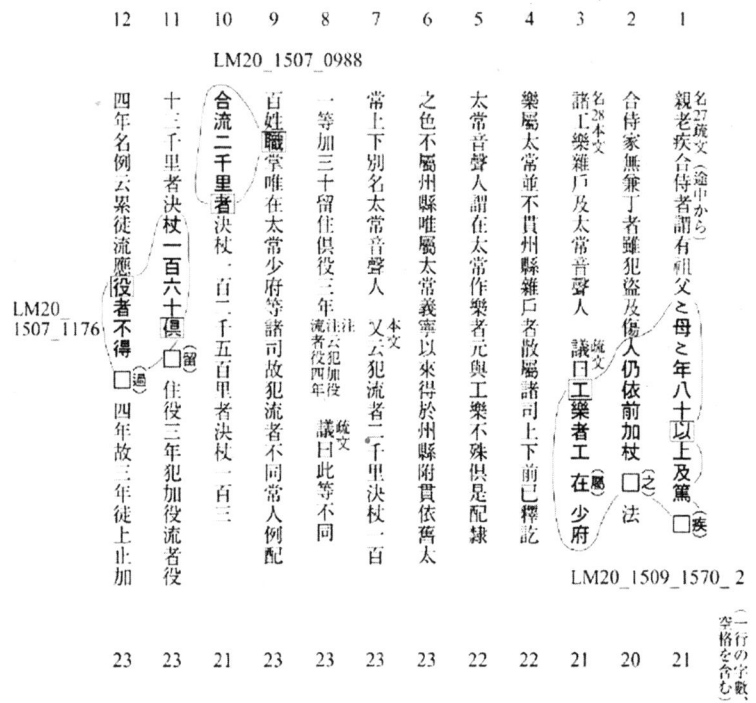

圖 4　名例律疏（名27・28）復原鈔本中の 3 斷片の位置

残片文字用黑体表示（其余文字依照《唐律疏议》）

二、中国国家图书馆藏杂律疏残片

　　众所周知，中国国家图书馆所藏敦煌文献现在以"国家图书馆藏敦煌遗书"为名出版发行。由于册数极多（据说预定全 160 册）且价格昂贵，不用说个人，即使是大学图书馆也难以买入，笔者工作的学校也未购入一册。

其第 22 册收录的《金刚般若波罗蜜经》（BD01524）的纸背末端有几个汉字资料。

上述第 22 册所收的《条记目录》最先关注并介绍了这些文字，其记录如下：[1]

卷尾背裱补纸上有文字。

一块作："□……□弘（?）戒（?）□……□/。"

另一块作："□……□受寄准行程□……□/□……□此律/。"应为残文书。

将这个注记与上述第 22 册的《BD01524 号背残文书》（第 120 页）的照片版相对照，可以做出以下的理解。

为了裱补 BD01524《金刚般若波罗蜜经》的卷尾背面，贴上了两个纸片（根据照片版，经典和残文书的位置是颠倒的。此外，在照片版中，这两个残片外还可见到另外一个无字的残片）。上面的文字是：

(1)"□……□弘（?）戒（?）□……□/。"

(2)"□……□受寄准行程□……□/□……□此律/。"

(此外，从照片版可以看出，残片没有格子线)

中国国家图书馆的史睿将这个残片推定为唐《律疏》，并在其论文《新发现的敦煌吐鲁番唐律、唐格残片研究》中，做出了以下的释文（该论文第216 页）[2]：

（前缺）

1. ⬜⬜⬜⬜⬜⬜受寄准行程

2. ⬜⬜⬜⬜⬜⬜用此律

（后缺）

---

[1] 中国国家图书馆编，任继愈主编：《国家图书馆藏敦煌遗书》（第 22 册），北京图书馆出版社 2006 年版，第 8 页。另外"BD01524"的千字文番号是"来 024"，微型胶片番号是"094：3872"。

[2] 史睿："新发现的敦煌吐鲁番唐律、唐格残片研究"，载《出土文献研究》2007 年第 8 辑。

根据现行本的《唐律疏议》，这个残片每行约为 16 个字，其内容是唐杂律疏·乘官船违限私载条（杂 38）[1]的疏文的一部分，两行中缺失的文字可以根据《唐律疏议》来推定并给出了复原方案。

此外史氏认为，虽然该残片与李盛铎旧藏的《杂律疏》（TTD-Ⅰ之X）在每行的字数上相等，但是从书写上来看，《杂律疏》中的文字较为扁平，接近于唐初的写本，而残片中的文字则呈正方形，二者并不相同，而且字间距也不一致，两者绝不是同一时代的写本。

史氏没有明确说明本残片的书写年代，我们也无法得知他的结论，但与《杂律疏》为唐初写本相对应，本残片的书写年代应当在之后的唐代中期、后期。

史氏将本残片比对为唐杂律疏·乘官船衣粮条（杂 38）后半段疏议文的一部分，这是非常妥当的。若根据《唐律疏议》来表示相应部分的话，就是如下的画线部分：

> 杂律·乘官船衣粮条（杂 38）[2]
>
> 诸应乘官船者……
>
> 疏议曰：应乘官船之人……
>
> 从军征讨者，各加二等……
>
> 疏议曰：从军征讨者……
>
> 监当主司知而听之，谓监船官司，知乘船人私载受寄者，与寄之者罪同。故云，与同罪。若是空船，虽私载受寄，^{准准}行程无违者，竝悉无罪。故云，不用此律。

史氏对《律疏》的比定值得肯定，但是正如前文所述，《条记目录》记录了 2 个残片，而史氏只提及了其中一个［前述（2）］的录文，剩下的一个残片［前述（1）］残留的文字笔画则没有被提及。仔细观察照片版，可以看到残片（1）的内容是：

因此，《条记目录》将残留的笔画部分推定、复原为"弘（?）戒（?）"。

---

[1] 杂 38 是乘官船衣粮条。由于史氏以刘俊文点校本《唐律疏议》为依据，所以条文名和笔者不同。

[2] 律令研究会编：前述《译注日本律令》Ⅲ，第 769~770 页。

但在该复原方案中，很难将它作为《律疏》的一部分，读出语句的含义。重读一遍杂律疏（杂38），笔者发现后段疏文中的"私载"两字出现了2次，即"谓监船官司知乘船人私载受寄者"和"虽私载受寄"。在照片中，"□厶□戈"之前的一个字虽然并不清楚，但是很难读作"人"字，因此后者的可能性更大。如果是后者的话，那么断片（1）可置于残片（2）第1行的"受寄"两字之前，两个残片可直接缀合，本来应是同一断简。因此，笔者的录文就如图5那样。其位置则在上述《唐律疏议》的对应语句下划双重下划线予以表示。

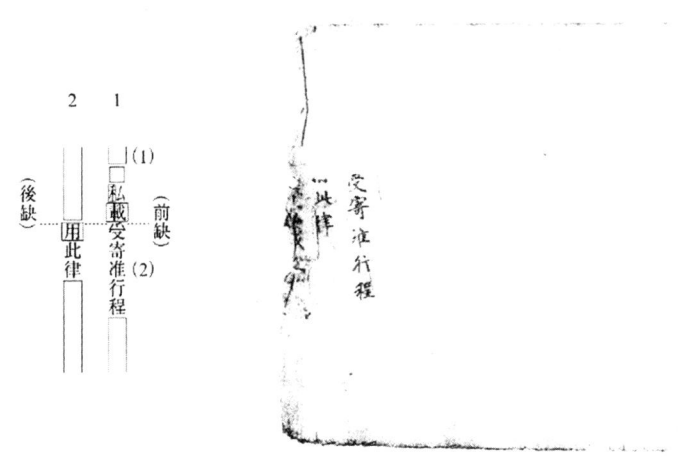

图5　BD01524背　雜律疏斷片（雜38）
圖版　中國國家圖書館編『國家圖書館藏敦煌遺書』
第22册、北京圖書館出版社、2006年、120頁

　　关于李盛铎旧藏的杂律疏残卷，史氏从书写风格判断为唐初的写本，这一观点，笔者难以赞同。关于这一残卷，泷川政次郎、仁井田陞与牧野巽以及笔者皆有研究，从书写格式以及用字来看，可以确定为唐开元二十五年（公元737年）的律疏。[1]从这两个残片的文字以及整洁的书写风格上来看，它们应是唐代中期以后的写本，因此可以认为是《开元律疏》的一部分。此

　　〔1〕〔日〕泷川政次郎："西域出土的唐律残篇"（载《法学协会杂志》48-6，1930年，之后同《律令的研究》，刀江书院，1931年再收录）再录第50~71页，仁井田陞、牧野巽所著的《〈故唐律疏议〉制作年代考》中，通过"制书""宝"字的出现，未使用则天文字等理由，推定是开元二十五年律疏（下第144~145页），另外参照拙稿："西域发现唐开元律疏断简的再讨论"（载《法律论丛》50-4，1977年）第56~60页。至于杂律疏的照片版，在前述TTD-Ⅰ的Ⅹ中。

外，笔者以后想对中国国家图书馆所藏原卷进行直接调查，从而验证这一看法。

三、旅顺博物馆藏贼盗律残片与永徽、开元年间的修法

（一）荣新江的新残片介绍

1980 年代初，前述的 TTD-Ⅰ 被编纂并发行。我们得以知晓，龙谷大学所藏吐鲁番文书中的大谷 5098 和大谷 8099 虽然同为唐贼盗律的残片，但是并不直接相连，而是贼盗律·知略和诱和同相卖条（贼 48）的上下部分。此外大谷 4491 和大谷 4452 可以直接缀合，是唐诈伪律·伪造皇帝宝条（诈 1）与伪写官文书印条（诈 2）的一部分。从书写风格、格子线的宽度、1 行的推定字数（每行 21~23 字）以及纸背写有佛典（使用则天文字）等共通点来看，这四个残片本来是从同一文本中分离出来的。[1]从纸背写有则天文字这一点来看，正面的唐律应当是永徽律或者垂拱律。

近年来，北京大学的荣新江在中国各地调查敦煌、吐鲁番收集品，在此过程中，发现旅顺博物馆所藏的吐鲁番文书的老照片中有一个残片，可以和大谷 5098 直接缀合，并将该研究成果发表在论文《唐写本中的〈唐律〉〈唐礼〉以及其他》中。[2]笔者非常钦佩他在数量众多的照片中发现新残片的慧眼。根据该论文所述，两个残片的字体、背面的则天文字[3]，以及背面的裱纸完全相同，很明显是从一个残简上分裂出来的。

荣氏在论文中将新发现的贼盗律残片的正反面照片，与已知的大谷 5098、

---

〔1〕 4 残片的照片参照 TTD-Ⅰ（B）的Ⅲ和Ⅳ（第 13~14 页），录文与研究参照 TTD-Ⅰ（A）的Ⅲ和Ⅳ（第 24~25 页、第 122~123 页）。

〔2〕 荣新江："唐写本中的《唐律》《唐礼》以及其他"，森部丰译，载《东洋学报》85-2，2003 年。

〔3〕 荣氏在前述论文中，并没有谈及则天文字的种类，但是在新残片的纸背确实有则天文字的"人"字，能与其缀合的大谷 5098v 有"日"字，此外大谷 4452v 中有"圣"字。藏中进："则天文字的成立和其本邦取来——以《千唐志斋藏志》拓影墓志为中心"（载《和汉比较文学丛书》Ⅰ，汲古书院，1986 年，之后藏中进：《则天文字的研究》翰林书房，1995 年再录），根据再录书第 161 页所述，则天文字的"人"字制定于圣历元年（公元 697 年）正月一日，"日"字制定于载初元年（公元 690 年）正月一日，然后"圣"字是证圣元年（公元 694 年）正月一日制定的。因此新残片所含的贼盗律以及诈伪律残片的纸背佛典是公元 697 年到公元 705 年之间书写的可能性很大。此外诈伪律残片的表面上有一个"玺"字，武则天时代将"玺"字改为"宝"字，中宗复位时恢复原状，开元初（大概是开元六年）又改回"宝"字，所以以有"玺"字出现的唐律是永徽律（公元 651 年）的可能性很大，当然也不能排除是垂拱律（公元 685 年）的可能性。

大谷 8099 的正反面照片（TTD-Ⅰ的Ⅲ）一起刊布，并发表（3 页，参照第 4~5 页的图 1、2）了新的录文（旅顺博物馆藏残片＋大谷 5098＋大谷 8099，共 7 行）。[1]

从新残片的照片来看，确实可以确认书写风格、格子线宽度、纸背使用则天文字等共通点。而且在录文第 5 行中"和诱和"3 个字能够与 2 个残片的残留笔画完全接合，由此实现修复。因此，可以证明已知的龙谷大学藏贼盗律 2 个残片和这个新残片是从同一个残简上分离开来的。新残片的内容后文还将叙述，在荣氏发表论文时，其情况是："……旅顺博物馆收藏的《大谷文书》的主要部分现在还没有整理，我们也无从得知这个照片所示的残片原件现在的状况如何。"（第 8 页）

此后，2006 年发行的，由旅顺博物馆、龙谷大学共编的前述《新疆选粹》第 202 页收录了新残片的正面（番号是 LM20_1457_20_01）照片，重新确认了该残片现保存于旅顺博物馆这一事实。该书的"解说"（第 256 页）虽然引用了上述荣氏的论文，明确记载该残片是《唐律》，但在第 236 页"版图列表"的文献属性栏中却记为"不明"，这里应该改为《唐律》。原残片的大小是：竖 10.1cm×横 9.6cm。

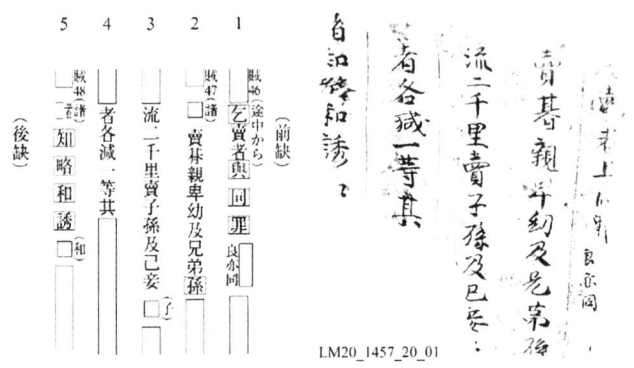

图 6 （二十四）（1457_20_1） 贼盗律断片（贼46·47·48）
图版 旅顺博物馆·龙谷大学编著 『旅顺博物馆藏新藏
出土汉文佛经选粹』法藏馆、2006 年、202 页

---

[1] 荣氏在前述论文的图 1、图 2（第 4~5 页）中，使用了新发现的老照片中的残片。但是在图 1 上，用 TTD-Ⅰ修补了大谷 8099，并向右侧移动了一行，加上大谷 5098 和大谷 8099 两个残片之间的间隔很小，很难说是将三个残片的位置正确地复原了。在图 2 中，大谷 8099v 的位置不在 5098v 下面，而是放在新残片的下面，这样很容易让人产生误解。

此外，这个残片正面的照片和录文，也被上述郭富纯、王振芬所著的《旅博研究》第 179 页所收录（"（二十四）法律文书（1457＿20＿1）"）。[1]

就新残片的内容而言，现将荣氏的研究成果补以笔者的若干言辞，分条叙述如下：[2]

（1）残片第 1 行是贼盗律·略和诱奴婢条（贼 46），其内容是律正文的最后 6 个字和注文的最后 3 个字（即双行中左行的 3 个字）。与《唐律疏议》相比较，残片中的律正文和注文的字数是相同的。

（2）残片的第 2 行到第 4 行，是贼盗律·略卖期亲卑幼条（贼 47），与《唐律疏议》进行比较，存在很多文字的差异。

①第 2 行的"賣"（卖）字上只有残留的笔画，看起来像"诸"字。

②第 2 行的"期亲"下面，缺失了《唐律疏议》（贼 47）中的"以下"两个字，此外"卑幼"的后面接着的是"及兄弟"。

③第 3 行的"流二千里卖子孙及己妾"未见于《唐律疏议》（贼 47）的律正文。

④第 4 行的文字虽然与《唐律疏议》（贼 47）的律正本相同，但是从残片每行大概是 21~22 字这一点上来看，其前面部分应该补入的文字与《唐律疏议》有相当大的差别。

（3）考虑《唐律疏议》（贼 47）疏文的最初部分（"期亲以下卑幼者，谓……从父弟妹。"）与问答（第 2 问答）中的一段（"此文，卖期亲卑幼……各有正条。"），《唐律疏议》律正文用"以下"二字省略了诸多内容。第 2 问答的"此文"所提到的文字，在形式上也和残片中《唐律》的文字相似。

（4）残片的第 5 行能和已知的大谷 5098 直接缀合。虽然残片上知略和诱

---

〔1〕 该书第 179 页的录文中，第 1 行的"与"字被误写为"上"字，双行小字注文的一部分"良亦同"被误认为正文文字，第 5 行的"□者（诸）"字被误认为"者"字。在其他残余笔画的处理上，也有若干地方和笔者不同。

〔2〕 荣氏论文的要旨主要以前述森部氏的译文为依据，若干的译语在确认原文之后笔者还有别的解释。参照原文的这一工作要感谢妹尾达彦氏（日本中央大学）的协助。但是，解释的责任，全部由笔者（冈野）负责。

和同相卖条（贼48）的文字并不完整，但和《唐律疏议》基本一致。[1]

（5）在这个残片的书写格式中，条文开头的"诸"字要比律本文高1格，这种格式和P. 3690的《唐律疏议》"职制律"残卷一致。

（6）从残片的律文内容与《唐律疏议》（贼47）的差异，以及残片背面的佛典中所见则天文字这两点来考虑，可以认为这个残卷是《永徽律》或者《垂拱律》的抄本。

（7）残片的律文内容与日本的养老贼盗律的对应条文（贼47）的文字大体上是一致的。《养老律》是根据《永徽律》和《垂拱律》编纂而成的，所以这个残片应是《永徽律》或者《垂拱律》的抄本。

（8）《唐律疏议》的对应条目（贼47）和残片所显示的《永徽律》存在字句上的差异，这一点有力地支持了仁井田陞、牧野巽的论文《〈故唐律疏议〉制作年代考》所持《唐律疏议》在开元二十五年（公元737年）以后被持续修订的观点。

以上便是荣氏的主张。

在上述诸见解中，与残片所载唐律文字校勘有关的1、22、23、24、3、4这几点上，笔者基本赞成荣氏的意见。在此外的几点中，21认为残片第2行开头的几个笔画是"诸"字，笔者认为这个观点过于牵强。反倒是，本残片第5行开头的"□者"（诸）这个字，可以通过本残片的书写格式（即条文开头的"诸"字向前抬一格），以及和《律附音义》《宋刑统》《唐律疏议》中对应条文的比较，推定补为"诸"字。

第5点所提到的P. 3690（TTD- I 之 X III）并不是《唐律疏议》的残片，而应该是唐《律疏》的残片。但是如果"诸"字抬头一格是《唐律》的书写格式的话，相比于P. 3690的"唐职制律疏残片"，还不如举中国国家图书馆藏"唐职制律残片"（由从丽字85号剥离下来的3个残片和从霜字89号剥离

---

〔1〕 森部氏的翻译中，"现存的'略和诱和同相卖'的条文文字是不完全的，但是和现行本基本一致"。（第7页）他没有说清楚用""引起来的部分是条文名还是对残片中字句的引用。原文是："残片第5行可以与大谷5098直接缀合，所存'略和诱和同相卖'条文字虽然不全，但与今本基本相合。"即指残片中残存的"略和诱和同相卖"条（条文名），其条文的内容和现存的《唐律疏议》基本一致。此外贼48的条文名上，荣氏使用了刘氏点校本的"知略和诱同相卖而买"（同书，《唐律疏议目录》，第11页），但是点校本和作为其底本的四部丛刊本的"知略和诱同相卖"也不一致。前述《译注日本律令》III所收的贼48的条文名，与四部丛刊本一致。因此笔者也无从得知刘氏所使用的条文名的典据了。

下来的 2 个残片缀合而成）〔1〕和《律附音义》（北宋时复刻的《唐律》12卷，孙奭还附加了 1 卷《音义》）这两个例子。

（二）贼盗律第 47 条的修改

前述荣新江的结论 3 和 7 中存在着一个问题：残片中贼 47 的律文为何与《唐律疏议》的对应条文不同，反而与日本的养老贼盗律相似？就此问题，荣氏表示："笔者并非是法制史的专家，不敢胡乱推论，希望这方面的专家能够补全这段文字，并且能够告知笔者，现行本中没有的'流二千里卖子孙及已妾'这一语句的含义。"（第 7 页）

对于这个问题，即使是专攻法制史的笔者，现在也没能解决，以下只能阐述现在的一些初步看法（在史料上所添的 A、B、C、D 的记号，与表 1 的记号相互对应）：

首先引用日本的养老贼盗律·卖二等卑幼条（贼 47）〔2〕。

A 凡 [1] 卖二等卑幼，及兄弟孙、外孙为奴婢者，徒二年半。イ子孙者，徒一年。

即和卖者，各减一等。其卖余亲者，各从凡人和略法。ロハニホ
イ二等卑幼，谓弟妹，若兄弟之子者。

ロ其卖妻妾为婢者，[8] 妻妾 [1] 虽是二等，不可同之卑幼。故诸条之内，每别称夫。[10] 本犯非应义绝，或准二等之幼。若其卖妻妾为婢，原情即令离异。夫自嫁者，依律两离之。卖之充贱，何宜更合。

---

〔1〕 关于丽字 85 贴附的 3 残片，参见拙稿"敦煌资料和唐代法典研究——西域发现的唐律、律疏断简的再讨论"（［日］池田温编：《敦煌汉文文献》〈讲座·敦煌Ⅴ〉，大东出版社 1992 年版，第517~524 页）以及"中国国家图书馆所藏唐律断简——兼谈《目连救母变文》"（《明治大学社会科学研究所纪要》39-2，2001 年）。特别是后者的第 71 页上，登载了 5 个残片的复原图，内容是唐职制律 39、40、41。此外虽然这些残片的新编号现在是已知的，但是在收录残片的卷帙出版之前，残片的编号是不能确定的。

〔2〕 使用前述《译注日本律令》Ⅲ所收的养老律。为了使该书的养老律能够方便地和《唐律疏议》进行比较，笔者有意识地改变了养老律的格式。也就是说在原来イ的位置上，疏文イ以双行小字的形式写入。此外疏文的ロ二ハホ（按照前述书的排列顺序）在正文之后按 ロハニホ 的顺序、以双行小字的形式写入（第 561~562 页）。此外，本文在引用养老律时也进行了若干加工，比如把空行省略，将《唐律疏议》中有而养老律里没有的部分用数字 [1] [8] 表示（但是"疏议曰""问曰""答曰""又问"之类就没有计数）。养老律本来的书写格式，参照前述岩波《律令》第 112 页，《律》〈新订增补国史大系〉（吉川弘文馆 1971 年版）第 75~76 页。

此条卖二等卑幼、妻妾固不在其中。只可同彼余亲，从凡人和略之法。其于殴杀、还同凡人之罪。故知卖妻妾为婢，不入二等幼之科。

名例［1］云，家人共犯、止坐尊长［16］

二又例云。本条别有制，与例不同，依本条。八此文，卖二等卑幼，及兄弟孙、外孙、子孙。［14］被卖之人，不合加罪。为其卑幼合受处分故。朩其卖余亲，各从凡人和略法。既同凡人为法，不合止坐家长。

在律正文中，将卖和卖为奴婢的客体（范围）分为：二等卑幼（弟妹、兄弟之子）、兄弟孙、外孙、子孙、余亲。作为分类基准的"二等卑幼"基于等亲法（仪制令25）而加以区分（但是不含孙和妻妾），"兄弟孙"（四等亲）、"外孙"（五等亲）、"子孙"（子是一等亲，孙是二等亲）都是个别列举，而"余亲"则是指从五等亲中去除前四者后剩下的亲属。

然后我们来看该条的疏文：

此文，卖二等卑幼，及兄弟孙、外孙、子孙……其卖余亲……

当然，该疏文重申了与养老律正文相同的旨趣（有关"妻妾"，与余亲一样对待）。

与此相对，《唐律疏议》贼盗律·略卖期亲卑幼条（贼47）［1］的内容是：

B 诸略卖期亲以下卑幼为奴者，并同斗殴杀法。（无服之卑幼，亦同。）即和卖者，各减一等。其卖余亲者，各从凡人和略法。

疏议曰：期亲以下卑幼者，谓弟妹、子孙，及兄弟之子孙、外孙、子孙之妇，及从父弟妹。并谓本条杀不至死者。假如斗杀弟妹，徒三年。杀子孙，徒一年半。若略卖弟妹为奴婢，同斗杀法徒三年。卖子孙为奴婢，徒一年半之类。故云，各同斗殴杀法。如本条杀合至死者，自入余亲例。无服之卑幼者，谓己妾无子，及子孙之妾。亦同卖期亲以下卑幼，从本杀科之。故云，亦同。假如杀妾徒三年，若略卖亦徒三年之类。即和卖者，各减一等，谓减上文略卖之罪一等。和卖弟妹，徒二年半。和卖子孙，徒一年之类。其卖余亲，各从凡人和略法者，但是五服之内。

〔1〕 律令研究会编：前述《译注日本律令》Ⅲ，第561~562页。

本条杀罪名至死者，<u>并名余亲。故云，从凡人和略法</u>。

问曰：卖妻为婢，得同期亲卑幼以否。

答曰：<u>妻服虽是期亲，不可同之卑幼</u>。故诸条之内，每别称夫。为百代之始，敦两族之好。本犯非应义绝，或准期幼之亲。若其卖妻为婢，原情即合离异。夫自嫁者，依律两离。卖之充贱，何宜更合。此条卖期亲卑幼，妻固不在其中。只可同彼余亲，从凡人和略之法。其于殴杀，还同凡人之罪。故知卖妻为婢，不入期幼之科。

又问：名例律云，家人共犯，止坐尊长。未知此文和同相卖，亦同家人共犯以否。

答曰：依例，本条别有制，与例不同，依本条。C <u>此文，卖期亲卑幼，及兄弟子孙，外孙之妇。卖子孙，及己妾、子孙之妾，各有正条</u>。被卖之人，不合加罪。为其卑幼合受处分故也。<u>其卖余亲，各从凡人和略法</u>。既同凡人为法，不合止坐家长。

律正文将略卖、和卖的客体范围，分为期亲以下卑幼（在注中也规定了无服之卑幼）和余亲（在注中，若将无服之卑幼另作计算，就有三类）。其中"期亲以下卑幼"只是概括性的记述，在疏文中，其内容被记述为："期亲以下卑幼者，谓弟妹、子孙，及兄弟之子孙、外孙、子孙之妇，及从父弟妹。"也就是说，若将犯罪的客体逐项进行列举的话，那就是：弟妹、子孙、兄弟之子孙、外孙、子孙之妇、从父弟妹、余亲。与前述 A 养老贼盗律（贼47）相比，可知在规定上添加了"子孙之妇""从父弟妹"和注上的"无服之卑幼"。

但是从该条（《唐律疏议》贼47）的问答来看，第1个问答的"答"中载"妻服虽是期亲，不可同之卑幼"，由此可见，妻不属于期亲的卑幼，而是与"余亲"相同对待（另外，A 的疏文中写作"妻妾"）。

第2个问答是：C "此文，卖期亲卑幼，及兄弟子孙，外孙之妇。卖子孙，及己妾、子孙之妾，各有正条……其卖余亲，各从凡人和略法……"若将其中诸项逐一列举的话，就是：期亲卑幼、兄弟子孙、外孙之妇、子孙、己妾、子孙之妾、余亲。虽是同一条文，但这与前述的 B 贼47 的疏文在内容和顺序上并不一致。那么，这个差异到底为什么会存在？到底哪一个是正确的呢？

表1　日唐贼盗律47的客体、刑罚比较

文献 客体	A 养老·贼盗律47	B《唐律疏议》贼盗律47的正文、注、疏文	C《唐律疏议》贼盗律47的第2问答	D 残片中的贼盗律47
弟妹 兄弟之子 兄弟之孙 外孙 子孙之妇 子孙 从父弟妹 妻 己之妾 子孙之妾 余亲	二等卑幼（疏弟妹、兄弟之子）：徒二年半 兄弟孙：徒二年半 外孙：徒二年半 子孙：徒一年 [疏妻妾：同余亲远流（贼45）] 余亲：各从凡人和略法 远流（贼45）	期亲以下卑幼：并同斗殴杀法 疏弟妹：徒三年（斗27） 疏子孙：徒一年半（斗28） 疏兄弟之子孙：徒三年（斗27） 疏外孙：徒三年（斗27） 疏子孙之妇徒三年（斗29） 疏从父弟妹：流三千里（斗26） 注无服之卑幼亦同 疏无服之卑幼（己妾无子、子孙之妾）：徒三年（斗24） 徒二年（斗29） 余亲：各从凡人和略法 疏余亲：绞（贼45）	期亲卑幼 兄弟子*孙 外孙 "子孙"*之妇 子孙 （第1问答） 妻：绞（贼45） 己妾 子孙之妾 余亲：各从凡人和略法	暮亲卑幼：流二千里 兄弟孙：流二千里 "外孙"*：流二千里 "子孙之妇"*：流二千里 子孙："徒二年"* 己妾："徒三年"* "子孙之妾"*："徒二年半"* "余亲"*："各从凡人和略法"*

333

续表

文献 客体	A 养老·贼盗律 47	B《唐律疏议》贼盗律 47 的正文、注、疏文	C《唐律疏议》贼盗律 47 的第 2 问答	D 残片中的贼盗律 47
备注		（第 1 问答） 妻：同余亲 绞（贼 45）	子*：据宋刑统删去 "子孙"**：据唐律疏议·贼 47 插入 2 字	"　"*：该记号标注的 4 种客体是残片的缺失部分 "　"** 该记号标注的刑罚等级都是推定的 妻：同余亲（推定）

本表列出了日唐贼 47 中有关卖、略卖规定（和卖除外）的客体和刑罚。列举的顺序是 ABCD，并以结合史料作为原则，因此只有 B 的客体名称和顺序与其他不同。

中村茂夫在译注《唐律疏议》贼盗篇时，曾特地列出上述一部分差异并进行注释："……从上下文来看，这里可能是把应该写成'外孙、子孙之妇'误写为'外孙之妇'了。"（前述《译注日本律令》Ⅶ，第 242 页注 8）笔者认为，这一推论应该是正确的。也就是说，B 贼 47 疏文开头"……外孙、子孙之妇……"的记载是正确的，C 第 2 问答中的"外孙"后面遗漏了一个"子孙"。[1]此外，因为"期亲卑幼"中包含着弟妹和兄弟之子，所以"兄弟子孙"的"子"字应该是衍字，而正确的应该是"兄弟孙"。实际上，在天一阁旧藏抄本《宋刑统》以及 A《养老律》的疏文中，此处也作"兄弟孙"。

将上述 C 第 2 问答所引史料的字句进行两处订正后（下划线部分是订正后），就是：期亲卑幼（其内容是弟妹以及兄弟之子）、兄弟孙、外孙、子孙之妇、子孙、己妾、子孙之妾、余亲。将"子孙之妇""己妾""子孙之妾"除外的话，这基本上和前述 A 养老律（贼 47）的客体和顺序一致。

从表 1 我们可以得知，在略卖、和卖的客体上，A 养老律（贼 47）和 C

---

〔1〕 C 中的"外孙之妇"应该是误写，应当修正为"外孙、子孙之妇"，但是这时文言的意思不是"外孙之妇、子孙之妇"而是"外孙、子孙之妇"（妇和外孙没有关系）。顺便，《唐律疏议》中"外孙之妇"只有上例一句，其他有"外孙子孙之妇"1 例（贼 47 疏），"外孙子孙之妇妾"3 例（斗 46 正文、同疏、斗 56 疏）。

《唐律疏议》的第 2 问答（修正后）在构造上基本相同，在另一方面，在 B
《唐律疏议》中，该条的正文、注文和疏文在形式、内容上都与前两者存在差
异。天一阁旧藏《宋刑统》所引用的《律》《律疏》在该条上都和《唐律疏
议》基本一致（值得注意的一个差异就是上述的"兄弟孙"）。笔者认为，
上述差异是作为日本养老律、大宝律蓝本的永徽律、垂拱律这一群体和开元
律、律疏之间的差异。而这一永徽律、垂拱律的内容为何会残存在《唐律疏
议》（贼 47）的 C 第 2 问答中呢？

　　笔者以下尝试从其他的角度来论述这一点。贼盗律·略人略卖人条（贼
45）律正文的后段是："和诱者，各减一等。若和同相卖为奴婢者，皆流二千
里。卖未售者，减一等。（下条准此）……"[1]对于注文"下条准此"的疏文
是："注云，下条准此，谓下条得逃亡奴婢而卖未售，及卖期亲卑幼及子孙之妇
等为奴婢未售者，亦减一等。故云准此。"这里说的下条，具体来说是贼 46
（略和诱奴婢条）和贼 47。与贼 47 有关的是，"卖期亲卑幼及子孙之妇等为奴
婢"和《唐律疏议》（以开元律、律疏为基础）中记载的 B 贼 47 律正文存在差
异，而与前述 C 的前半部分相同，而且也指示了作为本文问题的残片中 D 贼 47 的
律正文。因此反过来可以推知，永徽律、垂拱律的贼 47 正文中含有"子孙之妇"
（对应新残片的缺失部分），"卖期亲卑幼及子孙之妇等为奴婢"的意思是将"期
亲卑幼"到"子孙之妇"都卖为奴婢，中间的兄弟孙、外孙被省略而用"等"字
表示。而且《唐律疏议》的疏文所举"从父弟妹"并不存在于永徽律、垂拱律中。

　　此外，由此可知，永徽律、垂拱律的贼 47 律文开头的"诸"字之后应该
不是"略卖期亲卑幼……"而是省去了"略"字的"卖期亲卑幼……"并非
是日本的养老律单独把"略"字省略掉了，而是永徽律、垂拱律中本来就没
有"略"字。[2]

---

　　〔1〕 律令研究会编：前述《译注日本律令》Ⅲ，第 556~559 页。
　　〔2〕 牧英正氏将养老律贼 47 和《唐律疏议》贼 47 进行了比较，以日本律在唐律的基础上做了
较大的改动，特别是将《唐律疏议》贼 47 律正文的"略卖"改成日本律中的"卖"字为例，探求彼、
我两国亲对子权限的强弱。但是如介绍的永徽律（或者垂拱律）的新残片所示，这样的议论，至少不
能从唐日之间律文的比较上得出。参照牧氏："律令前后的人身买卖法制"（载《法学杂志》大阪市立
大学，4-1，1957 年）第 34~39 页，同《日本法史上的人身买卖研究》（有斐阁，1961 年）第 46~49
页，同《人身买卖》（岩波新书，1971 年）第 26~28 页，同"律令前后的略、和诱罪——日本略取诱
拐罪的沿革之一"（载《法学杂志》19-3、4，1973 年）第 218 页。此外牧氏关于人身买卖的一系列
研究，和本文的主题深切相关，极为有用。

另一个例子，贼 47 的第 1 问答是：

> 问曰：卖妻为婢，得同期亲卑幼以否？
>
> 答曰：妻服虽是期亲，不可同之卑幼……<u>此条卖期亲卑幼</u>，妻固不在其中。只可同彼余亲，从凡人和略之法……

本条（贼 47）中明确记载为"卖期亲卑幼"，这一点也明确地指示了永徽律、垂拱律中应当没有"略"字。

自仁井田陞、牧野巽两位发表《〈故唐律疏议〉制作年代考》以后，一直存在着从以开元《律》《律疏》为基础的《唐律疏议》中寻找开元以前《律》《律疏》之文句的努力。本文所提出的贼 47 的修改，也能作为一例添入其中。[1]

总的来说，在永徽《律》《律疏》的编纂之后，与贼盗律（贼 47）相关的法有过修订，其结果是，《律》《律疏》的相关部分得到修订，但是《律疏》第 2 问答没有被充分检讨，就直接沿用到开元时期的《律》《律疏》中去了。开元二十五年刊定的《律疏》在同一条（贼 47）中存在着矛盾内容，这也延续到了《宋刑统》和《唐律疏议》之中。

（三）新残片中的贼盗律第 47 条的讨论

这里回过头来再看存在问题的新残片中贼 47 的律文（参照图 6）。

D _____ ⁽诸⁾□ 卖碁亲卑幼，及兄弟孙、_____

_____流二千里。卖子孙，及己妾、⁽子⁾□ _____

_____者，各减一等。其_____

犯罪的客体分为：期亲卑幼、兄弟孙、（缺失部分）、子孙、己妾、（后缺）。

从表 1 也能清楚地看出，这和永徽律、垂拱律基本属于同一类型。仔细观察残片上的律，我们可以发现：

---

〔1〕《唐律疏议·名例律》十恶条"大不敬"（名 6〔6〕）的注文是"注，盗及伪造御宝"（《译注日本律令》Ⅱ，第 47 页），疏文为"说文云，玺者印也，古者尊卑共之……秦汉以来，天子曰玺，诸侯曰印。开元岁中，改玺为宝。本条云，伪造皇帝八宝……"（同前）仁井田陞、牧野巽两位由此指出，"……名例律十恶条大不敬的疏议将正文以及注文中不存在的玺的字义与沿革进行了说明，这便是疏议刚做成时玺字就存在的雄辩的证明"。（〔日〕仁井田陞、牧野巽："《故唐律疏议》制作年代考"，第 76~77 页）其他则参照该论文的"五、开元前的残存物"（下第 53~60 页）。

①"卖暮亲……"之前的文字和开元《律》《律疏》相同，没有"略"字。这一点和 A 日本养老律是一样的。"卖暮亲……"的上面，从文字的位置来看，应该添加表示条文开头的"诸"字。

② "及兄弟 孙" 后面的残缺部分，根据 A 养老律、C《唐律疏议》第 2 问答，或可复原为"外孙、子孙之妇为奴婢者"。最后一个字可能是"各"或者"并"，但笔者还是假定为"各"字。

③将期亲卑幼、兄弟孙、外孙卖为奴婢的场合，全部判处流二千里。修改之后则产生了很大的变化，刑罚的内容依照客体的不同而各不相同。此外，"流二千里"也比养老律的"徒二年半"重二等。

接下来考虑残片的第 3 行"流二千里"后面的律文"卖子孙，及己妾、^(子)□ ▭"。与其将它与 A 养老律进行比较，不如与 C《唐律疏议》进行比较来得更加明了。其内容是：

> 卖子孙，及己妾、子孙之妾，各有正条。

以此为参考，那么残片的残缺部分也有可能是：

> 卖子孙，及己妾、子孙之妾，（此后是刑罚）

也就是说，可以复原为（下划线部分）：

> 卖子孙，及己妾、子孙之妾，（此后加入刑罚）。即和卖/者各减一等。其……

存在问题的是，残片上残缺的子孙、己妾、子孙之妾作为客体时，各自的刑罚该如何推定。

①子孙。在 A 养老贼盗律中，二等卑幼（徒二年半）和子孙（徒一年）的刑罚等级相差三等。在 B《唐律疏议》的疏文中，期亲的卑幼（徒三年）和子孙（徒一年半）的刑罚等级也相差三等。从这一点上来推算，D 中的期亲卑幼（流二千里）和子孙的刑罚等级也应该相差三等，流二千里减三等便是徒二年。

②己妾。首先根据 C《唐律疏议》贼 47 的第 1 问答，妻和余亲做相同处理，遵照凡人和略之法，如果将其殴杀则判处绞（贼 45）。如果是己妾，依

照斗 24，减妻二等，所以是徒三年。

③子孙之妾。子孙之妾也是减子孙之妇（流二千里）二等，所以是徒二年半。

总结以上几点，子孙徒二年，己妾徒三年，子孙之妾徒二年半。但是这里又出现了一个疑难问题，即残片第 3 行有 11 字：

　　　　　　流二千里。卖子孙，及己妾、^{（子）}□　　　　　　

在"己妾、^{（子）}□"的后面，是"孙之妾"3 字，此后是表示刑罚等级的语句。根据 A 养老律（贼 47）和 B《唐律疏议》，行末应该存在"即和卖"3 个字。

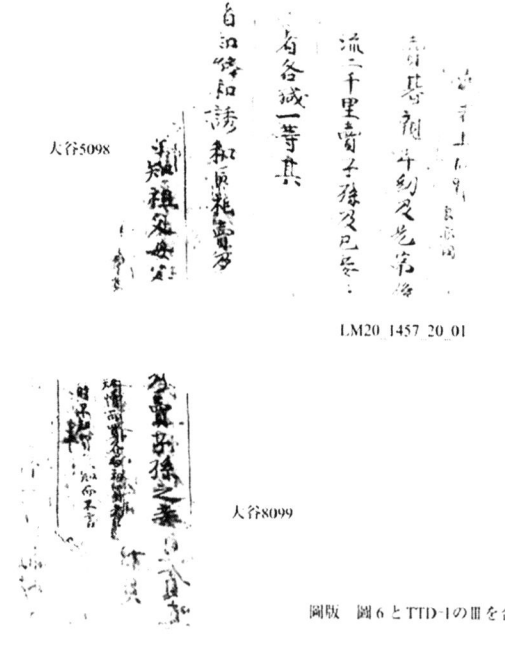

图 7

这个残片的律文，每行 21~23 个字，表示刑罚等级的语句应是 4~6 个字。在 4~6 字的范围内，表示对子孙、己妾、子孙之妾为客体的犯罪所课刑罚等级的语句，那么首先想到的是 C 第 2 问答中的"各有正条"，但不使用《唐律疏议》的律正文的语句，恐怕是有问题的。所以在现阶段，这 4~6 个字依旧是处于不明状态。

以上的研究成果以图 7 表示，同样在图 8 中也有总结。[1]

图 8 说明：2 个残片文字用黑体表示（其余文字依照《唐律疏议》）

图 9 说明：3 个残片文字用黑体表示（旁边画线部分是永徽律的复原，其余文字依照《唐律疏议》）

（四）史料 D 与 B 的比较

通过以上的研究，D 的残片中贼 47 和 B《唐律疏议》贼 47 的不同点就清楚了：

（1）略卖、和卖的客体的范围和顺序；

（2）各自的刑罚。

首先具体考察一下两者的客体的差异。根据下表，在卖、略卖的客体上，B 主要增加了从父弟妹和无服之卑幼。

除去 D（的复原条文）所列举的有服亲以外，其他的有服亲，当然被包含在"余亲"当中，这根据的是凡人和略法。那么如何处理无服的卑幼呢？D（C 也相同）没有任何规定，所以从结果来看，他们和"余亲"相同，与客体是凡人的情况做相同处理。

另一方面，B 新追加了属于有服亲的从父弟妹，而且在注中明确地记载了无服卑幼的处理方法，这是很重要的。但根据疏文，本条所说的无服卑幼，仅仅是指没有孩子的自己的妾以及子孙的妾。"余亲"是指没有被列举的其他有服亲，以及除了没有孩子的自己的妾和子孙的妾之外的无服卑幼。[2]

---

〔1〕 笔者这里也举出了诈伪律残片的复原抄本（图 8），理由是它与贼盗律（图 7）原来就是同一抄本。在 TTD-Ⅰ之Ⅳ的录文中，第 1 行、第 3 行的"诸"字没有抬头一格，所以这次修正这一点并再加刊载。但是照片版没有变化，所以就不加刊载。

〔2〕《唐律疏议》的"余亲"所包含的范围，根据条文不同而各有不同。举例来说，《户婚律》嫁娶违律条（户 46）的律文中的"余亲主婚"，其疏文是"余亲，谓期亲卑幼及大功以下主婚……"所以这里的余亲是指期亲卑幼和大功以下的亲属。（Ⅱ，第 417~420 页）此外，《诈伪律》父母死言余丧条（诈 22）的律文中的"余亲，减一等"，是指祖父母、父母、夫、伯叔父母、姑、兄姐以外的缌麻以上的亲属。（Ⅲ，第 717~718 页）至于本条（贼 47）的"余亲"，疏文上写"……五服之内，本条杀罪名至死者，并名余亲"（Ⅲ，第 561 页），当对象是五服内的亲属，且对其实行的殴杀罪的刑罚是死刑时，那么除去贼 47 律正文中规定的人之外，剩下的亲属就是余亲。但是本条的余亲，戴炎辉认为只限定为余亲的卑幼〔戴炎辉：《唐律各论》（下），成文出版社 1988 年版，第 436 页〕，中村茂夫认为"并不限于卑幼"（贼 47 的注 4，《译注日本律令》Ⅶ，第 241 页）。立法者在意图上有可能将余亲的着力点放在卑幼上，但是从当时的社会情况来看，也不能将尊长完全排除出略卖、和卖的客体。

接下来对 D 和 B 的刑罚逐项进行比较：

表 2　史料 D 和 B 的刑罚逐项比较

客体	D	B	D、B 间刑罚的差等	备注
弟妹	流二千里	徒三年	减一等	
兄弟之子	流二千里	徒三年	减一等	
兄弟之孙	流二千里	徒三年	减一等	
外孙	*流二千里	徒三年	减一等	D 的外孙是推定、补充的
子孙之妇	*流二千里	徒三年	减一等	D 的子孙之妇是推定、补充的
从父弟妹	无→绞（余$_亲^*$）	流三千里	减一等	D 没有从父弟妹，推定视为余亲
妻	无→绞（余$_亲^*$）	绞	同一	D 没有妻，根据 C 推定视为余亲
子孙	"徒二年"*	徒一年半	减一等	D 的刑罚是推定的
己妾	"徒三年"*	徒三年	同一	D 的刑罚是推定的
子孙之妾	"徒二年半"*	徒二年	减一等	D 的刑罚是推定的
余亲	*绞$_?^*$	绞	同一？	D 的余亲是推定、补充的，刑罚也是推定的

　　在 B 中，自弟妹到从父弟妹，都比 D 要减一等。另外，子孙以及子孙之妾也同样减一等。在妻、己妾上，B 和 D 是相同的。从这些内容可以看出，B 和 D 相比，一般都是在刑罚上减一等，但仅在妻和己妾上，维持刑罚的不变。另外，在余亲上，也有两者刑罚相同的可能性。

　　由上可知，在永徽律、垂拱律与开元律之间，贼 47 的修法目的是，扩大略卖、和卖的客体范围，除了客体是妻、己妾、余亲，其他都将刑罚减轻一等。

现在我们还无法确定，到底是什么具体的事件或者社会现象导致了这次法律修改，但是可以做出以下论断：通过扩大略卖、和卖的客体（即有服亲的从父弟妹和无服卑幼），法律变得更加细密，其实效性也提高了。另一方面，除了妻、己妾、余亲为客体外，刑罚都减轻了一等。这并不是说国家、社会对略卖、和卖犯罪做出了更轻的评价，而是说以家人近亲属为客体的略卖、和卖犯罪已经不再那么严重，不需要用流二千里这么重的刑罚来威吓了。[1]在另一方面，当客体是妻、己妾时，刑罚没有减轻而是维持原状，可能是修改法律时对当时女性法律地位的关心或其影响所致。从这一点来考虑，此次法律修订的时间，可能是在武则天掌握政权到玄宗开元时代之间。[2]

在本节中，笔者认为，律的 5 个残片应该是永徽律或者是垂拱律，但是从垂拱时律的修改非常少这一点来考虑的话（"其律令惟改二十四条。又有不便者，大抵依旧"《旧唐书》刑法志），永徽律和垂拱律的内容几乎可以说是一样的。再加上表的 C 是《永徽律疏》字句的残存，且 D 与 C 的构造相同，所以 D 是《永徽律》的可能性最大。相对于之前所述荣新江的见解 6、7，这是笔者的观点。此外，荣氏（见解 8）认为 D 与 B 的差异是开元二十五年以后法律修订的结果，而正如前述，笔者则认为修改的时间在永徽、开元之间，

---

　　〔1〕 王朝交替期的战乱和社会的混乱与略卖、和卖有着深刻的关系，这是不言自明的。唐仪凤二年（公元 677 年）狄仁杰的上表中，就汉武帝平定四夷做了如下叙述："府库皆空，盗贼蜂起，百姓嫁妻卖子，流离于道路者万计。"（《唐会要》卷七三，上海古籍出版社 1991 年版，第 1563 页）唐代也是同样。穷困的百姓，不得不把妻子嫁给别人，卖掉自己的孩子，进行略卖的不光是丈夫或是父母。《郭元振传》中有 "任侠使气，不以细务介意。前后掠卖所部千余人，以遗宾客，百姓苦之"（《旧唐书》卷九七，第 3042 页），记录的是，他略卖掉自己治下之民千余人，用来招待宾客，民众为此受苦。此外略卖不光是把良民卖为奴婢，在唐末的混乱中，还发生了 "会毕师铎乱，人相掠卖以食"（《新唐书》卷二〇五，第 5831 页）这样令人战栗的事态。周迪夫妇在往来广陵（扬州）的途中，被卷入毕师铎之乱（公元 887 年）中，苦于饥饿，妻子就把自己卖了，换成数千钱给丈夫。丈夫与怀疑其言的守役回来时，妻子已经变成了食物，她的头被切断，挂在横梁上了。此外，本文虽然无法探究唐律贼 47 的渊源，但是笔者认为它可能和北魏延昌三年（公元 514 年）的费羊皮相关联，当时的律文引用了 "掠人掠卖人和卖人，为奴婢者死"，"卖子有一岁刑，买（卖）五服因亲属在尊长者死，菥亲及妾与子妇流"。详见 ［日］内田智雄编：《译注中国历代刑法志》（创文社 1964 年版，2005 年补订版，第 219~228 页）。

　　〔2〕 重视母亲地位的服纪改革，在武韦政权时代达到顶峰，即使在开元初遭到否定，但是其影响还是波及唐代后半期。有关这一点及其社会背景，参照 ［日］藤川正数："唐代母亲主义的服纪改制"（载《东方学》16，1958 年，第 35~45 页、第 48~55 页）。这和尊重外姻的风气以及妻妾的法律地位也是密切相关的。

尤其是从武则天统治时期到开元时代之间的可能性最大。

结　语

以上，本文分成三节，讨论了近年来被新介绍的吐鲁番、敦煌发现的《唐律》《律疏》残片。特别是第 3 节讨论的律残片，考虑到与永徽、开元年间的法律修订相关，所以花了较多的笔墨。

以下简单概括讨论的结果：

（1）第 1 节处理的残片，属于《旅博研究》及《新疆选粹》收录的旅顺博物馆所藏大谷文书。《律疏》这 3 个残片（LM20_1509_1570_2，LM20_1507_988，LM20_1507_1176_4）虽然不能直接缀合，但都是名例律疏第 27 条、第 28 条的疏文。3 个残片每行推定的平均字数是 21~23 字，接排书写，没有格子线，字体主要是楷书并混入一部分行书。从其熟练的书写风格来看，笔者认为，应是唐朝中期以后官员为自己抄写的开元时刊定的《律疏》的一部分。

（2）第 2 节讨论的是《国家图书馆藏敦煌遗书》第 22 册收录的、为修补《金刚般若波罗蜜经》（BD01524）纸背而贴上去的 2 个残片。根据史睿的研究，其中的 1 个残片可比定为杂律疏第 38 条的疏文。此次笔者将剩下的另一个残片也比定为同一条文疏文的一部分。所以两者能够直接缀合。笔者不同意史氏的年代推定之法，认为它与李盛铎旧藏的《杂律疏》一样，是《开元律疏》的一部分。

（3）在龙谷大学所藏的大谷文书中，存在永徽（或者垂拱）的贼盗律第 48 条的 2 个残片（大谷 5098、大谷 8099）和诈伪律第 1 条、第 2 条的 2 个残片（大谷 4491、大谷 4452，这两个残片可以直接缀合）。这 4 个残片是从同一文本中分离出来的。2003 年，荣新江根据老照片介绍的新残片是旅顺博物馆所藏的一件大谷文书，能和已知的大谷 5098 直接缀合。现在根据《旅博研究》，可以确认这一新残片现藏于旅顺博物馆（LM20_1457_20_01），其内容与贼盗律第 46 条、第 47 条、第 48 条的正文和注相当。

（4）新残片中的 D 贼 47 的内容与 A 日本养老律（贼 47）以及 C《唐律疏议》（贼 47）第 2 问答相同，但是和 B《唐律疏议》（贼 47）的正文、注、疏文存在差异。

也就是说 D 是《永徽律》（垂拱律的内容也基本相同），与此相关的《永徽律疏》的字句在修订后残留在《开元律疏》的第 2 问答当中。D、B 不同的原因在于，永徽到开元之间，贼 47 进行了法律修改，其结果是，与略卖、和卖有关的犯罪的客体范围扩大，法的实效性提高。在另一方面，和唐朝初期相比社会更加安定，对家人、近亲属的略卖、和卖犯罪有所减少，因此通过刑罚来抑制犯罪的必要性有所下降，从而刑罚几乎都是减了一等。

在这之后编纂的《宋刑统》和《唐律疏议》，是以接受了这种修改的《开元律》和《开元律疏》为基础的。所以存在于《开元律疏》中的法规内容的矛盾，依然保留在了《宋刑统》和《唐律疏议》当中。上述的（3）（4）两点是第 3 节的结论。

以上 4 项是本文讨论的结果。

另外，在讨论第 3 节的问题的过程中，作者再次深刻地体会到法的修改以及律、律疏的修正是相当重要的课题。[1]而且通过贼 47 的事例，我们发现，法律的修改未必是逐字逐句彻底地进行的，而是在最小限度的范围内，对律和律疏的文字进行修改，而在疏文与问答中，应当被订正但没有被订正的旧条文的一部分则被残留下来了。这样的话，该条文在逻辑上是不连贯的，在这种情况下，规定内容出现了矛盾。在今后考察唐代律令的实态时，我们必须考虑这一情形。

中译本附记：本译文由石野智大博士进行了细致的校订，特此申谢。

【附记】此前，笔者对大谷探险队带来的经卷和文书并没有过多的研究。尽管如此，龙谷大学的上山大峻、小田义久、中田笃郎三位老师也曾不吝赐予有益的研究文献和研究信息。虽然有点迟，但是这里要向三位老师长期以来的教导致以衷心的敬意。

对笔者来说，研究旅顺博物馆所藏的大谷文书还是第一次，因此在

---

〔1〕 作为法律修改的律典、令典修正，其采用的程序可能是以下任意一种：（1）作为诏敕发布→入格→在新的律典、令典编纂时修为条文；（2）诏敕→直接修改现行的律典、令典。参考拙稿："唐代禁婚亲的范围——在外姻无服尊卑为婚的场合"（载《法制史研究》25，1976 年）、"唐代‘守法’的一个事例——与卫禁律阑入非御在所条相关"〔载《东洋文化》（东京大学）60，1980 年〕、"关于敦煌本唐户婚律放部曲为良条——P. 3608、P. 3252 的再讨论"（载《法律论丛》60-4、5，1988 年）。其中，（1）没有什么问题，但是（2）被滋贺秀三否定了，"律典、令典一经制定，只有被废止了，不可能进行部分变更。如果有修改的必要，就必须把原来的律典、令典废止，然后再制定新的法典"。（《中国法制史论集——法典与刑罚》，创文社 2003 年版，第 21 页）

准备阶段就向片山章雄（东海大学）请教了许多初步的问题，得到了许多有用的指导。此外，作为编集委员的妹尾达彦（日本中央大学）也多次帮助了在执笔阶段差点掉队的笔者。如果没有这两位的帮助，本文是无法完成的。所以衷心感谢两位。

此外，为撰成拙稿而进行文献复印以及输入录文时，得到了明治大学 RA 的石野智大（明治大学大学院文学研究科 DC）、岩田真纪子（明治大学大学院法学研究课 DC）两位的协助。这里也表示感谢。

【补订版发表之际】拙稿《新介绍的吐鲁番、敦煌本〈唐律〉〈律疏〉残片——以旅顺博物馆以及中国国家图书馆所藏资料为中心》（以下略称为 A 论文），以旅顺博物馆所藏的唐名例律疏的 3 个残片和唐贼盗律的 1 个残片，以及中国国家图书馆所藏的唐杂律疏 2 个断片为讨论对象，第一手的依据资料是日本以及中国出版的著作所载的文书照片（黑白）。

此后在 2010 年 9 月，笔者与土肥义和、片山章雄两位一起访问了旅顺博物馆和中国国家图书馆，直接调查了上述几个残片。其结果是发表了拙稿《旅顺博物馆、中国国家图书馆的〈唐律〉〈律疏〉残片的原卷调查》（土肥义和编：《内陆亚洲出土 4~12 世纪的汉语、胡语文献的整理和研究》科研报告书，东洋文库，2011，以下略称为 B 论文）。在该文中，笔者总结了通过原卷调查所知的内容，对 A 论文进行了补正。详见该论文。

这里利用余下的空白部分，阐述一下 B 论文中的若干修正点。

1. 首先在 B 论文中，关于旅顺博物馆所藏的残片，第一次发布彩色照片。

2. 在 A 论文中，关于旅顺博物馆所藏的名例律疏的第 1 个残片的编号，所据资料有误，B 论文将（错误的）"1509_1580" 改为（正确的）"1509_1570_2"（依据旅顺博物馆的提示订正）。

3. A 论文的图 6 贼盗律残片（第 95 页）的第 2 行、第 5 行的第 1 个字 "诸" 字，在 B 论文的图 7 中改为抬头一格。此外 A 论文图 6 的 "暮" 改为 "曁" 字。有关这两个字的论述，参见 B 论文（第 9~10 页）。

4. 以下刊载 B 论文的图 4 名例律疏的复原抄本中的 3 个残片的位置（A 论文图 4 的修正）。在图 4 中，第 8 行的注文从双行小字改为单行大字。其理由参照 B 论文（第 6~7 页）。

在以上4项中，此次对A论文的补订，只是对与第2项相关的部分进行了修正，其他部分则因为技术的原因而保持了原状。

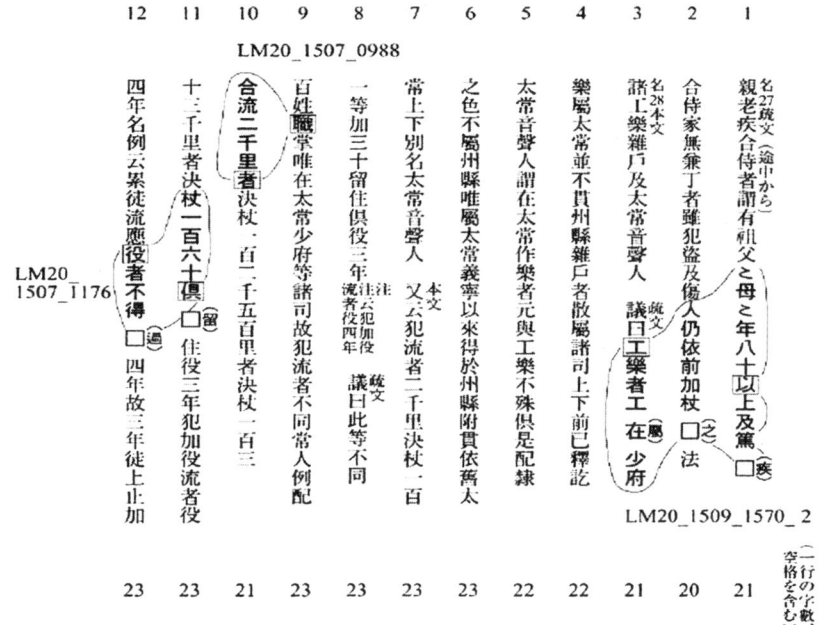

图4　名例律疏（名例27・28條）復原鈔本中の3断片の位置
3残片的位置用黑体字表示，其他文字以《唐律疏议》为依据
*第4行开头的12个文字（"属太常……杂户者散"）可能有错漏。

唐律"不应得为"新诠

黄源盛[*]

摘 要 自唐以降,"不应得为罪"几乎贯穿了整个传统中国刑律,其在律典中的位置虽不突出,适用却极为广泛,拥有填补规范缺漏的功能。1910年《大清现行刑律》仍有"不应得为"的规定,直到1911年《钦定大清刑律》才见消失。本文指出,传统中国法制中虽无罪刑法定原则,司法官断案却非毫无法律拘束,更不可任意擅断,否则要负"失出失入"的枉法裁判罪,形式上也有"中国式罪刑法定"的倾向。然而,在钦定法律的制度下,礼教与刑律时而含混不清,在"礼之所去,刑之所取;出于礼者,入于刑"的原则之下,自《唐律》以后"不应得为"的概括条款,对于犯罪行为的侵害态样、保护法益的类型毫无描述,完全以礼教或义理、事理、情理为规范内容,其运用之妙端视审判者的用心。此条法意原在于补救律令的不足,然执法者每每在无法"轻重相举",又"无文可以比附"时,援引此律以济其穷。而传统中国诉讼中一旦判决无罪,犯者可以尽赢,但对被害者甚为不公,而坚持"有犯罪就要受惩罚"的原则,未尝不是对受害者的一种"保障","不应得为"条的设立正可弥补民刑混同的传统法律内在缺憾。当然,此律的设置理想与运行现实是有落差的。其原意本在使礼制价值观念得以具有法的性质与效力,以使全部违礼犯义的行为,即使律令无文,也可视为违法而予以惩处。但现实执行中对于"应"与"不应"的判定界限可能因人而异,为司法者提供陷人于罪的网罗,对法律的安定性造成挑战。

关键词 唐律 不应得为 罪刑法定 法律安定性

一、序说

"不应得为罪"是传统中国刑律的一种抽象概括性罪名,其含义系指律、

---

[*] 本文作者系福州大学法学院特聘教授。

令虽无专条禁止，但据"理"不可为的行为。此类行为，包罗万象，难以概举，要之，皆属违反当代"礼"与"理"的社会价值观念者。也就是说，一切违背伦理义务的反道义行为，或违反公共秩序乃至基本生活秩序的行为，若不能运用"轻重相举"条，又毫无比附之余地时，为落实情罪平允的实质正义理念，皆可归入"不应得为"，而援引此条予以科罚。

一般认为，《唐律》立法的指导思想是以礼教为正轨，而以法典为助力，律文不过为贯彻礼教的辅助而已。这种论点，是耶？非耶？从法思想的渊源看，唐律的刑罚基础，哲学上固可托于"天人感通"之道，而实际应用于法制者，乃具体的伦常关系，此于律疏常引经证律或阐述律意，可见一斑。至于《唐律》为保障礼教、义理而设立的罪名，更是俯拾可见。尤其，为避免法律空隙及保持弹性，又特别制定了"不应得为"条，在英文翻译上，有人将它译为"Catch-all Statute"，其用意令人遐思。

"不应得为罪"形式上列在《杂律》篇之末，属于所谓的"正条"，惟其内容则大异其他正条之趣。不禁想问：有关"不应得为"条，其法源可溯自何时？立法理论根据何在？律令无明确犯罪的构成要件，其"应"与"不应"的判定界限究竟应落在哪？违反事理"情轻"与"理重"的基准又在哪？是否完全责由断狱司官价值判断？此举能否免于皇朝王政的考虑，而终将落入礼教纲纪的恢恢巨网之中？如何从《唐律疏议》本身的疏释例示，来正确解说其含义？而从现存的片断判文中能否窥见其运作实态？从当今刑法观念，可能联想到哪些相关问题？尤其，本条常被认为是阻断传统中国法制朝欧西近代刑法"罪刑法定"精神发展的重要因素，果如其然乎？如何从本条窥知《唐律》立法中罪的概念与礼、理、刑三者之间的关联性？能从本条看出《唐律》立法技术的优劣吗？它对后世的中国法制产生了哪些影响？

一连串的疑问，不易得解，而中外法史界相关的论述相当罕见。[1]笔者于 2004 年 6 月间撰写《唐律不应得为罪的当代思考》一文，发表于我国台湾

---

[1] 在 2004 年之前，有关本主题的相关论著，中文深刻的单篇文献尚未之能见。日文资料有中村茂夫"不应为考——'罪刑法定主义'的存否をも巡って"，载《金沢法学》26：1（1983）。岩崎二郎"罪刑法定主义と不应为及び援引比附"，载《神奈川法学》5：2（1976）。至于英文资料有 Derk Bodde and Clarence Morris, "Law in Imperial China: Exemplified by 190 Ch'ing Dynasty Cases", Translated from the *Hsing-an hui-lan, with Historical, Social, and Juridical Commentaries* (Harvard University Press, 1967), pp. 440-442, 530-531. Fu-mei Chang Chen（陈张富美）, On Analogy in Ch'ing Law (*Harvard Journal of Asiatic Studies*, Vol. 30, 1970), pp. 213-214.

地区的《法制史研究》上，[1]引起不少回响；事隔多年，有关此一主题逐渐受人关注，也有一些新文章出现，乃重整梳理，再加损益分合，主轴仍然不变，尝试深入律意，举例阐释，并参酌近世刑法原理，企图作较详尽的申义与论理。其间，偶有藉助当代法学用语以解明历史上法律现象者，并非想以今艳古，而是考虑到避免阅读上的障碍。

二、不应得为罪的历史渊源及其理论基础

揆诸中外法制历史，任何一条法规范的背后，总有其历史面及思想面等因素作用于其间，《唐律》中的"不应得为条"自亦不例外。

（一）律条溯源

传统中国，历朝历代刑律列举犯罪类型的同时，几乎都有一概括性构成要件的罪名；依目前史料看来，"不应为"的根源理应甚古，其中，《尚书大传》似最早提及此一相关概念者，该书整理周代刑法罪名时曾说：

> 决关梁、逾城郭而略盗者，其刑膑；男女不以义交者，其刑宫；触易君命，革舆服制度，奸轨盗攘伤人者，其刑劓；非事而事之，出入不以道义，而诵不祥之辞者，其刑墨；降叛寇贼，劫略、夺攘，矫虔者，其刑死。[2]

翻成白话来讲，突破关防，逾越外城而掠夺强盗者，砍去膝盖骨作为刑罚；男女交媾不合礼义者，男子以去势、女子以幽闭作为刑罚；触犯改易君主命令、更革车舆服饰制度、作乱、强盗、窃盗而伤人者，以割去鼻子作为刑罚；不该做的事而做了，进退出入不以道德礼义为依据，而讲诵不祥文辞者，以黥面作为刑罚；投降于叛逆寇贼、强劫掠夺因强取而杀人者，处以死刑。上述所谓"非事而事之，出入不以道义，而诵不祥之辞"是三个非常抽

---

[1] 详见黄源盛："唐律不应得为罪的当代思考"，载我国台湾地区"中国法制史学会"、"中研院"历史语言研究所主编：《法制史研究》2004年第5期，第1～60页。

[2] 参阅《尚书大传》卷四《四部丛刊初编·经部》（我国台湾地区"商务印书馆"，缩印左海文集本，1967年版）。另参《太平御览》卷六四八引《尚书大传》。有关"不应得为罪"的由来，详参（清）沈家本：《沈寄簃先生遗书》甲编下册，《汉律摭遗》八："所不当得为"，文海出版社1964年版，第658页。

象的用语，具有很大的弹性，而其中"非事而事之"，用当代的话说，是一种不确定的法律概念。

史书中也明白记载，承自《秦律》的汉代法律存有"所不当得为"的概念：

> 又诸盗及杀人犯不道者，百姓所疾苦也，皆不得赎；首匿、见知纵，所不当得为之属，议者或颇言其法可蠲除，今因此令赎，其便明甚，何化之所乱？[1]

> 昌邑哀王歌舞者张修等十人，无子，又非姬，但良人，无官名，王薨当罢归。太傅豹等擅留，以为哀王园中人，所不当得为，请罢归。[2]

> 延年奏言："商贾或豫收方上不祥器物，冀其疾用，欲以求利，非民臣所当为。请没入县官。"奏可。[3]

在张家山汉墓竹简中，也可以找到"不应得为"的相关材料。例如：

> 诸诈增减券书，乃为书故诈弗副，其以避负偿，若受赏赐财物，皆坐臧（赃）为盗。其以避论，及所不当（得为），以所避罪罪之。所避毋罪名，罪名不盈四两，及毋避也，皆罚金四两。[4]

从上面四段引言考察，或可佐证汉代早已有所谓的"不当得为"律条，其意为"于法不当然也"，[5]降至《唐律》乃有所谓"不应得为罪"的绵延承袭。

---

〔1〕 此段译成白话为：又诸如强盗及杀人犯不循正道者，是百姓最深切的痛，均不得判以赎刑；藏匿人犯、放纵人犯、于法不当然之类的犯罪，议论者有些认为法律处罚太重应除去此科条，现在因而下令得处以赎刑，明显是便利罪犯，如何教化他们的乱行？参阅《汉书》卷七八《萧望之传》，洪氏出版社1976年版。

〔2〕 此段译成白话为：昌邑哀王有张修等十人为其歌舞，此十人没有为哀王生育子嗣，也不是哀王的姬妾，但皆为良人，既然没有官名，哀王死后应当罢除工作归回家乡。太傅豹等人却擅自留守，作为哀王的园中人，于法不当然，请求将他们罢除归去。参阅《汉书》卷六三《武五子传》。

〔3〕 此段译成白话为：田延年上奏说："商人有的预先搜购墓穴中的不祥器物，期望人有急用时，能取得暴利，此非民臣应有的作为，请求将那些东西没入县官。"参阅《汉书》卷九十《酷吏传》。

〔4〕 参阅《二年律令》"诈增减券书"条，收于张家山247号汉墓竹简整理小组：《张家山汉墓竹简》，文物出版社2006年版，第17页。

〔5〕 参阅程树德：《九朝律考》，《汉律考》卷四，"不当得为"目，我国台湾地区"商务印书馆"1955年版，第19页。

（二）处罚根据

帝制中国的法律观念，凡言及法者，大多偏向于刑罚，亦即偏于罪恶的惩罚；而国家行使刑罚权的目的到底为何？学说与典章纷纭，各执其义；虽说刑罚目的主义各种学说分类的产生，在于近代中外的法律学者；然按其性质，仍可在固有的典籍制度中，找到与各种学说、主义类同的言论。

一般来说，有关刑罚存在的本质理论，大致上有所谓的"应报主义"与"目的主义"之别，目的主义暂时不谈，至于应报主义又可细分为三：

其一，神意应报说。

此说以神为正义的渊源，犯罪即违反神意，就不能免夫天讨。刑罚者，即天讨之实施对于犯罪而施以相当的应报。换句话说，刑罚由神主国家代行神权，有罪必罚，不得违背。如是，国家的刑罚，成为奉行天意，代天行罚；不但有罚的权限，且负有罚的义务，盖所以维护正义也。

其二，道德应报说。

道德是传统中国礼教的泉源，此说乃以道德的观念，为应报主义的原因，亦即违反道德之行，刑罚便根据道德对于犯罪而施以应报，盖世人对于犯罪所生之不平，若不回复，则无以弥补道德上的缺憾。例如在《韩诗外传》里，孔子云："为下无礼，则不免乎刑。"《抱朴子·用刑篇》说："加仁无愎，非刑不止，刑为仁佐。"荀子在《王制编》《法行篇》中更直接地说："听政之大分，以善者待之以礼，以不善至者待之以刑。"又说："礼以待善，刑以待不善。"凡此都是把道德上的礼、仁、善的观念，来作为道德报复主义的根据，如此说来，刑罚便是依据道德而行的。

其三，法律应报说。

此说以为犯罪为违反法律的行为，刑罚即依据法律对犯罪者而施以应报。因此，刑罚的标准应以报复或反坐为原则。《汉书·刑法志》说："大刑用甲兵，其次用斧钺，中刑用刀锯，其次用钻凿，薄刑用鞭扑。大者陈诸原野，小者置之市朝。"凡此思想与近代的法律应报主义相当，盖此说对于罪恶轻重、应用何刑，各有律条可据。换言之，均含有应报主义的痕迹，也莫不出于反坐的思想。

从以上三种说法来看，《唐律》中的"不应得为罪"，其处罚根据的理论基础，似乎比较接近"道德应报说"与"法律应报说"。也可以这么讲，道德对于刑法的影响，不外有下列诸点：（1）传统刑法中"恶行"的概念，大多源于道德义务，即道德增加了法律的权威性，并强化人民服从法律规定的责任感。（2）刑法上"责任"一词，使在道德上具有正当理由的"恶行"，被排除在犯罪构成要件行为之外。（3）法律为确保其权威性，必须获得社会上道德信念的支持，藉社会心理的确信，以增强法律的权威。（4）实际犯罪中存有道德的"恶性"与"责任"等概念，但在科处刑罚的量刑上不得加诸道德义务，以避免刑罚有所偏失。[1]

其实，观乎古今中外的法律发展历史，任何一个法律体系的建立、任何一部法典的制定，乃至抽离的单一条文的设计，概念上或多或少、或显或隐地都具有计划的"内涵于法律的目的"。问题是，现实生活上，法条有限，人事无穷，想要用有限的法条来规范无穷的人事，法律在本质上即显露其规范机能的"不完整性"；另一方面，或因立法技术上的困难，或缘于立法政策上的考虑，也或由于社会情势变迁等理由，欲求完整、清晰、逻辑严密并具有预见性、前瞻性的法典，实际上也是不太可能的。

就在这种因缘下，"不应得为"罪条的设计乃应运而生，从法典编纂体例及实际的运作面看，《唐律》以律、令、格、式，并夹以制、敕、例等为审判法源，又以轻重相举、比附援引等方法，已显乎其谨慎之至。而在《杂律》篇之末更增以"不应得为条"著为律用，其益加周密"庶补遗阙"的立法企图。如果说，本条是整部《唐律》有关罪与罚的灵魂原则，并不为过！

必须一提者，《唐律》该条之设，目的原仅在适用于"杂犯轻罪"的案件，于重案要案无涉，范围已受限制。要言之，在律令无条，比较重的犯罪要以"比附"来论罪，至于诸多情节较轻微的，但有悖情理、事理、义理而应罚时，始得援引"不应得为"条，而其适用时机当随法制的是否完备而定。又因此等行为，纵有侵害人民的生活利益，但非严重的违法行为，故决罚但分两等，为笞四十或杖八十。

三、唐律不应得为罪的义理与适用事例

传统中国的刑律发展到唐代，基本上已有"中国式的罪刑法定"格

〔1〕 参阅［英］Dennis Lioyd：《法律的理念》，张茂柏译，联经出版事业股份有限公司1992年版，第56页。

局，[1]立法设计时，对各种犯罪类型的构成要件和刑罚范围均极尽能事地想作详尽规定，其中第九编为《杂律》，疏议云："诸篇罪名，各有条例，此编拾遗补阙，错综成文，班杂不同。"即把不能归于其他各篇章的犯罪行为汇集一起，罗列于此，故称《杂律》。观其内容，十分庞杂，诸如坐赃致罪、国忌作乐、私铸钱、交易不公、通奸、失火、赌博、犯夜、私造度量衡、借贷和雇佣契约、市场管理、堤防、水运、城市交通、公共危险、公共卫生、违令，等等，犹恐律条不能将所有的犯罪包罗详尽，还在本篇的最后一条另外规定了"不应得为罪"。

就整部《唐律》来看，有关"不应得为罪"，除了本条的基本规定外，另有所谓"变体"的规范，例如《职制》"置官过限及不应置而置"条规定："诸官有员数，而署置过限及不应置而置，一人杖一百，三人加一等，十人徒二年。"《职制》"事应奏而不奏"条规定："诸事应奏而不奏，不应奏而奏者，杖八十。应言上而不言上，及不由所管而越言上，应行下而不行下，及不应行下而行下者，各杖六十。"又如《杂律》"不应入驿而入"条规定："诸不应入驿而入者，笞四十。辄受供给者，杖一百。计赃重者，准盗论。"凡此，可以说都是"不应得为罪"的特别规定。

限于篇幅，以下仅针对"不应得为罪"基本规定的律意及其相关例示作较详细的析解。

（一）律文释义

《唐律·杂律》"不应得为"条（总450条）规定："诸不应得为而为之者，笞四十。（谓律、令无条，理不可为者。）事理重者，杖八十。"疏议曰：

> 杂犯轻罪，触类弘多，金科玉条，包罗难尽。其有在律在令，无有正条，若不轻重相明，无文可以比附。临时处断，量情为罪，庶补遗阙，故立此条。情轻者，笞四十；事理重者，杖八十。

根据上述律文及律疏，理论上，"不应得为罪"在适用时，必须遵循以下几个原则：

---

[1] 参阅黄源盛："传统中国'罪刑法定'的历史发展"，载氏著《法律继受与近代中国法》，我国台湾地区政治大学法学丛书55，元照出版公司2007年版，第315~344页。

（1）本条系杂犯轻罪、临时处断的规定，"不应得为"之所以得由司谳者"量情为罪"，必限于"笞杖"之刑之罪，始有其适用；[1]若逾此范围，即与量情为罪的要件不合，除人主得为权断外，不得由司谳者径行临时酌情处断。

（2）有律条可以依据的，基本上应依律条处断。本条仅系针对违反伦理义务及违反基本生活秩序的反道义行为所作的概括处罚规定，顾虑到现有律令若无正条，恐将挂漏侥幸，才以概括规定的方式，使司谳者得对于违反义理的反社会行为，量情为罪，以补阙漏。

（3）律条无规定者，可以用"举轻明重"或"举重明轻"的法理先作当然解释，也可以援引相类似的律条比附论罪。必也，别无当然解释之余地，又无类似条文可供比附援引时，始有其适用。显然，"不应得为"与轻重相举的论理解释及别有比附明文的类推适用，性质上并不相同。

（4）不能比附律条的，有令文可以依据的，应按照违令条的规定处理。凡是违"令"的笞五十，违"式"的减一等，笞四十。没有令文可以依据的，才按照"不应得为"论处，情节轻的笞四十，事理重的杖八十。

换个说法，在唐代，对某种行为要处以"不应得为罪"，须具备下列四个要件：（1）必须是触及"杂犯轻罪"的案件；（2）律文中并无对该种行为作处罚规定，无法根据律条的有关罪名断罪；（3）律文中也找不到与该种行为相类似的规定，无从作轻重相明的当然解释，也无法比附律文中的有关罪名以断罪；（4）令文中也无与该种行为有关的规定，无法根据律的违令罪以断罪；（5）该种行为确实违反伦理义务或基本生活秩序，若不动用刑罚加以制裁，无以应人间正义的要求。

理论上，《唐律》之所以设"不应得为罪"，简单说，实由于立法者难以掌握万千变化的人事状况，如不用这种概括条款"以不变应万变"，实在无法符合当时统治者君临天下以治万民的需求。也可以说，如果没有运用这种"不确定法律概念"来调剂，整部律典势将沦于僵化，甚至窘于与时更转。

---

[1] 陈张富美认为：不应得为条，类似现代法律制度中有关"违警犯"（police offense）或"轻罪"（misdemeanor）的行为。参阅同前注，Fu-mei Chang Chen（陈张富美），On Analogy in Ch'ing Law，p. 214. 另外，岩崎二郎亦同此见解，参阅［日］岩崎二郎："罪刑法定主义と不応为及び援引比附"，第 12 页。

（二）律疏定例举隅

依上述律文规定，不应得为罪若成立，其处罚视行为本身违反"情理"或"事理"的情节轻重，分为两等科处：凡"情轻者"，笞四十；凡"事理重者"，杖八十。该厘清的是，"不应得为"的涵盖面既然如此宽泛，"应"与"不应"如何定其界限？而"情轻"与"理重"的分界又在哪里？

或许，本条在实际操作面真的易起困扰，疏议才不厌其详地列举事例加以解说，约略统计，于疏议或问答中提到"不应得为者"，约有三十一处，其中有单言不应为轻者、有单言"不应为重"者，也有并言"不应为或重或轻"者。偶尔，也有见该犯罪类型无处罚未遂的明文，而适用不应为条论处者。下文仅择其中十则，分成三种态样，并依疏议著有定文者，因例举隅，以明其用。

1. 不应得为轻

例一，《唐律·名例》"犯罪未发自首"条（总37条）规定：

> 诸犯罪未发而自首者，原其罪。其轻罪虽发，因首重罪者，免其重罪；即因问所劾之事而别言余罪者，亦如之。即遣人代首，若于法得相容隐者为首及相告言者，各听如罪人身自首法；其闻首告，被追不赴者，不得原罪。即自首不实及不尽者，以不实不尽之罪罪之，至死者，听减一等。

犯罪未发之际，行为人本可秘而不宣，藉以逃避刑责。然若事后有悛悔之心，并赴官府坦承犯案，表明愿意接受制裁，当可邀宽典。唐律对于行为人于罪发前自动到官署陈述所犯，得视情节减罪或免罪。有疑义的是，自首若有不实或不尽者，究应如何论处？以谋杀罪的对象言，疏议曾假设一例：

> 谋杀凡人，乃云是舅；或谋杀亲舅，复云凡人，姓名是同，舅与凡人状别。如此之类，若为科断？

疏议答曰：

> 谋杀凡人是轻，谋杀舅罪乃重，重罪既得首免，轻罪不可仍加。所

首姓名既同，唯止舅与凡人有异，谋杀之罪首尽，舅与凡人状虚，坐是"不应得为从轻"，合笞四十。

依律，自首有减有免，而决定于首罪的程度、动机以及性质。依法理，舅是缌麻尊长，据《贼盗》"谋杀期亲尊长"条规定："谋杀缌麻以上尊长者，流二千里。"而"谋杀人"条也规定："谋杀人者，徒三年。"可知谋杀凡人是轻，谋杀舅罪乃重。今若有人谋杀凡人而自首不尽，谓谋杀亲舅，亦即自首内容重于所犯，依法谋杀亲舅较谋杀凡人为重，行为人既已自首坦承谋杀亲舅，重罪既得因自首而免除其罪，刑罚较轻的谋杀凡人罪就不必再加罪。不过，亲舅与凡人毕竟有别，仍要依"不应得为轻"条，处笞刑四十。

例二，《唐律·擅兴》"私使丁夫杂匠"条（总247条）规定：

> 诸丁夫、杂匠在役，而监当官司私使，及主司于职掌之所，私使兵防者，各计庸准盗论；即私使兵防出城、镇者，加一等。
>
> 疏议曰：丁夫、杂匠，见在官役役限之内，而监当官司私役使；"及主司"，谓应判署及亲监当兵防之人，于职掌之所私使；"各计庸准盗论"，谓从丁夫以下，各计私使之庸准盗论。即杂使计庸不满尺者，从"盗不得财"，笞五十。兵、防并据城隍内使者，若私仗出城、镇，加罪一等，谓计庸加准盗论罪一等。即强使者，依职制律："强者加二等，余条强者准此。"若强使兵、防出城者，即亦于本罪加一等上累加。虽称丁夫、杂匠及兵、防，非在役限内而使者，丁夫、杂匠依上条"日满不放"笞四十，一日加一等，罪止杖一百；兵、防从"代到不放"，一日杖九十，三日加一等，罪止徒一年半。

《唐律》对于监当主司利用职权，私自役使丁夫、杂匠及主司私使兵防，令出城镇的行为，认为应成立私使丁夫、杂匠及兵防罪的刑罚。根据律文及律疏，私使丁匠及兵防罪分为两类，一类是监临官在丁匠兵防役限内私使者，另一类是在丁匠兵防役限外私使者，其处罚原则各不相同；凡属役限内私使之类，因其妨害国家役使，损害国家法益较大，故罚重。

惟上述处罚仅适用于监当官司犯者，假如原系监临而现非本部监临官之私使，究应如何论处？

疏议举例说：

计庸重者，若见是监临官，依"役使所监临"之罪；其非本部官者，依"不应得为"，从轻，笞四十。庸多，得罪重者，依职制律：去官而受旧官属、士庶馈与，若乞取、借贷之属，各减在官时三等。非监临官私使，亦于准盗论上减三等。

依上述之意，其非本部官，又计庸少者，依"不应得为法"从轻，科笞四十。计庸多者，罪仍准盗论；但因现在非监临，故比附于"去官受馈与法"而减三等。

2. 不应得为重

例三，《唐律·卫禁律》"向宫殿射"条（总73条）规定：

诸向宫殿内射，（谓箭力所及者）宫垣，徒二年；殿垣，加一等。箭入者，各加一等；即箭入上合内者，绞；御在所者，斩。

疏议曰：射向宫垣，得徒二年；殿垣，徒二年半。箭入者，宫内，徒二年半；殿内，徒三年。即箭入上合内者，绞。"御在所者斩"，谓御在所宫殿。若非御在所，各减一等；无宫人处，又减一等。皆谓箭及宫、殿垣者。

专制皇权时代，帝王所在森严无比，向宫殿射箭，直接威胁到帝室的人身安全，故立法明禁。根据律文及律疏，此罪的处罚原则为：向宫殿射箭者，依箭射入、箭射及、箭应及而射不到、箭不应及四种情况，分作四等。凡箭射入宫内者徒二年半，殿内者徒三年，上合内者绞，御在所者斩；箭射及宫垣者徒二年，殿垣者徒二年半。

质疑的是，若箭力应及宫、殿而射不到者，究应何论？疏议曰：

若箭力应及宫、殿而射不到者，从"不应为重"。不应及者，不坐。

所谓"射不到"，意指宫殿本在箭力射程范围内，但因行为人的技术不佳或有其他障碍情事存在，而无法达成预期目标之意。此种情形虽属未遂形态，仍具有抽象的危险性，依"不应得为重"论处杖八十。至于宫、殿不在射程范围内者，因无具体的危险性，则不予处罚。为详明，请参看下表：

犯罪事实	罚则	加重规定	减轻规定
射向宫垣	徒二年	御在所者斩	非御在所,各减一等。 无宫人处又减一等。
射向殿垣	徒二年半		
箭入宫内	徒二年半		
箭入殿内	徒三年		
箭入上阁内	绞		
箭应及而不到	从 "不应为重"	无	
箭不应及	不坐	无	

从当代刑法理论言,未遂犯是否应予处罚?若要处罚,其刑罚与既遂犯相比较,应该是必要减轻,或是任意减轻?这关涉主观主义刑法学与客观主义刑法学的争论。前者认为未遂犯虽无犯罪结果之发生,但行为人的恶性已表现于实行行为上,基于犯罪之处罚根据在于 "行为人性格之危险性",故主张未遂犯与既遂犯应同其刑罚。而后者则强调犯罪之处罚根据应侧重在 "结果发生之客观实害",因此,未遂犯与既遂犯宜异其刑罚。

《唐律》的立法,究为主观重于客观?抑或比较重视客观具体的实害?仍多歧见。关于未遂,在《名例律》并无通例规定,但在个别条文,则有处罚未遂。以本条来说,明明已预见 "箭力应及宫殿而射不到",何以不独立设立刑罚,却以 "不应为重" 论处?而向宫殿射箭可以处斩,明明是大罪,何以力有不及便能转为 "杂犯轻罪"?单从本条看来,在未遂犯的处罚根据上,《唐律》显然较偏向客观主义刑法学的看法。

例四,《唐律·户婚》"以妻为妾" 条(总178条)规定:

> 诸以妻为妾,以婢为妻者,徒二年。以妾及客女为妻,以婢为妾者,徒一年半。各还正之。

《唐律》在礼教立法的指导纲领下,特重身份差等的处罚原则,若有颠倒妻、妾、婢在家庭中地位的行为,包括以妻为妾、以婢为妻、以妾为妻及以婢为妾等。此类行为被认为是违反尊卑名分,破坏宗法伦理秩序,《疏议》所谓 "若以妻为妾,以婢为妻,违别议约,便亏夫妇之正道,黩人伦之彝则,颠倒冠履,紊乱礼经",故律设此专条予以惩禁。

根据律文，乱妻、妾及婢位罪分为两种情况：其一是以妻为妾，以婢为妻，此种情况罪质较重，处罚从严，犯者科徒二年；其二是以妾或客女（部曲之女）为妻，以婢为妾，此种情况罪质稍轻，处罚较宽，犯者减一等，科徒一年半。所以如此，是因为妻与妾之别乃尊卑等级有差，《疏议》所谓"妾通买卖等数相悬"；妻、妾与婢之别乃良贱身份不同，《疏议》所谓"婢乃贱流本非俦类"。显见混乱良贱与混乱尊卑罪质不同，前者重于后者，故以婢为妻者科徒二年，以妾及客女为妻者科徒一年半；同样是混乱尊卑，抑尊为卑性质重于以卑乱尊，故以妻为妾者科徒二年，以妾及客女为妻者科徒一年半；同是混乱良贱，以贱充尊罪质重于以贱充卑，故以婢为妻者科徒二年，以婢为妾者科徒一年半。《唐律》贯彻区分良贱与尊卑原则的严格、周密，由此可见一斑。[1]

　　关于此律，有疑问者：或以妻为媵，或以媵为妻，或以妾作媵，或以媵作妾，各得何罪？疏议答曰：

　　　　据《斗讼律》媵犯妻，减妾一等。妾犯媵，加凡人一等。余条媵无文者，与妾同。即是夫犯媵，皆同犯妾。所问既非妻妾与媵相反，便无加减之条。夫犯媵，例依犯妾，即以妻为媵，罪同以妻为妾。若以媵为妻，亦同以妾为妻。其以媵为妾，律令无文，宜依不应为重，合杖八十。以妾为媵，令既有制，律无罪名，止科"违令"之罪。

　　以上疏议根据《斗讼》"妻殴詈夫"条"余条媵无文者，与妾同"的规定，以妻为媵，罪同以妻为妾，科徒二年；若以媵为妻，亦同以妾为妻，科徒一年半。各还正之。至于以媵为妾，律令既无明文，宜依"不应为重"条，处杖八十。参见下表所示：

违律事实	罚则
以妻为媵	类推以妻为妾，徒二年
以媵为妻	类推以妾为妻，徒一年半
以媵为妾	律、令无文，依"不应为重"，杖八十

---

〔1〕 参阅刘俊文：《唐律疏议笺解》（下册），中华书局1996年版，第1016~1021页。

违律事实	罚则
以妾为媵	科以"违令"

例五,《唐律·户婚》"违律为婚离正"条（总194条）规定：

> 诸违律为婚,当条称离之、正之者,虽会赦犹离之、正之。定而未成,亦是。娉财不追；女家妄冒者,追还。

《唐律·户婚》各条明定婚姻成立的要件,违律者即予处罚。其中有情重、情轻之分,主要包括两种：一为刑事处罚,一为民事处分,前者即是科刑,后者即是强制改正、强制离异之类。而专制皇权时代,常有赦降之典,刑事处罚遇赦得免,有例可循；民事处分遇赦是否继续执行,《名例》无文。故律设此条,专明其例,以为准则。

律文规定,凡违律为婚,依法应强制改正或强制离异者,虽遇赦降,仍须继续执行。疏议解云："违律为婚,虽会大赦,称离之者,犹离之；称正之者,犹正之。"即使违律为婚仅"定而未成",亦不得例外。疏议解说："假令杂户与良人为婚已定,监临之官娶所监临女未成,会赦之后,亦合离、正。"推其意,会赦之后,亦不准成婚。所以如此,或因违律为婚所建立者乃为非法的婚姻关系,赦降并不能改变其性质,故必须强制解除。

至于应离正而不离正,究应如何处置？疏议曰：

> 违律为婚,谓依律不合作婚而故违者……若女家妄冒,应离、正者,追财物,还男家。凡称离之、正之者,赦后皆合离、正。名例律云：会赦,应改正,经责簿帐而不改正,各论如本犯律。应离之辈,即是赦后须离,仍不离者,律无罪条,犹当不应得为从重,合杖八十。若判离不离,自从奸法。

关于拒绝执行强制离、正,疏议补充规定,凡会赦仍应改正而拒绝执行者,依《名例》"会赦应改正征收"条规定："各论如本犯律。"即各依本条重新执行赦前的刑事处罚。凡会赦仍应离异,而不离者,律虽无罪条,依"不应得为"条规定："事理重者杖八十",即另外科杖八十。若经判离而仍不离，即依奸法另外科刑。换言之，凡会赦拒绝离、正者，皆须重新考虑刑事处罚，以杜绝侥幸。参见下表所示：

裁定事项	罚则
应改正而不改正	依《名例》，论如本犯律
应离而不离	律无罪文，依"不应得为从重"，杖八十
判离而不离	以"奸法"论罪科刑

例六，《唐律·诈伪》"父母死诈言余丧"条（总383条）规定：

> 诸父母死，应解官，诈言余丧不解者，徒二年半。若诈称祖父母、父母及夫死以求假及有所避者，徒三年。伯叔父母、姑、兄姊，徒一年；余亲，减一等。若先死，诈称始死及患者，各减三等。

礼教立法之下，孝道最被强调，此条规定父母死诈言余丧而不解官罪，后段规定诈称亲属死有所求避罪的刑罚。所称"诈言余不解官罪"，系指官人父母死，依礼应解官居服，而"心贪荣任"，谎称余丧，逃避解官的行为；至于"诈称亲属死有所求避罪"，乃指父母及亲属健在无病，而为求休假或有所规避，谎称父母及亲属已死或患病的行为。此类行为与《职制》"匿丧不举罪""冒荣居官罪"及《户婚》"居丧嫁娶罪""居丧生子罪""居父母丧生子条"等条类同，均属违反礼教行为，惟其表现为虚假欺伪，故列于《诈伪》篇内。

律文规定，诈言余丧不解官罪科徒二年半。若与《职制律》匿丧不举罪相比，匿丧不举科流二千里，重于此罪二等。此或由于匿丧不举者亲情已然全无，不孝之极；而诈言余丧者"已经发哀"，总算略尽孝道。虽同违礼教，但程度仍然有差。

兹有疑问者：有人嫌恶前人，妄告他人父母身死，其妄告之人，合科何罪？疏议答曰：

> 父母云亡，在身罔极。忽有妄告，欲令举哀，若论告者之情，为过不浅。律令虽无正法，宜从不应为重科。

父母往生，乃受身不堪之极。竟仅以嫌恶前人，即父母健在，率尔妄称已死事者，科以 "不应为重"，杖八十，宜也。

例七，《唐律·厩库》 "犬杀伤畜产" 条（总206条）规定：

> 诸犬自杀伤他人畜产者，犬主偿其减价。余畜自相杀伤者，偿减价之半。即故放，令杀伤他人畜产者，各以故杀伤论。

行为人不管控或故放所养犬畜，抵蹹噬啮他人畜产，致有杀伤的行为，构成故放畜产杀伤他人畜产罪。此类行为虽同属杀伤马牛畜产，但与行为人直接杀伤者究有不同，故立专条，特明其例。

根据律文，放纵犬畜杀伤他人畜产罪分为下列两种：第一，失于控制，致使所养犬畜杀伤他人畜产。凡属此种情况，因其并非出于故意，有类过失，故免予追究刑事责任，仅令负民事赔偿之责。赔偿方法是：其犬噬啮杀伤他人畜产者，犬主各偿减价；其余畜自相杀伤者，畜主各偿减价之半。所以如此，盖因犬能噬啮，主须制之，为主不制，致有杀伤，责任全在犬主；余畜自相抵蹹，致有杀伤，则双方畜主各有失制之责，不可全咎一方，故前者偿减价，而后者偿其半也。第二，故意放纵犬畜，杀伤他人畜产。凡属此类，因具未必故意之犯意，同于故杀伤罪，乃各以故杀伤他人马牛畜产法论处，即是杀他人马牛者科徒一年半，计赃重或伤他人马牛或杀他人余畜者各计减价准盗论；同时令偿灭价，价不减者，加笞三十。

至于两主故放畜产相斗，致有杀伤者，法无明文，应如何处断？疏议答曰：

> 两主放畜产而斗，有杀伤者，从不应为重，杖八十，各偿所减价。

两主故放畜产相斗致有杀伤的行为，其意或在嬉戏，且双方和合，律疏认为各从 "不应为重"，科杖八十，并各偿所减价。参见下表所示：

双方责任	处罚原则
过失 （主人失于管控）	直接被狗咬伤者：偿其减价
	其余因惊慌自相抵杀或蹹死者：偿其减价之半

续表

双方责任	处罚原则	
故放 （以故杀伤论） 徒一年半	直接被狗咬伤者：计赃应重	
	其他畜产 若有受伤	计减价，准盗论，各偿所减价
		价不减者，笞三十
放畜产互斗	从"不应为重"，杖八十，各偿所减价	

有趣的是，畜主放畜相斗，严格来讲，并无损害第三者的法益，也无侵害社会的利益，律疏却明示要处罚此举，其必要性与合理性何在？所据是何"理"？何"礼"？是否流于"只见惩罚不见罪行"？以常理推之，两畜相斗，互有杀伤是可以预期之事，畜主放畜相斗，显示明知有杀伤之可能而甘愿为之，却于事后控诉，已属"无理"，即使处犯者以"不应得为"之罪，亦宜从轻，今却从重，科杖八十，实在不知轻重之间应如何预期。

3. 不应得为或重或轻

例八，《唐律·职制》"匿父母夫丧"条（总120条）规定：

> 诸闻父母若夫之丧，匿不举哀者，流二千里。丧制未终，释服从吉，若忘哀作乐（自作、遣人等），徒三年。杂戏，徒一年。即遇乐而听及参与吉席者，各杖一百。
>
> 闻期亲尊长丧，匿不举哀者，徒一年。丧制未终，释服从吉，杖一百。大功以下尊长，各递减二等。卑幼，各减一等。

五服亲丧，匿而不举哀，或丧制未终释服从吉，或忘哀作乐，自属违礼的行为，《唐律》也为此规定匿丧不举哀及丧制未终释服作乐罪的刑罚。所谓"匿丧不举哀"，指闻祖父母、父母及余亲之丧，隐匿而不即举哀的行为；"释服作乐"，指为祖父母、父母及余亲服丧未终，即改换吉服，忘哀作乐的行为。此类行为被认为非礼不孝，严重违背伦常道德，《疏议》所谓："父母之恩，昊天莫报，荼毒之极，岂若闻丧？妇人以夫为天，哀类父母，闻丧即须哭泣，岂得择日择时？"故律视为重罪，列入"十恶"；同时设此专条，置于《职制》之篇，以为居官者之大诫。

根据律文及律疏，匿丧不举哀及释服作乐罪的罪与罚，随亲疏尊卑身份等级之不同而异。以构成要件言,在父母及夫丧中有五种行为列入此罪:(1)匿不举哀;(2)丧制未终释服从吉;(3)丧制未终忘哀作乐;(4)丧制未终从事杂戏;(5)丧制未终遇乐而听及参与吉席。而在期亲以下丧中只有三种行为列入此罪:(1)匿不举哀;(2)丧制未终释服从吉;(3)丧制未终忘哀作乐。换句话说,在期以下丧中从事杂戏或遇乐而听及参与吉席等并不成立犯罪。以刑罚言,在父母及夫丧中犯上述之行为处罚最重,期亲丧中有犯次之,大功以下各递减期丧有犯二等,卑幼各减尊长一等。

有疑义者:闻丧不即举哀,于后择日举讫,事发合得何罪?疏议答曰:

> 依礼:"斩衰之哭,往而不返;齐衰之哭,若往而返;大功之哭,三曲而偯;小功、缌麻,哀容可也。"准斯礼制,轻重有殊,闻丧虽同,情有降杀。期亲以上,不即举哀,后虽举讫,不可无罪,期以上,从"不应得为重";大功,从"不应得为轻";小功以下,哀容可也,不合科罪。若未举事发者,各从"不举"之坐。

依法理,所谓"匿不举哀",乃隐匿丧情,直至事发前,全不举哀之意;亦即事发生之后始举哀者,亦成立此罪。但如闻丧当时虽未举哀,后来改过,择日举哀,只要在事发前举讫,即不得定为匿不举哀罪,科流二千里,而须按照《疏议》补充规定:期亲以上科以"不应得为重",杖八十;大功科以"不应得为轻",笞四十,小功以下则免予处罚。此处"重"与"轻"的划分,明显是依身份亲疏之"礼"而定。

例九,《唐律·户婚》"居父母丧主婚"条(总181条)规定:

> 诸居父母丧,与应嫁娶人主婚者,杖一百。

虽说婚礼乃吉事,但在父母丧期内为嫁娶人主持婚礼的行为,仍被认为是忘哀不孝,与"居丧嫁娶""居丧生子"条,性质类同,俱属于违礼悖德之行。故虽于公共法益及个人法益均无妨,仍在必惩之列,而成立居父母丧而为应嫁娶人主婚罪。

本条律文极简,依规定,居丧"与应嫁娶人"主婚者,科杖一百。所谓"应嫁娶人",系指合法嫁娶之人。至于居丧为非法嫁娶之人主婚应如何处罚?律文未言,疏议补充阐明:"若与不应嫁娶人主婚,得罪重于杖一百,自从重科。"盖为非法嫁娶之人主婚，虽在平时亦有罪。[1]若在丧时，则违法罪外又增违礼之罪，二罪俱发，自当以重者论。[2]

令人不解的是，"居父母丧"为应嫁娶人主婚，科杖一百，至于"居夫丧"为应嫁娶人主婚或为应嫁娶人媒合，究应如何论处？疏议曰：

> 若居夫丧而与应嫁娶人主婚者，律虽无文，从"不应为重"，合杖八十。其父母丧内为应嫁娶人媒合，从"不应为重"，杖八十；夫丧从轻，合笞四十。

据礼"夫为妇天"，居夫丧参与吉事，自是违礼的行为，故援"律虽无条，理不可为"的法理来论处。理论上，《唐律·户婚》"嫁娶违律"条，本有媒人减罪的规定，上述情形亦比照各减主婚之罪论科。即居夫丧者，为应嫁娶人主婚，从"不应得为重"，杖八十；至于居夫丧为应嫁娶人媒合者，从"不应得为轻"，笞四十。由此或见父权犹重于夫权，其"重"与"轻"的分界点也在此。参见下表所示：

丧制	对象	行为	处断
父母丧	应嫁娶人	主婚	杖一百
		媒合	依"不应为重"，杖八十
	不应嫁娶人	不论	坐"嫁娶违律"
夫丧	应嫁娶人	主婚	依"不应为重"，杖八十
		媒合	依"不应为轻"，笞四十
	不应嫁娶人	不论	坐"嫁娶违律"

例十，《唐律·卫禁》"宫门等冒名守卫"条（总80条）规定：

> 诸于宫城门外，若皇城门守卫，以非应守卫人冒名自代及代之者，各徒一年。以应守卫人代者，各杖一百。京城门，各减一等。其在诸处守当者，各又减二等。余犯应坐者，各减宿卫罪三等。

---

[1] 参阅《唐律疏议·名例律》"嫁娶违律"条。
[2] 参阅《唐律疏议·名例律》"二罪从重"条。

本条规定宫城门外各处守卫冒名相代的违法行为。按"守卫人"系指在宫外各处，如宫城门、傍城助铺所、皇城门、京城门及内外捉道守铺或其他"守当之处"，防守戍卫之人。此类人若有冒名相代或兵仗远身、擅离职掌等失职违纪之事，将使宫外各要害处所警卫工作陷于混乱，安全堪虑。故律设此条，专为守卫人有犯者立例。

根据律文，"冒名守卫罪"，依其所守卫之处在安全上的重要性，分为三级：第一级是在宫城门外及皇城门守卫者，第二级是在京城门守卫者，第三级是在"诸处守当者"。有疑问者，此条所规定之守卫人冒名相代罪，与宿卫人冒名相代罪同，亦是以冒代人已至被代者职掌之处作为构成要件。若冒代之人未至被代者职掌之处即被发觉，应如何处断？疏议答曰：

> 以非应宿卫人自代，重于阑入之罪。若未至职掌之处，事发在宫、殿内，止依阑入宫殿而科。如未入宫门事发，律无正条，宜依"不应为重"，杖八十。其在宫外诸处冒代，未至职掌处，从"不应为轻"，笞四十。

这里是属于未遂犯从"不应得为"条做的特殊类型，依上述，仅言"自代"而不言"代之"者，基于刑法上"必要共犯"的法理，原则上代之者亦应同其处罚。至于冒名相代之"未遂"情形，若未入宫门即事发，情节较重，依"不应得为重"，杖八十。至于在宫外诸处冒代，尚未到职掌处即事发，情节较轻，依"不应得为轻"，笞四十。此处，情节"重"与"轻"的分界，显然着重在"场所"的危险性质。

综合上述，疏议的十个"举例"，它其实只作了许多的"补充规定"，这些补充规定，固然是疏议对于"不应得为"条的运用范例，但只是对该律文未备之处，作"罪行"与"刑度"的漏洞补充，而并未标示出本条在各别条文中是否为"理不可为"上的准则或是"从轻从重"的裁量标准。因此，若实际遇到律令没有规定的情况，是否该当本条，究应从轻或从重，仍然没有一定的规范可以遵循。申言之，这些补充规定既然见于疏议，并经皇帝批准而有与律文相同之效力，可以说已经成为另一种"明文"，而只是以"不应得为"的刑度为其处罚标准，在该条律文以及疏议的规范之内，就司法者而言，并无衡情伦理或是量刑轻重的裁量空间。

(三) 运用实态

唐代判文,至今还留存于世者,并不多见。因此,关于"不应得为罪"在实际司法中应用的情况,无法得知明显的图像。所幸,敦煌出土唐麟德年间《安西都护府判集》残卷中存有判文一道,另外,在《龙筋凤髓判》一书中,也可找到一则类似"拟判",聊供参考。

【案例一】 郭微笞挞屯卒案

〔判〕

郭微先因傔从,爰赴二庭,遂补屯官,方牒万石。未闻检校之劾,遽彰罪过之踪。笞挞有情,岂缘公务。所为无赖,只事阴私。握手足即破三人,役正副便轻一命。人闻驯燕,燕何昧而被嗔;兵下养驹,驹何好而抑买。城局专行麀杖,岂是使人之方;牛子无事再笞,难见牧群之失。况营农之务,本资气力。悦喻之法,诚表难容。寒耕热耘,沾体涂足。高宗所以遁野,帝舜由是号天。带经之荣,于兹见矣。敬镵之贵,岂为别途。常合免诸,以诚其事。何得不思其位,不恤其忧,浪有预忓,漫行威福。略问并今符会,元情实可重科。但为再问即臣,亦足聊依轻典。按杂律云:"诸不应得为而为之者,笞四十……"〔1〕

〔解析〕

(1) 唐高宗(649~683 年在位)继太宗而立,来年纪元永徽,遵照

---

〔1〕 此判文引自敦煌所出唐高宗麟德年间《安西都护府判集》残卷(现藏法国巴黎国立图书馆,编号:P. 2754),原格式为:

72　郭微先因傔从,爰赴二庭,遂补屯官,方牒万石,未闻检校之劾,

73　遽彰罪过之踪。笞挞有情,岂缘公务;所为无赖,只事

74　阴私。握手足即破三人,役正副便轻一命。人闻驯燕,燕何昧而被嗔;

75　兵下养驹,驹何好而抑买。城局专行麀杖,岂是使人之方;牛子

76　无事再笞,难见牧群之失。况营农之务,本资气力。悦喻之法

77　诚表难容。寒耕热耘,沾体涂足,高宗所以遁野,帝舜由是号

78　天。带经之荣,于兹见矣。敬镵之贵,岂为别途?常合免诸,以诚其

79　事。何得不思其位,不恤其忧,浪有预忓,漫行威福。略问并今符

80　会,元情实可重科。但为再问即臣,亦足聊依轻典。按杂律云:

81　诸不应得为而为之者,笞卅……

以上参阅刘海年、杨一凡总编,唐耕耦分册主编:《中国珍稀法律典籍集成》(甲编第 3 册),"敦煌法制文书"部分,科学出版社 1994 年版,第 273~274 页。

太宗遗命，诏太尉长孙无忌等人删定律令格式之不便者。前后历时近二年，方才完成，是为《永徽令》，麟德（664～666年）乃高宗后来年号。"安西都护府"设在高昌，与在今乌鲁木齐东北吉木萨尔地段设的"北庭都护府"分别管理天山南北麓，皆为唐代重要军府。

（2）唐高宗麟德年间，郭微原为侍从，后到二庭补为屯官，徒领公廨，却未尽忠职守，漫行威福，常用鞭笞挞屯卒，不为公事只因个人私心。犯小错就处以严峻刑罚，行事不合常理。在城局专行虐杖，管理方式失当。牛子并未有具体过失，即滥行鞭打；务农本在力气，丝毫不体恤其辛劳。司谳者认此等行为难得人心，完全不合情理，实在难以容忍。情理俱恶，合当惩治。但律无正条，难以比附，乃依"不应得为罪"下判。

（3）本案依其情节，初拟从重，惩处应杖八十，念其审讯时认罪，态度较好，量情后乃改而从轻，科笞四十。此直接援引律文"不应得为"条的案例，极为罕见，由于律令无专条禁止，但据理不可为，为弥补律文的漏洞与缺陷，一切违反价值观念的行为只要正文没有明列，都可并入此条，涵盖范围广泛，但情理轻重界线很难界定，所以定罪科刑时弹性很大。而高宗治下，如此轻治郭微此案，大唐岂有认罪便即从轻之律？令人不无疑问。

（4）从法理上看，本案是否因律令无专条禁止，故而论以"不应得为从轻"？对此，或有不同见解。按《斗讼》"威力制缚人条"规定："诸以威力制缚人者，各以斗殴论；因而殴伤者，各加斗殴伤二等。即威力使人殴击，而致死伤者，虽不下手，犹以威力为重罪，下手者减一等。"似乎便是在对此种情形作惩治，构成要件纵然并不完全相符，也应可以比附。疏议曰："威力使人者，谓或以官威，或恃势力之类，而使人殴击他人。致死伤者，威力之人虽不下手，犹以威力为重罪，下手者减一等。假有甲恃威力，而使乙殴杀丙，甲虽不下手，犹得死罪；乙减一等，流三千里。若折一指，甲虽不下手，合徒一年；乙减一等，杖一百之类。甲是监临官，百姓无罪，唤问事以杖依法决罚致死，官人得杀人罪，问事不坐。若遣用他物、手足打杀，官人得威力杀人罪，问事下手者减一等科。"本案，郭微身为屯官，擅用威福，鞭挞属下屯卒，不论是亲自动手，或使人为之，依本条而言，既符合以"官威、势力"为之的要件，对主使者与动手者，也各有处罚。其所以适用"不应得为"，倒像是原本该依律而科，但是因为其"犯后态度良好"而予以减刑，反而无所适从，只好依"不应得为条"并从轻予以笞四十。

【案例二】 不应言而上言罪案

〔案由〕

上林监杨嗣请增置宫馆于上林中，御幸游戏畋猎所诣即上下辇，成宴暂劳永逸，永久安稳。

〔判〕

八川浩荡，控丹水以疏津。九岭参差，绕黄山而作固。相如健笔，高谈上苑之芳，子云清词，盛述长杨之丽。露寒鸲鹊之观，古迹仍存，宜春属玉之轩，余基尚在，储胥柭诣，便开御幸之涂，清暑甘泉，实曰微行之处。探封峦于汉制，侈未及奢，获林光于秦余，俭而不陋。何必广开禁御，虚费人功。优斿发使鹿之讥，张昭有射彪之谏。大夸宫馆，外取笑于由余，广设缭垣，内兴嗟于贡禹。杨嗣谄谀佞士，轻薄邪人。矜奔竞之偏怀，昧公方之大体。圣君于尧舜，善迹无闻，陷人主于桓灵，丑声奉先著。镇之以静，则俗阜财殷，挠之以烦，则政荒人散。不应言而上言，法有正条；不应为而有为，刑兹罔赦。宜从贬论，以肃朝章。[1]

〔解析〕

（1）上林苑，为官署名，西汉武帝元鼎二年（公元115年）置水衡都尉，"掌上林苑，有五丞"，为皇帝的私藏之府。东汉初，并入少府。东汉水衡督卫称上林苑，置令一人。隋唐时，称上林署，属司农寺，掌苑囿园池，植果树蔬菜，以供朝廷祭祀之用，有令二人，丞四人。

（2）有唐一代，"不应言而上言罪"是因向皇帝进言有违法定程序的一种特殊犯罪类型。本案杨嗣请增置宫馆于上林中的进言，该当何罪？

（3）依《唐律·职制》"事应奏而不奏"条（总117条）规定："诸事应奏而不奏，不应奏而奏者，杖八十。应言上而不言上，不应言上而言上，及不由所管而越言上，应行下而不行下，及不应行下而行下者，各杖六十。"所谓"不应言上"者，疏议曰："依律、令及格、式，不遣言上而辄言上。"此类行为性质上为失职罪，危害中央集权的统治秩序，故为律所不容。律文规

---

〔1〕 引自（唐）张鷟撰，田涛、郭成伟校注：《龙筋凤髓判》卷二《苑总监》二条（二），中国政法大学出版社1996年版，第88~89页。

定，奏上行下违法罪的处罚分为两等：凡应奏请皇帝者不奏，或不须奏请皇帝者妄奏，或应奏待皇帝批复者不待批复擅行，各杖八十；凡应申报上司不申而不应申报上司妄申，或应待上司批复而不待批复擅行，或应逐级申报而越级申报，或应通报下司不通而不须通报下司妄通，各杖六十。所以如此，盖因涉及皇帝者专擅之外复有不敬，故其罚重于常犯。[1]

（4）本案张鷟首先借司马相如《上林赋》与扬雄《长杨赋》之笔，描述上林苑景致之盛，汉代宫室造景，于今犹存。其次，从实用性与秦汉建制说明并无再兴土木之必要；且此举无助于威严，只是取笑于外蕃与国人而已。最后，论断本案杨嗣陷朝廷与人主于丑名；认为"镇之以静，则俗阜财殷；挠之以烦，则政荒人散"，乃援引上述"不应言而上言"之律条，另援引"不应得为"条作为判案的依据。据判文：上林苑"清暑甘泉，实曰微行之处。探封峦于汉制，侈未及奢，获林光于秦余，俭而不陋。何必广开禁御，虚费人功"。在张鷟看来，倡俭止奢是臣下进言的宗旨，而杨嗣在上林苑条件尚好的情况下，竟进言"增置宫馆于上林中"，是属"不应言而上言"条，同时，又据《杂律》"不应得为"条，论处杨嗣应杖六十；最后则依例予以贬黜，或有防唐朝重蹈隋末大兴土木导致败亡的覆辙的警示用意。

四、唐律不应得为罪的几点思辨

法律文化有其时间度、空间度及事实度等各种面向，古今异制，本不宜强加比拟；不过，当代人读古典刑律，倘能今昔辉映，藉今观古，或可另有一隅之得。

（一）从不应得为罪透视唐律罪刑法定的虚与实

《唐律》是否采类似当今的"罪刑法定"？这是个相当见仁见智的老课题。[2]众所公认，不论中外，在专制皇权时代，什么样的行为属于犯罪，应科处何种刑罚，完全操控在执政掌权人之手。直到西方近代市民阶层抬头，为防止残酷刑罚权的恣意行使，以保护市民的权利与个人的自由，乃产生所

---

〔1〕 有关本案例之详解，参阅黄源盛："法理与文采之间——读《龙筋凤髓判》"，载《政大法学评论》79，2004年，第26~29页。另参阅刘俊文：《唐律疏议笺解》，中华书局1996年版，第79页。并参阅戴炎辉：《唐律各论》（下册），成文出版社1988年版，第114~115页。

〔2〕 参阅高明士："导论：唐律研究及其问题"，收入高明士编：《唐律与国家社会研究》，五南图书出版有限公司1999年版，第40~46页。

谓"无法律即无犯罪，无法律即无刑罚"（*Nullum crimen sine lege*，*Nulla poena sine lege*）的"罪刑法定"思潮。

至于近代罪刑法定的理论根据，一方面固来自民主主义及自由主义的形式上"法安定性"理念；另一方面，主要系根据保障人权的"正当性"与"合目的性"的实质法理念而来。而在该理论基础下，乃衍生出"罪刑法定主义"的几项重要次原则：（1）罪刑成文法原则：不成文的习惯或法理等不得作为刑事审判的直接法源。（2）禁止溯及既往原则：不得根据行为后所实施的刑罚法规来处罚施行前的行为。（3）禁止类推适用原则：不得使用对被告不利的比附援引，以补充法律的漏洞。（4）罪刑明确性原则：犯罪的成立要件及其解释，必须在一般国民可得预测可能性范围内；同时，否定绝对不定期刑的存在。

假如，我们以"限制君权"和"适当的法律程序"作为它的一个原始目的，那帝制时期的中国自无罪刑法定可言。而中国古代罕谈天赋人权，《唐律》有无蕴含保障人权之意，实也成疑问；但若以近世对司法权的限制而言（三权分立），唐代颇有巧合之处。再如单就以上述近代以降"罪刑法定主义"所衍生出的诸项次原则来作为衡量的基准，可以看到，《唐律》在形式上的确也曾试图想建构所谓"罪刑法定"的理念，例如，《断狱律》规定："诸断罪皆须具引律、令、格、式正文，违者笞三十。"疏议也补充说明："犯罪之人，皆有条制，断狱之法，须凭正文。若不具引，或致乖谬，违而不具引者，笞三十。"

乍看之下，这与当今罪刑法定的要求，有何不同？不过，问题在于，《断狱律》又规定："制敕断罪，临时处分，不为永格者，不得引为后比；若辄引，致罪有出入者，以故失论。"疏文云："事有时宜，故人主权断制敕，量情处分。"法律规定，这种"权断"之权只有皇帝享有，其他人不得仿行。只有当权断的制敕，经过编修公布，成为"永格"之后，其他司法官吏在审判中才能引用。如此一来，在规定断罪要完整引用律、令的同时，却又承认皇帝对个别案件下制敕"断权"的合法性，而不问这种"临时处分"是否与刑律的规定相一致，实际上，这无异是对前者的根本否定。[1]

其次，《唐律》本文虽未明白规定得为"比附"，但比附之制，屡屡见于

---

〔1〕 参阅钱大群：《唐律研究》，法律出版社 2000 年版，第 76~79 页。

律，[1]其中有关于罪名的比附，也有关于刑罚加减的比附。总的来看，疏议明显是以事类相似者比附援引以科断。我们也观察到，为避免比附事项悬殊过大的弊病，《唐律》确也企图对比附加以某种程度的限制。如《断狱律》"辄引制敕断罪"条规定，皇帝的"制敕断罪，临时处分"，如果"不为永格者，不得引为后比"。倘有司法官吏擅自引用，而"致罪有出入者，以故失论"。又如《断狱律》"赦前断罪不当"条规定："赦书定罪名，合从轻者，又不得引律比附入重。违者各以故、失论。"足见，唐时虽有比附之事，但设限仍算严格。

然而，观察传统法制，不能不注意到规范的有效性与实效性问题，这两者间有时是有相当差距的，唐刑书虽为律、令、格、式，并禁止法官妄自比附，惟君主有司法大权，不受刑书拘束，权断制敕、量情处分的事例屡见不鲜，魏征（580—643）在贞观十一年（公元637年）时就曾批评道：

> 顷年以来，意渐深刻，虽开三面之网，而觉见渊中之鱼，取舍在于爱憎，轻重由于喜怒。爱之者，罪虽重而强为之辩；恶之者，过虽小而深探其意。法无定科，任情以轻重；有执论，疑之为阿伪。故受罚者无所控告，当官者莫取正言。不服心，但窃其口；欲加之罪，其无词乎？[2]

唐中宗神龙元年（公元705年）正月，赵冬曦（677—750）亦曾上书痛论比附、轻重相举及不应得为条之非：

> 臣闻：夫今之律者，昔乃有千余条。近者隋之奸臣，将弄其法。故著律曰："犯罪而律无正条者，应出罪，则举重以明轻；应入罪，则举轻以明重。"立夫一条，而废其数百条。自是迄今，竟无刊革，遂使死生罔

---

[1] 例如《名例律》各条有关的规定，依疏议的解释，可得比附于其他相类情形者：如十恶比：《名例律》"十恶"条规定，殴告夫及大功以上尊长、小功尊属者，应入十恶不睦条。若咒诅大功以上尊长、小功尊属，欲令疾苦者，未知合十恶以否？依《贼盗律》"憎恶造厌魅"条，疏议云："疾苦之法，同于殴伤。谋殴大功以上尊长、小功尊属，不入十恶。如其已疾苦，理同殴法，便当不睦之条。"即假如咒诅之目的在"欲以疾苦人"，并已造成疾苦之后果，则犯于大功以上之尊长及小功尊属者，列入十恶之"不睦"，显然是将"已疾苦"比附"殴伤"。详参黄源盛："唐律轻重相举条的法理及其运用"，载氏著《汉唐法制与儒家传统》，元照出版公司2009年版，第302~307页。

[2] 参阅《贞观纪要·公平》。

由乎法律，轻重必由乎爱憎；受罚者不知其然，举事者不知其犯，臣恐贾谊见之，必为之恸哭矣！夫立法者，贵乎下人尽知，则天下不敢犯耳，何必饰其文义，简其科条哉！夫科条省则下人难知，文义深则法吏得便；下人难知，则暗陷机阱矣，安得无犯法之人哉！法吏得便，则比附而用之矣，安得无弄法之臣哉！臣请律令格式，复更刊定其科条，言罪直书其事，无假饰其文，以准加减比附量情及举轻以明重、不应得为而为之类，皆勿用之。[1]

虽然不能单以魏征与赵冬曦两人的议论拿来作为论证的基础，而赵冬曦把比附、轻重相举及不应得为条相混并提，理论上也不无可议。[2]但仍隐约可见，唐代在司法实际运作中仍无当今"严格意义"的罪刑法定原则可言。

再仔细体察《唐律》规范的内容，概为"王者之政""罪名之制"；通篇从十恶、八议以下，结合礼制、名教、纲纪伦常等价值观念，正为巩固君主专制的统治秩序而设，这与近代西方在民主思潮、民权主义内涵下所产生的"罪刑法定"自然两不相干。具体地说，中国在专制皇朝时期，行政、立法、司法三权均统于一尊，体制上无所谓权力分立，法制上自无所谓"罪刑法定"可言。且所谓"法定"，系指经立法机关通过的法律，而犯罪的成立及其刑罚，须根据成文法律，不得直接根据习惯，更不得类推适用。在旧律上，如此严格意义的罪刑法定根本未曾存在。可以说，中国的旧刑律，即使有时表现出"罪刑法定"倾向的一面，也只不过是基于法家的霸道意识与儒家王道精神融合的法律文化结晶，强调君权，掌控官吏；在司法运作实务上，被视为裁判上的德政，是一种施舍，是一种宽恕，并不是近世个人主义、自由主义下的产物，更不是想贯彻严格意义的罪刑法定。

在前面，我们整理了疏议对"不应得为"条的十则运用阐释，也分析了两则"不应得为"罪的案例，总觉得犯罪的构成要件极其含糊笼统，理论上，对无法律规定的任何"犯行"，只要认为应受处罚，都可找到处罚的根据，而且形式上都是有"不应得为而为之"的"法条"依据。它与近代西方罪刑法定中构成要件需明确的要求当然不相符合，为今日刑事法思想所排斥，也毋

---

〔1〕 参阅（宋）王溥：《唐会要》卷三九《议刑轻重》。

〔2〕 参阅黄源盛："唐律轻重相举条的法理及其运用"，载氏著《汉唐法制与儒家传统》，元照出版公司 2009 年版，第 320~321 页。

待深论。也或许如此，近代以来西方刑法理念所主张的罪刑法定，在传统中国法制历史出现的契机，即因此受到阻扼。法史学家戴炎辉（1908—1992）评"不应得为"条时曾说："此条可谓为遵儒教之以德礼坊民之意，以戒侥幸之徒而设。惟若滥用之，则启开擅断之弊端，所谓罪刑法定主义大见减色。"[1] 刑法学者蔡墩铭（1932—2014）也认为"何者为不应为，则一任法官自由认定，法无标准，虽科刑时仍有条文之依据，但法官裁量权过大，不能不视为罪刑法定原则之漏洞"。[2]此等论断，尚称中肯。

不过，更深入观察"不应得为"条，究其实，仅系针对"杂犯轻罪"的反伦理道义行为或侵害公共秩序的轻犯行为而设；而为了弥补其空疏，另又以律疏不厌其详地定例阐明，不能不说仍具有某种程度的严谨性。可以这么讲，在唐代社会，非礼无法，违理入刑都是常规。"不应得为"的界限，在当时，依据其"礼"、其"法"及其生活中的"活法"，或许是能厘清的。因此，若有司法官吏据此条断狱，是否就可以妄加批评其"不依律条正文"？[3]

平情而论，我们可以抨击"不应得为"条法意深刻，立法苛严，混淆了"罪"与"非罪"的界限，但却不见得单据此条就足以全盘否定《唐律》"罪刑法定"倾向的存在。如果想要在传统中国法制中，探寻阻碍西方罪刑法定原则出现的因子，与其归咎于"不应得为"条，不如责之于比附援引方法的不当使用。而再追究根底，其实，必须维护君主专制的统治及儒家的人伦秩序，这恐怕才是背后真正的原因吧！

（二）从不应得为罪考察唐律罪与礼、理、刑三者间的关系

不分中外，法律发展史上的第一页概非"刑法"莫属，我们也许要问，世间何以需要设立刑律？泛泛来说，古今刑法各有其基本的使命与准则，不仅反映在刑法规范的结构之上，对于刑法任务与角色，也具有本质上的相关性，进而形成刑法规范体系的基本概念，而有其法学上的实证意义。换句话说，刑法的发展，是从其文化的基本任务出发，而在实践上发挥刑

---

〔1〕 参阅戴炎辉：《唐律通论》，元照出版公司2010年版，第13页。

〔2〕 参阅蔡墩铭：《唐律与近世刑事立法之比较研究》，我国台湾地区"中国学术著作奖助委员会"1972年版，第15页。

〔3〕 参阅俞荣根："罪刑法定与非法定的和合——中华法系的一个特点"，收入中南财经政法大学法律史研究所编：《中西法律传统》（第3卷），中国政法大学出版社2003年版，第1~44页。

法的特性，从而形成准则与理论概念体系。可以说，刑法的文化任务，源自人性论以及人类社会生活的需要，这虽是"法外的"因素；而此项因素的发展契机，如何启发蔚成罪与刑的逻辑架构与概念体系，将是本节所要观察的重点。

从当今刑法的作用来看，它有所谓规制的机能，刑法的主要任务在使犯罪行为的规范评价趋于明确，国家以刑罚剥夺人的生命、自由、财产时必须有所根据，必须予以明定，且必须对其规定作相应适当的刑罚。其次刑法具有保护"法益"的作用。易言之，就当代刑罚学的观点，"犯罪"乃行为人明显对于法律所保护"法益"的不尊重，亦即其行为已经破坏或危及社会共同生活的利益；此种对于法益破坏或危险的行为，被当作一种可责的"刑事不法"行为，而以"刑罚"作为反应的手段。问题是，刑法的机能是否仅在于"生活利益"的保护？抑或也包含社会伦理等基本价值理念的保护？

如果以上述论点做基准，而以今衡古的话，该如何来看待整部《唐律》的任务？又该如何来理解"不应得为"之所以成"罪"的法理？《唐律》中的罪与礼、理、刑之间的关系又该如何看待？

法律的基本任务既在于维护人类的社会生活秩序，而传统中国的法律又率以刑律为主。不过，人类社会的共同生活规范，除了法律之外，事实上，还有种种从远古就传袭下来的社会规范，综合形成一种反映"当为价值体系"文化规范的社会秩序。前面提过，在传统中国社会，从汉代以来，即形成一种礼教规范，作为人之所以为人，在家族、团体及社会生活中行为的准则；凡抵触此种规范者，往往会受到某种伦理道德的非难或社会内在性的惩罚，例如社会的谴责、舆论的制裁等；但是，这种处罚总是较缺少外部的强制效力。

真正具有外部强制效力的，不外乎是刑律规范，惟到底何种行为才得列入犯罪概念而必须临之以刑？这是个相当富有学理而又实际的问题。一般来说，犯罪有实质及形式二义。实质意义的犯罪，乃泛指一切的反社会行为，亦即紊乱社会共同生活秩序、侵害个人及公共利益的行为均属之；至于所谓形式意义的犯罪，须在实定法上明文规定应科以一定刑罚的行为。申言之，立者从许多反社会行为中，择其值得以刑罚非难者予以类型化，将其规定为法律上可罚的行为。因之，非法律规定为可罚的行为，即使在社会上认为值得非难，仍非属刑法上的犯罪。

就传统中国法制而言，汉以后的中国法律，逐渐趋向于与社会观念合一的途径，以为出于礼者，自须临诸于刑，因此，有认为犯罪起源于"失礼"者。[1]如此说来，假如人人能克己复礼，即无所用其刑。然而"礼"所代表者，其内涵与外延各为何？高明士对于礼的态样及其本质有独到的看法，他认为：从先秦以来到两汉，有关礼说的发展可归结为以下三个方面：此即礼之义、礼之仪、礼之制。所谓"礼之义"，指礼的义理；所谓"礼之仪"，指礼的仪式；所谓"礼之制"，指礼的制度。秦汉以后，在专制皇权影响下，三者当中，以礼之仪、礼之制较有新的发展，而成为皇权的包装，进而典制化。至于礼之义，除隐含于礼之仪、礼之制外，亦被吸纳入律典（或曰法、刑）。[2]其实，用通俗的话讲，"礼"不外传统的社会礼俗制度，其中包括礼制、伦理、道德义理与良善风俗等，故称"礼者，众之纪也"。礼成为社会上统一的规范，所以能守礼者，未有不能守法者。

实际上，犯罪一方面乃系违反国家法律，另一方面，主要是它破坏了社会伦理的纲纪。单依以上的逻辑推演，或许可以得出这样的结论：从其违反国家法律以观，不难知悉犯罪概念的形式意义；而从其破坏伦常关系来看，又不难知晓犯罪概念的实质意义。

以这种观点论《唐律》，可以说，唐朝当时的社会秩序，系建筑在五伦常理的基础之上，所以，这一部分的礼，就是维护五伦秩序的基本条款；凡违反者，以刑罚为制裁；法之所禁，必皆礼之所不容；而礼之所许，自必法之所不禁，这就是所谓"出礼入刑"，而为礼主刑辅的关键。也可以这么说，《唐律》的立法精神，就静态的纯粹面观之，虽仍有"礼"与"刑"对立的二元化思想；但就动态的实践面言之，"刑"是受"礼"的规准，而有因时因地而变化的一元化倾向。因此，如果说《唐律》的立法根基为礼本刑用的

---

〔1〕 西汉儒者的道德哲学总集《大戴礼记·礼察》论刑罚的起源说："凡人之知，能见已然，不能见将然。礼者，禁将然之前；而法者，禁于已然之后。是法之用意见，而礼之所为生难知也……礼云礼云，贵绝恶于未萌，而起敬于微眇，使民日徙善远恶而不自知也。孔子曰：'听讼吾犹人也，必也使无讼乎？'""婚姻之礼废则夫妇之道苦而淫辟之罪多矣。乡饮酒之礼废，则长幼之序失而争斗之狱繁矣。聘射之礼废，则诸侯之行恶而盈溢之败起矣。丧祭之礼废，则臣子之恩薄而倍死忘生之礼众矣。"

〔2〕 详参高明士："唐律中的'理'"，载黄源盛主编：《唐律与传统法文化》，元照出版公司2011年版，第35~40页。

型态，也有相当充分的理由在，难怪清钦定《四库提要》总目卷八十二，提到《唐律疏议》时说："论者谓唐律一准乎礼，以为出入，得古今之平。"

值得玩味的是，《唐律》除了在律条中，有时径以单纯违背道德的行为为犯罪，表现很显著的道义性立法外；且又从礼经或礼教规则，应用解释以补充法律的不足；更进一步地，唯恐防范不周，对于律无正文而道理上不应为者，设有概括的保障规定，以杜遗漏而维风教，此即本文所着墨的"不应得为"条之所由设。申言之，许多没有收入律令的礼（行为规范），转化为礼俗后，还在有效地调节人们的社会生活，而且它不同于一般依靠社会舆论、内心信念、精英人物的威信维持的习惯，而仍然需要有法律强制力为其后盾。所谓"不应得为"，就是"律令无条，理不可为者"，"礼也者，理之不可移者也"，理就是礼，"理不可为者"，就是礼不允许做的事。可见，"不应得为"条系为以德礼坊民之意，以诫侥幸之徒而设。如此一来，法律与伦理道德是绝大部分的重迭，所有礼教规则已因此条的概括规定，列为法律的内容，在解释上则有相当大的价值补充空间，如果将它称为"礼教的大防线"，似也说得通！

如果还要追问"理"到底为何物？孔颖达序《礼记正义》说："礼者，理也。"另外，《礼记·丧服四制》郑玄注曰："理者，义也。"然则"义"又如何？《礼记·中庸》引孔子说："义者，宜也。"朱子解："宜者，分别事理，各有所宜也"，也就是事理的正当性。说到底，"理"可以说就是规范背后的立法意旨，是要行事"合宜"，是要符合亲疏、贵贱、尊卑、长幼的天地秩序，一言以蔽之，是要"恰到好处"；因为"理"是抽象的概括观念，它的范围远大于"礼"，即"理"除了义理、事理之外，还包括一些传统的基本治世理念、法律推理乃至佛道之理等内容等，所以必须藉由具体事实来考虑，因而"理"常与"情"字连称为"情理"，所谓"理贵原情，原情入礼，纳礼入法"，自古以来审案的理想境界无非标榜要情、理、法兼顾。有关不应得为罪牵涉到理、礼、刑三者间之关系，可图示如下：

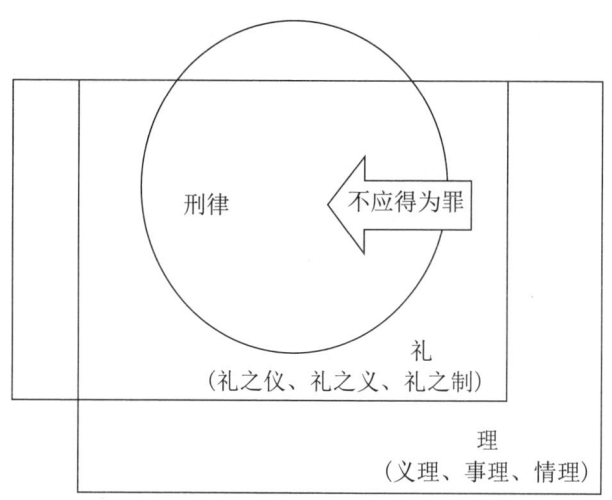

至于《唐律》中"不应得为"的"情轻"与"理重"的分野，实际运用上，其分界或在犯罪行为的"情节"或"情状"，亦即科刑时应以行为人的责任为基础，并应审酌一切情状为科刑轻重的标准，具体来说，包括犯罪的动机，犯罪的目的，犯罪时所受的刺激，犯罪的手段，犯罪行为人的智识程度、生活状况、品行，犯罪行为人与被害人的关系以及犯罪行为人违反伦理义务的程度、犯罪所生的危险或损害、犯罪后的态度等。[1]

从上文中的律疏定例及二件运用实例来看，大致上，不应得为条是属于"比较衡量型"者为多，亦即为求情罪平允所为的犯情与刑罚的均衡而设。另一种较少数的类型，是属于所谓的"叱责惩戒型"者，[2]亦即行为人的行为情节虽属轻微，但仍值得用刑罚施之，藉以惩戒。前已屡屡述及，《唐律》之所以有"不应得为"条之设，其最原始企图，可以说在补律条之不足，亦仅在律令未有规定或规定有阙漏的场合，才有其适用。不过，详加检点，"不应得为罪"也并非完全针对纯粹违反礼教价值观念的行为，另外有些是针对一

---

〔1〕 实际上，这与我国台湾地区"刑法"第57条有关科刑标准的规范是相通的。

〔2〕 有关不应得为的适用事例，可分为"比较衡量型"与"叱责惩戒型"。其详参阅同前注，[日] 中村茂夫："不应为考：罪刑法定主义の存否をも巡って"，第24页。另参阅 [日] 川村康："律疏不应为箚记"，载《中国の法と社会と历史–小口彦太先生古稀纪念论文集》，东京成文堂2017年版，第310页。

般的刑事犯罪和职务犯罪。[1]而不管是哪一类型的犯罪行为，仍须进一步厘清的是，"应"与"不应"、"情轻"与"理重"的界限，究竟是"天理""事理"，还是"法理""情理"？问题也许就出在这里，"情理"往往无一定的标准，又无绝对客观的根据，本质上它是属于一种人与人之间的情感作用；当面对各个不同的具体案件，其解决之道，端赖司法者"发自良心的一念之间"，至其结果往往因人而异，或因事而不同，法律的稳定性也就难于把握了。

（三）从不应得为罪探究唐律的立法技术

再从刑法规范与伦理道德的根源关系看，现代法律随着国家理论的发展，现实上已与其他社会规范分离开来，进而和国家的强制力相结合而蔚成独立的规范体系。此种规范体系具备三项特色：法律的不可侵犯性、法律的自主性与法律的规范意志性。反观，《唐律》有所谓"出于礼者入于刑"的规范倾向。可以说，唐代的刑法规范与道德戒律系出自同一根源，均为形成社会秩序重要的因素。刑法乃是"规范之王"，运用刑罚制裁与保护法益的机能，以维护社会团体生活所追求的价值体系，从这个角度观察，如果说，《唐律》本身实也带有"行善"与"行义"的意义，实在也有其理。

《唐律》承《隋律》遗绪，体系相当完整，儒家的恤刑宽仁精神获得具体的展现。尤其高宗永徽四年（公元 653 年）所完成的《律疏》三十卷，即今日世人所见《（故）唐律疏议》，其释难析疑之中肯，字推句解，条分缕别，堪称圆熟。在《名例》疏议序曰：

> 德礼为政教之本，刑罚为政教之用，犹昏晓阳秋相须而成者也。

这是提示《唐律》及其律疏内容，系以礼主刑辅原则来编纂，即此所谓的"礼教立法"，而实蕴含着两层含义：其一，法律的作用是在辅助礼教的不足，申言之，"礼"为法制的终极目的，"律"只不过为实现"礼"的手段，礼是以律为其后卫。其二，法律的内容是从礼教中取其价值的，礼不但高居于律之上，并且深入律中，使《唐律》礼化，形成所谓"礼本刑用"的礼法

---

〔1〕《唐律》中有关"不应得为罪"的类型颇多，例如有关孝道的不应为、有关身份等级的不应为、涉及皇帝生命安危及政权稳定的不应为、涉及吏治的不应为，另外有依法律推理的不应为，甚至有依佛、道教之理的不应为等。

观。从长远宏观的角度看,《唐律》礼本刑用的立法原则,实是自汉以来的一大突破,也是隋唐律与汉、晋律较为不同之处。观其立法目的,可谓为制律或注律诸臣,想要突显礼在律中的作用,而以更贴近儒家的主张来显现其内涵,虽然在现实上仍无法摆脱君权至高无上的威势,但其用心良苦,概可想见。

总的来说,战国时代至秦汉时期,是由礼刑二分走向礼刑合一,同时由于成文法典的发达,而使礼刑思想融入律令,此时之令为律的追加法。西晋以后,由于士族门阀势盛,施政以及订定法制,走向儒家化,于是令成为规定制度,不带罚则,乃与律二分;律、令、礼三者间的关系,成为纳礼入律、入令,违礼、违令由律处罚,直至隋唐,法典体系大备,乃形成所谓的中华法系文明。[1]

至于现代法治社会下的刑法,虽然也负有维护人类社会生活秩序的任务,但是国家刑罚权的行使,其方式与范围并非漫无限制,更不可任由政府恣意擅断。刑法的功能,固然在于利用限制个人自由的方式,防止恣意性的侵害行为,进而消弭犯罪于无形;可是,这种作用仅能相对以与该国整体文化状况相当的方式,在人权与法益保护的理念下运作。如此对称的任务思想,不但在司法上于适用法律时发挥法益衡平的指导功能,对于刑事立法政策,有关罪的实质概念,实亦深具意义。而传统中国社会为了维护社会秩序,为了倡导文化价值理念,往往提倡社会义务本位与伦理本位的精神,甚至采取"法网恢恢"的概括立法方式,用以防止法律的疏漏,"不应得为"的入罪化,就是最明显的例证。

当今,为了贯彻刑法的保障机能,除了揭示"罪刑法定"的原则以外;刑法类型化的作用,更要求在法律逻辑的体系下,配合"构成要件学说"的运用,建立法律评价的科学性及"预测可能性",从而贯彻"法律安定性"的基本价值理念。对于犯罪的处罚,不但要求应有法律明文的规定,且要求该当规定的法规含义,必须具备一定的类型意义,表达特定的立法意旨以及刑法保护法益的范畴,以作为解释及推理的逻辑认知依据;这种思维理论已经

---

〔1〕 参阅黄源盛:"唐律中的礼教法律思想",载氏著《汉唐法制与儒家传统》,元照出版公司2009年版,第177~212页。另参阅高明士:"从律令制的演变看唐宋间的变革",载《台大历史学报》2003年第32期,第1~31页。

成为现代刑法规范体系的基本架构，也是现代刑法概念特色的一种表现。[1]

犯罪类型化的理论，要求立法者制定刑罚法规时，必须根据特定保护法益的内容及侵害行为的态样，而将可罚行为的类型及刑罚的种类与刑度，具体反映在构成要件及法律效果的相关规定之中，这也是刑法罪刑法定实践正义的当然要求。因此，欠缺"范畴性"而充满暧昧模糊的概括性法律秩序的规定，虽然形式上看起来也有处罚的法条依据，而其规定内容往往缺乏具体明确的构成要件，以致处罚行为的概念无法加以类别印证，严格说来，自与罪刑法定的原理不符，不得引为犯罪处罚的根据。

具体地说，所谓"概括条款"，乃指在立法时，对于某些律条，仅就原则概括作规定，而赋予法官就具体案件有公平衡量、妥善运用之权，以求情罪允协。此种概括条款，法条本身极为抽象，须于具体的个案中予以价值判断，其规范意旨才能具体化。用当代的话来说，乃法律对于某种合法或违法的行为，未具体指明其构成要件，而仅有包括笼统的规定。概括条款见于各种法律领域之内，其在民法或行政法，已属司空见惯，但在今日的刑事立法，则不常见。

现代的刑法，本依法治国思想理念，为保护行为人，乃要求刑事立法应具构成要件明确性，以符合罪刑法定的要求，故对于含义过分抽象或条文内容极端不明确的刑罚法规，主张须予排除。反之，如果不明确的程度尚不严重，可从其他情形的例示而探知其所指为何者，即使规定于刑罚法规之中，亦非完全不能容许。而我们今日在刑法上所见的概括条款，通常可分为二种，其一为构成要件之全部内容属于概括条款者；其二为构成要件之部分内容属于概括条款者。

以今论古，就《唐律》以观，因罪名对其犯罪构成要件表达极为具体化、细分化，此外，对犯罪的处罚，也不采取抽象的、概括的态度，而采取客观的、具体的立法方式，因此，罪名繁杂，科刑上常发生疑义。[2]反观当今刑

---

〔1〕 关于刑法概念类型化的作用，参阅苏俊雄：《刑事法学的方法与理论》，环宇出版社1974年版，第166页以下。

〔2〕 例如同其罪质的犯罪，仍依其主体、客体、方法、犯意、处所、数量（日数、人数、赃数等）及其他情况，而另立罪名，各异其刑。阑入及其他所犯，视其为宫、殿、上阁内、御在所、宫城、皇城、诸处守当、州镇戍城、县城等，各立罪名。盗罪亦视其客体而异。于殴伤杀，视伤之程度及方法，再视主客体，复视其犯意（谋杀、故杀、斗杀、戏杀伤、过失杀伤）。参阅戴炎辉：《唐律通论》，元照出版公司2010年版，第25~26页。

事法的各种犯罪类型，其刑度率采相对法定刑立法方式，法官得依法定刑而为伸缩，致宣告刑有为高度刑者，有为低度刑者，而论罪之范围，亦得本于个别案情的需要，就法条为扩张解释、限缩解释，甚至为目的解释或当然解释等，故"罪刑法定"自易严格遵守。而《唐律》基本上是采所谓"一罪一刑"的绝对法定刑主义，条文每罪所科之刑，除另有加减例，皆系一刑，并无"度"之可言；然情伪无穷，科条有限，刑既为一，罪亦难为伸缩解释，正律自不足以泛应。是否因此，对于犯行情节较重者必须以比附援引论科？是否因此，对于诸多情节较轻微的犯罪，"不应得为"罪之出现亦势所必然？更直接地说，"不应得为"条之"罪"的部分构成要件不明确，"刑"部分则十分明确，但明确之中，只有轻重两等，不是笞四十，就是杖八十，似乎缺乏了中度刑；流弊所及，司法者认为笞四十过轻者，是否因此，就容易入重？

从现代法学观点，法律为语言文字所构成的社会统治手段，语言文字本身并无固定客观的意义；没有"人为"目的论的解释，徒有法仍不能以自行。是故，唐代律文虽有意导向于"罪刑法定"，而在以礼教为中心的泛文、泛道德大环境形势下，却不能不有权宜之变，以"比附"或"不应得为"的立法方式来应对，以显其灵活运用的功效。从本文第三节中有关律疏例举事例的说明，这种倾向可以看得相当清楚。

前面也再三提过，"不应得为"罪的性质，本质上，是一种构成要件之全部内容均属于概括条款的极端类型，它是一种"空白构成要件的轻犯罪法"，或可称为"轻罪的空白刑法"，是需要司法者对于个案予以价值补充的不确定法律概念。问题也许就出在这里，刑法犯罪类型化，其构成要件的规定应力求明确，尽量避免使用模棱两可或含糊不清的用字与概念。清末修律大臣沈家本（1840—1913）就曾说过："律例中一二重要字眼，关系罪名之生死出入，不得有此含糊笼统之词也。"[1]察其用意，不外主张要以明确的构成要件规定，以防止司法者的恣意妄为。《唐律》中"不应得为"条的立法方式，以当今刑法观点，显然欠缺"范畴性"，犯了构成要件不明确之弊，致使其保障的机能大大降低。

---

〔1〕　参阅（清）沈家本："故杀胞弟二命现行例部院解释不同说"，收于氏著《寄簃文存》卷三。

五、结论

在传统中国法文化中，法律的责任与伦理的义务，往往纠缠不清；在"法网恢恢，疏而不漏"的"报应不爽"观念下，刑法概括规定及比附援引之风的流行，毋宁说是极为自然的事。虽然在当今犯罪构成要件中也有所谓"规范性构成要件要素"〔1〕的订定，就特定事项的概括立法，刑事立法上固也难以完全避免，但总是设法力求慎重，不可单求立法的简便。尤其对概括条款概念的诠释，必须在相关事理中，求其合乎社会相当性，以为阐明的基础。申言之，司法人员将不确定的法律概念具体化，并非只为同类案件厘定一个具体的标准，而是应个别考虑，随各个具体案件，依照法律的精神、立法目的，针对国民的法律生活感情，予以具体化，以求实质的公平与妥当，否则，其后果自是堪虞。本文虽没有足够的史料来佐证唐代"不应得为"条是否被滥用，但司法官吏对"应"与"不应"的是非评价，对违反事理"轻"与"重"的衡量，恐将相当程度地左右犯罪是否成立以及量刑是否得宜的客观判断，甚而造成诸多舞文弄法的"陷人"冤狱。

自唐以降，"不应得为"罪几乎贯穿了整个传统中国刑律。《宋刑统》卷二七《杂律》中不应得为罪之规定一如《唐律》，《明律》沿用《宋刑统》，注文稍易，笺释曰：

> 圣王制律之始，以天下事有万殊，虑不足以赅载；故立此条。恐入附于律例以轻重于其间，殆仁之至也；如不善用之，动指为不应为事重，则其陷入也多矣。凡事必干犯伦理，及有害于国，有伤于民，斯为重耳。焉得以小事不应为者而辄引重律比之哉。

辑注亦谓：

> 律于重大罪犯，莫不详备，而细小事理，不能穷尽人情，各立一法，恐因律无正条，而附会臆断，轻则纵奸，重则伤和，致有太过不及，故补此一律，或笞或杖，随事酌定，不得妄为轻重，此律意也。

---

〔1〕 所谓"规范性构成要件要素"，是指该法律用语的本身即属法律的概念或与价值有关的观念，须透过司法官吏评价之后才能明了立法者所欲表达的含义，是具评价必要性的构成要件要素。

清末法学大家薛允升（1820—1901）肯定了这种说法，并慨叹有明一代刑章日繁，无事不有条例，而犹有贪其简便、引用此律者，其"陷人"岂不更多乎？[1]《大清律例》《刑律·杂犯》"不应为"条承袭《明律》，不作疏文，但本条律下无有条例，为《清律》以律例并行的异数。不过，清初名幕沈之奇在《大清律辑注》的《律后注》中说：

> 凡人所犯之事，在律例皆无可坐之条。而揆之情理，又不可为，谓之不应得为。不应得为而为之者，笞四十，盖事理之轻者也。若事理重者，则杖八十。世之事变百出，人之情态无穷，律例不能赅载，故著此不应得为之一条，以补其未备。

《律上注》也说：

> 律于重大罪犯，莫不详备，而细小事理，不能穷尽人情，各立一法，恐因律无正条，而附会臆断，轻则纵奸，重则伤和，致有太过不及，故补此一律，或笞或杖，随事酌定，不得妄为轻重，此律意也。[2]

从整部《大清律例》来看，这条概括性条文在律典中的位置并不突出，但其适用却极为广泛。[3]某些关于典卖田宅的法例规定适用"不应得为重"条，[4]而在涉及命案中"民事纠纷"裁断时，也几乎常援引此一律文。其实，从官司特定的立场看，所有行为皆可依其性质分为"应为"与"不应为"两类。在田土、钱债等领域，区分二者的主要标准是它们是否容易"肇事""起衅"。广义上说，律例所禁止的行为皆属不应为者，而就"不应为"条言，它要处罚的只是那些极其琐细而为律典不必也不能一一予以规范的行

---

〔1〕 参阅（清）薛允升：《唐明律合编》卷二七，"不应为"。薛允升赞同《笺释》《辑注》意见，但不能任意增添专条。他说，"不应为"是无所不包，"即如威逼人致死，男子和同鸡奸，有犯即可照不应为科断，可知后来增添之例，皆不应也。若事事俱有专条，则此律岂非赘疣乎？"

〔2〕 引自（清）沈之奇撰，怀效锋、李俊点校：《大清律辑注》（下册），法律出版社2000年版，第951页。

〔3〕 有关本条在清代的适用实态，详参《刑案汇览》（正、续、三编），以及我国台湾地区"中研院"历史语言研究所藏《内阁大库档案》"不应得为"条。另外，可参阅［日］中村茂夫："不应为考——'罪刑法定主义'の存否をも巡って"所列举的个案解说。

〔4〕 比如《大清律例·户律·田宅》关于告找、回赎的雍正八年（公元1730年）定例和乾隆十八年（公元1753年）定例。

为。因此，讨债、追租、负欠拖延、分家不公、劝解不力、强赎绝产、自力救济、冒昧作保以及某些场合下的从中说合等，都可以受"不应为"条处罚。"不应为"律的适用范围如此之广，或许足以说明它存在着填补传统律典在"民事行为"规范方面缺漏的功能。[1]

如此悠远的"不应得为"条，未见法界有人大肆批判，直到晚清，林则徐（1785—1850）曾罕见地提出废除之议，[2]但终也未能实现。迄至1910年编修帝制中国最后一部传统刑法典——《大清现行刑律》时，依旧存在"凡不应得为而为之者，处四等罚。事理重者，处八等罚"的条文。而到了1911年由沈家本及冈田朝太郎（1868—1936）所联手草拟完成的《钦定大清刑律》（俗称《大清新刑律》），在近代西方个人主义、自由主义及人权思潮的冲击下，同时也因为有"违警罚法"与"刑法"的双层次立法区分，绵延2000年以上的"不应得为"条，才见消失。[3]

必须讲，在传统中国法制中，虽说并无现代严格意义的"罪刑法定"，但司法官吏断案也并非毫无法律拘束，更不是可任由擅断，仍然要求依"律、令、格、式"等以为依据，否则仍要负"失出失入"的枉法裁判罪，形式上，也有"中国式罪刑法定"的倾向。但是，在钦定法律的制度下，礼教与刑律含混不清，在所谓"礼之所去，刑之所取；出于礼者，入于刑"的情况下，自《唐律》以后，"不应得为"条的概括条款，对于犯罪行为的侵害态样、保护法益的类型，毫无描述，完全以礼教或义理、事理、情理为规范内容，其

---

〔1〕 详见中国第一历史档案馆、中国社科院历史研究所合编：《清代地租剥削形态》，中华书局1982年版。另参阅梁治平：《清代习惯法：社会与国家》，中国政法大学出版社1996年版，第138~139页。

〔2〕 有关林则徐之议，典出何处，尚待查考。日文资料可参阅［日］佐伯千仞："元老院の不应为律废止论——明治初年における罪刑法定主义"，载《立命馆法学》75：6（1968），第483~484页。

〔3〕 事实上，不应得为罪不仅贯穿帝制中国刑律，同时也大幅影响周边诸国，其中以日本为最。在继受中国法时期的律令法时代，《大宝律令》（公元701年）及《养老律令》（公元718年）固不必论，直迄明治三年（公元1870年）的《新律纲领》及明治六年（公元1873年）的《改定律例》，在《杂犯律》内仍存有"不应得为罪"的规定。而在明治九年迄十三年间（公元1876~1880年），元老院对于不应为律是否废止仍多存争议。直到明治十五年（公元1882年）的《旧刑法》第二条，才确立了近代罪刑法定理念，而"不应得为"条终于不复存在。参阅黄源盛："传统中国法对日本刑事立法最后的影响——以《新律纲领》及《改定律例》为中心"，收入高明士主编：《东亚文化圈的形成与发展：政治法制篇》，台湾大学出版中心2005年版，第47~383页。另参［日］佐伯千仞："元老院の不应为律废止论——明治初年における罪刑法定主义"，载《立命馆法学》75：6（1968），第485~486页。

运用之妙，只端视审判者的用心而已。

推原此条的法意，本来在补救律、令的不足，以致执法者在无法"轻重相举"，又"无文可以比附"时，每每援引此律以济其穷。盖若事事俱有专条，则律典岂非赘疣？在今天，刑事被判无罪，民事仍得请求损害赔偿，但在唐宋元明清，一旦判决无罪，犯者可以尽赢，对被害者甚为不公。换个角度想，传统中国始终坚持"有犯罪就要受惩罚"的原则，未尝不是对受害人的一种"保障"。如是，则"不应得为"条的设立，不正可以弥补民刑不分的传统法律内在的缺憾？

从整个法制历史考察，此律之设，理想与现实的落差互见。自其理想面言，原意本在使礼制价值观念得以具有法的性质与效力，以致全部违礼犯义的行为，即使律、令无文，也可视为违法而予以惩处，从而达到"以德礼坊民"的终极关怀，果真能妥善运用，或能落实情罪平允的实质正义理想。不过，从现实面看，此条之设，显而易见地，对于"应"与"不应"以及"情轻"与"理重"的见解可能因人而异，而为司法者提供陷人于罪的一张网罗，轻易打开擅断滥刑的闸门，对于法律的安定性造成莫大的挑战。也为此，中国的刑律真正分别伦理的义务与法律的责任，强调犯罪类型构成要件明确性的立法技术等"罪刑法定"理念，一直要等到清末民初继受欧陆法时期，才曙光乍现。

唐令复原所据史料检证

——以令式分辨为线索

赵 晶[*]

摘 要 唐代令、式在规范属性上有相近之处，学界历来以令为原则、式为细则予以分辨，也有论者以规范对象作为划分依据，提出令的规定涉及官吏与庶民，而式仅仅规范官吏的观点。又由于继受唐代制度的日本令、式相对保存完好，论者又多以"唐令—日令""唐式—日式"这种单一、封闭的法律移植路径为据，反推唐代令、式之别。其实，这些原则、标准仅是令、式关系的一个侧面，以此作为复原唐令的决定性"理据"，具有相当的风险。唐代律、令、格、式等法源互为配合，内中不乏因规范内容相类而导致文字相近、相同的现象，而文字相近、相同并不意味着条文完全一致。因此，围绕同一条文，数种史料或标为"令"或记为"式"，其中不但要考虑记载讹误的可能性、因史料无断句而出现的误判，以及"令""式"并非实指法源而泛称法律等因素，还应结合令、式发展的阶段不尽同步这一历史过程，引入令、式之间条文转化的动态视角。既然史家或抄手可能出现疏漏，导致史料记载的讹误，立法者也概莫能外。若是唐代法典并非"逻辑"严密、体系井然的法律文本，那么令式分辨、唐令复原、唐式辑佚将面临更加严峻的考验。

关键词 唐令 复原 令式分辨 日本令

一、绪论

自 1999 年戴建国公布浙江宁波天一阁藏明钞本《天圣令》残卷以来，唐

---

* 本文作者系中国政法大学法律古籍整理研究所副教授。

令复原这一持续百年的课题〔1〕再度成为研究热点，中日两国皆有学术力量投入其间，从文献、版本、条文逻辑等不同角度切入，在遣词用字、文句增删、条文排序等方面展开切磋论辩，〔2〕进一步深化了学界对于唐代法律术语、法理逻辑、法律形式，以及唐宋法律变革与继承、唐日法律移植与继受等问题的认识。〔3〕

检视唐令复原的百年历程，不由令人感慨资料环境改善、新史料迭出之于本课题推进的重要意义。〔4〕以《宋刑统》为例，海内外唯一的孤本——原天一阁藏乌丝栏钞本，于 1918 年方被整理出版为"国务院法制局本"，又于 1921 年整理出版为"嘉业堂本"。因此，中田薰成稿于 1901 年的《唐令拾遗》以及发表于 1904 年的《唐令と日本令との比較研究》，皆无法利用该书。直至 1924 年，中田氏才有机会看到《宋刑统》，并据此改定、增补前文。〔5〕又如，自 1909 年伯希和携带其所攫取的部分敦煌遗书抵达北京时起，中国学

---

〔1〕　早在日本元禄年间（1688~1703 年），儒医松下见林（1637—1703）就开始着手从《唐律疏议》《通典》中辑出唐令遗文。明治维新以来，中田薰首开风气，于 1904 年发表《唐令と日本令との比較研究》（《國家學會雜誌》，1904，第 18~212 页、第 213 页、第 214 页）一文，复原了 92 条唐令；而其手订未刊稿本《唐令拾遗》（明治三十四年 7 月中旬第一回稿成，同年 9 月上旬第二回稿成），引用汉籍、和书共 10 种，共计复原唐令 22 篇，313 条。其门生仁井田陞赓乃师之志，于 1933 年出版《唐令拾遗》一书，从其所选定的 75 种文献中辑出 715 条唐令，搜集、复原了一半以上的唐令，成就斐然。在此后的半个世纪中，日本学人陆续对《唐令拾遗》提出增补、修订之见，于 1997 年汇为由池田温主编的《唐令拾遗補》（东京大学出版会）一书。这一研究历程，参见［日］泷川政次郎、小林宏、利光三津夫："律令研究史"，载《法制史研究》15，1965，第 152 页、第 162 页、第 167 页；［日］池田温："《唐令拾遗補》編纂をめぐって"，载唐代史研究会编：《律令制——中国朝鲜の法と國家》，汲古书院 1986 年版，第 99~132 页；［日］池田温："唐令と日本令（一）"，载《創価大學人文論集》7，1995，第 144~175 页；胡戟等主编：《二十世纪唐研究》，中国社会科学出版社 2002 年版，第 149~150 页。

〔2〕　参见赵晶："《天圣令》与唐宋法典研究"，载徐世虹主编：《中国古代法律文献研究》（第 5 辑），社会科学文献出版社 2011 年版，第 251~293 页。

〔3〕　相关学术史梳理，尚可参见［日］服部一隆："日本における天聖令研究の現状——日本古代史研究を中心に"，载《古代学研究所紀要》12，2010，第 31~52 页；赵晶："《天圣令》与唐宋史研究"，载张仁善主编：《南京大学法律评论》（2012 年春季卷），法律出版社 2012 年版，第 37~57 页。

〔4〕　辻正博对此亦有说明，参见［日］辻正博："从资料环境看 20 世纪日本的唐代法制史研究——以唐令的复原研究为中心"，周东平、陈进立译，载王立民主编：《中国历史上的法律与社会发展》，吉林人民出版社 2007 年版，第 321~333 页。

〔5〕　参见［日］中田薰：《法制史论集》（第 1 卷），岩波书店 1926 年版，第 648 页。

界方才真正开启对敦煌文献的研究，〔1〕而仁井田陞复原唐令所依据的《名例律疏》残卷、《杂律疏》残卷、《唐职员令》残卷等，皆因收于王仁俊于 1911年出版的《敦煌石室真迹录·已集》、罗振玉于 1925 年出版的《敦煌石室碎金》等书，而被学界广为利用，至于《公式令》残卷则是 1930 年内藤湖南将自己从巴黎手抄的稿本赠给仁井田氏，才能为《唐令拾遗》所参考。〔2〕

　　《唐令拾遗》出版之后，除了继续在该书并未利用的新史料如《天地瑞祥志》《集古今佛道论衡》《白氏文集》《南部新书》《纪纂渊海》《大唐新定吉凶书仪》等书中辑得唐令逸文、在旧史料的新善本中获得新信息外，学界对于此前复原所据史料价值认识的变化则是又一热点。如《新唐书》因其"文省事增"的编纂特点等，在《唐令拾遗》中仅被引用六次，且其中两处仅将其定位为"参考资料"〔3〕而非"基本资料"，〔4〕但高桥继男、榎本淳一则仔细爬梳该书《食货志》《刑法志》《选举志》，从中发掘其于唐令复原的新信息。〔5〕又如《庆元条法事类》在《唐令拾遗》中被引用四十七次，但只有两处被定位为"基本资料"，然而随着对唐宋令继承性认识的加深，《唐令拾遗补》在引用次数上虽减至二十次，但将其作为"基本资料"者增至六处。〔6〕再如，关于唐令复原时的条文排序，中田氏纯粹以《养老令》为准，〔7〕仁

　　〔1〕　参见荣新江：《敦煌学十八讲》，北京大学出版社 2001 年版，第 147~148 页。

　　〔2〕　[日] 仁井田陞：《唐令拾遗》，东方文化学院东京研究所 1933 年版，第 74~86 页。

　　〔3〕　此处所谓"参考资料"与"基本资料"，乃《唐令拾遗》对所据史料的一个位阶划分，"基本资料"是复原唐令的直接依据，而"参考资料"则是在根据其他资料复原唐令后，以此为参证的一种史料。参见 [日] 仁井田陞：《唐令拾遗·凡例》，第 99 页。

　　〔4〕　[日] 仁井田陞：《唐令拾遗》，东方文化学院东京研究所 1933 年版，第 912 页、第 510 页、第 695 页。

　　〔5〕　[日] 高桥继男："《新唐書》食货志記事の典據史料覺書"（一）、（二）、（三），分别载《東洋大学文学部紀要（史学科篇Ⅻ）》40，1987，第 73~102 页；《中國古代の法と社會：栗原益男先生古稀記念論集》，汲古书院 1988 年版，第 347~367 页；《東洋大學文學部紀要（史學科篇ⅩⅥ）》44，1991，第 65~94 页；[日] 榎本淳一："律令賤民制の構造と特質——付《新唐書》刑法志中の貞觀の刑獄記事について"，载 [日] 池田温编：《中國禮法と日本律令制》，东方书店 1992 年版，第 292~305 页；"《新唐書》選挙志の唐令について"，载《工学院大学共通課程研究論叢》31，1993，第 21~32 页。

　　〔6〕　参见 [日] 稻田奈津子："慶元條法事類と天聖令——唐令復原の新たな可能性に向けて"，载 [日] 大津透编：《日唐律令比較研究の新段階》，山川出版社 2008 年版，第 81~82 页；中译本载刘后滨、荣新江主编：《唐研究》（第 14 卷），北京大学出版社 2008 年版，第 103 页、第 108~110 页。（下文以日文本为据）

　　〔7〕　[日] 中田薰：《法制史論集》（第 1 卷），岩波书店 1926 年版，第 647 页。

井田氏虽仍以《养老令》为主要依据，但参以《唐六典》《开元礼》《通典》《旧唐书》等唐代史籍；[1]然而大町健立足于《户令》，认为日本令在继承唐令的基础上，不但有条文内容的变化，且其体系构成的理论亦发生改变，条文排序与唐令有所不同，[2]石上英一则以《赋役令》和《田令》为例，提出唐令复原的条文排序不但应考虑体系性的理论，还应尊重《唐六典》《通典》等唐代文献引令时的排列顺序；[3]池田温在前述研究的基础上，提出唐令排序应综合考虑《养老令》的条文排列、唐令引用文献的条文顺序和令篇之内条文排列的理论逻辑，且日本令有其区别于唐令排列的可能性，应优先参考唐代史料；[4]对此，吉野秋二持审慎态度：即便是唐代典籍，其引用唐令的条文顺序是否有史料编纂者的价值观蕴含其中，尚需详加考虑。[5]

《天圣令》残卷作为新出史料，不仅为唐令复原提供了直接参考，还为检证既往研究所依据的旧史料带来了契机。就《新唐书》而言，吉永匡史比对了《新唐书·食货志》之记载与《天圣令·田令》唐46、42的文字相似性，再度肯定了《新唐书》对于唐令复原的史料价值；[6]而彭丽华、张雨分别立足于《天圣令·营缮令》宋27、《狱官令》宋46，考察相关制度由唐令修改为宋令的过程，由此提醒学人注意，《新唐书》存在撰写者以宋制附会唐制的"陷阱"。[7]又如稻田奈津子、戴建国、川村康、牛来颖、赵晶分别通过对

---

[1] [日] 仁井田陞：《唐令拾遗·凡例》，第99页；[日] 池田温："唐令と日本令——《唐令拾遗補》編纂によせて"，载 [日] 池田温编：《中国禮法と日本律令制》，东方书店1992年版，第185页。

[2] [日] 大町健："戸令の構成と國郡制支配"，《ヒストリア》86，1980；增补后收入氏著《日本古代の國家と在地首長制》，校仓书房1986年版，第81~104页。

[3] [日] 石上英一："日本賦役令における法と経済についての二、三の問題"，载《歷史學研究》484，1980，第1~12页；"日本律令法の法体系分析の方法試論"，载《东洋文化》68，1988，第169~187页。

[4] [日] 池田温："唐令と日本令——《唐令拾遗補》編纂によせて"，载 [日] 池田温编：《中国禮法と日本律令制》，第184~190页。

[5] [日] 吉野秋二："大宝令賦役令歳役条再考"，载《奈良女子大学21世紀COEプログラム報告集》6《古代日本と東アジア世界》，2005，第174页。

[6] [日] 吉永匡史："軍防令研究の新視點"，载 [日] 大津透编：《律令制研究入門》，名著刊行會2011年版，第140~141页。

[7] 彭丽华："论唐代地方水利营缮中劳役征配的申报——以唐《营缮令》第30条的复原为中心"；张雨："唐宋间疑狱集议制度的变革——兼论开元《狱官令》两条令文的复原"，皆载《文史》2010年第3辑，第113~115页、第133~144页。

《庆元条法事类》与《天圣令》条文的逐一比勘，再次确认了《庆元条法事类》之于唐令的继承性。[1] 再如唐令的排列顺序，若是认同《天圣令》残卷所见宋令与唐令的各自排列皆未打乱唐令原本顺序的观点，那么比对《天圣令》与日本《养老令》便可获知，日本令在很大程度上继承了唐令的条文排列顺序，换言之，《唐令拾遗》以《养老令》为基准排列唐令条文的做法可能更为准确。[2]

由上可知，史料检证不仅有利于更精确地复原唐令，更可借此展开对唐宋法律制度之继承与流变、时人的历史书写方式、日唐法律移植等课题的探讨与反思。唯唐令复原并非仅据某种单一文献即可成就，须综考多种史料并辅以"理据"。若围绕同条唐令复原而存在正反两面的史料证据时，是否能将其视为同一时间节点的制度载体？此外，上述检证所得的"原则"只具有"高度盖然性"，并无"绝对必然性"，当某一唐令复原仅存"孤证"时，这些通行原则又是否全无风险？鉴于此，本文不再专注于某种单一文献，拟求诸唐代令、式两种法律形式的分辨这一线索，进一步检讨唐令复原所据的相关史料。

二、令式关系与唐令复原

唐代主要法律形式有四，即律、令、格、式，如《唐六典》卷六《尚书刑部》"刑部郎中员外郎"条载：

---

[1] 参见 [日] 稻田奈津子："慶元條法事類と天聖令——唐令復原の新たな可能性に向けて"，第77~118页；戴建国：《唐宋变革时期的法律与社会》，上海古籍出版社2010年版，第210~211页；戴建国："《庆元条法事类》法条源流考"，载中华书局编辑部编：《傅璇琮先生八十寿庆论文集》，中华书局2012年版，第241~249页；[日] 川村康："宋令变容考"，载《法と政治》62：1下，2011，第35~94页；中译本为赵晶译："宋令演变考"（下），载徐世虹主编：《中国古代法律文献研究》（第6辑），社会科学文献出版社2012年版，第269~313页；牛来颖："时令秩序与宋唐律令制度——以《天圣令》为中心"，载黄正建主编：《中国社会科学院敦煌学回顾与前瞻学术研讨会论文集》，上海古籍出版社2012年版，第293~294页；赵晶："《庆元令》条文来源考——以《河渠令》和《驿令》为例"，载（韩）中国史学会编：《中国史研究》80，2012，第31~53页；赵晶："礼经文本抑或法典篇章？——唐宋《时令》再探"，载我国台湾地区"中国法制史学会"、"中研院"历史语言研究所主编：《法制史研究》22，2012，第193~207页；赵晶："唐宋《仓库令》比较研究"，载《中国经济史研究》2014年第2期，第87~106页。前述赵晶之文，经修订后收入氏著《〈天圣令〉与唐宋法制考论》，上海古籍出版社2014年版，第34~45页、第51~112页。

[2] 参考 [日] 大津透："北宋天圣令的公布出版及其意义——日唐律令比较研究的新阶段"，薛轲译，载《中国史研究动态》2008年第9期，第25页；[日] 大津透："北宋天聖令の公刊とその意義——日唐律令比較研究の新段階"，载 [日] 大津透编：《律令制研究入門》，第293~294页。

　　凡文法之名有四：一曰律，二曰令，三曰格，四曰式……凡令二十有七，分为三十卷。一曰官品，分为上、下。二曰三师三公台省职员，三曰寺监职员，四曰卫府职员，五曰东宫王府职员，六曰州县镇戍岳渎关津职员，七曰内外命妇职员，八曰祠，九曰户，十曰选举，十一曰考课，十二曰宫卫，十三曰军防，十四曰衣服，十五曰仪制，十六曰卤簿，分为上、下。十七曰公式，分为上、下。十八曰田，十九曰赋役，二十曰仓库，二十一曰厩牧，二十二曰关市，二十三曰医疾，二十四曰狱官，二十五曰营缮，二十六曰丧葬，二十七曰杂令，而大凡一千五百四十有六条焉……凡式三十有三篇。亦以尚书省列曹及秘书、太常、司农、光禄、太仆、太府、少府及监门、宿卫、计帐为其篇目，凡三十三篇，为二十卷……凡律以正刑定罪，令以设范立制，格以禁伪正邪，式以轨物程事。[1]

　　虽然这段史料一般被认为是对开元七年（719年）立法的描述，[2] 其所述令、式的篇目与卷数自然是《开元七年令》《开元七年式》概貌，而段末有关律、令、格、式的定性，则被认为是有唐一代的通例。只是这个描述过分模糊，尤其是除了唐律之外，其他三种法律形式基本处于残缺状态，因此关于四者之间的关系以及其他三种法律形式的规范性质问题，学界虽多有讨论，[3] 即便再辅以宋人的理解，如《新唐书》卷五六《刑法志》云：

　　唐之刑书有四，曰：律、令、格、式。令者，尊卑贵贱之等数，国家之制度也。格者，百官有司之所常行之事也。式者，其所常守之法也。凡邦国之政，必从事于此三者。其有所违及人之为恶而入于罪戾者，一断以律。[4]

　　以及日本古代对继受唐制的日本律令格式体系的总结，如《类聚三代格·（弘仁）格式序》载：

---

〔1〕（唐）李林甫等撰：《唐六典》，陈仲夫点校，中华书局1992年版，第180~185页。

〔2〕参见刘俊文：《唐代法制研究》，文津出版社1999年版，第39~42页。

〔3〕参见胡戟等主编：《二十世纪唐研究》，中国社会科学出版社2002年版，第139~140页。

〔4〕《新唐书》卷五六《刑法志》，中华书局1975年版，第1407页。

　　盖闻律以惩肃为宗，令以劝诫为本，格则量时立制，式则补阙拾遗。[1]

也未能使其他三者的轮廓更加清晰。

若以刑罚、非刑罚[2]或是否"定罪判刑"[3]的标准对法规进行分类，依据上述三种文献的定义以及散见残文，令与式一般被认为是不包含刑罚的非"定罪判刑"的法律规范。若是令、式属于同种规范类型，则其关系为何？

（一）令为原则、式为细则？

由于"令以设范立制""式以轨物程事"，"令者，尊卑贵贱之等数，国家之制度也""式者，其所常守之法也"等定性，早在 20 世纪初，梁启超便将令、式分别描述为："令者为一般之国法"，"式者施行诸法之细则也"。[4]而仁井田陞以《祠令》《学令》《光禄式》中关于祭祀的规定为例，说明令"仅仅规定了祭祀的对象、时间、场所等"，而由式具体规定"祭祀使用的笾豆的数目"，并以被罗振玉认定为开元《水部式》的敦煌 P. 2507 号残卷与所复原的唐令进行比勘，进一步强化了"式是服务于作为基本法的令的实现化的法律"这一判断。[5]此后，式为实施细则的定位基本成为通说，[6]而这一判断直接影响到唐令复原的思路。

目前所复原的唐令大略分为两种，其一是文献中明确标为"令"的条款，其二是对照日本《养老令》而在唐代史籍中寻找规范意义相当的"取意文"。既然是"取意文"，则有可能因不同史籍编纂者对唐令原文修改程度的强弱而出现分歧，其取舍便成为研究者之间的争论点。如《大唐开元礼》卷三《序例下·杂制》载：

---

〔1〕《类聚三代格》卷一《序事》，"國史大系"第 12 卷，经济杂志社 1900 年版，第 329 页。

〔2〕［日］滋贺秀三：《中國法制史論集——法典と刑罰》，创文社 2003 年版，第 22 页。

〔3〕钱大群：《唐律研究》，法律出版社 2000 年版，第 15 页。

〔4〕梁启超："论中国成文法编制之沿革得失"（1904）；后收入氏著《饮冰室合集》（第 2 卷），中华书局 1989 年版，第 23 页。

〔5〕［日］仁井田陞：《唐令拾遗·序說》，第 69~70 页；［日］仁井田陞："敦煌発見唐水部式の研究"，载《服部先生古稀祝賀記念論文集》，冨山房 1936 年版；后收入氏著《補訂 中國法制史研究 法と道德·法と慣習》，东京大学出版会 1964 年版，第 323~346 页。

〔6〕参见胡戟等主编：《二十世纪唐研究》，中国社会科学出版社 2002 年版，第 154 页。

　　凡明器，三品以上不得过九十事，五品以上六十事，九品以上四十事。四神、驼马及人，不得过一尺；余音乐卤簿等，不过七寸。三品以上帐高六尺，方五尺；女子等不过三十人，长八寸；园宅方五尺，奴婢等不过二十人，长四寸。五品以上帐高五尺五寸，方四尺五寸，音乐仆从二十五人，长七寸五分；园宅方四尺，奴婢等十六人，长三寸。六品以下帐高五尺，方四尺，音声仆从二十人，长七寸；园宅方三尺，奴婢十二人，长二寸。若三品以上优厚料，则有三梁帐、蚊帱帐、妇人洗梳帐，并准此。[1]

而《唐六典》卷二三《将作监》"甄官令"条亦载：

　　凡丧葬则供其明器之属，别敕葬者供，余并私备。三品以上九十事，五品以上六十事，九品已上四十事。当圹、当野、祖明、地轴、鞚马、偶人，其高各一尺；其余音声队与僮仆之属，威仪、服玩，各视生之品秩所有，以瓦、木为之，其长率七寸。[2]

　　上述两条记载虽皆涉明器，但文字一详一略，唐令复原该以何者为准？仁井田陞以《开元礼》之文为本，复原成《丧葬令》第15条；吴丽娱则认为应取《唐六典》之文，理由有三：

　　其一，史籍所载，有关明器规格等"具标格令""皆依令式"。

　　其二，据玄宗开元二年（714年）八月《戒厚葬敕》"宜令所司，据品命高下，明为节制。明器等物，仍定色数、长短、大小；园宅下帐，并宜禁绝"等文[3]可知，开元中，有司在礼、令之外曾对明器制定过更细致的规定。

　　其三，令为原则性规定，《开元礼》的内容过于琐碎，很可能是《礼部式》。[4]

---

　　[1]　（唐）萧嵩等撰：《大唐开元礼》卷三《序例下》，民族出版社2000年影印本，中国社会科学出版社2002年版，第34页。

　　[2]　《唐六典》，第597页。

　　[3]　（宋）宋敏求编：《唐大诏令集》卷八〇《典礼·丧制》，中华书局2008年影印本，第463页。

　　[4]　吴丽娱："唐丧葬令复原研究"，载天一阁博物馆、中国社会科学院历史研究所天圣令整理课题组校证：《天一阁藏明钞本天圣令校证 附唐令复原研究》，中华书局2006年版，第690页（以下简称《天圣令校证》，出版信息省略）；"以法统礼：《大唐开元礼》的例序通则"，载徐世虹主编：《中国古代法律文献研究》（第4辑），法律出版社2010年版，第192~193页。

对于此说，笔者有如下疑问：

其一，"格令""令式"连称，有时单指其中某一种法律形式，有时也可泛指总括意义上的"法令"，[1]因此"具标格令""皆依令式"等语，是否确然实指相关条文既载于令，也存诸格、式？

其二，在《戒厚葬敕》"明器等物，仍定色数、长短、大小；园宅下帐，并宜禁绝"一句中，"仍定"二字说明，此前的礼、令皆对"色数、长短、大小"有所规定，而"禁绝""园宅下帐"的要求恰恰与上引《开元礼》详细规定园宅、帐制相悖，因此有司若奉此敕而为立法，其内容应与《开元礼》不同。

其三，令并非纯然为原则性规定，《天圣令》所附唐令中便存在诸多琐碎化条文，使得律、式等相关条文具备可操作性。如《令集解》卷三八《厩牧令》"死耗"条所载：

> 《太仆式》云：诸牧长所管马牛，死失过耗结罪，合徒者，虽去官，亦不在免限者。[2]

霍存福将该文复原为《太仆式》第2条。[3]此条涉及牧长因所管牛马死失超过法定死耗限度时所受处罚，是对《唐律疏议》卷一五《厩库》"牧畜产死失及课不充"条的补充：

> 诸牧畜产，准所除外，死、失及课不充者一，牧长及牧子笞三十，三加一等；过杖一百，十加一等，罪止徒三年。羊减三等。余条羊准此。[4]

---

〔1〕 参见［日］仁井田陞：《唐令拾遗》，东方文化学院东京研究所1933年版，第320页；霍存福："令式分辨与唐令的复原——《唐令拾遗》编译墨余录"，载《当代法学》1990年第3期，第50页；［日］梅原郁："唐宋時代の法典編纂——律令格式と敕令格式"，载［日］梅原郁编：《中國近世の法制と社會》，京都大学人文科学研究所1993年版，第113~117页；后收入氏著《宋代司法制度研究》，创文社2006年版，第759~764页；霍存福：《唐式辑佚》，社会科学文献出版社2009年版，第49~50页。

〔2〕 ［日］黑板勝美编辑：《令集解》，"新訂增補 國史大系"（普及版），吉川弘文館1985年版，第923页。

〔3〕 霍存福：《唐式辑佚》，社会科学文献出版社2009年版，第550页。霍氏改变了原文标点，将"结罪"下读，作"结罪合徒者"。

〔4〕 （唐）长孙无忌等撰：《唐律疏议》卷一五《厩库》，刘俊文点校，中华书局1983年版，第275页。

至于有关牛马死耗限度的琐碎化规定，则见于《厩牧令》唐 9：

> 诸牧，杂畜死耗者，每年率一百头论，驼除七头，骡除六头，马、牛、驴、羖羊除十，白羊除十五。从外蕃新来者，马、牛、驴、羖羊皆听除二十，第二年除十五；驼除十四，第二年除十；骡除十二，第二年除九；白羊除二十〔五〕，第二年〔除二十；第三年〕皆与旧同。其疫死者，与牧侧私畜相准，死数同者，听以疫除。马不在除疫（疫除）之限。即马、牛二十一岁以上，不入耗限。若非时霜雪，缘此死多者，录奏。[1]

霍存福曾将令、式就某一事项的关联规定分为纲目式与交叉式两种，前者是指令对某一事项作出原则性规定，式则为具体细密规定；而在后者，令与式的规定不分主次与详略。[2] 因此，令为原则、式为细则以及琐碎与否等，只是令式关系的一个侧面，以此为定论进行"逻辑反推"，从而判定史籍中某条具体性的条文为式而非令，则存在一定的风险。

（二）令兼官民、式仅治官？

既然令式之间不能单纯依靠原则性、细则性的区分予以判别，那么只能另觅其他标准以资佐证。黄正建从唐式的篇目以及《新唐书》的定义"式者，其所常守之法也"出发，认为："《式》在唐代社会生活中所起的基本作用是规范官员而不是一般庶民的生活行为……唐令的涉及面要更广泛一些。这从唐令篇名中如《衣服令》《医疾令》《营缮令》《丧葬令》等不以特定的机构命名即可知。特别是随着社会的不断庶民化，唐令在不断修订中需要增加对'庶民'的规定。"[3] 亦即，唐令的规定或有涉及庶民，而唐式因其为百官有司"所常守之法"，故仅与百官官场生活相关。

这一区分标准的厘定同样影响到唐令复原。如《倭名类聚抄》卷一二《装束部·冠帽类》"乌帽"条载：

---

〔1〕《天圣令校证》，第 296 页。以下凡涉《天圣令》条文者，皆引自该书"校录本"。

〔2〕 霍存福："令式分辨与唐令的复原——《唐令拾遗》编译墨余录"，载《当代法学》1990 年第 3 期，第 49 页；《唐式辑佚》，社会科学文献出版社 2009 年版，第 47~48 页。

〔3〕 黄正建："唐式摭遗（一）——兼论《式》与唐代社会生活的关系"，载韩金科主编：《'98 法门寺唐文化国际学术讨论会论文集》，陕西人民出版社 2000 年版，第 454 页。

唐式云：庶人帽子，皆宽大露面，不得有掩蔽。[1]

由于狩谷掖斋的《笺注倭名类聚抄》言及"下总本"将此处的"唐式"写作"唐令"，加之令、式条文是否涉及庶民的判断，黄氏推测此条可能为唐令。[2]

此说也有令人未安之处：

其一，自《倭名类聚抄》"乌帽"条的上下文看，其处于"云冠""天冠""帩额"这三条之后，位于"头巾"条之前。而"云冠""帩额""头巾"条皆引唐令，即：

> 云冠　唐令云：景云俦八人，五色云冠。
> 帩额　……唐令云：高昌伎一部，舞二人，红朱额。
> 头巾　唐令云：诸给时服，冬则头巾一枚。

仁井田陞将此三条分别复原为《乐令》第7条[3]与《杂令》第13乙条。[4]从常理推断，"乌帽"条前后诸处皆引"唐令"，独将此处抄为"唐式"，应非笔误，反倒是"下总本"或许是因手顺之故，而将"唐式"误抄为"唐令"。

其二，《新唐书》作"格者，百官有司之所常行之事也。式者，其所常守之法也"，若依黄氏有关"非庶民"之说，唐格因其为"百官有司之所常行之事"，也将不涉庶民生活。唐格虽然也已散佚，然借传世文献和出土文献，仍可得见吉光片羽，[5]内中便可捡出与庶民相关者，如《宋刑统》卷二六

---

〔1〕 ［日］源顺：《倭名類聚鈔》卷一二《装束部》，［日］那波道円校，早稻田大学图书馆藏本，在线浏览网址为：http://www.wul.waseda.ac.jp/kotenseki/html/ho02/ho02_00099/index.html，最后访问时间：2018年11月20日。以下不另行出注。

〔2〕 参见黄正建："唐式摭遗（一）——兼论《式》与唐代社会生活的关系"，载韩金科主编：《'98法门寺唐文化国际学术讨论会论文集》，陕西人民出版社2000年版，第452页、第454页。

〔3〕 ［日］仁井田陞：《唐令拾遗》，东方文化学院东京研究所1933年版，第532页、第534页。

〔4〕 ［日］仁井田陞：《唐令拾遗》，东方文化学院东京研究所1933年版，第851页。

〔5〕 可参见桂齐逊："唐格再析"，载徐世虹主编：《中国古代法律文献研究》（第4辑），第244~286页；戴建国："唐格条文体例考"，载《文史》2009年第2辑，第95~105页；后收入氏著《唐宋变革时期的法律与社会》，第137~152页。而集中讨论唐代《道僧格》的最新成果，参见赵晶："唐代《道僧格》再探——兼论《天圣令·狱官令》'僧道科法'条"，载《华东政法大学学报》2013年第6期，第127~149页；后收入氏著《〈天圣令〉与唐宋法制考论》，第137~169页。

《杂律》"受寄财物辄费用"门"负债强牵财物"条附：

准《户部格》敕：天下私举质，宜四分收利，官本五分生利。[1]

这便与前述唐格的定性不相符合，可见以"非庶民"的标准去理解《新唐书》"百官有司之所常行之事""所常守之法"，并不准确。

其三，唐式之中也未必没有与庶民生活相关的规定。如《唐律疏议》卷十六《擅兴》"私有禁兵器"条疏议曰：

"私有禁兵器"，谓甲、弩、矛、矟、具装等，依令私家不合有……其甲非皮、铁者，依《库部式》，亦有听畜之处……[2]

据此条疏议可知，与禁兵器相关的法律规范既有令，也有式。其中，仁井田陞据此复原为《军防令》第25条"诸私家不合有甲弩矛矟具装等"，[3]池田温等对此进行了补订"诸私家不合有甲弩矛矟具装旌旗幡帜"；[4]至于"式"，韩国磐称："案此恐非《库部式》原文，大概是略述其意吧"，[5]霍存福则复原为《库部式》第1条："诸甲非皮、铁者，私家听畜"。[6]无论是"私家不合有"，还是"私家听畜"，令、式皆涉及庶民。

又如《宋刑统》卷二七《杂律》"失火"门"非时烧田野"条附：

准《户部式》：诸荒田有桑枣之处，皆不得放火。[7]

这条亦非限于黄氏所言"《式》不仅一般来说只是'官员'社会生活的规范，而且更确切地说，它又只是官员'官场生活'的一种规范"。[8]

此外，黄说还有一个前提，即"除去作为行政部门的职能需要涉及的外，

---

〔1〕（宋）窦仪等撰：《宋刑统》卷二六《杂律》，薛梅卿点校，法律出版社1999年版，第469页。

〔2〕《唐律疏议》卷一六《擅兴》，第314~316页。

〔3〕［日］仁井田陞：《唐令拾遗》，东方文化学院东京研究所1933年版，第380页。

〔4〕［日］仁井田陞著，池田温编集代表：《唐令拾遺補》，东京大学出版会1997年版，第615页。

〔5〕韩国磐："传世文献中所见唐式辑存"，载《厦门大学学报（哲社版）》1994年第1期，第37页。

〔6〕霍存福：《唐式辑佚》，社会科学文献出版社2009年版，第453页。

〔7〕《宋刑统》卷二七《杂律》，第494页。

〔8〕黄正建："唐式摭遗（一）——兼论《式》与唐代社会生活的关系"，载韩金科主编：《'98法门寺唐文化国际学术讨论会论文集》，陕西人民出版社2000年版，第455页。

唐式一般不涉及庶民”，所谓“作为行政部门的职能需要涉及的”，“例如从规范户部征收租税的职掌出发，就要规定庶民缴纳租税的数量等”。[1] 若依据这个标准，不论是《库部式》《户部式》，还是“庶人帽子，皆宽大露面，不得有掩蔽”的唐式，皆是官府职责所在的辐射效果，庶民与官人的区分意义便消失殆尽了。

总之，不论令、格、式，皆可能上涉百官，下及庶民，依据《新唐书》的定义，以官民有分的标准去甄别史料中的令、式，恐怕并不可行。

三、令式同文与唐式辑佚

正因上述厘定唐代令、式关系的原则皆不周延，令、式不仅在规范属性上完全一致（非刑罚性），而且在规范内容上也体现出互补性，因此若史籍并未明确标识“令”“式”字样，相关文句究竟为令、为式，极难辨别。此中，又有一启人疑窦之处：令、式在规范内容上的互补，是否意味着存在令、式同文（乃至于同一）的现象？此一问题于唐令复原、唐式辑佚影响甚大，故于本节详细讨论。

（一）令、式同文

20世纪50年代，泷川政次郎以唐代“烽燧”制度为切入点，指出仁井田陞所复原的部分《军防令》实为唐式。[2] 仁井田陞在回应中指出，式中出现与相关律令文同一、同义或类似的文字，并非不可思议之事。[3] 诚然，律、令、格、式构成完整的法律体系，四者之间当然应相须而行，部分条文因规范事项相同而共享术语乃至于文句，乃是必然之事。但这种术语、文句的共享，是否意味着律、令、格、式的条文完全相同？

以律、令为例，《唐律疏议》卷三十《断狱》“断罪不具引律令格式”条载：

---

〔1〕黄正建：“唐式摭遗（一）——兼论《式》与唐代社会生活的关系”，载韩金科主编：《’98法门寺唐文化国际学术讨论会论文集》，陕西人民出版社2000年版，第454~456页。

〔2〕［日］泷川政次郎：“唐兵部式と日本軍防令”，载《法制史研究》2，1952，第73~80页。

〔3〕［日］仁井田陞：“唐軍防令と烽燧制度——瀧川博士の批評に答えて”，载《法制史研究》4，1954；后收入氏著，池田温编集代表：《唐令拾遺補》，东京大学出版会1997年版，第175~179页。

诸断罪皆须具引律、令、格、式正文，违者笞三十。若数事共条，止引所犯罪者，听。[1]

《天圣令·狱官令》宋38载：

诸判官断事，悉依律令格式正文。若牒至检事，准（唯）得检出事状，不得辄言与夺。[2]

黄正建认为，"律规定的是'断罪'的场合，而令规定的是'断事'的场合。换句话说，律的作用在'断罪'，令的作用在'断事'，其区别还是很明显的"。[3] 此说恐亦不妥。细琢律、令文字，其细微之处确有一定差距：律的侧重点在于条文引用，即律令格式的规定是大前提，"将具体的生活事实通过涵摄过程（Vorgang der Subsumtion）归属于法律构成要件下，形成小前提。然后透过三段论法的推论，导出规范该法律事实的法律效力"，[4] 即导出律所规定的罚则；而令的规定重心在于要求主事官员按照律令格式来处理事情，其涵盖面涉及是否属于其职责范围之内（如"唯得检出事状，不得辄言与夺"便是）、处断程序及结果是否合法等，律所偏重的条文引用即在其中，且"罪"也包含在"事"的范畴之内。换言之，此条律文所规定的行为模式（"具引律令格式正文"）缩小了此条令文所规定的行为模式（"悉依律令格式正文"）的范围，因此二者并非有所"区别"，而是属于下位概念与上位概念的种属关系。

即便忽略上述所论律令条文所定行为模式之间的种属关系，律、令条文之别仍至为明显，即律规定了"笞三十"的罚则。换言之，唐代立法者不会用"罪"与"事"的字面差别来区分律、令（律条后句"若数事共条，止引所犯罪者"便说明"罪"与"事"可以互指），他们所凭借者乃是律、令的

---

〔1〕《唐律疏议》卷三〇《断狱》，第561页。

〔2〕《天圣令校证》，第334页。

〔3〕 黄正建："《天圣令》中的律令格式敕"，载刘后滨、荣新江主编：《唐研究》（第14卷），第42~43页；后收入黄正建主编：《〈天圣令〉与唐宋制度研究》，中国社会科学出版社2011年版，第22页。以下则以后者为准。

〔4〕 黄茂荣：《法学方法与现代民法》，法律出版社2007年版，第222页。

功能分途，即"律以正刑定罪""令以设范立制"，〔1〕即便律、令在行为模式的文字表达上完全一致，二者也不可能重合。

如此，若是唐律佚失而唐令尚存，即便学者能准确复原出"诸断罪皆须具引律、令、格、式正文"一句，也不能谓之复原了唐律条文，因为律条的真正价值在于"笞三十"这一刑罚。相反，即便存在着与《天圣令·狱官令》宋38几乎相同的《养老令·狱令》第41条，〔2〕以及《唐六典》卷六《尚书刑部》"刑部郎中员外郎"条的类似表述，〔3〕仁井田陞也未将之复原为唐令；即便《唐令拾遗补》将之复原为《狱官令》补2"凡断狱之官，皆举律令格式正条以结之"，〔4〕也未复原出唐令的本来面目。

以此类推，律、令、格、式的条文即便具有共同的规范对象、共享了相近甚至相同的术语、文句，但其条文必然有各自的独特之处。若复原成果无法展现这种独特性，则其价值便将锐减。

基于上述认识，以下将检视一些被学者枚举出来的令、式同文的现象。

1. 《户部式》与《赋役令》

（1）"诸色职掌人免课役"条。

《令集解》卷十三《赋役令》"春季"条集解载：

古记云：开元式云：（1）一依令：孝义得表其门闾，同籍并免课役。即孝义人身死，子孙不住，与得孝义人同籍，及义门分异者，并不在免限。（2）一依令：授官应免课役，皆待蠲符至，然后注免。杂任解下应附者，皆依解时月日据征。即杂补任人，合依补时月日蠲免。（3）一依令：春季附者，课役并征；夏季附者，免课从役；秋季附者，课役俱免。即春季破除者全免，夏季破除者征课，秋季破除者全征。（4）一防阁、疾仆、〔5〕邑士、白直等，诸色杂任等，合免课役。其中有解替，即合计日二人，共免一年。（5）一诸色选人中间有替解，或有转选得官，征免

---

〔1〕《唐六典》，第185页。

〔2〕[日]井上光贞等校注：《律令》，"日本思想大系3"，岩波书店1977年版，第467页。

〔3〕《唐六典》，第191页。

〔4〕[日]仁井田陞著，池田温编集代表：《唐令拾遗补》，东京大学出版会1997年版，第826页。

〔5〕应作"庶仆"，恐误。下文引用仍依其旧。

依破除法，各与本司计会。[1]

仁井田陞认为，前三条是式文引令的情况，"即"字之后为对令文进行补充的式文。[2]霍存福进一步判定，"以'一'为分隔号的五条，应当是《开元式》的原始状态，是式文的规定原样。其中，后两条是纯粹的式文"，并将之逐一复原为《户部式》第20~24条。[3]

仁井田氏将前三条分别复原为唐《赋役令》第19页、第13页、第14条，[4]这也为《天圣令·赋役令》宋7、宋6、唐9所证明。[5]然而，《天圣令·赋役令》唐15规定：

> 诸正、义及常平仓督，县博士，州县助教，视流外九品以上，州县市令，品子任杂掌、亲事、帐内、国子、太学、四门、律、书、筭等学生，俊士，无品直司人，卫士，庶士，虞候，牧长，内给使，散使，天文、医、卜、按摩、咒禁、乐（药）园生等，诸州医博士、助教，两京坊正，县录事，里正，州县佐、使（史）、仓史、市史、外监录事、府、史，牧尉、史，杂职，驿长，烽帅，烽副，防阁，邑士，庶仆……并免课役……[6]

《天圣令·杂令》唐15规定：

> ……诸州持（执）刀、州县典狱、问事、白直，总名"杂职"。州县录事、市令、仓督、市丞、府事、史、佐、计史、仓史、里正、市史，折冲府录事、府、史，两京坊正等，非省补者，总名"杂任"。其称"典吏"者，"杂任"亦是。[7]

---

〔1〕《令集解》，第406~407页。其中，句前的序号标记为笔者所加（下同）。

〔2〕[日]仁井田陞：《唐令拾遗》，东方文化学院东京研究所1933年版，第320页；《唐军防令と烽燧制度——瀧川博士の批評に答えて》，第178页。

〔3〕霍存福：《唐式辑佚》，社会科学文献出版社2009年版，第51页、第243~253页。

〔4〕[日]仁井田陞：《唐令拾遗》，东方文化学院东京研究所1933年版，第680~689页。

〔5〕《天圣令校证》，第265页、第270页。

〔6〕《天圣令校证》，第272页。

〔7〕《天圣令校证》，第377页。

综合两条便知，上引《令集解》第四条式文"防合、疾仆、邑士、白直等，诸色杂任等，合免课役"一句也应是唐令。这就产生如下疑问：为何《令集解》在前三条皆标"依令"，并以"即"字分开令、式，而至第四条却未一以贯之？这或许有四种解释：

a.《天圣令》所附不行唐令与《令集解》所据"开元式"并非同一年代，且在"开元式"制定之时，《赋役令》中并无此条，故而无从征引。

b."开元式"制定时，《赋役令》中已有此条，但"开元式"并未如前三条那般，明确标记为令文。

c."开元式"原文也对第四条冠以"依令"字样，《古记》或《令集解》的作者不慎漏抄，尤其是此条式文的后段以"其中"开头，起到了前三条"即"字那般分隔令、式的功能。

d."开元式"根本不存在"依令""即"这样的行文方式，前三条的模式为《古记》或《令集解》的作者所发明，而在引用第四条式文时并未贯彻始终。

从目前所见式文看，在唐式中采取这般引令方式者仅此一处，故而《令集解》所存前三条式文格式恐非唐式原文，由此暂且排除上述 b、c 两种解释。而第四条式文前段对唐令进行了节略，即"防合、疾仆、邑士、白直等，诸色杂任等"一句，将《天圣令》所见属于"杂职"的"白直"与属于"杂任"的"防合、庶仆、邑士"并置，这也是唐代文献中常见的书写方式，如高宗仪凤三年（678 年）三月诏：

> 宜令王公已下，百姓已上，率口出钱，以充防合、庶仆、邑士、白直、折冲府仗身并封户内官人俸食等料。[1]

赵璐璐认为这种与"防合、疾仆、邑士"并置的"白直"，专指"郡县官人白直"（与"公廨白直"相区别），这四类人在工作性质、纳课、服务方式（长上而非分番）等方面颇为相似。[2]因此，这条"开元式"可能未经《古记》或《令集解》作者改造，而是唐式原文。这便支持了 d 种解释。若

---

〔1〕（宋）王钦若等编：《册府元龟》卷五〇五《邦计部·俸禄一》，中华书局 1960 年影印本，第 6068 页。

〔2〕 赵璐璐："唐代'杂职'考"，载《文史》2010 年第 3 辑。

这一推论成立，式对于令而言，补充了"其中有解替，即合计日二人，共免一年"的规定；令对于式而言，则起到了厘定"杂职"之范围的说明作用。

不过，"防合、疾仆、邑士、白直等，诸色杂任等"一句若读作"防合、疾仆、邑士、白直等诸色杂任等"，可能更符合《赋役令》唐15的内容，即"诸色"之前的"等"字意指"防阁"等被列举者以外的"杂任"类型，而"杂任"后的"等"字，则是唐令所定除了"杂任"以外，其他被"免课役"的群体，如"杂职"等。若这一推论成立，则"白直"作为"杂任"之一，与《天圣令》将其列为"杂职"的定性相悖，这或许是令、式并非同一时代的佐证？若然，便又衍生出以下可能性：

ⅰ. 如上述解释 a 所论，虽然当时并无《赋役令》唐15，但这一条"开元式"的内容与《赋役令》唐15相似，此处所见为唐式节文。又或者存在另一条与《赋役令》唐15相似的唐式，与此条式文相配套。

ⅱ. 如上述解释 d，虽然当时存在《赋役令》唐15，但那条唐令以及《杂令》唐15中有关"白直"的定性与《天圣令》不同。

（2）"男女三岁已下为黄"条。

《白氏六帖事类集》卷二二《征役七》载：

> 充夫式 户部式：诸正丁充夫，四十日免〔调〕，七十日并免租，百日已上课役俱免。中男充夫，满四十日已上免户内地租；无他（地）税，折户内一丁；无丁，听旁折近亲户内丁。又谓：男女三岁已下为黄，十五已下为小，二十已下为中男，二十一成丁也。[1]

这段史料涉及两个条文。其中，相对于此处的"正丁充夫"之式，仁井田陞曾复原《赋役令》第4条，[2] 现有《天圣令·赋役令》唐22为证：

> 诸丁匠岁役功上（二）十日，有闰之年加二日。须留役者，满十五

---

〔1〕（唐）白居易：《白氏六帖事类集》卷二二《征役七》，文物出版社1987年版，帖册五，第67页。又，有关录文的校补，参见王永兴：《隋唐五代经济史料汇编校注》第一编下册，中华书局1987年版，第554~555页。转引自霍存福：《唐式辑佚》，社会科学文献出版社2009年版，第239页注释1、注释2。

〔2〕［日］仁井田陞：《唐令拾遗》，东方文化学院东京研究所1933年版，第668页。

日免调，三十日租、调俱免。后（役）〔三〕日少者，计见役日折免。兼（通）正役并不得过五十日……〔1〕

至于"男女三岁已下为黄"条，由于史籍明确记载有武德令、开元令之别，仁井田陞曾将之复原为《户令》第8条：

八甲［武］［开七］诸男女始生为黄，四岁为小，十六为中，二十一为丁，六十为老。

八乙［开二五］诸男女三岁以下为黄，十五以下为小，二十以下为中，其男年二十一为丁，六十为老，无夫者为寡妻妾。〔2〕

对于上述令、式重文现象，仁井田陞认为：第一条《户部式》与《赋役令》唐22对应，可见令、式共存与丁免除课役相关的规定；第二条《户部式》与开元二十五年《户令》几乎一致。〔3〕由于仁井田氏在复原《户令》第8条时，将这一《户部式》列为"参考资料一"，〔4〕所以霍存福称"仁井田陞……潜意识中否认在唐式中也存在类似规定，即令、式不可能两存同一内容的规定"，〔5〕这恐怕是曲解了仁井田氏之本意。

其实，《户部式》"正丁充夫"条与《赋役令》唐22"丁匠岁役功"条仅为内容相类，分列令、式本无疑义；唯"男女三岁已下为黄"条，征诸其他史籍，皆为令文，〔6〕独此列于《户部式》之后，令人生疑。霍存福虽然认为"说当时人常常'令式'混用是对的，但说令式'两者规定相同'，就难说正确了"，〔7〕但在面对这一组史料时，却又改变了观点，即他认为，既然《户部式》与《赋役令》可以有"同类规定"，那么《户部式》与《户令》也可以有"同种内容规定"；而且《白氏六帖事类集》将该条列于《户部式》

〔1〕《天圣令校证》，第274页。

〔2〕［日］仁井田陞：《唐令拾遗》，东方文化学院东京研究所1933年版，第224~225页。

〔3〕［日］仁井田陞：《唐軍防令と烽燧制度——瀧川博士の批評に答えて》，第176页。

〔4〕［日］仁井田陞：《唐令拾遗》，东方文化学院东京研究所1933年版，第226页。

〔5〕霍存福：《唐式辑佚》，社会科学文献出版社2009年版，第233页。

〔6〕相关史料均见于仁井田陞复原该条《户令》所列基本资料与参考资料，参见［日］仁井田陞：《唐令拾遗》，东方文化学院东京研究所1933年版，第225~227页。

〔7〕霍存福：《唐式辑佚》，社会科学文献出版社2009年版，第49页。

之后，并云"又谓"，可见为另一条式文。〔1〕

霍说令人生疑者二：

其一，令、式存在"同类规定"，能否推导出令、式之文全然一致（"同种内容规定"）？若然，区分令、式的意义何在？

其二，在《白氏六帖事类集》中，"男女三岁已下为黄"条只是为了说明"正丁充夫"条中"丁""中男"的具体标准而已，"又谓"作为引导词，前句既无"《户部式》谓"与之构成连接，也无"又《式》谓"予以明确提示（见下文所引《白氏六帖事类集》卷十一《祥瑞二》条），并不必然意味着下一条为"式"文。

因此，"男女三岁已下为黄"宜判为令文。

2. 《礼部式》与《衣服令》《仪制令》

（1）常服制度。

《唐六典》卷四《尚书礼部》"礼部郎中员外郎"条分不同品秩、身份，胪列了不同服色、饰品。〔2〕对此，其他文献亦分别标以令、式：

a-1. 《唐会要》卷三一《舆服上·章服品第》载：

> 至龙朔二年（662年）九月二十三日，孙茂道奏称："准旧令，六品、七品着绿，八品、九品着青。深青乱紫，非卑品所服。望请改六品、七品着绿，八品、九品着碧，朝参之处，听兼服黄。"〔3〕

a-2. 《唐会要》卷三一《舆服上·章服品第》载：

> 上元元年（674年）八月二十一日敕……前令九品已上，朝参及视事，听服黄。〔4〕

b-1. 《册府元龟》卷六〇《帝王部·立制度一》载：

〔1〕 霍存福：《唐式辑佚》，社会科学文献出版社2009年版，第233页。

〔2〕 《唐六典》，第118页。

〔3〕 （宋）王溥：《唐会要》卷三一《舆服上》，上海古籍出版社2006年版，第664页；《旧唐书》卷四五《舆服》，中华书局1975年版，第1952页；《册府元龟》卷五八六《掌礼部·奏议一四》，第7010页。

〔4〕 《唐会要》卷三一《舆服上》，第664页。

（贞观）四年（630 年）八月丙午（十四日）诏曰：……其冠冕制度，已备令文，至于寻常服饰，未为差等。今已详定，具如别式，宜即颁下，咸使闻知。于是三品以上服紫，四品以下服绯，六品、七品以绿，八品、九品以青，妇人从其夫也。[1]

b-2. 《唐律疏议》卷二七《杂律》"违令"条疏议载：

"别式减一等"，谓《礼部式》"五品以上服紫，六品以下服朱"之类……[2]

b-3. 《册府元龟》卷六一《帝王部·立制度二》载：

（太和）六年（832 年）六月戊寅，右仆射王涯准敕详度诸司制度条件等：《礼部式》：亲王及三品以上若二王后，服色用紫，饰以玉；五品以上，服色用朱，饰以金；七品以上，服色用绿，饰以银；九品以上，服色用青，饰以鍮石。[3]

　　韩国磐与霍存福皆未引据 a 组史料，径据 b 组史料，判断该条为唐式。[4] 仁井田陞则据史料 a-1 复原《衣服令》第 60 条，[5] 而《唐令拾遗补》将史料 b-1 "三品以上服紫，四品以下服绯，六品、七品以绿，八品、九品以青"一句追加为《衣服令》"六〇乙［贞］"条。[6] 黄正建据 b-1 "冠冕制度，已备令文，至于寻常服饰，未为差等。今已详定，具如别式"，推测"在唐代，规定冠服制度的基本是《衣服令》，而规定常服制度的主要是《礼部式》"。[7]

　　史料 b-1《贞观四年诏》称，此前冠服制度已规定在"令"中，而常服

[1] 《册府元龟》卷六〇《帝王部》，第 669 页；《唐会要》卷三一《舆服上·章服品第》，第 663 页。

[2] 《唐律疏议》卷二七《杂律》，第 522 页。

[3] 《册府元龟》卷六一《帝王部》，第 678 页；《唐会要》卷三一《舆服上·杂录》，第 668 页。

[4] 韩国磐："传世文献中所见唐式辑存"，载《厦门大学学报（哲社版）》1994 年第 1 期，第 35 页；霍存福：《唐式辑佚》，社会科学文献出版社 2009 年版，第 293~299 页。

[5] ［日］仁井田陞：《唐令拾遗》，东方文化学院东京研究所 1933 年版，第 461 页。

[6] ［日］仁井田陞著，池田温编集代表：《唐令拾遗补》，东京大学出版会 1997 年版，第 644 页。

[7] 黄正建："王涯奏文与唐后期车服制度的变化"，载荣新江主编：《唐研究》（第 10 卷），北京大学出版社 2004 年版，第 299 页。

制度的规定则阙如，现已"详定"，皆在"别式"。那么该"别式"于何时公布？贞观十一年（637年）正月十四日，太宗颁布新法，"凡律五百条，分为十二卷……令分为三十卷，二十七篇，一千五百九十条；格七百条，以为通式"。[1]《贞观四年诏》所详定的常服制度应该在贞观十一年的立法中予以体现，但从此一记载看，本次立法并没有制定"式"。有关《贞观式》是否存在，学界颇有争议。否定最力者，当属滋贺秀三。首先，他判定两《唐书》有关《贞观式》的记载皆受到《唐六典》有关开元立法的深刻影响，换言之，两《唐书》中描述《贞观式》的文字实际上是《唐六典》对于《开元式》的记述，因此贞观年间的立法并没有包括"式"。其次，他认为武德、贞观年间并未对"式"进行立法，而是取开皇旧式，直至永徽立法，唐式才始出现。[2]楼劲撰文指出，隋代除了颁制律、令两种法典之外，并未制定格、式，史籍所见"格""式"，"仍循北魏以来的习惯而可泛指《律》、《令》等各种法律规章，特别是那些随时随事推出的敕例或条制"，[3]换言之，滋贺氏所谓的取开皇旧"式"，亦非"律令格式"意义上的"式"；而且对于"贞观式"，楼氏亦专门撰文重申、补充滋贺氏之说。[4]

若滋贺氏与楼氏之说成立，则永徽之前无"式"。[5]即便不绝对否定永徽之前"式"的存在，[6]恐怕彼时之"式"与《唐六典》所叙述的处于成熟期的《开元式》亦有相当差距。由此再考察a、b两组史料，便可作如下推断：有关常服制度的规定，即便在贞观十一年以前以"别式"（非"律令格式"之"式"）的方式颁下，但在贞观立法中则可能被吸收入"贞观令"，至上元年间（a-2），依然存于《衣服令》中；而《永徽式》仅十四卷，至《垂

〔1〕《唐会要》卷三九《定格令》，第819页。

〔2〕［日］滋贺秀三："漢唐間の法典についての二三の考證"，载《東方學》17，1958；后收入氏著《中國法制史論集：法典と刑罰》，第422~429页。

〔3〕楼劲："隋无《格》、《式》考——关于隋代立法和法律体系的若干问题"，载《历史研究》2013年第3期。

〔4〕楼劲："唐太宗贞观十一年立法研究——以《贞观式》有无之悬疑为中心"，载《文史哲》2014年第6期。

〔5〕楼劲认为武德立法亦无"式"。参见氏著"武德时期的立法与法律体系——说'武德新格'及所谓'又《式》十四卷'"，载《中国史研究》2014年第1期。

〔6〕高明士的新著又重申《贞观式》成立说，参见高明士：《律令法与天下法》，五南图书出版股份有限公司2012年版，第149~157页。

拱式》则增至二十卷，虽然《垂拱式》"加计帐及勾帐式"一篇，[1]然所增加的六卷篇幅不可能为新篇独有，包含常服制度在内的部分条文发生令、式转换，由令入式，扩充《礼部式》等其他旧篇的规模，亦在情理之中。[2]至于史料 b-2 的记载，则因现存《唐律疏议》版本之永徽、开元二说聚讼未定，[3]亦可认为发生令式转换之后，《唐律疏议》随之进行了修改。

（2）"瑞应"条。

《唐六典》卷四《尚书礼部》"礼部郎中员外郎"条详细胪列了大瑞、上瑞、中瑞、下瑞的名目，[4]与此相关的记载在其他文献中被分别标以"令""式"：

a.《资治通鉴》卷一九三《唐纪九》载：

> 贞观二年（628 年）九月……丁未，诏："自今大瑞听表闻，按《仪制令》，凡景星、庆云为大瑞，其名物六十有四；白狼、赤兔为上瑞，其名物三十有八；苍乌、朱雁为中瑞，其名物三十有二；嘉禾、芝草、木连理为下瑞，其名物十四。自外诸瑞，申所司而已。"[5]

b-1.《唐律疏议》卷二五《诈伪》"诈为瑞应"条疏议曰：

> 其"瑞应"条流，具在礼部之式，有大瑞，有上、中、下瑞。[6]

b-2.《唐会要》卷四四《杂灾变》载：

> 大历三年（768 年）六月二十四日……中书舍人崔祐甫上议曰：

---

〔1〕 参见《唐六典》卷六《尚书刑部》"刑部郎中员外郎"条，第 185 页；《唐会要》卷三九《定格令》，第 820 页。

〔2〕 黄正建亦提出类似看法："贞观四年所定的服色制度，当为《式》。不过此时是否有《式》还不太明确，诏书的规定也可能放到《令》中了"。不过他又怀疑，"当时《令》《式》没有特别明显的界限"。参见氏著"贞观年间修定律令的若干问题——律令格式编年考证之二"，载黄正建主编：《隋唐辽宋金元史论丛》（第 4 辑），上海古籍出版社 2014 年版，第 35~36 页。

〔3〕 参见胡戟等主编：《二十世纪唐研究》，中国社会科学出版社 2002 年版，第 143~145 页。

〔4〕《唐六典》，第 114~115 页。

〔5〕（宋）司马光编著，（元）胡三省音注：《资治通鉴》卷一九三《唐纪九》，中华书局 1956 年版，第 6056 页。

〔6〕《唐律疏议》卷二五《诈伪》，第 469 页。

"……又按：《礼部式》具列三瑞，无猫不食鼠之目。以兹称庆，臣所未详。"〔1〕

b-3. 《白氏六帖事类集》卷十一《祥瑞二》载：

式云：麟、凤、鸾、龙、驺虞、白泽、神马为大瑞，随即奏之，应奏不奏，杖八十。又式云：玄珠、明珠、玉英、白玉赤文、紫玉、黄铁、金藤并为上瑞；又云：秬黍、嘉禾、芝草、华平并为下瑞。〔2〕

仁井田陞据史料a，将《唐六典》之文复原为《仪制令》第13条，但因b组史料存在，又推测：若《资治通鉴》注无误；则唐代令、式皆予规定。〔3〕韩国磐亦持此说，即认为"式即可照搬令文，以致两者相同而常常并举了"。〔4〕

这一令、式同文的观点遭到了霍存福的批评，霍氏认为史料a仅为孤证，而自b组史料可知，唐代不同时期皆以此为式文，且还有日本《延喜式》的相应条文为旁证，足可判定此条非唐令而为唐式，史料a不过是胡三省误记的结果，即"误认为《仪制令》中既有诸瑞的申报程序，也应有瑞目物色的具体规定"。〔5〕大隅清阳进一步强化了这个观点，他发现史料a与《新唐书》卷四六《百官志一》"礼部郎中员外郎"内的相关记载〔6〕完全一致，而《唐会要》卷二九《祥瑞下》载"准《仪制令》，其大瑞即随表奏闻，中瑞、下瑞，申报有司，元日奏闻"，〔7〕此条亦被胡三省用作《资治通鉴》注文，〔8〕因此

〔1〕《唐会要》卷四四《杂灾变》，第928页；《旧唐书》卷一一九《崔佑甫传》，第3438页。

〔2〕《白氏六帖事类集》卷一一《祥瑞二》，帖册三，第38~39页。

〔3〕［日〕仁井田陞：《唐令拾遗》，东方文化学院东京研究所1933年版，第486~488页。

〔4〕韩国磐："传世文献中所见唐式辑存"，载《厦门大学学报（哲社版）》1994年第1期，第40页。

〔5〕霍存福："令式分辨与唐令的复原——《唐令拾遗》编译墨余录"，第48~49页；《唐式辑佚》，社会科学文献出版社2009年版，第290~291页。吴海航亦认为此条为唐式，并为日本式所继受。参见吴海航："唐日两式祥瑞条之'中瑞''下瑞'色目关系考"，载《北京联合大学学报（人文社会科学版）》2014年第2期。

〔6〕《新唐书》卷四六《百官志一》，第1194页。

〔7〕《唐会要》卷二九《祥瑞下》，第625页；该条《仪制令》的完整记载，亦见《唐会要》卷二八《祥瑞上》，第618页。仁井田陞将其复原为《仪制令》第12条，参见［日〕仁井田陞：《唐令拾遗》，东方文化学院东京研究所1933年版，第483~484页。

〔8〕《资治通鉴》卷二四六《唐纪六二》，第7934页。

大隅氏推测，胡三省并未见唐式原文，只是借这一唐令、《唐六典》《新唐书》的记载而判断唐代祥瑞名目的具体规定在《仪制令》。〔1〕

此处可讨论三点：

第一，霍说以《延喜式》之文为唐式存在的旁证，亦有未安之处，霍氏本人便有"日本式对日本令的补阙拾遗作用，使得在唐代原属令制而日本令未采取的，制式时却入于式"的判断。〔2〕本文第四部分对此再作讨论。

第二，若引入前述令式转换的动态视角，那么此处《礼部式》与《仪制令》并载"瑞应"名目的现象，便又有另外一种解释：不论胡三省的按语所据史料为何，《贞观二年诏》所涉"大瑞""自外诸瑞"的名目总是需要有法律予以明晰，若永徽以前无式，那么当时的立法者或许以《仪制令》为规范载体；至永徽立法以后，才由令入式，转由《礼部式》予以规范。只不过，这一转变具体发生于何时，暂时无法论定。

第三，前述已然提及，令、式为制度性规范，不涉刑罚，然而史料 b-3 所存"式"云"麟、凤、鸾、龙、驺虞、白泽、神马为大瑞，随即奏之，应奏不奏，杖八十"，是否与此通说有悖？《唐律疏议》卷十《职制》"事应奏不奏"条载：

> 诸事应奏而不奏，不应奏而奏者，杖八十……疏议曰：应奏而不奏者，谓依律、令及式，事应合奏而不奏；或格、令、式无合奏之文及事理不须闻奏者，是"不应奏而奏"：并合杖八十。〔3〕

前已征引《仪制令》云"其大瑞即随表奏闻"，即为"应奏"的要求，若违反《仪制令》，则从唐律罚以杖八十。由此可见，该"式"并无任何超越律、令规定之处，恐非唐式原文，或许是《白氏六帖事类集》误记所致。

---

〔1〕［日］大隅清陽："儀制令における禮と法——律令法系の構造的特質をめぐって"，载笹山晴生先生還暦記念會編：《日本律令制論集》（上册），吉川弘文館 1993 年版；后收入［日］大隅清陽：《律令官制と禮秩序の研究》，吉川弘文館 2011 年版，第 221~222 页。

〔2〕霍存福：《唐式辑佚》，社会科学文献出版社 2009 年版，第 85 页。

〔3〕《唐律疏议》卷一〇《职制》，第 202 页。

（二）以《天圣令》检证唐式辑佚

目前最为集中的唐式辑佚成果，当属霍存福的《唐式辑佚》一书，共辑得唐式 207 条，成就斐然。然而出版于 2009 年的该书，因未对《天圣令》残卷的研究成果予以回应，也未及时吸收学界最新的对于式文的考释、定性成果，[1] 所以留有一定遗憾。以下则检讨两点：

1. 以令、式不同文，排除部分复原的式文

前已述及，令、式虽然会出现"同类"规定，但不会有完全一致的条文。若是前论令、式转换能够成立，那么不同时期的令、式或许可能重合。从该前提可以得出一个复原办法：凡是《天圣令》所载令文，便不会是与《天圣令》所据立法蓝本同时代的唐式之文。据此，可将《唐式辑佚》中没有明确式文标记的条文予以排除：

令、式同文表

唐式辑佚	天圣令	唐式辑佚	天圣令	唐式辑佚	天圣令
金部式 3	杂令复原 32	驾部式 3	厩牧令唐 33	驾部式 5	厩牧令唐 21
仓部式 1 甲	仓库令唐 1、4	驾部式 4	厩牧令复原 37	工部式 1	营缮令复原 2
驾部式 2	厩牧令唐 32	驾部式 5	厩牧令唐 34、复原 37	太府式 2	关市令唐 9

对于上表，仅说明两点：

第一，由于《通典》卷十二《食货一二·轻重》载：

> 开元二十五年定式：（1）王公以下，每年户别据所种田，亩别税粟二升，以为义仓。其商贾户若无田及不足者，上上户税五石，上中以下递减各有差。（2）诸出给杂种准粟者，稻谷一斗五升当粟一斗。（3）其折纳糙米者，稻三石折纳糙米一石四斗。[2]

---

[1] 如李锦绣对 Дx. 3558《格式律令事类》中 1 条《主客式》的判定，雷闻对 2002TJI：043 号吐鲁番文献 3 条《礼部式》的拟定，分别参见李锦绣："俄藏 Дx. 3558 唐《格式律令事类·祠部》残卷试考"，载《文史》2002 年第 3 辑，第 150~165 页；雷闻："吐鲁番新出土唐开元《礼部式》残卷考释"，载《文物》2007 年第 2 期；后收入荣新江等主编：《新获吐鲁番出土文献研究论集》，中国人民大学出版社 2010 年版，第 293~302 页。

[2] （唐）杜佑撰：《通典》，王文锦等点校，中华书局 1988 年版，第 291 页。

因此霍存福将之定为《仓部式》第 1 甲条。[1] 而自《天圣令》可知，第（2）句为《仓库令》唐 4 节文，第（3）句为《仓库令》唐 1 节文。因此，若《天圣令》所存《仓库令》唐令为"开元二十五年令"，那么此处所谓"开元二十五年"之"式"，仅为第（1）句而已。这一点亦可以霍氏所复原的《仓部式》第 1 乙条为旁证，即《唐六典》卷三《尚书户部》"仓部郎中员外郎"条载：

> 凡王公已下，每年户别据已受田及借荒等，具所种苗顷亩，造青苗簿，诸州以七月已前申尚书省；至征收时，亩别纳粟二升，以为义仓。宽乡据见营田，狭乡据籍征。若遭损四已上，免半；七已上，全免。其商贾户无田及不足者，上上户税五石，上中已下递减一石，中中户一石五斗，中下户一石，下上七斗，下中五斗，下下户及全户逃并夷獠薄税并不在取限，半输者准下户之半。乡土无粟，听纳杂种充。[2]

由此条可见，《通典》所载（1）句为唐式节文，而第（2）（3）句仅是为了解释该式中有关"乡土无粟，听纳杂种充"的实施方式而已。

第二，这些被《唐式辑佚》误判为唐式的条文，很多都来自《唐六典》。而李锦绣通过分析《唐六典》卷三"金部""仓部"与《仓库令》的关系，认为"《唐六典》虽然主要包括了令、格、式三部分，令的比重，可能远远超过格、式。因此说，《唐六典》较多地汇集了唐代开元时期的令，可能更接近历史事实"。[3] 总之，在无其他佐证的情况下，对《唐六典》的文字进行令、式分辨的理推，尤须谨慎。

2. 不宜简单地将出现"依式"等字样的史料判为式文

唐式辑佚的重要方法，便是检出史料中存"式"字的条款，然后判别其是否属于法律条文。因此，对"式"的理解便十分关键：第一，前述已经言及，"依式"等字样有泛指"依法"之意，并不必然指向"律令格式"之

---

[1] 霍存福：《唐式辑佚》，社会科学文献出版社 2009 年版，第 273 页。

[2]《唐六典》卷三《尚书户部》，第 84 页。

[3] 李锦绣："唐开元二十五年《仓库令》研究"，载刘后滨、荣新江主编：《唐研究》（第 12 卷），北京大学出版社 2006 年版，第 18 页，以下省略出版社及年份；后收入黄正建主编：《〈天圣令〉与唐宋制度研究》，中国社会科学出版社 2011 年版，第 223 页。

"式"；第二，"式"还有其他字义，如"标准""样式"，并非法源意义上的
"式"；[1]第三，"依式"等常常还是律、令、格、敕中的常用语，以此表明
存在相关式文规定以补充、修改这条律文、令文、格文、敕文，因此"依式"
字样所在的条文虽非式文，但却为唐式辑佚提供了线索。

例如，《唐会要》卷六六《太府寺》载：

> 大历十年（775 年）三月二十二日敕："自今以后，应付行用斗秤尺
> 度，准式取太府寺较印，然后行用。"[2]

与此相应，《唐六典》卷二〇《太府寺》"太府丞"条载：

> 凡官私斗、秤、度尺，每年八月诣寺校印署，无或差缪，然后听用
> 之。[3]

韩国磐与霍存福皆因"准式"字样而予复原为《太府式》。[4]只是《唐
会要》卷六六《太府寺》还载：

> 《关市令》：诸官私斗尺秤度，每年八月，诣金部、太府寺平较。不
> 在京者，诣所在州县平较，并印署，然后听用。[5]

仁井田陞将之复原为《关市令》第9条，[6]《天圣令·关市令》唐9亦
为铁证。[7]如此可知，《大历十年敕》之"准式"应该是"准法""依法"
之意。

需要注意的是，《天圣令》残卷也大量涉及"式"字，除"牌式""法
式""律令格式"等字样外，有16条令文存有"依式"或"准式"（"式"有

---

〔1〕 霍存福亦已详为分析，参见氏著《唐式辑佚》，社会科学文献出版社 2009 年版，第 144~
147 页。
〔2〕《唐会要》卷六六《太府寺》，第 1365 页。
〔3〕《唐六典》卷二〇《太府寺》，第 542 页。
〔4〕 韩国磐："传世文献中所见唐式辑存"，载《厦门大学学报（哲社版）》1994 年第 1 期，第
38 页；霍存福：《唐式辑佚》，社会科学文献出版社 2009 年版，第 555 页。
〔5〕《唐会要》卷六六《太府寺》，第 1364 页。
〔6〕 ［日］仁井田陞：《唐令拾遗》，东方文化学院东京研究所 1933 年版，第 718~719 页。
〔7〕《天圣令校证》，第 309 页。

时亦作"别式"），这皆为唐式辑佚提供了新的可能性。[1]

四、唐日令式之间的关系

前述泷川政次郎与仁井田陞有关烽燧制度究竟为令、为式的争议，便已涉及唐式为日令所继承的问题。唐、日之间的法律移植，并非在唐令—日令、唐式—日式这般单线向的路径中进行，"有的可能将唐《格》《式》中的条文改入日《令》中，或将唐《令》中条文改入日《格》《式》"，[2]"有唐令内容分别或交错地进入日本令、格、式之中，也有唐格、式内容分别或交错地进入日本令、格、式之中"。[3] 鉴于这种复杂的多向性继受，复原唐令时对于所据的日本令、式资料便要审慎待之。

（一）唐令入日式——以《天圣令·厩牧令》宋9复原唐令为中心

《天圣令·厩牧令》宋9载：

> 诸应给递马出使者，使相给马十四，节度观察等使、翰林学士各给五疋，枢蜜（密）直学士至知制诰、防御、四方馆、阁（閤）门等使各四尺（疋），员外即（郎）以上、三院御史、及带馆阁省职京朝官、武臣带閤门祇候以上各二匹，太常博（博）士以下并三班使臣各一匹。尚尽（书）侍郎、卿、盐（监）、诸卫将军及内臣奉使宣召，不限匹数多少，临时听旨。其马逐铺交赞（替）。无递马处，即于所过州县，差私马充，转相给替。[4]

与该条宋令相关的唐令复原依据史料有如下5条：

A.《唐律疏议》卷二六《杂律》"应给传送剩取"条疏议：

---

[1] 具体分析参见黄正建："《天圣令》中的律令格式敕"，载刘后滨、荣新江主编：《唐研究》（第14卷），第35~39页。

[2] 宋家钰："唐《厩牧令》驿传条文的复原及与日本《令》、《式》的比较"，载刘后滨、荣新江主编：《唐研究》（第14卷），第164~167页；后收入黄正建主编：《〈天圣令〉与唐宋制度研究》，中国社会科学出版社2011年版，第94页。以下则以后者为准。

[3] 吴海航："唐户部系统式与日本民部系统式的关系"，载《北京师范大学学报（社会科学版）》2011年第5期，第83页。

[4] 《天圣令校证》，第291页。此处录文有所修订，参见中国社会科学院历史研究所《天圣令》读书班："《天圣令·厩牧令》译注稿"，载徐世虹主编：《中国古代法律文献研究》（第8辑），社会科学文献出版社2014年版，第307~308页。

"应给传送"，依《厩牧令》："官爵一品，给马八疋；嗣王、郡王及二品以上，给马六疋。"三品以下，各有等差。[1]

B. 《唐六典》卷三《尚书户部》"户部郎中员外郎"条：

内外百官家口应合递送者，皆给人力、车牛。一品，手力三十人，车七乘，马十四，驴十五头；二品，手力二十四人，车五乘，马六匹，驴十头；三品，手力二十人，车四乘，马四匹，驴六头；四品、五品，手力十二人，车二乘，马三匹，驴四头；六品、七品，手力八人，车一乘，马二匹，驴三头；八品、九品，手力五人，车一乘，马一匹，驴二头。若别敕给递者，三分加一。家口少者，不要满此数。无车牛处，以马、驴代。[2]

C. 《唐律疏议》卷十《职制》"增乘驿马"条疏议：

依《公式令》：给驿：职事三品以上若王，四疋；四品及国公以上，三疋；五品及爵三品以上，二疋；散官、前官各递减职事官一疋；余官爵及无品人，各一疋。皆数外别给驿子。此外须将典吏者，临时量给。[3]

D. 《资治通鉴》卷二〇三《唐纪一九》"垂拱二年三月"胡三省注：

唐制：乘传日四驿，乘驿日六驿。（a）凡给马者，一品八匹，二品六匹，三品五匹，四品、五品四匹，六品三匹，七品以下二匹。（b）给传乘者，一品十马，二品九马，三品八马，四品、五品四马，六品、七品二马，八品、九品一马。（c）三品已上敕召者，给四马，五品三马，六品已下有差。[4]

E. 《延喜式·杂式》"国司给夫马"条载：

---

[1] 《唐律疏议》卷二六《杂律》，第491页。
[2] 《唐六典》卷三《尚书户部》，第79页。
[3] 《唐律疏议》卷一〇《职制》，第210页。
[4] 《资治通鉴》卷二〇三《唐纪一九》，第6438页。

凡国司迁代者。皆给夫马。长官夫卅人。马廿疋。六位以下长官并次官夫廿人。马十二疋。判官夫十五人。马九疋。主典夫十二人。马七疋。史生以下夫六人。马四疋。其取海路者。水手之数准陆道夫。太宰帅七十人以下。少贰以上五十人以下。判官以下卅人（史）以下。史生十人以下。并量事给之。不必满数。但依犯解任之辈。不在给限。〔1〕

　　宋家钰根据史料 A 与 D-a，复原《厩牧令》第 41 条；根据史料 C 与 D-c，复原一条《公式令》；根据史料 B、D-b 与 E，复原一条《杂式》。〔2〕对于此说，令人生疑者三：

　　第一，从 A、C 两条史料可知，唐代《厩牧令》与《公式令》分别规定了传马与驿马配给的数量标准，此点并无问题。唯《唐律疏议》所引多为节文，如何藉此复原唐令以及处理其与史料 D 之间的关系，便是问题所在。尤其是史料 C 与 D-c 之间，仅"三品以上四马"一项相同，后皆有别。宋家钰认为史料 D-c 中"五品三马"应是"四品三马"之误，〔3〕若如宋说，则史料 D-c 中缺少五品给马之数，除非"六品已下有差"为"五品已下皆有差"之误。事实上，史料 B 与 D-b 之间亦不完全相合，宋说推测或为记载有误，或为不同时期的规定。〔4〕若是考虑到不同时期令文规定有别，则史料 A、B、C 与 D 之间的关系便未必如宋说所示般井然有序。

　　第二，从字面意义上看，史料 D-c 规定的是"敕召"情况下，品官配给马匹的数量标准，究竟是给驿马还是传马，并无确指。若将史料 C 与之等同，那么是否意味着，在《新唐书》作者与胡三省的理解中，唐代官员只有在被敕召的情况下，才能配给驿马？若非，则将二者等同的理据何在？事实上，D-c 所涉"敕召"给马，可能仅是给驿马或传马的一种特殊情况，与《天圣令》宋 9 "奉使宣召，不限匹数多少，临时听旨"的法意相近。因此，它未必是一条独立的令文，其对史料 D-a、b 皆可起到补充作用，若 a、b 分属两

---

〔1〕〔日〕黑板勝美编辑：《延喜式》，第 997 页。

〔2〕宋家钰："唐《厩牧令》驿传条文的复原及与日本《令》、《式》的比较"，载刘后滨、荣新江主编：《唐研究》（第 14 卷），第 164~167 页。

〔3〕宋家钰："唐《厩牧令》驿传条文的复原及与日本《令》、《式》的比较"，载刘后滨、荣新江主编：《唐研究》（第 14 卷），第 166 页。

〔4〕宋家钰："唐《厩牧令》驿传条文的复原及与日本《令》、《式》的比较"，载刘后滨、荣新江主编：《唐研究》（第 14 卷），第 165 页。

个条文，则就其在史料 D 所处的位置看，c 与 b 很可能属于同一条文。

第三，且不论史料 D-b 与 B 是否出自同一条文，宋氏所论史料 B 与 D-b 为唐《式·杂式》的观点，亦可商榷：

（1）即便 B 与 D-b 为式文，也不会属于《杂式》。如前所述，《唐六典》所载唐式三十三篇，并无名为"杂式"之篇。而《唐六典》卷五《尚书兵部》"驾部郎中员外郎"条载：

> 驾部郎中、员外郎掌邦国之舆辇、车乘，及天下之传、驿、厩、牧官私马、牛、杂畜之簿籍，辨其出入阑逸之政令，司其名数。[1]

又，《唐律疏议》卷十《职制》"增乘驿马"条疏议载：

> 又准《驾部式》：六品以下前官、散官、卫官，省司差使急速者，给马。使回及余使，并给驴。[2]

由此可见，驾部掌管牛马车乘，且《驾部式》中亦存在给马、驴的条文，如果史料 B 与 D-b 确为唐式，则应为《驾部式》的条文。

（2）宋说推测 B 与 D-b 为唐式的唯一理据，是它们在规范旨趣上与史料 E《延喜式·杂式》的条文相似，其推测的前提便是日本式继受了唐式。这样的复原面临一个重大风险，即日本式有可能直接继受自唐令。早在 20 世纪 30 年代，泷川政次郎便已指出，《延喜式》所载"五位以上位记式"和"僧纲位记式"一改《养老令》"位记式"区别于唐令的独特性，转而采用唐令"告身式"的格式，体现了当时日本嵯峨天皇追慕唐风的文化心态，以及为便唐人理解日本遣唐使、遣唐僧在其本国的社会地位的立法意图。[3]《天圣令》残卷问世以后，三上喜孝又以《天圣令·杂令》唐7、《营缮令》宋11 为例，检讨了唐令未被《养老令》继受，却直接进入到《延喜式》中的情况，由此展现了日本继受唐代律令法的阶段性与复杂性。[4]除了泷川氏、三上氏所讨

---

[1]《唐六典》卷五《尚书兵部》，第 162~163 页。

[2]《唐律疏议》卷一〇《职制》，第 210 页。

[3]［日］泷川政次郎："唐の告身と王朝の位记"（1~3），载《社会经济史学》2，1932 年第 4 页、第 5 页、第 6 页；后收入氏著《中国法制史研究》，有斐阁 1940 年版，第 213~220 页。

[4]［日］三上喜孝："唐令から延喜式へ——唐令继受の诸相"，载［日］大津透编：《日唐律令比较研究の新段阶》，山川出版社 2008 年版，第 257~275 页。

论的这些关系外，还有一种值得注意的现象，即日本令、式将唐令一分为二，各取一部分。如《天圣令·厩牧令》唐6、唐7分别规定：

> 诸放（牧），牝马四岁游牝，五岁责课；牝驼四岁责课（游牝），六岁责课；牝牛、驴三岁游牝，四岁责课；牝羊三岁游牝，当年责课。

> 诸牧，牝马一百匹，牝牛、驴各一头百（百头），每年课驹、犊各六十，其二十岁以上，不在课限。三岁游牝而生驹者，仍别簿申省。骒驹减半……〔1〕

而《养老令·厩牧令》第6条将唐令合二为一：

> 凡牧牝马，四岁游牝，五岁责课；牝牛三岁游牝，四岁责课。各一百每年课驹犊各六十。其马三岁游牝而生驹者，仍别簿申。〔2〕

在《养老令》中，《厩牧令》唐7"其二十岁以上，不在课限"的规定已被删除。而《令义解》卷八《厩牧令》"牧马牛死耗"条的义解载：

> 其老马、牛死及责课者，并依别式。〔3〕

亦即，《令义解》的撰写者指出，与唐7"不在课限"相应的针对"老马、牛"课责的条文在"别式"之中。《令义解》自日本天长六年（829年）起修，成书于天长十年（833年）；〔4〕而在此前的弘仁十一年（820年），《弘仁式》便被奏进，并于天长七年（830年）付诸实施。〔5〕由此可以推测，《令义解》所指"别式"，应为《弘仁式》，换言之，与唐7"不在课限"相关的规定，最迟在《弘仁式》中已经出现。奏进于延长五年（927年）、施行于康保四年（967年）的《延喜式》则"取舍《弘仁》《贞观》之弛张，因

---

〔1〕《天圣令校证》，第295页。
〔2〕［日］井上光贞等校注：《律令》，"日本思想大系3"，岩波书店1977年版，第414页。
〔3〕［日］黑板胜美编辑：《令义解》，第273页。
〔4〕［日］石上英一：《令義解》，［日］皆川完一、山本信吉编：《國史大系書目解題》（下卷），吉川弘文馆2001年版，第542~543页。
〔5〕［日］虎尾俊哉：《弘仁式》，［日］坂本太郎、黑板昌夫编：《國史大系書目解題》（上卷），吉川弘文馆1971年版，第423~424页。

修《永徽》《开元》之沿革", "准据《开元》《永徽式》例，并省两式，削成一部",[1]继承了此前《贞观式》《弘仁式》的立法成果，与唐 7 "不在课限"相应之文便是《延喜式》卷四八《左右马寮》"不课"条：

> 凡牝马，岁廿已上，不在责课之限。[2]

综上可知，日本《延喜式》的部分条文越过《养老令》，直承唐令，因此仅以唐代史籍中存在与《延喜式》类似之记载，而径直判定该记载为唐式之文，恐怕失之武断。

（二）唐式入日令——从《天圣令·杂令》是否存在唐 24 "给衣服"条说起

《天圣令·杂令》唐 23 仅存半条，其下付之阙如。该条虽可由《唐六典》卷六《尚书刑部》"都官郎中员外郎"条补足，[3]但衍生的问题是：唐 23 之后是否还有其他唐令条文？由于《唐六典》中还有相当于《养老令·杂令》第 34 条的文字，因此戴建国、黄正建皆推断唐 23 之后必有唐 24 "给衣服"条。[4]换言之，《杂令》唐 24 的复原依据是《养老令》对应之条与《唐六典》的记载。

《养老令·杂令》第 34 条：

> 凡官户奴婢，三岁以上，每年给衣服。春，布衫、袴、衫、裙各一具；冬，布袄、袴、襦、裙各一具，皆随长短量给。[5]

《唐六典》卷六《尚书刑部》"都官郎中员外郎"条注：

> 春衣每岁一给，冬衣二岁一给……丁奴春头巾一，布衫、袴各一，牛皮鞋一量并毡。官婢春给裙、衫各一，绢禅一，鞵二量；冬给襦、复袴各一，牛皮鞋一量并毡。十岁已下男春给布衫一、鞋一量，女给布衫

---

〔1〕 分别引自《上延喜格式表》《延喜式序》，[日]黑板胜美编辑：《延喜式》，第 1 页、第 4 页。

〔2〕 [日]黑板胜美编辑：《延喜式》，第 973 页。

〔3〕 《天圣令校证》，第 379 页。

〔4〕 戴建国："唐《开元二十五年令·杂令》复原研究"，载《文史》2006 年第 3 辑，第 121～122 页；黄正建："天圣杂令复原唐令研究"，载《天圣令校证》，第 723 页。

〔5〕 [日]井上光贞等校注：《律令》，"日本思想大系 3"，岩波书店 1977 年版，第 483 页。

一、布裙一、鞵一量；冬，男女各给布襦一、鞵袜一量。官户长上者准此。〔1〕

从唐代史籍中寻找《养老令》的对应文字，本是唐令复原的基本手法，只是这一"不证自明"的复原原则也存在极大风险，因为《养老令》制定时参考的蓝本并非仅限于唐令。如榎本淳一曾经论断："在唐，为《都官式》所规定的官贱民管理、待遇相关的细则，在日本则由式改令，被收载于没有刑罚色彩的《户令》与《杂令》中。"〔2〕若然，《养老令·杂令》"给衣服"条应源自唐《都官式》，《唐令》唐23之后并无所谓的"唐24"。榎本氏此说并非无根之论，如《养老令·户令》第36条规定：

> 凡官户奴婢，每年正月，本司色别，各造籍二通，一通送太政官，一通留本司，有工能者，色别具注。〔3〕

仁井田陞、池田温等皆未复原此条所对应的唐令，而《唐会要》卷八六"奴婢"载：

> （大历十四年）八月，都官奏："伏准格式：官奴婢，诸司每年正月造籍二通，一通送尚书，一通留本司，并每年置簿，点身团貌，然后关金、仓部给衣粮。又准格式：官户受有勋及入老者，并从良。〔4〕比来因循，省司不立文案。伏恐日月滋深，官户逃散，其受勋及入老者无定数。

〔1〕《唐六典》卷六《尚书刑部》，第193~194页。

〔2〕［日］榎本淳一："律令賤民制の構造と特質——付《新唐書》刑法志中の貞観の刑獄記事について"，载［日］池田温编：《中國禮法と日本律令制》，东方书店1992年版，第289页。

〔3〕［日］井上光贞等校注：《律令》，"日本思想大系3"，岩波书店1977年版，第237页。

〔4〕《唐律疏议》卷二五《诈伪》"诈除去死免官户奴婢"条疏议载："'免'者，谓加年入六十及废疾，各得免本色之类"（《唐律疏议》，第468页）；《唐六典》卷六《尚书刑部》"都官郎中员外郎"条载："官奴婢……年六十及废疾，虽赦令不该，并免为番户；七十则免为良人，任所居乐处而编附之"（《唐六典》，第193页）；《唐会要》卷八六《奴婢》载："大和二年（828年）十月……奏：'当司应管诸司所有官户奴婢等，据要典及令文，有免贱从良条……今请诸司诸使，各勘官户奴婢，有废疾及年近七十者，请准各令处分。'"（《唐会要》，第1862页）仁井田陞据此复原《户令》第41甲、乙条（［日］仁井田陞：《唐令拾遗》，东方文化学院东京研究所1933年版，第259~260页），可知官户、奴婢因年老而放良的规定为唐令。然而此处"格式"有官户因受勋而放良的条款，未见于唐令及上述各条史料，言其在"格式"之中，应是实指《都官格》或《都官式》，而非泛指"准法"。

伏请令诸司准式造籍送省，并孳生及死亡者，每季申报，庶凭勘会。"敕旨："宜并准式处分。自今已后，有违阙者，委所司奏闻，准法科罪。"[1]

从"伏请令诸司准式造籍送省"之语可知，"官奴婢，诸司每年正月造籍二通，一通送尚书，一通留本司，并每年置簿，点身团貌，然后关金、仓部给衣粮"应是式文。因其为都官所奏，且《唐六典》卷六《尚书刑部》"都官郎中员外郎"条中有大量与官奴婢相应的记载，所以榎本淳一、霍存福将其定为《都官式》。[2] 这便是唐式成为日令的一个例子。

只不过，榎本淳一对于另外两条唐式转为日令的推测便有待商榷了：

其一，上引《唐会要》卷八六"奴婢"载有"并孳生及死亡者，每季申报"之句，与《养老令·杂令》第31条相似：

凡官户奴婢死，所司检校，年终惣申。[3]

由此榎本氏判定，《唐会要》此句亦为唐式。[4] 其实，此段史料中，"伏请"以下至"勘会"为止的这段文字为都官奏言的内容，并非条文，且《天圣令·杂令》唐21规定：

诸官奴婢死，官司检验申牒，判计埋藏，年终總申。[5]

由此便知《养老令·杂令》第31条并非源于唐式。

其二，《唐六典》卷三《尚书户部》"仓部郎中员外郎"条载：

诸官奴婢皆给公粮，其官户上番充役者亦如之。[6]

---

[1]《唐会要》卷八六"奴婢"，第1860~1861页。

[2][日]榎本淳一："律令賤民制の構造と特質——付《新唐書》刑法志中の貞觀の刑獄記事について"，载[日]池田温编：《中國禮法と日本律令制》，东方书店1992年版，第302页注25；霍存福：《唐式辑佚》，社会科学文献出版社2009年版，第480页。

[3][日]井上光贞等校注：《律令》，"日本思想大系3"，岩波书店1977年版，第482页。

[4][日]榎本淳一："律令賤民制の構造と特質——付《新唐書》刑法志中の貞觀の刑獄記事について"，载[日]池田温编：《中國禮法と日本律令制》，东方书店1992年版，第302页注25。

[5]《天圣令校证》，第378页。

[6]《唐六典》卷三《尚书户部》，第84页。

同书卷六《尚书刑部》"都官郎中员外郎"条注载：

> 其粮则季一给……其粮：丁口日给二升，中口一升五合，小口六合；诸〔官〕[1]户留长上者，丁口日给三升五合，中男给三升。[2]

仁井田陞将这两段文字复原为《仓库令》第 7 条，[3]榎本氏认为前半句（"仓部郎中员外郎"条）并非唐令而是《都官式》，并且与《养老令·杂令》第 33 条相对应：[4]

> 凡官户奴婢充役者，本司明立功课案记，不得虚费公粮。[5]

以文意看，《唐六典》所载"给公粮"一句与《养老令·杂令》第 33 条相去甚远，现据《天圣令》可知，上述"给公粮"一句并非《都官式》，而是《仓库令》唐 8：

> 诸官奴婢皆给公粮。其官户上番充后（役）者亦如之。并季别一给，有剩随季折。[6]

至于《养老令·杂令》第 33 条，则有《天圣令·杂令》唐 23 与之对应：

> 诸官奴婢及杂户、官户给粮充役者，本司名（明）立功课案记，不得虚费公粮。其丁奴每三人当二丁役；中〔奴若丁婢，二当一役；中婢，三当一役〕。[7]

由此亦可追问，《唐六典》所载"丁口日给二升"条中，除首段"其粮则季别一给"为《仓库令》唐 8 的取意文外，后段给粮标准又来自何种法源？

---

〔1〕 李锦绣补"官"字，可从。参见李锦绣：《唐代财政史稿》（第 3 册），社会科学文献出版社 2007 年版，第 102 页。

〔2〕 《唐六典》卷六《尚书刑部》，第 193~194 页。

〔3〕 ［日］仁井田陞：《唐令拾遗》，东方文化学院东京研究所 1933 年版，第 695 页。

〔4〕 ［日］榎本淳一："律令賤民制の構造と特質——付《新唐書》刑法志中の貞觀の刑獄記事について"，载［日］池田温编：《中國禮法と日本律令制》，东方书店 1992 年版，第 300 页注 11。

〔5〕 ［日］井上光贞等校注：《律令》，"日本思想大系 3"，岩波书店 1977 年版，第 483 页。

〔6〕 《天圣令校证》，第 284 页。

〔7〕 《天圣令校证》，第 379 页。

首先，"丁口日给二升"一句可从《天圣令·仓库令》唐 3 中觅得原型：

> 诸给粮，皆承省符。丁男一人，日给二升米，盐二勺五撮。妻、妾及中男、女，谓年十八以上者。米一升五合，盐二勺。老、小男，谓十一以上者。中女，谓年十七以下者。米一升一合，盐一勺五撮。小男、女，男谓年七岁以上者，女谓年十五以下。米九合，盐一勺。小男、女年六岁以下，米六合，盐五撮。老、中、小男任官见驱使者，依成丁男给，兼国子监学生、针·医生，虽未成丁，依丁例给。[1]

将二者略加比较，便不难发现，《仓库令》唐 3 的给粮标准并未明言给付对象，而《唐六典》专就官奴婢立法，前者虽较后者为详、杂，然二者所定主要标准并无不同，[2] 可见《唐六典》此文源自《仓库令》，只不过改变了《仓库令》原本不分良贱的本意，而将之限定于官奴婢给粮一项上。

其次，"诸〔官〕户留长上者"一句接近于《天圣令·仓库令》唐 6：

> 诸在京流外官长上者，身外别给两口粮，每季一给。牧尉给五口粮，牧长四口粮。两口准丁，余准中男给。[3]

对于唐 6 "身外别给两口粮"，一般理解为"自身粮禄之外再多给两人的口粮"[4]，换言之，在京流外官长上者可以获得三口粮。若是此一适用于"在京流外官长上者"的规定，乃是《唐六典》"诸〔官〕户留长上者"的来

---

〔1〕 此录文参考中国社会科学院历史研究所《天圣令》读书班："《天圣令·仓库令》译注稿"，载徐世虹主编：《中国古代法律文献研究》（第 7 辑），社会科学文献出版社 2013 年版，第 268～269 页。又，原录文见《天圣令校证》，第 282 页。

〔2〕 李锦绣指出，给粮标准虽同，但《唐六典》注文中"丁、中的年龄与唐代令式不合"。参见李锦绣："唐开元二十五年《仓库令》所载给粮标准考——兼论唐代的年龄划分"，载上海社会科学院《传统中国研究集刊》编辑委员会编：《传统中国研究集刊》（第 4 辑），上海人民出版社 2008 年版，第 305 页；后收入黄正建主编：《〈天圣令〉与唐宋制度研究》，中国社会科学出版社 2011 年版，第 236 页。

〔3〕 《天圣令校证》，第 283 页。

〔4〕 〔日〕渡边信一郎："天圣令仓库令訳注初稿"，载《唐宋变革研究通讯》1，2010，第 27 页；中国社会科学院历史研究所《天圣令》读书班："《天圣令·仓库令》译注稿"，载徐世虹主编：《中国古代法律文献研究》（第 7 辑），社会科学文献出版社 2013 年版，第 272 页。

源，那么"丁口"给粮标准是每日六升，"中口"为四升五合，这与《唐六典》"丁口日给三升五合，中男给三升"的记载相去甚远，亦即依据《唐六典》所载，不论丁口、中男，除本身应合得之份外，皆额外多给一升五合，这是中男所得日粮。

由此可知，在制度规定层面（实际操作层面暂且不论），《仓库令》唐3所定给粮标准不分良贱，一体适用于各个阶层，[1]而唐6所定"身外别给两口粮"的标准，仅适用于"在京流外官长上者"，[2]并不适用于官户、官奴婢等，《唐六典》"诸〔官〕户留长上者"一句并非来自唐令，应该是《仓部式》（或《仓部格》）的内容。至于之所以在这一标准上体现良贱之别，可能是因为对于长上者多给口粮，只是一种福利待遇而非基本生活需求，官户、官奴婢不必享受普通人的福利。

总之，《唐六典》杂糅令式，既不能因《唐六典》与《养老令》存在契合度颇高的文句，便径直判定该句为唐令，毕竟唐式成为日令的例子并非寡见，[3]也不能因某些唐式被日令继受，便径直推断与该式规范内容相近的规范群皆为唐式，并最终成为日令。

五、结论

唐代令、式散佚于各种史料之中，百年来，学人孜孜不倦地在唐令复原、唐式辑佚、令式分辨等问题上贡献真知灼见。结合《天圣令》残卷，检视此前的复原成果以及所据史料，大致可以总结出以下几点注意事项：

（一）史料中的"令""式"字样有误导性

（1）由于抄手的失误等，存在"令""式"错写的讹误；

---

〔1〕 李锦绣亦认为"据唐令，诸色人给粮标准一致"。参见李锦绣："唐开元二十五年《仓库令》所载给粮标准考——兼论唐代的年龄划分"，载上海社会科学院《传统中国研究集刊》编辑委员会编：《传统中国研究集刊》（第4辑），上海人民出版社2008年版，第238页。

〔2〕 李锦绣以《吐鲁番出土文书》所载"唐开元十八年请付夏季粮文书"（73TAM 506：4/1）所见"夏季粮九石"等记载推断，府史这类并非流外官者也被支给三口粮。参见李锦绣：《唐代财政史稿》（第3册），社会科学文献出版社2007年版，第96页。

〔3〕 除本文所述《都官式》、泷川政次郎与仁井田陞所论《职方式》外，如《监门式》"分街"条、"殿门有敕夜开"条与日本《养老令·宫卫令》亦有源流关系。分别参见〔日〕笹山晴生：《补注·宫卫令》，〔日〕井上光贞等校注：《律令》，"日本思想大系3"，岩波书店1977年版，第619页；霍存福：《唐式辑佚》，社会科学文献出版社2009年版，第576页。

（2）由于史料并无征引、断句标记，因此标为"令""式"的文句究竟应断至何处为止，需要谨慎判断；

（3）唐代令、式定型的时间有先后，部分条文存在先令后式、由令入式的可能，面对同一条文被不同史料分别冠以"令""式"之名时，应该考虑史料的时间性；

（4）"令""式"字样并非必然指向"律令格式"这种法源，有时仅为"依法"的表意用词。

（二）对于未标"令""式"字样的取意文，令式分辨的诸种原则并非充要条件

（1）令为原则、式为细则的区分只是令式关系的一个侧面，令式之间还有不分主次的一面。而且，由"细则"衍生出的"琐碎化"标准，更为《天圣令》所见的相关唐令原文所否定。

（2）令兼顾官、民，式仅治官的概括则泥于《新唐书》对律令格式定性的表述，实际上，任何制度性规范皆可视为对官员的一种约束，如针对百姓的禁止性规范，意味着官府须予以查禁、处罚，针对百姓的许可性规范，便意味着官府须积极给予或消极容忍。据此理解，则令、式无别。

（3）唐日之间的法律继承相当复杂，唐令入日式、唐式入日令等现象并非寡见，以日本令、式为孤证来区别唐代令、式，则有相当风险。

当然，上述所有判断皆建立在一个前提之上，即唐代立法水平相当之高，立法者不会出现混淆令式、重复规定的疏漏。事实上，再高明的立法者也难免"一失"，古今皆同。[1] 面对千数条的法律规范，将令中已然规定的事项再次厘入格、式，并非全无可能。如《令集解》卷八《僧尼令》"准格律"条载：

> 古记云：问：僧尼犯徒以上送官司，依常律推断；又初条云：奸盗依法律付官司科罪；又狱令云：凡犯罪，徒以上及奸盗，依律科断，余犯依僧尼法。未知此三条若为分别？答：初条犯色别撰立制，不论轻重。此条犯色不别，唯论轻重。其狱令为拷法禁法立文。各当条，随见义制，

---

[1] 如近来钱大群逐条缕析《唐律疏议》编纂的瑕疵，详见钱大群："《唐律疏议》原创内容质疑举隅"，载徐世虹主编：《中国古代法律文献研究》（第 7 辑），社会科学文献出版社 2013 年版，第 205~224 页。

彼此不合交涉也。[1]

此一记载是为了对日本令中有关僧尼犯罪的三个看似重复的条文进行合理解释，即《僧尼令》第 1 条的规定，乃是不论刑罚之轻重，仅依奸盗这种行为类型进行划定；第 21 条则不论行为类型为何，一切依据刑罚轻重处理；至于《狱令》则只是有关拷讯的条文。

《古记》所载的这三条令文，一般被认为是《大宝令》的条款。[2] 虽然这条《狱令》与两条《僧尼令》未见得完全重合，但《养老令》的立法者或许认为二者规定雷同，而将《狱令》删除了。之所以发生这样的情形，是因为日本《僧尼令》继承自唐代《道僧格》，而《狱令》直承唐代《狱官令》，《大宝令》制定时并未对二者予以协调。[3]

又如《延喜式》卷四一《弹正台》载：

> 凡神泉苑回地十町内，令京职栽柳。町别七株。
> 凡神泉大学回地，令京职扫除之。谷仓院亦同。[4]

而同书卷四二《左右京职》载：

> 凡神泉苑回地十町内，令京职栽柳。町别七株。[5]

同一条文分别见于两篇日本式，其原因何在？虎尾俊哉认为，由于神泉苑位于平安京左京二条大路与三条大路之间，在其周围植柳乃是左京职的任务，而弹正台负责检察。同一条文分列二篇，乃出于便利的考虑，充分发挥了“诸司式”的特征。[6] 这一试图“合理解释”《延喜式》同文现象的说法亦可质疑：若是为了“便利”，为何上引《弹正台式》中同样涉及京职的

---

〔1〕 ［日］黑板勝美编辑：《令集解》，“新訂增補 國史大系”（普及版），吉川弘文馆 1985 年版，第 241 页。

〔2〕 ［日］泷川政次郎：《律令の研究》，刀江书院 1931 年版，第 550 页。

〔3〕 参见赵晶：《〈天圣令〉与唐宋法制考论》，上海古籍出版社 2014 年版，第 168 页。

〔4〕 ［日］黑板勝美编辑：《延喜式》，第 913 页。

〔5〕 ［日］黑板勝美编辑：《延喜式》，第 921 页。

〔6〕 ［日］虎尾俊哉：《延喜式》，日本歷史學會编集：“日本歷史叢書”，吉川弘文馆 1964 年版，第 8~9 页。

"神泉大学"条未见于《左右京职式》呢?

唐令复原的工作已持续百年,所积累的丰厚成果在很大程度上廓清了唐代令典的面貌,为现代学人厘定传统法律体系、阐明法律形式之构造与功能划分等提供了相当便利。目前这一工作已进入到"精耕细作"的阶段,许多争论只能说是各执一词的"猜测",缺乏盖棺论定的直接证据。从上文的例证可知,许多通行的区分令、式的"标准""原则"并不绝对周延,存在部分例外状况,且唐代立法者有可能出现技术疏漏、史书撰写者有可能出现书写错误等。今后的复原工作或许应在静候新史料问世的同时,深入琢磨现有法律文本,探讨唐代的立法技术,借此贴近唐人的法律思维、逻辑,避免以今目古,为进一步检证既有史料提供"理据"。

明代典例法律体系的确立与事例的功能

——"律例法律体系"说修正

杨一凡 *

摘 要 明初变革传统律令体系，创立了以典为纲、以例和其他法律为目的新法律体系。正德《大明会典》的颁行，标志着明代典例法律体系基本框架的定型。万历重修《会典》，实现了典例法律体系的高度规范和完善。在这一法律体系中，《会典》是整合包括律令在内的祖宗成法、全面规范国家政务和各项基本制度、居于"纲"的地位的"大经大法"；"例"为《会典》之"目"，是主要和广泛适用的立法形式。明代法律体系始终是按照"典为纲、例为目"的立法思路构建的，长期流传的"律例法体系"说有失偏颇。本文以翔实的史料，揭示了明代洪武年间法律实施"以事例为主"的真相，揭示了洪武朝后百余年间的立法活动"以制定事例为主"的史实，论述了《会典》事例的内容构成和功能，指出事例在明代典例法律体系确立和完善过程中发挥了重大作用。

关键词 明代 典例法律体系 律例法律体系 事例功能

变革传统的律令法律体系，确立了新的典例法律体系，是明王朝法制建设的重大成就。明代以前，中国古代法律体系从形成到不断完善，经历了四个历史发展阶段：战国是中国古代法律体系的生成时期；秦汉是以律令为主的法律体系初建时期，这一时期，律是用以表述行政、经济、刑事、民事、军政等方面的重要立法，是最基本的法律形式，令是仅次于律的重要法律形式。魏晋至唐宋是以律令为主的法律体系进一步发展和完善时期，以令典、律典为朝廷大法，规范国家的基本法律制度，是这一时期法律体系的重要特

---

* 本文作者系中国社会科学院荣誉学部委员、法学研究所研究员，西北大学"法史创新工程"首席专家。

征。元代是以律令为主的法律体系向以典为纲、以例为目的法律体系的过渡时期。明代确立并为清代沿用的典例法律体系，具有法律形式简约、包容量大的优点，堪称中国古代空前高度完善的法律体系。

明代的法律形式有典、律、令、例等，例是法律体系的核心内容，其称谓有"条例""事例""则例""榜例"等。明朝把所有因事而立、属于"可变通之法"、"权宜之法"性质的法令，统称为"事例"，除《问刑条例》《宪纲条例》《吏部条例》《军政条例》《宗藩条例》等少数经统治者精心修订、具有"常经"性质的条例外，包括则例、榜例在内的各种例都属于事例的范畴。制定事例是朝廷的日常立法工作，这一时期颁行的事例数量之多，以数万件计，可以说明代的法律大多是以"事例"的形式表述的。本文仅就明代新法律体系创新和完善过程中事例的作用作一探讨。

一、明代典例法律体系的初创与事例的广泛适用

（一）朱元璋注重制例的起因及事例的广泛适用

朱元璋之所以力主变革传统的律令体系，注重制例，与明初的治国需要和他的立法指导思想有密切关系，是他推行"常经"之法与"权宜"措置并用法制方略的必然产物，也是中国古代法律形式和法律体系演变的必然结果。

法律形式及其表述的立法成果是法律体系的基本构成要素。从秦汉至宋元，中国古代法律形式由简到繁。就明以前各代的重要法律形式而言，秦有律、命、令、制、诏、程、式、课等，汉有律、令、科、品、比，晋有律、令、故事等，唐有律、令、格、式，宋有律、令、格、式、编敕、制、敕、宣、御笔、断例、申明等，元有诏制、条格、断例等。各代为了推动国家法律的实施，于主要法律形式之外，还设置了不少补充法性质的法律形式。宋、元时期，随着社会经济的发展和时局的变化，原有的法律形式已不能适应立法的需要，统治者为区分效力层级、行为规范类别不同的立法，就不断使用新的法律形式和法律术语，致使法律形式众多、混杂，立法数量也空前膨胀。仅就宋代的编敕和元代条格的编纂而言，当时的官吏就难以通晓和掌握。宋代时新皇帝即位或每次改元，都有一度或数度的编敕，且中央和地方衙门又别有敕，据《宋史·艺文志》不完全记载，宋代各种编敕就有 80 多部。元代所颁格例也很繁杂，如《大元通制》有格例 2539 条，《至正新格》有格例

3359 条。在最高统治者的影响下，各级官吏也纷纷收集和汇编断例，有的甚至抄写几十册之多。由于法令冗繁，官吏任意出入，而"天下黔首蚩蚩然狼顾鹿骇，无所持循"。[1]显然，宋、元的法律体系，已到了后世无法继受的境地。

明王朝建国之初，面临着许多严峻的社会问题。当此之时，中原未平，军旅未息，北方元室残余仍有很大势力。经历连年战火，"郡县版籍多亡"，"百姓财力俱困"，[2]经济陷于崩溃境地。参加反元的各族人民由于土地和赋税不均的问题没有得到正当解决，又受到豪强地主和新的权贵们的横征暴敛，转而继续武装对抗新的王朝。在统治集团内部，也存在着激烈的争权夺利的争斗。如何尽快地变"乱世"为"海宇宁谧，民乐雍熙"的太平盛世？朱元璋认为，必须在恢复社会经济的同时，注重法律制度的重建。他把健全法制看作调整各种社会关系、恢复和巩固社会秩序的根本，认为，"纪纲法度为治之本"，"丧乱之后，法度纵弛，当在更张"。[3]为此，他提出了"当适时宜""当计远患""法贵简当、稳定"和"治乱世用重典"等一系列法制建设的指导原则。[4]朱元璋认为："法令者，防民之具、辅治之术耳，有经有权。"[5]他主张"权宜"之法的制定需"贵不违时"，"常经"之法的制定要"贵存中道""可贻于后世"。朱元璋多次告诫臣下说："谋国之道，习于旧闻者当适时宜，狃于近俗者当计远患。苟泥古而不通今，溺近而忘于远者，皆非也。故凡政事设施，必欲有利于天下，可贻于后世，不可苟且，惟事目前。盖国家之事，所系非小。一令之善，为四海之福；一令不善，有无穷之患，不可不慎也。"[6]又说："法贵简当，使人易晓。若条绪繁多，或一事两端，可轻可重，吏得因缘为奸，非法意也。夫网密则水无大鱼，法密则国无全民。"[7]也就是说，法律制度的创设要注意防止"泥古"和"惟事目前"两种倾向，内容和形式应达到"法贵简当，使人易晓"的要求。基于上述思想，洪武年间，

〔1〕（明）陈邦瞻：《元史纪事本末》卷十一《律令之定》，中华书局 1979 年版，第 84 页。

〔2〕（清）谷应泰：《明史纪事本末》卷一四《开国规模》，中华书局 1977 年版，第 195 页。

〔3〕《明太祖实录》卷一九。本书所引明代各朝《实录》，均据我国台湾地区"中研院"历史语言研究所校印本。此书系该所据国立北平图书馆（今中国国家图书馆）红格钞本缩微卷影印。

〔4〕杨一凡："明代三部代表性法律文献与统治集团的立法思想"，收入韩延龙主编：《法律史论集》（第 2 卷），法律出版社 1999 年版，第 520~591 页。

〔5〕（明）吕本等辑：《明太祖宝训》卷三，中国国家图书馆藏明万历三十年春秣陵周氏大有堂刻本。

〔6〕《明太祖实录》卷一六三。

〔7〕《明史》卷九三《刑法一》，中华书局 1974 年版，第 2280 页。

朱元璋在法制变革方面进行了大胆的探索，尽管因缺乏立法经验，洪武时期颁行的法律存在称谓不够统一、内容彼此重复甚至抵牾的问题，但在革新法律体系方面取得了两点重大突破。

一是从"当适时宜""法贵简当"的指导思想出发，提升了"例"在法律体系中的地位，把除以制书名义发布的国家典章之外的所有的法令都用"例"来表述。元、明以前，"令"一直是国家法律的主要形式。秦汉时期，"令"是仅次于"律"的基本法律形式。魏晋至唐宋时期，以令典、律典为朝廷大法，皇帝颁布的敕令和各种单行令是法律体系的重要组成部分。洪武年间法制变革的举措之一，就是自洪武元年正月颁行《大明令》后，制定的成法不再以"令"命名，一切属于"可变通"性质的法令，在法律文书中统称为"事例"。也就是说，"事例"从此成为"令"的同义语。[1]以"事例"称谓替代以往为区分令的功能设立的形形色色的称谓，极大地实现了法律形式的简约。

二是从"当计远患""治乱世用重典"的指导思想出发，采取"常经"与"权宜"之法并重的立法战略，逐步建立起了以典为纲、以例和其他法律为目的法律体系。朱元璋在明建国前一年即吴王元年十月，就命大臣"一遵唐制"，制定了《大明律》和《大明令》，于洪武元年一月颁行天下。《大明律》是明朝的刑法典；《大明令》规定了国家的各项基本制度，是当时治国的总章程，与唐代的令典属于同一性质。这说明，明开国之初仍是仿效唐代的律令法体系进行立法。由于立法仓促，这两个法典都很不完善，《大明律》条款不少"轻重失宜"，《大明令》内容过分简要，许多重要制度缺失。在国家大法不完备的情况下，朱元璋要求臣下按照"贵存中道""可贻于后世"的要求，几次修订《大明律》，同时广泛使用事例，以弥补国家法典的不足。洪武二十六年颁行的《诸司职掌》，全面规定了中央主要衙门的职掌和包括刑事法律制度在内的国家的各项基本制度，是在法律体系中处于最高地位的法典。《诸司职掌》颁布前，朱元璋曾以制书名义制定了《大明集礼》《孝慈录》《洪武礼制》《礼仪定式》《宪纲》等法律，从礼仪、监察制度等方面完善了国家的基本法律。《诸司职掌》的颁行，标志着明代以典为纲、以例和基本法

---

[1] 关于明代的令与事例为同义语，"著为令"即"著为事例"，详见杨一凡："明代典例法律体系的确立与令的变迁——'律例法律体系'说、'无令'说修正"，载《华东政法大学学报》2017年第1期。

律为目法律体系的初步形成。在这个法律体系中，《诸司职掌》是国家的"大经大法"，《大明律》是《诸司职掌》的组成部分，《大明集礼》《宪纲》等基本法律是"常经之法"，"例"为"变通之法"。由于洪武朝的大多时间内，国家的基本法律是逐步制定的，并处在不断完善过程中，当时实施的法律，实际上是以事例为主。因此，把明初法律体系概括为以"典"为纲、以例和其他法律为目是符合历史实际的。

认真考察明代史籍关于洪武法制的记载，大量的事实表明，事例在这一时期法制建设中发挥了主导作用。

在刑事法律的制定和实施方面，朱元璋从"用重典以惩一时，酌中制以垂后世"[1]的指导思想出发，在要求臣下多次修订洪武律的同时，为"治乱世"和惩治"奸顽"，刑用重典，常常律外用刑，并以事例形式颁布了大量的苛法峻令。[2]特别是洪武十八年（1385年）至二十年（1387年）间，朱元璋先后发布了名为《御制大诰》《御制大诰续编》《御制大诰三编》《大诰武臣》的文告。四编《大诰》共236个条目，其条目均为《大明律》所未设，同一犯罪的处刑，较《大明律》大大加重，不少刑罚苛刻无比。《大诰》其书，多是由朱元璋以"诰"或"榜文"形式颁行的事例编成。《大诰》曾在洪武十八年至二十五年间实施。黄彰健先生认为，洪武年间刑法的实施真相是"以榜文为主，律为辅"[3]。当时的刑例很多是以榜文形式发布的，从这个意义上讲，黄先生的观点有其道理，但若用严格的法律用语表述，似改为"事例为主，律为辅"更为妥当。

在行政类法律的制定和实施方面，因《大明令》的规定过于简要，国家在行政、经济管理等很多方面无法可依，朱元璋适时发布了大量的事例，就国家机关的活动规则、行政和经济管理的各种措施做了详细的规定。洪武年间到底颁行了多少行政类事例，因文献缺失，无法精确统计，但从现存的大量明代史籍中，仍能搜集到上千个洪武朝颁行的这类事例，其中以正德《大明会典》所收事例为最多。据初步统计，正德《会典》各目次专设"事例"项下，收有洪武事例708条，其中行政类事例675件。洪武年间颁行的行政类事例中，以户部、礼部事例最多，兵部、吏部次之，其他各衙门事例再次之。现将该书所收 61 件洪武吏部事例列表述后（见表1）。

表1 正德《大明会典》载洪武朝吏部事例

目次	所载事例总数	各年颁布事例名目	
吏部卷二至十五	61	国初	①令有司保举人才（卷十五） ②令官员以理致仕者待以优礼与现任同（卷十五） ③定外官每年一朝（卷十五）
		洪武初	①定除授官员皆给勘合到任（卷九） ②定京官考核（卷十四） ③定巡检考核（卷十四）
		二年	诏府州县官考课（卷十四）
		三年	①诏蒙古色目人易名改正（卷十三） ②令官吏人等名字避讳（卷十三） ③令官吏人等更名复姓（卷十三） ④奏准府同知、知县、县丞考核无过者升迁（卷十四）
		四年	奏准钦天监官不考满（卷十四）
		六年	令察举官员有无过犯（卷十五）
		九年	①令仓库司局管钱谷官考核（卷十四） ②令职官犯徒流杖者纪录（卷十五）
		十一年	令官员来朝察其言行功能分三等对待（卷十五）
		十二年	①奏准两广所属地有障疠者有司三年升调（卷十四） ②令内外文武官年老致仕给诰敕（卷十五）
		十三年	①奏定公侯封号（卷八） ②令文武官六十以上致仕给诰敕（卷十五）
		十四年	令各处仓官考核（卷十四）
		十五年	令保举人才（卷二）
		十七年	①奏定有封爵者给诰（卷八） ②议定吏员考满升转（卷九） ③令各地官员考核奏闻（卷十四） ④议定吏员考满（卷十五） ⑤令天下诸司官吏来朝正旦礼仪（卷十五） ⑥令举秀才人才（卷十五）
		十八年	定教职授学正教谕（卷二）
		十九年	①更定中外诸司吏员役满转补资格（卷九） ②定革改勘合（卷九） ③令钦天监官奔丧不守制（卷十三） ④诏军民并吏胥人等不得更名易讳（卷十三）

续表

目次	所载事例总数	各年颁布事例名目	
吏部卷二至十五	61	二十三年	敕官员责任条例（卷十五）
		二十五年	奏定巡检考满升降事宜（卷十四）
		二十六年	①奏准江西浙江苏松吏不许于户部内用（卷九）
			②令仓官守制（卷十三）
			③奏定教官训导任用事宜（卷十四）
			④奏准教谕科举数考不通经有司内用（卷十四）
			⑤奏准各衙门吏役满升用（卷十五）
			⑥奏准在外承差选取（卷十五）
		二十七年	①令行人于进士内除授（卷二）
			②议定吏员考满事宜（卷十五）
		二十八年	①奏准军户人户充吏（卷九）
			②令阴阳医学官丁忧起复（卷十三）
			③奏准各处仓官考核（卷十四）
			④令内库官一年就满将原收物件与新官接管（卷十四）
		二十九年	定外官三年一朝（卷十五）
		三十年	①定土官承袭（卷八）
			②定王府官不考核（卷十四）
		三十一年	①令府州县首领官不称职者发充吏役（卷七）
			②续定吏员出身事例（卷九）
			③奏准吏员丁忧不起复（卷十五）
		洪武年间	①定缺官临选（卷二）
			②定进士选为庶吉士（卷二）
			③定府州县首领官考满（卷七）
			④令官吏给假省亲（卷七）
			⑤定云南等地土吏考满后仍发原衙门着役（卷九）
			⑥定合用印色（卷十三）
			⑦定纸札合用数目（卷十三）
			⑧定官吏有小功以上亲属干犯极刑于边远叙用（卷十五）

　　这里需要说明的是，洪武和明代各朝所颁事例，其文书常态或者是皇帝的诏令、敕令，或者是臣工的题奏、议奏文本，收入正德《会典》时，业已提炼，用极其精简的文字表述其最重要的规定。尽管如此，如整理成一个简明的统计表，篇幅仍相当可观。表1"各年颁布事例名目"一栏中所列事例名目，是笔者根据事例的内容以概括性文字缩写的。

　　洪武年间以"制书"名义颁行的"常经之法"，是在选编、整理当时行之有效、具有普遍适用性的事例基础上修订而成；正德《大明会典》所收洪武事例，则都是各"常法"所不载且有参用价值的事例，这些事例仅是当时实际颁行事例的一部分。另外，正德《大明会典》还记载了数百条未书颁行时间的事例，参阅《明太祖实录》，可知其中不少事例颁行于洪武年间，故洪武朝颁行的事例的数量远比《大明会典》所记多得多。

正德《大明会典·凡例》曰："事例出朝廷所降，则书曰'诏'，曰'敕'。臣下所奏，则书曰'奏准'，曰'议准'，曰'奏定'，曰'议定'或总书曰'令'。"[1]这就是说，无论是皇帝以诏、敕、令颁布的事例，还是以臣工奏准、议准、奏定、议定方式或程序颁布的事例，都可称为"令"。反过来，令也可称为"事例"，两者名异而实同。在明代新法律体系中，"事例"实是可变通的"令"的代称。明朝官修史书《明实录》中，有460余处把制例称为"著为令"的记载，就充分证明了这一点。

正德《大明会典》所记事例中，大多在事例开头写有"令""诏""敕""奏准""奏定""议准""榜谕"等字样，以此表述有关事例是以皇帝的诏、敕、令颁行的，还是由皇帝批准的臣工题奏或议奏的。这明确地表述了事例的来源和立法程序，也表明事例具有法律效力。

（二）洪武法律体系的结构框架及例的总类和功能

洪武年间，明代君臣在法制变革中，贯彻了朱元璋"常经之法"与"权宜之法"并用的法制建设方针，精心修"常法"以垂后世，注重制例以治乱世。洪武末，随着《诸司职掌》的颁行和《大明律》的定型，基本建成了新的法律体系，其结构框架如下所示：

表2　洪武朝法律体系的构成

大经大法 　　诸司职掌（洪武二十六年颁） **常经之法** 　　大明令（治国总章·洪武元年颁） 　　大明集礼（礼制·洪武三年修成） 　　大明律（刑事典章·洪武元年颁，三十年定型）

---

〔1〕 （明）徐溥等纂修，（明）李东阳等重校：《大明会典》书首《凡例》，明正德六年刻本。

其他"常法"

     宪纲（监察·洪武四年颁）

     孝慈录（礼制·洪武七年颁）

     洪武礼制（礼制·洪武年间颁）

     大诰（刑事·洪武十八至二十年颁）

     礼仪定式（礼制·洪武二十年颁）

     皇明祖训（皇室家法·洪武二十八年颁）

     稽古定制（礼制·洪武二十九年颁）

     教民榜文（民间事务·洪武三十年颁）

     军法定律（军事·洪武年间颁，已失传）

权宜之法：例

     条例

     事例

     则例（事例的一种，主要表述钱物管理和财政收支标准方面的事例）

     榜例（除个别以榜文公布的条例外，均属于事例性质）

     其他各类事例

魏晋至唐宋法律体系中，"令典""律典"居于最高即第一位阶的法律地位，两"典"之下的"常法"处于第二位阶，它们与"典"是纲目关系，"可变通之法"处于第三位阶。与魏、晋、隋、唐、宋法律体系比较，明代新法律体系仍由三个位阶的法律构成，其与前代法律体系不同之处，一是以《诸司职掌》为国家最高典章，变前代的两典并举为一典为纲，《大明律》成为典的有机组成部分，二是处于第三位阶的各种形式的"权宜之法"即"可变通之法"，一律以"例"表述。这种做法，使法律体系的纲目更加清晰和统一，法律形式更加简约，更易掌握和操作。

在明初的法律文献中，有关例的称谓有"例""事例""则例""榜例""条例"五种。为了准确阐述事例的性质、功能以及它与其他形式例的相互关系，这里对五种法律术语的内涵和相关情况作一概述。

1. 条例

明代时"条例"的概念，是指"分条"编纂、列举"奏定之例"，是"条"与"例"合成意义上的法律用语。"条例"的含义有狭义和广义两种。广义性质的"条例"，是把各种形式的具有"条"与"事例"特征的例都称为"条例"。狭义性质的"条例"，在洪武朝是指由抽象条文组成、复数结构的事例，而洪武以后各朝，多把朝廷精心修订、稳定性较强、具有"常法"

性质的法律文件称为"条例"。洪武年间，以"条例"命名的法规法令甚少，仅有"升赏条例"〔1〕"马政条例"〔2〕等几种。另外，正德《大明会典》卷十五《吏部十四》收入了洪武二十三年（1390年）制定的《责任条例》〔3〕，卷三六《户部二十一》载，"洪武初，定盐引内目条例"。这两个条例在正德《会典》中均记在"事例"项下。从洪武朝颁布的法律、当时的臣工题奏以及各种史籍的记载看，明初君臣所说的"条例"，是广义上的条例，事例、则例、榜例都属于条例的范畴，条例也是事例的同义语。

2. 事例

事例的本义是"以前事为例"。它是指在行政或审判活动中，通过处理某一事件或某一案例形成并被统治者确认为具有法律效力的定例。有关洪武年间事例的制定情况，前文已有介绍，不再赘述。

3. 则例

"则"是标准、等差或法则、准则、规则之意，"例"是指先例、成例或定例。则例作为法律用语始于唐、五代，主要用于表述官员俸禄、税收和礼仪方面的标准。宋、元时期，则例逐步成为一种法律形式，但在社会生活中的作用是很有限的。明代则例是事例的一种，是主要用以表述食货等事务管理的标准、运作规则方面的事例。

明太祖从洪武元年始，就把用以表述国家钱物管理和收支的标准方面的

---

〔1〕《明太宗实录》卷一一。

〔2〕《明武宗实录》卷四六。

〔3〕（明）徐溥等纂修，（明）李东阳等重校：《大明会典》卷一五《吏部十四·事例》，明正德六年刻本。《责任条例》颁行于洪武二十三年（1390年），共7条，就布政司、府、州、县分别治理管辖区域的职责及按察司、巡按御史究治渎职官员的责任作了明确规定。指出："布政司治理亲属临府，岁月稽求，所行事务，察其勤惰，辨其廉能，纲举至任须知内事目，一一务必施行。少有顽慢，及贪污坐视恬忍害民者，验其实迹，奏闻提问。设若用心提调催督，宣布条章，去恶安善，傥耳目有所不及，精神有所不至，遗下贪官污吏及无籍顽民，按察司方乃是清。"府治理州、州治理县、县治理里甲，也要仿效布政司治理府的有关规定办理。"若布政司不能清府，府不能清州，州不能清县，县不能去恶安善，遗下不公不法，按察司方乃是清。"该条例还规定："按察司治理布政司、府、州、县，务要尽除奸弊，肃清一方。耳目有所不及，精神有所不至，巡按御史方乃是清。傥有通同贪官污吏，以致民冤事枉者，一体究治。"条例要求各级官府"置立文簿，将行过事迹逐一开写。每季轮差吏典一名，赍送本管上司查考。布政司考府，府考州，州考县，务从实效，毋得诳惑繁文，因而生事科扰。每岁进课之时，布政司将本司事迹，并府州县各赍考过事迹、文簿，赴京通考。敢有坐视不理，有违责任者，罪以重刑"。《责任条例》颁行后，明太祖令各司、府、州、县"刻而悬之，永为遵守"。正德、万历间修订《明会典》时，又将该条例全文收入。

事例称为"则例"。《续文献通考》卷二一载："优免则例：太祖洪武元年，诏民年七十之上者，许一丁侍养，免杂泛差役。"[1]朱元璋执政三十一年间，则例的颁行不曾中断。譬如，洪武三年（1370年）六月，因大同粮储自陵县运至太和岭路远费重，采纳山西行省的建议，定"中盐输米则例"，规定："令商人于大同仓入米一石、太原仓入米一石三斗者，给淮盐一小引。"[2]洪武六年（1373年），"又定给赏则例。北平军士：永平、居庸、古北口为一等，密云、蓟州为一等，北平在城为一等，通州、真定为一等"。[3]同年，"又令亲王钱粮就于王所封国内府分，照依所定则例期限放支，毋得移文当该衙门，亦不得频奏。若朝廷别有赏赐，不在已定则例之限"。[4]洪武八年（1375年）定"马夫免粮则例"："自京至宿州十三驿，马夫田租全免。自百善道至郑州，免三分之二。自营阳至陕西、山西、北平，免三分之一。"[5]洪武十三年（1380年）定"支给草料则例"："令广东、广西、福建、浙江、湖广、江西布政司，淮安、苏州等卫，马草不许科收，马料不许支给。"[6]洪武二十一年（1388年）十一月，编逃故军士鄙册，并制"月粮则例"："各处卫所军士有逃故者，令本官编成鄙册，送兵部照名行取，不许擅差人役于各府州县勾扰。其州县类造军户文册，遇有勾丁按籍起解。其民匠充军者，月支米八斗，牧马军士支一石。以后复令民丁充军在边操练者，月支米一石。"[7]洪武二十四年（1391年），朱元璋下令："公侯大官以及民人，不问何处，惟犁到熟田，方许为主。但是荒田，俱系在官之数，若有余力，听其再开。其山场、水陆田地，亦照原拨赐则例为主，不许过分占为己有。"[8]洪武二十六年（1393年）春正月，户部奏定"云南乌撒中盐则例"："凡输米一斗五升，给浙盐一引，输米二斗给川盐，输米一石八斗给安宁井盐，输米一石六斗给

〔1〕（明）王圻：《续文献通考》卷二一《职役考》，明万历十三年（1585年）松江府刻本。

〔2〕《续文献通考》卷五《田赋考》，明万历十三年松江府刻本。

〔3〕（明）申时行等重修：《明会典》卷四十《户部二十七·经费一·赏赐》，中华书局1989年版，第283页。

〔4〕（明）申时行等重修：《明会典》卷三八《户部二十五·廪禄一·宗藩禄米》，中华书局1989年版，第272页。

〔5〕（清）黄宗羲编：《明文海》卷七六，袁黄：《苏州府赋役议》，中华书局1987年版，第726页。

〔6〕《续文献通考》卷四《田赋考》，明万历十三年松江府刻本。

〔7〕《秘阁元龟政要》卷一四，明抄本。

〔8〕（明）申时行等重修：《明会典》卷一七《户部四·田土》，中华书局1989年版，第112页。

黑盐井盐。"〔1〕同年二月，免各处解约泥污绢布者之罪，遂定"立拆纳则例"："令拣各布政司并直隶府州县解纳绢布。如泥污水迹堪染颜色及稍破坏者，皆不必赔。糜烂、破损不堪用者，准赔补，亦不治罪。因定拆纳绢布则例：每丝二十两及十八两，折绢一匹长三丈二尺、阔二尺、绵布每匹长三丈二尺、阔二尺八寸，重三斤。"〔2〕洪武二十七年（1394 年），定"灾伤去处散粮则例"："大口六斗，小口三斗，五岁以下不与。"〔3〕洪武二十八年（1395年），"定开中纳米则例，出榜召商，于缺粮仓分上纳"。〔4〕

《明太祖实录》《明史》《诸司职掌》〔5〕《御制大诰续编》〔6〕《皇明祖训》〔7〕《大明律附例》《南京都察院志》〔8〕《万历会计录》〔9〕《金陵梵刹志》〔10〕《国朝列卿纪》〔11〕《南雍志》〔12〕《春明梦余录》〔13〕《国榷》〔14〕《明文海》〔15〕和《古今鲝略》〔16〕等书都记载有洪武则例，计 78 件之多。

4. 榜例

"榜例"作为国家确认的法律形式始于明初，专指以榜文公布的定例。从先秦到元代，很多朝代都很重视运用榜文向臣民公布官方文书。就榜文的内容和功能而言，大体可分为两种类型：一是晓示、劝谕、教化类榜文，内容或是晓谕某一事项，或是公示某一案例，或是指陈时弊，申明纲常礼教和治国之道，意在使百姓周知，趋善避恶；二是公布朝廷和地方官府制定的法律、

〔1〕《明太祖实录》卷二二四。
〔2〕《秘阁元龟政要》卷一六，明抄本。
〔3〕（明）舒化等纂修：《大明律附例》卷五《户律二》。
〔4〕（明）申时行等重修：《明会典》卷三四《户部二十一·课程三·盐法三》，中华书局 1989年版，第 238 页。
〔5〕《诸司职掌》，明嘉靖镇江府丹徒县官刊《皇明制书》14 卷本。
〔6〕《御制大诰续编》，清华大学图书馆藏明洪武内府刻本。
〔7〕《皇明祖训》，明刻《皇明制书》不分卷本。
〔8〕（明）施沛：《南京都察院志》，日本内阁文库藏明天启刻本。
〔9〕（明）张学颜等纂：《万历会计录》，明万历十年（1582 年）刻本。
〔10〕（明）葛寅亮：《金陵梵刹志》，明万历刻天启印本。
〔11〕（明）雷礼：《国朝列卿纪》，明万历徐鉴刻本。
〔12〕（明）黄佐：《南雍志》，明嘉靖二十三年（1544 年）刻增修本。
〔13〕（清）孙承泽：《春明梦余录》，清乾隆内府刻本。
〔14〕（明）谈迁：《国榷》，张宗祥点校，中华书局 1988 年版。
〔15〕（清）黄宗羲编：《明文海》，中华书局 1987 年影印本。
〔16〕（明）汪砢玉：《古今鲝略》，清抄本。

法令、政令，要求臣民一体遵守。明以前各代的榜文内容比较繁杂，各朝也未规定榜文是独立的法律形式。明建国后，朱元璋特别重视以榜文形式公布法令，并把这类榜文定名为"榜例"。《续文献通考》卷一六五载："太祖洪武榜例：凡管马官吏时常下乡，提督看验马匹，要见定驹若干，显驹若干，重驹若干，明白附写，以俟太仆寺官出巡比较……"[1]万历《大明会典》卷一三二载："洪武二十七年圣旨榜例：自古到如今，各朝皇帝差军守卫皇城，务要本队伍正身当直。"[2]《皇明经济文录》卷三二记："伏读洪武三十年榜例内一欸：本地茶园人家，除约量本家岁用外，其余尽数官为收买。私卖者，茶园入官。"[3]明初，"榜例"是事例的一种形式，以榜文公布的"事例""则例"，都统称榜例。

《明太祖实录》《明史》《明会要》[4]《大明律》[5]《御制大诰》[6]《诸司职掌》《教民榜文》[7]《南京刑部志》[8]《条例备考》[9]《南京太仆寺志》[10]《续文献通考》《续文献通考补》[11]《马政记》[12]《日知录》[13]《日知录之余》[14]《客座赘语》[15]《杨一清集》[16]《名臣经济录》[17]《春明梦余录》《明经世文编》[18]《皇明经济文录》《本兵疏议》[19]和《余冬序录》[20]诸书都记有洪

---

[1] （明）王圻：《续文献通考》卷一六五《兵考》，明万历十三年（1585年）松江府刻本。

[2] （明）申时行等重修：《明会典》卷一四三《兵部·守卫》，中华书局1989年版，第730页。

[3] （明）万表：《皇明经济文录》卷三二《九边》，明嘉靖刻本。

[4] （清）龙文彬：《明会要》，中华书局1956年版。

[5] （明）刘惟谦等：《大明律》，明万历刻《皇明制书》20卷本。

[6] 《御制大诰》，明洪武内府刻本。

[7] 《教民榜文》，明嘉靖刻《皇明制书》14卷本。

[8] （明）陶尚德等：《南京刑部志》，明嘉靖刻本。

[9] 《条例备考》，日本内阁文库藏明嘉靖刻本。

[10] （明）雷礼：《南京太仆寺志》，明嘉靖刻本。

[11] （清）朱奇龄：《续文献通考补》，清抄本。

[12] （明）杨时乔：《马政记》，清文渊阁四库全书本。

[13] （明）顾炎武：《日知录》，清乾隆刻本。

[14] （明）顾炎武：《日知录之余》，清宣统二年（1910年）吴中刻本。

[15] （明）陆粲、顾起元：《客座赘语》，清抄本。

[16] （明）杨一清：《杨一清集》，中华书局2001年版。

[17] （明）黄训编：《名臣经济录》，清文渊阁四库全书本。

[18] （明）陈子龙：《明经世文编》，明崇祯平露堂刻本。

[19] （明）杨博：《本兵疏议》，明万历十四年（1586年）刻本。

[20] （明）何孟春：《余冬序录》，明嘉靖七年（1528年）刻本。

武榜例。《南京刑部志》记载的洪武榜例最多，为 45 件。

5. 例

各种例的总称或泛称，也可作某一形式例的简称，条例、事例、则例、榜例亦简称"例"。

在明初"治乱世"的社会背景下，法律的实施情况往往是"以事例为主"，这就决定了事例在当时的法制建设中发挥了极其重要的作用。洪武事例的功能，概括起来有以下三个方面。

其一，在"常经之法"编纂滞后的情况下，事例的大量颁行，从各方面健全了明初的法律制度。当时颁行的有关职制的事例，详细规定了各衙门职掌和活动规则，规定了官吏选任、考核、奖惩、监察等方面的制度，对于保障国家机器正常运转和强化吏治发挥了重要作用。当时颁行的有关户役、田宅、仓库、课程、钱债、市廛方面的事例，就田制、赋役、盐法、茶法、钱法、钞法、税法、漕运、马政和俸饷等法规法令的实施细则做了详细规定，较好地完善了明王朝的经济和财政管理制度。恢复社会经济是明初的国政要务，当时明太祖有关鼓励人民开荒，推行鱼鳞册和黄册制度、粮长制度等方面的法令，也是以事例形式发布的。洪武年间还颁布了大量的祭祀、仪制和宫卫、关津、厩牧、邮驿等方面的事例，全面地健全了国家的礼制和军事制度。

其二，朱元璋为"治乱世"，刑用重典。他的所有苛法峻令，几乎都是以事例形式颁布的。洪武年间，朱元璋于《大诰》之外，以事例形式颁布了许多为明律所未设的刑事禁例。[1]比如，洪武二十二年（1389 年）八月二十九日颁布的榜文规定："今后法司精审来历，设有仍前所告，动经五六十及百余人、一二十者，审出诬告情节得实，将好词讼刁民凌迟于市，枭首于住所，家下人口移于化外。"洪武二十六年（1393 年）八月榜文规定："朝廷命礼部出榜晓谕，军民商贾技艺官下家人火者，并不许穿靴，只许穿皮札鞴。违者，处以极刑。此等靴样一传于外，必致制度紊乱，宜加显戮。"洪武二十七年（1394 年）三月初二日颁布的榜文规定："今后里甲邻人老人所管人户，务要见丁着业，互相觉察。有出外，要知本人下落，作何生理，干何事务。若是

---

〔1〕 详见杨一凡："洪武朝峻令、重刑禁例和法外用刑补考"，收入杨一凡：《明代立法研究》，中国社会科学出版社 2013 年版，第 109~137 页。

不知下落，及日久不回，老人邻人不行赴官首告者，一体迁发充军。"洪武三十年（1397年）二月十三日榜文云："奉圣旨：如今军卫多有将官用战船私下卖了，工部出榜去各处张挂。但有卖官船的，凌迟处死，家迁一万里。私买者同罪。"洪武三十一年（1398年）正月十六日颁布的榜文规定："今后敢有将官船私下卖者，正犯人俱各处以极刑，籍没其家，人口迁发边远。"[1]朱元璋的重刑政策，猛烈地打击了贪官污吏，有利于澄清吏治，但颁行的严刑事例，多为律外用刑，虽然收效一时，但后患无穷。

其三，事例是国家"大法"和基本法律的法源。如果把洪武年间制定的《诸司职掌》和其他基本法律与当时颁行的事例进行比较，就不难发现，无论是国家大法《诸司职掌》，还是《宪纲》《洪武礼制》《礼仪定式》《教民榜文》等"常经之法"，都是在编纂或修订事例的基础上形成的。比如《诸司职掌》中，就收入了洪武年间颁行的则例15件、榜例7件。该书的其他条款，也大多取于之前发布的事例。事例与"大法"和基本法律的关系是："大法"和基本法律颁布前发布的事例，是修订"大法"和基本法律的基础文书，"大法"和基本法律颁布后发布的事例，则是前者的补充。"大法"和基本法律编纂水准的高低，往往与先前颁行的事例有密切关系。

二、明代典例法律体系的完善与事例的功能

（一）永乐至弘治年间事例编纂的成就及弊端

明太祖死后，从洪武三十一年（1398年）闰五月建文帝即位到弘治十年（1497年）编纂《大明会典》，明朝历建文、成祖、仁宗、宣宗、英宗、景帝、宪宗七帝，达近百年之久。这一历史时期立法的基本状况可概括为：一遵祖宗成宪，"常法"的制定无所建树；广颁事例，以例补法。

"遵循祖宗成宪"是朱元璋为后嗣君主立下的一条戒规，也是他要求子孙在法律制度问题上恪守的原则。他死前留下遗训："已成立法，一字不可改易。"[2]"群臣有稍议更改，即坐以变乱祖制之罪。"[3]朱元璋立此遗训，目

---

〔1〕 以上均见（明）陶尚德等：《南京刑部志》，明嘉靖刻本。

〔2〕《皇明祖训》序，载杨一凡、田涛主编：《中国珍稀法律典籍续编》（第3册），黑龙江人民出版社2002年版，第483页。

〔3〕《明史》卷九三《刑法一》，中华书局1974年版，第2279页。

的是保障他颁行的成法传之万世，但他忽略了"法随情变""当适时宜"这一立法原则，给后世创新法制造成了障碍。明成祖兴靖难之役，即以建文帝"变乱祖制"为罪名，在法制建设方面也极力推崇祖制。永乐之后的仁宗、宣宗、英宗等君主，也都仿效明成祖，打起"恪守祖训"的旗号。在这种历史背景下，累朝在健全"常法"方面，仅做了两件事，即在洪武朝颁行的《宪纲》和宣德朝颁行的军政条款的基础上，整合几朝颁布的相关事例，颁行了《宪纲事类》和《军政条例》。

《军政条例》是有关清理军政，勾补、编发军役，根捕、起解逃军等方面的规定和禁例。明英宗正统年间颁行的《军政条例》，辑录了宣宗宣德四年（1429 年）颁行的军政事例，并收入了英宗正统元年（1436 年）至三年（1438 年）颁行的军政事例。《皇明制书》十四卷本、十四卷补刻本中，收录了《军政条例》。由于有关明代军政方面的立法多已散失，因而此书是考察当时军政特别是逃军问题的重要史料。

英宗正统四年（1439 年），把洪武《宪纲》与几朝君主有关官吏监察的事例汇编为《宪纲事类》一书刊行。据《明实录》载，洪武四年（1371 年）正月，"御史台进拟《宪纲》四十条。上览之，亲加删定。诏刊行颁给"；[1]洪武六年（1373 年）四月，"重刊《律》、《令》、《宪纲》，颁之诸司"[2]。洪武二十六年（1393 年）三月颁行的《诸司职掌》中，对十二道监察御史照刷卷宗衙门、监察御史职掌及出巡、照刷文卷、追问、审录、问拟刑名等一应事宜做了详细规定。在此之后，惠帝、成祖、仁宗、宣宗历朝对《宪纲》均有增补。宣德年间，鉴于当朝与前代官制有所变化，中外宪臣对于《宪纲》有任情增益的情况，明宣宗屡次敕令臣下遵行洪武朝所定监察法规，并下令礼部同翰林院儒臣修订《宪纲》："以洪武、永乐以来，祖宗所定风宪事体著在简册者，悉载其中，永示遵守，而益之以训戒之言。凡出臣下所自增者，并削去之。"[3]书成，宣宗皇帝去世，《宪纲》未及颁行。英宗"嗣位之初，切以风宪为重"，群臣也请求早日颁行《宪纲》。于是，朝廷依宣德时修订的《宪纲》为蓝本，补充了正统初颁行的有关事例条款。正统四年十月二十六

---

〔1〕《明太祖实录》卷六十。

〔2〕《明太祖实录》卷八一。

〔3〕《宪纲事类》，载刘海年、杨一凡总主编：《中国珍稀法律典籍集成》（乙编第 2 册），科学出版社 1994 年版，第 31 页。

日，英宗敕谕"礼部即用刊印，颁布中外诸司遵守"[1]。

各朝尊崇太祖遗训不编纂新的成法，然而制书所载有限，随着社会经济的发展和各种新的问题不断出现，行政、经济、军政、教育诸方面管理规则多有缺失，刑事案件的案情也日趋复杂和多样化，《诸司职掌》《大明律》等成法的规定已难适应变化了的现实需要。因谁也不愿意承担"变乱祖制"的罪名，几朝君主只能采取广颁"事例"等权宜之法对"常经之法"进行补充，或对一些不适用的条款进行间接修正。各朝的事例或是由皇帝以诏敕的名义直接发布，或是由六部、大理寺、都察院等中央衙门议定或朝臣题奏，由皇帝批准实施。

从明代史籍记载看，永乐到弘治中叶各朝颁行事例的数量，用"浩瀚"二字形容当不为过。比如，旧钞本《皇明条法事类纂》中，辑录了明宪宗在位 23 年间颁布的刑事事例 922 件，平均每年 40 件；明孝宗弘治元年至七年颁行的刑事事例 328 件，平均每年 46.8 件。而正德《会典》仅选编了宪宗朝刑事事例 21 件，平均每年 0.91 件；孝宗朝刑事事例 25 件，平均每年 1.4 件。与《皇明条法事类纂》所收两朝事例每年平均为 40 件的情况比较，可知收入正德《会典》的永乐至弘治朝刑事事例，只是实际颁发事例的很小一部分。明朝的事例有吏、户、礼、兵、刑、工六类，通常情况下，颁行的其他类事例要比刑例为多，故这一时期实际颁行的各类事例的总数，应是刑例的多倍。

永乐至弘治各朝编纂的事例，内容极其广泛，涉及职制、公式、户役、田宅、婚姻、仓库、课程、钱债、市廛、祭祀、仪制、宫卫、军政、关津、厩牧、邮驿、贼盗、人命、斗殴、诉讼、受赃、诈伪、犯奸、捕亡、断狱、营造、河防等各个方面，从国家机关的活动规则到民间事务的管理，凡是需要解决的新问题而"常法"没有明文规定的，都通过制定事例补充法律的不足，或修正法律中过时的条款，从而完善了国家法律制度。

为使读者具体了解事例在完善国家法律制度中的作用，这里仅举两例说明。

比如，在《诸司职掌》中，对于民间种植桑株及丝绵、树株果价的征纳、解运、交库等事宜做了以下原则规定："凡民间一应桑株，各照彼处官司原定

---

[1] 《宪纲事类》，载刘海年、杨一凡总主编：《中国珍稀法律典籍集成》（乙编第 2 册），科学出版社 1994 年版，第 31 页。

则例起科。丝绵等物，其丝绵每岁照例折绢，俱以十八两为则，折绢一匹。所司差人类解到部札付，承运库收纳，以备赏赐支用。其树株果价等项，并皆照例征收钱钞。除彼处存留支用外，其余钱钞一体类解本部，行移该库交收。仍将存用数目，出给印信通关，具本入递奏缴，本部查领，附卷作数。其进纳绢匹钱钞一节，俱照依后项金科课程条款，一体施行。"永乐以后各朝在具体实施过程中，又颁布了多个事例。"宣德二年，添设浙江钱塘、仁和、海宁、新城、昌化、嘉兴、海盐、崇德八县县丞各一员治农。""正统八年，令各处不出蚕丝处所，每绢一匹折银五钱，解京支用。"〔1〕成化元年、十年、十一年、十九年，又发布了添设一些地区专理农桑之政官员的事例。成化二十一年（1485 年）发布事例，就受灾之年免奏事例等做了规定："国朝重恤民隐，凡遇水旱灾伤，则蠲免租税，或遣官赈济。蝗蝻生发，则委官打捕，皆随时与地而异。"

又如，关于马政，《诸司职掌》明确了有关负责马政管理的机关，并规定："凡太仆寺所属十四牧监九十八群，专一提调牧养。孳生马骡、驴、牛，其养户俱系近京民人，或五户十户共养一匹，每骒马岁该生驹一匹。若人户不行用心孳牧，致有亏欠倒死，就便着令买补还官。每岁将上年所生马驹起解，赴京调拨。本寺每遇年终比较，或群监官员怠惰，或人户奸顽致有马匹瘦损，亏欠数多，依例坐罪。"洪武以后各朝，先后颁行了 120 多件事例，就加强马政管理的实施细则及需要解决的问题做了详细规定。永乐十五年（1417 年），定南方养马例；宣德七年（1432 年），"令法司及陕西布按二司杂犯死罪应充军者，发陕西太仆寺养马"；正统四年（1439 年），"奏准应天、凤阳等处孳生陪补马驹，南京太仆寺官同南京兵部委官及御史分投印俵"；天顺八年（1464 年），"奏准各处医兽每周设定两名，每县一名，岁终更替"；成化四年（1468 年），"令北直隶京师附近系官草场，不许内外官豪势要妄指求讨，托故投献。违者，许科道官纠劾，及各衙门追究治罪"；弘治九年（1496 年），"令锦衣卫草场地亩征收租银许本卫收贴补马草"。〔2〕

永乐至弘治年间，累朝广泛颁行事例，在一定程度上完善了法制，但也

---

〔1〕 以上引文均见（明）徐溥等纂修，（明）李东阳等重校：《大明会典》卷一九《户部》，明正德六年刻本。

〔2〕 以上引文均见（明）徐溥等纂修，（明）李东阳等重校：《大明会典》卷一二二《兵部》，明正德六年刻本。

导致事例浩瀚，"一事三四其例者有之，随意更张每年再变其例者有之"〔1〕。因事例过多，前例与后例的内容往往有冲突之处，使人难以遵守。为此，各后嗣君主继位之初，都宣布不许妄引先年事例。明成祖登极诏曰："建文年间上书陈言有干犯之词者，悉皆勿论。所出一应榜文条例，普皆除毁。"〔2〕永乐十九年（1421 年），他又重申："法司所问囚人，今后一依《大明律》拟罪，不行深文妄行榜文。"〔3〕宣宗、英宗、景帝、宪宗、孝宗在登极诏中，也都宣布不准妄引条例。各朝对事例的适用，一般都是强调执行现行事例，先年事例只有经过皇帝钦准后才能继续适用。"事例冗琐难行"，成为这一时期法制建设的重要弊端。

（二）整合刑事事例为《问刑条例》，完善刑事法律体系

明孝宗弘治年间，是明代法律体系再次变革并走向完善的时期。这一时期，把累朝刑事事例整合修订为《问刑条例》，实现律、例并用，以例辅律而行，标志着明代刑事法律体系进一步健全和完善；把《大明律》全文和其他 12 种祖宗成法有效部分编入《大明会典》，并赋予《问刑条例》与律并行的效力，意味着以律和刑例为基本法律形式的刑事法律体系，在"以典为纲"的法律框架下，成为典例法律体系的有机组成部分。

有明一代，《问刑条例》是《大明律》之外最重要的刑事法律，首次颁布于弘治十三年（1500 年）。在此之前，因《大明律》已难完全适应变化了的司法实际的需要，各朝都颁行了大量的刑例，用以补充律条。随着时间的推移，事例日渐冗琐，施行过程中问题丛生。修正祖宗成法，已成为朝廷的当务之急。

宪宗朱见深成化年间，要求改变"事例冗繁"状况的呼声越来越高。当时，由于"唯祖宗成宪是式"的观点仍处于主导地位，加之朱见深对制定《问刑条例》持举棋不定的态度，制定《问刑条例》一事也随之夭折。

弘治年间，要求改革刑例立法、制定《问刑条例》的呼声再次高涨，并逐渐成为多数朝臣的共识。弘治元年（1488 年）九月十四日，刑部尚书何乔

〔1〕《皇明条法事类纂》卷四八《陈言干碍法司条例须要会议例》，载刘海年、杨一凡总主编：《中国珍稀法律典籍集成》（乙编第 5 册），科学出版社 1994 年版，第 920 页。

〔2〕《明太宗实录》卷十。

〔3〕《明太宗实录》卷二三六。

新会同都察院、大理寺复奏说：

> 窃惟律例兼行，其来久矣……盖律者，万世之大法；例者，一时之权宜。例之为用，所以辅律之不及者也。自成化元年以后，一应条例虽出于臣下之所建明，实本于先帝之所裁处，其间亦有深意焉。且如造妖书妖言者，律该正犯处斩，例则全家发烟瘴地面充军，盖虑其造言以惑众也。略卖良人者，律该坐以徒流，例则连家小发边远充军，盖恶其使人骨肉生离也。盗仓粮者，于律止坐杂犯绞，而近年盗边粮至一百石以上者，有充军之例，盖虑其因盗而乏军需也。犯私盐者，于律止坐徒罪，而近年贩私盐至二千斤以上者有充军之例，盖为其私贩以亏国课也。似此之类，难以枚举，所以救时之弊，亦皆辅治而行者。一概革去，虑恐百弊重生。异时法不足以惩奸，言律者又复申明旧例，未免烦渎圣听，不可不详加斟酌也。[1]

弘治五年（1492 年）七月，刑部尚书彭韶议曰：

> 刑书所载有限，天下之情无穷。故有情轻罪重，亦有情重罪轻，往往取自上裁，斟酌损益，著为事例。盖比例行于在京法司者多，而行于在外者少，故在外问刑多至轻重失宜。宜选属官汇萃前后奏准事例，分类编集，会官裁定成编，通行内外，与《大明律》兼用。庶事例有定，情罪无遗。[2]

在这些上书中，主张制定《问刑条例》的朝臣强调了这样三个观点。一是律例并行，由来已久，例有辅律的作用，所谓删定《问刑条例》违背祖制的观点是错误的。二是祖宗制定的刑书所载有限，而世情却在不断变化，如不度势立法，便难以惩奸。三是对现行事例不能不加分析地全部否定，采取"一概革去"的态度，这些事例也是经臣下奏请由皇帝批准实行的，其中不少事例，有其"辅治"深意和不可取代的作用。正确的做法应该是：既把那些"冗琐难行"、内容前后矛盾、轻重失宜的例革去，也将那些"经久可行"的

---

〔1〕《皇明条法事类纂》附编《奏革幼军在逃等件重复不便事件》，载刘海年、杨一凡总主编：《中国珍稀法律典籍集成》（乙编第 6 册），科学出版社 1994 年版，第 110 页。

〔2〕《明孝宗实录》卷六五。

例分类编集，删定成新的《问刑条例》。朱祐樘采纳了这些正确意见，"弘治五年，命刑部尚书彭韶删定《问刑条例》"，后又令"尚书白昂会九卿会议"，择事例可行者279条，于弘治十三年（1500年）二月颁行天下。

弘治《问刑条例》共279条。与《大明律》律文比较，有114条系新增条款，其他均是对律文的补充条款。弘治《问刑条例》对明律增补的内容主要是：其一，对宗藩权力做了较严格的限制；其二，加强了有关禁止贩卖官私引盐和盗掘矿产等方面的经济立法；其三，扩大了赎刑和充军刑的范围。

弘治《问刑条例》发凡起例，突破了"祖宗成法不可更改"的格局，对《大明律》中不适当的部分予以修正，革除了明开国百年来因事起例、"冗琐难行""轻重失宜"的弊端，使刑例整齐划一和条文化，得以"永为常法""辅律而行"，其在明代立法史上所起到的积极作用是不能低估的。

弘治《问刑条例》在弘治、正德、嘉靖三朝实行50年之久。然而，明代中叶世态多变，社会矛盾层出不穷，旧例中的一些规定，很快便显得"过时"，大量新的问题，需要用新例加以规范，于是许多名目不一的事例又应运而生。正德十六年（1521年），武宗死，世宗登基。他在即位诏中又不得不明令重申："凡问囚犯，今后一依《大明律》科断，不许深文，妄引参语，滥及无辜。其有奉旨推问者，必须经由大理寺审录，毋得径自参奏，致有枉人。近年条例增添太繁，除弘治十三年三月初二日以前曾经多官奉诏会议奏准通行条例照旧遵行外，以后新增者悉皆革去。"[1]不过，他维护祖宗成法的愿望并未行得通，因实际需要，世宗又不断颁定了许多新的事例，再次出现了"法令难行，轻重失宜"的弊端，修订弘治《问刑条例》已是势所难免。嘉靖初年，陕西巡抚王荩、巡抚保定等府都御史王应鹏等人上疏，"请定条例，以明法守"。此议被世宗所拒绝，并于嘉靖七年（1528年）闰十月降旨："内外问刑衙门，但依《大明律》及弘治十三年条例行，不必再行编集。"[2]此后，虽仍有人不断提出修订《问刑条例》，均被驳回。直至嘉靖二十七年（1548年）九月，刑部尚书喻茂坚上疏奏请修订《问刑条例》，方得到世宗的批准，命"会官备查各年问刑事例，定议以请"[3]，因茂坚去官，便诏尚书

---

〔1〕《明世宗实录》卷一。

〔2〕《明世宗实录》卷九四。

〔3〕《明世宗实录》卷三四〇。

顾应祥等定议。嘉靖二十九年（1550 年）十二月，刑部尚书顾应祥将重修《问刑条例》奏进，世宗诏："诏刊布内外衙门一体遵守。今后问刑官有任情妄引故入人罪者，重治。"〔1〕至此，《问刑条例》第二次得以修正。后世称此次修订的《问刑条例》为嘉靖《问刑条例》。

嘉靖《问刑条例》共 376 条，其中名例律 90 条、吏律 33 条、户律 65 条、礼律 9 条、兵律 51 条、刑律 121 条、工律 7 条。《明史·刑法志》记嘉靖《问刑条例》"增至 249 条"，是不对的。嘉靖三十四年（1555 年）二月，刑部尚书何鳌等奏上律例九事，"俱允行"。〔2〕此 9 条全文载于美国国会图书馆所藏嘉靖三十五年（1556 年）刊本《南京刑部志》，称为"续准《问刑条例》"。其中名例律 2 条、吏律 2 条、兵律 2 条、刑律 3 条。内容均为对嘉靖《问刑条例》有关条款的进一步明确规定，其与嘉靖二十九年条例合为 385 条。〔3〕与弘治《问刑条例》相比，嘉靖《问刑条例》所因袭者为 251 条，所因而略加修改者 28 条，新增者近百条。如加上续准《问刑条例》，新增者为 106 条，可见增补和修正幅度仍是比较大的。

嘉靖《问刑条例》与弘治《问刑条例》比较，新增的内容主要有以下几个方面：其一，进一步限制皇族成员及各级官吏的法外特权；其二，进一步强化礼仪和等级制度；其三，加强对边地沿海贸易管理；其四，以重典治理流民。从量刑来看，嘉靖《问刑条例》的刑罚较之弘治《问刑条例》有加重的趋势。特别是充军条款和适用对象、范围，又较弘治《问刑条例》有大幅度增加。《明史·刑法志》云："充军之例为独重。《律》充军凡四十六条，《诸司职掌》内二十二条，则洪武间例皆律所不载者。其嘉靖二十九年条例，充军凡二百十三条，与万历十三年所定大略相同。"嘉靖《问刑条例》一方面因袭弘治《问刑条例》，对其中部分条款的有关规定加以明确；另一方面又针对社会现实问题补充了许多重要的条款，它在明代三次修订《问刑条例》的过程中，发挥了承上启下的作用。嘉靖《问刑条例》的修订，进一步巩固了《问刑条例》与《大明律》并行的法律地位。

《问刑条例》第三次增修是在万历年间。万历二年（1574 年）四月，刑

---

〔1〕《明世宗实录》卷三六八。

〔2〕《明世宗实录》卷四一九。

〔3〕嘉靖《重修〈问刑条例〉》，收入刘海年、杨一凡总主编：《中国珍稀法律典籍集成》（乙编第 2 册），科学出版社 1994 年版，第 435~507 页。

科给事中乌升等奏请续增条例，神宗下旨："《问刑条例》依拟参酌续附。"[1]此后即着手对《问刑条例》进行修订，直至万历十三年（1585 年）方修订完毕。刑部尚书舒化于万历十三年四月四日奏请颁行，神宗于四月十一日颁旨："这《问刑条例》既会议详悉允当，着刊布内外衙门永为遵守。仍送史馆，纂入《会典》。问刑官如有妄行引拟及故入人罪的，法司及该科参奏治罪。"[2]而后，又依舒化的建议，对流行于世的《大明律》律文进行核对，将《律》《例》合刻，"律为正文，例为附注"，[3]并编入万历十五年（1587 年）刊行的《大明会典》。对于《问刑条例》来说，这是一次全面的、严肃的修订。

自嘉靖二十九年（1550 年）重修《问刑条例》至万历十三年再修《问刑条例》，相隔只有 35 年。上距嘉靖三十四年（1555 年）续增《问刑条例》只有 30 年。其间陆续颁定的各种事例数量有限，故万历《问刑条例》的修订，不是重在增补，而是旨在对嘉靖《问刑条例》按照较高标准的规范化要求进行加工。

万历《问刑条例》共 382 条，"除各例妥当，相应照旧者共一百九十一条；其应删应并应增改者共一百九十一条"。[4]其革除弘治时颁定、嘉靖时沿用的条例 10 余条，新增 30 条，沿旧例并加以修正者 161 条。依《大明律》律文后附条例分类，万历《问刑条例》名例律为 91 条，吏律为 31 条，户律为 69 条，礼律为 9 条，兵律为 51 条，刑律为 123 条，工律为 8 条。"《条例》申明颁布之后，一切旧刻事例，未经今次载入，如比附律条等项，悉行停寝。"[5]在此之后，《大明律》和万历《问刑条例》作为明后期的主要刑事法律，再未变动。

明代《问刑条例》与律并行，前后达 140 余年之久。沈家本先生在评价

---

〔1〕（明）舒化：《重修问刑条例题稿》，收入杨一凡编：《中国律学文献》（第 3 辑第 2 册），黑龙江人民出版社 2006 年影印本，第 113 页。

〔2〕（明）舒化：《进新刻〈大明律附例〉题稿》，收入杨一凡编：《中国律学文献》（第 3 辑第 2 册），黑龙江人民出版社 2006 年影印本，第 127 页。又舒化等纂修：《大明律附例》，南京图书馆藏明万历十三年刻本。

〔3〕《明神宗实录》卷一六〇。

〔4〕（明）舒化：《重修问刑条例题稿》，收入杨一凡编：《中国律学文献》（第 3 辑第 2 册），黑龙江人民出版社 2006 年影印本，第 122 页。

〔5〕见（明）舒化等纂修：《大明律附例》卷三十《工律》"修理桥梁道路"条后附例。

明代清理刑例、修订《问刑条例》时，对于它的几次修订，特别是万历《问刑条例》的修订给予肯定，指出，它的历史作用是"立例以辅律，非以破律"〔1〕。这一观点是公允和符合实际的。弘治、嘉靖、万历三朝"度势立法"，定期整理、清理累朝颁行的事例，把仍合时宜、具有稳定性的事例编入《问刑条例》，及时对《大明律》过时的条款予以修正，又针对当时出现的社会问题适时补充了新的规定。这种做法，既保持了明律所应具有的权威性和稳定性，又利于国家法律的实施。

《问刑条例》系国家"常法"，具有相对的稳定性，与《大明律》具有同等法律效力，可以在司法审判活动中广泛适用。编入《问刑条例》的事例，已属于"常法"的组成部分，其性质、法律效力与一般属于"权宜之法"的事例大不相同。经明孝宗钦准，这种事例汇编形成的"常法"称为"条例"。弘治《问刑条例》以"条例"命名，是明代立法技术的一大进步。在此之后，朝廷新制定的"常法"，多是以"条例"定名，从而使立法更加规范化。

（三）明代典例法律体系框架的定型与正德《会典》事例

1. 颁行《大明会典》是明代典例法律体系基本框架定型的标志

朱元璋创立的以典为纲、以例和其他法律为目的法律体系，从洪武末到弘治中叶实行了百年之久。随着社会的发展和职官制度的变化，明朝"衙门名目、制度改革、官员品秩、事体更易，又多与国初不同"。〔2〕《诸司职掌》已不能完全适应治理国家的需要，加之"累朝典制，散见叠出，未会于一"，为克服"事例冗繁""不能偏观尽识"的弊端，弘治十年三月初六日，明孝宗敕谕内阁，要求"仰遵圣制，遍稽国史，以本朝官职制度为纲，事物名数仪文等级为目……以成一代之典"。〔3〕弘治十五年十二月书成，凡180卷。但未及颁行，明孝宗去世。明武宗继位后，于正德四年五月，命大学士李东阳等重校，六年颁行，世称"正德《会典》"。

正德《大明会典·凡例》云："《会典》之作，一遵敕旨，以本朝官职制

---

〔1〕 （清）沈家本：《寄簃文存》卷七"万历《大明律》跋"，载（清）沈家本撰，邓经元、骈宇骞点校：《历代刑法考》（第4册），中华书局1985年版，第2263页。

〔2〕 （明）陆容：《菽园杂记》卷十一，中华书局1985年版，第132～133页。

〔3〕 （明）申时行等重修：《明会典》书首孝宗皇帝《皇帝敕谕内阁》，中华书局1989年影印本，第2页。

度为纲，事物名数仪文等级为目。"由此可知，《会典》编纂之始，就确立了以典制为纲、以事则为目的指导思想和编纂原则。修成的正德《会典》，"其义一以《职掌》为主，律以颁降群书，附以历年事例，使领其事，事归于职。"〔1〕以六部和其他中央机构官制为经，以事例为纬，分述开国初至弘治十五年百余年间各行政机构的建置及所掌职事。其书弁以宗人府 1 卷，2～163卷为六部掌故，164～178 卷为诸文职，末 2 卷为诸武职。"圣祖皇神宗百有余年之典制，斟酌古今足法万世者，会粹无遗矣。"〔2〕

正德《会典》是全面整合祖宗成法和历年事例的结晶，也是继洪武朝之后，明王朝完善典例法律体系的又一次重大立法实践。通过编纂《大明会典》，对祖宗成法进行了成功的重新整合和补充修订。

其一，正德《会典》采用典、例分编体例，编纂典文时，对《诸司职掌》内容不完善之处，用明太祖颁行的 12 种法律中仍适合行用的条款予以补充。《诸司职掌》于洪武二十六年（1393 年）颁行时，因洪武二十二年律已刊行，为节省篇幅，该书《刑部》只列了《大明律》门名，未详列各条款律文，编纂《会典》时把 458 条律文补入。其他 11 种法律条款选入典文的情况是：《大明令》61 条，《大诰》11 条，《军法定律》1 条，《教民榜文》5 条；《皇明祖训》《宪纲》除少数条款外，几乎都被收入；《诸司职掌·礼部》的疏漏，则用《大明集礼》《洪武礼制》《孝慈录》《礼仪定式》《稽古定制》的相关条款补充。《诸司职掌》与其他祖宗成法构成《会典》典文核心内容。整合祖宗成法的意义，一是《诸司职掌》的内容更加完善；二是消除了祖宗成法彼此之间内容重复或相互抵牾之处，实现了法制统一，便于臣民遵守；三是确认了祖宗成法中仍能适用的有效条款，解决了"不变乱祖制"与现行立法的矛盾。按照明太祖朱元璋不许"变乱成法"的遗训，洪武时颁行的 13 种法律直到明末都未宣布废弃。通过编纂《会典》，确认了这些法律的有效条款继续行用，这样做，就巧妙地解决了在不违背"祖训"的前提下适时立法的难题。

其二，整合现行事例和仍适用的先年事例，对《诸司职掌》未载的中央

---

〔1〕（明）徐溥等纂修，（明）李东阳等重校：《大明会典》书首武宗皇帝《御制大明会典序》，明正德六年刻本。

〔2〕（明）徐溥等纂修，（明）李东阳等重校：《大明会典》书首武宗皇帝《御制大明会典序》，明正德六年刻本。

衙门职掌及已载衙门职掌未设的门类，以现行法律制度为准予以增补。《诸司职掌》记载了吏、户、礼、兵、刑、工六部和都察院、通政司、大理寺职掌，其他衙门未列入。编纂《会典》时，新增了宗人府、太常寺、詹事府、光禄寺、太仆寺、鸿胪寺、国子监、翰林院、尚宝司、钦天监、太医院、上林苑监、五城兵马指挥司、僧录司、道录司、神乐观、五军都督府、上二十二卫等衙门的职掌。新增入衙门的职掌，基本上是用现行事例整合的。《诸司职掌》已载衙门未设的门类，大多以现行事例整合，少数沿用了当时仍行用的先年事例。比如，户部十九所载"田土"，系弘治十五年后十三布政司并直隶府州实在田土；户部五所载"户口"，系弘治四年造册户口数目。礼部十三所载"王国礼二"、六十四所载"南京礼部"，工部十六所载"屯种""坟茔"，均系现行事例整合完成。吏部十所载"巡狩"，系永乐六年定。礼部二十二"士庶冠礼"，系洪武三年定。

其三，在各目次典文后设立"事例"专栏，详记与典文相关的累年事例，使国家各项根本制度更加细化。《会典》典文部分系整合明太祖颁布的 13 种法律而成，许多规定比较原则，或因国情变化缺漏较多，为把《会典》修成一代完备法典，纂修者以"足法万世"为标准，从现行和先年事例中，选择能够继续适用的事例，以颁行时间为序，依次编入。事例的规定比较具体，是典文的细则性补充规定，内容与祖宗成法无冲突之处，这就使各项制度更加具体。事例入《会典》后，虽存"事例"之名，但法律效力已发生变化，属于国家"大经大法"的组成部分。

正德《大明会典》的颁行，标志着明朝典例法律体系框架的基本定型。此后直到明末，虽然《会典》在嘉靖、万历间曾经重修，但只是内容和体例的进一步完善，国家的法律体系框架始终未有大的变化。现将正德《会典》颁行后明代法律体系的构成列表于后。

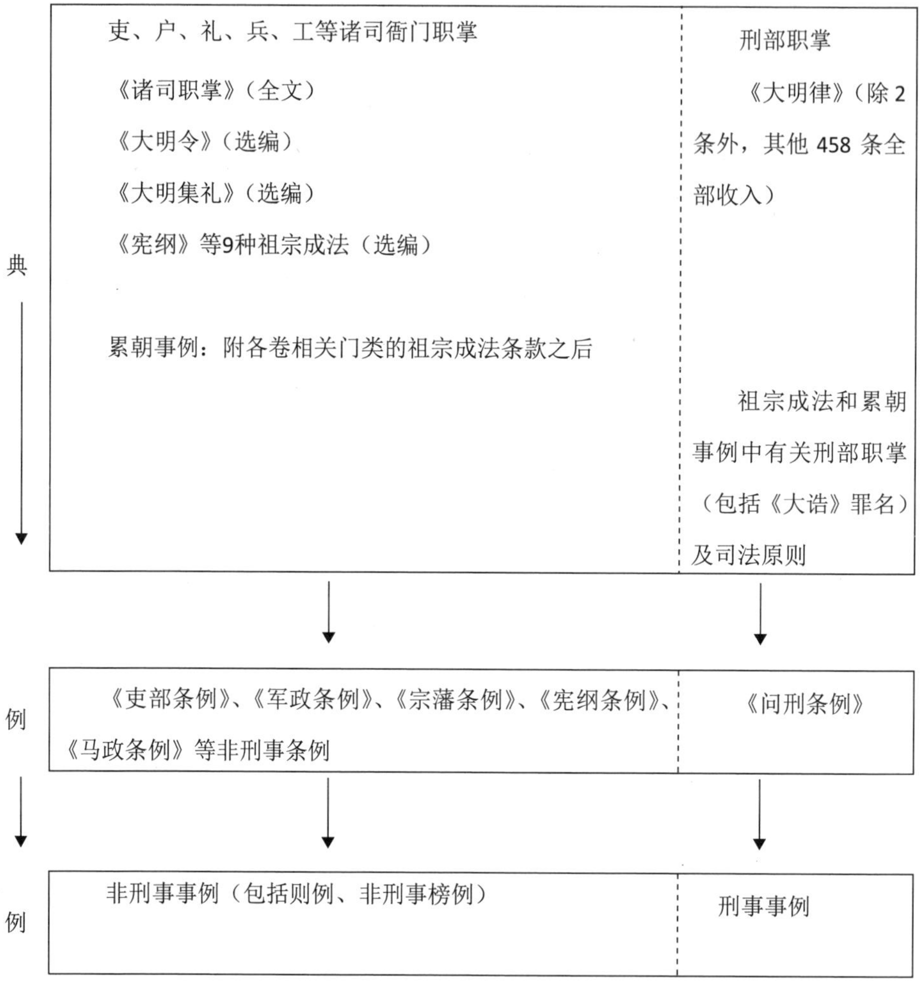

吏、户、礼、兵、工等诸司衙门职掌	刑部职掌
《诸司职掌》（全文） 《大明令》（选编） 《大明集礼》（选编） 《宪纲》等9种祖宗成法（选编） 累朝事例：附各卷相关门类的祖宗成法条款之后	《大明律》（除2条外，其他458条全部收入） 祖宗成法和累朝事例中有关刑部职掌（包括《大诰》罪名）及司法原则

典

例

《吏部条例》、《军政条例》、《宗藩条例》、《宪纲条例》、《马政条例》等非刑事条例	《问刑条例》

例

非刑事事例（包括则例、非刑事榜例）	刑事事例

图1 正德《大明会典》颁行后明代法律体系构成图

明初的法律体系，由"大经大法""常法"与"可变通之法"三个位阶的法律构成。《诸司职掌》是明初的"大经大法"，《大明律》是《诸司职掌》的组成部分；"常法"多是只适用于某一领域的国家基本法律，如《大明集礼》《宪纲》《洪武礼制》《军法定律》《教民榜文》等；"例"是"可变通之法"。正德《会典》颁行后，构成法律体系的各种法律从法律地位讲，仍由"大经大法""常法"和"可变通之法"三个位阶构成，《会典》是国家的"大经大法"，明太祖颁布的《大明令》《大明律》《诸司职掌》《大明集礼》

等 13 种法律是"典"的组成部分，后嗣君主颁行的稳定性较长的行政、刑事诸条例为国家"常法"，包括则例、榜例在内的一应事例为"可变通之法"。其与明初法律体系变化之处是，"常法"和"可变通之法"这两个位阶的法律都用"例"表述，更加鲜明地体现了"典为纲、例为目"的特色。这种典例法律体系的优点是编纂体例更加规范、法律形式更为简约，"例"的包容量更大，更方便官吏掌握。

长期以来，学界通常是用"律例法律体系"表述明代法律体系，但诸多明代史籍的记载表明，这一论断有失偏颇。朱元璋曰："律者，常经也。条例者，一时之权宜也。"[1] 明太祖的这句话，被今人作为论述明代法律体系的依据。其实，这句话说的是律与刑例的关系。以"律例法律体系"概括明代刑事法律体系，应当说是不错的。但如把明一代法律体系统称为"律例法律体系"，则忽视了明太祖颁行的《大明令》《诸司职掌》《大明集礼》等 10 多种法典、法律并非"刑律"和"刑例"的史实；忽视了正德朝始以《会典》为"大经大法"的史实；忽视了明例有吏、户、礼、兵、刑、工之别，除刑例外的其他例与刑律没有从属关系；也不符合刑律只占明代立法总数的一小部分这一实际。在论述明代法律体系时之所以会出现"律例法律体系"说的误判，没有认真研究正德《会典》是重要原因之一。

关于《大明会典》的性质，学界尚有争议，有"官修书"说、"行政法典"说等不同观点。本文采用国家"大经大法"的提法，主要理由如下。(1)《大明会典》的编纂宗旨，是成"世守之"的"一代画一经常之典"。《弇州四部稿》作者王世贞云："《大明会典》一书实我祖宗经世大法，百司庶僚奉而行之，可以传世永永。"[2](2)《大明会典》是一代典章和法律的汇编，它不同于一般典制体史书的编纂，自始至终都是国家的立法活动。内容的选编以是否"经常可用"为取舍标准，现行法律须经严格清理、选择，可通行于世者，呈报皇帝定夺后方可入典。《大明会典》要由皇帝明令公布，命天下遵行。(3) 从《大明会典》的内容看，除现行法律外，收入的前朝颁行的法律，都是能够长期通行的基本法律制度，或是可作为百司参用的法律条

---

〔1〕 （明）吕本等辑：《明太祖宝训》卷三，中国国家图书馆藏明万历三十年（1602 年）春秣陵周氏大有堂刻本。

〔2〕 （明）王世贞：《弇州史料》后集卷二九，明万历四十二年（1614 年）刻本。

款。（4）明代史籍中有大量关于"遵《会典》"和依据《会典》处理行政事务的记载。笔者检索了中国古籍基本库，其收入的明代文献有500余种记载了《大明会典》，有关《会典》编纂和行用的文字3600余处。《会典》行用的事实表明，从正德到明末，《会典》在治国实践中一直是作为"大经大法"被遵行的。（5）"官修史书"说忽视了《会典》与其他政书不同，它系整合祖宗成法而成，具有最高法律效力，并长期行用；"行政法典"说忽视了《大明会典》收入《大明律》全文，故还是按照明代统治者对《会典》性质的表述，称其为"大经大法"为妥。用现代法律语言则可表述为：《大明会典》是全面规范国家政务和各项基本制度、经久常行、在国家法律体系中居于"纲"的地位的大法。

《大明会典》为国家的"大经大法"，自颁行之日起，一直要求天下臣民严格遵守。明代史籍中有关"遵《会典》"和依据《会典》处理行政事务的记载比比皆是。仅《明实录》中就有上百件遵守《会典》行事的记载。以《明世宗实录》所载为例。如，嘉靖元年（1522年）三月，"已未，鲁府新蔡王当㳟，乞赐食盐，以《会典》有禁，不允。仍定为例"。[1]嘉靖二年（1523年）三月，"辛未，户部上言……今宜严禁私茶，陕西责之巡茶御史，四川、湖广守巡兵备，一切市茶未卖者验引，已卖者缴引截角，凡引俱南京户部印发，郡县无得擅印。痛革私税，一归于批验茶引所茶课司。其总镇守备家人头目豪贩者，抚按论劾无赦，仍以《大明会典》及律例所载申明榜示。"[2]此建议得到世宗皇帝批准。嘉靖九年（1530年）六月丙戌，吏科都给事中夏言上书，建议祭祀太庙、世庙时，由六科都给事中参与陪祭，世宗皇帝要求礼部议定，礼部"以与《会典》事例不合，罢之"[3]。嘉靖十四年（1535年）正月丁丑，"周王睦㰂奏，王亲瑶役，乞一户全免。部覆：'宜遵《会典》例，免二丁。'诏从部议"。[4]《明世宗实录》卷四九七载，嘉靖四十年（1561年）闰五月癸卯，"云南抚按官以近例裁革关文，请给本省会试举人及乡试考官勘合。兵部言：'各省新科举人，例应起关，仍照《会典》遵行。其聘取考官亦系公务，宜如顺天府事例一体应付。'从之"。

---

〔1〕《明世宗实录》卷八。

〔2〕《明世宗实录》卷二四。

〔3〕《明世宗实录》卷一一四。

〔4〕《明世宗实录》卷一七一。

2. 关于《会典》事例

正德《大明会典》的编写方法，是在各目次下先选编祖宗成法的相关条款，在其后设"事例"专栏，将应收入的累朝历年事例以颁行时间为序，依次编入。

笔者详细统计了正德《会典》所收事例，共计4831件，详见表3。

表3 正德《大明会典》所载事例

卷次	目次	洪武	建文	永乐	洪熙	宣德	正统	景泰	天顺	成化	弘治	未记时间	合计
卷一	宗人府	1		2	1	1					2	9	16
卷二至十五	吏部	61	1	21	4	23	41	10	11	32	39	146	389
卷十六至四一	户部	167	2	127	9	143	384	171	58	287	168	43	1559
卷四二至一〇五	礼部	274	2	160	7	55	75	31	31	67	64	159	925
卷一〇六至一二五	兵部	74	3	71	3	65	62	16	28	94	140	92	648
卷一二六至一四六	刑部	33	4	16	2	12	11	8	7	21	25	13	152
卷一四七至一六三	工部	51		35		21	24	13	18	61	52	37	312
卷一六四至一六六	都察院	1		2		10	18	5	3	19	11	29	98
卷一六七	通政使司等	1		1							2	158	162
卷一六八	大理寺	2		5			1			4	3	7	22
卷一六九	太常寺	2										25	27
卷一七〇	詹事府等	2		1				1			2	31	37
卷一七一	光禄寺等	2		2			2				2	80	88
卷一七二	鸿胪寺											24	24

续表

卷次	目次	洪武	建文	永乐	洪熙	宣德	正统	景泰	天顺	成化	弘治	未记时间	合计
卷一七三	国子监	26		7		9	12	3	4	17	15	6	99
卷一七四	翰林院			1		1	1				3	37	43
卷一七五	尚宝司											32	32
卷一七六	钦天监等	5		1						4	4	40	54
卷一七七	上林苑监等	1		2			1					20	23
卷一七八	僧录司等	4										26	31
卷一七九	五军都督府										1	51	52
卷一八〇	上二十二卫	1				1	1			1	2	32	38
合计		708	12	454	26	341	633	258	160	613	529	1097	4831

编入正德《大明会典》的累朝事例，约占全书篇幅的一半以上。事例在《会典》中有何功能？它与收入《会典》的常法条款是何关系？在执法或司法过程中能否援用？这里，以正德《会典》卷二十二《户部七》有关赋役的记载为例，对上述问题加以探讨。

正德《会典》卷二十二先辑录了《诸司职掌》《大明令》《宪纲》中有关赋役的条款，然后在"事例"一栏记载了洪武三年（1370年）至弘治十三年（1500年）间颁行的18件事例。本文照录如后。

诸司职掌

凡各处有司，十年一造黄册，分豁上、中、下三等人户，仍开军、民、灶、匠等籍，除排年里甲依次充当外，其大小杂泛差役，各照所分上、中、下三等人户点差。

明令

凡民年八十之上，止有一子，若系有田产应当差役者，许令雇人代替出官。无田产者，许存侍丁，与免杂役。

宪纲

仰本府州县严督所属，凡有一应差役，须于黄册丁粮相应人户内，从公点差，周而复始。毋致放富差贫，作弊扰民。

事例

洪武三年，令各处军民，凡有未占籍而不应役者，许自首。●十七年，令各处赋役，必验丁粮多寡，产业厚薄，以均其力，违者罪之。●十八年，令有司第民户上、中、下三等为赋役册，贮于厅事。凡遇徭役取验，以革吏弊。●二十一年，令税课司局巡拦，止取市民殷实户应当，不许佥点农民。●二十四年，令寄庄人户，除里甲原籍排定应役，其杂泛差役，皆随田粮应当。●令在外布政司、按察司、府州县官，俱给官钱买马，市民轮流看养。●三十一年，令各都司卫所在营军士，除正军并当房家小，其余尽数当差。●正统五年，令各府州县每岁查见在人户，凡有粮而产去，及有丁而家贫者，为贫难户，止听轻役。●景泰元年，令里长户下空闲人丁，与甲首户下人丁一体当差。若隐占者，许甲首首告。●令各处有司马夫，二十丁买马，十丁养马，俱于市民内佥充。●成化六年，令有司马夫，不许占役丁多富户及办纳月钱。●十五年，令各处差徭户分九等，门分三甲，凡遇上司坐派买办采办，务因所派多少定民输纳，不许隔年通征银两在官。●弘治元年，令各处审编均徭，先查该年人户丁田，分为等第，止编本等差役，不许分外加增余银。若贫难下户，并逃亡之数，听其空闲，亦不许预收余银，负累见在里甲。凡额外滥设差役，尽行革罢。如违，听巡抚、巡按官纠举。不举者坐罪。镇守衙门，不许干预均徭。●又令在京事故，校尉、力士、幼军、厨役、随住人口，照回当差。其有在京潜住，冒顶军匠者递回。●四年，令各处郡王受封之后，若有入继亲王并病故无后者，原拨校尉悉发有司听差，不许容隐占用。●五年，令顺天府所属人民，有私自投充陵户、海户及勇士、校尉、军厨，躲避粮差者，除本役外，其户下人丁照旧纳粮当差。●七年，令布按二司及各府官马夫，于所属州县各佥中等三丁人户，十户共出银四十两，解送掌印官处，分给各官自行买马喂养。其州县者，于隔别府分佥充，亦征银解送各掌印官，分给买马喂养。●十三年，奏准各布政司并直隶府州掌印官，如遇各部派到物料，从公斟酌所属大小丰歉坐派。若豪猾规利之徒，买嘱该吏，妄禀偏派下属承揽害民者，俱问发附近卫所充军。各该掌印官听从者，参究治罪。

上述《诸司职掌》《大明令》《宪纲》条款，系照录这三书中的有关条款而来，一字未改。[1]后附的18件事例名，有弘治朝事例6件，其他12件为"先年事例"。将这些事例的内容与三书的条款及相关文献进行比较，可以得出以下几点结论。

其一，《诸司职掌》《大明令》《宪纲》的条款系原则性规定，而事例的规定比较具体。后者是前者的细则性补充规定，使赋役制度更加完善，但立法内容没有与前者冲突之处。由此可知，事例的制定遵循了国家"常法"确认的原则和精神，立例是为了"补法"和"辅法"。

其二，这些事例都是从累朝颁行的赋役事例选编而来。查明代法律文献可知，事例的原始文本，一般是皇帝的诏、敕和臣工的题本、奏本。《会典》所收事例，显然不是事例原件，而是对其内容的精炼概括。

其三，收入的6件弘治朝事例，分别颁行于弘治元年、四年、五年、七年、十三年。按照当时的法律用语，称为"现行事例"。其他12件为"先年事例"，内有：洪武事例7件，分别颁行于洪武三年、十七年、十八年、二十一年、二十四年、三十一年；正统事例1件，颁行于正统五年；景泰事例2件，颁行于景泰元年；成化事例2件，分别颁行于成化六年和十五年。按照当时的法律用语，称为"先年事例"或"旧例""远年事例"。

正德《会典》收入的"现行事例"，是弘治朝制定并正在实行的事例，具有法律效力，可在执法过程中援用。正德《会典》收入的"先年事例"，都是按照"足法万世"的标准选择的累朝颁行的法令，从法律性质上讲，也属于"大经大法"的范畴。但因制定的时间较早，虽适用于当下，却不一定都适应以后变化的情况，属于"可变通之法"，故列为事例。先年事例对于后嗣君主来说，具有法律援用和参考两种功能，即适用者可援引，因情况变化不能适用者可于立法时参考。鉴于先年事例属于"可变通之法"，明王朝规定，"远年事例，不许妄援"，[2]如援引需上奏皇帝批准。

---

〔1〕 分别详见杨一凡点校：《皇明制书》，社会科学文献出版社2013年版，第1册第7页，第2册第420页，第4册第1464页。

〔2〕《明神宗实录》卷五〇六，明万历四十一年（1613年）三月辛巳。

（四）万历《会典》所辑正德、嘉靖、隆庆、万历事例

从正德六年（1511 年）到万历十五年（1587 年），正德《大明会典》实施了 76 年之久。嘉靖年间，由于两方面的原因，导致续修《会典》：一是正德、嘉靖年间又颁行了大量的事例，二是正德《会典》本身也有编纂不精道之处。《明世宗实录》卷八一就嘉靖六年（1527 年）十月己酉世宗皇帝同意续修《会典》事做了这样的记载：

> 上阅《会典》，内载冠礼之仪，成化十四年有"礼成谒谢，奉先奉慈殿"之文。因问彼时未有奉慈殿，何差误若此？辅臣杨一清等言：《会典》一书，乃弘治九年孝庙命官纂修，大学士李东阳等议定《凡例》，以《诸司职掌》乃圣祖旧制，开具于前，而以累朝节年事例循序系于后。书久不完，传旨督责，乃催攒成编，故多差误。正德间，又尝略为校正，而有未尽者。此一代通典，百司之所遵行，后世以之为据，诚为至要。但纂修稍迟，故老凋丧案卷磨灭，如前项差错，恐益多矣。合令部院等衙门各委属官，将续定事例再行检勘，送史馆润色改正，庶几失之于前，犹可正之于后也。上曰：《会典》我朝之制，祖宗建造，如此之误可乎！朕每观览，不能无疑，卿谓今不图之，后愈无考也。诚宜修复，以成一代之制。

也有臣工以正德《会典》采集的资料有重大遗漏，要求续修《会典》。如嘉靖八年（1529 年）十二月丁丑，四川巡抚都御史唐凤仪上书云：

> 臣往年曾将法司相传辑录《条例全文》，誊一部，计六十四卷。始天顺八年迄弘治七年，所载皆列圣因时沿革之政令也。今重修《会典》，请得增入。诏送史馆采择。[1]

《大明会典》在嘉靖年间两次续修。嘉靖八年，将弘治十五年（1502 年）至嘉靖七年（1528 年）续定事例，照前例查出纂集，以类附入。嘉靖二十四年（1545 年）至二十八年（1549 年），又诏阁臣续修新例。嘉靖间前后续修达 53 卷，世称"嘉靖续纂《会典》"，然未颁行。

---

[1]《明世宗实录》卷一○八。

神宗万历四年（1576 年）六月，重修《大明会典》，十三年（1585 年）书成，十五年（1587 年）二月刊行，世称"万历重修《会典》"，题为申时行等纂修，共 228 卷，增补了嘉靖二十八年（1549 年）至万历十三年事例。学界以往对正德《会典》缺乏应有的关注，一般称引的《大明会典》，多指万历《会典》而言。

万历《大明会典》以六部和其他中央机构官制为纲，以事则为目，分述明代开国至万历十三年两百余年间各行政机构的建置沿革及所掌职事。全典分文职衙门与武职衙门两大部分。文职衙门共 226 卷：宗人府 1 卷，吏部 12 卷，户部 29 卷，礼部 75 卷，兵部 41 卷，刑部 22 卷，工部 28 卷，都察院 3 卷，通政使司和中书舍人、六科、大理寺、太常寺、詹事府等、光禄寺、太仆寺、鸿胪寺、国子监、翰林院、尚宝司和钦天监、太医院、上林苑监等、僧录司等各 1 卷。最后为武职衙门 2 卷：五军都督府和锦衣卫等 22 卫各 1 卷。南京衙门事例附于各相关衙门之后。

万历《大明会典》详细记述了各国家机构的设置、有关制度和活动原则、冠服仪礼，并附有插图。在各官职下多列有详细统计数字，如田土、户口、驻军和粮饷等。正如序文所说，"辑累朝之法令，定一代之章程，鸿纲纤目，灿然具备"[1]，是明朝新的典章之大全。

与正德《大明会典》相比，万历《会典》更加规范和完善，主要表现在三个方面。

其一，把祖宗成法条款与累朝事例整合，以事分类，实现了典、例融合，使"大经大法"更加规范。万历《会典》是在修订正德《会典》和未颁行的嘉靖《会典》的基础上完成的。旧典"列《诸司职掌》等制书条款在前，历年事例附后。然《职掌》定于洪武二十六年，而洪武事例有在二十六年之前者，不无先后失序"[2]。加之很多卷目次下祖宗成法条款与事例的内容往往有交错之处，条理不够分明。万历《会典》改为把祖宗成法条款和相关事例合编，"从事分类，从类分年，而以凡字冠于事类之首，各年俱以圈隔之"[3]。祖宗成法条款收入其中时，俱称其刊布时间，如《大明令》称洪武元年，《诸司

---

〔1〕（明）申时行等重修：《明会典》书首《御制重修明会典序》，中华书局 1989 年版，第 2 页。

〔2〕（明）申时行等重修：《明会典》书首《重修凡例》，中华书局 1989 年版，第 2 页。

〔3〕（明）申时行等重修：《明会典》书首《重修凡例》，中华书局 1989 年版，第 2 页。

职掌》称洪武二十六年。《御制大诰》《大明集礼》《洪武礼制》等书，也是仅称年份，不用书名。这样，各类事例按刊布年份排列，总目列于书首，各卷下标有事类名称。卷帙虽然浩瀚，但纲目分明，因革清晰。在整合祖宗成法和累朝事例时，正德《会典》收入了《大明律》458 条及所附万历《问刑条例》全文，而融《大明令》等 12 种祖宗成法与累朝事例为一体。此种做法，意味着明太祖朱元璋制定的法典、法律中过时的条款，从此淡出法律舞台，因而进一步实现了法制统一，使以典为纲、以例为目的法律体系更加完善。

其二，万历《会典》按照"至精且当"的要求校订，对旧典的款目和内容也多有损益。该书前《重修凡例》云："《会典》款目事件，有遗漏当补者，如常朝无御门仪之类；有重复当并者，如粮储、税粮、草料、刍草之类；有次第未当者，如官制列选官后之类；有增目未尽者，如马政、军政之类；有合提纲而列为目者，如推升列选官下之类；有应立目而止附载者，如官舍、比试之类；有应合而分者，如朝觐、考察、水马驿之类；有应两载而未备者，如殿试附科举之后而策士另载之类；今皆增补厘正。其有字义未妥者，皆更之，如吏部'贡举'改为'访举'，《诸司职掌》改为'责任条例'之类。""兵部镇戍，旧本纪载甚略，而别有文臣总督之目。然巡抚兵备官，皆有兵戎之寄，而九边各镇要害，节年经理，事例甚繁，皆宜备录。今以督抚兵备列于将领之次，各镇则有分例、有通例。凡边海防御事宜可考据者，皆书之。若各省直地方有未详者，姑阙以俟后。其九边仍括为图，列于图本之下，以备参考。其文臣总督旧目，则删之。""内府营造，不载宫殿门楼，似为阙漏，今补书之。"经修改、校订、补辑，内容更为精当。

其三，万历《会典》在"嘉靖续纂会典"所收续定事例的基础上，又增补了嘉靖二十八年（1549 年）至万历十三年（1585 年）事例。全书共续编弘治十五年（1502 年）至万历十三年（1585 年）事例 4991 件，使法典内容高度完善，详见表 4。

表 4　万历《大明会典》所载续编事例

卷次	目次	弘治	正德	嘉靖	隆庆	万历	合计
卷一	宗人府		1	3			4
卷二至十三	吏部	34	33	188	67	109	431

续表

卷次	目次	弘治	正德	嘉靖	隆庆	万历	合计
卷十四至四二	户部	82	240	821	175	167	1485
卷四三至一一七	礼部	32	63	388	80	143	706
卷一一八至一五八	兵部	48	189	726	227	297	1487
卷一五九至一八〇	刑部	4	13	47	4	8	76
卷一八一至二〇八	工部	23	39	259	44	59	424
卷二〇九至二一一	都察院	4	10	97	25	26	162
卷二一二	通政使司等		2	5			7
卷二一三	六科	1	5	17		1	24
卷二一四	大理寺			1		2	3
卷二一五	太常寺	1	2	11	1	1	16
卷二一六	詹事府等			1			1
卷二一七	光禄寺	2	4	31	12	5	54
卷二一八	太仆寺	1	1	1	1	2	6
卷二一九	鸿胪寺			2	2	3	7
卷二二〇	国子监	1	3	22	5	4	35
卷二二一	翰林院		1	7		2	10
卷二二二至二二三	钦天监等	2	2	6	2		12
卷二二四	太医院			8	5	8	21
卷二二五	上林苑监等			2			2
卷二二六	僧录司等			6			6
卷二二七	五军都督府		1	4	1	2	8
卷二二八	二十二卫			4			4
合计		235	609	2657	651	839	4991

从表4可知，万历《会典》所收事例中，弘治朝（十五年至十八年）235件，平均每年58.8件；正德朝（元年至十六年）609件，平均每年38.1件；嘉靖朝（元年至四十五年）2657件，平均每年59件；隆庆朝（元年至六年）651件，平均每年108.5件；万历朝（元年至十三年）839件，平均每年64.5件。

在续编事例中，以户部、兵部为多，这表明明代后期在经济不振、国家财政困难、外患不断的情况下，加强经济和军政管理仍是立法的重点。而吏部、礼部、工部和其他院寺监衙门事例相对较少，这或许与这些领域原来法制较为健全或职掌范围有限的情况有关。

据万历《大明会典·重修凡例》，该书所收嘉庆二十八年（1549年）以后六部等衙门事例，均为现行事例。万历《会典》的编纂，既收入了累朝可继续行用的事例，又详尽地收入了现行事例，从而成为内容高度完善的国家"大经大法"。

结　语

明代法律体系的变革，始终坚持了"典为纲，例为目"的编纂原则。以正德《大明会典》颁行为分界，新法律体系的形成和完善经历了两个发展阶段。在确立典例法律体系的漫长过程中，事例作为基本的法律形式发挥了重大作用。洪武年间，实行"常经之法"与"权宜之法"并重的双轨立法方略，因"常法"编纂滞后，朝廷在治国实践中广泛制例，事例实际上成为当时行用的主要法律。永乐至弘治中叶百余年中，累朝尊崇祖宗成宪，"常经之法"编纂没有多少建树，以频繁颁行事例弥补"常法"之不足，事例在从各个方面完善国家法律制度的同时，产生了"冗琐难行"的弊端。弘治朝是明代立法的又一辉煌时期，《问刑条例》和《大明会典》的纂修，把法制建设提升到一个新的水平。弘治十三年《问刑条例》的颁行，使刑事法律体系空前完备。正德《会典》实现了对祖宗成法的整合，选编了4800余件累朝事例，极大地健全了明代的法律制度，标志着以典为纲、以例为目法律体系的基本定型。万历《会典》把祖宗成法与累朝事例合编，以事分类，把适合国情、可供参用的事例都纳入"大经大法"的范畴，实现了法制统一和典例法律体系的高度规范。两部《会典》的内容，事例占很大比重。有明一代，事例在完善国家法律体系方面具有其他法律形式不可替代的功能和价值。

明代法律体系变革中"令"的变迁[*]

——"明代无令"说修正

杨一凡^{**}

摘　要　传统的明代"无令"说应当修正。明初在变革传统律令法律体系时，把单行"令"的称谓变换为"事例"，二者名异而实同；《大明令》不仅在明开国后百余年间被奉为必须遵行的成法，即使正德、万历两朝《大明会典》融《大明令》入典后，其有效条款仍在行用；明人以诏令颁布国家重大事项、把"制例"称为"著为令"的传统，直至明末未变，所谓"明代无令"说不能成立。

关键词　法律体系　典例　会典　明令

明代法制建设较之前代的一个重大发展，就是变革传统的律令法律体系，建立了新的典例法律体系。明太祖朱元璋注重制例，明王朝除洪武元年（1368 年）正月一日颁布开国前一月成书的《大明令》外，国家制定的法典和基本法律不再以"令"命名。据此形成的"明代无令"说既成定论，长期流传。令在明代是否真的淡出法律舞台？它在法律体系变革中是怎样被其他法律形式替代的？这些都是研究明代法律史需破解的疑义。

一、明初法律体系变革中"令""例"称谓的变换

明初变革传统律令法律体系后，"令"是否仍然存在？这是首先需要回答的疑题。

元、明以前，累朝"令"的存在样态，有"令典"、单行令和皇帝诏令

---

　*　本文为国家社科基金重大项目"明清孤本法律典籍整理与研究"（项目批准号：16ZDA125）阶段性成果之一。

　**　本文作者系中国社会科学院荣誉学部委员、法学研究所研究员，西北大学"法史创新工程"首席专家。

之别。在明初法律体系中，把所有因事而立、属于变通之法性质的单行令，统称为"事例"，"事例"是这类单行"令"的同义语，关于这一论断，有大量史料可证。

（一）明人所说的"著为令"，与"著为例"是同义语

洪武年间，明王朝把事例确定为国家的重要法律形式。除《大明令》和表述国家重大事项的皇帝诏令外，凡是可变通的单行令，不再使用"令"的称谓，在法律文书中统称为"事例"。在臣工题奏和史籍中，人们往往把制定事例称为"著为令"。这里，仅以《明太祖实录》载洪武年间"著为令"的4则资料为例，见表1。

表1　《明太祖实录》中"著为令"与正德《大明会典》事例比较

《明太祖实录》有关"著为令"的记载	正德《大明会典》事例
(洪武三年十一月辛亥) 核民数给以户帖。先是，上谕中书省臣曰：民，国之本。古者司民，岁终献民数于王，王拜受而藏诸天府，是民数有国之重事也。今天下已定，而民数未核实。其命户部籍天下户口，每户给以户帖。于是户部制户籍、户帖，各书其户之乡贯、丁口、名岁，合籍与帖，以字号编为勘合，识以部印，籍藏于部，帖给之民。仍令有司岁计其户口之登耗，类为籍册以进。著为令。(卷五八)	(洪武三年) 诏本部籍天下户口及置户帖，各书户之乡贯、丁口、名岁，以字号编为勘合，用半即钤记。籍藏于部，帖给于民。令有司点闸比对，有不合者，发充军。官吏隐瞒者，处斩。(卷二〇《户部五》)
(洪武六年十二月戊戌) 并僧道寺观，禁女子不得为尼。时上以释、老二教，近代崇尚太过，徒众日盛，安坐而食，蠹财耗民，莫甚于此，乃令府州县止存大寺观一所，并其徒而处之，择有戒行者领其事。若请给度牒，必考试，精通经典者方许。又以民家多（以）女子为尼姑、女冠自今年四十以上者听，未及者不许。著为令。(卷八六)	(洪武) 六年令各府州县止存大寺观一所，并处其徒，择有戒行者领之。若请给度牒，必考试，精通经典者方许。民家女子未及四十者，不许为尼姑女冠。(卷九五《礼部五十四》)

续表

《明太祖实录》有关"著为令"的记载	正德《大明会典》事例
（洪武十二年八月）辛巳，上谕中书省臣曰：凡士非建功名之为难，而保全始终为难。自今内外官致仕还乡者，复其家，终身无所与。其居乡里，惟于宗族序尊卑，如家人礼。于其外祖及妻家，亦序尊卑。若筵宴，则设别席，不许坐于无官者之下。如与同致仕官会，则序爵，爵同序齿。其与异姓无官者相见，不必答礼。庶民则以官礼谒见。敢有凌侮者，论如律。著为令。（卷一二六）	（洪武）十二年，令内外官致仕居乡，惟于宗族序尊卑，如家人礼。于其外祖及妻家，亦序尊卑。若筵宴，则设别席，不许坐于无官者之下。如与同致仕官会，则序爵，爵同序齿。其与异姓无官者相见，不须答礼。庶民则以官礼谒见。敢有凌侮者，论如律。（卷五六《礼部十五》）
（洪武二十二年六月）丁巳，诏凡指挥使升都指挥使，不系世袭者出职，仍授本卫世袭指挥使。指挥同知升都指挥同知，不系世袭者出职，仍授本卫世袭指挥同知。著为令。（卷一九六）	（洪武）二十二年，令都指挥原系世袭指挥使者，出职仍授世袭指挥使。若指挥同知升都指挥同知者，出职仍授同知。（卷一〇六《兵部一》）

永乐及以后各朝，把制定事例表述为"著为令"的做法时有发生。明代官修史书《明实录》记述的朝廷立法活动，就有 460 多件是皇帝钦准"著为令"后颁行的。其中《明太祖实录》61 件，《明太宗实录》21 件，《明仁宗实录》4 件，《明宣宗实录》11 件，《明英宗实录》46 件，《明宪宗实录》39 件，《明孝宗实录》25 件，《明武宗实录》33 件，《明世宗实录》110 件，《明穆宗实录》11 件，《明神宗实录》70 件，《明光宗实录》2 件，《明熹宗实录》27 件。如果把这些"著为令"的记载与有关法律文献比较，就可知它们是以事例的形式颁布的。所谓"著为令"其实就是"著为例"。

（二）朝廷颁布的事例亦可统称曰"令"

正德《大明会典·凡例》[1] 曰：

> 事例出朝廷所降，则书曰"诏"，曰"敕"；臣下所奏，则书曰"奏准"，曰"议准"，曰"奏定"，曰"议定"。或总书曰"令"。

明代事例属于国家制定法，其产生主要有三种途径：一是皇帝拟定或以

---

[1]（明）徐溥等纂修，（明）李东阳等重校：《大明会典》书首《凡例》，明正德六年刻本。

"令""诏""敕""榜谕"名义发布的有法律效力的单行法令。二是臣工题奏、部院衙门根据行事职能需要拟定的办事细则或处理其他事宜，上奏皇帝批准形成的即"奏准""奏定"类法令。三是科道、三卿、九卿等会议通过的臣工题奏、部院衙门题奏经皇帝钦准即"议准""议定"的法令。正德《大明会典》记洪武朝事例 706 件，内有 402 件是以"令""诏""敕""榜谕"等名义颁布的，有 42 件是"奏准""奏定"类法令，有 16 件"议准""议定"类法令。其他 248 件事例，大多句首标有"定"等字样，可能是编纂者不能确定这些事例到底是"奏定"还是"议定"，因而笼统言之。这些"事例"均系单行法令，都是经皇帝钦准发布的，也都属于令的范畴，故《大明会典》云"总曰为'令'"。

朝廷颁行的事例"总书曰'令'"，也就是说，"事例"是单行令的代称。关于这一点，也可以从大量的史籍记载中得到证明。比如，正德《大明会典》记载有明开国初至弘治十五年（1502 年）颁行的代表性事例 4800 余件，其中洪武朝事例 706 件。各事例句首，标有"令""诏""奏准""奏定""议准""议定""榜谕"和"定"等字样，以此表述事例的来源和立法程序，也表明事例具有法律效力。现将该书所载各洪武事例前标示的法令来源或颁布形式列表述后，见表 2。

表 2　正德《大明会典》载洪武事例来源一览表

卷次	目次	总件数	各事例前标明的生成途径								
			令	诏	敕	奏准	奏定	议准	议定	榜谕榜例	钦定然未详标
卷一	宗人府	1									1
卷二至十五	吏部	61	22	3	1	14		3			18
卷十六至四一	户部	167	113	9		7	3			3	32
卷四二至一〇五	礼部	272	104	16	1	8	3	2	7	1	130
卷一〇六至一二五	兵部	74	45			2		2		5	20
卷一二六至一四六	刑部	33	20	2		2		1			8

续表

卷次	目次	总件数	各事例前标明的生成途径								
			令	诏	敕	奏准	奏定	议准	议定	榜谕榜例	钦定然未详标
卷一四七至一六三	工部	51	23	3	1	1			1		22
卷一六四至一六六	都察院	1	1								
卷一六七	通政使司等	1	1								
卷一六八	大理寺	2	1	1							
卷一六九	太常寺	2	2								
卷一七〇	詹事府等	2	1								1
卷一七一	光禄寺太仆寺	2	2								
卷一七二	鸿胪寺										
卷一七三	国子监	26	14	1		2					9
卷一七四	翰林院										
卷一七五	尚宝司										
卷一七六	钦天监太医院	5	3								2
卷一七七	上林苑监等	1		1							
卷一七八	僧录司等	4	2								2
卷一七九	五军都督府										
卷一八〇	上二十二卫	1									1
合计		706	354	36	3	36	6	8	8	9	246

正德《大明会典·凡例》曰："凡纂辑诸书，各以书名冠于本文之上。采辑各衙门造报文册及杂考故实，则总名之曰'事例'，而以年月先后次第书之。或岁久卷籍不存，不能详考者，则止书年号，如'洪武初'之类。又不能详，则止书曰'初'、曰'后'。洪武初草创未定及吴元年以前者，则总书

曰‘国初’，其无所考见者，不敢臆说，宁阙而不备。”〔1〕可见明太祖以事例形式颁布法令，早在明朝建立前就开始了。洪武朝乃至明建国前颁布的法令，最初称谓甚多，在确立新的法律体系后，把属于权宜之法的法令，都统一称为事例。“事例”与单行“令”的性质、功能并无不同，只是称谓的变换。

二、《大明令》融入《明会典》及其行用

《大明令》发布后是否实施，其条款融入《会典》后是否继续行用？这是另一个需要破解的疑义。

《大明令》〔2〕系明开国之初与《大明律》同时颁布、并行于世的重要法典。《明史·刑法志》云：“明太祖平武昌，即议律、令。吴元年冬十月，命左丞相李善长为律、令总裁官。”“十二月，书成，凡为令一百四十五条。”洪武元年（1368 年）正月十八日，奉明太祖圣旨，颁行天下。《大明令》革新体例，以六部分目，其中《吏令》20 条，《户令》24 条，《礼令》17 条，《兵令》11 条，《刑令》71 条，《工令》2 条。“令者，尊卑贵贱之等数，国家之制度也。”〔3〕《大明令》虽然内容过于简要，远不如《大明律》那样详尽严整，但此书比较全面地规范了国家的各项基本制度，在新朝初建、法律未暇详定的情况下，它实际上起到了临时治国总章程的作用。

在正德《大明会典》颁行前的百年间，《大明令》一直未曾修订。虽然它的一些条款与《大明律》有重复之处，〔4〕有些条款被《诸司职掌》等制书

---

〔1〕 （明）徐溥等纂修，（明）李东阳等重校：《大明会典》书首《凡例》，明正德六年刻本。

〔2〕 现见的《大明令》的较好版本，除《皇明制书》十四卷本、二十卷本、不分卷本外，北京大学图书馆藏《大明令》明刻本一卷，中国国家图书馆藏《大明令》明刻本一卷（收在《皇明制书》残卷七卷本中），北京大学图书馆、南京图书馆、浙江图书馆、上海图书馆、华东师范大学图书馆、日本东京大学东洋文化研究所大木文库等藏有该书清刊罗氏《陆庵丛书》本。日本内阁文库藏《大明令》《皇明制书》明刻本（七卷本），东京大学东洋文化研究所藏大藏永绥本、文元三年抄本等。

〔3〕 《新唐书》卷五六《刑法》，中华书局 1975 年版，第 1407 页。

〔4〕 《明史》卷九三《刑法一》载，明太祖于洪武六年“诏刑部尚书刘惟谦详定《大明律》……旧令改律三十六条”。日本学者内藤乾吉在《大明令解说》[译文见刘俊文主编：《日本学者研究中国史论著选译》（第 8 卷），第 380~408 页] 一文中，曾对洪武六年“旧令改律”进行考证。事实真相是：洪武元年律未设“名例律”，有关表述刑法原则、未明确具体刑罚标准的名例律条款列入《大明令·刑部》。所谓“旧令改律”，主要是把《大明令》中有关刑法原则类条款复列入《大明律·名例律》，同时把户令、兵令、刑令、工令各两条与律文关系密切的内容复写进《大明律》。“旧令改律”后，《大明令》仍保持原条款不变。列入《大明律》中的旧令条款，除几条外，也并非简单的文字重复，而是对相关内容及各种违法犯罪行为的处刑标准作了更为详细的规定。

相关的详细条款所代替，但它作为国家最高层级的法律，仍处于宪典地位，在正德《大明会典》颁行前被奉为祖宗成法，程度不等地得到遵行。明代史籍中有关这一时期讲读、行用《大明令》的记载甚多。比如，据《明孝宗实录》记载，弘治元年闰五月丁卯，"监察御史向翀言：近奉诏赦，斗殴杀人者亦在宥中。《大明令》载：应偿命而遇赦原者，犹追银二十两，给付死者之家。今辄释之，则此蒙更生之恩，而于死者独薄。请如令行之，斯情法两尽矣。从之"；[1]弘治十年十月壬申，"应天府致仕府尹于冕奏：……臣今年七十四岁，既无兄弟，又乏子息，臣之一身固不足恤，惟痛先臣之嗣一旦遂绝，祠堂、坟墓无所付托。臣伏睹《大明令》：凡无子者，许令同宗昭穆相当之侄承继，先尽同父周亲，次及大功、小功、缌麻。如俱无，方许择立远房及同姓为嗣。臣已遵著令，择同姓新安卫千户明之次子允忠为嗣"。[2]这说明直到弘治年间编纂《大明会典》时，《大明令》仍被遵行。

编纂正德《大明会典》时，或因《大明令》有的条款内容过时，或因其他制书有更加详尽的条款，仅收入了该书的 60 个条款，占全书条款总数的 41.4%，见表 3。

表 3　两朝《大明会典》所收《大明令》条款

《大明令》条款名	正德《大明会典》所载目次	万历《大明会典》所载目次
吏令		
致仕	卷一五《吏部十四》	卷一三《吏部十二·致仕》81*
亲属回避	卷二《吏部一》	卷五《吏部四·改调》28
流官避贯	卷二《吏部一》	
守令考绩	卷一四《吏部十三》	卷一二《吏部十一·考覈一》70
官员丁忧	卷一三《吏部十二》	卷一一《吏部十·丁忧》68
任满官员	卷一四《吏部十三》	
官员朝觐	卷一五《吏部十四》	
户令		

---

[1]《明孝宗实录》卷十。

[2]《明孝宗实录》卷一三〇。

《大明令》条款名	正德《大明会典》所载目次	万历《大明会典》所载目次
漏口脱户准首	卷二〇《户部五》	卷一九《户部六·户口一》129
子孙承继	卷二〇《户部五》	卷一九《户部六·户口一》130
嫁娶主婚	卷二二《户部七》	卷二〇《户部七·婚姻》135
无子立嗣	卷二〇《户部五》	卷一九《户部六·户口一》130
夫亡守志	卷二〇《户部五》	卷一九《户部六·户口一》130
招婿	卷二二《户部七》	卷二〇《户部七·婚姻》135
户绝财产	卷二〇《户部五》	卷一九《户部六·户口一》130
田宅契本	卷三二《户部十七》	卷三五《户部二十二·商税》255
侍丁	卷二二《户部七》	卷二〇《户部七·赋役》134
节妇免差	卷二二《户部七》 卷七八《礼部三十七》	卷二〇《户部七·赋役》134
店历	卷三二《户部十七》	卷三五《户部二十二·商税》255
酒曲纳税	卷三二《户部十七》	卷三五《户部二十二·商税》255
军民附籍	卷二〇《户部五》	卷一九《户部六·户口一》129
祖父母在析居	卷二〇《户部五》	卷一九《户部六·户口一》130
妄献山场	卷一九《户部四》	卷十七《户部四·田土》115
和顾和买	卷三六《户部二十一》	卷三七《户部二十四·权量》270
较勘斛斗秤尺	卷三六《户部二十一》	卷三七《户部二十四·权量》270
过割税粮	卷一九《户部四》	
指腹为婚	卷二二《户部七》	卷二〇《户部七·婚姻》135
礼令		
旌表节义	卷七八《礼部三十七》	卷七九《礼部三十七·旌表》457
丧服等差	卷八九《礼部四十八》	卷一〇二《礼部六十·丧服》562
服色等第	卷五九《礼部十六》（节选） 卷一六二《工部十六》（节选）	卷六二《礼部二十·房屋器用等第》（节选）395~396
兵令		

续表

《大明令》条款名	正德《大明会典》所载目次	万历《大明会典》所载目次
额设祗候人等	卷一二五《兵部二十》（删节一句）	卷一五七《兵部四十·皂隶》808（同正德《会典》）
擅自勾军	卷一二四《兵部十九》	卷一五四《兵部三十七·军政一》785
出使从人	卷一二一《兵部十六》	卷一四八《兵部三十一·应付通例》763
出使分例	卷三一《户部十六》	卷三九《户部二十六·禀给》281
支给分例	卷三一《户部十六》	卷三九《户部二十六·禀给》281
刑令		
赎刑	卷一三三《刑部八》	
推官不得差占	卷一三二《刑部七》	卷一七七《刑部十九·问拟刑名》901
斗殴	卷一三二《刑部七》	卷一七七《刑部十九·问拟刑名》901
司狱	卷一四三《刑部十八》	卷十七八《刑部二十·提牢》906
鞫问罪囚	卷一三二《刑部七》	卷一七七《刑部十九·问拟刑名》901
审录罪囚	卷一三七《刑十二》	
老病代诉	卷一三二《刑部七》	卷一七七《刑部十九·问拟刑名》901
出使受状	卷一三二《刑部七》	卷一七七《刑部十九·问拟刑名》901
捕盗功赏	卷一〇六《兵部一》（节选）	卷一三六《兵部十九·赏罚》697（同正德《会典》）
检尸图式	卷一三三《刑部八》	卷十七八《刑部二十·检尸》905
告赦前事		卷一七七《刑部十九·问拟刑名》901
守令罚赎	卷一三三《刑部八》	卷一七六《刑部十八·五刑赎罪》897
籍没田产	卷一四五《刑部二十》	
诉讼文簿	卷一三二《刑部七》	卷一七七《刑部十九·问拟刑名》901
计赃估价	卷一三六《刑部十一》	卷一七九《刑部二十一·计赃时估》907
赃物给没	卷一三六《刑部十一》	
检尸告免	卷一三三《刑部八》	卷一七八《刑剖二十·检尸》905

《大明令》条款名	正德《大明会典》所载目次	万历《大明会典》所载目次
坟茔不籍没	卷一三二《刑部七》 卷一四五《刑部二十》	卷一七八《刑部十八·抄札》906
籍没遇革	卷一四五《刑部二十》	卷一七八《刑部二十·提牢》906
军官罚俸	卷一三三《刑部八》	
告人子孙为证	卷一三二《刑部七》	卷一七七《刑部十九·问拟刑名》901
特旨处决罪名	卷一三二《刑部七》	卷一七七《刑部十九·问拟刑名》901
谗言	卷一三二《刑部七》	卷一七七《刑部十九·问拟刑名》901
牢狱	卷一四三《刑部十八》	卷一七八《刑部二十·提牢》906
妇人不许出官	卷一三二《刑部七》	卷一七七《刑部十九·问拟刑名》901
徒役	卷一四三《刑部十八》	
工令		
织造缎疋	卷一六一《工部十五》	卷二〇一《工部二十一·缎匹》1009

* 注：万历《大明会典》栏各目次后阿拉伯数字，指《大明令》条款在该书（中华书局 1989 年影印本）中的页码。

正德《大明会典》收入的 60 个《大明令》条款中，有 57 条系全文收入，其中"节妇免差"分别收入卷二二《户部七·优免差役》和卷七八《礼部三十七·旌表》，"坟茔不籍没"分别收入卷一三二《刑部七·问拟刑名》、卷一四五《刑部二十·应合抄扎》项下。有 3 条作了删节，其中"服色等第"、"捕盗功赏"2 条《大明令》原文较长，《大明会典》选收了一部分；"额设祗候人等"条仅删节了一句。这些条款在正德《大明会典》颁行后，作为仍然适用的法律继续行用。

从正德六年（1511 年）到万历十五年（1587 年），正德《大明会典》实施了 76 年之久。嘉靖年间曾续修《大明会典》，世称"嘉靖续纂会典"，然未颁行。神宗万历四年（1576 年）六月，又重修《大明会典》，十五年（1587 年）书成，神宗命礼部刊刻颁行天下，世称"万历重修会典"，题为申时行等修，共 228 卷。万历《大明会典》在正德《大明会典》的基础上，吸收了"嘉靖续纂会典"中的新增内容，增补了嘉靖二十八年至万历十三年事例。万历《大明会典》沿袭正德《大明会典》的编纂宗旨和总体框架，以六部和其他中央机构官制为纲，以事则为目，分述明代开国至万历十三年二百余年间各行政机构的建置沿革及所掌职事。与正德《大明会典》比较，万历《大明会典》的变化主要是两点：一是对旧典的款目和内容多有损益，内容更加完善；二是把祖宗成法条款与累朝事例融为一体，即采取典、例合编体例，使"大经大法"更加规范。正德《大明会典》各卷次内容"列《诸司职掌》《大明令》诸法律于前，历年事例于后。然《职掌》定于洪武二十六年，而洪武事例有在二十六年之前者，不无先后失序"，[1]内容往往有交错之处，条理不够分明。万历《大明会典》改为把祖宗成法条款和相关事例合编，"从事分类，从类分年，而以凡字冠于事类之首，各年俱以圈隔之"。[2]祖宗成法条款收入其中时，俱称其刊布时间，如《大明令》称洪武元年，《诸司职掌》称洪武二十六年。《御制大诰》《大明集礼》《洪武礼制》等书，也是仅称年份，不用书名。这样，各类事例按刊布年份排列，总目列于书首，各卷下标有事类名称。卷帙虽然浩繁，但纲目分明，因革清晰。

万历《大明会典》收入《大明令》51 个条款，占《大明令》总条款的35%，其中50条系沿用正德《大明会典》所收，新增了《大明令》中《告敕前事》一条，这些条款作为"大经大法"的组成部分，其具有法律效力是不言而喻的。

大量史料表明，《大明令》条款融入两朝《大明会典》后，其作为一代典章的地位并未改变。该法典的完备程度虽然远不如几经修订的《大明律》，但由于它比较全面地规定了明朝的行政、食货、礼仪、军事、刑事、民事诸方面的国家基本制度，且这些制度除少数具体规定外均沿相未改。故明代后期各朝君臣仍把《大明令》奉为祖宗成宪，与《大明律》并称为"大明律令"，有关行用或要求遵行《大明令》"大明律令"的记载不胜枚举。这里仅以《明神宗实录》所载为例。万历皇帝朱翊钧于隆庆六年（1572 年）五月即位，他在同年七月发布的诏书中明令，"今后内外问刑官，平时务将《律》《令》讲究精熟。罪无轻重，俱要虚心详审问拟，务从平恕，不许法外深求，亦不许听从上司指使，故意出入人罪"，"应该偿命罪因，遇蒙赦宥，俱照

---

〔1〕 （明）申时行等重修：《明会典》书首《重修凡例》，中华书局 1989 年影印本，第 2 页。
〔2〕 （明）申时行等重修：《明会典》书首《重修凡例》，中华书局 1989 年影印本，第 2 页。

《大明令》追银二十两，给付死者家属"。[1]万历十七年（1589年）五月，即万历《大明会典》颁行两年后，针对问刑官与兵部吏典、卫所军官相互勾结受贿，故意把罪犯解发极边地区的问题，南京刑科给事中徐桓上书，以"太祖钦定《律》、《令》，本无遣戍"[2]为由，要求严惩违背《律》《令》的行为，建议把定配罪囚"拨以邻近驿分"。对此，神宗皇帝"章下法司"，命"稽查毋疏"。万历二十一年（1593年）十二月，"闽县知县王仰，为仆王守真、效真、春仔所弑，其子王廷试诱三贼于神前，手刃之"。"法司议：廷试报仇，情有可悯，然于律例不合。"万历皇帝以"《律》《令》不载，而情有可原"为由，赦宥廷试无罪。[3]在处理这两个案件的过程中，都遵守了不得与《大明令》《大明律》相抵触的原则，也表明《大明令》在《大明会典》颁行后并没有淡出法律舞台。

三、明代以诏令发布国家重大事项的传统始终未改

明朝颁行的令，除《大明令》外，还有各朝君主发布的诏令。

中国古代令的含义有广义和狭义之分。狭义即作为法律形式或法律规范意义上的令，是专指"令典"和"著为令"的单行令。从广义上讲，令作为君主或以君主名义发布的命令的总称，除令典和单行令外，君主以诏、敕等形式发布的下行命令文书即诏令也属于令的范畴。诏令与法律形式意义上令的主要区别是，它虽然具有权威性，但大多是针对某一特定事项或特定对象发布的，并不一定有法律的规范性和普遍的适用性。从诏令转化为普遍适用的单行令或编入令典，要有一个"损益"即修正的过程。

明代继承了历代君主以诏、敕等形式发布下行命令性文告的传统，其诏令的称谓主要有诏、制、诰、敕、册、手诏、榜文、令等。从建国到明末，各朝君主都发布了大量的诏令。明代君主到底发布了多少诏令，尚难统计。万明教授在《明令新探——以诏令为中心》一文中，就明太祖朱元璋《御制文集》收入的诏令作了统计：该书共收诏令255篇，其中诏41篇，制2篇，诰53篇，敕141篇，敕命18篇。[4]《御制文集》收入的只是明太祖亲撰的诏令，还不是洪武朝以明

---

〔1〕《明神宗实录》卷三。

〔2〕《明神宗实录》卷二一一。

〔3〕《明神宗实录》卷二六八。

〔4〕 万明："明令新探——以诏令为中心"，收入杨一凡主编：《中国古代法律形式研究》，社会科学文献出版社2011年版，第416~444页。

太祖名义发表的全部诏令。由此推断，明代君主发布的诏令数当有数千之多。

明人汇编的明朝诏令集，以明嘉靖年间任巡按浙江监察御史、福建按察司副使傅凤翔辑《皇明诏令》[1]和明崇祯时通议大夫、南京礼部右侍郎署部事孔贞运等辑《皇明诏制》两书流传较广。《皇明诏令》刊行于嘉靖十八年（1539年），收录了自小明王韩林儿龙凤十二年（1366年）至明嘉靖二十六年（1547年）共182年间，明代十位皇帝的诏令507篇。其中，太祖72篇，成祖73篇，仁宗15篇，宣宗71篇，英宗95篇，景帝20篇，宪宗62篇，孝宗24篇，武宗22篇，世宗53篇。孔贞运等辑《皇明诏制》崇祯七年重刻本[2]，收入明太祖洪武元年至明世宗嘉靖十八年间，明代十一位皇帝发布的代表性诏令243篇，其中太祖74篇，成祖28篇，仁宗8篇，宣宗14篇，英宗22篇，景帝8篇，宪宗15篇，孝宗8篇，武宗7篇，世宗20篇，穆宗5篇，神宗15篇，光宗2篇，熹宗10篇，思宗7篇。

《皇明诏令》与《皇明诏制》所收诏令多有重复。与《唐大诏令集》《宋大诏令集》欲集诏令之大成的情况不同，此两书是明朝代表性诏令的选编，内容多是有关国家重大事项的政令、军令。除极少数属于祭祀天地、遇灾异自省、慰谕公卿、告诫朝臣的诏、敕外，绝大多数是具有法律效力的命令文告，内容涉及军国大政、律例刑名、职官职掌、户婚钱粮、赋役税收、钱法钞法、马政漕运、盐茶课程、祭祀礼仪、宗藩勋戚、科举学校、军务征讨、关津海禁、营造河防、外交事务、抚恤恩宥等各个方面，均系明初至嘉靖年间有关重大朝政要事和法律、制度的决策性文献。正如嘉靖时都察院右副都御史黄臣写的

---

[1]　现知的该书善本，有美国国会图书馆藏《皇明诏令》21卷明嘉靖刻本、《皇明诏令》27卷明嘉靖刻本和中国国家图书馆藏《皇明诏令》21卷明嘉靖二十七年（1548年）刻本。此外，中国人民大学图书馆藏有该书明嘉靖二十七年本依明1941年抄本。美国国会图书馆藏此书21卷本，目录所记诏令篇名，止于嘉靖十八年（1539年），而卷内诏令实收录止嘉靖二十八年（1549年），其原刻续刻，尚难分辨。美国国会图书馆藏此书27卷本所辑诏令篇数、内容与中国国家图书馆藏该书21卷本不尽一致，且文字也较模糊。从27卷本辑录的太祖一朝（前3卷）诏令较中国国家图书馆本多续有17篇这一点可知，其校补印行时间当在嘉靖二十七年之后。三书比较，中国国家图书馆藏《皇明诏令》21卷本，成书时间相对要早，印刷也较为清晰。《中国珍稀法律典籍集成》（刘海年、杨一凡总主编，科学出版社1994年版）收入的杨一凡、田禾点校的《皇明诏令》，以中国国家图书馆本为底本。

[2]　现存于世的还有嘉靖十八年霍韬刻《皇明诏制》本，共收入明代诏令204篇，其中太祖74篇，成祖28篇，仁宗8篇，宣宗14篇，英宗22篇，景帝8篇，宪宗15篇，孝宗8篇，武宗7篇，世宗20篇。其篇目与孔贞运等辑《皇明诏制》崇祯七年（1634年）刻本相同。孔贞运辑本应是在霍韬刻本基础上形成的。

《皇明诏书后序》所言,"兹册肇于国初,以至近日,实备一代之全文";"圣朝所立之法,力行罔遗"。[1]黄臣的评价,固然有些言过其实,如傅氏所辑诏令,以"奉颂列祖列宗""书善不书恶"为选辑标准,专取"足为世师"的"温和之旨",凡有损君主形象者就概未收录。然而,如果说明代嘉靖朝中期以前各朝皇帝发布的最重要的决策性诏令,大多已被收入其书,则并非夸张。

在明代君主发布的诏令中,也有不少是可在全国普遍适用的法令。以诏、敕等形式发布的诏令,是历代典、律、令的重要法源。明代统治者对于这类诏令,或者是将其"著为令",即"著为事例",要求臣民遵行;或者是将其删整后编入《大明会典》。诏令也是《大明会典》事例的重要来源。《大明会典》所载事例中,凡是在某事例前标有"诏""敕""榜谕"等字样者,是指这些事例是修典时直接从诏令删整而来。这里,仅把正德《大明会典》载洪武朝事例直接选自诏、敕、榜文的49件事例列表述后,见表4。

表4 正德《大明会典》载太祖诏、敕、榜谕入典一览

目次		事例名目
吏部	二年	诏府州县官考课(卷十四)
	三年	诏蒙古色目人易名改正(卷一三)
	十九年	诏军民并吏胥人等不得更名易讳(卷一三)
	二十三年	敕官员责任条例(卷一五)
户部	元年	诏民年七十以上者许一丁侍养,免杂泛差役。(卷二二)
	三年	①榜谕天下军民未占籍而不应役者许自首(卷二〇)
		②诏户部籍天下户口及置户帖(卷二〇)
	四年	诏河南、山东、陕西、山西、淮安等府屯田(卷一九)
	七年	诏苏、松、嘉、湖等府田起科减半(卷一九)
	八年	诏中书省造大明宝钞(卷三四)
	十三年	诏陕西等地民间田土开垦毋得起科(卷一九)
	十四年	诏天下府州县编赋役黄册(卷二一)
	二十三年	榜谕巡拦计所办额课收于司局按季交与官攒(卷三二)
	二十四年	榜谕各处商税衙门河泊所官吏不许勒要料钞(卷三四)
	二十五年	诏各处官民之家传诵《大诰》三编(卷二二)
	三十年	诏广西迁仁屯田所土兵免纳屯粮(卷一九)

---

[1] 杨一凡、田禾点校:《皇明诏令》,书后附《皇明诏书后序》,收入刘海年、杨一凡总主编:《中国珍稀法律典籍集成》(乙编第3册),科学出版社1994年版,第726页。

续表

目次	事例名目	
礼部	洪武初	诏中书省详定乡饮酒礼条式（卷七八）
	元年	敕天下有司遇灾荒具实奏闻（卷九五）
	二年	①诏天下府州县立学校（卷七六）
		②诏太庙祝文止称孝子皇帝不称臣（卷八一）
		③诏凡时物太常先荐宗庙然后进御（卷八一）
		④诏封占城国王（卷九七）
		⑤诏封安南国王（卷九七）
	三年	①诏开科举（卷七七）
		②诏凡乡试中者取举人百名（卷七七）
	四年	诏各行省连试三年（卷七七）
	六年	诏科举暂且停罢（卷七七）
	七年	诏西域安定王酋长立为四部各赐印（卷九九）
	八年	诏有司立社学（卷七六）
	十一年	诏朝参文武官给领牙牌悬带出入（卷四三）
	十五年	诏天下通祀孔子颁释奠议（卷八四）
	二十二年	诏奉天殿常朝华盖殿奏事（卷四三）
	二十七年	榜示天下寺观（卷九五）
	洪武年间	诏申明孝道（卷七八）
兵部	二十年	榜谕公侯等随从无符验者不得擅乘驿传船马（卷一二一）
	二十七年	榜例：守卫皇城事宜（卷一一八）
	洪武年间	①榜例：管马官员职专提调马匹不许别项差占（卷一二二）
		②榜例：管马官员时常下乡提督看验马匹（卷一二二）
		③榜例：倒失马匹从民议和或群长轸价购买（卷一二二）
刑部	二十三年	诏有司官犯过误者至三犯皆问罪复职（卷一四五）
	二十八年	诏刑部将合用狱具依法较定（卷一四五）
工部	二十三年	诏浙江等处河泊所翎毛不系上产免征（卷一五五）
	二十六年	诏自今功臣坟茔葬具皆令自备（卷一六二）
	二十七年	敕谕勿妄兴工役（卷一五八）
	二十八年	诏罚役死者免罪家属补役（卷一五四）
大理寺	十九年	诏应死重囚俱令本寺覆奏听决（卷一六七）
国子监	十八年	敕师生廪膳该司年终通考原收岁支数目（卷一七三）
神乐观	十三年	诏诸武臣子弟习乐舞（卷一七八）

　　表中事例的名称，系笔者据《大明会典》所载事例的首句或内容缩写，事例后面的卷数，系指正德《会典》的卷次。仅洪武朝诏令编入《会典》的

就如此之多，可知《大明会典》中由各朝诏令删整而成的事例，数量相当可观。

《大明会典》收入的明代诏令，还只是当时发布诏令的很小一部分。明代君主发布的诏令，绝大多数属于针对特定事务或特定对象颁布的法令，因不具有普遍适用性，没有列入《会典》，但这些诏令在国家政治、经济生活中仍然发挥了重大作用。

在明代，随着法律体系的变革和完善，令的称谓、内容和功能较前代确实发生了重大变化。传统的"明代无令"说的偏颇，是只看到明代颁行的"常法"不再以"令"命名，而忽视了《大明令》始终未被废弃，且程度不同地长期行用这一基本事实，也忽视了以诏令发布国家重大事项的做法始终未改。令虽然不再是明朝主要的、基本的法律形式，但它作为一种法律形式仍然存在。"明代无令"说有悖于历史实际，因而不能成立。

明清时代的"中人"与契约秩序

王帅一*

摘 要 在以往研究中,中国传统契约中的"中人"多被描述为中间人、担保人或者调解人等功能形象,而针对形成此功能之内在机制与文化因素的讨论不多。如果将中人问题还原到中国传统社会,通过中人以及缔约相对方构成的人际关系网络,就可以看到抽象的契约关系实际上是具体的人际关系。中人对于契约关系或者说中国传统文化观念对中国传统"私法"秩序的保障作用,便可以得到理解。在交易中借助中人将交易双方联系起来制造的"熟人"关系,使中国传统社会所强调的道德观念可以用来维护契约关系,使契约相对方抽象的契约关系在人际关系网络中变得具体化,使交易各方在契约关系中获得安全可靠的确信。中人普遍存在于契约中的现象,实际上是中国文化在具体制度上的体现,展现了中国文化塑造的传统中国人在"私法"行为上的旨趣与秩序。

关键词 中人 契约 中国文化 熟人关系 私法秩序

一、缘起:通过"中人"观察私法秩序

在讨论中国传统社会中的"民法"[1]这一问题时,国家立法与民间习惯是两个截然不同的观察领域。国家立法的缺失与民间交易习惯的丰富,构成了认识传统中国"民事法律"(或者说是"私法"秩序)的双重面相。在中国传统契约文书中常见的现象是,"中人""中保人""中见人""凭中""居

---

* 本文作者系中国社会科学院法学研究所副研究员。

〔1〕 在现代学术讨论过程中,我们不得不借助现代法律概念来讨论中国传统社会存在的与今天的法律概念相关的现象。诸如"民法"一词,其内涵与外延并非中国固有,但我们不得不借其指代在今天看来是属于"民法"领域的诸如户婚、田土、钱债之类的习惯与制度。

间人"等契约相对方之外的这类人,几乎存在于每一份契约文书之中。参与到契约关系中的这类人,并不是契约文书所涉权利的出让者或承受者,也就是说,我们在文书中看不出其与正在进行交易的标的有何联系,但他们确是每次交易、缔约行为的参与者,且备受各方重视。无论是将其理解为一种制度,还是一种习惯,这都会引发人们对其普遍存在的意义产生好奇,如果要进一步认真研究传统中国的"民事"(或者说"私法")秩序,应该可以从其中窥探一二。[1]

中人现象在契约中的广泛存在,使其自然受到学界关注。以往对中人的研究,将中人在契约关系中所发挥的作用分析得比较充分,普遍表现为通过现代西方法学的视角审视中人为中间人、担保人或者调解人等几种身份而加以阐释,并试图从文化角度对此现象进行分析。[2]应该说,这种从契约关系内部来讨论中人问题的方式,已经足够清晰勾勒出中人之于契约的位置。因此,本文结合既往研究,但希望突破这种契约关系的内部视角,通过着眼于契约秩序(甚至是"民法""私法"秩序)这一外部视角,来进一步发掘中人在契约关系中之所以能够发挥这几种作用的关键,分析中国文化对中国人性格及交易习惯的塑造,进一步厘清传统中国的契约秩序,以便于在今天的立法与司法活动中"发现"契合中国人态度与心灵的"民法"。

二、前提:具体个人化的传统契约关系

在传统国家立法介入较少的契约交易领域,契约秩序的维持与缔约的具体个人息息相关。缔约人如无信用,遇到纠纷时,即使立有完备的契约文书

---

〔1〕 本文所研究的契约主要以"田宅"这类在明清社会经济生活中大量存在、普遍常见且受学界关注热议的契约为核心而展开。因限于篇幅以及讨论问题的集中性,其他类型的契约,如贩卖人口之类极为特殊的契约关系并未一体考量。

〔2〕 对"中人"问题的研究很多,专门的文章如李祝环:"中国传统民事契约中的中人现象",载《法学研究》1997 年第 6 期;吴欣:"明清时期的'中人'及其法律作用与意义——以明清徽州地方契约为例",载《南京大学法律评论》2004 年第 1 期;李桃、陈胜强:"中人在清代私契中功能之基因分析",载《河南社会科学》2008 年第 5 期;周进、李桃:"同姓中人在清代土地绝卖契约中的法律角色研究——从与卖方的关系探讨",载《贵州社会科学》2009 年第 11 期;陈胜强:"中人对清代土地绝卖契约的影响及其借鉴意义",载《法学评论》2010 年第 3 期;毛永俊:"古代契约'中人'现象的法文化背景——以清代土地买卖契约为例",载《社会科学家》2012 年第 9 期;胡谦:"中人调处与清代民事纠纷解决",载《烟台大学学报(哲学社会科学版)》2008 年第 3 期;周进:"清代土地绝卖契约中人的双向性居间功能",载《长江大学学报(社科版)》2013 年第 5 期等。

也会如同废纸；缔约人如讲信用，口头契约的效力也并不亚于书面契约。契约的顺利运行，需要依仗缔约各方对契约的遵守，但缔约方出于各自利益的考量，也会在特殊情况下寻求对于已立契约的突破，从而引发纠纷、构成社会之不安定因素。因此，在官方律典"缺位"的情形下，[1]如何建立稳定的契约关系，便成了一个问题。

在对中国传统土地契约与制度进行研究时，有学者发现："当缔结佃种契约时候，也以对人信用为主。所以契约的大部分只在口头，不存在什么文书的形式，就是立有文约，大多也不过是简单地记载地租数目罢了。这种现象，北方较多，南方各地多有契约，且其格式也比北方详细。"[2]杨国桢对于口头契约的形成也作了自己的分析。他认为在契约关系中，有"相当大的一部分"不使用书面契约，而采用"口头契约"的原因在于，在经济、文化落后或阶级分化不明显的地区或村落，人们遵从"乡规俗例"，手续简单明白；即使在经济文化发达的地区，贫瘠的地块因其收益甚微而不受重视，也无需"多费笔墨"；缺乏文化的佃户害怕地主作弊篡改契约文书上的文字而不采用书契等原因，使"口头契约"可以流行存在。当然，订立口头契约时多需要中人、乡邻在场，若发生纠纷，一般也是在中邻、亲族内部解决。[3]无论南北方的契约习惯如何不同，也无论经济文化发展水平差异如何，包括缔约人的信用在内的个人信息，在缔约时都是各方所要考虑的重要因素。

"信"虽为传统社会所尊崇的五常之一，但仅凭个人的信誉或者信用，还是不能使立约相对方完全确信其不会违约。况且儒学之"信"与契约关系中所要求的信用意涵针对性有所不同，[4]在契约关系这一既抽象又专门化的领域中所能发挥的作用实在有限。"信"不足以满足人们立契所需，具体针对性制度比比皆是，如长野郎的研究即指出：

---

[1] 以现代法学理念观察中国传统社会中的私法行为，我们发现大量交易并未有国家明文规定作为指导，继而就会得出民事法律规范缺乏等论断，但这近乎是颠倒因果的误解。实际情形恰恰相反，正因民间有关契约交易的习惯原本已经足够发达，才导致国家法律并无兴趣涉足这一领域的"缺位"特征。现代社会立法资源都稍显紧张，在中国传统社会更是如此。所以，在民间社会可以自行解决诸如"细事"纠纷等问题的时候，国家可以集中精力解决公权力更应该关注的问题，实为中国文化的智慧所在。

[2] ［日］长野郎：《中国土地制度的研究》，强我译，袁兆春点校，中国政法大学出版社 2004 年版，第 258~259 页。

[3] 参见杨国桢：《明清土地契约文书研究》，中国人民大学出版社 2009 年版，第 40 页。

[4] 参见苏亦工：《天下归仁：儒家文化与法》，人民出版社 2015 年版，第 243~250 页。

地主仅以对人信用，是不能满足的。于是，不得不讲究种种手段，来保护自己的权利。所以在佃种制度上，想出了许多方法，主要的就是以下各点：甲、地租预纳制度：地租缴纳，难得希望正确的时候，地主有使地租的一部分，或全部预先缴纳的……乙、押金制度：押金制度，就是地主使人佃种时，向佃农征收保证金的制度。佃农要不缴纳地租，就由这里边扣出，地租迟纳的数目，达到和押金同额的时候，就没收他的佃种地。这种方法遍行于中国各地，是地主想避免佃农不纳地租的损害而生的。[1]

又如契约用语中的"乏银使用"一词，原本表明立契原因的语句，到明清时代多数已成固定格式套话，并非缔约方的真实意思表达。随着契约程式化的强化，契约中的"原因条款"也趋向形式化。[2]准确地说，其并不能反映出出卖田地的真实原因，赵冈所举的一个例子便讲到："福建建瓯有一名地主卢必明，他将田骨出售，卖地契上写明的是'乏银使用'才出卖田产，但却立即又买了一块田皮。显然他不是真正'乏银使用'，而是要利用租额价差，将大租换成小租；多收一点地租。"[3]

因此，在契约习惯中形成一套对于可能发生的纠纷予以预防与协调的保障性措施用以维持契约秩序，显得尤为重要。我们在材料中发现，采取经济手段是最直接便利、容易理解的保障方式，例如人们将"信"量化成"信洋"等情形。[4]也有与今日之"定金"类似的"定洋"。[5]然而，在中国传

---

〔1〕 ［日〕长野郎：《中国土地制度的研究》，强我译，袁兆春点校，中国政法大学出版社 2004 年版，第 259 页。

〔2〕 参见韩伟、赵晓耕："中国传统契约'原因条款'研究——兼与欧陆民法原因理论之比较"，载《北方法学》2014 年第 6 期。

〔3〕 赵冈：《永佃制研究》，中国农业出版社 2005 年版，第 45 页。

〔4〕 参见杨国桢：《明清土地契约文书研究》，中国人民大学出版社 2009 年版，第 189 页。

〔5〕 例如"当涂不动产卖买约定时，必先凭中由卖主书立允议字交与买主，买主即付定洋，或数十元或百元不等。其议字内预订立契日期，如买主反悔或迟缓期间，将所交之定洋作为罚款，并将允议字退还卖主。或卖主翻悔，出退还定洋外，另照定洋数目加一倍赔罚，方可收回允议字"。见前南京国民政府司法行政部编：《民事习惯调查报告录》（下），胡旭晟、夏新华、李交发点校，中国政法大学出版社 2000 年版，第 560 页。本文研究时间断限主要为明清时代，以今天的眼光来看，这一时期处于中国传统社会发展的后半段，但传统社会并未随着清帝退位戛然而止。国民政府时期所做的民商事习惯调查，实为针对中国传统社会的民商事行为习惯所做的一次归纳总结，因此，可以作为我们研究中国传统社会法律习惯的可信材料。

统文化影响下的具体人际关系网络中，中人成为契约关系中不可缺少的重要节点更具普遍性。我们会发现，正是中人将契约的相对方联结到了一起，使抽象的契约关系变得十分具体个人化。中人可以让原本并不熟识的缔约双方增进对彼此的了解，进而，抽象的个人信誉、抽象的契约关系，在这一具体的人际关系网络中通过礼义廉耻等道德观念及其言说，才可以为人们所评价与忌惮。

三、印象：时人观念中的中人与契约

明清时代的民间日用类书中有"投请房族，无人承买外，托中引就某宅，三面商议，实值时价若干两"，"为因无银用度，投请房族，无人承买外，情愿托中引到某处三面商议，实值时价细丝银若干两正"〔1〕等格式化的契约文书用语，说明中人在契约文书与契约关系中不可或缺的特点。〔2〕甚至连累世封爵的孔府与普通百姓订立契约之时，也要注明"本府凭中说合"，"同中人……卖于圣府永远为业"等字样。〔3〕

这些文书中的表述都在告诉我们，如果没有中人这一重要因素，如果不是"三面"会同订立契约，那么文书的效力以及由其所确定的契约关系都会受到损害，甚至令人怀疑契约关系是否真实存在。"地土不明，查审文契、中人"〔4〕是当时的普遍观念与通行做法。在官方判断契约关系是否存在时，还有人提出了"民间买卖田地房屋，首重代笔、中人，继凭红契"〔5〕的说法，将契约关系中的非相对方因素视为判断的首要依据，人证的效力远大于物证，甚至连官方钤印的红契都不得不屈于次席。如果说"代笔"因其身为契约文书的制作者自然应受到重视，那么，"中人"在当时人的观念中，又是由于何种原因而备受重视呢？

清人王棠在讨论契约中"中人"一词的本源时说："今日文契交易必用中人，此字亦有所本。乐府《当墙欲高行》云：龙欲升天须浮云，人之仕进待

---

〔1〕 （明）佚名：《五刻徽郡释义经书士民便用通考杂字》卷二，载谢国桢选编：《明代社会经济史料选编》（下），牛建强等校勘，福建人民出版社 2004 年版，第 173 页。

〔2〕 在清代的各种交易中，中人可以说是无处不在，许多非法交易，甚至官缺买卖都要有人从中说合，参见冯尔康：《生活在清朝的人们：清代社会生活图记》，中华书局 2005 年版，第 42~43 页。

〔3〕 参见杨国桢：《明清土地契约文书研究》，中国政法大学出版社 2009 年版，第 141~142 页。

〔4〕 （明）吕坤：《实政录》乡甲约卷五，续编乡甲字号，明万历二十六年（1598 年）赵文炳刻本。

〔5〕 （清）张五纬：《未能信录》卷一，"南昌僧俗互控山地"。

中人。以为仕进不待中人，则事不成，交易不用中人，亦无取证也。"〔1〕这个说法不一定就是"中人"一词的真正来源，但"事不成"与"无取证"可以说是概括了当时人们观念中的"中人"印象。除此之外，还有两则说法也分别印证了"事不成"与"无取证"这两个方面。

> 一曰：立契出卖地人，即今之卖主也；一曰：同立契人，即今之卖主亲族也；一曰：引领人，即今之中人也；一曰：写契人，即今之代书也。〔2〕

> 郑康成云：质，平也，主平定物贾者。广林谓：定物贾者，贾师也，非质人事。质人职云：掌成市之货贿。人民、牛马、兵器、珍异，凡卖债者，质剂焉。质若今中人，剂若今契约。以堂质剂，故以质人名其职。〔3〕

以上材料对于"中人"一词颇有考证、解释的意味，正确与否并不妨碍我们了解当时人们对于中人的看法。甚至可以说，偏颇牵强之处恰好体现了身处其时的作者观念中比较深层和固化的看法，否则也不会刻意地往貌似牵强的方向解释。按上述说法，中人在交易过程中起到了"引领人"的作用，如果没有中人的积极活动，那么订立契约的行为便会"事不成"。而且，没有中人参与的契约关系是不稳固的，一旦产生纠纷即会陷入"无取证"的窘境，以至于让清人孔广林联想到了"质人"质证的意涵。"以堂质剂"的理解，说明人们在判断、解决契约纠纷之时，只有一纸文书是远远不够的，至少还得有中人在场才能把事情说清楚。这样的理解在当时是有足够的现实依据作为支撑的，比如官方断案说理就非常重视中人这一要素，《卢乡公牍》中有这样一句话："此案姜殿元如果买房管业，立契时不能无中人在座说合，何以契内仅止贺德贵一人出名？"〔4〕这说明如果用没有中人的契约文书来证明契约关系的存在，文书本身就很可疑。此类纠问在明清判牍中比较常见，可见官方在协调解决契约纠纷时对于中人的重视程度。

---

〔1〕 （清）王棠：《燕在阁知新录》卷三十二，清康熙刻本。

〔2〕 （清）叶昌炽：《语石》卷三，清宣统元年（1909 年）刻本。

〔3〕 （清）孔广林：《周官臆测》卷二《周官·地官司徒第二》，清光绪刻孔丛伯说经五稿本。

〔4〕 （清）庄纶裔：《卢乡公牍》卷四《赵孟臣控姜殿元案堂判》，清末排印本。

小说作为市井读物，一般来说能够较为贴切地反映世俗生活的方方面面。明代小说《于少保萃中传》第六回"莅广东备陈猺疏，按江西鞫明奸恶"中便有关于中人参与契约订立活动的详细描写，包括中人在契约订立之后还要持续参与欠债还钱等与所立契约相关的事宜，甚至在中人死后，当事人以为没有见证便矢口否认本应履行的义务等情节。〔1〕民间习惯中诸如"一卖三找"等客观情况的存在，〔2〕使得中人在文书订立之后仍然与双方相对人保持着契约上的联系，这也是小说中所描写的中人连续参与缔约双方后续活动的现实依据。

无论是文学作品反映的世俗生活，还是判牍判语中所反映的官方态度，无论是日用类书中记载的契约范本，还是笔记辞书中的推理解释，都表明在传统契约关系中"中人"占有一个固定的、不可替代的位置，并且这个位置非常重要，通常会伴随契约关系始终。而且，在各地契约习惯中，契约关系中的买方、卖方或者双方都会给付中人一定的酬劳，表面上是对其在契约关系中充当中人这一"角色"表示感谢，实质上是表达了双方对于中人在契约关系中发挥积极作用的看重。

例如，安徽省颍上县习惯："颍上不动产之买卖契约，双方均有谢中费用，如买卖百元，买主谢中三元，卖主谢中二元，名为'买三卖二'，各中平均分受。又有卖主急待事就，或买主速欲成锦（即其所买之不动产与买主原有之产业相毗连，凑成整块之意），而于谢中之外另许的中（即主要中人）酬敬若干者，亦恒有之习惯也。"〔3〕类似还有安徽天长习惯："天长卖买田产，卖主、买主均出中资，按百分之五'买三卖二'，以原中、陪中之分别为得受多寡之标准。"〔4〕江西赣县习惯："不动产买卖之中人费用，由买卖当事人分别担负，如价洋一百元，中人费五元，则买者担负五分之三，卖者担负五分之二。"〔5〕

---

〔1〕 参见（明）孙高亮：《于少保萃中传》卷二，明天启刻本。

〔2〕 参见法政学社编：《中国民事习惯大全》第一编"债权"，第三类"契约之习惯"，上海书店出版社2002年影印版，第23页。与之类似的情形如"叹契"等习惯，可参见尤陈俊："明清中国房地买卖俗例中的习惯权利——以'叹契'为中心的考察"，载《法学家》2012年第4期。

〔3〕 前南京国民政府司法行政部编：《民事习惯调查报告录》（下），中国政法大学出版社2000年版，第551页。

〔4〕 前南京国民政府司法行政部编：《民事习惯调查报告录》（下），中国政法大学出版社2000年版，第555页。

〔5〕 前南京国民政府司法行政部编：《民事习惯调查报告录》（下），中国政法大学出版社2000年版，第575页。

当然，也有给予中人报酬，但与"买三卖二"这一比例存在出入的情况。如江西南昌县习惯："南昌习惯，凡买卖田地房屋，在场作中之人，取得中人钱，均由买主支给，如所买卖之田价为一百元，应给中人银三元，屋价一百元，应给中人银四元，故中人钱有'田三屋四'之称。"〔1〕以及更为细致复杂的江西新建县习惯："凡买业者，于业价之外，尚须出中人钱三分、代笔钱一分、酒钱二分，而中人之三分，则由正中得一分五，其余散中均分一分五；代笔之一分则归写契人独得；至酒席费须出二分，若买主愿办酒席，则无需再出酒钱。此历来买卖之习惯也。"〔2〕

还有福建浦城县习惯，并未言及比例问题，而笼统以酬金（花红）称之："浦俗，买卖产业有居间人，谓之言议与中见，契约成立后，由买主给予酬金（俗称'花红'）。如该买卖之标的物品有重卖及虚伪情事，居间人应负责任。"〔3〕

中人在契约关系中备受重视并获取酬劳的原因，自然是缔约双方认为其在契约关系中须发挥重要作用，而理解其在契约关系中的作用是讨论中人问题的前提。

四、作用：中人参与传统契约实践成为必要

第三方参与缔约过程的现象，早在汉代契约文本中便有所体现。"任者""任知者""旁人""时旁人""口承人""知见人"等对交易中充当第三方角色进行概括的名词，历经各代直至明清渐趋固定在"中见人""见中人""凭中人""同中人""中证人""中保人""中间人"等含有"中"字的名词上，而最常见且最具代表性的当为"中人"一词。〔4〕

当然，研究中所谓"中人问题"，主要是对这些契约关系中的第三方进

〔1〕 前南京国民政府司法行政部编：《民事习惯调查报告录》（下），中国政法大学出版社2000年版，第572页。

〔2〕 前南京国民政府司法行政部编：《民事习惯调查报告录》（下），中国政法大学出版社2000年版，第574页。

〔3〕 前南京国民政府司法行政部编：《民事习惯调查报告录》（下），中国政法大学出版社2000年版，第636页。

〔4〕 参见李祝环："中国传统民事契约中的中人现象"，载《法学研究》1997年第6期；张传玺：《契约史买地券研究》，中华书局2008年版，第78页；张可辉："从敦煌吐鲁番文书看中人与地权交易契约关系"，载《西域研究》2011年第2期；吴欣："明清时期的'中人'及其法律作用与意义——以明清徽州地方契约为例"，载《南京大学法律评论》2004年第1期。

行，但契约文本中第三方的称谓很多，同一个契约关系、同一份契约文书中，同一人还可能担任不同的角色，如"凡契约书件，除系本人自作署名画押外，均由代笔人代为具名，由本人画押。惟作书件之代笔人，每又为说合之中人，故有一人而具二名，如作书件之名为赵甲，而作中人之名则为赵乙。其所以具二名者，盖以中人之名义得一中人费，以代笔人之名义得一代笔费也"。[1]因此，本文行文中有必要说明："中人""中见人""中保人"等带有引号的名词是具体的契约文书中的名词，而没有引号径称中人时，则是指文书中除契约相对双方之外的第三方总称，即概括了之前列举的契约文书中出现的林林总总的各色指代第三方的名词。

除涉及权利转移的契约相对方之外，"中人"在契约文书中反复出现，已经成为明清时期人们立约时的关键性因素。在研究契约问题的著作中常见引用契约文书中如"即日凭中交讫"，"托中说谕……当日同中三面言议"，"时凭户族邻中……三面言议"[2]等有关中人的表述。结合现有研究，中人在明清时代的契约关系中所发挥的作用，大致可以概括为以下几种。[3]

首先，中人将契约交易双方介绍到一起，促成契约关系的成立，起到类似中介的作用，并见证立契的全过程。中人促成并见证签约全过程，是明清时期人们立契时重视中人的重要原因。中人的"公证功能"被看作是中人在契约中发挥的作用，"法"（契约秩序）因中人的参与而被创造。[4]有些人之所以被请为中人，就是因为他们在促成交易方面的技巧和声誉。[5]例如

---

〔1〕 前南京国民政府司法行政部编：《民事习惯调查报告录》（下），中国政法大学出版社 2000 年版，第 562 页。

〔2〕 参见杨国桢：《明清土地契约文书研究》，中国人民大学出版社 2009 年版，第 324~325 页、第 125~126 页、第 27~28 页。文书上即使没有"中人"字样，也会尽力体现出一个第三方因素，例如"本保经理"这样的公众人物，参见第 116 页。

〔3〕 有关"中人"在契约关系中作用的研究主要有吴欣："明清时期的'中人'及其法律作用与意义——以明清徽州地方契约为例"，载《南京大学法律评论》2004 年第 1 期；李桃、陈胜强："中人在清代私契中功能之基因分析"，载《河南社会科学》2008 年第 5 期；陈胜强："中人在清代土地绝卖契约中的功能——以中国传统交易规则的影响为视角"，载《北方法学》2012 年第 4 期。

〔4〕 参见 [日] 岸本美绪："明清契约文书"，载 [日] 滋贺秀三等著，王亚新、梁治平编：《明清时期的民事审判与民间契约》，王亚新等译，法律出版社 1998 年版，第 312 页。

〔5〕 参见 [美] 黄宗智：《清代的法律、社会与文化：民法的表达与实践》，上海书店出版社 2007 年版，第 44 页；[美] 杜赞奇：《文化、权力与国家：1900—1942 年的华北农村》，王福明译，江苏人民出版社 2006 年版，第 130 页。

江西赣南各县习惯中所说的"为说合之中人"，[1]表达的正是促成签约的功能，并且，民间习惯中对于"说合人"的辛勤劳动还要用给予报酬的方式表示感谢。[2]仁井田陞在讨论中国传统契约时说过："土地、房屋的买卖契约为要物契约，其成立，除了买主卖主双方合意之外，还必须有提交标的物或者货款或者交付定金这样的事实。这样的买卖，还要请中介人或者见证人……上述见证人等相关人员如果一致同意、没有异议的话，那么，就可进行标的物的交付和货款的支付，契约也就是契、券便制订完成了。"[3]这段话言简意赅地表达出中人在契约关系中所起到的促成与见证作用。

其次，中人在契约关系中具有负某种义务的可能，即在某些情况下"中人""保人""中保人"概念相互缠绕，[4]中人附有连带责任情况亦有发生。作为早期契约中存在的第三方"任者"这一名词中的"任"字表示责任，即有担保之意。[5]当然，中人的这种连带责任在传统契约关系中并不十分明确，不仅中人不一定能够承担担保责任，即便是保证人（保人）往往也不负有代偿债务的责任。正如"媒人不能包生子，保人不能包还钱"的法律谚语所说的那样，即使契约书里记载了"保人""中保人"或"保证人"等字样，这些人也不一定总是负有担保责任。[6]在直隶清苑县习惯中，人们将契约文书中是否有"代保代还"这种明确的表达作为第三方是否负有责任的依据，而不是看第三方是否在字面上被写为"保证人"。其具体习惯为："此间保证债务有两种习惯，一保证人不负完全偿还之责，一保证人须负完全偿还之责。

---

〔1〕 法政学社编：《中国民事习惯大全》第一编"债权"，第三类"契约之习惯"，上海书店出版社 2002 年影印版，第 2 页。

〔2〕 例如闽南习惯："晋江债务者向债权者借款，多有仲人说合，及履行清楚时，无论款额多少，其头月利子多归仲人收入，名为'头月利'。"见前南京国民政府司法行政部编：《民事习惯调查报告录》（下），中国政法大学出版社 2000 年版，第 626 页。

〔3〕 ［日］仁井田陞：《中国法制史》，牟发松译，上海古籍出版社 2011 年版，第 235 页。

〔4〕 在研究中人这一问题时，"保人"因是传统契约关系中的第三方，所以与"中人"常常混淆在一起。有的研究即将"保人"看作是中人众多名称中的一种，或者说"保人"就是"中人"。参见高学强："试论中国古代契约中的担保制度"，载《大连理工大学学报（社会科学版）》2009 年第 4 期。中人在契约关系中所起的作用具有极强的综合性，而严格来说"保人"在契约关系中的作用主要是保证债务能够被履行，因此"保人"这一称谓有更具体的指向。但是，将"保人"作为契约交易行为中的第三方纳入中人这一概括性、综合性的范畴，似乎也并无不妥。

〔5〕 参见李祝环："中国传统民事契约中的中人现象"，载《法学研究》1997 年第 6 期。

〔6〕 参见 ［日］仁井田陞：《中国法制史》，牟发松译，上海古籍出版社 2011 年版，第 266 页。

其不能为完全偿还者，如甲为债权人，乙为债务人，双方合意订立债务契约，邀同第三者丙为保证人，丙即允许，契约内只书明中人丙之姓号。将来发生纠葛，丙宜催促乙偿还债务，丙不能负完全偿还之责，以契约内无代保代还字样之故耳。其必须为完全偿还者，如甲欲向乙借债，乙以甲之家计贫困未能承诺，甲因委托有资力者之丙出为保证，借约内书名丙为代保代还人。将来甲不能偿还，当然由丙负完全偿还之责，以借约内有代保代还字样故耳。"[1]

在江西省的民事习惯报告中就表明，当地各县会将借贷关系中第三方分为两种："在场人"与"见借人"，用不同的名称当然是因为二者在契约关系中所承担的责任不同。"江西各县习惯，借钱字据多载有在场人与见借人等名称，其不同之点，即在担保力之强弱。在场人不过于双方借贷契约成立时，目见其借贷事实，如日后有拖欠，或狡骗情事涉讼后，仅有证明义务而已。见借人则不然，双方契约之成立，多由见借人介绍，几与保人性质相同，日后发生他故，债务人如不肯偿还，债权人往往向见借人索偿，反置债务人于不问。"[2]

上述江西习惯所称的"见借人"颇具有担保人的特征，而在浙江永嘉则直接以"担保"称呼借贷契约中的第三方，此时"担保"方将在借方不能还款时，代为履行还款义务。"永嘉商业习惯，如甲向乙借款，丙为担保，其保字写明长年交易，至年终结算清楚，倘甲于该年终未能清偿，乙款自应由丙负责归偿，斯时，应由乙向丙理处。"[3]福建南平的"保票人"同样附有连带责任，但是在南平习惯中，"保票人"对此项义务也可以持保留态度，无需履行还款义务。"保证债权之人，南平谓之'保票人'。如向债权人约明情愿担负完全责任者，债务人至期不为履行，债权人可向保票人请求赔偿。如保票人仅于票内记载'担保'字样者，只负催讨之责，并无赔偿义务。"[4]因此，契约

---

〔1〕 法政学社编：《中国民事习惯大全》第一编"债权"，第三类"契约之习惯"，上海书店出版社 2002 年影印版，第 8 页。

〔2〕 前南京国民政府司法行政部编：《民事习惯调查报告录》（下），中国政法大学出版社 2000 年版，第 568 页。

〔3〕 前南京国民政府司法行政部编：《民事习惯调查报告录》（下），中国政法大学出版社 2000 年版，第 605 页。

〔4〕 前南京国民政府司法行政部编：《民事习惯调查报告录》（下），中国政法大学出版社 2000 年版，第 627 页。

中的保证人制度虽然已有定型化的趋势和情形,[1]但民间习惯中仍要视各地具体情况而定。

再者,契约发生纠纷时,中人可以从中进行调处,[2]或者有责任直接作为契约关系见证人接受官方调查。因契约双方都认识中人,中人促成抽象的契约关系个人化,这种个人化的关系自然需要了解双方具体情况的中人来调解纠纷。有研究表明,中人的社会地位越高,便使这种"个人关系和义务"越得到强化,从而加重违约者的心理负担,降低违约的风险。[3]黄宗智谈到借贷契约中的个人关系因素时说:"即使在小农经济中相对正式的借贷也不都是脱离人情关系的,像典型的由债权人和债务人双方都熟悉的人作中谈判,虽然他们之间可能是陌生人。在这两种类型中,亲族或邻里间的非正式借贷和在双方都知道的中人帮助下订立有契约的正式借贷占了中国小农经济中所有借贷的极大部分。"[4]"在清代小农经济中,信用的价格很大程度上由人际关系和当地的条件以及法律规定的限制所左右。"但是,"作为中人、说合人的责任,也就是督促没有偿还债务的债务人还债,或者居于债权人、债务人之间进行调停、斡旋、说合,有的不过是专门负责解决两者间的争端而已",[5]在具体操作中也并非是一种确定的制度。在诉讼过程中,中人确实是官方调查的重要对象,在堂讯中"细鞫代笔、原中人等"[6]的环节必不可少,而且中人供述内容对官方所做裁决极为重要。

通过梳理上述中人在契约关系中所发挥的作用,我们可以发现中人的这些作用都是围绕一个中心,即为契约关系的发生与运行提供维护保障,中人作用贯穿于立契前、立契中和立契后。他们之所以能够发挥出这样的作用,

---

〔1〕 参见高学强:"试论中国古代契约中的担保制度",载《大连理工大学学报(社会科学版)》2009年第4期。

〔2〕 参见胡谦:"中人调处与清代民事纠纷解决",载《烟台大学学报(哲学社会科学版)》2008年第3期。

〔3〕 参见[美]杜赞奇:《文化、权力与国家:1900—1942年的华北农村》,王福明译,江苏人民出版社2006年版,第129页。

〔4〕 [美]黄宗智:《法典、习俗与司法实践:清代与民国的比较》,上海书店出版社2007年版,第102页。

〔5〕 [日]仁井田陞:《中国法制史》,牟发松译,上海古籍出版社2011年版,第266页。

〔6〕 (清)徐士林:《徐雨峰中丞勘语》卷一《王西士等互争棉地案》,清光绪圣译楼丛书本。

是因为中人切实参与到了契约关系的核心部分。[1]如果没有参与到诸如定价、利率、质量鉴别等核心问题，那么中人就不可能发挥出上述所说的那些作用。"寻找什么样的中人是由契约类型所决定的"，[2]也就是说，因契约的类型不同，其需要中人参与到的契约中的内容与程度是不同的，提供的保障也不尽相同，需要中人介入契约的程度与范围各有差别。由于中人已经在契约关系中加入到核心问题的探讨，所以，中国传统契约订立过程中的这个特点，与今天从西方传统借鉴来的普遍具有双方当事人的契约差别迥异。

在土地交易中，常常是卖主请中人寻求买主并约定合适的价钱，判牍中有"中人不照时价，孟读何为画押"[3]的表达，说明中人在定价过程具有至关重要的作用。中人也须对土地质量（肥瘠）和大小等向买主作出保证，更为重要的是，他必须确保卖主对该土地具有毫无争议的所有权。[4]买卖土地的交易行为通常为一次性交易，买主交钱之后一般不会出现违约的情况，但由于可能存在的卖主违约的情形，如杨国桢指出的，"田主在出卖土地时，向买主索取高价作为保留粮差义务的报酬。这时，得业者'有田而无粮'，卖主'有粮而无田'，与'活卖'状况相同。但卖主故意不负担粮差义务，一逃自脱，使土地所有权在法律上成为'虚悬'"。[5]因此，在土地买卖契约关系中，中人在见证交易的同时，一般须向买主保证土地权利的完整。

土地买卖契约不像租赁或借贷契约一样延续一段时期，因此，中人的责任原则上随交易的完成而终止。即便是一次性的交易，如前所述，中人在土地交易前要做很多工作，并且在交易过程中如果发生了分歧，他也有责任进行调解，所以，在买卖文书写毕时，卖方会对中人的促成和居间斡旋表示感谢。[6]在一些地方习惯中，契约上并不一定明确写明地价，这种关键性要素

---

〔1〕 如浙江嘉兴的民事习惯所述："凡买卖典押，目的物之是否确实、有无瑕疵，均惟此全中是问……遇有交涉，必须先向此全中理论。"见前南京国民政府司法行政部编：《民事习惯调查报告录》（下），中国政法大学出版社 2000 年版，第 595~596 页。

〔2〕 ［美］杜赞奇：《文化、权力与国家：1900—1942 年的华北农村》，王福明译，江苏人民出版社 2006 年版，第 134 页。

〔3〕 （清）徐士林：《徐雨峰中丞勘语》卷一《冯孟读私找田价案》，清光绪圣译楼丛书本。

〔4〕 参见 ［美］杜赞奇：《文化、权力与国家：1900—1942 年的华北农村》，王福明译，江苏人民出版社 2006 年版，第 133 页。

〔5〕 杨国桢：《明清土地契约文书研究》，中国人民大学出版社 2009 年版，第 310 页。

〔6〕 参见 ［美］黄宗智：《清代的法律、社会与文化：民法的表达与实践》，上海书店出版社 2007 年版，第 46~47 页。上述颍上县"买三卖二"等安徽、浙江地区习惯已有所说明。

只有中人掌握,如浙江临海县习惯:"临海县买卖田地房屋,例如,经中一定价洋一百元,立契载明'收清'字样,画押交付,其实当时并不将契价照数付讫,仅先交几元,名为押契,又不另立字据为凭,仅由契中人等作证。"[1]因此,中人是纠纷发生时最重要的证人。所谓"谢中费用"或"花红"的给付,除了是买卖双方对中人为契约的缔结所作工作的感谢之外,也是与其"应负责任"相对应的权利。由此,我们也许可以认为"契中可作证明"一事,在给付报酬之后就变成中人不好推脱的一项义务了。

在租赁(或租佃)关系中,由于其存在一段相当长的延续性,对于业主来说,如不慎重选定承租人,可能就会发生种种的纠纷,尤其是在永佃制盛行的地区,由于业佃存续时间足够长,因此欠租之事屡见不鲜。赵冈的研究指出:"最突出的实例是《茗州初庄吴启贤堂租簿》。此册包括光绪十一年至民国十年的收租记录。租簿内列名的佃户总数在光绪二十一年时是 81 家,到光绪三十一年时增至 90 家,然后又逐渐减少,到了民国初年又恢复到 81 家佃户。佃户们常常不肯交租,或是不肯交足。于是吴启贤堂另置一册《刁佃名册》,专门登录各家欠租佃户每年所欠之数量。列刁佃名册之佃户共 80 家,也就是说 90%以上的佃户都属于'刁佃'。"[2]到纠纷发生时,事后的各种救济措施都不如立契当初有保证人或中间人保举的佃户相对可靠。因此,有如江苏吴县租赁契约之习惯:"凡租房时应立租约一纸、租折一扣,并须有相当之中保。"[3]

与买卖契约相类似,在土地租赁的契约中,中人通常与佃户和业主都保有良好关系,或者在业佃双方都有良好的声誉。他们促成了租赁契约的订立,同时也是潜在的调停者。[4]中人在立约过程中同样也会协助双方约定租金,如江苏昆山县契约习惯就有,"查崑邑租屋手续,先由中证人说定押租及每月租金,然后由租借者立押约,载明租价若干,每月租金若干"。[5]在议价过程

---

〔1〕 前南京国民政府司法行政部编:《民事习惯调查报告录》(下),中国政法大学出版社 2000 年版,第 615 页。

〔2〕 赵冈:《永佃制研究》,中国农业出版社 2005 年版,第 100~101 页。

〔3〕 前南京国民政府司法行政部编:《民事习惯调查报告录》(下),中国政法大学出版社 2000 年版,第 507 页。

〔4〕 [美]黄宗智:《清代的法律、社会与文化:民法的表达与实践》,上海书店出版社 2007 年版,第 45~46 页。

〔5〕 前南京国民政府司法行政部编:《民事习惯调查报告录》(下),中国政法大学出版社 2000 年版,第 510 页。

中积极作为的中人，由于其已经深入立约的核心环节，因此可见中人在契约关系中的重要地位。

在借贷关系中，由于明清时期分为有抵押物的借贷与无抵押物的借贷，因此中人在契约关系中发挥的作用也有所不同。

在有抵押物的借贷关系中，作为见证人可以证明契约关系以及契约文书的存在有效，如福建浦城县习惯："借贷亦有居间人，谓之见借，大率借主虑赁主不相征信，要求居间人以为成契约之媒介，居间人并不受酬金，惟以后当事人，对于该契约有真伪，或借主拒绝支付时，居间为之证明，但不负保证之责。"[1]其还有可能肩负向贷方证明被抵押财产确实归借方所有的责任，在延长债期、偿还利息方面，中人也可以起到比较大的作用。[2]有抵押物的借贷通常是以土地做为抵押物，这时就无需中人作为担保人。如有欠账，他会先寻求延期或想办法帮借方还债，在贷款是以土地耕作权做担保时，他的责任就是保证贷方得到这一权利。如果是具借贷性质的典卖契约，他就要在以后的交易中继续充当中人。[3]

有些借贷不需要抵押物，但借款人通常会找一个自己熟悉的有资产或有声望的人作保，一同在文书中签字画押，如福建晋江习惯："晋江民间，借款多立有借字，俗名'手票'。借字内载借款若干，每月利子若干，债务者署名画押或盖章，担保人、代书人亦然，借字内并无载债权者姓名。"[4]在贷款人面前，这代表了他的信用。[5]而涉及大额借贷时，几乎一定要求有实物抵押。在以土地使用权作担保进行借贷的时候，借款人通常可获得相当于抵押土地价格50%的贷款。如果签订了具有借贷性质的典卖契约，则可以获得相当于

〔1〕 前南京国民政府司法行政部编：《民事习惯调查报告录》（下），中国政法大学出版社 2000 年版，第 636 页。

〔2〕 参见［美］杜赞奇：《文化、权力与国家：1900—1942 年的华北农村》，王福明译，江苏人民出版社 2006 年版，第 131 页。

〔3〕 参见［美］黄宗智：《清代的法律、社会与文化：民法的表达与实践》，上海书店出版社 2007 年版，第 45 页。

〔4〕 前南京国民政府司法行政部编：《民事习惯调查报告录》（下），中国政法大学出版社 2000 年版，第 626 页。

〔5〕 如前所述，在民事习惯中第三方究竟需不需要承担连带责任应该也是三方约定的结果，我们可以看到借贷契约签订时，缔约各方会在文本中明确各自的权利、义务。

典卖土地价格 70%的典价。〔1〕这些借贷行为的发生都要有中人的参与，同样深入到契约关系的核心层面。

由于借贷契约的特殊性，前文所提到的中人在契约纠纷中的调解作用在借贷关系中体现得较为重要。借贷关系中债务人经过一段时间后需要向债权人履行自己的偿还义务，但因借贷关系又不像租佃关系中有土地的产出保障债务人履约，借债人一般生活都较为窘迫潦倒，所以不能偿还债务的可能性较大，那么中人在借贷契约中所能起到的调解作用其实常常是帮助债务人与债权人沟通，尽量取得两方都能满意的效果，也就是说"如果借方不能还债，那么，中人就应该想出妥协的办法"。田野调查资料中正式借贷的纠纷都是由中人调解的，没有一件需要请族亲或社区人士调解，更没有一件演变为诉讼案。正式借贷的相对低的诉讼率证明了中间人制度作为调解争端手段的重要性。〔2〕正式借贷的中人成为其解决冲突的内在机制，贷方可通过中人来讨债。虽然原则上来说中人所负的只是一种道义的责任，但如果借方赖账，人们还是指望他来还债。〔3〕中人在借贷契约关系中发挥的这种调解作用，实际上是帮助其中一方来说服另外一方，即要么帮助债权人讨债，要么帮助债务人请求减免或延缓偿还。

五、文化：中人在明清契约实践中发挥作用的机制

在对中人在契约中发挥作用的问题已有较为详细梳理的情况下，更进一步地探讨此一问题，人们不禁要问，中人何以发挥此种作用。〔4〕抑或是说，中人为何能较好地完成此种任务？是什么样的内在机制可以推动其外在作用的发挥呢？

---

〔1〕 参见［美］黄宗智：《清代的法律、社会与文化：民法的表达与实践》，上海书店出版社 2007 年版，第 29~30 页。

〔2〕 参见［美］黄宗智：《清代的法律、社会与文化：民法的表达与实践》，上海书店出版社 2007 年版，第 44~45 页。

〔3〕 参见［美］黄宗智：《清代的法律、社会与文化：民法的表达与实践》，上海书店出版社 2007 年版，第 30 页。

〔4〕 日本学者矶田进于 20 世纪 40 年代即提出何为支持"中人""保人"发挥秩序功能的社会机制的问题，但后续研究并未见深化。参见［日］岸本美绪："明清契约文书"，载［日］滋贺秀三等著，王亚新、梁治平编：《明清时期的民事审判与民间契约》，王亚新等译，法律出版社 1998 年版，第 311~312 页。

有研究指出："契约得以发生的两个重要前提条件就是：当事人要么对对方拥有很高程度的信任，知道对方执行契约的可能性很高；要么拥有一个强大的外在强制力量，可以确保契约得以执行。"[1]中人在中国传统契约中的作用在这两个方面都可以得到体现，并且以中国文化的特征对其加以强化。

（一）由中人促成的"熟人关系"使契约运行处于具体人际关系之中

由于缔约双方希望中人能够在立约之后更长久的时间里持续不断地发挥作用，因此立约时对于中人的选定一定不是随意而为，应是一个非常谨慎的选择。长野郎对人们立约时更愿意选择便于熟悉、了解的本地人，做了有意思的描述：

> （一）四川北部，地主对于想作佃农的人，常先行充分的调查，否则就不借给土地。他们努力选择忠心勤俭的农民，以图避免他日的纠纷。在佃农方面，也因信用若一度丧失，以后谁也不敢借给土地的缘故，所以在可能范围内，是不肯和地主竞争的。（二）佃农要是他乡人，不能充分信用，地主就厌忌他们。这些游动的农民，除了一部分开垦荒芜地复旧以外，很少被人使用。江苏、安徽的一部，据金陵大学农林科的调查，其结果如下：南通的垦牧乡，除少数招募的佃农以外，其余都是本地人。三县中本地人佃农的比例，昆山是百分之八六点八，南通是百分之九五点八，宿县是百分之九九，这些多是长期契约，一二年就交换的很少……本地人的家庭状况也明白，对于地主的误会很少……他乡的佃农，多无职业无着落，常常抛弃土地，不纳地租而逃去，所以不为一般地主所欢迎。[2]

如果人们缔约时找到地位、品行较高的人作为中人来介绍熟人进行交易，那么会比较容易避免无故违约或者敲诈勒索，由此他们之间便结成了一种所谓的"互惠"关系。[3]这种"互惠"关系必须在特定的关系网中才能得以实现，而所谓特定的关系网则由中人联结而成。人们往往选择有较高地位的人

---

〔1〕 丁晓东："身份、道德与自由契约——儒家学说的制度性解读"，载《法学家》2014 年第 3 期。

〔2〕 ［日］长野郎：《中国土地制度的研究》，强我译，袁兆春点校，中国政法大学出版社 2004 年版，第 258 页。

〔3〕 参见 ［美］杜赞奇：《文化、权力与国家：1900—1942 年的华北农村》，王福明译，江苏人民出版社 2006 年版，第 128～130 页。

充任中人，正是看重其具有与各界广泛联系的关系网，可以让契约相对方对彼此有所了解，确信对方持续"执行契约的可能性"。这对促成契约以及保障契约的运行具有至关重要的作用。同时，中人也通过参与到契约关系中来加强和巩固这张网。

实际上，在与契约合同脱离具体人际关系的现代西方法治理念相比较后，我们可以发现传统社会中的纠纷与诉讼过程，自始至终都是高度人际关系化的。中人是纠纷双方都要先行依赖的调解者，中人无法调解冲突时，纠纷会在亲族、乡里寻求解决，通过熟人之间的沟通妥协平息纠纷，在这里人际关系显得十分重要。即使最终走向诉讼，控告方也是希望对方可以回到谈判桌上来，在正式的堂审阶段，官方也常常希望在双方的人际关系网中找到解决纠纷、判断是非利益的方法。在传统的诉讼纠纷中，完全陌生不认识的双方当事人极其罕见。[1]因此，"熟人关系"可以说是中国传统契约关系的一个前提。杜赞奇所说"权力的文化网络"可以帮助我们理解人们在进行交易时受制于此一网络，且无法突破这一网络对各方束缚的情形。[2]而且，不仅是涉及权利的相对方受制于网络之中，即使是作为第三方参加到契约关系中的中人也受制于这个网络。

我们可以看到，在这种"文化网络"之中，人们的交易最好确定是在"自己人"之间才好进行。如果没有这种关系，就必须先去"拉关系""拉交情"，交易多半是经由熟人"介绍"。中人的存在，人为地制造了这种熟人关系，因为并不能够保证每一次交易都会在熟人之间发生，那么中人在促成交易之前应该尽力促进双方的彼此熟知与信任。因此，中国人在从事交易的过程中，有时会感到被人情"缚"住。在"自己人"之间，中国人总是处处以对方为重，中国人在能够制约自己的人面前，持的态度总是很礼让的，也总是要让自己"多吃一点亏"，而且常常自我贬抑，碰到拂逆自己利益的事，也多半会逆来顺受。[3]契约中引入中人的习惯，正是利用了人们在熟人面前所呈现出的上述特征，借此希望中人可以束缚缔约双方。其实，传统社会中的

---

〔1〕 参见［美］黄宗智：《法典、习俗与司法实践：清代与民国的比较》，上海书店出版社2007年版，第102~103页。

〔2〕 参见［美］杜赞奇：《文化、权力与国家：1900—1942年的华北农村》，王福明译，江苏人民出版社2006年版，第135~136页。

〔3〕 参见［美］孙隆基：《中国文化的深层结构》，广西师范大学出版社2011年版，第64~65页。

每个人都是一连串社会关系的中心，在层层关系构成网络中，每个人都有一定的义务和权利，个人无法在这网外生存。[1]在这样一个网络中，中人自己也被束缚其间，因此，在发生纠纷时，他们不仅被寄希望能够缓和、解决矛盾，甚至在官府堂讯时，中人如同两造一样，不能置身事外。

以中人为例来解释这种文化网络，可以帮助我们理解中国传统契约文化，甚至是中国传统社会有别于现代法治社会的"特异"之处。如果寻找中人促成交易的话，亲戚朋友自然是首选目标，我们还可以判断在乡里生活的地位较高的绅士群体也应该是契约关系中第三方的理想来源。[2]其实，即使他们不以"中人"的身份出现，也同样可以对于契约的运行以及乡里秩序的维护发挥重要影响。如张仲礼所言："在严格的意义上说，绅士一般是不掌握司法权的，但是他们作为仲裁人，调解许多纠纷。有关绅士这类事务的例子不胜枚举，故人们下这样的断言，即由绅士解决的争端大大多于知县处理的。"[3]在明清史料的字里行间，我们也可以感受到当时国家对于这一群体寄予厚望："士为齐民之首，朝廷法纪不能尽喻于民，惟士与民亲，易于取信。如有读书敦品之士，正赖其转相劝戒，俾官之教化得行，自当爱之重之。"[4]如果可以找到国家依靠、信任的人来做交易中的中人，那么契约的稳定性与效力都会大幅提高。如果中人选任不合适，官方话语直接会表达出诸如"勾串党棍硬作中人，强卖分肥"[5]等言语，无疑等于因中人的道德问题而直接否定了契约的效力。

然而，民间习惯的形成并非仅仅是官方引导的结果，甚至可以说主要不是官方因素使然，普通老百姓通常"像躲避瘟疫一般躲避衙门"。[6]中国的乡村多由年长者凭借自己的年岁从精神上予以领导，也由绅士们凭借自己对法律及历史的知识从精神上予以指导。从根本上讲，它是用习俗和惯例这些没有文字记录的法律进行统治的。村民中出现不和时，年长者和族长就被请

〔1〕 参见许倬云：《中国古代文化的特质》，新星出版社 2006 年版，第 49 页。

〔2〕 以清代土地买卖契约为例，参与契约的"中人"主要是"村庄首领"与亲戚、邻居。参见梁治平：《清代习惯法：社会与国家》，中国政法大学出版社 1996 年版，第 60 页。

〔3〕 张仲礼：《中国绅士——关于其在 19 世纪中国社会中作用的研究》，李荣昌译，上海社会科学院出版社 1991 年版，第 60~61 页。

〔4〕 （清）王凤生：《绅士》，载（清）徐栋辑：《牧令书辑要》卷六。

〔5〕 （清）徐士林：《徐雨峰中丞勘语》卷二《王阿胡烹产绝养案》，清光绪圣泽楼丛书本。

〔6〕 林语堂：《中国人》，郝志东、沈益洪译，浙江人民出版社 1988 年版，第 179 页。

来裁决是非曲直，裁决的依据是"人性与公理"的结合。一些并不以处理诉讼为生的杰出正直的绅士，以自己的人格和学问的声誉与村里的长者一起，领导老百姓们日复一日地生活着。中国的传统是人民一直在自己管理着自己。如果"政府"能不干涉他们的事务，他们倒也很愿意让政府靠边稍息。[1]事实上，政府也仰仗乡村中的地方精英来维护乡里秩序的和谐稳定，比如陈宏谋在《弭盗议详》一文中就讲述了地方精英在这方面所能发挥的积极作用："其年力精壮、原能手艺、可以佣工之人，或因自己本无营业，他人不肯雇用，不得已而为乞丐者，应问明本人，即谕该地邻乡保，为之觅主佣作，并即令乡地邻族公同立契，如有事犯不得连累雇主，则雇主无所顾忌，肯为雇用。敢养一人即可少一人为窃，亦弭盗之一端也。"[2]这种"双赢"局面在传统社会表现得淋漓尽致。

(二) 由中人促成的"熟人"评价系统优于官方权力在私权领域发挥作用

传统中国人一般不迷信官方的力量，所以大家都并不感到有强制力来保护自身的必要，甚至不求助于官方权力来维护自己的私权。那么"拥有一个强大的外在强制力量，可以确保契约得以执行"就变得不太重要，其与契约相对方的互相信任程度之间此消彼长的关系，[3]便得以显现出来。这正是中国传统契约中大量存在的中人现象与国家制定法中没有所谓"民事法律规范"这一对"相反相成"的客观存在。

在中国传统社会，大家确信"公理和正义"是一种超越物质的力量，道德责任被公认为一种必须服从的东西。[4]中国文化重视"做人"与"人道"。[5]中国传统社会所提倡的君子之道、人的名分意识或荣誉、廉耻感是所有社会和文明真正的、合理的、永久的基础。为了使社会的各个部分都得以运转，荣誉和廉耻感不仅是重要的，而且是绝对必需的。人丧失了荣誉和廉耻感，所有的社会和文明就会在顷刻间崩溃。[6]实际上，中国文化以及传统中国人

---

〔1〕 参见林语堂：《中国人》，郝志东、沈益洪译，浙江人民出版社1988年版，第179页。

〔2〕 （清）徐栋辑：《牧令书辑要》卷九，清同治七年（1868年）江苏书局本。

〔3〕 参见丁晓东："身份、道德与自由契约——儒家学说的制度性解读"，载《法学家》2014年第3期。

〔4〕 参见辜鸿铭：《中国人的精神》，黄兴涛、宋小庆译，人民出版社2010年版，第3~4页。

〔5〕 参见钱穆：《中国文化精神》，九州出版社2012年版，第22页。

〔6〕 参见辜鸿铭：《中国人的精神》，黄兴涛、宋小庆译，人民出版社2010年版，第26~27页。

认为如果没有了荣誉和廉耻感，国家制度形同虚设，只有发自内心地遵从人们认为善的东西，国家、社会才会长治久安。

中国文化是一种面对现实人生的和平文化，有一种极为深厚的人道观念。这种人道观念，并不指消极性的怜悯与饶恕，而是指其积极方面的"忠恕"与"爱敬"，人与人之间以"忠恕"与"爱敬"相待，这才是真的"人道"。[1]但是，即使有发自内心的人道观念，交易行为（尤其是商业活动）也毕竟是逐利的行为，将利益最大化是交易行为的初衷与目的。当只有相对双方进行交易时，"忠恕"与"爱敬"能否战胜对利益诉求的欲望是一个难题。然而，在中国传统文化影响下，自发形成的一系列契约习惯比较好地解决了这个问题，中人被习惯性地列为交易行为中的一项要件，归根到底正是这种文化观念的影响。

在中人参与的具体的人际关系网中，忠恕、爱敬、廉耻、道德等观念都被具体化，不再是抽象空洞的说教。有研究表明，通过交易中引入第三方并由他们协助解决纠纷的安排，相当有效地减少了诉讼。[2]这说明了传统中国人即使没有对神的恐惧，没有对国家权力的恐惧，却不能不恐惧良心与人道的规训。[3]换句话说，在传统中国社会，与被官方惩处相比，被周遭人群的道德鄙夷更容易被人接受和理解，后者对于个人的威慑力在人们日常生活的具体人际关系网络中远大于前者。出于对廉耻和道德观念的忌讳，非礼之事被中国人所不齿，而且一般的纠纷依据礼义廉耻就可以解决。这正是在熟人社会中，由彼此都熟悉的第三方协调解决纠纷的文化基础，也是近年来强调通过调解方式解决诉讼纠纷的文化基因所在。即使契约相对方并不熟悉彼此，但是由中人促成的这种人为的熟人关系，使得熟人社会中的道德评判具有了强大的威慑力，也就是说参与交易全过程、对交易内容及所涉权利了如指掌的中人使双方联系起来，形成由契约关系引发的人际关系网络，三方的存在使交易双方的违约意图受到人际关系网络中的廉耻、道德观念的限制。在传统社会中生活的大多数人一辈子逃脱不掉这一"熟人关系"网络，因此，来自熟人之间道德上的负面评价成为其"不能承受之重"。

---

〔1〕 参见钱穆：《中国文化史导论》，中华书局 1994 年版，第 50 页。

〔2〕 参见［美］黄宗智：《清代的法律、社会与文化：民法的表达与实践》，上海书店出版社 2007 年版，第 30 页。

〔3〕 参见辜鸿铭：《中国人的精神》，黄兴涛、宋小庆译，人民出版社 2010 年版，第 141 页。

当代表国家的官员面对契约纠纷之时，他们不能把法律看作一个抽象的存在，而一定要把它看作一个可变通的量，应该具体地运用到某一个人身上，任何与个人联系不紧密的法律，任何不能视具体情况而定的法律都是非人道的法律，所以也不能成其为法律。[1]官方处理民间纠纷，常常用儒家经典中的道德话语来"教化"两造，既可以用如果是"圣人"就不会这样行事为理由进行谴责，又可以用因为不是"圣人"而只是一介小民为根据来给予宽恕。[2]我们在官方解决契约纠纷（或者说所有私法纠纷）的领域，常常看不到有任何法律被援引，但又是官方与普通老百姓都认可（至少是表面上认可）的最终结果。

中国人的那些固定的社会渠道都是一些具体的"人情"关系，而使中国人受到制约的也就是这些关系中实实在在感觉得到的"心意"。因此，官方面对纠纷就往往必须诉诸"人治"与"身教"，"法治"反而退居其次，[3]在解决这一类纠纷时，一个观点在逻辑上正确还远远不够，它同时必须合乎人情。实际上，合乎人情，即"近情"比合乎逻辑更重要。[4]对于在具体的人际关系中生活的人们来说，"近情"比"逻辑"更切实切己，更有利于人们日常生活中的和谐相处。在审理诸如契约纠纷为代表的"户婚、田土、钱债"等"细事"之时，官方的价值排序里，两造和中人的意见以及如何处理纠纷各方的人际关系，如何教化两造不再因如此小事而争斗诉讼等方面，都超越了法律的规定。甚至，我们可以说官方根本就没有认为这是一个"法律"问题。这一切都在由中人联结双方的熟人关系中，看起来顺理成章。

六、余论：中国文化所认可的柔性私法秩序

有人概括中国社会为传统指导型社会，其具体表现为比较缺少变化的社会、个人依赖家族和亲戚的社会、比较有紧密价值网的社会、对耻辱恐惧的社会、一切由传统决定的社会。[5]在这样一种社会中，我们比较容易理解传

〔1〕 参见林语堂：《中国人》，郝志东、沈益洪译，浙江人民出版社1988年版，第63页。
〔2〕 参见［日］寺田浩明："权利与冤抑——清代听讼和民众的民事法秩序"，载氏著《权利与冤抑：寺田浩明中国法史论集》，王亚新等译，清华大学出版社2012年版，第204页。
〔3〕 参见［美］孙隆基：《中国文化的深层结构》，广西师范大学出版社2011年版，第35页。
〔4〕 参见林语堂：《中国人》，郝志东、沈益洪译，浙江人民出版社1988年版，第73页。
〔5〕 参见韦政通：《中国文化概论》，吉林出版集团有限责任公司2008年版，第271页。

统中国的契约行为。缺少变化使中人在契约关系中得以延续；个人依赖家族和亲戚，这让很多人在订立契约时优先想在亲族内部进行交易，或者求助亲友作为中人来寻找合适的交易对象，此时中人和交易对象都是相对值得信赖的；在这个比较紧密的价值网内，中人可以紧密联系双方，或者利用相同或相似的价值观尽力沟通以平息纷争；对耻辱的恐惧最大程度上保证缔约双方在中人面前不敢或者不愿违约，尽力履行契约中的义务；一切由传统决定的社会让"中人须用老年有德者"〔1〕成为中肯的经验总结。

在国家立法几乎"缺位"的情形下，明清时代的地区产业分工、土地交易与商贸往来却表现出了越来越繁荣的景象，〔2〕探讨究竟是何种因素维护了一个私法体系的顺畅运作时，国家的力量不可忽视，但也确实不是直接因素。〔3〕不仅国家在这一问题上采取了尽量不介入的态度，人们的日常生活也并不依赖国家，或者说不主要依靠国家来解决此类"鼠牙雀角"之事。人们将这类活动产生的纠纷放入道德领域，希望通过熟人关系网络中的礼义廉耻观念来协调解决纠纷，虽与今日西方法治理念格格不入，但却是在中国文化浸润下的传统社会自发的解决机制。因此，这种国家法"缺位"的现象并不是一种缺陷，只是一种文化影响下自然而然产生的正常现象而已。

时至今日，当我们讨论中人问题，必须认识到中人对传统契约关系的保障，其实是中国文化所塑造的以道德评判为主的"熟人关系"对于契约关系的保障，而这种"熟人关系"实际上是由中人从中积极促成的。中人可以使并不熟悉的相对方变得熟悉，可以使原已熟悉的相对方变得更熟悉。可以说，这种具体人际关系网络中的"熟人"是一种人为制造的"熟人关系"。现代西方法治观念中抽象的契约关系，使得硬性规定的法律可以有用武之地，而由中人人为地促成的熟人关系网络，使得中国传统知识体系中的道德教化在具体的人际关系面前得以施展"威力"。如果只是简单地从现代法学观念理解中人所起的几种作用，就不能真正意识到中国文化对于中国传统习惯制度与

---

〔1〕 （清）丁宜曾：《农圃便览》，清乾隆原刻本。

〔2〕 分别可以参考刘石吉：《明清时代江南市镇研究》，中国社会科学出版社1987年版；杨国桢：《明清土地契约文书研究》，中国人民大学出版社2009年版；邱澎生：《当法律遇上经济：明清中国的商业法律》，五南图书出版公司2008年版。

〔3〕 参见王帅一："明清时代官方对于契约的干预：通过'税契'方式的介入"，载《中外法学》2012年第6期。

民族品格的影响之大。

中国文化通过中人对契约秩序的形成所起到的独特作用，是无形的中国文化渊源在具体制度上的体现，是我们理解传统中国私法秩序的逻辑起点。中国人强调的这种“人道”和其乐融融的和谐关系，根本目的也是维护各种社会关系的稳定发展，可谓与现代西方法治理念殊途同归。同时，中国人深深认识到，如果没有人们发自内心的认同，强硬的制度乃至严刑峻法也无济于事，甚至会适得其反，正所谓“民不畏死，奈何以死惧之”。[1] 主动地依靠人的内心，而非像法律依靠外在的权力，是传统社会相对稳定的基本原因。[2] 因此，中人的出现，并不仅仅是一种功能主义视角下对于契约制度的保障，只有从中国文化角度来认识中人，才能理解其在契约关系中所发挥作用的机制，才会认识中国传统社会私法运作的特点，发现其意义与价值所在。

---

[1] 《道德经》七十四章。

[2] 参见韦政通：《中国文化概论》，吉林出版集团有限责任公司 2008 年版，第 303 页。

《大清会典》与清代"典例"法律体系

——"史书""政书""行政法""综合法"诸说驳正

陈灵海*

摘 要 清代史料中保存了大量《大清会典》颁行、查询、解释、修改、增补及恢复休眠条款、对违反行为进行惩处等方面的史料，足证《大清会典》是清代实际行用的根本法，在"典例"法律体系中处于重心和基准的地位，绝非具文。认为《大清会典》是史书、政书、行政法典、行政法与根本法合一、综合性法典汇编的观点，低估了《大清会典》在清代法律体系中的地位。清代在明代的基础上，进一步以"典例"法律体系取代"律令"法律体系，在这一体系中，《会典》是纲，律例是目，前者高于后者，后者从属于前者。康熙、雍正时期，《大清律》成为《会典》的组成部分。嘉庆、光绪时期，《大清律例》成为《会典事例》的组成部分，律下降为《会典》的下位法。"律例"体系只是"典例"体系中的刑法部分，不足以全面概括清代法律体系的特征。

关键词 会典 律例 清代法律 法律体系

一百多年前，梁启超先生明确提示了明、清《会典》的学术价值，认为"研究《会典》之性质，实重要中之重要也"。[1]然而一个多世纪以来，学者的研究大多聚焦于律、例，关于《会典》的成果仍然很少，即使偶尔提及，也常数笔带过，不免令人遗憾。近十多年来，情况开始趋于好转，明、清《会典》逐渐成为法律史学的热点之一，成果有所增加，认识也正在加

---

* 本文作者系上海师范大学教授、博士生导师。

〔1〕 梁启超："论中国成文法编制之沿革得失"，载氏著《饮冰室合集》（第1册），中华书局1988年版，第41页。

深。〔1〕

明、清《会典》之成为近一阶段的研究热点，与数字化时代文献环境的改善有关，更深层的原因则在于法律史学不断凸显的问题意识：《会典》究竟是何种性质的文献，有无法律约束力，是现实行用的法典，还是如一些学者所言，只是"营造太平盛世的氛围""为政权合法性提供依据""争取官民拥戴"的形象工程？明、清两代的统治者们出于何种考虑，才花费这么大的精力，纂修规模如此宏大、卷帙如此浩繁的《会典》？如果《会典》是现实行用的法典，那么它与《大清律例》的关系如何？与各种事例、则例的关系又如何？这些法律又以何种形式共同构筑起整个清代的法律体系？

本文的研究，建立在前贤时彦的成果基础之上。笔者从这些成果中获益匪浅，但又不完全认同他们的观点。通过对清代五部《会典》及《则例》的重新研读，笔者发现此前学者的不少观点，或只立基于乾隆、嘉庆、光绪《会典》，忽视了康熙、雍正《会典》；或只立基于《会典》正文，忽视了与之一体两面的《事例》《则例》。尤其是在《会典》的性质、《会典》在清代法律体系中的地位、清代法律体系的结构等问题上，有待商榷和厘清之处甚多。笔者学力浅薄，加之文献浩繁，论述中之疏漏不当，恳请师友不吝教正。

---

〔1〕 笔者寓目所及，吕丽、鞠明库、原瑞琴、李永贞、舒习龙等成果较多。参见吕丽："论《清会典》的根本法与行政法的合一性"（载《吉林大学社会科学学报》1998 年第 2 期）、与刘杨合作："是官修史书，还是行政法典——《清会典》性质论"（载《法制与社会发展》1998 年第 2 期）、"《清会典》辨析"（载《法制与社会发展》2001 年第 6 期）；鞠明库："《四库全书》缘何不收万历《大明会典》"（载《河南图书馆学刊》2003 年第 3 期）、"万历《会典》的编纂特色及其存在的问题"（载《图书馆杂志》2004 年第 12 期）、"《诸司职掌》与明代会典的纂修"（载《史学史研究》2006 年第 2 期）、"试论明代会典的纂修"（载《西南大学学报（社会科学版）》2007 年第 6 期）；原瑞琴："《大明会典》的社会影响"（载《中国社会科学院研究生院学报》2008 年第 5 期）、"弘治《大明会典》纂修考述"（载《中国社会科学院研究生院学报》2009 年第 3 期）、"《大明会典》性质考论"（载《史学史研究》2009 年第 3 期）、"万历《大明会典》纂修成书考析"（载《历史教学（高校版）》2009 年第 12 期）、"《大明会典》版本考述"（载《中国社会科学院研究生院学报》2011 年第 1 期）、《〈大明会典〉研究》（中国社会科学出版社 2009 年版）；李永贞：《清代则例编纂研究》（上海世界图书出版公司 2012 年版）；舒习龙："《光绪会典》纂修研究"（载《苏州学院学报（社会科学版）》2015 年第 3 期）、"《光绪会典》纂修新探"（载《史学月刊》2016 年第 2 期）等。近年杨一凡先生有多篇专论，尤值重视。

一、《大清会典》的纂修及其结构

关于清代康熙、雍正、乾隆、嘉庆、光绪五朝《会典》的纂修情况，学者已有不少介绍，此处不赘。[1]为了讨论的方便，仅将基本信息列表如下：

表 1　清代五部《会典》基本信息

	《康熙会典》		《雍正会典》		《乾隆会典》		《嘉庆会典》		《光绪会典》	
始纂	康熙二十三年（1684）	7年	雍正二年（1732）	9年	乾隆十二年（1747）	15年	嘉庆六年（1801）	19年	光绪十二年（1886）	14年
纂成	康熙二十九年（1690）		雍正十年（1732）		乾隆二十六年（1761）		嘉庆二十三年（1818）		光绪二十五年（1899）	
总裁	伊桑阿等两人		尹泰等八人		允裪等十一人		托津等两人		昆冈等四人	
参修	72人		122人		174人		191人		223人	
卷数	162卷		250卷		典100卷 例180卷		典80卷 例920卷 图46卷		典100卷 例1220卷 图270卷	
始收	崇德元年（1636）	51年	康熙二十六年（1687）	41年	雍正六年（1728）	31年	乾隆二十三年（1758）	55年	嘉庆十八年（1813）	75年
截止	康熙二十五年（1686）		雍正五年（1727）		乾隆二十三年（1758）		嘉庆十七年（1812）		光绪十三年（1887）	
特色	仿《明会典》体例，有配图		体例无变化，仍有配图		典、例分编，重大革新		典、例、图分编，进一步革新		体例无变化，典、例、图分编	

从上表可见，清代《会典》之纂修有以下几点尤值注意：

---

〔1〕 关于《康熙会典》以前是否曾有《崇德会典》，学界曾有较多讨论，由于篇幅与论旨所限，本文不赘，请参见张晋藩、郭成康（1983）、田涛（2002）、祖伟（2003）、张晋藩（2003）、岛田正郎（2003）、神田信夫（2003）的相关研究。

其一，清代君臣高度重视纂修《会典》。先后五次，共编成《会典》与《则例》3328 卷。其中《康熙会典》近 8000 页，《雍正会典》13 000 余页，《乾隆会典》及《则例》5000 余页，《嘉庆会典》及《则例》50 000 余页，《光绪会典》及《则例》15 000 余页，合计近 10 万页，超越了古往今来任何一部法律。即使晚清国势危殆，也未放弃纂修，其重视程度可见一斑。

其二，《会典》纂修团队精英荟萃。雍正、乾隆《会典》总裁之一张廷玉为三朝名臣，曾任《明史》《清世宗实录》总裁，是清代唯一配享太庙的汉臣。《嘉庆会典》总裁之一董诰曾任《四库全书》副总裁，"直军机先后四十年，熟于朝章故事，有以谘者，无不悉，凡所献纳皆面陈，未尝用奏牍"。[1]《光绪会典》总裁徐桐、翁同龢等也都是当时最顶尖的学者。此外，以学术精湛著称的纪昀、钱大昕、潘祖荫、李鸿藻、沈家本等也都曾参与纂修。

其三，继承中有发展，审慎中有创新。康熙、雍正《会典》继承了《明会典》的结构与纂修方法。从《乾隆会典》开始，创新性地采取《会典》与《则例》分编的方式。《嘉庆会典》又创新性地将《会典》《则例》《图》分编。与《会典》《事例》一样，《会典图》也是清代政治社会事务中必须遵循的规范。相比而言，《乾隆会典》最简洁，《嘉庆会典》最详尽，保存的史料最多，学者认为"最为得体"。[2]

其四，五部《会典》均以"以事属官，以官隶事"为原则，按照宗人府、内阁、军机处、六部、理藩院、都察院、通政使司、诸寺的编纂顺序，其中盛京五部、内务府的位置稍有变化。总卷数呈逐步上升之势，尤以《嘉庆会典》扩编最大。六部之中，礼部卷数最多。清代君臣商议政务，往往援引《会典》，其中尤以解决礼制疑难问题的最为频繁。工部职权较轻，涉及卷数最少，也在情理之中。明代以后的任何一部律典，内分吏律、户律、礼律、兵律、刑律、工律，也总是工律最少。

---

〔1〕《清史稿》卷四三〇《董诰传》，中华书局 1977 年版，第 11091 页。

〔2〕黄秉心：《中国刑法史》，上海书店 1989 年版，第 404 页；林咏荣：《中国法制史》，大中图书公司 1960 年版，第 64 页。

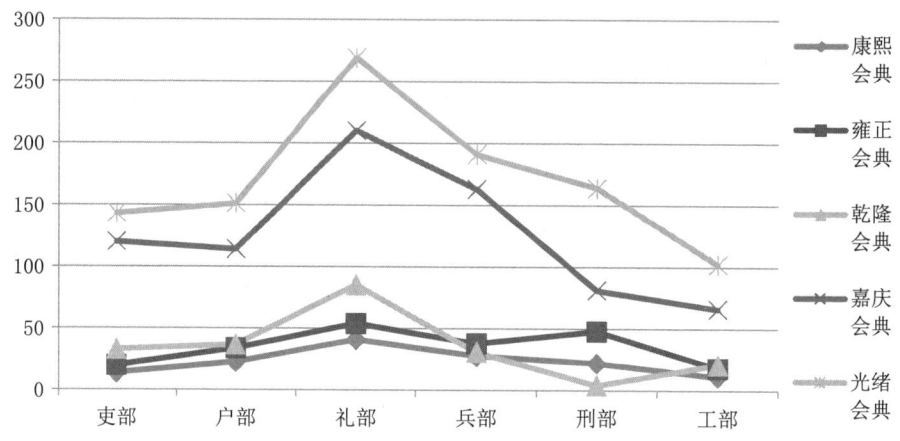

图1 清代五部《会典》中六部内容的卷数

此外值得注意的是，五朝《会典》中涉及刑部的卷数，呈现不规则的变化。康熙、雍正《会典》中刑部卷数渐次增多，嘉庆、光绪《会典》《则例》中也是如此，但乾隆《会典》《则例》中，刑部卷数一共只有四卷。其缘由较为特殊，因为乾隆帝认为，《大清律例》《督捕则例》《三流道里表》等"皆已刊刻颁行，只备参考，无庸复载於此"。[1]嘉庆朝以后将《大清律例》等重新纳入《会典》，则进一步确认了《会典》相对于律、例的上位法地位。

二、《大清会典》是清代的根本法

"根本法"是一个现代法学概念，对应概念的是"普通法"。两者的关系是：根本法规定国家最基本的制度，在法律体系中居于最高位阶，制定修改过程均极为审慎严格；普通法是根本法以外的所有法律的总称，居于根本法之下，不得与之相违背，制定修改也相对简易。由于规定最基本制度和居于最高位阶的特性，根本法的违法主体也不同于普通法，往往是国家机关、政府官员，甚至国家领导人；违反根本法的案件量，也必然少于违反普通法的案件量；对于违法行为的惩处方式和程序，也与违反普通法不同。

---

〔1〕《乾隆会典》凡例。

不少学者认为"根本法"是现代法学概念，或者与"宪法"概念混为一谈，因而不敢将其用于法律史研究。其实，这两个概念很容易区分：前近代国家没有宪法，不等于没有根本法，古代统治者往往用"国之大事""王者之制""大经大法"等词语指称他们的根本法。近代国家制定宪法之后，宪法成为一国的根本法。因此，"根本法"概念可以用于法律史研究。此前学界关于《会典》性质的五种流行观点，大多就是基于"前近代国家没有宪法，因而也没有根本法"这种认识偏差而产生的。

（一）关于《会典》性质诸观点的辨正

1. 史书说与政书说

这两种观点最为保守，仅将《会典》视为清代官方编纂的史料汇编，而非现实行用的法律，其立论基础是《四库全书》将《会典》归入"史部"。[1]诚然，清代政府组织编修过一些"官修史书"，如《清通典》《清通志》《清文献通考》等，但它们与《会典》绝非同类文献，无论是纂修团队还是体系内容，都不可同日而语。[2]

"史书说"令人误以为，清代五次纂修《会典》只是出于君主好大喜功，实践中不过具文而已，这绝对是一种错觉。事实上，《会典》是清代君臣经常查阅援引、具有普遍约束力的法律文件，绝非"史书"或"史料汇编"。《康熙会典》中明确声明，其绝非"缘饰虚文，铺张治具"，而是"常作之师"。[3]道光时期的一份谕旨也明确警告，勿将《会典》视为具文，应按照规定参奏违反《会典》的官员。[4]

"政书说"[5]是"史书说"的细化，但不是更准确，而是更"偷懒"，其立论基础是《四库全书》及《清史稿》将《会典》归入了"史部·政书·通

---

〔1〕 如民国学者邓之诚因此将《明会典》归入"明代官修之史"，将《大清会典》归入"清代官修之史"。参见邓之诚：《中华二千年史》，卷五下，第二分册，中华书局1983年版，第521页、第531页。

〔2〕 关于《大清会典》具有一些官修史书的外在形式，学者已有评价，参见吕丽、刘杨："是官修史书，还是行政法典——《清会典》性质论"，载《法制与社会发展》1998年第2期。

〔3〕《康熙会典》御撰序。

〔4〕《清宣宗实录》卷三〇二，道光十七年十月壬戌。

〔5〕 参见向斯："清宫五修《大清会典》考述"，载《图书馆杂志》2003年第6期；薛刚："《清会典》、《清会典事例》纠谬八则"，载《长春师范学院学报（人文社会科学版）》2010年第5期。

制"类。[1]要知道，"政书"只是清人对书籍的一种归类，在《唐书》《宋史》《元史》《明史》的《艺文志》中就没有这种归类。[2]也就是说，即使对中国古代学者来说，"政书"也不是一种常用的分类，在当代学术语境中更已沦为死语。更何况，《清史稿·艺文志》中，编者将"政书"分为通制、典礼、铨选科举、邦计、军政、法令、考工七种，划分标准显然是"总则+吏户礼兵刑工分则"。如果将《会典》归为"政书"，那么与之同列的《中枢政考》《八旗则例》《军器则例》《大清律例》《督捕则例》等也只好归为"政书"了，这岂不是越解释越糊涂？

2. 行政法典说

"行政法典说"是关于《会典》性质的最流行、最具迷惑性的观点，梁启超[3]、浅井虎夫[4]、织田万[5]、林乾[6]、鞠明库[7]等学者均持此说，法律通史著作和高校法律史教材亦多采此说。[8]其立论基础，是"法律体系=一国+现行+全部+部门法+有机整体"这种近现代大陆法系的法律体系理论。按照这一理论，《会典》只能是宪法、行政法、民法、刑法、诉讼法、国际法中的一种，似乎只有行政法相对适合。这就好比用"弦乐器=钢琴+提琴+竖

---

〔1〕　[清] 纪昀等撰：《四库全书总目提要》，河北人民出版社 2000 年版，第 2126 页；《清史稿》卷一四六《艺文志二》，中华书局 1977 年版，第 4307 页。

〔2〕　《明史》卷九七《艺文志二》，中华书局 1974 年版，第 2377 页。

〔3〕　梁启超在《论中国成文法编制之沿革得失》一文中说："我国有二大法典：所谓《律》者，刑法也；所谓《会典》者，行政法也。"参见氏著《饮冰室合集》第一册《饮冰室文集之十六》，中华书局 1988 年版，第 41 页。

〔4〕　浅井虎夫认为，"清承有明之后，编纂法典亦复不少，举其主要者，则可分之为一般法典与特殊法典。而一般法典中，行政法典则有《会典》及《会典事例》，刑法典则有《律例》"。参见氏著《中国法典编纂沿革史》，陈重民译，李孝猛点校，中国政法大学出版社 2007 年版，第 235 页。

〔5〕　织田万在《清国行政法》一书中说："清国法之各部，进入分化之域，虽有未若文明各国者，然有一《会典》，足以称行政法典。""中国古来即有二大法典：一为刑法典，一为行政法典。"参见该书李秀清、王沛点校本，中国政法大学出版社 2003 年版，第 51 页。

〔6〕　林乾："清会典、则例的性质及其与律例的关系"，载中国政法大学科研处编：《政治评论》，中国政法大学出版社 2001 年版；林乾："《清会典》的历次纂修与清朝行政法制"，载《西南师范大学学报（人文社会科学版）》2005 年第 2 期。

〔7〕　鞠明库："《四库全书》缘何不收万历《大明会典》"，载《河南图书馆学刊》2003 年第 3 期。

〔8〕　如张晋藩先生主编《中国法制通史》（法律出版社 1999 年版）第八卷《清》之第八章、第十五章、第二十二章（均由李铁撰）及第九卷第五章（张晋藩撰），主要内容即是康熙、雍正、乾隆、嘉庆、光绪五朝《会典》。

琴+吉他等"的分类法，硬把二胡归入小提琴、把琵琶归入吉他、把古筝归入钢琴一样，令人啼笑皆非。

此前已有不少学者对"行政法典说"提出批评，如柏桦先生认为，将《明会典》视为行政法典"以现代的眼光来看，未免有些偏颇"。[1]李秀清教授认为，该观点"使人有张冠李戴之感"。[2]在笔者看来，该观点更严重的疏漏，在于忽视了康熙、雍正《会典》收入《大清律》，嘉庆、光绪《会典》规定了刑法基本制度和原则并将《大清律例》收入《事例》这一重要现象。如果《大清会典》是行政法典，那么收入《大清会典事例》的《大清律例》岂不也成了行政法中的行政法？

3. 根本法与行政法合一说

该说实为"行政法典说"的变形，意在兼取两长，实则两失，而且陷入了相对主义。[3]诚如吕丽教授所说，"对历史问题应当历史地去分析"，不应过于僵化地"按近现代法的部门分类去衡量中国古代的法典"。因为中国古代的立法者，是不可能站在"法律体系＝一国+现行+全部+部门法+有机整体"的理论体系下思考问题的。将现代法律体系概念，生搬硬套到清代法律体系上，难免凿枘难谋。

然而很可惜，吕丽教授一方面以中国传统社会有"人治""行政权力支配"为由，试图证明《大清会典》可以既有行政法面貌，又产生根本法效果，另一方面又引用《不列颠百科全书》"宪法和行政法之间很难划分界限"的话，试图证明根本法与行政法是可以"合一"的。[4]她忽略了《不列颠百科全书》的说法只能适用于英国（独特的柔性宪法国家），并不适用法国或美国，更不适用于古代中国。至于"人治"或"行政权力支配"，与法律体系的内部结构全无关涉，根本不能推出行政法与根本法合一的结论。

---

〔1〕 柏桦、李倩："论明代《诸司职掌》"，载《西南大学学报（社会科学版）》2014 年第 4 期。

〔2〕 ［日］织田万撰：《清国行政法》前言，李秀清、王沛点校，中国政法大学出版社 2003 年版，第 11~12 页。

〔3〕 吕丽："论《清会典》的根本法与行政法的合一性"，载《吉林大学社会科学学报》1998 年第 2 期；张杰："行政法文献巨篇——略谈清代五朝会典"，载《行政法学研究》1999 年第 1 期。按，后文先将《大清会典》界定为"行政法典"，又称其"具有根本法的性质"，"是重要的法律支柱和根本保证"。

〔4〕 吕丽："《清会典》辨析"，载《法制与社会发展》2001 年第 6 期。

4. 综合汇编式法典说

与上述两说类似，该观点也肯定《会典》是现实行用的法典。其错误在于，将中国古代皇帝的政治权力与法律权力混为一谈了。这是一种很常见的认识。诚然，中国古代的皇帝确实拥有至高无上的政治权力，但不表明这种权力总是会得到法律的认可。[1]该观点还认为，《会典》是"营造太平盛世的氛围"，"为政权合法性提供依据"，"争取官民拥戴"的形象工程，又与其"综合汇编式法典说"自相矛盾，此处不再赘论。

综之，行政法典说、根本法行政法合一说、综合汇编法典说都肯定《会典》的法典性质，但都否认其在法律体系中的中心地位，严重低估了其法律效力位阶。

(二)《大清会典》是清代整个国家的"大经大法"

此前已有学者认可《大清会典》的根本法地位，但未见详论。[2]如《四库全书总目提要》就称《会典》为"以官统事，以事隶官，则实万古之大经，莫能易也"。[3]近代以来，也有学者将《大清会典》视为"宪法"。[4]如日本行政法学巨擘织田万认为，《大清会典》"固为经久常行之法"。[5]连清末日本军方在北京的调查报告中，也称《大清会典》《大清律例》、部门则例为清代法律体系的"最主要部分"。[6]

精确理解古代立法"语言"，是研究法律史的关键。[7]古汉语中的"典"

---

〔1〕 刘广安："《大清会典》三问"，载《华东政法大学学报》2015 年第 6 期。

〔2〕 如陈晓枫、柳正权主编：《中国法制史》，武汉大学出版社 2012 年版，第 291 页。我国台湾地区"中研院"研究中国古代"基本法"时注意到《会典》，可惜没有得出正确的结论。他们说："中国古代的国家基本法主要属于不成文法。古代的国家基本法主要是政治典章性质的规范而非法律性质的规范，尽管其间曾产生过《六典》《会典》等专门性法典，但并没有形成一系列规范构成一个法律文件或法律部门，也没有一部成文的国家基本法的法典，无法划分出一个规定国家基本问题的法律部门。"

〔3〕 （清）纪昀等撰：《四库全书总目提要》，河北人民出版社 2000 年版，第 2126 页。

〔4〕 C. F. Preston, "Constitutional Law of the Chinese Empire", *The China Review*, Vol. VI. 参见[英] 但尼士、[德] 欧德理主编：《中国评论》（第 6 卷），国家图书馆出版社 2010 年版，第 13~14 页。

〔5〕 [日] 织田万撰：《清国行政法》，李秀清、王沛点校，中国政法大学出版社 2003 年版，第 51 页。

〔6〕 [日] 服部宇之吉等编：《清末北京志资料》，张宗平、吕永和译，燕山出版社 1994 年版，第 132 页。

〔7〕 [日] 岸本美绪：《明清法律运作中的权力与文化》，邱澎生、陈熙远编，联经出版事业股份有限公司 2009 年版，第 4 页。

字，本就有"根本法"之意。对此，孔颖达有权威的解释：

> 经之与典，俱训为常，名"典"不名"经"者，以经是总名，包殷周以上，皆可为后代常法，故以"经"为名。典者，经中之别，特指尧舜之德，于常行之内，道最为优，故名"典"不名"经"也。[1]

也就是说，在中国儒家传统中，夏代以前根本法可为今用者，称为"经"；商周以后根本法可为今用者，称为"典"。清代《会典》的行文中每每模仿《周礼》的语气，以彰显自身的根本法地位，原因即在于对于立法者来说，《会典》正是居于原本由《周礼》占居的位置。[2]

在纂修过程中，立法者也一再宣谕《会典》的根本法地位，并反复强调"不得摭例以淆典"，以维护其最高效力位阶。如《康熙会典》纂修之前，熊赐履将纂修目的概括为"上有道揆，下有法守"。[3]《康熙会典·御制序》中，自称"大经大法"，"大中之轨"，"一代之治法"。[4]《雍正会典》中，自称"大经大猷"，"规型之尽善，仪典之大成"。[5]《乾隆会典》中，自称"国家大经大法，官司所守，朝野所遵"。[6]《嘉庆会典》中，自称"大经大法，美不胜书"，等等。[7]

《会典》的纂修过程，也体现了其根本法地位，其他法律都必须以之为准绳。如《康熙会典》强调"纲维条格，甄录无遗，终始本末，犁然共贯"。[8]除编入"本朝颁行诸书"，如《品级考》《赋役全书》《学政全书》《中枢政考》《现行则例》外，还要编入皇帝诏敕、谕旨及部院衙门的题准、覆准、议准等，以实现法律的统一和协调，解决"条例事宜多散见于卷牍，百司

---

[1] （唐）孔颖达：《尚书注疏》，（清）阮元校刻：《十三经注疏》影印本，中华书局1980年版，第118页。

[2] 如康熙《会典》序中的"阜成兆姓，责有攸归"。又如《乾隆会典》编者所说："昔成周之制，百度分治以六官，六官统汇於《周礼》，圣人经世之枢要，於是乎在。"又说"是书之体裁精密，条理分明，足以方驾《周礼》"。

[3] 《清史稿》卷二六二《熊赐履传》，第9891页。

[4] 《康熙会典·御制序》及《皇帝敕谕内阁》。

[5] 《雍正会典·御制序》。

[6] 《乾隆会典·凡例》。

[7] 《嘉庆会典·御制序》。

[8] 《康熙会典·御制序》。

既艰于考衷，而兆姓亦无由通晓"等问题。〔1〕《雍正会典》同样将"各部院衙门礼仪条例，悉行检阅，照衙门分类编辑"，"非徒缘饰虚文，奉行故事"。〔2〕

清代统治者纂修《会典》的目的，正如康熙帝所言，是希望"群臣勤修职业，每建一事，布一令，务期上弗戾于古，下克诚于民"。〔3〕也就是说，制定和执行规则，既要有合法性，又要有可操作性。乾隆朝《钦定大清会典则例·序》也说："每修成《会典》一卷，即副以《则例》一卷，先发该衙门校勘，实无遗漏讹错，然后进呈，恭俟钦定。要以《会典》为纲，《则例》为目，则详略有体，庶与《周六官》《唐六典》遗意犹为仿佛。"〔4〕

当然，历史总是处在发展变化之中。清代统治者对于《会典》的态度，也并非绝对一成不变。〔5〕纂修之初，他们确有模仿《周礼》《唐六典》《唐会要》的初衷。〔6〕但是，从正式纂修之后的状况，以及纂修之后的实际运行看，又有了新的发展。〔7〕从康熙朝，到雍正朝，再到乾隆朝，立法者们越来越明确地意识到，《会典》是其整个国家的"大经大法"，用现代法学语言来表述，就是"全面规范国家各项基本制度、经久常行的根本法"。下文将就清代《会典》的现实行用，作进一步的论述。

三、《大清会典》的现实行用

一部文献是不是法律，主要看两个方面：一是形式方面，文献制定者是

---

〔1〕《康熙会典·皇帝敕谕内阁》及《凡例》。

〔2〕《雍正会典·御制序》。

〔3〕《康熙会典·御撰序》。

〔4〕乾隆《钦定大清会典则例·序》。此外如《乾隆会典》纂修者也说："创业守文，绳之亿万，叶矩矱训，行之久而勿之渝，非《会典》奚由哉！"参见《乾隆会典·序》。

〔5〕此前已有学者指出，早在《明会典》的蓝本《诸司职掌》那里，就已初步具备"大经大法"的特征，只是对当时的立法者来说，还没有明确的根本法意识。《明会典·御制序》中，已将《诸司职掌》称为"诚可为亿万年之大法"。林尧俞等编《礼部志稿》的纂修凡例中，也将《诸司职掌》视为明代的"大法"。参见鞠明库："《诸司职掌》与明代会典的纂修"，载《史学史研究》2006年第2期。（明）申时行等修：《明会典·正德四年御制明会典序》，中华书局1989年版，第1页。（明）林尧俞等纂修，俞汝楫等编辑：《礼部志稿·纂志凡例》，《文渊阁四库全书》第597册，第1页。

〔6〕《康熙会典·御制序》云："赋政任功之意，《周礼》盖详焉。沿及唐宋，仿为《六典》，辑为《会要》，悉本斯义。"《雍正会典·御制序》云："《周礼》一书，盖承唐虞……汉唐宋明……犹师虞周之成宪。"又称《会典》"与《虞书》《周礼》并垂不刊"。

〔7〕《康熙会典·御制序》中称："明初撰《诸司职掌》，其后因之，勒成《会典》。"

否宣称其为法律；二是实质方面，文献公布后是否现实行用，并留下行用的证据。举例来说，唐代公布《六典》后，既未宣称它是法律，也未在实践中行用，所以一般认为《六典》并非法律。[1]唐亡之后，后梁焚毁唐代法律，不包括《六典》。后唐在定州发现“本朝法书具在”，也不包括《六典》。

《大清会典》与《六典》不同，是一部现实行用的法典，而且地位崇高。[2]清代立法者的宣谕中，对其性质和地位有明确的定义。如《康熙会典·凡例》规定，收入与否的标准是“经久可行”和“奉旨特行”，如“事属权宜”则不收，就是说，收入的必是可“行”的。[3]《乾隆会典》的纂修者也反复强调，纂修《会典》并非形式主义、面子工程，不是“每朝迭修为故事”，而是整齐“经久常行之制”，让官员们“知宰世驭物所由来”，日常公务中尽量少出差错。[4]

当然，立法者的自我宣谕，有时有夸大之嫌，属于“有意史料”，证明力相对低一些。与立法者的宣谕相比，史料中保留下来的与《会典》有关的颁行、查询、援引、解释、增修、删除以及强调应当遵循《会典》，恢复《会典》的休眠条款，对违反行为进行制止惩处的“无意史料”，能够更有力地证明《会典》是清代现实行用的根本法。[5]

（一）颁行

顺治时期，已有官员建议将《明会典》改名《清会典》颁行全国。[6]康熙九年，根据江南道御史张所志的建议，《康熙会典》在全国颁行。[7]康熙

---

　〔1〕唐代《六典》纂成于开元二十六年（738年），唐人韦述、吕温均称其“至今在书院，亦不行用”，“未有明诏施行”，“郁而未行”。参见（唐）韦述：《集贤记注》，收入《全唐文》卷三〇二。（唐）吕温：《吕和叔文集》卷五《请删定实行〈六典〉〈开元礼〉》，收入《全唐文》卷六二七。参见钱大群：“《唐六典》行用考”，载氏著《唐律与唐代法制考辨》，社会科学文献出版社2009年版，第419页。

　〔2〕杨一凡：“清代则例纂修要略”，载杨一凡主编：《中国古代法律形式研究》，社会科学文献出版社2011年版，第520页。

　〔3〕《康熙会典·凡例》：“《会典》所载，皆经久可行之事。其有良法美政，奉旨特行者，咸备书之。其事属权宜，不垂令甲者，则略而不录。”见《雍正会典》所录《康熙会典·凡例》。

　〔4〕《乾隆会典·序》。

　〔5〕由于数量很多，此处只举一些代表性例证，以概其余。

　〔6〕《清世祖实录》卷一〇六，顺治十四年正月戊辰。

　〔7〕《清圣祖实录》卷三三，康熙九年四月丙子。

四十一年，山西道御史张瑷又提出相同请求，也得到了批准。[1]这可能是因为《康熙会典》初刊量较少，中央官员近水楼台，比较容易读到，地方官则只有在省署才能读到，所以康熙时的两次颁行建议，都来自道台一级的官员。不过日本亨保五年（康熙五十八年）解除书禁，幕府将军德川吉宗第一时间就通过商船购得了《康熙会典》，并积极发动继续购入，说明这部会典已进入市场流通。[2]

关于《乾隆会典》颁行情况，史料互有参差。乾隆元年的一份敕谕中说："本朝《会典》所载，卷帙繁重，民间亦未易购藏。"[3]乾隆六年，礼部官员在讨论中又提到，"《会典》所载颁行已久"。[4]合而观之，可知《乾隆会典》也颁行于全国，但范围仍比较有限。乾隆中期，一位名叫顾鋐的官员，竟然用六百里加急请求朝廷在各省颁发《会典》，乾隆帝斥责其滥用"加急"，但并没有反对其建议。[5]将《会典》颁行于全国，应该是当时中央与地方的共识。

道光七年，发生了一起与《会典》颁行有关的事件，颇为有趣：

> 济宁城守营都司徐万荣，<u>坚执远年未经修改《会典》</u>，内有掌印金书都司"见各道平行"一语，辄与运河道文移抗不相下。<u>经该署河督查明新修《会典》</u>，发给阅看，并面为开导，犹复盛气相向，藐抗不遵。实属蔑视上官，故违定制。徐万荣著先行撤任，交部严加议处。[6]

这位名叫徐万荣的都司，认为依照《会典》，自己应与道台平行，没想到他依据的是旧版《乾隆会典》，上司向其出示新版的《嘉庆会典》，他并不服气，结果遭到惩处。此案表明：其一，《乾隆会典》颁行更广，已经达到道台、都司一级；其二，地方官非常重视《会典》，将其作为行事准则，绝非具文；其三，《嘉庆会典》卷帙大增，新旧衔接不佳，部分官员未能及时掌握；

〔1〕《清圣祖实录》卷二〇七，康熙四十一年正月癸酉。

〔2〕[日]大庭脩："德川吉宗与《大清会典》"，徐世虹译，收入刘俊文编：《日本学者研究中国史论著选译》（九），中华书局1993年版，第608页。

〔3〕《清高宗实录》卷二一，乾隆元年六月丙戌。

〔4〕《清高宗实录》卷一五〇，乾隆六年九月甲子。

〔5〕《清高宗实录》卷八一七，乾隆三十三年八月甲申。

〔6〕《清宣宗实录》卷一一四，道光七年二月戊申。

其四，新《会典》一旦颁行，旧《会典》即归失效，无论是否知情，都须遵循新版。

为了解决《会典》难以普及的问题，清政府有时会颁行一些专条汇编。如乾隆时，礼部"萃集历代礼书并本朝《会典》，将冠婚丧祭一切仪制斟酌损益，汇成一书"。[1] 道光时，为了抑制婚丧浮奢风气，"依《会典》仪制，刊布规条，宣谕民间"。[2] 光绪时，又将《会典》中"有关民间吉凶礼节者，刊布通行"。[3] 其后，又将"嘉庆十八年以后增定一切典礼，及修改各衙门则例，编辑成书，颁行中外"。[4]

清末印刷条件进一步改善，《会典》颁行范围又有扩大。光绪二十七年，《会典》被列为翰林院编修以上官员的必读书。[5] 次年，分赐各省学堂《会典》一部。之后又加印五百部，分发中央官署及各省衙门。[6] 清代后期各级官员阅读《会典》，应该是没有问题的。青年学子也很容易读到《会典》，在张伯桢撰《南海康先生传》中，就提到了康有为年轻时"读《大清会典》"的事。[7]

（二）查询

由于清代在全国颁行《会典》，后期范围更广，各级官员都能较方便地阅读《会典》。清政府还不定期颁行《会典》中某些方面的专条汇编。中央和地方官员在处理军政、民政、刑政事务时，都养成了查询《会典》的习惯。这是《会典》现实行用的基础和保障。

清代官员查阅《会典》的例证，可谓不胜枚举，朝廷议政时，"谨按《会典》""谨遵《会典》""《会典》开载""《会典》并未开载"等，都是惯用之语。如顺治时，官员蒋永修查阅《会典》后，认为州县呈送勇士的标准是"力胜五百觔或四百觔、三百觔"，而他见到武场试录却不及三百觔，"与《会

〔1〕《清高宗实录》卷二一，乾隆元年六月丙戌。
〔2〕《清史稿》卷三四二《富俊传》，第11121页。
〔3〕《清德宗实录》卷一一，光绪元年六月戊辰；卷二一，光绪元年十一月乙未。
〔4〕《清德宗实录》卷二三一，光绪十二年八月丙寅。
〔5〕《清德宗实录》卷四八二，光绪二十七年四月甲寅。
〔6〕《清德宗实录》卷四九七，光绪二十八年三月甲子；卷五六〇，光绪三十二年五月戊戌。
〔7〕张伯桢：《南海康先生传》，民国时刻本，第2页。

典》之例不符"。[1]魏象枢以母老请求终养，也以《会典》为据。[2]乾隆二十八年，朝鲜英祖李昑令其孙李祘"以孙承祖"，却称为"世子"，而非"世孙"。乾隆帝听取报告后认为不妥，命令礼部"检查《会典》，该国从前曾否有似此立孙之事"，作为决策参考。[3]

地方官办理军政事务时，也会查阅《会典》，一旦发现《会典》没有规定，就会请示朝廷，请求补充规定。一些大臣也会以《会典》为后盾，抵御官场中逢迎谄媚的歪风邪气。乾隆二十八年，一位广西官员奏称，总督巡视时总兵应如何接待"《会典》内并未开载"，请求朝廷确定仪注以便遵照。[4]同治四年，曾国藩在给其子曾纪泽的信中提到，他正在核改《水师章程》，需要了解提镇至千把的养廉钱数额，苦于无书可查，要求"翻会典查出寄来"。[5]

为了督促官员遵守法纪，连皇帝也会经常查阅《会典》。[6]《清实录》中多处提到道光帝"每宵旰筹思，昨阅《会典》，内称……"云云。[7]还提到他"详加披阅"《会典》，发现官员在奏折中提出的"严禁僭用服色"，其实《会典》中已有规定，遂否决该项请示。[8]清代有不少勤政的皇帝，道光帝是其中之一。他甚至将《会典》与其他法律文件对勘，寻找其中的不同或差错，并要求改正。[9]

由于礼仪是展现中央（尤其是君主）威权的最好机会，《会典》相关规定极为细密，由其产生的疑难也最多，因此，官员查询《会典》礼制规范尤其频繁。如乾隆五十年，乾隆帝将十女儿固伦和孝公主嫁给和珅的儿子丰绅殷德，为了确定固伦额驸的服色穿戴，军机大臣"查阅《大清会典》"，确

---

〔1〕（清）蒋永修：《日怀堂奏疏》卷二《武闱举行在即，积弊务宜力更，遴真才以收实效疏》，康熙天藜阁刻本。

〔2〕（清）魏象枢：《寒松堂全集》卷二《奏疏·光禄寺》，康熙时刻本。事在顺治十六年。

〔3〕《清高宗实录》卷六九〇，乾隆二十八年七月癸亥。

〔4〕《清高宗实录》卷七〇〇，乾隆二十八年十二月甲午。

〔5〕（清）曾国藩：《曾文正公家训》卷下，同治四年十一月十八日，光绪五年传忠书局刻本。按，曾国藩在信中还特别提示其子，"凡经制之现行者查《典》，凡因革之有出者查《事例》"。

〔6〕《清世祖实录》卷七一，顺治十年正月辛巳；《清仁宗实录》卷一七七，嘉庆十二年四月丙子。

〔7〕《清宣宗实录》卷一一〇，道光六年十一月乙未。

〔8〕《清宣宗实录》卷二一一，道光十二年五月甲寅。

〔9〕《清宣宗实录》卷二八三，道光十六年五月辛卯。

认"并未详细开载",不得不参照乾隆十二年色布腾巴勒珠尔娶固伦和敬公主的做法执行。[1]

此外,各省府州县编写地方志时,也往往查询《会典》。一旦遇到其他文献中的时间、地点、人物、数据记载与《会典》不合,往往会舍弃其他文献而采信《会典》。[2]

(三) 解释

官员办理军政、民政、刑政事务时,或在文书中引用《会典》条款时,难免会对《会典》条款产生不同的理解,需要朝廷作出权威的解释。为了维护自己的利益,不同官位和品级的官员,也会对《会典》条款作出有利于自己的解释。乾隆时期有一起非常典型的案件。当时,根据《会典》规定,五品官嫡母在世,生母不得并封,但可捐封;嫡母去世,则生母可以获封。一位名叫张卿云的五品官,嫡母已经去世,生母本来无须捐封,但他错误地理解了《会典》例义,将妻子也开列在了请封的名单中。吏部认为他"冒领封典",予以参劾。案件进入审理后,刑部却持不同意见,认为张卿云只是不明《会典》例义而已。他们建议允许他另捐一份封典,与生母一并受封,得到乾隆帝的批准。[3]这起案件显示,由于《会典》的现实行用性,不同部门和官员会对相关条款产生不同理解,需要上级官署裁定,最终则是由皇帝钦定,以确认何者为最权威的解释。

在雍正四年发生的"王九格案"中,同样涉及对《会典》条款的解释。旗人王九格状告陆灿、陆焕系伊家投充即汉人奴仆,陆氏兄弟呈辨自己并非奴仆,王九格之状告为旗棍讹诈。该案久拖不决,多次会审未果,官员们对《会典》规定有不同的理解。最后,直隶总督李绂会同布政使德明、按察使张廷柱覆审,对《会典》"父兄伯叔住种满洲房地,子弟侄看守故土坟茔,查其输粮在先红册载名者,即断为民"作出有利于陆氏兄弟的解释,判决王九格败诉。[4]

---

[1] 《清高宗实录》卷一二七三,乾隆五十二年正月丁亥。

[2] 如同治时刘庠编《徐州府志》(同治十三年刊)卷六下《职官表》,光绪时张之洞编《顺天府志》(光绪十二年刊)卷五四《经政志》,清末张伯英编《黑龙江志稿》(民国二十一年刊)卷二六《武备志》等,均有这种情况。

[3] 《清高宗实录》卷二二一,乾隆九年七月癸卯。

[4] (清)李绂:《穆堂类稿》初稿卷三九下《覆审旗民王九格等疏》,道光十一年奉国堂刻本。

（四）修改

由于《大清会典》袭自《明会典》，一些条款原样照抄，另一些稍作变更，难免出现难详其义、有悖常情、条文乖违、不孚实用之弊。为此，清政府不得不经常修改相关条款。如乾隆十二年，将祭享太庙献爵献帛"例用侍卫及太常寺官"，改为"用宗室人员"。[1]乾隆十四年，修订"相沿前明敝典未更"的旧制，规定"斋宫致斋，勿鸣鼓角"。[2]这些修订使条款更优化，衔接更合理，保证了《会典》有更好的可操作性。

从留存的例证看，清代对《会典》的修改，大多与加强中央（尤其是君主）权威有关。乾隆十五年，湖北巡抚奏称，此前旌表守节妇女，率由督抚、学政给扁汇题，有"人臣得操表扬之柄"的嫌疑，建议"敕内阁拟字给扁"。礼部议准，乾隆帝钦定"清标彤管"四字，"载入会典遵行"。[3]乾隆三十年，根据军机大臣的建议，将《会典》中规定的亲王冬用全貂坐褥，郡王冬用貂缘坐褥，分别降低一格，以体现皇帝、亲王、郡王的等级差别。[4]

当《会典》条款明显不妥时，清代君臣并非一味僵化死守，而是设法予以调整，使之适应实践所需，不至于沦为制度枷锁。如乾隆元年，废止了《会典》中关于"提镇到京，赴部投文，听候引见"的规定。[5]乾隆十一年，户部同意四川巡抚的建议，对采炼过于艰苦，难以达到《会典》四六抽课标准的部分四川铜矿，改为二八抽课。[6]

更典型的例子，发生在乾隆三十九年。四川酆都知县杨梦槎、县丞倪鹏、吏目罗载堂三人因公殉职，按照《会典》规定，只有知县杨梦槎可以加赠荫恤，倪鹏只是县丞，罗载堂只是吏目，据《会典》并无赠条。朝廷同意四川总督的建议，适当变通规则，对倪、罗二人分别予以加赠荫恤。[7]

从上述事件也可看到，只有在必须变通，且无明显危害时，清政府才会予以变通《会典》规则，总体上非常慎重。哪怕只是一字之差，也要详细调

---

[1]《清高宗实录》卷三〇〇，乾隆十二年十月己未。
[2]《清高宗实录》卷三四〇，乾隆十四年五月戊申。
[3]《清高宗实录》卷三六〇，乾隆十五年三月丁巳。
[4]《清高宗实录》卷七四六，乾隆三十年十月癸丑。
[5]《清高宗实录》卷二十，乾隆元年六月戊辰。
[6]《清高宗实录》卷二五九，乾隆十一年二月壬戌。
[7]《清高宗实录》卷九五三，乾隆三十九年二月甲辰。

查讨论。如乾隆四十二年，军机大臣提出《会典》中"遣奠"一词不详"遣"字之义，经反复商讨，认为是孔颖达解释《仪礼》时"牵合成文"所致，才决定将"遣奠"改为易于理解的"飨奠"。[1]

（五）增补

清承明制，但在官制、礼制、兵制、民族制度等方面，毕竟有很多不同，必须适当调适，必要时创设新制，才能因应发展之需。从康熙朝到光绪朝，《会典》及《事例》从百余卷增至千余卷，从 5000 余页增至 50 000 余页，足见清代增补《会典》之频密，规模之庞大。

仅乾隆时期，《会典》的修订就不下数十次。如乾隆十三年，兵部议准太仆寺提出的马群孳生、缺额的新核算办法，"载入《会典》遵行"。[2]次年，乾隆帝敕谕议政王大臣，根据《会典》中有关"崇德间大兵凯旋，太宗文皇帝率众拜天，大设筵宴，宴毕躬率凯旋王、贝勒、贝子、公、大臣等恭谒堂子，行三跪九叩礼"的旧例，议定"凯旋致祭堂子典礼"，载入会典。[3]同年，又新定派官致祭先蚕例，载入《会典》。[4]又新定上驷院、奉宸院、武备院三衙门卿缺相关制度，载入《会典》。[5]

乾隆二十五年，乾隆帝第四女和硕和嘉公主与福隆安结婚，乾隆帝批准礼部的建议，今后固伦公主婚礼筵宴二次，和硕公主筵宴一次，载入《会典》。[6]乾隆三十二年，礼器馆奏定文武各官雨衣品级，以与御用的明黄色雨衣雨帽相区分，"以辨等威"，乾隆帝敕准增入《会典》。[7]乾隆五十七年，鉴于《会典》中有亲王、郡王府第的规定，缺少府前马桩高下宽窄、距府远近的细则，乾隆帝认为"马桩为规制攸关，《会典》未有明条，难以遵循，亦应明立限制，以示等威"，命宗人府、步军统领衙门补充规定。[8]

用今天的眼光看来，清代立法对《会典》的增补，或许是过于琐细的。哪怕极小的增删，也须王大臣商议，皇帝钦定。其实，这正是《会典》作为

---

〔1〕《清高宗实录》卷一三〇三，乾隆四十二年四月甲辰。
〔2〕《清高宗实录》卷三二九，乾隆十三年十一月丁卯。
〔3〕《清高宗实录》卷三三九，乾隆十四年四月丙午。
〔4〕《清高宗实录》卷三三四，乾隆十四年二月己卯。
〔5〕《清高宗实录》卷三三七，乾隆十四年三月壬申。
〔6〕《清高宗实录》卷六〇八，乾隆二十五年三月庚戌。
〔7〕《清高宗实录》卷七八四，乾隆三十二年五月辛未。
〔8〕《清高宗实录》卷一四〇四，乾隆五十七年五月甲辰。

清代根本法的必然结果，《大清律例》的修订虽然也很审慎，但终究达不到这种程度。

（六）删除

除了修改、增补之外，删除《会典》中某些不合时宜的条款，也是《会典》行用的证据之一。相对于大量的条款增补而言，清代删除《会典》条款的例子要少一些。这些被删除的条款，多半是因为不合时宜。官员一旦发现有这样的条款，就会奏请将其删除。如乾隆二十四年，根据礼部尚书伍龄安的建议，废止了《会典》中"僧道官铸印信"的条款，以免其夸耀乡里，滋生事端。[1]假如《会典》真的只是形象工程、面子工程，不具有现实行用性，就没有必要对其进行条款修改、增补和删除了。

（七）休眠条款的效力恢复

由于《大清会典》篇幅过于庞大，条文过于繁冗，官员难以全部掌握，有时难免出现一些怠于执行，甚至沦为具文的"休眠条款"。一旦发现这种情况，都会主张恢复这些条款的约束力，以确保《会典》行用的全面性。如雍正初年，礼部侍郎蒋廷锡提出，《会典》中有"顺治九年定乡设社学"的记载，如今却因冒滥而停罢，应当继续在"乡、堡立社学，择生员学优行端者充社师"，得到批准。[2]乾隆四年，太常寺官员提出，《会典》对州县文庙的祭品数量、种类、摆放方式等均有明确规定，但却"往往移彼献此，全无诚敬实意"，应"照依《会典》，按图陈设"，得到批准。[3]乾隆六年，官员钱陈群奏称："学宫从祀诸贤，设立神牌，先后位次，《会典》所载颁行已久，而日久渐弛，未能画一。"礼部覆准，要求地方官三天内厘正诸贤神牌位次，并报部备案。[4]

（八）对违反行为的制止与惩处

由于《会典》规定了清代最基本的制度，因此违法主体也比较特殊，并非普通民众，而是国家机关、政府官员甚至作为国家领导人的君主。这也是《会典》作为清代根本法的标志之一。此外，违反《会典》的案件数量，也

〔1〕《清高宗实录》卷五九一，乾隆二十四年闰六月己亥。
〔2〕《清史稿》卷二八九《蒋廷锡传》，第 10250 页。
〔3〕《清高宗实录》卷八九，乾隆四年三月乙丑。
〔4〕《清高宗实录》卷一五〇，乾隆六年九月甲子。

比违反律、例的案件少，对于违反行为的惩处方式和程序也不同。[1]

第一，《会典》作为根本法的权威不容置疑，任何企图改动其内容的行为都会遭到严惩。乾隆时期，发生了一起影响很大的案件：孔子的第六十八世孙孔继汾编写了一本《孔氏家仪》，不料遭到族人孔继戍告发，经刑部严加审讯，被定为"增减《会典》服制"之罪，被判充军。其子孔广森（著名经学家）到处借贷才将其父赎出。父子历尽艰险，次年先后病逝。[2]

第二，无论违反行为是否严重，都会被制止或惩处。如乾隆七年，御史彭启丰批评一些学政与督抚相见时，违反《会典》仪注平行的规定，谄拜门生，风气很坏，必须纠正。他的意见很快就得到批准。[3]乾隆二十四年，江南提督王进泰奏请将正在修理的战船，先赶修一半以应付秋操，明年再修其余的一半。军机大臣议称："此事既有康熙年间议准定例，载在《会典》，各省自应遵照办理。"乾隆帝责令立即查处和严惩王进泰等，"以为不遵定例者戒"。[4]嘉庆时，出现了市井凡人僭用皇帝红绒帽顶，八、九品官僭用七品素金帽顶等情况，违反《会典》所载冠服仪章之制。嘉庆帝闻奏，命步军统领衙门、五城御史、各省督抚等一体彻查，严行禁止，对于违者，立即参奏示惩。[5]光绪十三年，光绪帝大婚，慈禧太后下达懿旨："一切应办事宜，著派总管内务府大臣，遵照《会典》敬谨办理。"[6]一些官员不够认真，办理典礼时"不遵奉前旨查照《会典》办理"，被抓住了把柄。慈禧太后严令，将他们严加议处，从尚书、侍郎到郎中、员外郎，分别遭到降四级、降五级的处分。[7]

第三，由于《会典》的规定极为细致，即使琐细轻微的差错，也会被及

---

〔1〕 按，《明会典》颁行于明代中后期，其根本法地位也已明确，明代史料中已有不少（尽管少于清代）因违反《会典》而被制止或惩处的例子。如嘉靖时，夏言建议六科都给事中参与太庙祭祀，结果被礼部否决，理由"与《会典》未合"（徐学谟《世庙识余录》卷七）；张永明批评王府擅自差人下府州县催征禄米"新则与《会典》有违"（见张永明《张庄僖文集》卷三《乞停额外加征疏》）；张汉任总督，请令大将得专杀偏裨，总督得斩大将，被兵部以"专杀大将与《会典》未合"否决（《明史》卷二九四《张汉传》）。又如万历时，御史陈烇奏言"吏部大选掣签，与《会典》选法背戾"（陈建《皇明通纪集要》卷三八）。

〔2〕《清高宗实录》卷一二二六，乾隆五十年三月己未。

〔3〕《清高宗实录》卷一六〇，乾隆七年二月丁酉。

〔4〕《清高宗实录》卷五八七，乾隆二十四年五月丁酉。

〔5〕《清仁宗会典》卷六六，嘉庆五年闰四月壬申。

〔6〕《清德宗实录》卷二四二，光绪十三年闰四月辛丑。

〔7〕《清德宗实录》卷三六〇，光绪十四年十月庚辰。

时制止。如乾隆十八年，陕西布政使张若震奏称："各省举行乡饮酒礼，事不画一。应请嗣后每岁于十月中举行一次，绅士内举一为大宾，耆庶内举一为介宾、一为耆宾。"礼部仔细查核后指出，《会典》乡饮酒图中只有大宾和介宾，并没有"耆宾"，遂否决了"举一为耆宾"的建议。[1]

第四，即使宗室成员或朝廷显贵，违反《会典》的行为也会遭到制止或惩处。如雍正六年，宗室敬恒在上陵行礼时，僭越《会典》的规定，滥用了赞礼郎，遭到宗人府参奏，被革去辅国公爵位。[2]乾隆初，军机大臣讷亲巡视江南，地方官纷纷"靴袴跪迎"，按察副使庄亨阳不但长揖不拜，而且声言"非敢惜此膝于公，其如《会典》所无何？"讷亲虽是朝廷显贵，对庄亨阳的言行也无可奈何。[3]嘉庆时，宗室宜兴任山东巡抚，临行前嘉庆帝叮嘱，务必"谨慎谦和，属员进见，须恪遵《会典》仪注，不可稍涉傲慢"。可他偏偏不听，到任后"南面正坐，道府皆令侍立，并令各属称之为爷"，嘉庆帝闻知后大怒，立即将其革职。[4]道光九年，龚自珍向大学士曹振镛上书，主张侍读之权不宜太重，理由就是"侍读以上官自处，中书以下属自处，明悖《会典》"。[5]

第五，即使在基层社会，违反《会典》的行为也会遭到指责和纠正。如乾隆五年，江苏震泽知县制作了祭祀时演奏《中和韶乐》的乐器，乡绅们却认为他"未遑详考，所制器与数与《会典》尚有不合"，希望能再加损益。[6]

极端的情况下，皇帝也会因违反《会典》而遭指责。这种例子清代也出现过，而且非常著名。乾隆十五年，皇贵妃纳喇氏被册为皇后，但乾隆帝与她关系不好。乾隆三十年，纳喇皇后陪乾隆帝南巡，途中被送回京师，次年去世，乾隆帝闻讯，以其"性忽改常，于皇太后前不能恪尽孝道。比至杭州，则举动尤乖正理，迹类疯迷"为由，谕令葬礼不得与孝贤皇后同等规格，"止可照皇贵妃例行"。朝野震惊，却无人敢言，只有御史李玉鸣上奏，认为纳喇皇后并未被废，葬仪仍应按照《会典》规定的皇后规格办理。乾隆帝大为震怒，怒斥李玉鸣"巧为援引《会典》……隐跃其辞，妄行渎扰，居心诈悖"，

〔1〕《清高宗实录》卷四三八，乾隆十八年五月丙辰。

〔2〕《清世宗实录》卷七一，雍正六年七月癸丑。

〔3〕《清史稿》卷四〇《庄亨阳传》，第13140页。

〔4〕《清仁宗实录》卷四八，嘉庆四年七月丁卯。

〔5〕（清）龚自珍：《定庵全集》，文集补编卷二《上大学士书》，光绪二十三年万本书堂刻本。

〔6〕（清）陈和志等编：《（乾隆）震泽县志》卷七《营建三》，光绪时重刊本。

将其革职锁拏发往伊犁。[1]尽管李玉鸣的抗争以失败告终，但其死后被称为"忠臣御史"，仍然反映了当时人们普遍认为即使皇帝也应当遵循《会典》。

综之，《会典》一直是清代现实行用的法律。当然，与文献中保存的例证相比，《会典》在清代行用的实际频率，应该还要高得多。只不过，如同人们习惯于走路因而不会记录"走路"一样，清代官民遵循《会典》也是习以为常之事，不是每次"遵循"都必须记载下来。只有当援引《会典》是为了证成其观点时，"援引"行为才会被记录下来，成为今人看到的史料。日本享保十二年（雍正五年），深见玄岱、有邻父子积五年之功为幕府将军翻译了《大清会典》，作为了解清代政治法律制度的最重要依据，也是《会典》现实行用的力证。[2]

我们不妨再看看，雍正帝的十三弟怡亲王胤祥是如何遵循《会典》的。他临死前，"将身后之事一一指示，特画亲王坟茔图一幅"，嘱咐福晋和儿子，身后茔地之制必须"悉照《会典》所载亲王之礼行，毋得稍有踰越"。雍正帝予以高度褒奖，要求内阁议定葬仪。大学士们心领神会，议定仍按《会典》安排，他们当然知道雍正帝并非出于感动，而是出于对胤祥遵守《会典》的认可。[3]直到清代晚期，《会典》作为行用于全国的法典，仍然没有明显改变。如冯桂芬主张用《会典》所定六尺弓丈量旧田，用部颁五尺弓丈量新田。[4]又如光绪八年议定《中国朝鲜商民水陆贸易章程》，规定"朝鲜商民在中国各口财产罪犯等案，悉由地方官审断，仍遵《会典》旧制"。[5]直到宣统时，《会典》仍然是行之有效的法典，绝非虚设具文，更不是"营造太平盛世的氛围"，"为政权合法性提供依据"，"争取官民拥戴"的形象工程。

四、清代"典例"法律体系

研究清代法律体系，须先摆脱两种成见：一是认为清代自始至终，都保

---

〔1〕《清高宗实录》卷七六五，乾隆三十一年七月壬辰。

〔2〕［日］大庭脩："德川吉宗与《大清会典》"，徐世虹译，收入刘俊文编：《日本学者研究中国史论著选译》（九），中华书局1993年版，第614页。

〔3〕《清世宗实录》卷九四，雍正八年五月丙戌。按，胤祥与雍正帝关系非常亲密。雍正在位时封其为铁帽子王，世袭罔替。为纪念其功，雍正特下旨将其名"允祥"的"允"字改回"胤"字，是清代臣子中唯一得以不避帝讳者。

〔4〕《清史稿》卷四八六《冯桂芬传》，第13439页。

〔5〕《清德宗实录》卷一五一，光绪八年九月甲申。

持了同一结构、同一样态的法律体系，没有任何变化，或者只有微小的变化。二是认为无论君主还是官僚，中央还是地方，都对其法律体系持完全相同的态度，要么都肯定，要么都否定。这两种看法，不但对于清代，而且对于历史上任何一个时期都是不切实际的。任何法律体系都是处于变化发展中的，其中的参与者与旁观者的观点，也总是处在变化发展之中。[1]要想对清代的法律体系"一言以概之"，难免此缺彼漏，难以绝对周全。

对任何法律体系的考察，也总会随着视野的调整，产生越来越深入的认识。晚清时期，梁启超先生得出了这样的观点："明、清两代之《会典》，实并《律》之所规定者，而悉收容于其间，故《会典》之与《律例》实为全部法与一部法之关系。"[2]他的观点，是就《会典》与《律例》的形式而言的。今天，我们可以在其基础之上，进一步深入研究清代《会典》《大清律例》《事例》及《则例》的结构与关系。

在清代法律体系中，《会典》当然不是"全部法"，而是"上位法"，是根本法，是重心和基准。与之相对应，《事例》和《则例》是下位法。至于《大清律例》的地位已下降至与例持平，无法与《唐律》在唐代法律体系中的地位相提并论。

(一)《会典》：清代法律体系的重心和基准

《会典》作为清代的根本法，突出地表现在《会典》成为确认一切制度的重心和基准。除前文已举例证外，还可举出不少。如清代前期，并无内阁大学士员额的规定，只说"出自简在"，语焉不详。[3]乾隆十三年确定大学士员额，形成"三殿三阁"定制，载入《会典》，成为清代最紧要的政治制度之一。[4]乾隆三十三年，鉴于明代称文庙正殿为"先师庙"，二门为"庙

---

[1] 如乾隆二十四年，乾隆帝认为《浙江省秋审招册》中"童汝德"案的办理属于情罪未协。他说："此案比拟失伦，乃用律者之过，非律之自有疑义也。律文云：凡诈假官，假与人官者斩等语，其义可谓赅括明切。乃自律注日增，而律意转晦，司谳者因注语而误会本律，又辗转而引用他例，遂至强生支节，轻重悬殊。"可见此时，乾隆帝对于例的增加仍颇有微词，仍希望维持律与例之间的平衡关系。参见《清高宗实录》卷五九七，乾隆二十四年九月乙丑。

[2] 梁启超："论中国成文法编制之沿革得失"，载氏著《饮冰室合集》（第1册），中华书局1988年版，第41页。

[3]《雍正会典》卷二《内阁》。

[4]《清高宗实录》卷三三○，乾隆十三年十二月甲申。《乾隆会典》卷二《内阁》规定："内阁大学士满汉各二人，均由特简，赞理机务，表率百僚。"《文渊阁四库全书》第619册，第36页。

门"，不符《会典》定制，遂依《会典》改为"大成殿"和"大成门"，乾隆帝亲制碑记，以示郑重。[1]还有不少制度，也都是由《会典》确认的。[2]

作为根本法的《会典》，与作为普通法的《大清律例》《漕运全书》《赋役全书》是什么关系？康熙时官员徐旭旦说得很清楚：

> 今各衙门事宜，屡经奉旨集成书而延至数年报竣者，惟《赋役全书》一册。其他政典攸关刻不容缓者，一一为皇上陈之：如《会典》为一代礼乐刑政之总……吏部《品级考》为进退人材之大纲……户部《漕运议单》为国家财赋之统纪……都察院《台规》为振肃风宪之要……刑曹引《律》为生民之命所关……当与《会典》诸书同为考定也。[3]

可见早在康熙时期，《会典》已上升为"一代礼乐刑政之总"的地位，而《律》的地位已降至与《赋役全书》《漕运全书》《品级考》《都察院台规》等相当的普通法地位。

乾隆二十四年《大清通礼》御制序，则把《会典》与《大清通礼》的关系阐述得很清楚："经礼三百，曲礼三千。《会典》盖经礼之遗矩，而《通礼》亦曲礼之滥觞。"也就是说，《会典》是经，是指导方针和基本纲要，《通礼》是目，是具体规范的展开，两者是"表里"的关系，《会典》是内在宗旨，《通礼》是外在规范。[4]

《会典》作为清代法律体系的重心，还表现在它成为纂修律、例的基准。作为下位法的律、例，不得与作为上位法的《会典》有哪怕细微的出入。道光元年，吏部发现《会典》中的服制图规定，子为慈母斩衰三年，但并未载入则例，遂根据《会典》将该项规定增入《则例》。[5]道光十六年，军机大

---

〔1〕《清高宗实录》卷八二二，乾隆三十三年十一月己亥；卷八二三，乾隆三十三年十一月己酉；卷八二八，乾隆三十四年二月甲寅。

〔2〕如乾隆五十一年，礼部、内务府奏称："查《会典》载：固伦公主冠服仪卫，视亲王福晋；和硕公主，视亲王世子福晋。再恭查《钦定皇朝礼器图式》所载公主朝冠金约等制甚详，谨缮单进呈，请嗣后照《礼器图》制办。公主仪卫：《会典》载银顶轿、朱轮车诸制与亲王同，亦缮单进呈，请嗣后照《会典》制造。"可见，《会典》是贵族仪制的基准，《礼器图》则是依照《会典》的基本规定而绘制的具体图式。参见《清高宗实录》卷一二六一，乾隆五十一年闰七月癸巳。

〔3〕（清）徐旭旦：《世经堂初集》卷二六《典宪颁守》，康熙时刻本。

〔4〕清官修《国朝宫史》卷二六《书籍五》，文渊阁四库全书本。

〔5〕《清宣宗实录》卷二十，道光元年六月辛丑。

臣将《大清会典》与《中枢政考》的相关章节进呈御览，细心的道光帝发现两书同节有"手疾""手拐"之别，立即要求"兵部即遵照《会典》改正，以归画一"。[1]律、例的修订，均以《会典》为准绳。清末沈家本主持核订现行律，将"官员袭荫"条的两条附例并为一条，也以《会典》规定为依据。[2]

《会典》作为清代法律体系的重心与基准，还表现在它成为皇室贵胄、王公子弟的主要教学用书。同治帝年幼时在弘德殿读书，担任授读的祁俊藻、翁心存等人，就以《会典图》为教材，为他讲授地理、风土、农桑等知识。[3]光绪二十七年的一份谕旨要求，将《会典》作为翰林院编修以上官员的必备读物，规定"编检以上各官应专课政治之学，以《大清会典》《六部则例》为宗"。[4]可见至少在清代中后期，《会典》已成为高级官员必知的基本法则，更为基层官员所普遍遵循。

《会典》作为清代法律体系的重心和基准，还表现在其普遍应用于外交事务。如康熙初年，安南国、暹罗国先后因为"进贡方物与《会典》不符"，被责令补贡，且嗣后必须按《会典》入贡，只有在贡品产自他国的情况下，才可用《会典》规定以外的特产代贡。[5]康熙七年，安南国王黎维禧又提出，由于中途遥远，希望将"三年一贡"改为"六年两贡并进"，礼部查询《会典》之后认为，改为六年不影响"礼意恭敬"，议准其请。[6]康熙十一年，广东巡抚发现"暹罗国贡使所进方物，仍与《会典》不符"，上疏请示处理方案。[7]在处理与周边国家的外交关系时，《会典》是记载外交准则最

---

〔1〕《清宣宗实录》卷二八三，道光十六年五月辛卯。

〔2〕沈氏所述理由是：世职袭爵次数不同，且有世袭罔替者，两例仅推及祖父之子孙，与《会典》不符，应查照更正。又失机退怯即《会典》之军机获罪，惟《会典》尚有十恶暨枉法赃、侵盗钱粮、以财行求等项，亦应查照增入并纂补。参见（清）沈家本：《大清现行新律例》核订现行刑律职制，宣统元年排印本。

〔3〕《清史稿》卷三八五《祁俊藻传》，第11677页。

〔4〕《清德宗实录》卷四八二，光绪二十七年四月甲寅。

〔5〕此条亦见《清文献通考》卷二九六《四裔考》，文渊阁四库全书本。《清圣祖实录》卷十一，康熙三年正月戊寅；卷二七，康熙七年九月己亥。按，清代《会典》不仅应用于内政，也应用于外交事务，包括对外缔结条约。康熙时期，虽然《康熙会典》尚未颁行，但清廷仍将《明会典》部分条款用于实践中指导军政事务。

〔6〕《清圣祖实录》卷二六，康熙七年五月甲子。

〔7〕《清圣祖实录》卷三八，康熙十一年正月戊申。

权威的法律文件。只有《会典》对某类事务没有记载时，才可便宜行事。[1]

（二）例：清代法律体系的主体

例始见于唐代，但直到宋元时期，仍只是法律的实施细则，算不上主要法律形式。从明代起，例广泛运用于军政、民政、刑政等领域。到了清代，例已经成为主要的法律形式，从顺治朝开始，其适用范围已经拓展到经济立法以外的领域。[2]《清史稿·刑法志》载：

> 例文自康熙初年仅存三百二十一条，末年增一百一十五条。雍正三年，分别订定，曰《原例》：累朝旧例三百二十一条；曰《增例》：康熙间现行例凡二百九十条；曰《钦定例》，上谕及臣工条奏凡二百有四条，总计八百十有五条……乾隆一朝纂修八、九次，删《原例》《增例》诸名目，而改变旧例及因案增设者为独多。嘉庆以降，按期开馆，沿道光、咸丰以迄同治，而条例乃增至一千八百九十二条。[3]

关于例与《会典》的关系，乾隆朝官员庆桂曾有很好的总结："则例与会典互为经纬……内外奉行政经，具备顾其间。"他还提到，乾隆帝对各部院曹司的则例也非常重视，要求臣工因时损益，踵事修辑，并且"万几之暇，推详指正，一禀睿裁"。[4]

值得注意的是，清代不少官员，包括《清史稿·刑法志》的编者，以及民国时期的一些学者，都对清代的例颇多微辞。如康熙时期，官员陆陇其抱怨说："本朝大弊只三字，曰：例、吏、利。"[5]乾隆时期，官员遇到新类型案件，首先想到的就是请示朝廷，建议颁行新例，乾隆帝表示不太妥当，"立一名，从而定一例，例可胜定乎"。[6]民国学者邓之诚所说的"清以例治天下"，更是

---

〔1〕 如《清圣祖实录》卷十，康熙二年九月甲子："礼部议覆陕西总督白如梅疏报，当哈尔佛僧进贡，查《会典》并无当哈尔佛僧进贡之例，但倾心向化，应准其进贡。从之。"《清德宗实录》卷二一七，光绪十一年十月丁卯：与越南勘定边界，须"以《会典》及《通志》所载图说为主，仍须履勘地势，详加斟酌"，不得轻信法人、越人地图。

〔2〕 杨一凡："清代则例纂修要略"，载氏著《重新认识中国法律史》，社会科学文献出版社2013年版，第302~305页。

〔3〕 《清史稿》卷一四三《刑法志一》，第4185页。

〔4〕 （清）庆桂编：《国朝宫史续编》卷八六，嘉庆十一年内府钞本。

〔5〕 徐珂编辑：《清稗类钞》，胥役类"例吏利"条，中华书局1984年版，第5250页。

〔6〕 《清高宗实录》卷三一八，乾隆十三年七月戊子。

经常为学者所引及。这些论述，往往给读者留下清代的例是非常糟糕的印象。

实际上，在大部分时间里，清代对例的修订还是非常规范的。雍正三年，将累朝《旧例》321 条，康熙朝《增例》290 条，雍正朝《钦定例》204 条，总计 815 条。[1]此时，刑例的数量已经大大超过刑律，"名例律" 46 条，例 100 条，两者之比为 1:2.2；"吏律" 28 条，例 68 条，比例达 1:2.4；"刑律" 170 条，例 392 条，比例达 1:2.3。[2]

乾隆五年《大清律例》颁行后，规定 "定限三年一次编辑，附《律例》之后，颁行直省"。经乾隆八年、乾隆十一年两次修订之后，改为 "嗣后定以五年编辑一次"。从乾隆十六年、嘉庆十五年、嘉庆十九年、道光十年、咸丰二年，共编修二十二次，同治九年为最后一次修订。[3]乾隆二十六年前的五次，均称《续纂条例》，乾隆三十二年后，则称《纂修条例》，总体上还是非常规范的。这些纂修的过程，被记载在光绪朝《大清会典事例》中，展现了清代修例的整体风貌。为便于阅读和比较，笔者将该书记载的数据列为下表：

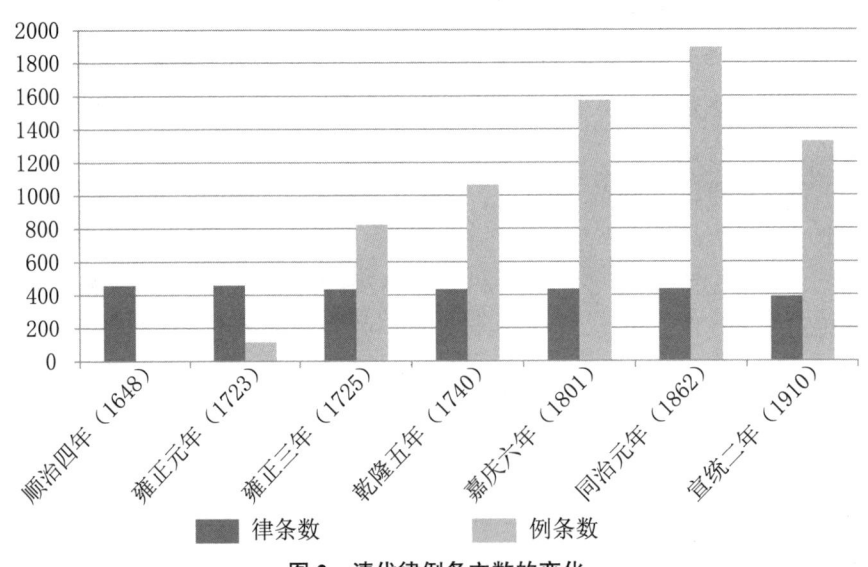

图 2　清代律例条文数的变化

---

〔1〕《清史稿》卷一四三《刑法志一》。

〔2〕据《四库未收书丛刊》第 1 辑第 26 册《大清律集解附例》第 18~19 页统计。

〔3〕参见郑秦：《清代法律制度研究》，中国政法大学出版社 2000 年版，第 56~58 页。

由上图可见，仅《大清律例》中的刑事例，就呈稳步上升的态势，至清末达到近 1900 条。[1]

清代除刑例以外，官制、礼仪、户政、财政、军政、工程建设等方面的例的数量更为庞大。20 世纪 40 年代，王钟翰先生曾访得不同版本的清代则例文献 524 种，编成《清代各部署则例经眼录》。[2] 近年，杨一凡先生在国内外 41 家图书馆调查，发现现存清代则例文献至少有 851 种之多。[3] 可以说，"以例治天下"确实是清代国家治理中的常态，也是清代法律体系的真实特点。[4]

同治九年之后，清廷再未续纂《大清律例》之条例。光绪三十一年，刑部尚书薛允升以"半生心血尽耗于此（例）"，完成《读例存疑》，"以备大修之用"，希望作为下一次修例的参考。遗憾的是，清廷灭亡已近在眼前，"大修"再也不会实现。[5] 沈家本则这样评价律、例的关系："既有例，即不用律；而例所未及，则同一事而仍不能不用律。"他的意思是，不是例成了律的补充，而是律反而成了例的补充。[6]

---

〔1〕 苏亦工先生指出，《大清律例》附例数量有"逐年减弱"的现象，乾隆五年之前年均增 14.9 条，嘉庆六年之前年均增 8.5 条，同治九年之前年均增 4.4 条，"排除其他原因不论，应当认为是清政府限制增修条例的措施发挥了作用"。这一观点值得商榷。基于改朝换代的因素，每个朝代的立法数量都会在早期达到高峰，其后基于边际效应递减原理，每年逐步减少。咸丰、同治时期修例减少，更不能忽视其战乱的因素。应该说，清政府增修条例确实是比较审慎的，但并非有意"限制增修"。例的年均增长递减，更不能成为"清朝律例关系的主旨是以律为主导，例为补充、辅助和变通"的证据。参见苏亦工："论清代律例的地位及其相互关系"（下），载《中国法学》1988 年第 6 期。

〔2〕 王钟翰："清代则例及其与政法关系之研究"附录清代各部署则例经眼录，载氏著《王钟翰清史论集》（第 3 册），中华书局 2004 年版，第 1877 页。

〔3〕 杨一凡："清代则例纂修要略"，载氏著《重新认识中国法律史》，社会科学文献出版社 2013 年版，第 298 页。

〔4〕 邓之诚：《中华二千年史》，卷五下，第二分册，中华书局 1983 年版，第 531 页。

〔5〕 黄静嘉："清季法学大家长安薛允升"，载（清）薛允升：《读例存疑》（第 1 册），我国台湾地区"中研院"1970 年版，第 28 页。

〔6〕 沈家本《读例存疑序》云："第其始病律之疏也，而增一例；继则病例之仍疏也，而又增一例。因例生例，挐乱无穷。例固密矣，究之世情万变，非例所可赅。往往因一事而定一例，不能概之事事。因一人而定一例，不能概之人人。且此例改而彼例亦因之以改，轻重既未得其平，此例改而彼例不改，轻重尤虞其偏倚。既有例，即不用律；而例所未及，则同一事而仍不能不用律。"见（清）沈家本：《寄簃文存》卷六《序》，民国沈寄簃先生遗书本。

（三）律：条文依旧但地位下降

清代律的地位下降，延续的是唐代后期、宋、元、明以来的一贯趋势，只是更为明显而已。[1]另一方面，应当将律的地位下降视为一个长期的趋势，而不是一蹴而就的事，不能将其绝对化，对此我们必须保持充分的警惕。[2]如《清史稿·刑法志》中说，"盖清代定例，一如宋时之编敕，有例不用律，律既多成虚文"，主要代表了清末民初学者的认识。[3]邓之诚所说的"清以例治天下"，代表的也是民国学者对清例的总体认识，实际上抚平了具体史实的复杂性和曲折性。

清初，君臣仍将律放在很高的位置。如顺治十七年，刑部议准都察院左都御史魏裔介条奏，第一款就是"问刑以律为主，律者朝廷大法，凡承问各官不得失出失入，违者依律拟罪"。[4]康熙九年，刑科右给事中张惟赤也主张"务使以律为主，以例左之"。[5]但康熙时期，例的地位已明显上升，大致与律相当。如康熙帝曾表示："律与例不容偏废：律有正条，自应从律；若无正条，非比例，何以定罪？"两者之间孰为轻重，他竟也无从抉择，只好得出"总之用《律》用《例》，俱在得人"这一折中结论。[6]

根据薛允升《读例存疑》的记载，《大清律例》附例的年均增修量，从清初至清末分别为：顺治朝3.89条，康熙朝4.21条，雍正朝28.46条，乾隆朝20.30条，嘉庆朝20.21条，道光朝8.77条，咸丰朝6.82条，同治朝4.43条。可以清楚地看到，增修高潮在雍、乾、嘉三朝。乾隆帝也多次明确肯定例的地位。乾隆二年，福建巡抚卢焯在一份有关热审的条陈中提到，"凡应

---

[1] 按，晚唐、五代《律》的地位已有下降迹象，参见《旧五代史》关于后晋天福时相州地区不以律令而用"河朔旧例"对盗贼皆籍没其财产的记载，以及清人俞樾的相关评价。见《旧五代史》卷八九《桑维翰传》，中华书局1976年版，第1163页。（清）俞正燮：《癸巳类稿》卷十二"除乐户丐户籍及女乐考附古事"条，涂小马等点校，辽宁教育出版社2001年版，第431页。

[2] 苏亦工先生曾正确地指出："某些学者并不全面考察律例关系的各个方面，往往从某些材料中摘取一两条成句，即轻易得出一般性的结论来。这种结论既不可能把握律例关系的实质也不可能真正理解清廷运用法律的基本精神。"参见苏亦工："论清代律例的地位及其相互关系"（下），载《中国法学》1988年第6期。

[3]《清史稿》卷一四三《刑法志》，第4186页。

[4]《清世祖实录》卷一三八，顺治十七年七月壬戌。

[5]（清）张惟赤：《入告编》下编，收入《丛书集成续编》（第58册），新文丰出版公司1988年版，第319页。

[6]《清圣祖实录》卷八九，康熙十九年三月戊辰。

杖责者，有八折之例"。刑部官员查询律文后认为，"八折"只是地方官的自作主张，容易混淆轻重，《律》中并无这种规定。[1]他们认为，嗣后热审应"画一遵照定例，不必复行八折"。令人意外的是，乾隆帝却认为"八折之例"虽不见于《律》，却"由来已久"，不可"轻为改易"。刑部不得不重议，并确定了热审应杖责之犯照"八折"发落的新规，并将其纳入《大清律例》。[2]

乾隆五年《大清律例》颁布之后，律文数量自此稳定为 436 条，其地位也继续缓坡式下降。乾隆九年以前，每月吏部补选各官，都要考试律文，此年之后，"考试律文"之制废止，理由是这项制度"率多敷衍凑泊"，且"律文浩博，律意精微"，那些通过考试的官员，也不见得通晓律意。乾隆帝公开宣称，律文考试不过"虚文塞责"而已，"于吏治无所裨益"。[3]

与此同时，《大清律例》附例的增修达到了高潮，乾隆八年、三十二年的修例分别达 75 条、72 条，居有清一代之冠。正是从此时开始，官员发出了"条例太多"的呼声。[4]但是，由于律的下降、例的上升是历史性趋势，尽管此时清廷也要求官员不要动辄建议修例，但多半只是象征性的。皇帝一而再、再而三地贬低律的地位，官员自然有样学样，尤其是那些领会意旨较快的封疆大吏们。当时，不少地方发生了"讪谤朝廷，迹类疯颠"的案件，督抚们为了避免事态扩大，"往往以迹类疯颠，奏请杖毙完结"，不按律例的要求，对案犯和证人进行详细盘问，结果"徒使律文虚设"。乾隆帝提醒他们，如果这些"迹类疯颠"的案犯中，确有大逆不道者，仍应依律定拟，不能仅予杖毙，大事化无。[5]但却并没有对他们的违律行为进行追究。

在律的地位下降的总趋势中，皇帝有时是有意、有时是无意的推动者。乾

---

〔1〕 当时刑部满汉尚书分别为那苏图、孙嘉淦。参见钱实甫编：《清代职官年表》，中华书局 1980 年版，第 213 页。

〔2〕 《清高宗实录》卷四八，乾隆二年八月庚申。《大清律例》卷四《名例律上》"五刑"条例九："每逢热审之期，一应杖责之犯，无论题达重案，以及其余事件，统于减等之中，递行八折发落。"见田涛、郑秦点校本，法律出版社 1999 年版，第 82 页。

〔3〕 《清高宗实录》卷二二九，乾隆九年十一月壬寅。

〔4〕 乾隆十五年熊学鹏《请慎改律令疏》，收入《皇清奏议》卷四六，民国景印本。

〔5〕 《清高宗实录》卷五一一，乾隆二十一年四月壬戌。

隆三十六年的"纳逊特古斯谋毒吹扎布案"〔1〕、乾隆四十八年的"张朝元殴伤亲母案"〔2〕是两个很好的例证。在这两起案件中，乾隆帝的意思都很明确，律"设"在那里是供参考的，但并不总是必须"拘泥"。乾隆四十四年，大理寺少卿江兰提出，《大清律例》卷末"比引律"条中规定奴婢放火拟绞，本律则规定斩监候，两者不符，建议删除。刑部认为，奴婢放火烧主房屋，雍正七年早有定例重罚，皆从重拟斩立决。"盖律轻例重，既有定例，则用例不用律，此内外问刑衙门所其通晓，历来并无舛错。"刑部甚至认为兰江的建议相当愚蠢，哪怕本律中的斩监候已经不用了，更不要说"比引律"条中的拟绞了。〔3〕

嘉庆朝以后，律的地位下降得更为明显，中央政府甚至明确拒绝一些官

〔1〕 乾隆二十四年，乾隆帝的堂妹之一（封和硕格格）下嫁给蒙古土默特部的纳逊特古斯，两人关系不好。乾隆三十五年，发生了侍女被毒死的事件，和硕格格告其夫谋毒。乾隆帝派员查按，却缺乏定罪依据。正当案件陷入困境时，乾隆帝得知，纳逊特古斯此前曾谋毒其兄吹扎布，后者中毒后，遇救未死。按照《大清律例》，谋杀期亲尊长，已行者斩，已杀者凌迟处死。乾隆帝却认为，纳逊特古斯"谋毒亲兄，忍心害理，实为罪大恶极"，要求主审官"将纳逊特古斯照凌迟律定拟"。那么，如何解释被害人未死，却又要定谋害人凌迟呢？乾隆帝明确宣布："《律》设大法，而缘情定罪，贵有权衡。""正不得拘泥《律》文，曲为轻贷。"参见《清高宗实录》卷八八〇，乾隆三十六年三月癸丑。参见乌兰其木格："清代满蒙联姻大潮中的暗流——土默特和硕额驸纳逊特古斯谋害格格案分析"，载《内蒙古师范大学学报（哲学社会科学版）》2011年第3期。

〔2〕 在乾隆四十八年的"张朝元殴伤亲母案"中，乾隆帝责备刑部对该案犯"蔑伦逆犯，行同枭獍"的行为，仍怀有"妇寺之仁"。他指出，刑部不应该说出"令伊母养伤平复，随提该犯严加审讯"之类的话，因为这会让民众误以为这种不孝犯法的行为"未必即死"。与前述"纳逊特古斯谋毒吹扎布案"一样，刑部的错误，正在于"拘泥《律》文"。他要求："嗣后遇有子殴父母案件，无论伤之轻重，该部于审明后，即行奏请斩决。设或其亲因伤身死，自应将该犯锉尸示众，亦与凌迟等耳。"参见《清高宗实录》卷一一七五，乾隆四十八年二月庚辰。之后，这项新规也被写入《大清律例》，参见（清）沈家本《大清现行新律例》大清现行刑律案语《斗殴下》：删除"凡子孙殴祖父母、父母案件，审无别情，无论伤之轻重，即行奏请斩决；如其祖父母、父母因伤身死，将该犯剉尸示众"。清宣统元年排印本。

〔3〕 （清）祝庆祺等编：《刑案汇览》卷五四"奴婢放火烧房律与比例不同"条引《乾隆四十四年奏准通行》，臣等查："放火故烧官民房屋"本律皆斩监候，注云"奴婢雇工人犯者以凡人论"。又雍正七年定例：放火故烧房屋之犯，讯明曾否图财，有无杀伤人命，及已未延烧，各案首从，分别斩绞立决监候军流等罪定拟。检查臣部办过雇工放火之案，俱从重照例核拟。盖律轻例重，既有定例，则用例不用律，此内外问刑衙门所其通晓，历来并无舛错。至于比引律条，另为一卷，列于总类之末，批注云："比附各条，革久不用，今亦存留备考，或有万无可引者，然后引用。"盖其所载各条，皆系未有定例未纂律注以前之旧文，因系存留备考，是以屡次纂修，未便将此卷删去。且现在办理奴婢放火案件，皆从重照例问拟，情重之案，并有照凡人拟以立决者，律与例原两不相妨。今该少卿奏称比引律内"奴婢放火拟绞"之文与本律不符，殊不知自有定例以来，即斩监候之本律亦不引用，惟律为一定之成法，未便遽行更改。所有比引各条，亦系原旧律文，似可毋庸议删。见杨一凡、尤韶华点校：《刑案汇览全编》，法律出版社2007年版，第2810~2811页。

员提出的"刊示律条",以便百姓遵守《律》条的建议。[1]在嘉庆十年的秋审中,刑部改实为缓三件,改缓为实则达八十三件。嘉庆帝大为恼火,他逐一详阅,认为部改各案"多系按律改正,均属平允,并非刑部堂官有意吹求"。问题出在各省督抚"狃于救生不救死之说",办理案件时"并不援照科断,转引他条,迁就定拟",是典型的"有心轻减"!即使如此,由于这种轻视律文的倾向已成为普遍现象,嘉庆帝也无法对督抚进行严惩,只好下令"姑从宽免其交议",并要求不能因为此交严行申饬,又转而有意过严,有失持平之意。[2]

道光时期的一些案件显示,律的地位已明显不如例。道光元年的"王的小铳伤柯荣华身死案"中,江西巡抚引《例》不引《律》,刑部删《例》引《律》,结果,道光帝明确支持江西巡抚的做法,声称"向来办理案件,有例即不用律"。[3]道光七年的"七得即戚一儿扎伤步军校保奎案"中,也明确声称"有例不用律"。[4]道光十一年的一份"说帖"中,刑部官员认为:"律法大设,而例本人情。居丧嫁娶,虽律有明禁,而乡曲小民昧于礼法,违律而婚者往往而有。"意思是说,与《律》相比,《例》的规定更为合理,既曲顺人情,又维持礼法。这份说帖的末尾干脆明目张胆地宣称,"凡承办此种案件,原可不拘律文","听各衙门临时斟酌"。[5]清末,刑部尚书薛允升针对"奸兄弟妻"类案件说,由于律条太严,官员一遇到这类案件,就想方设法委曲调停,"照律办理者,百无一二"。[6]

从个案来看,这种不拘泥于律的做法,最初确实是皇帝提出,可以将其归因于皇权作用于司法。但是,一旦我们将视界放宽,就可发现这已是一种趋势。随着时间的推移,刑部的堂官、司官和中下级官员,督抚、藩臬等官

---

〔1〕《清仁宗实录》卷三○八,嘉庆二十年七月癸巳:"又谕:御史蔡炯奏请令州县刊示律条晓谕编氓一摺,所奏不可行……刑书之铸,自昔所讥,惟在地方官实心化导,使民迁善远恶,则犯法者少。若欲将法律科条,责令家喻户晓,则民可使由,不可使知,岂非徒劳罔益乎? 该御史所奏著毋庸议。"

〔2〕《清仁宗实录》卷一五○,嘉庆十年九月庚戌。

〔3〕 (清)祝庆祺等编:《刑案汇览》卷六,杨一凡、尤韶华点校:《刑案汇览全编》卷六"放枪打牲误毙母舅犯时不知"条,法律出版社2007年版,第399页。

〔4〕 (清)祝庆祺等编:《刑案汇览》卷三八,杨一凡、尤韶华点校:《刑案汇览全编》卷三八"吏卒伤害本官分别情节科断"条,法律出版社2007年版,第1971页。

〔5〕《刑案汇览》卷七《户律·婚姻·居丧嫁娶》"周四居丧娶周氏案"。

〔6〕薛允升《读例存疑》卷十一"娶亲属妻妾"条例之二:"乾隆四十九年,刑部议驳奉天府尹鄂题高九听从伊父高志礼主婚,与弟妇杨氏婚配,将高九、杨氏绞决一案,钦奉谕旨,恭纂为例,嘉庆十七年改定"条按语。

员也认识到了这一点，并依样画葫芦。总之，从法律体系的角度看，清代律的地位毋庸置疑地下降了。

　　总的来说，清代的法律体系已明显不同于汉魏、隋唐，律已经不是法律体系的重心，取而代之的是《会典》。律是《会典》的下位法，其权威性和适用范围均远不如《会典》。例也是《会典》的下位法，适用范围比律更宽。[1]那么，这种"典例"法律体系从何时正式确立呢？康熙五十四年一部重要的法律文献《例案全编》给出了答案，编者李绂在序言中写道："国朝龙兴，颇监前代，有《会典》，有《律》，有《例》……《律》系于《会典》，而《例》生于《律》，本末源流，相为首尾……《律》《例》特《会典》之一端，专为处分谳决之用，而《会典》所载兵农、礼乐、齐治、均平之大经大法，部院寺监之职守咸在，非《律》《例》所得而及也。"[2]有意思的是，这部名为"定例全编"的书，内容正是以《会典》为纲，以例为目，连李绂撰写的自序也署为"典例全编序"。

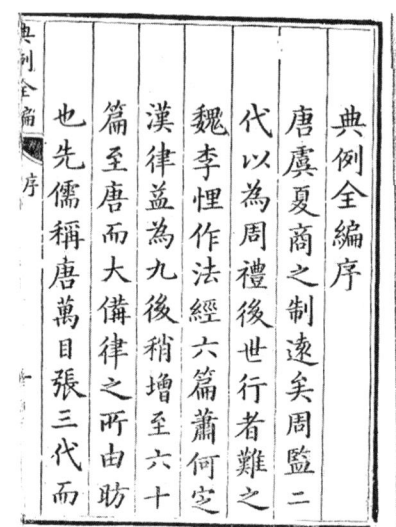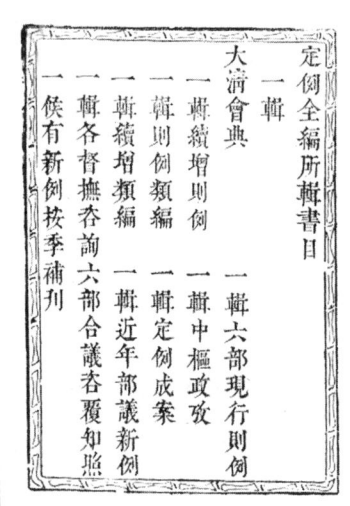

图3　东京大学东洋文化研究所藏康熙五十四年荣锦堂刊本《定例全编》书影

---

〔1〕 刘笃才先生认为，中国传统"律令"法律体系被"律例"法律体系取代，在律令体系衰落这一点上是正确的，但却忽视了《会典》才是明清法律体系的最高位阶。参见刘笃才："律令法体系向律例法体系的转换"，载《法学研究》2012年第6期。

〔2〕 （清）李绂：《定例全编·序》，东京大学东洋文化研究所藏康熙五十四年刊本。

五、重新理解清代法律体系（代结语）

历史研究须持"同情"的态度，不作隔阂之论，才能理解其机理，探明其得失。不能用曲解古人的方式，把当代人熟悉的概念术语体系，生搬硬套到古代制度之上。对于重新理解清代法制来说，应当特别重视对五部《会典》的研究。将《会典》仅仅视为史书、政书、行政法典、综合性法律汇编的看法，都不同程度地扭曲了清代法律体系的结构原貌。

在笔者看来，相对于其他四部《会典》的《御制序》或《谕敕内阁》，乾隆朝《会典》的《御制序》最集中、最清楚地表达出了清代立法者对于其法律体系的核心认知，可以视为清代立法体制的纲领性文献。这篇《御制序》虽读来拗口，但其核心意思还是非常明确的：

> 皇祖圣祖仁皇帝康熙二十三年，始敕厘定《会典》，则以时当大业甫成，实永肩我太祖、太宗、世祖三朝之统绪，不可以无述，而述固兼作矣。皇考世宗宪皇帝雍正五年，申谕阁臣，敬奉成编，考衷条系，则以累洽重熙，更兼皇祖景祚延洪，化成久道，不可以无述，而述且未遑言作矣……向者发凡排纂，率用原议旧仪，连篇并载，是典与例无辨也。夫例可通，典不可变。今将缘典而傅例，后或摭例以淆典，其可乎？于是区《会典》《则例》各为之部，而辅以行。诸臣皆谓若网在纲，咸正无缺，而朕弗敢专也！盖此日所辑之《会典》，犹是我皇祖皇考所辑之《会典》，而俛焉从事于兹者，岂直义取述而不作云尔哉！良以抱不得不述之深衷，更推明不容轻述之微指。稽典者，当了然知宰世驭物所由来，无自疑每朝迭修为故事耳！

其要义可概括为三点：

其一，《会典》是清代的根本法，是创业守文、怀远柔荒、绳之万叶、行之久而勿之渝的最基本法则，是拥有至高无上的经典地位，是原则上不可以更改的"一成不易之书"，是"法祖宗之法，心祖宗之心，发册披图，罔或俪隃尺寸"的典策，不可视之为普普通通的"阅世递辑之书"。

其二，《会典》的基本精神是述而不作，承继清太祖、清太宗、清世祖等祖先肇兴以来的全部典章礼乐。"述"祖宗之法，敬奉成编，是历代继承者肩负的使命。但是，又不能仅从表面意思理解"述而不作"。在"未遑言作"时，先忠实地"述"；在"述"的时候，应当"述固兼作"，"缵承祖宗欲竟之志事"，将其发扬光大。

其三，继承者应当把握祖宗之法的精神，而非其形式，须补正其中的不足："连篇并载"，"典与例无辨"。典与例的根本区别在于："例可通，典不可变。"将典和例混编在一起，即"缘典而傅例"，后世可能"摭例以淆典"，是对《会典》权威性的严重威胁。因此必须"区《会典》《则例》各为之部，而辅以行"。

今人有时难以理解，为什么《会典》中会收录大量明代或满洲的旧制。实际上，那正是当时统治者秉承的"不愆不忘，率由旧章"要义。与近现代国家的宪法制定者不断强调其民众同意，以证成其合法性一样，清代统治者是通过强调"永肩我太祖、太宗、世祖三朝之统绪"，"法祖宗之法，心祖宗之心"等精神，来证成其《会典》的合法性和权威性的。他们认为按照祖宗传下来的"经""典"办事，才能避免错误，而"例可通，而典不可变"正是贯彻这些要义的具体方式：典是纲，传述祖宗之法，有不可动摇的权威性；例是目，使典得以落实，任何"摭例以淆典"的行为都会被制止。这是理解清代法律体系的关键所在。

最后补充一点，近代西方人来到中国，第一次读到《大清会典》时，质疑它是什么性质的法典呢？1872年创刊于我国香港地区的英文汉学期刊《中国评论》第六卷上，刊载了一篇由英国传教士撰写的专门介绍《大清会典》的文章。作者Preston（？—1877）生平不详，只知道是当时英国教团成员，被称为"一位杰出的演说家和重要的工作人员"，他认为《大清会典》属于宪法性法律：

> 现在我打算关注《大清会典》，即满清王朝的法规汇编。接下来的研究将表明，它也许可以被叫作中华帝国的宪法性法律。

令人惊叹的是，上文引述的《乾隆会典·御制序》，即使对于经常阅读中国古籍的读者来说，也算得上一段佶屈聱牙的文字，在Preston的文章里，竟然不但被高度重视，而且得到了相当准确的解释：

> 这部堪称帝国思想结晶的精美作品中，有很多精彩之处，可惜翻译

只能展现很有限的部分。撰序者的谦逊处处可见，对祖宗之法充满崇敬。他认为要为这项伟大立法事业恪尽职守，才是不冒犯对祖先应有敬畏的最好方式。这一神圣宪法性作品的主旨思想是多么伟大！撰序者对于法律精神的本质、法律规范应时而变的必要性、法律规范的来源、现行法与既往先例的关系等都有非常清醒的认识；既忠实地奉行祖先的成训，又不仅仅只是盲目遵从文字；关键是把祖先成训的精神妥善继承下来，完好无损地传给自己的子孙们。[1]

Preston 认为，撰写这篇序言的乾隆帝，称得上"王朝英才辈出的统治者名录中最杰出的一个"，"是一个有着强大内心和丰富学识的人"。前一点姑不置论，后一点却相当值得赞同。这是 Preston 仔细阅读《大清会典》之后的切实感受，绝不是一些客套话。作为广州教团的工作人员，他完全没有必要去讨好一位已经去世多年的清朝皇帝。

一百多年前的一位英国传教士，为何能对《大清会典》这部学界至今仍有许多不同理解的法典有这么深刻的认识？这个问题可能不会有确定的答案。除了作为外来者的旁观者清，或许与近代英国恰好有一套实为根本法却不明言为根本法、内容庞杂却提纲挈领、历史悠久却精神弥新的"柔性宪法"有关吧。

2016 年 6 月 15 日一稿，10 月 10 日二稿，
2017 年 6 月 5 日三稿，2018 年 2 月 12 日四稿

＊本文修改过程中，承蒙中国社会科学院杨一凡研究员、美国明尼苏达大学方强教授、清华大学陈新宇教授、西北政法大学陈玺教授、国家图书馆郑小悠女士惠赐意见，谨致谢忱。文责由笔者自负。

---

[1] C. F. Preston, "Constitutional Law of the Chinese Empire", *The China Review*, Vol. VI. 参见 [英] 但尼士、[德] 欧德理主编：《中国评论》（第 6 卷），国家图书馆出版社 2010 年版，第 13~14 页。本文发表后，李秀清教授惠赐 Preston 论文的中译本，由于莹译，高珣校，特此鸣谢。

《钦定大清刑律》新研究

陈新宇[*]

摘 要 本文利用诸多珍贵的历史资料复原了《钦定大清刑律》从 1906 年的预备案到 1911 年的钦定第六案共七个法案的编纂历程，辨析其间的变革、修订情况，发掘出一些鲜为人知的典故。法典修订论争中新旧两派的区别并非绝对泾渭分明，而且新派在立法中无视程序要求的做法也极为不妥。

关键词 《钦定大清刑律》 礼法之争 清末新政

清宣统二年十二月二十五日（1911 年 1 月 25 日），清廷颁布了中国第一部近代刑法《钦定大清刑律》（一般称为《大清新刑律》）。弹指一挥间，这部具有典范意义的法典问世已过百年。围绕新刑律及相关问题的研究成果已很丰富，许多学者发表了深刻的见解。如蔡枢衡先生对沈家本及其反对派各自的不足之处进行了检讨；[1]李贵连先生对新刑律引发的礼法之争进行了全面的介绍分析；[2]周少元先生对新刑律的社会背景、内容、学术支撑、在民国时期的运行等进行了比较全面的考察研究；[3]高汉成先生通过对《刑律草案签注》这一新资料的系统整理，对新刑律第一案的不足之处予以剖析反思，[4]等等。这些成果对我们了解这部重要的刑律提供了很好的帮助。

当然，上述研究仍有继续拓展的空间。如对编纂期间从"预备案"到"钦定本"共七部法案的全面梳理尚付阙如，对《附则》等特别条款的相关考证分析尚不够精细，对所谓法理派与礼教派的区分、两派争论焦点的分析

---

　* 本文作者系清华大学法学院副教授。

　〔1〕 蔡枢衡：《中国法理的自觉发展》，清华大学出版社 2005 年版。
　〔2〕 李贵连："清末修订法律中的礼法之争"，载氏著《近代中国法制与法学》，北京大学出版社 2002 年版。
　〔3〕 周少元："《钦定大清刑律》研究"，中国政法大学 2003 年博士学位论文。
　〔4〕 高汉成：《签注视野下的大清刑律草案研究》，中国社会科学出版社 2007 年版。

仍有待深入，对新的立法程序还不曾予以关注等。

在前人已有研究成果的基础上，笔者对这一刑律进行了新的探索。本文的新意主要体现于两个方面：一是补充了一些新史料，并重新解读原有史料，其中包括各种法案文本如《大清光绪新法令》[1]、《修正刑律案语》[2]、《钦定大清刑律》[3]，讨论记录如《资政院会议速记录》[4]，主要参与者的记述如汪荣宝的日记[5]、冈田朝太郎的论文[6]、劳乃宣的文稿[7]等。二是依据这些新史料和新解读提出了自己的一些新见解。首先，论争中新旧两派的区别并非泾渭分明，新派在第一案时便有准备制定特别条款的计划，这成为后来集中保留传统礼教风俗的《附则》《暂行章程》之滥觞。其次，"无夫奸"在资政院议决的结果，是认其有罪且放入法典的正文，但宪政编查馆却无视这一结果，仅仅将其放在过渡性的《暂行章程》中，这在立法程序上存在瑕疵。新派维护新刑律的赤子之心固然可嘉，但有悖程序正义的做法则让人惋叹。

本文分为三个部分。首先，从史实考证的角度还原了新刑律的立法历程，展示编纂期间各部法案的概况，辨析其变革和修订情况，澄清重要史实问题。其次，对围绕新刑律的两个关键性问题，刑法典论争和立法程序展开分析和反思。最后，对新刑律的特质和其关键性问题的研究结果予以总结和深化。为免行文的繁冗，本文中除特别需要外，"钦定大清刑律"一语皆简称为"新刑律"。

一、新刑律的七案展现

（一）历次法案的整体概况

新刑律历经 1906 年的预备案到 1911 年的钦定第六案，共 7 个法案。对此

〔1〕《大清光绪新法令》第 19 册、第 20 册，商务印书馆宣统元年版。

〔2〕修订法律馆编：《修正刑律案语》，2 册，铅印本，北京大学图书馆藏。

〔3〕（清）沈家本纂修：《钦定大清刑律》，宣统三年（1911 年）刊刻，北京大学图书馆藏。

〔4〕《资政院会议速记录》，我国台湾地区政治大学基础法学中心藏书。

〔5〕汪荣宝：《汪荣宝日记》，天津古籍出版社 1991 年影印本。

〔6〕［日］冈田朝太郎："清国ノ刑法草案ニ付テ"，载《法学志林》第 12 卷第 2 号，明治四十三年（1910 年）；"清国既成法典及ヒ方案ニ就テ"，载《法学志林》第 13 卷第 8 号、第 9 号，明治四十四年（1911 年）；"清国改正刑律草案（总则）"，载《法学协会杂志》第 29 卷第 3 号，明治四十四年（1911 年）。

〔7〕（清）劳乃宣："新刑律修正案汇录"，收入《桐乡劳先生（乃宣）遗稿》，文海出版社 1969 年影印本。

最全面的介绍，来自与该法案渊源颇深的日本学者冈田朝太郎。冈田谈到："清朝的各种改正刑律草案中，最初的草案是由清朝的委员起草，光绪三十二年春脱稿。同年秋外国委员加入后，全部废除草案，暂名为预备案，不列入以下所用的第一案、第二案等序次内。应列入序次的草案之由来如下。

第一案　光绪三十三年（明治四十年）八月，法律馆起草之草案上奏并公布。

第二案　对中央与地方官厅的签注予以取舍，在第一案基础上增损而成，宣统元年（明治四十二年）十二月上奏。

第三案　以第二案为基础，宣统二年（明治四十三年）宪政编查馆修正而成。

第四案　宣统二年年末，第一次资政院会议时，资政院法典股股员对第三案修正而成。

第五案　资政院三读会通过总则，但分则没有议完，仍依第四案分则而成。

第六案　宣统二年十二月二十五日（明治四十四年一月二十五日）以上谕裁可军机大臣的修正案。"〔1〕

当时修订法律的方法是法典由修订法律馆负责编纂，经宪政编查馆分咨内外各衙门签注，再咨覆宪政编查馆，汇择核定，请旨颁行。在资政院成立及其制度完善后，不再分送各部、省讨论，而是送资政院议决，再移送到宪政编查馆复加核定，请旨颁布。〔2〕新刑律在编纂过程中，恰逢资政院于宣统二年九月成立，所以它分别经历了内外各衙门签注与资政院议决。这种特殊境遇，兼以草案之多，时间跨度之长，论争之激烈，在清末修律中可谓绝无仅有。

以下，笔者就预备案至第六案的各案情况，加以细说。

（二）戛然而止的预备案

在冈田到来之前，预备案本已酝酿在即，但因特殊因素而另起炉灶。据当年参与法典编纂的章宗祥回忆，新刑律总则草案最初由岩谷孙藏博士起草，后修订法律馆馆务扩张，聘请冈田朝太郎博士来华，乃由冈田重新整理，拟成

---

〔1〕 ［日］冈田朝太郎："清国ノ刑法草案ニ付テ"，载《法学志林》第 12 卷第 2 号，明治四十三年（1910 年）。

〔2〕 参见《奏议覆修订法律办法折》，收入故宫博物院明清档案部编：《清末筹备立宪档案史料》（下），中华书局 1979 年版，第 850 页以下。

新刑律全部草案。[1]据冈田回忆，当年来华之后，总则全部和分则的十之八九已经完成，惟其通读之下，发现主要是参酌日本旧刑法而成，需修改之处甚多，不如重新起草。此议得到沈家本、伍廷芳的首肯。[2]

就预备案的情况，章宗祥与冈田朝太郎的介绍，细节处稍有出入。到底当时是仅编纂完总则，还是总则和分则已经基本完成？岩谷孙藏在其中的作用如何？尚有待进一步资料证明，目前只能暂时存疑。[3]

惟可以肯定的是，预备案被推翻而另起炉灶。笔者认为，关键性的原因有二：一是时代变迁因素。预备案模仿的对象主要是日本的旧刑法（1880年），而当时日本已经颁布新刑法（1907年）。两部法典的理念、学说已有重大区别。在以日为师的时代，追随其法律修订的足迹是正常的逻辑体现。二是心理因素。作为明治时代日本法学"巨擘"的冈田朝太郎当时正雄心勃勃地准备在异国他乡一展抱负。[4]他参与修律，自然也希望这部法典更能刻上其本人的烙印。当然，需要指出，法典的编纂固然与主持者关系甚密，但其更应该看成是集体智慧的产物，这部法典出台的前后，国人参与者的积极因素应予以充分肯定。

（三）修订法律馆的第一案

在冈田朝太郎主持下，修订法律馆完成了第一案。它在主要采用近代刑法的体例、理念的同时，也保留了一些古典的礼教、风俗规范，并提出了制定特别条款的构思。

1. 概况

冈田朝太郎虽然接手，但他先是分身制定《法院编制法》，后又遭遇法典编纂权的归属争议、法部的司法权被剥离、司法机关独立等清末政治风波，作为新刑律起草机构的修订法律馆甚至一度闭馆，刑法典编纂陷入时间紧迫、

---

[1] 章宗祥："新刑律颁布之经过"，载《文史资料存稿选编》（第1册），中国文史出版社2006年版，第35页。该文的"严谷孙藏"当为"岩古孙藏"之误。

[2] [日]冈田朝太郎："清国ノ刑法草案二付テ"，载《法学志林》第12卷第2号，明治四十三年（1910年）。

[3] 从写作、发表时间上看，章宗祥的文章是1962年（依据章宗祥文章后所附日期），冈田的系列文章是1910~1911年，后者更接近于法典编纂时期，从常识上判断，史实度似应更高。目前学者孙家红发现在社科院法学研究所图书馆藏有光绪三十一年董康、章宗祥合纂的《刑律草案》，内容是关于刑法总则的77条，但管见以为其与预备案的关联如何，目前仍难判定。

[4] （清）沈家本："法学通论讲义序"，载《寄簃文存》卷六。

人员不整、颇有中辍可能之危局中。疾风知劲草，冈田乃发愿完成编纂工作。他通宵达旦不知几何，虽右腋下生一鹅卵大小肿块，日渐疼痛，仍以布片包冰块冷却患处，抱病坚持，终于在光绪三十三年八月上旬完成全部条文和理由书。甫一交稿，他便遇风寒激发病痛，卧床四十二日，幸得名医，经六次切开手术，才得以痊愈。[1]

由冈田含辛茹苦主持完成的第一案，可见于《大清光绪新法令》的第 19 册、第 20 册。该案分总则、分则 2 编，分别于光绪三十三年八月二十六日和同年十一月二十六日上奏，共 53 章，凡 387 条，后附《律目考》。

总则凡 17 章（第 1 条至第 87 条），包括：法例、不论罪、未遂罪、累犯罪、俱发罪、共犯罪、刑名、宥恕减轻、自首减轻、酌量减轻、加减例、犹豫行刑、假出狱、恩赦、时效、时期计算、文例。

分则凡 36 章（第 88 条至第 387 条），大致可分为三种类型：一是对于国或皇家法益之犯罪，如关于帝室之罪、内乱之罪、国交之罪、外患之罪等；二是对于社会法益之犯罪，如关于伪造通用货币之罪、危险物罪、祀典及坟墓罪、鸦片之罪等；三是对于个人法益之犯罪，如关于杀伤之罪、堕胎之罪、遗弃之罪、窃盗及强盗之罪等。

第一案采用"法典文本+案语"的形式，即在每编、章、条文，以及有系统关联性的章和条文群之后，附有详细的解释和说明文字。这是清季修律常见的方式，其目的是提供审核之用。

这类内容，追溯历史，比较中西，斟酌各国，当年编纂者们之殚精竭虑，得见一斑。即便该草案有超前立法之嫌，当代学人亦有食洋不化之讥，但从当前资料显示，此绝非简单的复制移植，值得后人尊重。

2. 修订宗旨和变革要点

沈家本将新刑律的修订宗旨总结为："折衷各国大同之良规，兼采近世最新之学说，而仍不戾乎我国历代相沿之礼教民情。"[2]平允而言，修订宗旨的确在草案中得以落实。

首先，博洽各国之例并不鲜见。例如第 11 条关于刑事责任年龄的规定参

---

[1]　[日]冈田朝太郎："清国ノ刑法草案ニ付テ"，载《法学志林》第 12 卷第 2 号，明治四十三年（1910 年）。

[2]　《大清光绪新法令》（第 20 册），商务印书馆 1909 年版，第 1b 页。

考了俄罗斯、葡萄牙、罗马尼亚等 27 个国家的情况，第 7 章关于死刑的执行参考了法兰西、意大利等 14 个国家的情况，等等。

其次，刑法之新思想随处可得。例如第 43 条模仿英国判例，轻微的自由刑在执行实有窒碍时可易为罚金；第 3 章的未遂犯以主观主义立场，采取得减主义；第 12 章的犹豫行刑（即缓刑）；第 13 章的假出狱（即假释）等。

再次，对传统的纲常礼教、风俗民情，彰显维护。例如分则第 1 章设置"关于帝室之罪"，对皇室成员及其住所、交通工具等，特加保护；第 300 条关于杀害尊亲属，第 302 条、第 305 条关于伤害尊亲属（包括造成伤害与未造成伤害），适用高于普通杀人、伤害罪之量刑。[1]此类基于血缘尊卑关系结合特定犯罪类型立以专条、区别对待的立法特点，颇见古典刑律"准五服以制罪"之身影；第 276 条第 2 款、第 354 条关于强奸案件中的被害人因羞忿自杀或欲图自杀而受伤者，罪犯照强奸致人死伤者处断，其因果关系之弹性，量刑之严，颇有传统"威逼人致死"条款之色彩。[2]

在这种立法宗旨的指导下，新刑律进行了五点变革：一是更定刑名，即以近代的罚金、拘留、徒刑、死刑取代古典的笞、杖、徒、流、死五刑；二是酌减死罪，例如将经由秋审而并不实际执行死刑的虚拟死罪罪名删除；三是死刑惟一，即死刑以绞刑方式在特定场所秘密执行；四是删除比附，因为采取近代刑法的罪刑法定主义，所以删除固有法中的比附援引；五是惩治教育，即未成年犯不羁押于监狱，设置惩治场，予以惩治处分。[3]

需要特别指出的是，即便在以采用西法为主导的变革五点之中，立法者也以特别条款的构思为传统礼教风俗预留了空间。如第二点"其有因囿于中国之风俗，一时难予骤减者，如强盗、抢夺、发冢之类，别辑暂行章程，以存其旧，视人民程途进步，一体改从新律"。[4]又如第三点，"如谋反大逆及

---

〔1〕　当然，与旧律相比，尊亲属的范围已经大幅度限缩。依据第一案第 82 条第 1 款，尊亲族包括：一、祖父母，高曾同；二、父母，妻于夫之尊亲族与夫同；三、外祖父母。

〔2〕　第 276 条的立法理由谈到："此例在现今立法上诚不多见，然以理论及事实而论，在所必有也。"《大清光绪新法令》（第 20 册），商务印书馆 1909 年版，第 53a 页。冈田朝太郎亦提到该款之设乃国情不可或缺之故，参见［日］冈田朝太郎："清国既成法典及ヒ方案ニ就テ"，载《法学志林》第 13 卷第 8 号、第 9 号，明治四十四年（1911 年）。《大清律例·刑律·人命》"威逼人致死"条例："若强奸既成，本妇羞愤自尽，仍照因奸威逼致死律，拟斩监候……"

〔3〕　《大清光绪新法令》（第 19 册），商务印书馆 1909 年版，第 27a 页以下。

〔4〕　《大清光绪新法令》（第 19 册），商务印书馆 1909 年版，第 27a 页。

谋杀祖父母、父母等条，俱属罪大恶极，仍用斩刑，别辑专例通行"。[1]关于后者，冈田力主死刑只用绞刑一种执行方法，而沈家本则主张绞为死刑之主刑，斩为特别之刑，两人曾有过学术辩论。[2]此处"别辑专例"之主张，应该是沈家本的意见。这类特别条款，可以看成是其后数案中《暂行章程》和《附则》的滥觞。

（四）修订法律馆与法部合奏的第二案

第一案完成后由于过多的革新色彩引发争议，此后修订法律馆和法部完成了第二案《修正刑律草案》。这部草案的最主要变化是加入了着重维护礼教风俗的《附则》五条，其制定者很可能是吉同钧。

1. 概况

第一案上奏后，经宪政编查馆分发给内外各衙门讨论，这些意见的汇集可见《刑律草案签注》。[3]对签注有专门研究的学者指出，一份签注包括原奏和所附的清单两部分。原奏是对草案所发表的整体性意见，多由中央各部尚书、各省督抚亲自拟稿上奏，而所附清单多由衙门内次一级官吏签注。[4]围绕新刑律的论争由此全面展开。

鉴于诸多签注的反对意见，清廷要求修订法律大臣会同法部再行详慎修改、删并，奏明办理。[5]更在宣统元年正月二十七日谕旨中明确地指出"凡我旧律义关伦常诸条，不可率行变革，庶以维天理民彝于不敝。该大臣务本此意，以为修改宗旨，是为至要"。[6]

在此签注背景下修订而成的《修正刑律草案》即为第二案。

《修正刑律草案》分总则、分则2编，53章，正文凡409条，并有《附则》5条。由于从第一案至第六案，体例一致，各章除章名略有修订、顺序略有调整外，基本不变，故本文以下对此不再具列。

---

〔1〕《大清光绪新法令》（第19册），商务印书馆1909年版，第27b页。

〔2〕（清）沈家本："死刑惟一说"，载《寄簃文存》卷三。

〔3〕宪政编查馆编：《刑律草案签注》（第4册），宣统二年油印本，国家图书馆藏。

〔4〕高汉成：《签注视野下的大清刑律草案研究》，中国社会科学出版社2007年版，第64页。

〔5〕《清朝续文献通考·刑五》，（清）劳乃宣："新刑律修正案汇录"，收入《桐乡劳先生（乃宣）遗稿》，文海出版社1969年影印本，第883页。

〔6〕"修改新刑律不可变革义关伦常各条谕"，收入前引《清末筹备立宪档案史料》（下），第858页。

《附则》5条主要是维护传统礼教风俗,包括第2条编辑单行法,按照旧法处理十恶、亲属相隐、干名犯义、存留养亲、亲属相奸、相盗、相殴、发冢等行为;第3条对危害乘舆、内乱、外患、侵犯尊亲属者,适用斩刑;第4条对强盗罪编辑单行法从重处理;第5条中国人卑幼对于尊亲属无正当防卫权。另外第1条提出在新律采用相对确定法定刑的背景下,应编辑判决例来规范量刑。

从目前资料看,可知董康、汪荣宝是《修正刑律草案》的重要参与者。[1]作为特别条款的《附则》5条,很可能出自法部吉同钧之手(详见后文)。

第二案的编纂同样采取"条文+案语"的方式,具体表现为《修正刑律案语》。案语部分对本条是否/如何修改加以说明,对签注的意见予以回应,并指明本条在第一案中的位置。

2. 修订要点

宣统元年十二月二十三日修订法律大臣会同法部具奏的《修正刑律草案告成缮单呈览》一折中提出了"必应变通者"的三点理由:一是列强允诺改良刑律后撤废领事裁判权之机遇难得;二是筹备立宪之下,旧律中的阶级差别、比附之制等,与立宪政体抵牾;三是刑罚与教育互为消长,在将来教育普及的情况下,无需以刑罚来限制犯罪,立法应该有前瞻性。[2]

除对第一案的文辞加以酌修外,奏折中谈到修订重点有两处:一是将关于伦常各款加重一等,二是作为特别条款的《附则》5条之出台。理由是"中外礼教不同,为收回治外法权起见,自应采取各国通行常例。其有施之外国,不能再为加严,致背修订本旨。然揆诸中国名教,必宜永远奉行勿替者,亦不宜因此致令纲纪荡然,均拟别辑单行法藉示保存,是以增入《附则》五条,庶几沟通新旧,彼此遵守,不致有扞格之虞也"。[3]

第二案的修订中值得注意的有四点:

第一,奏折所讲的关于伦常各款加重一等,实际只是提到量刑变化的一个方面。据学者统计,草案虽然对30处条文加重量刑,但又有46处条文被

---

〔1〕 汪荣宝:《汪荣宝日记》,天津古籍出版社1991年影印本。《汪荣宝日记》宣统元年十月十八日记载:"绶经(指董康)属分任刑律草案修正事,余担任分则第一章至第二十章。"

〔2〕 (清)沈家本纂修:《钦定大清刑律》,宣统三年刊刻,北京大学图书馆藏,卷前奏疏,第17b页以下。

〔3〕 (清)沈家本纂修:《钦定大清刑律》,宣统三年刊刻,北京大学图书馆藏,卷前奏疏,第18b页以下。

减轻量刑来予以平衡。〔1〕虽然涉及伦常的条款只占上述量刑变化条文的一部分，但仍可折射出一二。以签注时张之洞的奏折为例。〔2〕在《修正刑律草案》中，他所举的各项有代表性的罪名中，内乱罪的刑罚不变，强奸十二岁以下未成年人者、侵入太庙宫殿等处射箭放弹投砖石者的刑罚甚至还减轻了，伤害尊亲属罪的刑罚虽加重一等，却对未造成伤害结果的情况添加了原来所无的罚金。其中缘由，可能与张之洞已经于宣统元年八月病逝不无关系。

第二，这份奏折主要出自修订法律馆，尽管它是由法部尚书廷杰领衔（另外四人是绍昌、王垿、沈家本和俞廉三）。证据是奏折中明确提到"此折系法律馆主稿，会同法部办理，合并声明"。〔3〕这也就不难解释为何"必应变通者"，无非仍在重申、坚持第一案的立场。

第三，《附则》5 条很可能是出自法部的旧律专家吉同钧之手。在会奏的前一天，汪荣宝的日记提到，"午刻到修订法律馆，得睹《刑律草案》会奏稿。法部允于明日具奏，惟于草案内加《附则》五条，大旨关于伦纪各条，悉依旧律办理"。〔4〕作为新刑律重要参与者的汪氏所记，是《附则》5 条出自法部的重要证据。当时修订法律馆与法部会同修改，法部尚书廷杰反对新刑律草案，派吉同钧负责修改。吉同钧"调和其间，以为逐条改正，不惟势有不能，亦且时有不给。因另拟章程五条，附于律后，藉为抵制弥缝之计"。〔5〕此处的"章程五条"应即《附则》5 条。

《附则》5 条中的第 3 条、第 4 条都出现了"仍照臣馆第一次原奏"字样。所谓"臣馆"无疑是指修订法律馆，这又该如何解释呢？〔6〕这就要理解

---

〔1〕 高汉成：《签注视野下的大清刑律草案研究》，中国社会科学出版社 2007 年版，第 186 页。详细的表格展示，可见同书第 175 页以下。

〔2〕 该奏折收入宪政编查馆编：《刑律草案签注》（第 4 册），宣统二年油印本，国家图书馆藏。亦见《清朝续文献通考·刑五》，（清）劳乃宣："新刑律修正案汇录"，收入《桐乡劳先生（乃宣）遗稿》，文海出版社 1969 年影印本。

〔3〕 高汉成最先注意到此点。参见高汉成：《签注视野下的大清刑律草案研究》，中国社会科学出版社 2007 年版，第 188 页。

〔4〕 汪荣宝：《汪荣宝日记》，天津古籍出版社 1991 年影印本，宣统元年十二月二十二日。

〔5〕 （清）吉同钧："论新刑律之颠末流弊并始终维持旧律之意"，载氏著《乐素堂文集》卷七，中华书局 1932 年版，第 6a 页。

〔6〕 高汉成最先注意到此点，进而判断《附则》5 条应是出自修订法律馆。高汉成：《签注视野下的大清刑律草案研究》，中国社会科学出版社 2007 年版，第 188 页注 3。笔者原来也是持这一观点，但从目前资料看，这一判断有待商榷。

吉同钧的多重身份。修订法律馆本隶属于刑部。官制改革中，刑部改为法部，修订法律馆随后离开法部，成为独立的法律编纂机构。[1]当时吉同钧是法部郎中，兼任修订法律馆总办和大理院教习，具有多重身份。[2]他在《附则》5条中使用"臣馆"而不是"臣部"字样，应与提到的"仍照臣馆第一次原奏"之行文有关。第一案出自修订法律馆，吉同钧按照自己兼职机构的称谓上奏，表达更方便，也很自然。

第四，《附则》5条固然是在签注与上谕压力下的产物，是廷杰、吉同钧等旧派人物"抵制弥缝之计"，但其第2条、第4条提到的"单行法"与第一案中的"别辑暂行章程""别辑专例"，实为同一逻辑思维之产物，所以亦不妨看成是第一案中提出的构思之具体化。从其实际效果看，可以技术性地化解、处理签注的意见，而不至于对草案大动干戈地进行修改，不失为巧妙之对策。[3]

（五）宪政编查馆的第三案

宪政编查馆对第二案审核后提出第三案，其最主要变化是将《附则》改为《暂行章程》。两者既有密切关联，又有微妙但却意味深长的变化。

1. 概况

在《修正刑律草案》完成后，谕旨著宪政编查馆查核覆奏，故经宪政编查馆审核而成第三案。笔者在北京大学图书馆所藏的《修正刑律案语》上，发现了添有黑笔的眉批，正文中有红笔的修订、黑笔的添注，眉批与添注颇类案语之功能。经与宣统二年十月初四日，奕劻领衔的宪政编查馆所奏《核订新刑律告竣缮单呈览》一折核对，条目数相同，修订要点相符。[4]笔者推

---

[1] 关于这段历史的详细介绍，可见陈煜：《清末新政中的修订法律馆》，中国政法大学出版社2009年版，第二章"从律例馆到修订法律馆"。

[2] 参见（清）吉同钧："调和部院核覆陕西杀弟案说帖"，载氏著《乐素堂文集》卷七，中华书局1932年版。在《钦定大清现行刑律》（我国香港地区蝠池书院出版公司2004年版）的编纂者名录里，吉同钧被列入"修订法律馆修订现行刑律衔名"中，其头衔是"三品顶戴法部审录司郎中京察一等"。这也可以证明其兼职身份。

[3] 高汉成指出，大量的签注意见被集中到附则中做了另案处理，签注对修正刑律草案影响有限，第二案并没有危及第一案所确立的宗旨、基本原则和总体方向。参见高汉成：《签注视野下的大清刑律草案研究》，中国社会科学出版社2007年版，第188页。

[4] 收入《大清现行刑律》卷前奏疏，见（清）劳乃宣："新刑律修正案汇录"，收入《桐乡劳先生（乃宣）遗稿》，文海出版社1969年影印本。

测，这很可能就是第三案的雏形甚至就是第三案。[1]

第三案分总则、分则2编，共53章，正文凡405条，并有《暂行章程》5条。

《暂行章程》5条同样是维护传统礼教风俗，包括加重刑罚（第1条侵犯皇室、内乱、外患、杀害伤害尊亲属罪；第2条发掘坟墓罪；第3条强盗罪）、无夫奸有罪（第4条）、卑幼对尊亲属无正当防卫权（第5条）。[2]

2. 修订要点

依据《核订新刑律告竣缮单呈览》奏折，第三案主要有如下之修订：

刑事责任年龄由十五岁改为十二岁；恢复"凡未满十六岁犯罪者得减本刑一等或二等"条文；[3]国交罪[4]中对外国君主、大统领有犯，不再以侵犯皇室之罪论处；[5]增入"本支亲属相奸"罪名，原来的和奸罪减轻一等；[6]增入对尊亲属有犯胁迫、侮辱并损害信用加等治罪之法；增入诬告尊亲属加等治罪之法；《附则》5条改为《暂行章程》5条，"藉以沟通新旧而利于推行，将来体察全国教育、警察、监狱周备之时，再行酌量变通，请旨办理"。

3. 从《附则》到《暂行章程》的不变与变

比较第二案的《附则》与第三案的《暂行章程》，两者有着一定的相似性：从涉及的罪名和事项上看，后者的第1条与前者的第3条（侵犯皇室、内乱、外患、侵犯尊亲属）、两者的第5条（子孙对尊长的正当防卫权）基本相同；后者的第3条是对前者第4条（强盗罪）的明确化；后者虽摒弃了前

---

[1] 宪政编查馆的奏折提到："谨将刑律正文与此次修改与原案有出入者加具案语暨暂行章程，分别缮单恭呈御览。"它是专门刊刻成书，还是如北京大学图书馆所藏的《修正刑律案语》，直接在文本上眉批、修订、添注，尚有待进一步的史料证明。

[2] 参见《资政院会议速记录》，我国台湾地区政治大学基础法学中心藏书。《资政院会议速记录》第一次常年会议第二十三号议场速记录。议员易宗夔在发言中提到该《暂行章程》的具体内容。笔者依据其提到的条文数，按图索骥，经查阅第三案，确定其涉及的具体罪名，与钦定本的《暂行章程》5条比较，没有区别。

[3] 第一案的第49条"凡十六岁以上二十岁未满之犯罪者得减本刑一等"，因学部及热河、直隶、安徽、两广、两江、山西、湖广等省签注，《修正刑律草案》删除此条。宪政编查馆的第三案可以说是在一定程度上恢复此条。

[4] 从本案起，国交罪（原第3章）的位置与外患罪（原第4章）的位置互换。

[5] 北京大学图书馆所藏《修正刑律案语》该条的黑笔眉批为"此系采用单独主义（谓不问外国刑法为何），不用相互主义（谓外国设此规定则我亦规定）"。

[6] 《修正刑律草案》和奸罪的本意是包括亲属相奸在内，故在量刑上最高为三等有期徒刑。第三案独立亲属相奸罪名，所以原有的和奸罪也因此减轻。

者的第 2 条,但对发掘坟墓罪加重处罚的条款(第 2 条)仍可谓是对《附则》第 2 条所列举的发冢罪之回应。

两者的差异性:首先,《附则》更强调适用主体问题。其第 2 条、第 5 条都标明"中国人",采用中外区别对待主义,而《暂行章程》则无此区分。其次,《暂行章程》的无夫奸为罪(第 4 条),则是前者所无,这应该是与"无夫奸"问题成为后来论争中最受瞩目的焦点,立法者需做出回应有关。再次,从"附则"到"暂行章程",称谓上微妙却意味深长的变化,似乎预示着后者的过渡色彩更加浓厚。

(六)资政院法典股的第四案

第四案最主要的变化是删除了《暂行章程》。

1. 修订情况

在宪政编查馆审核后,第三案经奏请被纳入资政院第一年常年会议的议案之中。宣统二年十一月初一日新刑律议案开议,经议员质疑及政府特派员杨度说明主旨后,交付资政院法典股员会审。当时资政院的法典股共十八人,由载润任股长,汪荣宝任副股长,股员有刘道仁、曹元忠、陶保霖等人。法典股分两科,第一科审查关于公法事件,第二科审查关于私法事件,[1]但股员的具体分科尚未得知。股员会就《修正刑律草案》(第二案)和宪政编查馆的修改案语(第三案),以及第一案和议员们的修正案,参互钩稽,详慎考覆,修订润色而成修正案,此为第四案。[2]

法典股员会审查告竣后,汪荣宝于宣统二年十二月初六日,在资政院第三十七次会议上报告了第四案的修订情况。

总则除了技术性的修订,主要是第 11 条刑事责任年龄由十二岁改为十五岁(与《违警律》责任年龄规定统一、与各国新学说相符)。

分则除了技术性和细节的修订,其他实质性修改有四处。一是删去第 316

---

〔1〕 参见姚光祖:"清末资政院之研究",台湾大学政治研究所 1977 年硕士学位论文,第 77 页、第 100 页。

〔2〕 参见"议决新刑律总则缮单会陈请旨裁夺奏折",收入《钦定大清刑律》卷前奏疏,(清)沈家本纂修:《钦定大清刑律》,宣统三年刊刻,北京大学图书馆藏;《资政院会议速记录》第一次常年会议第三十七号议场速记,《资政院会议速记录》,我国台湾地区政治大学基础法学中心藏书;(清)劳乃宣:"新刑律修正案汇录",收入《桐乡劳先生(乃宣)遗稿》,文海出版社 1969 年影印本,第 102 页。有必要指出,奏折中仅提到第二案与第三案,但从速记录和劳乃宣的记载来看,第一案与议员的修正案在审查时也予以参考。笔者以为,实际的情况可能是:前两者为主,后两者为辅。

条"凡对于尊亲属加强暴未至伤害者"量刑中的罚金刑（以免有殴打父母者可以罚金了事之误会）；二是将尊亲属范围进一步缩小，不再包括外祖父母（依据中国习惯礼制）；三是减轻第 4 章妨害国交罪的处罚力度；四是第 288 条第 3 款删去尊亲属在亲属相奸时，若纵容、得利、私和，得限制告诉权的规定（维持家庭伦理与地方风俗）。[1]

条文数方面，总则部分，汪荣宝提到，增加 1 条，删除 2 条，分出 1 条，仍为 88 条；分则部分，汪荣宝没有专门提及，但依其报告，删除 2 条，分出 2 条，笔者推测亦可能维持不变。依此，第四案的条数可能与第三案相同，仍为 405 条。

2.《暂行章程》删除的背后

此案最大的变化就是《暂行章程》被删除。宣统二年十一月初一日，政府特派员杨度在资政院说明新刑律主旨与精神时，透露出来的相关信息，堪耐玩味。

首先是《暂行章程》与新刑律主旨不同。第 1 条与死刑惟一之旨不符，第 2 条、第 3 条与死刑减少之旨不符，第 4 条在立法、司法、外交、礼教上不便，第 5 条与国家立法应对国民平等保护冲突，故不放入正文。

其次是过渡时间的变化。依原定的九年预备立宪计划，应于光绪三十九年实行新刑律，光绪四十二年实行宪政，两者之间尚有三、四年时间。但有人认为预备立宪时代人民奉行新刑律的能力不足，所以复加《暂行章程》作为宣统五年至宣统九年之用。杨度提到，《暂行章程》是在十月初三国会未缩短年限以前办理的，现在国会既然缩短，《暂行章程》废除与否，请诸议员议决。[2]

从中似可窥得，就政府（宪政编查馆）而言，《暂行章程》是准备在实行宪政前的过渡时期使用的。依立宪计划，新刑律原拟于光绪三十九年施行。后因宪政期限由宣统八年提前至宣统五年，故新刑律拟提前于宣统四年施行。[3]该过渡期仅为一年，是否有必要保留《暂行章程》，便成疑问。但

---

〔1〕 参见《资政院会议速记录》，我国台湾地区政治大学基础法学中心藏书，《资政院会议速记录》第一次常年会议第三十七号议场速记录。

〔2〕 参见《资政院会议速记录》，我国台湾地区政治大学基础法学中心藏书，《资政院会议速记录》第一次常年会议第三十七号议场速记录。

〔3〕 参见故宫博物院明清档案部编：《清末筹备立宪档案史料》（上），中华书局 1979 年版，第61 页以下，第 90 页以下。

实际上，从第三案中对《暂行章程》"藉以沟通新旧而利于推行，将来体察全国教育、警察、监狱周备之时，再行酌量变通，请旨办理"的说法看，并没有一个明确的废除期限。管见以为杨度的说法可视为政府或新派在资政院的一种试探性的策略。[1]

相比杨度之暧昧，汪荣宝等人的立场要鲜明许多。他认为杨度所谓《暂行章程》存在之理由并不充分，法典股员会乃将《暂行章程》废除，并具理由书，印刷后发给各位议员。[2]目前尚未发现该理由书。

需要特别指出，尽管法典股员会决定废除《暂行章程》，但该决定并没有付诸资政院表决，所以没有法定效力。在议场，《暂行章程》所涉及的问题仍是可供讨论的对象。这在"子孙对尊长是否有正当防卫权"和"无夫奸"上体现得尤为明显。

(七) 资政院议场激辩的第五案

资政院议员们对第四案进行了激烈的讨论，因为时限的关系，最后以省略三读的方式通过了总则，分则没有议完。此为第五案。其最主要的变化是备受争议的"无夫奸"被认为有罪且放入法典的正文。

1. 修订情况

汪荣宝于宣统二年十二月初六日报告后，资政院法典股员会的审查案即第四案乃付诸资政院会议再读。一方面，依据立宪计划，新刑律定于宣统二年颁布，另一方面，资政院第一次常年会议将于宣统二年十二月十一日闭会。在时间如此紧迫的情况下，从宣统二年十二月初六日到初九日，资政院第三十七次会议到第四十次会议上，第四案经历了快速的、同时不乏极其激烈论争的再读程序。其结果是：再读议至分则第289条，闭会时间已至，故在初十日的第四十一次会议上，以省略三读的方式通过了总则。

---

〔1〕 一个有力的证据就是当无夫奸问题在资政院讨论备受质疑时，杨度认为《暂行章程》可作为新旧刑律交替之媒介，它一方面可维持本国礼教，一方面又因为不在正文而不会受外国干涉，是断断不可少的。参见《资政会议速记录》，我国台湾地区政治大学基础法学中心藏书，《资政院会议速记录》第一次常年会议第三十九号议场速记录。笔者觉得杨度对《暂行章程》实际上秉承一种实用主义的态度。

〔2〕 参见《资政院会议速记录》，我国台湾地区政治大学基础法学中心藏书，《资政院会议速记录》第一次常年会议第三十七号议场速记录。从汪荣宝的记录看，资政院法典股在宣统二年十一月二十日便提出《暂行章程删除说帖》。见汪荣宝：《汪荣宝日记》，天津古籍出版社1991年影印本，宣统二年十一月二十日。

除了细节的修订，此案最大的变化就是"无夫奸"的有罪化并纳入正文（采纳议员劳乃宣的意见）。[1]

2. 蓝白票表决

在争议颇多的"子孙对尊亲属是否有正当防卫权"和"无夫奸是否有罪"的问题上，第15条（正当防卫）和第288条（通奸罪）经再读付诸表决。前者劳乃宣倡导从《暂行章程》移入正文，但支持者寥寥，当天到会议员120人，仅有20人起立赞成。[2]后者的争论则激烈异常，通过两次表决，才得以定夺。

首先是"无夫奸是否有罪"。通过蓝白票记名投票的方式进行，蓝票表示无罪，白票表示有罪。结果蓝票42票（其中包括1张废票），白票77票，无夫奸有罪。其次是规定于《暂行章程》还是正文，通过起立表决的方式进行。赞成定于《暂行章程》者是49人，赞成定于正文者是61人。赞成纳入正文者居多。[3]

这里需要辩证地看到，在无夫奸问题上，如果说在有罪抑或无罪问题上票数悬殊的话（77对42），则对于纳入正文还是《暂行章程》，双方的差距已经不算大（61对49）。两次表决的总人数不同（119人和110人），目前无法证明当时离席9人之选择倾向。但从第二天新派众人愤然罢会的举动看，[4]当时离席的9人很可能是不甘失利的蓝票者。同样从常识上分析，第一轮的蓝票者会在第二轮表决中支持将无夫奸规定于《暂行章程》。当时的情况很可能是：主张无夫奸入罪并且规定于正文者61人，主张有罪但规定于《暂行章程》者16人，主张无罪者42人。对此，应该肯定《暂行章程》作为过渡性条款，在立场与策略、新与旧之间起到的协调、平衡之作用。

（八）钦定第六案

因立宪的时限要求，宪政编查馆对第五案进行了修订，经清廷裁可后，颁布了最终的第六案，即《钦定大清刑律》。该案最主要的变化是恢复了第四

---

〔1〕 参见《资政院会议速记录》，我国台湾地区政治大学基础法学中心藏书，《资政院会议速记录》第一次常年会议第三十七号至第四十一号议场速记录。

〔2〕 参见《资政院会议速记录》，第三十七号议场速记录。按照当时的规则，需有30人以上倡议赞成才可以提出议案。从这可以反映支持无正当防卫权者人数之少。

〔3〕 参见《资政院会议速记录》，第三十九号议场速记录。

〔4〕 汪荣宝：《汪荣宝日记》，天津古籍出版社1991年影印本，宣统二年十二月初九日。

案被删除的《暂行章程》，但对第五案"无夫奸"进入正文的决议没有采纳。

1. 概况

依立宪计划，新刑律应于宣统二年颁布，奕劻领衔宪政编查馆与资政院合上《议决新刑律总则缮单会陈请旨》奏折。[1]仿效当年沈家本在第一案时之做法，他先以总则上奏，并提出对总则的修订意见，请旨裁决；又领衔宪政编查馆上《新刑律分则并暂行章程未经资政院议决应否遵限颁布缮具清单请旨办理》奏折，请旨将未经议决的分则暨《暂行章程》颁布。[2]上述诸项请求，皆得宣统二年十二月二十五日清廷上谕裁可，所成之案即为最终的第六案，即《钦定大清刑律》。

新刑律共 2 编、53 章，正文凡 411 条，并有服制诸图和《暂行章程》5 条。

2. 修订要点

第六案加入了服制诸图，恢复了《暂行章程》5 条。

总则部分，将第 11 条刑事责任年龄由十五岁重新改为十二岁，恢复了"未满十六岁人犯罪者得减本刑一等或二等"。

分则部分，奏折提到"刑律分则资政院未及议决，而又不能违误誊黄清单颁布之期，拟由臣奕劻等将宪政编查馆覆订原案略加修正"。[3]也即是说，宪政编查馆对资政院未议完的新刑律草案加以修订，主管该馆的军机大臣奕劻等人再加以最后把关。[4]管见认为，《暂行章程》的恢复可能与奕劻等人最后的审核有关。对照钦定本，可发现其对第五案分则的修订部分既有吸收，亦有不予采纳的，后者最典型的例子就是"无夫奸"问题并没有按照表决的结果纳入正文之中。

---

〔1〕（清）沈家本纂修：《钦定大清刑律》，宣统三年刊刻，北京大学图书馆藏，卷前奏疏。

〔2〕（清）沈家本纂修：《钦定大清刑律》，宣统三年刊刻，北京大学图书馆藏，卷前奏疏。

〔3〕（清）奕劻等："议决新刑律总则缮单会陈请旨"，载沈家本纂修：《钦定大清刑律》，宣统三年刊刻，北京大学图书馆藏，卷前奏疏。

〔4〕期间的细节是董康将法典股员会的修正案与原案斟酌取舍，汪荣宝阅读后再采用法典股员会修正案数条。参见汪荣宝：《汪荣宝日记》，天津古籍出版社 1991 年影印本，宣统二年十二月二十三日。

二、刑法典论争与立法程序反思

(一) 两大问题上的论争

刑法典的论争，从签注时以张之洞为首的发难，经劳乃宣与沈家本的集中论战，再到资政院议场的激辩表决，可谓一波三折。其间的争论主要集中在两个方面：一是伦常礼教条款之争，二是比附援引与罪刑法定之争。

1. 伦常礼教条款之争

以往研究多用"法理"与"礼教"来概括论争的双方，此说法可能出自陈宝琛"新刑律草案于无夫奸罪之宜规定与否，或主礼教，或张法理"之说。[1]但应该指出，被冠以"法理"之名的新派并不反对礼教，这从第一案中对固有礼教民情的维护就可以看出。[2]以"礼教"标榜自身，其实是旧派在论战中获得正当性，进而置新派于舆论不利地位的一种策略。新旧两派之间并非泾渭分明。

首先，在制定新法上，双方存在着一定的共识。正如劳乃宣所谓，他不同意新刑律条文者不过百分之三四，同意者百分之九十余。[3]

其次，新派早在第一案之时，便有制定特别条款的计划。这一构思随着《附则》与《暂行章程》的制定而付诸现实。

再次，两派的内部也非铁板一块。劳乃宣曾邀集议员 105 人发起《新刑律修正案》，但无夫奸的蓝白票表决，这 105 人中却赫然出现文龢、刘曜垣和顾视高三位支持去罪化的蓝票者。[4]新派中，也存在激进与稳健的两支（详见下文关于立法程序的分析）。

伦常礼教条款的论争，主要涉及四个方面：一是特定行为是否需专门立法（如亲属相奸、亲属相殴、故杀子孙、杀有服卑幼、妻殴夫夫殴妻是否需

---

〔1〕（清）劳乃宣："新刑律修正案汇录"，收入《桐乡劳先生（乃宣）遗稿》，文海出版社1969年影印本，第 953 页。

〔2〕 李贵连教授即指出，法理派虽然要求用西方法律的原理和原则制定新律，但实际上他们的思想却未完全脱离礼教，在他们主持修订的新律中保留了大量的礼教条文。见李贵连：《近代中国法制与法学》，北京大学出版社 2002 年版，第 113 页。

〔3〕（清）劳乃宣："新刑律修正案汇录"，收入《桐乡劳先生（乃宣）遗稿》，文海出版社1969年影印本，第 1057 页。

〔4〕 对比蓝票者名单与劳乃宣的《倡议修正新刑律案说帖》所列的 105 人姓名。参见（清）劳乃宣："新刑律修正案汇录"，收入《桐乡劳先生（乃宣）遗稿》，文海出版社 1969 年影印本。

立有专条），二是特定行为的刑罚力度（如内乱罪首犯、伤害尊亲属致死或笃疾是否处以惟一死刑），三是特定行为是否入罪化（如无夫奸是否有罪），四是特定主体是否享有法律特权或负有法律义务（如子孙违反教令时，家长是否有权要求官府惩戒、子孙对家长是否有正当防卫权）。[1]

论争的背后有着近代法学转型的背景，这在第一点上体现尤为明显。近代刑法以抽象概括的立法和相对确定的法定刑为特征，新刑律中的通奸罪、杀人罪、伤害罪等条款基本可以规制上述这些行为。沈家本等试图通过建立判例制度（即判决录或判决例）来确定此类罪名涉及名分关系时在量刑上的轻重标准。而在古代立法中，名分关系极为重要，更因为刑罚制度上采用一行为对应一刑罚的绝对确定法定刑，所以需要制定具体、明确的名分专条来确保罪刑之相符。[2]此差异性，难免引起生活于古典律例时代的张之洞、劳乃宣们的疑惑和不解，频频质问为何无此专条。对于判例，劳氏也将其与清代的条例联系起来，误以为是一种制定法的法律形式。甚至在新刑律提交资政院议决时，他仍有"宪政编查馆的原奏有请旨交法律大臣辑判决例，这个判决例是法律还是命令"之质问。[3]

在近代西方法律思潮的影响下，政权性质上集权专制政体与宪政民主政体、立法本位上家族主义与个人主义产生对立。立法目的上以法律开启民智的启蒙功能，与维持传统秩序的现实功能之取向不同，兼之传统固有的礼教亦非一成不变的概念，其本来就具有原则性与妥协性的经权观。上述多方面之结合，使得新旧双方在维护伦常礼教之范围、刑罚力度与方法途径上，存在着一定的分歧。围绕着何为"可变"、何为"不变"，在特定行为的罪刑均衡、罪与非罪等问题上双方发生了冲突。双方在论争中，又不免带有意气的成分，加剧了其激烈程度。

对于一直持续于论争始末、最敏感的"无夫奸是否有罪"之争议，尽管双方将其上升至与领事裁判权撤废之联系、法律与道德之关系、法律的可操

---

〔1〕 具体可见张之洞的学部奏折［载宪政编查馆编：《刑律草案签注》（第4册），宣统二年油印本，国家图书馆藏］，劳乃宣的《修正刑律草案说帖》《声明管见说帖》（皆载劳乃宣："新刑律修正案汇录"，收入《桐乡劳先生（乃宣）遗稿》，文海出版社1969年影印本）和沈家本的《书劳提学新刑律草案说帖后》（载《寄簃文存》卷八）。

〔2〕 唯一的例外，乃"不应得为"条，有"笞四十"与"杖八十"两种量刑。

〔3〕 《资政院会议速记录》，我国台湾地区政治大学基础法学中心藏书，《资政院会议速记录》第一次常年会议第二十三号议场速记录。

作性等高度展开辩难，〔1〕但管见认为，在某种程度上，该问题实为价值判断。这些论证是立场先行后所做出的反应，很难做出孰是孰非的评价。我更倾向于以一种本质主义的立场来看这个问题的论争结果。蓝白票表决差距悬殊的关键所在，可借用劳乃宣的一句话，那就是"中国社会普通的心理，都以为应当有罪"。〔2〕

2. 比附援引与罪刑法定之争

从第一案第 10 条确立"凡律例无正条者，不论何种行为不得为罪"即近代的罪刑法定原则开始，便有了它与古典刑律的比附援引之论争。

所谓比附援引，来自旧律中"断罪无正"条（括号内为律间小注）："凡律令该载不尽事理，若断罪而无正条者，（援）引（他）律比附。应加、应减，定拟罪名，（申该上司）议定奏闻。若辄断决，致罪有出入者，以故失论。"〔3〕

沈家本在《断罪无正条》长文中系统地回顾、总结了这场论争。〔4〕

反对意见可归纳为三类：第一，虽说比附援引容易造成轻重失衡，但它毕竟是有所依据，而现在由审判官临时判断，一来没有限制，二来审判官自身水平有限，同样会轻重失衡，造成出入人罪；第二，法条有限，情伪无穷，删除比附无法更好地规范犯罪；第三，针对立宪国所要求的立法、司法分离，认为比附仍然属于司法，而新律给予审判官酌量轻重的权力，却是立法、司法合而为一。

对于第一类意见，沈家本以文字狱为例，痛斥比附援引是"舞文弄法，何所不可，尚何限制之有"。而新刑律草案规定量刑的幅度，审判官不能超越这个范围，所谓"无所限制"并不成立。他虽同意当时审判人才缺乏，但认为如果以此为借口来阻挠新法的实施，则"犹七年之病求三年之艾"。权衡之下，需要先治本。

---

〔1〕 旧派及其支持者如劳乃宣、陈宝琛、赫善心、林芝屏、江易园的文章详见劳乃宣："新刑律修正案汇录"，收入《桐乡劳先生（乃宣）遗稿》，文海出版社 1969 年影印本；新派人物及其支持者如沈家本、董康、杨度、冈田朝太郎、吴廷燮、崔云松的观点可见李贵连：《沈家本传》，法律出版社 2000 年版，第 317 页以下。

〔2〕 《资政院会议速记录》，我国台湾地区政治大学基础法学中心藏书，《资政院会议速记录》第一次常年会议第三十九号议场速记录。

〔3〕 《大清律例·名例下》。

〔4〕 该文收于《法学会杂志》第一年第一期，宣统三年五月十五日；又见于沈氏的《明律目笺一·断罪无正条》。

对于第二类意见，沈家本从自身刑曹经验出发，认为数千年来风俗变迁，案情却并未超越律例，历代立法虽有损益，但并无大的变动，可证古典立法源于经验，足以规范社会。而对那些善钻法律空子的"奸民之尤"，也并非比附就可以置他于死地的。

对于第三类意见，沈家本乃"以彼之道，还施彼身"，反驳道："既云无此法而定此例，方为立法，乃无此法而即用此例，是司法者自创为之矣，不且与立法相混乎？"他认为比附才是司法与立法混而为一。

这场论争的深刻解读涉及制度的变迁、刑法理念的转变和法律方法论的转型。首先，它是从传统皇权高度一统、要求逐级"议罪"的覆审制度到近代立宪制度下，立法、行政和司法三权分立，要求审判独立的转变。其次，它是从明刑弼教、威慑控制社会功能的古典刑法观到以保障人权为核心要素之一的近代刑法理念的转变。最后，它是以情理为相似性判断之基础，以类比为推理模式的古典法律方法向近代法解释学之转变。

确立罪刑法定的重大意义毋庸置疑，但必须指出，比附固然有类推的特质，但有着比类推更丰富的内涵。它确实有导致量刑畸重之弊，但却不应该被简单地贴上"罪刑擅断"的标签。它是为了追求"情罪相符"的实质正义目标，在选择适当的量刑规则上进行的斟酌和论证。它虽然有入罪化之一面，但亦有我们所忽视的去罪化之一端。[1]沈家本的雄文兼有学术与政治的双重意义，而作为修订法律大臣，其目的主要在后者，这是我们需要特别注意的。

(二) 立法程序反思

如果说伦常礼教条款的论争是双方公开立场，唇枪舌剑，立法程序方面则是一番暗流汹涌景象。当时的立法程序是：法典送资政院议决，再移送到宪政编查馆复加核定，由资政院总裁、副总裁会同军机大臣具奏请旨裁夺。在资政院的议决和军机大臣意见不一致时，军机大臣可要求资政院复议，如果资政院仍坚持己见，则由双方分别具奏，由皇帝裁定。[2]

---

〔1〕 比附去罪化的例证可见《大清律例·总类·比引律条》的"僧道徒弟与师共犯罪，徒弟比依家人共犯罪，免科"。

〔2〕 故宫博物院明清档案部编：《清末筹备立宪档案史料》（下），中华书局1979年版，第850页以下；《改订续订资政院院章》第16条、第17条，收入志伊斋：《庚戌资政院议案章》，上海征文社印行，文海出版社1990年影印本。

汪荣宝的日记中记录了一些鲜为人知的故事。首先看宣统二年八月二十四日所记：

　　　　"五时顷，杨晳子（指杨度）、胡伯平同来，宪政馆同人对于刑律草案分新旧两派，各持一说，争议不已。主张新说者均欲赶紧定稿出奏，不交资政院议决。余虽赞成新案，而以资政院有议决之权，若不交议，即为违法。今当第一次开院即开政府规避院议之端，殊与立宪精神不合，持论颇与仲和诸君异同。晳子、伯平述仲和（指章宗祥）意，以资政院议员中有法律知识者尚鲜，交议恐致破坏，劝余深思熟虑。余坚持初议，与二君反复辩论，二君亦无以难，允再设法运动交议之事。"[1]

　　可见早在第三案之际，宪政编查馆中的一些新派人物，即准备绕开资政院，直接奏交草案，经汪荣宝力劝，才避免此举。这类激进新派人物维护新刑律的赤子之心，固然值得肯定，但其无视立法程序的态度，则应予以强烈抨击。

　　再看宣统二年十二月十一日所记：

　　　　"六时顷，以金伯屏招饮石槁别业，往赴遇仲和，云馆议将以刑律原案颁布，不复与资政院会奏，余闻之愕然，殊为宪政前途危惧。"[2]

　　此时资政院刚刚落下帷幕，新刑律的议场论争暂告一段落，宪政编查馆便试图再次发难。次日，汪荣宝先与资政院蓝票者通告此事，认为如果政府颁布原案，则资政院协赞立法之权，将生非常之危险。讨论之下，订出如下办法：（一）要求会奏总则，如不成，则（二）请旨变通颁布年限；如又不成，则（三）请开临时会议；再不成，则辞职。[3]汪氏身兼资政院法典股股长和宪政编查馆编制局正科员暨考核专科帮办两处职位的特殊身份，斡旋两方。[4]经他与杨度商议，达成如下办法：（一）会奏总则，将其中不同意之

　　〔1〕　汪荣宝：《汪荣宝日记》，天津古籍出版社 1991 年影印本，宣统二年八月二十四日。

　　〔2〕　汪荣宝：《汪荣宝日记》，天津古籍出版社 1991 年影印本，宣统二年十二月十一日。

　　〔3〕　汪荣宝：《汪荣宝日记》，天津古籍出版社 1991 年影印本，宣统二年十二月十二日。

　　〔4〕　刘汝锡："宪政编查馆研究"，我国台湾地区师范大学历史研究所 1977 年硕士学位论文，第 75 页。

点声明，请旨裁夺；（二）由宪政编查馆单奏分则，请与总则同时颁布，但声明明年交资政院追认。[1]

汪氏的努力终得些许成效。宪政编查馆最后决议会奏总则，单奏分则。[2]宣统二年十二月二十五日清廷谕旨，将"总则、分则暨暂行章程先为颁布，以备实行，俟明年资政院开会，仍可提议修正，具奏请旨，用符协赞之义"。[3]

一场"立法权"之争，虽以宪政编查馆的自敛，得以和气收场，但细绎其历程，无疑可以看到"行政机关"的势大，及其对"立法机关"的屡次侵犯。清末立宪伊始的政治架构，是皇权统摄下的三权分立体制。军机大臣掌管的宪政编查馆和作为上下议院基础的资政院，可以分别看成是"行政权"与"立法权"的代表。[4]由国会的雏形、具备一定舆论基础的资政院来议决法典，是时代的进步，但同时又让行政色彩浓厚的宪政编查馆来复核立法，不免又折射出旧制的残影。[5]宛如新刑律本身的杂糅状态，其立法程序也反映出新旧两种制度的交集。

最后钦定案的出台过程，也不无可商榷之处。如果说总则乃经资政院议决完毕，由军机大臣和资政院正、副总裁合奏，符合程序要求的话，那么其最后的修订之处（刑事责任年龄的变动等），却并未经资政院的复议，仅仅是军机大臣和资政院正、副总裁的合意；分则部分和《暂行章程》更是完全绕开了资政院而由宪政编查馆单独上奏。上述两点，固然有皇权的裁决作为保障，在帝制时期仍具有法理的正当性，但资政院再读中"无夫奸入正文"的议决结果，虽因《暂行章程》的恢复略补其阙，但毕竟无法在新刑律的正文

---

〔1〕 汪荣宝：《汪荣宝日记》，天津古籍出版社1991年影印本，宣统二年十二月十三日。

〔2〕 汪荣宝：《汪荣宝日记》，天津古籍出版社1991年影印本，宣统二年八月二十四日，宣统二年十二月二十三日。

〔3〕 该谕旨载于（清）沈家本纂修：《钦定大清刑律》，宣统三年刊刻，北京大学图书馆藏。

〔4〕 从汪荣宝前引日记中以"政府"来作为宪政编查馆的代称，奕劻在《新刑律分则并暂章程未经资政院议决应否遵限颁布缮具清单请旨办理》奏折中明确提到的"资政院为立法机关"，"协赞立法之权"，笔者的这一判断应可成立。

〔5〕 资政院的议员分为钦选与互选两种，法定各为一百人。前者是宗室王公世爵、满汉世爵、外藩王公世爵、宗室觉罗、各部院衙门官、硕学通儒、纳税多额者构成，后者由各省咨议局议员互选，经该省总督巡抚覆加选定而成。参见《改订续订资政院院章》第4~12条，收入志伊斋《庚戌资政院议案章》，上海征文社印行，文海出版社1990年影印本。该院虽然不具有广泛之代表性，但与旧制相比，仍是相当大的突破。从资政院会议期间的冲突（典型如弹劾军机大臣事件）中，已经可以依稀看到近代议会政治的影子。

中体现。尽管清廷谕旨中有所谓"提议修正"之语，资政院有修改法典之权，但认真地从规范上分析，当时通奸罪条款毕竟已是经过再读，而资政院的三读实际上所做的仅仅是文字的修订。[1]宪政编查馆的便宜措施，固然是快刀斩乱麻，却不免使得蓝白票表决失去意义。假设清廷并未覆灭，真的要"修正"刑律的话，又不知从何谈起了！

三、法典编纂的时代宿命

从光绪三十二年预备案的戛然而止，另聘日本学者冈田朝太郎重起炉灶之第一案，到宣统二年十二月二十五日钦定颁布的第六案，新刑律经历了内外各衙门的签注、宪政编查馆的复核、资政院法典股的审查、资政院议场的激辩，期间更引发了比附援引与罪刑法定论争、劳沈论争、蓝白票表决等事。凡上种种，见证了中国刑法近代化的坎坷曲折，亦是中国近代法律改革诸多不易的鲜明写照。以沈家本、汪荣宝、董康等为代表的新派，在政府的支持下，顶住了张之洞、劳乃宣为代表的旧派压力，大部分地实现了其立法初衷。

新刑律的特质，一言以蔽之，乃折衷于新旧之间。法典中既有近代刑法的编纂技术、罪刑法定的理念、刑罚人道主义的精神以及罪刑相适应的诉求，又先后出现了旧律色彩鲜明的特别条款《附则》和《暂行章程》，并最终保留了后者。同时，"服制诸图"、条文中对皇权和尊亲属的特别保护、男权中心的意识、妇女被辱后自杀案件中"威逼人致死"式的弹性因果关系和量刑等等，也都悄然地显示着旧律之色彩。[2]当然，旧律的色彩与传统律典相比，无疑要黯淡许多。尊亲属范围的限缩（最后仅有高曾祖父母、祖父母与父母三项），内乱罪区分首从、情节定罪量刑，首犯不处以唯一死刑，皆是重要的例证。

新旧两派的区别，如同新刑律的杂糅性质，并非泾渭分明。新派对于伦常礼教并不反感，但在对其范围、维护程度、方法途径等的看法与旧派有所不同。双方围绕着何为可变、何为不变，在特定行为的罪刑均衡、罪与非罪等问题上发生了冲突。近代刑法学以抽象立法与相对确定的法定刑为特征，

---

〔1〕　参见《资政院议事细则》第 39 条，《国风报》第一年第廿四号。

〔2〕　男权中心意识可见两点：第一，通奸罪中的妇女以有夫、无夫区分，而与之通奸的男子则不分是否成婚；第二，夫的尊亲属也是妻的尊亲属，而妻的尊亲属则不是夫的尊亲属。

与古典的立法技术不同，这一法学上的差别加剧了新旧两派的冲突。旧派要求恢复古典时代具体化、明确化的名分条款，但基本没有成功。

颇有意思的是代表两派尖锐冲突的条款"子孙对尊亲属是否有正当防卫权"和"无夫奸是否有罪"在具备一定舆论基础的资政院的表决。对前者，绝大多数的人倾向于保留在《暂行章程》中；对后者，则是多数的人倾向于入罪化，并有相对多数的人倾向定于正文中。这两次表决，是否可以说明在近代转型时期在资政院议员为代表的社会阶层中，尊长卑幼平等观念日趋加强，但男女之别、贞操观念依旧保守呢？近代家族解体，家长对家庭成员控制力减弱的社会现实，或许是前者嬗变的社会因素，而后者之缘由，或许还需要借助心理学、生理学等社会科学乃至自然科学的知识。不管如何，过渡性的《暂行章程》还是能够在某种程度上缓和非黑即白、带有意气色彩的论争之矛盾，不失为现实且有效之谋略。《暂行章程》的前身《附则》很可能出自法部郎中、兼职修订法律馆的旧律专家吉同钧之手。这类特别条款也是新派在立法伊始第一案时便有准备的计划，当然，其正式出台与受到压力不无关系。

从立法程序上看，新刑律由"立法机关"资政院议决，"行政机关"宪政编查馆复核，最终由皇帝颁行，反映出立宪背景下新旧两种制度的交集。因立宪之期限要求、资政院到期闭会等原因，实际上资政院只是省略三读议完总则，分则和《暂行章程》则是由宪政编查馆单独上奏的。该馆对总则之最后修订未经资政院复议，亦无视通奸罪在资政院再读的议决结果，尽管有上谕裁可，在帝制时代有法理的正当性，仍不免程序有瑕。新派维护新刑律的赤子之心固然可嘉，但其有悖程序正义观念的做法则让人好生惋叹。

清廷的覆灭使得《钦定大清刑律》无法按立宪计划付诸施行，好在此后得以稍加删修，以《暂行新刑律》之名成为民国初期最主要的刑事法源，也不枉当年改革者们的一番心血。时过境迁，今日视之，当年激进的主张已显得自然平常，但围绕刑律改革而发生的论争及其所反映的深意仍值得我们时时思考。

"常识"与清代州县司法

李启成[*]

摘　要　自晚清变法修律以来，学界多批评传统州县司法的主要弊端是行政兼理司法和与此相关的非专业化司法，现在发现了大量反映传统司法实际运作的司法档案材料，使对此种观点有了反思的必要和可能。事实上，从传统中国州县司法的实际运作来看，其重点是查清案情和进行判决，起决定作用的是"常识"而非"专业知识"，而且"常识"才是传统地方司法所真正需要的。这种"常识"包括律学"常识"、官员伦理"常识"和地方性"常识"等部分，从而具有浓厚的主观性、地方性和个人化特征，使得传统地方司法更依赖于官员个体。以专业司法的眼光来审视传统是一种时代错位，忽略了制度与社会需要之间的对应关系。它既不利于学术研究，同时也回避了建立现代司法体系的真正阻力所在。

关键词　常识　清代　州县司法　争田

一、问题的提出："常识"与专业知识

晚清变法修律，标志着政府和整个社会上层最终放弃了单纯以"整顿中法"的方式来应对西方法的挑战和解决国内危机的双重压力，取而代之的是主要"采用西法"，尽管这种抉择在感情上是痛苦的，甚至一度出现很大的反复和争议；但从理智上分析，当面临千年未有之变局，社会已发生了巨变，这种选择自有其必然。如果我们将西方法作为中国法律未来发展必要因子的话，确实，晚清变法修律开启了中国法律近代化的先河。正是在这种"形势比人强"的背景之下，移植西方法自晚清肇端，犹水之就下，一泻千里。在

＊　本文作者系北京大学法学院教授、博士生导师。

大规模移植西方法之初，尚有一批传统律法专家，本着对固有传统的眷恋和理解，努力在中法和西法之间进行沟通，明确将"会通"作为中国法律近代化的重要目标。[1]随着接受西方法学教育的新一代人才日渐成熟并占据要津，在清算传统的氛围之中，"硕果"仅存的保守者失去了话语权，传统法"泰极否来"，与"保守""旧"甚或是"反动"连在一起；西方法则时来运转，和"新""进步"甚至"革命"划上了等号。至此，对西方法的移植本身成为目的，法界中人大多丧失了反思的能力。

到了20世纪40年代，近代中国移植西方法已将近半个世纪，虽然"六法全书"早已颁行，且产生了一批西学训练有素的法学者和实务干才，然而蔡枢衡先生却并不满意于现状，基于民族自觉，对自晚清以降的法治和法学进行了严厉的批判。[2]他认为在立法上，虽然在"立法理由中常常可以发现'斟酌中国实际情况'的语句，事实上，实在并没有斟酌过什么，也没有多少可以斟酌的资料，所以事实上依然没有超出'依从最新立法例'的境界"；在学术上"海禁大开后，变法完成前，只有外国法学著作的翻译、介绍和移植。外国法学的摘拾和祖述，都是变法完成以后至于今日的现象……摘拾和祖述是数十年来中国法学著书、讲义、法学论文和教室讲话的普遍现象……这正是殖民地风景"。[3]可惜蔡氏的反思尚未引起较大的反响，即发生了巨大的社会变化。

经过新中国成立后法学几十年的"海禁"之后，从20世纪80年代开始，又重新开始了以移植西方法为主要内容的法律近代化。和80年前相比，传统法已成"化石"，西方法却发展惊人。确实，自近代中国以来，我们难得这将近30年的稳定，法律近代化确也取得了成绩。基于民族感情、对传统知识的

---

〔1〕 如沈家本即明确主张中国法律近代化的出路在"会通中西"，参考李贵连：《沈家本评传》，南京大学出版社2005年版，第487~492页。

〔2〕 其实，学术界对此类现象的批评更早。如梁启超即指出当时学界的一大问题就是"徒为外国学术思想所眩，而于本国者不屑一屑其意也"，并预言"自今以往二十年中，吾不患外国学术思想之不输入，吾惟患本国学术思想之不发明"，指出"若诸君而吐弃本国学问不屑从事也，则吾国虽多得百数十之达尔文、约翰·穆勒、赫胥黎、斯宾塞，吾惧其于学界一无影响也"。参见梁启超："论中国学术思想变迁之大势"，载氏著《清代学术概论》，中国人民大学出版社2004年版，第4~5页。梁启超在这里强调的就是学术的民族自觉问题。蔡枢衡则是在法学领域内的具体展开。

〔3〕 蔡枢衡："近四十年中国法律及其意识批判"，载氏著《中国法理自觉的发展》，清华大学出版社2005年版。

好奇，及对传统与当下连续性关系的认同等因素，学界中开始有人努力克服因历史断裂带来的漠视和陌生，有意识地审视和研究法传统。

尽管学界对法传统的研究是基于民族和个人自觉的基础上，但研究者的知识结构和思维路数却带有西方化的倾向，导致研究者有意无意地将西方法的价值观念不加审视地当作普遍真理，并以此展开对传统法的认知和评述。其结果就是尽管我们在国家民族等形式上是独立的，但其精神实质却是如蔡枢衡先生当年所批判的那样，是充斥着殖民地、半殖民地风景的。这种风景最明显的表现就是对法传统的妖魔化解释。

就传统中国州县司法而言，学界长期流行的观点大致可以作如下概括：权力分立视角观察下的司法兼理行政，司法专业化反观下法官的专业知识缺乏，权力分工视野下的吏胥差役横行等问题。这些论断和反思对于建设适合于现代的司法体系无疑是重要的，也是切中肯綮的，但其论证却是有问题的。首先，传统所无，并不一定能够推导出它就是现代所需；其次，权力分立、司法专业化在西方也不是古已有之；再次，尽管兼理司法等问题在传统地方司法领域是作为事实而存在，但这种表述方法却包含了价值判断在内，其论断在很大程度上就像苛责古代中国没有互联网一样荒谬。笔者以为，要论证学习西方法的必要性，大可从现代社会的需要入手，不必拿传统说事，多此一举，徒授人以柄。

从学术上考究传统中国地方司法，[1]莱布尼兹（Leibnitz）在考察了美洲野蛮人的习俗后有一重要反思："永远不要把政治哲学里面的任何假设视为已得到证实的真理。"[2]同样，来自西方的现代司法观念未必是"已得到证实的真理"，何况是将它运用到传统中国地方司法的研究上面。简言之，考察传统中国地方司法，虽然以西方法为准据的"外在视角"是必需的，但并非就是惟一的，还需要一种以其自身为准据的"内在视角"，在此基础上做"同情的理解"。尽管这种"内在视角"也未必能获致真理，但它至少可以促使我们警惕西方法"专政"（唐德刚语）之下观察传统中国地方司法所得出结论的

---

〔1〕 本文对传统地方司法的论证皆以清代州县司法为中心。一方面是本文选择分析的案件属于清代州县司法范畴，另一方面考虑到尽管传统中国地方司法在历史上有所变动，无法选择哪个时代、哪个层级的司法作为惟一的标准，但相对于近代产生的新司法体系，这种变动最多只能说是传统之内的量变，对本文的分析不会有太大的影响。

〔2〕 ［法］列维·斯特劳斯：《忧郁的热带》，王志明译，三联书店 2000 年版，第 393 页。

"专横"性质。

在提交给清代州县官的案件里，属于"自理词讼"范围的"户婚田土"纠纷占了相当比例。就清代主要的成文法——《大清律例》而言，关于"户婚田土"案件处理的法规主要集中于"户律"部分，其中能够普遍适用的律和例本就寥寥无多，对它的理解是不太需要高深律学修养的。在那个相对简单和静止的农业社会，就是这有限的规条在州县官的审理实际中还未必能够全数用上。被赋予处理这类"细故"案件职责的州县官虽多属科举出身，考虑到科举与通行的"常识"并非必然矛盾，故仅以此就断定他们不能胜任的说法值得商榷，至少在"细故"案件的处理方面是如此。其实，就是"法"，尤其是那些关于"户婚田土"的规条，又何尝不是"常识"的简单抽象。正是在这个意义上，黄宗智对清代地方民事审判中在理解"理"和"情"方面，赋予了它们更多的常识含义。[1]剩下那些少量需要州县官向上级作出审断意见的刑案而言，要理解并正确运用那些繁杂的法条，确实需要专业化的知识。但州县官可以将这类单纯的法律适用问题委托给受过专业训练的幕僚来处理，即便偶尔出错，其上司与他们同属于科举共同体成员，在将秩序的维护作为首要考虑问题的前提下，似乎在一般情况下也不会苛责。更重要的是，如果是命盗重案，最后还有中央刑部的律学专家把关，只要案情清楚，起码的公正还是有所保障的。到这里似乎可以推断出清代州县官司法，最需要的只是"常识"，而非专业的律学知识。但这仅是建立在一定推理之上的"假设"，尚须进一步的求证。

如何进行求证工作呢？固然，在传统中国州县司法档案被陆续发现的情况下，具备了将这些案件在搜集整理的基础上进行统计分析的条件。但笔者考虑到，如张伟仁先生的告诫，"用审判记录研究法制有一个重要的先决条件，一定要有很大数量才能挑选出确实具有代表性的案例，否则便不免有偏颇之虞"。[2]在现今的资料条件下，数量可能不是问题，但代表性，尤其是地域的代表性依然不足。再者，对多个案件进行统计分析，只能触及到"面"，而不能深入到"点"。最后，也是最重要的，学界运用司法档案

---

〔1〕〔美〕黄宗智：《清代的法律、社会与文化：民法的表达与实践》，上海书店出版社2001年版，第13页。

〔2〕张伟仁：《清代法制研究》，我国台湾地区《"中研院"历史语言研究所专刊》之七十六，1983年，第63页。

资料进行法律史研究多走的是将多个案件的同类材料进行统计分析的路子，相对缺乏从个案入手而进行分析。据笔者的阅读所及，徐忠明的《小事闹大与大事化小：解读一份清代民事调解的法庭记录》是这方面的少量论文之一。[1]

从个案入手来分析法律史问题，其长处是能深入下去，能见着一些微观层面上的东西，但要注意如何能证明所选择案件的代表性。确实就个案本身的特点而言，一定是特定的诉讼参与者在特定的时空所为的特定活动，从这个维度来观察，只是一种特殊，难与具有普遍性格的"代表性"直接关联。其实，这种代表性也就是个案与其论证主题的相关性。既然是相关性，就没有，也不可能有一个通用的标准。就本文而言，笔者选择了发生在广东新会的一个疑难案件。如果在疑难案件的审理中，是"常识"而非"专业知识"起了主导作用，那些相对简单的案件就更能通过"常识"的运用而获得妥当的处理。因为，说到底，所谓专业知识，就是一套由专业术语包装起来的，具有严密内在逻辑的规则体系。它之所以有用，一方面是它有一个行内人都能认同的"客观"标准，据说这与人们对"公平""正义"的期待吻合；另一方面是它的抽象，能够将复杂的事情标准化、条理化，从而实现其简单化。据此，笔者以为，从该案的"疑难性"切入，在一定程度上保证了本案与所论证主题的相关性，也就是其代表性。

二、田坦案原委及其审理

明清时代的广东沿海有句俗语"沙田之利甲天下"。所谓"沙田"，指的是那些沿江濒海，因水浪冲击而淤积的土地。之所以"利甲天下"，一是因为在传统社会里，土地是最重要的财富，整个广东多山，惟有沙田地势平坦，土地集中，有潮水灌溉，土质特别肥沃，适于种植水稻、甘蔗等农作物；二是沙田因筑堤围垦而产生，因水势涨落不定而面积不时变化，官方在当时的技术条件下难以准确地在作为土地登记簿的鳞册上记载并进行征税，漏税的可能性较大。[2]官方难以准确登记，导致沙田归属纠纷频繁发生。本文选择

---

[1]　徐忠明："小事闹大与大事化小：解读一份清代民事调解的法庭记录"，载《法制与社会发展》2004年第6期。

[2]　广东省地方史志编纂委员会编：《广东省志·国土志》，广东人民出版社2004年版，第229~234页。

的这个案件即因此而起。[1]

在本案发生的这个村庄,赵姓是一个人多势众的大姓,莫姓人丁较少,但因其族人有的功名在身,故也有一定势力。本案肇端于赵、莫两姓争夺数百亩沙田。莫姓从康熙年间即管有沙田 A。[2]赵姓颇思据为己有。道光八年(1828 年),赵姓指使余姓向官方申报另外一块沙田 C,并由当时的张县令发给县照,也是当时有效的土地所有凭证。[3]沙田 C 在 A 之北,中间隔着莫姓祖田 B。1830 年,余姓将其地亩转让给李姓,但作为李姓的佃户继续耕种。1834 年,受赵姓的指使,余姓控告莫姓妄图占据其田亩[4],县令再次确认了莫姓的管业权。1836 年,李姓向南海县呈明其县照丢失,请求官府补发。1840 年,余姓以担心土匪意图霸占其田亩为由,请求官府派人保护其收割庄稼,同年,莫姓在县控告余姓抢割其庄稼,余姓未到案。1843 年,余姓与李姓先后到县、省两级官府控告莫姓勾结匪类、抢割庄稼,最后由陈县令审断。审理结果是沙田 A 归莫姓管业。而李姓经过三个月,一直不到官府具结,陈令只能按照律条做销案处理。这是本案第一次的审理情形。

李姓由于没有具结,遂以审断不公为由,寻机翻控。1849 年 9 月,邱县令重新传集两造人证,并进行了简单的勘丈工作,鉴于实际勘丈情形与两造在官方的登记(税收凭证)都不符合,判令各自按照官方的登记范围管业,随后正式补发给李姓沙田 A 的新县照。这是本案第二次审断情形。

1850 年初,也就是李姓领到官方管业文书之日,即将该系争田亩让与赵

---

〔1〕 下面对本案的介绍,主要资料来源于聂亦峰先生《为宰公牍》(1934 年刊行,出版机构不详)中的八份关于赵莫两姓田坦案的司法文书。可以肯定的是,因为该案前后延续 30 多年,历官八九任,关于该案的司法文书应还有不少。聂亦峰先生《为宰公牍》的编者在"编辑大意"中明确说"赵莫两姓案卷独多,虽加删汰,仍属不少"。要找到那些"删汰"的案卷,对本案的分析当然有益,但需要进一步的资料发掘。

〔2〕 为叙述案情方便起见,本文以代号沙田 A、B、C 来指称两造所争议的沙田。

〔3〕 在明代,广东农民在围垦沙田方面大大超过前朝,到清代,珠江三角洲围垦开发沙坦事业发展更快,不仅围垦大量新成的沙坦,未成之沙也筑堤围垦。政府也力图将之纳入国家的正式管理轨道上来。康熙年间,州县要求将垦单报县勘明给照,谓之县照,这是沙田有官颁执照之始;乾隆十八年(1753 年),定由藩司发给司照;到嘉庆二十三年(1818 年),政府统计经登记发现的沙田达 5300余顷。在这段时期内,直到光绪十二年(1886 年)换部照之前,县照和司照皆为沙田管业凭证。《历年整理沙田换发执照考察表》,《广东省志·国土志》,第 234 页。

〔4〕 该田亩到底是沙田 A 还是沙田 C,丙没有说明白。联系案情后面的发展,可以推断余姓是有意含糊其词,把水搅混,为日后占据沙田 A 埋下伏笔。

姓，并到官府进行了登记。从此，余姓、李姓置身事外。原本长期管业沙田A的莫姓对邱县令判决不服，到省城翻控；赵姓则到县控告莫姓仗势强占沙田A。等到官府要求两造到知府衙门进行审断的时候，两造均不到案。莫姓为免于讼累，而且考虑到赵姓现时持有沙田A的"县照"，官司不一定能赢，但平白让给赵姓又心有不甘，就将系争地亩捐给了该县的义学，并到官府立案。到1857年，义学为收割庄稼，呈准县派兵丁保护。结果护卫兵丁和赵姓族人在黑夜之中发生冲突，赵姓族人五名因此而死，八名重伤。赵姓遂到省鸣冤。省级官府对该命案相当重视，要求该县确查事实并初步审理。

在县令聂亦峰[1]看来，要彻底解决好这个命案，不让更大的纠纷发生，必须正本清源。仅究命案而忽略此前的"细故"纠纷，是舍本求末。如果能够查清楚田产纠葛，命案之是非亦得因此而确定。在这种办案思路支配下，聂亦峰先行实地调查、勘验，以解决系争田亩的归属问题。他在仔细阅读相关卷宗的基础上，经过数天的实地调查。查清了关于本案系争田亩的关键事实，即李姓谎称丢失土地执照，要求官府补发，从而利用官府对地界时常变动的沙田没能确切登记的空子，将执照中所记载的土地四至偷天换日，改"北"为"南"，其有权管业的土地C因此就变成了土地A。

明白了这个关键事实，上述案件发展中的一些情节就能够更好的理解：赵姓为达到霸占莫姓管业的沙田A的目的，必要使改易极为隐秘，既要让莫姓看不出问题所在，更要官方难以觉察。因此才有本案余姓、李姓诸人的介入。余姓在1840年之前迭控，无非给官方造成并强化其有田管业的印象。1830年余姓将田坦转给李姓以及李姓捏称其印照被窃要求补照，都是为了改易"南""北"字样不留痕迹。当经过邱县令讯断之后，李姓重新领照，达到该目的之后，立即将田亩转给赵姓，从此余姓和李姓置身案外。聂亦峰掌握了这个关键事实，大出两造之意外，尤其是自觉相当隐秘的赵姓。惊诧之余，赵姓在"抵命"原则支持下的强硬态度有所软化，不敢再肆意鸣冤上控。在此情况下，聂亦峰遂向上司条分缕析地上报了案情。到1865年前后，聂亦峰重回新会县令任上，作出了"以财偿命"的判决。这是本案在州县官府所进行的第三次判决，由于两造皆能接受，故成为本案的最终判决。

---

[1] 聂亦峰，湖南衡山人，咸丰二年进士，历任广东冈州、廉江、梅关等多处知县和知府，在地方官任上判决了不少疑难案件，其人品为曾国藩所激赏，为晚清著名的地方官。

该案在笔者看来之所以是疑难案件，一是因为该案缠讼达30多年，历经道咸同三朝；二是该案由田土系属争议的"细故"恶化为五命八伤的重大"命案"，其间原因耐人寻味；三是其案情迷离，牵涉面广；[1]四是该案先后经过陈、邱、聂三位县太爷的多次审理，案件当事人出于种种原因，多次或翻控，或上控，且案情还在不断恶化之中。这里让笔者关注的一个重要问题就是，为什么陈、邱两位县太爷不能通过对案件的审理达到"定分止争"的效果，反而导致案情的严重化，而聂亦峰却能够彻底解决延续多年的纠纷？导致这种极大差异结果的原因何在？下面试作分析。

三、"常识"与县太爷查案

在本案中，关于两姓系争田坦的归属问题，经过几任县太爷审理，其判决结果都不尽相同。如陈县令将系争田亩断归莫姓管业，之后邱县令的判决实际上将系争田亩断归赵姓管业。之所以出现这种截然相反的判决结果，原因之一是制度赋予州县官在处理"细故"案件方面的巨大权力，他采取的是调解还是依据成文法判决，法律没有明确规定。撇开那些诸如有意偏袒等制度外因素而言，州县官的判决在很大程度上取决于他对案件事实的认定。本来，在中国的司法传统中，在国家的成文法里难以找到认定案件事实的具体而又成系统的规定，尤其是"细故"案件，但经过几千年的司法经验累积，事实上也形成了一套具有可操作性的"惯例"，对于查清楚案件事实很有帮助，[2]虽然这类"惯例"不具有严格的约束力。如晚清长期任职于刑部的资深律学专家吉同钧在前人基础上进行了司法经验系统总结，如关于户婚田土等细故案件，他认为审判官应该注意如下事情："户婚之案，身契婚书媒证财礼；钱债之案，合同退约借券老帐新帐中人代笔；田土之案，典契卖契新契

---

〔1〕 主审官员聂亦峰对本案的描述可见一斑："（该案）其初不过区区一田土细故耳，而何以构讼数十年，历官八九任，田更数主……界出两歧；或冲或河或海，遂尔蔓延。奕叶株累如林，抢劫成风，謟张蔽日，戈矛并出，炮械横飞，以致五命告凶，八伤成废。诸螯抢地，两造呼天，诉遍上台，委提下县，且欲以阖邑之巨衿大族端士正人山长绅文员武弁推叩而至于举贡生监之属，悉罗而致之幽囚缧绁之中。呜呼噫嘻，讼至此而极矣。"见"赵莫两姓田坦案勘语"，载（清）聂亦峰：《为宰公牍·冈州公牍》，第68页。

〔2〕 在现代法学观念里，作为判决基础的"法律事实"和客观真实之间实际上存在差异，一是因为认知主体的影响，二是时间、资源和认识工具的有限性。尽管如此，法律事实和客观真实之间自有其一致性，并非是说可以对二者之间的明显背离视而不见。

旧契粮串鳞册并地亩四至毗连何家，曾否过割，中证说和年限，有无押契押租，烂价钱文，均须讯明调查。查验之后，当堂发还，取具领状附卷，以免书差勒索领费。如应存查者，即于堂单内注明件数，连黏卷后，用朱笔标封，以免遗失。完案之后，即饬具状袛领。"[1]

当然，吉同钧的办案经验总结不可能被本案的主审县太爷看到，因为吉氏毕竟活跃在晚清修律前后。笔者在这里举吉同钧的例子不过是要说明在传统中国几千年的司法历史中，其审判经验，尤其是如何查明案情，确实是有相当积累的。在清代像王又槐的《办案要略》、汪辉祖的《佐治药言》等，即是比较有名的例子。[2]

根据瞿同祖先生的考证，清代州县官绝大部分出自科举系列中的进士、举人、拔贡、优贡等名目。[3]事实上，科举之路如过独木桥，甚至有"一命二运三风水，四积阴功五读书"的说法，压力之大，逼得绝大多数生员专心于举业而无暇旁顾，而举业又与传统的法律专业知识——律学基本不搭界，因此到他们做官之日，基本没有律学知识。如果我们把律学知识限定在那一套具体规则上，限定在明确的法条上，这种说法是成立的，但这并不能据此得出他们做不了好的审判官，甚至好官员的结论。

我们知道，贯穿中国传统成文法的是礼和情，是以礼入法，是以情入法。而对礼和情的体悟和洞察又绝非仅靠攻读、钻研律学书籍所能获得。单纯钻研律学书籍，可能培养了更多的刀笔之吏，而不是明法之士。当科举出身的县太爷履任之时，看似"律盲"，但如果给他们研习的机会，由于他们在科举历程中对礼和情有所体认，他们是能够较快地理解基本的律学知识的。而国家体制也给他们提供了学习律学知识的机会，或者说是要求他们学习。在明清两代，尽管正式的科举不直接以律学知识为考察对象，但皇帝仍然要求官员们要通晓律学"常识"，尤其是亲民的州县官。康熙即颁布圣谕十六条，以为军民共同遵守的道德和行为规范，为便于百姓理解，建立了朔望宣讲圣谕的制度。在地方上，州县官是需要向老百姓宣传的，这就要求他们事先有所

---

〔1〕 （清）吉同钧：《审判要略·司法官要览》，上海大东书局 1925 年版，第 166 页。

〔2〕 这方面更多的书籍名目可以参考张伟仁："清代的法学教育"，载贺卫方编：《中国法律教育之路》，中国政法大学出版社 1997 年版，第 218~221 页。

〔3〕 瞿同祖：《清代地方政府》，范忠信、晏锋译，何鹏校，法律出版社 2003 年版，第 36~40 页。

理解。要让老百姓理解，先要州县官自己理解，而且在形式上还要通俗易懂。《圣谕集解》中规定的应行事宜之一为"通晓律意"，其大旨略谓"律之大纲在于惇人伦、守法纪，诛造意、宥误失，使斯民型仁讲让，化行俗美，原与礼文相为表里，读者先明此意而后讲究法律，自不至于假托科条以操持长短"。[1]《圣谕集解》作为清代官方推行教化的最重要文件，它所规定的办法应该是可行的。它实际上已经告诉我们：对礼、情有所体悟的州县官实际上对"律之大纲"并不陌生，要他们"通晓律意"并非难事。何况还有上述前人经验累积而成的普及律学常识和办案技巧的小册子可供参考。

虽然建立在礼和情基础上的"律学常识"对州县官来说不成问题，但"常识"含义并不仅仅指此。作为坐堂问案的州县官，只有在查清案情的基础上才能将他们的"律学常识"派上用场。人情诈伪，机变百出，真假难辨，如何能够使案情明了，可能才是州县官在审断案件时面临的最大困难。

州县官作为最基层政府的行政首脑，被要求熟悉当地情况，并对其辖区内一切事情负责。用现代的说法来讲，他是法官、税官和一般行政官。他对地方交通、盐政、保甲、警察、公共工程、仓储、社会福利、教育、宗教、礼仪等方方面面的事务皆有责任。这么多事情集中于一人之身，用在司法审判上的时间相当有限，尽管他也有一些幕僚、吏胥等帮忙。要在极有限的时间内查清案情，一方面要有官员伦理方面的"常识"，也就是明了做官的责任；另一方面是要有一些关于当时当地风土习俗人情等方面的地方性"常识"。有了这些"常识"，对于州县官查明案情可望起到事半功倍的效果。这样，就能够很好地理解，为什么清代的律学教育中将经史、方志、档案等书籍置于其中的原因了。[2]其实，通过阅读这些书籍，就是在补"常识"方面的课。

具体到本案，为什么聂亦峰做到了他的两位前任，即陈县令和邱县令没有做到的事情？他们两位的问题究竟出在什么地方？根据笔者掌握的材料来看，主要原因有二：一是在二位审理之时，该案仅仅是田土"细故"，没有引起他们的重视。但如果他们对广东新会沿海地方的风土民俗有所理解的话，

〔1〕 周振鹤撰辑：《圣谕广训集解与研究》，顾美华点校，上海书店出版社2006年版，第79页。

〔2〕 张伟仁："清代的法学教育"，载贺卫方编：《中国法律教育之路》，中国政法大学出版社1997年版，第219~233页。

即便这个案件尚是"细故",也不至如此掉以轻心。首先因为,这个案件争执的是沙田,而沙田既肥沃,且官方管理力度欠缺,容易发生较大的争执。其次,争执沙田的两造都认为是各自家族的祖遗尝田,在江南各省家族势力庞大,时常发生械斗,因此案件恶化的几率更大。[1]再次,广东沿海各地,当然也包括新会在内,有所谓的由讼棍在背后兴风作浪的"图告不图审"的陋习。[2]这三个因素加在一起,该案还是普通"细故"吗?二位以普通"细故"视之,难道不是缺乏关于当时当地风土习俗人情等方面的地方性"常识"吗?二是邱县令缺乏做官的伦理"常识"。邱县令在 1849 年审理这个案子的时候,对于实地踏勘仅走了个形式,连新沙田是在海边筑堤生成,而非生自熟田这个浅显的道理都不顾,不管两造是谁在侵占对方的田亩,来了个葫芦僧判断葫芦案,依照已经产生了问题的田坦"执照",将甲姓已经管业百余年的沙田断给了乙姓。这种图省事的"翻新强断"(聂亦峰语)不仅不能定分止争,且使得案情更加混乱,"勘犹未勘,断犹未断,结犹未结,详犹未详,且讼且争,随销随控,变生莫测,害及无辜,仇真不共戴天,冤亦万难填海"[3],直接引起案情向命案发展。地方州县官,虽然品级较低,但上对整个朝廷具

---

[1] 何谓祖遗尝田?在传统中国社会,家族具有特殊的意义。家族的稳固和延续需要它很好地履行"敬宗收族"的功能,因此需要定期召集族人举行祭祀,这就需要家族公共财产的支持。在传统社会,土地是最重要的财产。因此,很多家族要求族人拨出或捐出一定比例和数量的田地作为家族的公共财产,以其租佃收入专供家族成员祠祭和墓祭所用。此种田地,一般称为"祭田",也被称为"尝田""祀田""公田""祭产""尝产""烝尝产"等。和普通私有土地比较,"尝田"具有下述特点:一是面积大,从中可望获得的收益较多。如本案所争"尝田",即达数顷之多。清代中国人众地狭,一般家庭也仅有薄地数亩。二是家族公共财产,多由祖先置办而遗传给后人,所以"尝田"常和"祖遗"连在一起,称为"祖遗尝田"。若家族因为"尝产"的系属问题和外人发生纠纷,如本案那般,一方面它来自"祖遗",因传统中国有极浓厚的祖先崇拜,"尝田"又为祭祀祖先所必需,因此具有了一定的神圣性质。"尝田"作为家族公共财产,其收益与每个族人利害相关,一旦涉讼,虽然出面的可能只是家族的代表,但其背后却是整个家族。另外,"尝田"的规模决定了其收益的巨大,一旦兴讼,两造不到万不得已,很难达成基于妥协互让基础上的"息讼"。

[2] 清代撰修的广东地方志多有这方面的记载。聂亦峰的判牍也反复强调,并主张严厉株锄这种陋习:"此间恶习,大都好勇恶生,动辄约多人,互相攻杀,一有伤毙,便作尸亲,兼之讼棍耸唆,一任纵情狂噬,株连罗织,起灭自由,并将指控正凶,随屡屡为删改,官中一经传讯,乡间即便讲钱。若辈藉此为生,全待开花讹诈。甚至讼经数代,两造均已无人,而案外之人,犹复彼此捏名鸣冤催讯,但得签差一出,又可择噬多人。惟知迭控不休,却皆匿不赴审。盖一审即须结案,无从再肆诬讹论。此粤中所以'有图告不图审'之说也。"见"查明赵莫两姓田坦一案禀",载(清)聂亦峰:《为宰公牍·冈州公牍》,第 65 页。

[3] (清)聂亦峰:《为宰公牍·冈州公牍》,"赵莫两姓田坦案勘语",第 69~70 页。

有根本的重要性。清代的谢金銮即把州县官和宰辅相提并论，认为只有这两类官员才是"天下真实紧要之官"。[1]下对百姓而言，作为一县之主，为民父母，理应为百姓排忧解难，造福一方。因此，维护本地方的秩序，公正无私、全力以赴排解纠纷，是州县官上对朝廷、下对百姓应该做的事情，是做官的伦理"常识"。邱县令惮于繁难，单纯追求简便省事，以致糊涂结案，不是缺乏做官的伦理"常识"吗？

与此相对，聂亦峰的成功显而易见。首先，到聂亦峰接手此案之时，该案已经由"细故"恶化为五命八伤的"命案"。赵姓已经到省城督署衙门上控鸣冤，并且直接指责作为县令的聂亦峰有偏袒的嫌疑。督署衙门着重考虑的是如何便于查清案情，遂将该案发回到聂亦峰那里。因此，聂亦峰不能不重视，弄不好可能丢掉乌纱帽，反之，如果在查清案情的基础上能够处理好这个案子，则是一扬名立万的机会。这里，做官的伦理"常识"似乎可以不考虑。在聂亦峰的办案思路中，人命问题只是次要问题，关键之处是要搞清楚系争沙田的归属问题。沙田归谁管业，人命案件的是非即因此而定。要查清沙田归属问题，考虑到官府对沙田管理的巨大漏洞，必须将细读本案卷宗和实地踏勘结合起来。鉴于本案是由"尝田"归属引起的家族之间的冲突，为了防止案情进一步扩大，对于从今年以后到结案之前的庄稼收割问题，不再有官府出面"护割"，以免激化矛盾。踏勘之前，发布告示，向两造表明其公正立场。[2]上述办案思路和行为，无一不是他基于对人性的把握以及熟稔地方性"常识"的结果，也是不能在任何律学文献中直接找到依据的。

据此，可以看出，聂亦峰之所以能够审结他的前任们未能竟功的田坦案，主要不在于他是独立于行政的专门司法官，也不在于他的律学修养与他的前

---

〔1〕 转引自瞿同祖：《清代地方政府》，范忠信、晏锋译，何鹏校，法律出版社2003年版，第29~30页。

〔2〕 聂亦峰在告示中说："本县世承名宦，勉绍清芬，廉洁自持，防闲尤密。凡于一切案件，概不要钱。业于下车之初，已再四明白晓谕矣。惟恐乡愚无识，或为奸猾所朦，用特为尔等明晰言之。盖自抵任以至于今，无论何项案件，如有得受一文钱者，天诛地灭，断绝子孙。此本县所自信，而亦阖邑之人所堪共信者也。今日勘履尔等两姓田亩，所有本县一切费用，概系由署发给，即杯水亦不以之相扰。如有何人，敢向尔等妄称送官茶食品以及折送乾礼需索随封者，即着尔等立时扭禀，以凭尽法惩治。"见（清）聂亦峰：《为宰公牍·冈州公牍》，"勘履赵莫两姓田坦一案示"，第68~69页。聂亦峰在此介绍其清白家世，甚至不惜拿祖宗后代诅咒发誓来证明其公正，以便赢得当事两造的信赖。如此做法，难道不是基于他对其所生活社会"常识"的一种体认？

任根本不同，更不在于他不像其前任那样不受吏胥差役的影响，而主要在于他有查清并审结本案更大的责任和信心，尽管这种责任在很大程度上来自外界的压力；在于他在把握人性、了解地方性"常识"的基础上，运用其智慧，较大程度摆脱如他所说的"胸中丘壑"式的成见，详细对照踏勘资料和本案的司法卷宗，从而找出本案纠纷产生的关键因素，即"南""北"字样的改动。简言之，他调查案情的成功并非是基于专业化学识的长期培养，而是与经验阅历紧密相关的对"常识"的体认。

四、"常识"与县太爷的结案艺术

聂亦峰在研读本案卷宗、实地踏勘的基础上进行了对照、分析和解释等工作，基本查明案情，并向上司进行了汇报，此时是 1860 年。该案并没有即时判决，直到聂亦峰于 1865 年再度出任新会知县时，才最终宣告判决结果。[1]

---

〔1〕 本案判词如下："本邑田土案件，大抵情节虚诬，总无此案之出奇，尤为人情所莫测。余玉成既以无作有，指虚混承；李燮元复弄假为真，捏典被窃，因而失照补照，阴具移山倒海之谋，遂至控抢控争，播成蔽日瞒天之计。历任亦颇知其弊，摘发究莫穷其奸。迨后更能通神，益复串同弄鬼。沽直既在雍子，鬻狱更有叔鱼。宜释反收，有罪翻成无罪；转得为失，无田竟致有田。比蹊田之夺牛，论情更甚，直为丛而驱爵，于义何存？亦惟有捐产而充公，断不敢奉仇以资敌。故陈任之准拨归于义学，固洞悉其刁争。而帖任之移护割于营船，亦深知其惯抢。不料因抢酿命，致教因命居奇，竟诬曾参之杀人，妄陷公冶于非罪，牵连五命，罗竟伤夫雉罹，拖累十年，光未邀夫犀照。本县前履此任，早烛其诬，揽尺许之卷宗，极旬余之心力，勘履七日之久，徒步百里而遥，并将三十余载之诡谋，摘出六十四条之弊窦，尽翻前案；效不疑之平反，迭禀上台，得陈蕃之却狱。若依定律，固有明条，岂但田应充公，抑且命当反坐。惟思居翰野字，务以拯救为怀。田叔烧词，俾泯罗织之苦。于公喜行阴德，张尉务在平情，每多法外施仁。宏启漏鱼之网，何必周内巧诋？故张乳虎之威，既众绅妥为调停，而两造亦愿息休息。姑念田本买从余姓，案亦断自邱公，契却是真，争由于误，命原非假，控出于疑。虽息啄之已迟，犹回头之未晚；喜义学之廉逊，克先让畔而耕；嘉甲姓之忍亏，不复争地以战。捐出既不愿收入，岂能任无主之抛荒？有价亦不能无偿，当仍归赵姓管业。惟查该坦间接连甲姓老围，据称老围又全赖旁冲水道，前因被塞，致兴讼端。嗣后当疏通以资灌溉，毋许仍为堵截，重启构争。至于五命之伤，乃由一炮所致。炮系开自营弁，营又准自县移，县奉上行，原以护割，护仍强抢，自当炮轰，按与格杀无殊，本可照例勿论。况有冯、梁二人交出，业已讯认在押病亡，固尤足以相偿，更无庸以另议。应将控案断结，即为据情禀销。本县于此案费尽苦心，毫无成见，始悯甲姓之受屈，力为剖白以求伸；继伤赵姓之执迷，复为宽容而使悔，婉赴上游而请命，冀为两姓保全，免究虚诬。已原情之逾格，断归业主；复曲意以从权，本无讼以为怀，冀化民而成俗。汝等当体此意，共懔于心，毋得再事控累，以致重贻答累。要知事不可以再误，恩更难以屡邀。现经永断葛藤，幸赖如天之福。倘再另生枝节，恐无余地之存矣。各宜禀遵，毋负劝诫。口供节录、摹结并存。此判。"见（清）聂亦峰：《为宰公牍·冈州再牍》，"断结赵莫二姓案谳语"，第 77～79 页。

本案起因于沙田系属争议，经聂亦峰的调查分析，本属莫姓无疑，莫姓因涉讼引起了巨大麻烦，自愿将该系争沙田捐归义学作为办学经费，那就应该将此田亩断归义学管业；至于赵姓五命八伤，聂亦峰的推理更易为我们接受：造成五命八伤的直接责任人是官兵，官兵受命于其长官，长官又受命于官府，用现在的话说，是职务行为，具备正当的免责理由。莫姓和义学负责人在命案发生之际，根本不在现场，因此不存在对此死伤直接负责的人。若欲以传统司法中极端重视的"人命拟抵"原则而言，本案开炮的两名营弁已在监狱瘐毙，更何得牵连他人？再反观本案的最终判决结果，系争田亩判给赵姓管业，其理由为"莫姓忍亏"，"义学廉逊"，"捐出既不愿收入，岂能任无主之抛荒？有价亦不能无偿，当仍归乙姓管业"。命案则没有深究。

这种断案思路，按照聂亦峰在判语中的说法，是"原情之逾格""曲意以从权"。也就是说，没有遵照成文法的规定来进行。[1]关于按律定拟，《大清律例》"断罪引律令条"规定："凡断罪，皆须具引律例，违者，笞三十。"该条律文下面的例得说更明白："承问各官审明定案，务须援引一定律例。若先引一例，复云不便照此例治罪，更引重例，及加'情罪可恶'字样，坐人罪者，以故入人罪论。"[2]即便律例没有直接的条文援用，需要比附之处，"尚须刑部会同三法司共同议定罪名，于疏内声明'律无正条，今此照某律、某例科断，或比照某律、某例加一等、减一等科断'详细奏明，恭候谕旨遵行"。[3]观察上引清代成文法规，本案定拟显然与之违背。

为什么会出现此种司法判决明显违背法律规定的情况呢？实际上聂亦峰在这里使用的是"大事化小"的办法，即将命案当成"细故"案件来办，最终达到"息讼"的目的。一般而言，将命案当成"细故"案件来办，不仅违反既有的法律规定，而且在事实上也是行不通的。因为即便上司不予追究，尸亲一造因蒙冤而肯定选择上控。那为什么本案可行呢？首先，如上面所分析，赵姓本就理曲，五命八伤又没有直接的责任人。其次，赵姓所争，本在田亩。

---

[1] 聂亦峰在判词中仅提到"若依定律，固有明条，岂但田应充公，抑且命当反坐"。从语气上看，是假定情形，带有强制劝说的色彩；从内容上看，尽属虚语。"明条"何在？况且即便有此"明条"，尚须就具体情况分析，何得笼而统之曰"田应充公""命当反坐"？所以，虽然提到律例，本就无意运用，仅有威胁、劝说两造服从判决的意义。

[2] 《大清律例》，田涛、郑秦点校，法律出版社1999年版，第595～596页。

[3] 《大清律例》，田涛、郑秦点校，法律出版社1999年版，第127页。

聂亦峰于咸丰九年调查清楚后，"赵姓畏亏，即便赴省翻控"，[1]其目的无外乎在传统中国看重"以命相抵"的语境中来个藉尸讹诈。赵姓之翻控，本不在寻求"抵命"，而在获财。再次，粤东地方本就存在人命私了的风俗。[2]

　　赵姓主要目的是诈财，财从何来？莫姓早把系争田亩捐出，人命案件实与之无直接关系，且"莫姓并非殷富，家资本属无多，后为三十载讼缠，久已消磨殆尽"，赵姓诈无可诈，当然莫姓不会也不必再出钱财去私了。义学从莫姓那里取得该系争田亩的管业权，是其首事申请县令派营弁护割才造成命案，细究起来，并非全无责任，且赵姓在当地人多势大，因此情愿让出系争田亩作为赵姓人命的补偿，以免后患。赵姓本毫无道理，仅因族人之死伤，而能获得讼争数十年的田亩，无疑达到其最初目的。上述三个要件，无一不是从"常识"之中，尤其是新会的地方性"常识"中推导出来的。有这三个要件，本案才存在"大事化小""以财偿命"的可能。可以说，聂亦峰对本案如此判决，完全是"常识"指导下的结果。

　　反之，如果将本案严格按照法规，以命案定拟，考虑到是"过失杀伤"，但有五条人命存在，难免有罪犯拟"绞"，[3]因此势必层层审转，直达刑部，甚至御前，带来不必要的麻烦。且该案经缠讼三十余年，牵涉的前任、现任官员很多，两位开炮营弁已经押毙，证据卷宗也并非完整。[4]因此，多一事

---

〔1〕（清）聂亦峰：《为宰公牍·冈州公牍》，"呈送赵莫两姓沙坦全案清折禀"，第113页。

〔2〕聂亦峰对此等陋习痛心疾首，多次提到类似意思。如："粤东风俗强悍，好斗轻生，动辄纠聚千数百人，互相械斗，每用大炮轰击，不顾性命存亡，候至斗罢之时，彼此再行核算。譬如两姓争斗，两边均有杀伤。若皆伤毙数百人，即便均无异议。若多伤毙一二，即当按数赔钱，然亦不过十余金，即可抵除无事。而好为负气者，又多不肯出银，以致结讼连年，不甘休息。甚至原被两造，俱已家破人亡，而从前之帮讼棍徒，犹复间为具禀，以为随时诈索之资。"见"呈送赵莫两姓沙坦全案清折禀"，载（清）聂亦峰：《为宰公牍·冈州公牍》，第109页。

〔3〕《清律》规定："若过失杀伤人者，各准斗杀伤罪，依律收赎，给付其家。"见《大清律例》，第433页。沈之奇对之有进一步的解释："过失杀伤之事……然过失之情可原，杀伤之人何辜？罪坐所因，不能概免，故各准斗殴杀伤人之罪……死者，照斗殴绞罪。"见（清）沈之奇：《大清律辑注》（下册），法律出版社2000年版，第690页。

〔4〕如果细究起来，至少前任邱令脱不了干系。聂亦峰经过调查，发现不少问题，"邱任二十九年正月十八日及廿六日、二月二十四日三次堂讯，何俱不录供词，不作判语？而莫廷泽于断讯后，三次具呈，批准覆讯。卷内于道光二十九年六月十八日提同余发成覆讯时，取具莫廷泽遵结附卷。惟查莫廷蕙呈称：伊兄廷泽于道光二十九年六月十六日病故，何得于十八日赴讯具结，则遵结明系捏造。而邱任断此案，未可深恃矣"。见"呈送赵莫两姓沙坦全案清折禀"，载（清）聂亦峰：《为宰公牍·冈州公牍》，第98页。

不如少一事，在当事两造皆无太大异议的前提下，"以田抵命"当然是一个理想的解决方案。本案最终判决的主旨即在于此，即判决所说的"有价不能无偿"。

如果按照律例定拟，对官方的不利既如此，那对两造而言，又是一个什么结果呢？一方面，莫姓不免拖累之苦，且其地已经捐出，不管捐出之地归义学还是乙姓，除了感情因素外，别无利益差别；莫姓之所以捐出，就是为了息事宁人，不愿与人多势众的赵姓纠缠不休。从赵姓这边来看，他们不仅得不到系争田亩的管业，而且还对莫姓构成了诬告，按律应反坐。如此一来，在当地人多势众的赵姓死伤人在先，诬告反坐在后，何能甘服？势必再次向莫姓或义学滋事，进而破坏地方安宁的秩序这个传统司法审判意欲达到的最高价值。对比之下，此种"以田抵命"的解决方案对涉讼两造来说则是各取所需，将损失减少到最小程度。此判决因此能够得到两造的遵从，"判而能决"，得以结案。这种"以财偿命""大事化小"的结案艺术之所以能够出现在判决中，是与主审官员对"常识"，尤其是地方性"常识"的体认和运用分不开的。

五、传统社会司法"常识"的特征分析

（一）"常识"的主观与客观

上文已经论述了能否体认并妥善运用"常识"直接决定了州县官在审理和判决案件方面的成败，较之以法条为核心的专业律学知识具有更重要地位。这种"常识"则包括律学"常识"、做官的伦理"常识"和地方性"常识"在内。就特定的社会和人群而言，"常识"是相对客观的，但就个人而言，它又具有很强的主观性色彩。下面试作具体分析。

就律学"常识"而言，其客观性色彩相对浓厚一些。法律规条说到底是一个社会主流价值导向的体现；传统中国的律条，即是"礼"和"情"在法律领域的具体化和技术化。所以律学"常识"在很大程度上也就是礼的精神和情之大要，用现今的话来讲，就是立法原则和法律精神。举例来说，通奸之罪，服制愈亲处罚愈重；窃盗之罪，服制愈亲则处罚越轻。亲属通奸其处分较常人为重，亲属窃盗较常人处分为轻。这就是律学"常识"。因为礼要求亲属之间保持上下尊卑之序、严男女之大防；也要求亲属之间有通财之义，

以患难相扶。如果学法用法之人于此种律学"常识"有所体认，在适用律例之际，参照具体条文，就不致有大的偏颇。这类律学"常识"都可以从"礼"和"情"那里推导出来，具有较大的客观性，对那些饱读四书五经、由科举正途出身、领悟能力较强的官员们来说都不应该存在太大的问题。

所谓做官的伦理"常识"，包括官员的操守、上对朝廷下对百姓的责任心等因素。尽管传统中国也保留下来不少的《官箴书》，在很多家法族规里也有这方面的训导，但这类的伦理"常识"是需要在具体行动中体现出来的，绝不应该是放言高论。换句话说，它是践履性的而非言词性的。这样其客观性色彩则大打折扣，更多的则带上了类似于"良知""良心"的主观因子。这种主观色彩浓厚的"常识"至少具有下述几个特点：第一，个人对"常识"的体认与其特定的阅历和经验相关；第二，个人对其已有的"常识"进行运用和获得的结果因个人的性情、智慧和技巧等因素而大不相同；第三，难以对"常识"本身进行有效的监督和考察。

那些地方性"常识"，大致包含州县官辖区内的民情、风俗习惯、人口、赋税等与地方相关的特殊情况。如本案所反映的与广东沿海地区相关的沙田、家族、祭田、好讼习气、械斗等方面的"常识"。这些"常识"不难从地方上的方志和档案之中获得，也可以通过州县官访察民情、民隐而切身体会。虽然这类"常识"因地而异，但毕竟对具体某个地方而言，其内容大体比较客观。可惜传统中国对州县官的考成中很少有这些内容，可能是因为这些"常识"太过地方性，没有现成的标准答案。其结果是这类修养最终成为个人性的东西了。个人性的东西因人而异，没有哪个人可以作为标准；即便有这么个人，这种极端个人化的东西也不易为他人所效仿而无法普及。像本案中，聂亦峰对地方性"常识"的体认和运用就远非其前任张县令、邱县令所能及。

通过上述分析可以看出，对州县官坐堂问案具有决定作用的"常识"，有的具有较强的主观性，有的则客观性成分较大。那些主观性的东西本就难以仿效和考察，即使是有些颇具客观性内容的，也因为其地方性特点而沦为个人性的东西，增加了学习和考核的难度。本来，在制度设计上，州县官拥有"细故"案件处断权，因法律规则的疏阔而享有较大的自由发挥空间；在其他一些较为严重的案件中，他们一般又被赋予查清案情拟定初步审理意见的重任。不管是审断"细故"案件还是初步审理"重案"，首要的任务就是查明案情。要查明案情，必须能够体认并妥善运用前述"常识"。而那些"常识"

又是极具主观性和个人性的，因此案件的审断结果与州县官的个人素养密切相关。如果有州县官能妥当地体认和运用"常识"，在洞悉案情的基础上准情酌理进行判决，则该判决有望得到遵从，成为"可决之判"。反之，该判决不仅是"判而不决"，反而滋增纷扰。

(二)"常识"的养成与官员的任期和回避

郡县制代替封建制，就是由中央政府选派有一定任期的地方官代替原来终身并可世袭的封建诸侯来治理地方，更好地达到集权和统一的目的。鉴于农业社会血缘和地缘关系对人的重大影响和制约，传统中国发展出了官员的回避制度。如清代，州县官须回避本省，就是在距离家乡 500 里以内的邻省任职也是不可以的。[1]州县官的任期和回避对于地方行政来说益处良多，但对于司法审判而言则不一定如此，尤其是对州县官"常识"的培育上更见其弊害。[2]

先来分析任期制度对培养州县官"常识"的负面影响。在传统中国，州县官有任满即行调离的，更有任中因特殊的人、事等方面的原因调离的。任期的短暂更易滋生机会主义行为、短期行为。一旦离任，所有的问题基本都转移到下任。这些行为是与培养负责任、有良知、肯吃苦耐劳等"伦理"常识背道而驰的。同时，任期的短暂也使得州县官不愿去学习和体察那些与风土民情、经济状况等相关的地方性"常识"。因为，这些地方性"常识"对于在不久的将来调离了该地的州县官来说，会变得毫无用处，至少可以说是用处不大。另外，因为有一定任期，州县官不希望在任满之后因为任上的事情影响其前途，不会在档案中留下把柄给其后任，故对于其在任的档案伪造有之、窜改有之，而这些档案材料又直接与地方性"常识"相关，因此这直接妨碍了地方性"常识"的传承。如本案中，邱县令在审判中出现的对踏勘的草率、对供词和判语的省略、对甲姓"遵结"的伪造等，以及在判决中片面追求息事宁人，以田照与实际不符为由，将不符之处两造平分的糊涂结案，虽然不能说责任全在任期，但至少可以说是与其任期短暂有重大关系。

---

〔1〕《钦定吏部则例》卷一，道光年间刻本。

〔2〕 当然，州县官的回避制度在保证州县官脱离亲情和乡情的干扰、保证其立场的公正方面自有其不可磨灭的价值，但本部分的中心在于分析该制度与"常识"培养之关系，兹不赘述。在笔者看来，一种制度产生的价值和引起的弊害，实际上是很难权衡的，学术研究的任务主要是对这些具体的价值和弊害进行深入分析，而不是简单的，甚或是偏好性的权衡和评判。

另外，州县官回避本籍也对地方性"常识"的培育不利。地方性"常识"的培育，尽管可以通过阅读地方志书、档案资料、实地调查中获得，但在传统中国，社会同质化程度偏低的情况下，对于出生和成长于异地的州县官来说，要在短时期内获得较为完整的地方性"常识"来说自然是一件比较困难的事情。其中一个比较突出的例子就是州县官和其手下那些祖祖辈辈生于斯、长于斯的吏胥相比，前者对地方性"常识"的了解远不及后者，因此难免被后者牵着鼻子走。传统中国的很多地方官对吏胥虽痛恨但又无可奈何的原因，在很大程度上就在于吏胥们有地方性"常识"这张王牌。因为官员是基于回避制度而出任的，只能是个"外乡人"，故一般无法拥有这张王牌。

虽然州县官的任期和回避制度对培养他们为地方司法所需的"常识"不利，但这两种制度对地方行政，乃至对帝国整个政治架构具有重要意义。在传统社会的制度设计方面，行政较之司法审理具有优先考虑的地位，更直接地说，司法审判是作为行政治理的一个方面和环节而获得其自身意义的。对地方官员所需的司法"常识"的培育和考核就只能更多地托付给通过科举对官员的选拔、上级的监督和官员本人的道德自觉等。而如上文所分析，科举最多仅能保证被选官员的律学"常识"，上级无法也无力考察其下属的地方性"常识"和做官的伦理"常识"，因此，最后只能诉诸于官员本人的道德自觉。在政治清明、士风淳厚的时代，这种道德自觉可能还有其效力；到礼崩乐坏的衰世以及社会转型期，则此种道德自觉还能在多大程度上靠得住，实在是一个疑问。在笔者看来，无法形成一个可靠的途径来保证"常识"培育和运用，可能才是传统司法潜藏的重大问题，而非行政官的兼理、司法的非专业化等现代问题。

六、"常识"、专业知识与社会需要

在传统中国，就州县官的基层司法而言，和以律学为主体的专业知识相比，"常识"占据着更重要的地位。如上文所分析，"常识"具有浓厚的主观性、地方性和个人化色彩，难以对之进行监督和考核。官员在实行任期和回避的情况下，其行为的短期特征更妨碍了他们自身"常识"的培育，尤其是那些伦理"常识"和地方性"常识"。也就是说，我们不能指望州县官都是富有"常识"的，如果碰上这么一位州县官，那是我们的运气。这可能是传统州县司法存在的重大问题之一。

对公正的获得要靠富有"常识"的州县官，这又不是总能碰上的，还需要运气！这种境况以今天的法治眼光看来，简直是"反动"得很，不加批判不足以平义愤！但在传统社会里，问题有这么严重吗？在当时有没有可能出现一种更好的审断模式？

在农业经济这个汪洋大海里，大家基本共享并大致遵循着一套行之有效的价值观念和思维模式。俗话说，到什么山里唱什么歌，州县官们的"常识"跟普通人对"常识"的理解并不存在根本性的歧异。就是那些地方性"常识"，由于州县官首先要履行维护地方安宁的职责，即便他们不理解，但也不会有意与之对立。相反地，他们都试图理解、维护并运用这些"常识"于司法审判乃至所有的地方治理领域。尽管不同的人，他们的理解、运用的水平和能力有所差别。所以普通百姓完全有理由期待像聂亦峰那样富于"常识"并能够妥善运用的父母官。也许，州县官能够真正践履伦理"常识"才是获得并运用其他"常识"的前提，对其治下的百姓来说才是更实惠的，但古今中外，还没有一种制度能够承担准确检测那种"深入人心"的伦理践履问题的重任。更进而言之，不管生活在哪种制度下，都有碰运气的成分存在。

我们可以设想，州县官如果不是主要利用"常识"查清案件并在"常识"的指引下断案，而是运用律学专业知识来裁判案件，效果是不是更好，至少还是一个疑问。笔者对本案的分析，在事实上给出了否定的答案，尽管这个答案不一定具备普遍性。但考虑到在传统社会，这类机械利用律条之人一则会被认为是刀笔之吏，缺乏仁者之心，而为主流意识形态所轻贱；二则国家律条所维护的秩序和乡土社会的实际秩序是有区别的，从律条所引申出来的救济内容也与特定时空所需要的救济有所不同。严格适用律条断案，对当事人而言，或会产生国家律条"多事"的困惑。既然在传统社会我们找不到也设想不出比利用"常识"审断案件更理想的模式，那么可以说是"常识"而非专业知识才是传统社会对司法审判的需要，尽管这种"常识"也有诸多的不方便之处，但我们没有理由把它当作假想敌来横加指责。

自近代以来，先是有了比较，原来县太爷并不一定要坐堂问案，专业的法院和推官可能还做得更好。如果仅仅是比较也还好办，无奈这一套新东西背后跟着盒子炮乃至整个西方强势文明。所以，在反复比较的同时，我们的社会也渐渐变了，农业一统天下的格局有了逐渐让位给工商业的趋势，整个社会的价值观念和思维模式也开始多起来。社会分工的渐趋复杂，职业的多样化，社会通行的"常识"也被日益条块化，成为专业化知识。那些与法律和审判有关的知识就构成了一个特殊的知识部门——法学；那些以钻研和运用法律和法学为业的人就渐渐有了社会公认的称谓：法学家、法学教师、法官、检察官和律师。社会一方面是分工分途的复杂化，一方面是相互交往的扩大化和频繁化，由"十里异俗"发展到"四海同风"，那些地方性"常识"一部分消亡了，一部分被吸收进专业性的法条中，也有一些依然零星存在。在国外，有一种叫做"陪审员"的外行人在不时证明它们仍然活着。

在中国传统社会，州县官理解并妥善利用"常识"即能称职地坐堂问案；而在现代社会，一切都是多元的，所有类型的是非皆不再能定于一尊，专业化知识将原有的"常识"进行了切割，并取代"常识"渐渐获得了话语和事实两个方面的正当性。于是，具有法学知识的专家立法、专家办案成为新的"常识"。在这里，"常识"被等同于"共识"或"通识"，因为在国际化和全球化的今天，我们"地球村"的所有邻居都是这么做的。

当然，中国现今的社会转型尚未完成，法律和法学从业人员的专业化程度尚不能令人满意。为了给这个不满意的现状以一个满意的解释，并指出今后的努力方向，我们发现了一个靶子：原来我们的传统几千年奉行的是没有分权的行政官兼理司法、没有建立在知识分工基础上的专业化司法。其实，经分析，传统州县官的"常识"司法在传统社会虽有其缺点，但确实是传统社会的需要。我们将今天的社会需要直接映射到传统社会，那是犯了时代错误。将这种犯了时代错误的结论重又当成研究传统法律和司法的当然前提，那是对传统的双重不公，以致于妨碍学术研究尚属事小，更重要的是让那些现在真正阻碍专业司法的因素躲在一边逍遥法外，使现代社会需要的以专业司法为核心内容的新司法制度建设更加艰难。

"厌讼"幻象之下的"健讼"实相

——重思明清中国的诉讼与社会

尤陈俊[*]

摘 要 利用多种类型的不同史料所作的综合性分析显示,明清时期的很多区域均不同程度地呈现出词讼数量激增而非民众普遍"厌讼"的社会景象。在诸种史料之中,那些关于地方衙门所收词状数量的记载,既对我们认识当时社会的诉讼实况有所帮助,也容易产生一些误导性的影响。其关键在于,衙门所收词状的总数,并不能被直接等同于讼案的实数,因为这些词状之中,有大量是属于针对某一相同案件的陆续递交的催呈或投词。重思明清时期的诉讼文化,不仅需要对明清时期地方衙门所实际面临的词讼压力谨慎估量,还应该对明清时期官方所常用的"细故""鼠雀细事"等称谓的微妙意涵,以及健讼之风的区域性差异加以关注。片面坚持"厌讼"旧论固然会使我们错失对问题的全面认识,但如果对一些相关史料不加仔细辨析便转而径自强调"健讼"新说,也容易堕入矫枉过正的陷阱。

关键词 厌讼 健讼 词状 积案 诉讼社会

滋贺秀三在其于日本法哲学会 1985 年度年会所做的学术演讲伊始,便首先道明了他缘何极为注重以诉讼的形态作为理解中国法文化的切入点:"某种事实以及支持着该事实的思维架构是某一历史阶段的某一社会所特有的,或者说即使不完全是特有的但却特别显著地表现出来的话,就可以说这种东西不是自然本身而正是文化。在这个意义上,对于所谓法来说具有核心般意味的

---

* 本文作者系中国人民大学法学院副教授。

社会事实就是诉讼的形态……"〔1〕就明清法律史研究而言，对当时社会的诉讼形态以及支持该事实的思维架构的探讨，俨然已经构成了晚近以来此一领域当中最为引人注目的学术主线之一。与此紧密相关，明清时期的诉讼形态之下芸芸众生的诉讼观念和诉讼行为，正在日益激发着越来越多的法律史研究者的学术兴趣。

值得注意的是，从这一具体论域的学术新进展来看，可以发现，质疑民众普遍"厌讼"的看法已然不再新鲜，而声称当时社会"健讼"的论调同样亦非罕见。为数不少的研究成果业已指出，大致从宋代以降，民间好讼之风不同程度地渐次弥散于全国各地，以至于很多地方的百姓据称鼠牙雀角动辄成讼，明清时期更是如此，其中尤以江南地区为甚。不过，倘若对晚近以来的相关研究细加审视，则可以发现，很多文献由于缺乏不同性质的经验证据（尤其是量化证据）的相互印证和综合支撑，使那些针对"厌讼"而产生的质疑之声实则并不强而有力，而不少意在凸显"健讼"的论述，则由于对一些似是而非的论据缺乏警醒，以至于坠入过犹不及的陷阱，甚至在破除旧的幻象之后又构建出另一个新的幻象。

本文的"重思"旨在追求彼此紧密关联的双层意涵：既注重以具有足够说服力的经验证据，来检讨先前那种借助法律文化或法律传统之宽泛名义而刻画的"厌讼"印象，又注意去反思晚近一些或多或少地转而突出明清社会之"健讼"的论调当中所同样可能存在的某些宽疏之失乃至片面之误。易言之，它追求以一种精细论述的方式，来平稳推进对"明清中国的诉讼文化"这一宏大论题的深入讨论。此外还需要事先说明的是，为了保证论述的集中和深度，本文仅在此一宏大主题之下选取一点详加论述，亦即其行文重心在于讨论明清中国诉讼日繁这一事实，而暂未进而探讨造成这种社会现象的各种深层原因。

一、宗族族谱与文人日记中的纠纷记载

一些遗存至今的宗族族谱与文人日记之中的相关记载，以一种细部的方

---

〔1〕 ［日］滋贺秀三："中国法文化的考察——以诉讼的形态为素材"，载 ［日］滋贺秀三等著，王亚新等编译：《明清时期的民事审判与民间契约》，法律出版社 1998 年版，第 2 页。该文的日文原稿刊载于 1986 年有斐阁出版的日本法哲学会年报《东西方文化》。

式展示了诉讼经历对明清民众日常生活的日益渗入。

　　明代休宁县茗洲村吴氏族谱《茗洲吴氏家记》之卷十《社会记》,[1]以年表的形式,记录了自明英宗正统二年(1447年)至神宗万历十二年(1584年)这138年间当地吴氏家族所发生的各种大事,其中包括33件自明成化二十三年(1487年)到万历七年(1597年)约90年间以茗洲村吴氏族人作为当事人的纠纷记录。这些纠纷记录显示,其中告至府县的有26件,而直接在乡村内部解决的纠纷才不过7件而已。[2]

　　《历年记》为明末清初上海下层文人姚廷遴所撰写的自述文字,书中所记的内容,始于明崇祯元年(1628年),迄于清康熙三十六年(1697年),前后历70年。[3]依据日本学者岸本美绪的研究,在其中关于审判的记事中,以姚廷遴本人或其亲友们直接作为两造的案件共有24件,而这些案件"都是得到官方受理的案件,不包含不受理,或者不至诉讼的纠纷事件",也"不是姚廷遴作为胥吏办理的"案件。易言之,在姚廷遴这位下层文人一生之中,与其自身及亲友直接相关的诉讼案件便至少有24件之多。[4]

　　清代康熙后期的徽州府婺源县浙源乡嘉福里十二都庆源村,是一个拥有约1000亩耕地和约900人的村落。熊远报依据当地秀才詹元相所撰《畏斋日记》[5]所做的研究发现,从康熙三十八年到康熙四十五年(1699~1706年)

<hr>

　　〔1〕 关于《茗洲吴氏家记》的介绍,参见[日]中岛乐章:"围绕明代徽州一宗族的纠纷与同族统合",李建云译,王振忠校,载《江淮论坛》2000年第2期。

　　〔2〕 中岛乐章的统计结果为32件,并指出"大部分纠纷发生在以茗洲村为中心、相当局限的一个范围之内",参见[日]中岛乐章:"围绕明代徽州一宗族的纠纷与同族统合",李建云译,王振忠校,载《江淮论坛》2000年第2期。但朱开宇的统计表明,其实共有33件纠纷。与中岛乐章的统计相比,朱开宇的统计除了针对纠纷内容性质所做的统计有所差异外,还发现了嘉靖四十五年(1566年)九月一起不知事由的诉讼记录。参见朱开宇:《科举社会、地域秩序与宗族发展——宋明间的徽州(1100—1644)》,台湾大学出版委员会2004年版,第282~284页。

　　〔3〕 姚廷遴所撰的《历年记》(稿本)现藏上海博物馆,后经整理,收入本社编:《清代日记汇抄》,上海人民出版社1982年版,第39~168页。

　　〔4〕 [日]岸本美绪:"清初上海的审判与调解——以《历年记》为例",载《近世家族与政治比较历史论文集》,我国台湾地区"中研院"近代史研究所1992年版,第249页。而按照徐忠明的统计,《历年记》记载的所有案件共有62件之多,其中与姚廷遴及其亲友相关的诉讼案件至少也有35件,参见徐忠明:"清初绅士眼中的上海地方司法活动——以姚廷遴《历年记》为中心的考察",载《现代法学》2007年第3期。

　　〔5〕 《畏斋日记》(稿本)原件现藏安徽省黄山市博物馆,其部分内容经过整理之后,载中国社会科学院历史研究所清史研究室编:《清史资料》(第4辑),中华书局1983年版,第184~274页。

间，当地共有 49 件纠纷事件。其中，詹元相作为纷争之直接当事人一方的有 7 件，平均每年 1 件以上；其作为纷争当事人一方之构成成员的事件有 16 件，平均每年约 3 件。易言之，在此约 8 年的时间之内，詹元相平均每年被卷入 4 件纷争事件之中。而在这 49 件纠纷当中，提诉到地方官府的事件数约为总事件数的三分之一。[1]

在明清时期，不仅正如这些来自当时社会底层的记载所展示的，民间的纠纷事件常常冲垮宗族、乡村内部解纷机制的堤防，而且，甚至连所谓儒家伦理之内核的家庭亲伦关系也时遭其侵蚀，以至于父母子女之间的相互争讼亦所在多有。[2] 另一方面，这些日益涌入衙门之中的讼争事件，不仅增大了地方官府所面临的治理压力，而且也更为经常地嵌入普通百姓的日常记忆之中。曾在中国华北地区生活了数十年的美国基督教公理会传教士明恩溥（Arthur Henderson Smith），在其 19 世纪末出版的一本在华见闻录中便认为，那些关于最新官司的细节，乃是当地乡村百姓日常闲聊中"最感兴趣和最不厌倦的谈论话题"。[3]

二、官员眼中的词状纷繁景象

早在宋代，官员们便已不断地为词讼繁多而抱怨不已。北宋官员陈襄曾如此写道："州县一番受状，少不下百纸。"[4] 南宋时期各县的讼牒数量之多，则更是有增无减。例如，福建漳州龙溪"日百余纸"，福建福州宁德"讼牒日不下二百余"，江西隆兴丰城"日四百纸"，江西抚州临川"一日五百余纸"，浙江温州平阳词讼之繁尤甚，"每引放，不下六七百纸"。[5] 在《名公书判清明集》这本南宋司法判决名文的合集之中，更是频频见到官员们痛责

---

〔1〕 详见熊远报：《清代徽州地域社会史研究——境界·集團·ネットワークと社會秩序》，汲古书院 2003 年版，第 153～158 页。

〔2〕 参见 ［日］ 水越知："中国近世における親子間訴訟"，载 ［日］ 夫马进编：《中国訴訟社会史の研究》，京都大学学术出版会 2011 年版，第 183～224 页。

〔3〕 参见 ［美］ 明恩溥：《中国乡村生活》，午晴、唐军译，时事出版社 1998 年版，第 308 页。该书的英文版最初出版于 1899 年。

〔4〕 （宋）陈襄：《州县提纲》卷二《籍紧要事》，收入《官箴书集成》（第 1 册），黄山书社 1997 年版，第 54 页。以下引用《官箴书集成》时将只注明具体册数和页码，不再重复标注出版信息。

〔5〕 参见刘馨珺：《明镜高悬：南宋县衙的狱讼》，北京大学出版社 2007 年版，第 55～57 页。另可参见 ［日］ 夫马进："中国訴訟社会史概論"，载 ［日］ 夫马进编：《中国訴訟社会史の研究》，京都大学学术出版会 2011 年版，第 42～45 页。

其治下百姓"顽讼最繁""嚣讼成风"的文字。"健讼"一词在这本文集所收录的判决文书中是时常可见,[1]以至于一些当代学者认为该书所展示的可谓是一个"健讼的世界"。[2]诸如此类用来形容健讼之风的词汇,甚至还被刻入不少宋代官员的墓志铭之中。一份研究指出,载有健讼之类文字描述的北宋时期的墓志铭,曾颇为广泛地出现在江南西路、江南东路、福建路、荆湖南路、两浙路、京东东路、京畿路、淮南西路和其他等地,其中尤以江南西路(管辖区域大致相当于如今的江西省)的墓志铭为数最多。[3]

宋代的诗词,对于其时民间词讼纷繁的社会景象也多有描述。根据晚近的一份研究所提及的线索,[4]我们至少可以从如下数首宋诗中感受到其时的民间诉讼景象。北宋时人苏轼曾有诗云:"保甲连村团未遍,方田讼牒纷如雨。尔来手实降新书,抉剔根株穷脉缕。"[5]其中所描述的,便是北宋神宗熙宁五年(1072年)施行方田均税法后土地官司不胜其烦的景象。曾于北宋宣和六年(1124年)高中进士第一的冯时行,也以"末俗竞芒忽,讼纸霜叶落"的诗句感慨其时词讼之多。[6]南宋时期的著名诗人陆游,更是形象地描绘了官吏们面对"讼氓满庭闹如市,吏牍围坐高于城"[7]的情形之时,不仅疲于应付而且几欲发狂的心境:"庭下讼诉如堵墙,案上文书海茫茫。酒酸胾冷不得尝,椎床大叫欲发狂。故人书来索文章,岂知吏责终岁忙。"[8]需要注意的是,有学者同样利用宋词所做的研究认为,"宋代的司法案件并非如想象中那样繁多,少讼多闲是大多数司法官吏的生活常态",并以陆游作为一个例子,指出他固然写有前引"讼氓满庭闹如市,吏牍围坐高于城"一句,但也

〔1〕 一份统计发现,《名公书判清明集》中出现"健讼"一词的判决文书多达24篇,参见刘馨珺:《明镜高悬:南宋县衙的狱讼》,北京大学出版社2007年版,第216~217页。

〔2〕 参见[日]大沢正昭编:《主張する〈愚民〉たち:伝統中国の紛争と解決法》,角川书店1996年版,序言。转引自刘馨珺:"南宋狱讼判决文书中的'健讼之徒'",载中南财经政法大学法律文化研究院编:《中西法律传统》(第6卷),北京大学出版社2008年版,第166页。

〔3〕 参见翁育瑄:"北宋の'健讼'——墓誌を利用して",载《高知大学学术研究报告》(人文科学编)第56卷,2007年,第33~49页。

〔4〕 李凤鸣:"诗情法意:唐宋诗中的法律世界",载《政法论坛》2009年第6期。

〔5〕 (宋)苏轼:《寄刘孝叔》,载《全宋诗》(14),北京大学出版社1993年版,第9215页。

〔6〕 (宋)冯时行:《隐甫圣可子仪同游宝莲分韵得郭字》,载《全宋诗》(34),北京大学出版社1998年版,第21601页。

〔7〕 (宋)陆游:《秋怀》,载《全宋诗》(39),北京大学出版社1998年版,第24654页。

〔8〕 (宋)陆游:《比得朋旧书多索近诗戏作长句》,载《全宋诗》(39),北京大学出版社1998年版,第24663页。

曾在其所作的《乌夜啼·檐角楠阴转日》中写道："人讼少文移省，闲院自煎茶。"[1]不过即便如此，我们也无法否认宋代的不少司法官吏在某些特定时期为民间词讼所困的现实，尤其在每年开务之后。[2]

与其官场前辈们一样，明代的官员们也频频因为面对词讼日繁的现实而抱怨不已。明初以洪武皇帝名义颁布的《教民榜文》中便已声称："两浙、江西等处，人民好词讼者多，虽细微事务，不能含忍，径直赴京告状。"[3]15世纪中期，时任江西吉安知府的许聪如此描绘当地"嚣讼大兴"的情形："近则报词状于司府，日有八九百；远则致勘合于省台，岁有三四千。"[4]崇祯末年任广州府推官的颜俊彦，也曾抱怨当地"每日期告状，动以百纸将尽"。[5]

延至清代，官员们对词讼繁多的抱怨更是不绝于耳。清人袁枚在与其门生的应答中曾反问道："以州县之繁而谓必亲记似属奢阔之论，不知讼牒极多，每日所进能过百纸乎？"[6]19世纪末任山东惠县县令的柳堂，在言及该地的好讼民情时声称："每逢三八告期，呈词多至六七十张，少亦四五十张。"[7]但实际上，在官箴书、官员札记等史料之中，每逢论及词讼之时，词状下于百纸的记载并不多见，往往均是数倍于此。

终清之世，词讼纷繁的记载不绝如缕。而且，从这些抱怨声中，我们得

---

〔1〕 参见孙静蕊："宋词中的无讼观念"，载《天中学刊》2016年第6期。

〔2〕 宋代主要基于保障农业耕种的顺利进行之考虑，在法律中专门规定，有关"田宅、婚姻、债负"之类的纠纷，民人须避开农务的时间才能到官府起诉，亦即官府每年只能在十月一日至次年正月三十日之间受理此类诉讼，并须在三月三十日之前处理完毕。此即所谓的"务限法"，据称继承了后周时期法令的精神。从十月一日至次年三月三十日这段期间被称作"开务"，其余不受理上述词状的期间则被称作"入务"。参见刘馨珺：《明镜高悬：南宋县衙的狱讼》，五南图书出版有限公司2005年版，第90~94页。

〔3〕 参见《教民榜文》[明洪武三十一年（1398年）三月颁布]，收入刘海年、杨一凡总主编：《中国珍稀法律典籍集成》（乙编第1册），杨一凡等点校，科学出版社1994年版，第639页。

〔4〕 参见《明宪宗实录》卷五十六，成化四年（1468年）秋七癸未条月，转引自卞利：《国家与社会的冲突与整合——论明清民事法律规范的调整与农村基层社会的稳定》，中国政法大学出版社2008年版，第248页。

〔5〕 （明）颜俊彦：《盟水斋存牍》，《一刻·公移·谕民休讼》，明崇祯年间刻本，中国政法大学法律古籍整理研究所整理标点，中国政法大学出版社2002年版，第345页。

〔6〕 （清）袁枚：《答门生王礼圻问作令书》，载（清）沈兆澐辑：《蓬窗随录》卷十一《序、记、书》，清咸丰年间刻本，现藏北京大学图书馆。

〔7〕 （清）柳堂：《宰惠纪略》卷一，清光绪二十七年（1901年）笔谏堂刻本，载《官箴书集成》（第9册），第492页。

知，不惟剧繁之地通常如此，即便在简缺之邑，一期收呈亦很可能词逾百纸。康熙年间吴宏在徽州府休宁县为幕佐治之时，据其所言，"刁健讼之风虽所在有之，从未有如休邑之甚者。每见尔民或以睚眦小怨，或因债负微嫌，彼此互讦，累牍连篇，日不下百十余纸"。[1]在康熙五十九年（1720年）三月发布的一份告示中，浙江会稽知县张我观声称，"本县于每日收受词状一百数十余纸"。[2]而会稽知县在当时还只是一个"冲繁"的中缺，并非"冲繁疲难"的最要缺。[3]雍正年间出任广东潮州府潮阳知县的蓝鼎元，对当地的好讼之风印象尤深，他如此写道："余思潮人好讼，每三日一开放，收词状一二千楮，即当极少之日，亦一千二三百楮之上。"[4]乾隆六年（1741年）十一月初一，湖南湘乡知县向布政使张璨、按察使王玠禀称："湖南民风健讼，而湘邑尤甚。卑职莅任之始，初期放告，接收呈词一千五百余张，迨后三、八告期，不下三、四百纸。"[5]四十多年后，同在湖南任官的宁远知县汪辉祖，也亲眼目睹了湘民好讼的情形，据其所记，每逢三八放告之日，所收词状多达二百余纸。[6]而因僻处湘南，宁远知县还不过是个简缺而已。乾隆二十六年（1761年）九月间朱涵斋初任浙江绍兴知府之时，据称"逢放告期，多至二三百纸"。[7]嘉庆年间，工部给事中胡承珙向皇帝呈递奏折，详陈清厘外省积案之法，其中写道："三八放告，繁剧之邑常有一期收呈词至百数十纸者。又有拦舆喊禀及击鼓讼冤者，重来沓至，较案件不啻百倍。"[8]在张琦（字翰风）道光年间出任知县的山东章邱县，"章邱民好讼，月收讼牒至二千

---

〔1〕（清）吴宏：《纸上经纶》卷五《词讼条约》，据清康熙六十年（1721年）吴氏自刻本整理，载郭成伟、田涛整理：《明清公牍秘本五种》，中国政法大学出版社1999年版，第219页。

〔2〕（清）张我观：《覆瓮集·刑名》卷一《颁设状式等事》，清雍正四年（1726年）刻本，现藏北京大学图书馆。

〔3〕郭建：《帝国缩影：中国历史上的衙门》，学林出版社1999年版，第200页。

〔4〕（清）蓝鼎元：《鹿洲公案·偶记上·五营兵食》，刘鹏生、陈方明译，群众出版社1985年版，第5页。

〔5〕（清）吴达善纂修：《湖南省例·刑律》卷十《诉讼·告状不受理·代书每词钱十文》，清刻本，现藏北京大学图书馆。

〔6〕（清）汪辉祖：《病榻梦痕录》卷下，清道光三十年（1850年）龚裕刻本，收入《续修四库全书》（555册），"史部·传记类"，上海古籍出版社1995年版，第647页。

〔7〕（清）卢文弨：《抱经堂文集》卷三十《浙江绍兴府知府朱公涵斋家传》，中华书局1985年版，第398页。

〔8〕（清）包世臣：《齐民四术》卷七下《刑一下·为胡墨庄给事条陈清理积案章程折子》，潘竟翰点校，中华书局2001年版，第252页。

余纸"。[1] 光绪年间，河北唐县知县钱祥保更是多次在禀呈中提及其治境内的词讼之繁："卑县讼狱之繁，甲于他属……向之每告期状纸百数十起者……"；"卑县民情刁诈，词讼繁多，平时告期呈词，每次不下一百三四十张，而上控之案亦复络绎不绝"。[2] 成书于晚清的《卢乡公牍》之中所收录的一份公告中则声称，"泰邑词讼繁多，新旧案件，每期不下百纸"。[3]

上述所列的史料虽然只是冰山一角，但已足以描绘出一番词讼繁多的社会图景。并且，如果留意其中所描述的时空，可以发现，此类所谓词讼繁多的区域，甚至已不再集中于江南诸省，而是随着时间的推移在帝国版图内向更为广阔的区域扩散。

三、词状的分类构成

必须指出的是，上述史料所反映的成百上千的讼牒、词状数量，并不等于当时真正的讼案实数。所谓的"讼牒""词状"或"状词"，毋宁说是一个笼统的称呼，一旦细分起来，其实可以发现不同的类别，[4] 而且其在诉讼中各自扮演的角色互有差异。

（一）"告状""诉状"与"禀状"

夫马进曾简略地区分了词状的不同种类，据其所言："原告告诉所用的文书叫做告状（告词），而被告的反驳叫做诉状（诉词）。"[5] 而滋贺秀三在研究淡新档案的诉讼文书类型之时，则区分了"呈"和"禀"这两种形式。他

〔1〕（清）徐珂编撰：《清稗类钞》（三），《狱讼类·张翰风治狱得民心》，中华书局 1984 年版，第 1098 页。《齐民四术》中对张琦署理章邱县的事迹也有所记载，但稍有不同，参见（清）包世臣：《齐民四术》卷三《农三·皇敕授文林郎山东馆陶县知县加五级张君墓表》，潘竟翰点校，中华书局 2001 年版，第 118~119 页。

〔2〕（清）钱祥保著，何震彝编：《谤书》卷一《增订民间典卖房地章程厘剔库户各书税契过割积弊以清讼源禀》，文海出版社 1976 年影印本，第 53 页；同书卷四《讯结上控自理各案除专案禀报不计外现共拟结一百三十起摘叙节略呈请核示禀》，第 279 页。

〔3〕（清）庄纶裔：《卢乡公牍》卷二《谕书差整顿词讼条告文》，清宣统三年（1911 年）铅印本，现藏北京大学图书馆。

〔4〕一份研究以巴县档案为例，简要介绍了禀状、告状、催状、催禀状、首状、伸状、存状、诉状和哀状等多种类型的诉讼文书名称，参见葛勇："谈清代巴县档案司法文种"，载《四川档案》2006 年第 4 期。

〔5〕［日］夫马进："明清时代的讼师与诉讼制度"，载［日］滋贺秀三等著，王亚新等编译：《明清时期的民事审判与民间契约》，法律出版社 1998 年版，第 395 页。

认为，"所谓'呈'是指一般百姓作为当事者而提出的东西，记在印有固定文字和格式的官制状纸上"，而所谓"禀"，"概而言之，可以说是有绅衿身份者作为当事人提出的诉状，及总理·庄正等地方斡旋人和同族长老、其他当事人周围的人从公益立场出发诉讼某种事情时所使用的书式。记在任意的白纸或红纸上"。但他同时也指出："'呈'与'禀'只有这种书式上的差异，在法的意义上和在法的效力上二者是相同的。长官的批文同样也是写在最后。且虽说有基本身份的区别使用，但界限是很含混的，未必是十分严格的。"〔1〕

滋贺秀三关于呈状或禀状系根据提交人的身份差异而择一使用，但两者界限未必十分严格的看法，在清末对武清县诉讼习惯的调查中也得到某种证实。当被问及"诉讼呈状，共有几种？具禀与用呈有何区别？其格式若何？"之时，武清县提供的回答是："有呈有禀。平民有呈，其纸有横竖乌丝格。凡有职衔及有功名者用禀，其纸无乌丝格。呈禀叙事相同，呈称其禀某人呈为某事云云，禀称其禀某人禀为某事云云，格式不过如此。应交应领之件，皆具状，格式与呈禀大同小异。"在进一步回答"是否人民具禀即为违式，概不受理？抑但加申饬，仍可准理？收呈之人有无查看合式与否之权？抑不准不收？"的相关问题时，武清县所提供的答案则为："具禀违式，或但加申饬，准理与否，视案情缓急，收呈之人亦应查看，令违式者更正，然亦看案情缓急。"〔2〕

不过，禀状在诉讼中的使用，也可能并非基于提交人的特殊身份，实际情况似乎更为复杂，并且可能因地因时而异。阿风对明清徽州诉讼文书的研究发现："诉状、禀状等可以统称为'状词'或'词状'。在徽州诉讼文书中，明代的原告状式多称'告状'，明代后期开始出现了'禀状'，清代原告状式多称'禀状（禀词）'。明清两代的被告状式多称'诉状（诉词）'。在清代光绪年间的诉讼卷宗中，被告的诉状亦称'禀状'，但在状式上加外注明是'诉词'。"〔3〕另一位学者则认为："虽然禀状亦是原告在进行诉讼时所运

〔1〕 [日]滋贺秀三："诉讼案件所再现的文书类型——以'淡新档案'为中心"，林乾译，载《松辽学刊（人文社会科学版）》2001年第1期。该文的日本原版为[日]夫马进："明清时代の訟師と訴訟制度"，载[日]梅原郁编：《中国近世の法制と社会》，京都大学人文科学研究所1993年版。

〔2〕 参见《法制新民情风俗地方绅士民事商事诉讼习惯报告调查书》（武清县），第五部《诉讼习惯报告调查书》第二款"民事诉讼"第一项"原告投呈"，清末稿本，现藏北京大学图书馆。

〔3〕 阿风："明清徽州诉讼文书的分类"，载安徽大学徽学研究中心编：《徽学》（第5卷），安徽大学出版社2008年版，第262页。

用的状式，但它与'告状'之间又存在着很大的差别：一般原告首次进行诉讼时称告状，而在以后因案情的变化或再次呈明案情而进行的诉讼中，才称为'禀状'。其次，同样在诉状中被告的应诉的状纸也有类似的情况，被告首次应诉的状纸称为'诉状'。再次进行解释或应诉的状纸称为'禀状'。"〔1〕

（二）"投词"与"催呈"

尽管"告状""诉状"与"禀状"之间的区分迄今尚待进一步厘清，但在明清时期由当事人提交的诉讼文书之中，数量最多的往往是被称为"投词"（亦称"投状""续词"）"催呈"（亦称"催词"）的文书。

讼师秘本《法笔惊天雷》对何谓"投词"有所解释："不论原被各人，有不白之事，情真理确，前一未晰者，不妨再具投明，而深详细绎说之，故谓之投词。"〔2〕易言之，所谓"投词"之类，乃是原被告在递出告状、诉状之后，为了进一步说明案情而向官府递出的一类诉讼文书。需要指出的是，此种关于"投词"的特指用法，似乎直到明清时期才逐渐变得普遍，而在宋代，"投词"通常与"投牒""投状"等词语一起，被作为与官府"受词"相对应的一种表述，意指民人告至官府的行为及其所递词状，并不特指那些后续递状补充说明案情的行为及其相应文书。此类文书在明清时期的诉讼案卷中甚是常见，例如成书于 17 世纪后期的《未信编》，在列举"卷案总式"所包含的各种文书类目之时，便明确将"投词"同列于"原词"和"诉词"之后。〔3〕清代一些官箴书在论及衙门放告收受词状之时，亦曾使用过另一个文书名称——"投文"。例如《未信编》中便写道："每日早堂，先示放告，后收投文。放告之时，投文不许混进。"〔4〕"投文"乃是清代一种指涉甚为宽泛的用语，既可用来指称衙门之间的投递文书，亦可用来指称民人在其首份词

---

〔1〕 吴欣：《清代民事诉讼与社会秩序》，中华书局 2007 年版，第 15 页。

〔2〕《法笔惊天雷》上卷《十法须知·投词说四法》，清光绪甲辰年（1904 年）仲冬月刊行本，笔者收藏。该书封面写为"法家第一书惊人雷"，目录中则写为"法笔惊天雷"。

〔3〕 参见（清）潘月山：《未信编》卷三《刑名上》，清康熙二十三年（1684 年）刊本，载《官箴书集成》（第 3 册），第 89 页。

〔4〕（清）潘月山：《未信编》卷三《刑名上》，清康熙二十三年（1684 年）刊本，载《官箴书集成》（第 3 册），第 71 页。在出版时间稍晚于《未信编》的《福惠全书》之中，也有类似的文字表述——"升堂宜早，先为放告，后收投文"，参见（清）黄六鸿：《福惠全书》卷十一《刑名部·放告》，清康熙三十八年（1699 年）金陵濂溪书房刊本，载《官箴书集成》（第 3 册），第 329 页。

状于衙门受理之后陆续提出的其他诉讼文书。[1]其中后一种用法所指的含义，即与"投词"相同，上引《未信编》中便有多处实际上属于"投文"与"投词"及"投状"等多词相混用。[2]除投词之外，尚有催呈。所谓"催呈"之类，顾名思义，即原被告中一方或双方在递交告状或诉状之后，再次递至衙门以用来催促其审办案件的诉讼文书。

"投词"与"催呈"虽然有所区别，但其界限远非截然分明，实际上，它们常常在实际内容方面互相包含，且往往共同占据了全部诉讼文书中的相当比例，成为最为常见的类型之一，通常一案之中都会包含有多份"投词"或"催呈"。19世纪前期署理巴县的刘衡曾不无得意地声称，在其励精图治之下，除了"钱债羁辀，追缴不能不稍延时日"的案件之外，巴县衙门"自来未收一纸"催呈。[3]不过，这种情况似乎相当少见，通常的情形是一案全部文书之中夹杂着多张催呈或投词。

南宋时期的胡太初曾称"每一次受牒，新讼无几，而举词者往往居十之七八"，并因而要求当事人以两月为限，"两月之外不睹有司结绝，方许举词，不然并不收理"。[4]可见此类文书在当时便已司空见惯。颜俊彦在明末时声称，当地民人惯于"叠诉"，"投到之后复有诉词……今日一诉，明日一诉，抄来抄去再三重复，附案则既虑堆积无益，抹去则又谓厌倦不堪"，因此他主张"今后一投之外，静听审质，或有别情，亦即一诉而止"。[5]延至清代，这种情形似乎变得更为常见。清人汪辉祖便指出："邑虽健讼，初到时词多，然应准新词每日总不过十纸，余皆恳词、催词而已。"[6]张我观的记载也透

---

〔1〕 参见郭润涛："清朝における州县衙门の'告状'·'投文'·'批词'"，白井顺、王標译，载《大阪市立大学东洋史论丛》第16号，2008年。

〔2〕 除了最常使用"投文"一词之外，《未信编》卷三之中，亦偶尔用到"投状"或"投词"等表述，其意皆可视为同一。参见（清）潘月山：《未信编》卷三《刑名上》，清康熙二十三年（1684年）刊本，载《官箴书集成》（第3册），第78页、第89页。

〔3〕 （清）刘衡：《庸吏庸言》上卷《禀严束书役革除蠹弊由》，清同治七年（1868年）楚北崇文书局刊本，载《官箴书集成》（第6册），第181页。

〔4〕 （宋）胡太初：《昼帘绪论·听讼篇第六》，百川学海景刊宋咸淳本，载《官箴书集成》（第1册），第106页。

〔5〕 （明）颜俊彦：《盟水斋存牍·二刻·公移·禁叠诉》，明崇祯年间刻本，中国政法大学法律古籍整理研究所整理标点，中国政法大学出版社2002年版，第666~667页。

〔6〕 （清）汪辉祖：《学治说赘·理讼簿》，清同治十年（1871年）慎间堂刻汪龙庄先生遗书本，载《官箴书集成》（第5册），第308页。

露，在其收受词状之时，常可发现"一事而进数十之续词"的情形。[1]

包恒（David C. Buxbaum）对淡新档案所做的研究，使我们对此获得更为直观的认识。他从淡新档案的"民事门"总共 224 起案件中选取 152 起案件（占总数的 67.8%）加以统计，结果显示，平均每起案件中原告先后递交了 3.1 份词状。这意味着，在告状之外，通常尚有多份投词与催呈。我们对其统计结果稍做计算后则会发现，在此 152 起民事案件中，原告至少递交一件以上词状的比例高达 79.6%，甚至连总共递交过 8 份（含）以上词状的案件比例也达到 19.1%。包恒还从淡新档案"刑事门"的总共 365 起案件中选取了 105 起（占总数的 28.7%）加以统计，结果显示，尽管较之民事案件的情形为低，但平均每起案件中原告也递交了 1.4 份词状，至少递交一件以上词状的案件比例也达到总数的 61%，其中有 10.5% 的案件原告先后递交过 8 份（含）以上的词状。[2]

这种现象可以在众多个案之中得到具体印证。在淡新档案"民事门"中编号为 22514 的案件所包含的 177 件诉讼文书之中[3]，由该案不同当事人在不同阶段所提交的催呈为数甚多，其中仅罗福振一人先后递出的催呈便有 18 件之多。[4] 麦柯丽（Melissa Macauley）曾将 1847 年一桩由讼师包揽、牵扯一名军士的案子举为特别例证，在该案中，那位湖北的黄姓讼师曾先后撰写了 100 份词状。[5] 可以想见，其中占绝大部分的便是"投词"或"催呈"。对于那些在同一案件中被先后递交而来的众多词状，一些衙门还专门一一钤印其上以示区别。例如清代光绪年间，徽州府绩溪县民程德安因隙与人在官互控，他在约一个半月的时间内便至少先后递交了 3 份词状，而县衙在这些

〔1〕（清）张我观：《覆瓿集·刑名》卷一《颁设状式等事》，清雍正四年（1726 年）刻本，现藏北京大学图书馆。

〔2〕 See David C. Buxbaum, "Some Aspects of Civil Procedure and Practice at the Trial Level in Tanshui and Hsinchu from 1789 to 1895", *Journal of Asian Studies*, Vol. 30, No. 2, 1971, p. 271.

〔3〕 详见《淡新档案》（第 22 册）"第二编 民事·田房类：争界、争财"，台湾大学图书馆 2007 年版，第 1~140 页。

〔4〕 参见 Mark A. Allee, *Law and Local Society in Late Imperial China: Northern Taiwan in the Nineteenth Century*, Stanford: Stanford University Press, 1994, p. 163，该书同页还提及另一些例子，比如在"民事门"档案编号为 22609 的案件中，周许氏在通过其向官府递交呈状之外，还先后让其递出了 10 件催呈。

〔5〕 See Melissa Macauley, *Social Power and Legal Culture: Litigation Masters in Late Imperial China*, Stanford, California: Stanford University Press, 1998, pp. 341-342.

词状之上分别盖上"新词""续词""旧词"的不同钤章作为标记。[1]除了第一份词状之外,程德安的后两份词状皆可被视为投词。

如何在不同的阶段适时地提交催呈或投词,甚至还成为一些讼师秘本所传授的专门技法。在清代同治年间的稿本讼师秘本《器利集》之中,写有如下文字:"往上司告状,不可即要叩提,宜用催提纸张。第二状方带提字,第三状放个立提字,即便提矣。若开告提,下状已无可告矣。切记!其上文已提而此案又未提者,要候二三十日方可催提,不可大紧。○作首词须要宽缓,看他如何告来,二词定自己案,三词驳他人案。"[2]

值得注意的是,在诉讼实践之中,"投词"往往并非完全限于对告状或诉状中所述案情的补充说明,很可能与前词差异颇大,结果变成初词耸听而投词始实。这种情形,用明代一本官箴书中所言来概括,即"初告极大,后来投到极小","惟投到之小事,乃其真情节也"。[3]"催呈"也常常并非如滋贺秀三所称的那样"大体为同一内容的申诉再度提起"[4],而很可能是另生枝节,又起一案。《器利集》中传授的如下内容,正好从撰状技法上说明了造就这一特点的部分原因:"词告多人不审者,须另起一案以催之。○此案不足难他,须别出一案以乱之";[5]"前案虚、后案实者,须将后案缩上前案。后案重者,须将后缩案起在前,头词带案而起次案"。[6]

这种情形,自然引起官员们的极大恶感。例如清初循吏黄六鸿便对此心知肚明,他写道:

> 夫格状之外,又有投词者,因格状限字,故须投词详述始末耳。不谓狡诈之徒,欲陷害怨家,恐细事不准,务张大其词,以耸上听。及其

---

[1] 参见中国社会科学院历史研究所收藏整理:《徽州千年契约文书(清·民国编)》(第3卷),花山文艺出版社1993年版,第128页、第139页、第147页。

[2] 参见《器利集》,《三十六桥决·正桥》。《器利集》为笔者所收藏的清代稿本讼师秘本原件,从书中的相关记载来看,该书为江西赣州廪生邹列金所编纂,其成书时间在清同治十年(1871年)之后。

[3] (明)佘自强:《治谱》卷四《词讼门·准状不妨多》,明崇祯十二年(1639年)呈祥馆重刊本,载《官箴书集成》(第2册),第109~110页。

[4] 参见[日]滋贺秀三:"诉讼案件所再现的文书类型——以'淡新档案'为中心",林乾译,载《松辽学刊(人文社会科学版)》2001年第1期。

[5] 《器利集》,《三十六桥决·砌桥》。

[6] 《器利集》,《三十六桥决·缩桥》。

准后，始将所告本情说出，止以一二语撼入，前告之事不粘不脱，其中
又复生波，牵连多人，使上官见其投词，不得罪以前状全虚。据其后词
语本属微末，然前状业为骗准，是朝廷牧民之官既为奸棍害民之具，有
司执法之地又为此辈侮法之场矣。〔1〕

在黄六鸿看来，"凡狱讼止贵初情，若投词之中又添一事、又牵一人，
则前告分明是诳"，因此他主张"除投词不究外，仍将前状审理，如虚反
坐，严行重治，则后此诳告自除而投词亦不至节外生枝矣"。〔2〕而李渔更
是对"好讼之民……以恃有投状一着为退步耳，原词虽虚，投状近实，以
片语之真情，盖弥天之大妄"的手段深恶痛绝，他强烈主张"请督抚严下一
令，永禁投词，凡民间一切词讼，止许一告一诉，此外不得再收片纸"。〔3〕
张我观同样如此认为，他告诫百姓说："词讼止许一告一诉，不得陆续投递，
定例开载甚明，更当一体遵奉，毋许仍前混呈叠诉，滋扰取尤。"〔4〕不过，
黄六鸿等人的上述主张，并未能够阻挡当时词状源源不断地涌入衙门的总体
趋势。

四、明清官府面临的词讼压力

（一）讼案实数

由于催呈与投词之类的文书往往占据词状相当大的比例，一些史料之中
关于词状数量的描述，并不能被看作是当时讼案实数的真实反映。倘若不加
分辨便据以使用，则很容易在戳破厌讼幻象的同时，却又在不经意间构建另
一个言过其实的健讼幻象。

在最初发表于1993年的一篇后来影响甚广的文章中，夫马进曾以张我观
（清康熙末年曾任浙江会稽县知县）、汪辉祖（清乾隆五十二年任湖南宁远县

〔1〕（清）黄六鸿：《福惠全书》卷十一《刑名部·批阅》，清康熙三十八年（1699年）金陵濂
溪书房刊本，载《官箴书集成》（第3册），第329~330页。

〔2〕（清）黄六鸿：《福惠全书》卷十一《刑名部·批阅》，清康熙三十八年（1699年）金陵濂
溪书房刊本，载《官箴书集成》（第3册），第330页。

〔3〕（清）李渔：《论一切词讼》，收入（清）徐栋辑：《牧令书》卷十七《刑名上》，载《官箴
书集成》（第7册），第376页。

〔4〕（清）张我观：《覆瓮集·刑名》卷一《颁设状式等事》，清雍正四年（1726年）刻本，现
藏北京大学图书馆。

知县）和张琦（清道光年间任山东省邱县代理知县）的记载，来说明其时县衙门收到的词状数量之多。[1] 遗憾的是，该文所提及的那些词状份数，后来被另一些学者误作为讼案实数来加以看待。例如山本英史便以夫马进该文所引的张我观记载为参照，将清初江西吉安府下属九县收受的诉讼案件总数过高估算成一个"天文数字"——每年 64 800~90 000 件。[2] 而且，类似的疏失不独上述一例。18 世纪前期任浙江台州府天台县令的戴兆佳，曾在一则告示中声称，"本县莅任以来，披阅呈诉共计千有余纸"。[3] 一篇被译为日文的论文在引述此段文字之时，在行文表述之中，不经意间便将此一千多纸词状快速转换成一千多件诉讼案件。[4]

此类将词状数量直接当作讼案实数的错失，甚至也出现在一些档案研究者的笔下。20 多年前的一份依据巴县档案所做的研究提及，在巴县，"据礼房一本《接词簿》记载，宣统元年五月至宣统二年四月，办理案件 2167 起"，而"处理案件最多的刑房和户房，不知倍于凡几"，并据此推断当时"巴县词讼一年当不下一万件"。[5] 这个庞大得出奇的数字，曾令对巴县档案有着深入研究的白德瑞（Bradly W. Reed）心存疑虑。他提供了另一个其认为更值得相信的数字来表达怀疑之情，即从 1907~1909 年（即光绪三十三年至宣统元年）巴县知县所呈交的报告来看，巴县衙门每年平均受理 633 起民事新案，尽管"这个平均数很有可能要比其实际受理的民事案数为低，因为出于考绩的考虑，县官们往往都习惯于向上少报其治下的讼案数量"。[6] 但白德瑞并未指出前一个数字缘何不可信的症结所在。其实，问题的关键正是在于，《接

---

〔1〕 参见［日］夫马进："明清时代的讼师与诉讼制度"，载［日］滋贺秀三等著，王亚新等编译：《明清时期的民事审判与民间契约》，法律出版社 1998 年版，第 392~393 页。

〔2〕 参见［日］山本英史："健訟の認識と実態——清初の江西吉安府の場合"，载［日］大岛立子编：《宋—清代の法と地域社會》，东洋文库 2006 年版，第 192 页。

〔3〕 （清）戴兆佳：《天台治略》卷七《告示·一件严禁刁讼以安民生事》，清活字本，载《官箴书集成》（第 4 册），第 172 页。

〔4〕 参见陈宝良："'郷土社会'か'好訟'社会か？——明清时代の'好訟'社会の形成およびその諸相"，［日］水越知译，载［日］夫马进编：《中国訴訟社会史の研究》，京都大学学术出版会 2011 年版，第 269 页。需要说明的是，笔者并未见到该文的中文原稿，故而暂时无法断定此系中文原稿表述如此还是被译成日文时所生的曲解问题。

〔5〕 李荣忠："清代巴县衙门书吏与差役"，载《历史档案》1989 年第 1 期。

〔6〕 See Bradly W. Reed, *Talons and Teeth: County Clerks and Runners in the Qing Dynasty*, Calif.: Stanford University Press, 2000, pp. 205–206.

词簿》通常只是依期记载衙门所收的各份词状，而这些词状的数量并不能被等同于其实际涉及的讼案数量。[1]

不过，对于讼案实数而言，这些词状数据也并非全无参考价值。麦柯丽综合汪辉祖所留记载中的若干线索，认为汪氏所收词状之中大概有 5% 构成新案。[2] 以这一比例为基准，她对那些为数众多的词状当中究竟包含了多少新案进行了粗略估算：偏远的宁远县每年有 480 起新案，湘乡这一要县则有 720~960 起新案，而即便采用蓝鼎元所报称的最低数字，位于东南沿海的揭阳和海阳每年的新案也多达 1800 起。[3] 当然，这毕竟只是她所做的大致估算而已，5% 的比例未必各地皆准。在对四川巴县档案进行深入研究后，夫马进发现，在清代同治年间，巴县衙门每年所收到的词状数量为 12 000~15 000 件，但实际上，从现存的档案来看，新控讼案的件数每年只有 1000~1400 件（年平均 1098 件）。[4] 这意味着，在同治朝巴县衙门的全部词状之中，约有 8%~9% 构成新案。尽管并非精确的估算，但参照上述例证稍做推延，似可大致认为，18 世纪以来，清代各地州县衙门每年所面临的新案数量，很可能往往不到其所收词状总数的 1/10。

（二）衙门放告与积案

明清政府采取各种措施，试图对这一诉讼大潮加以遏阻，就放告日所做的控制即属其中之一。在十七十八世纪，在农忙季节（自四月初一至七月三

---

[1] 笔者在 2011 年 9 月间专程至四川省档案馆查阅档案，恰逢档案馆装修致一些档案被封存而无法调阅，未能找到前述那本宣统年间的礼房《接词簿》。2016 年 4 月，笔者再次至四川省档案馆查阅档案，才终于见到此份礼房《接词簿》。而从白德瑞的专著所写来推断，他似乎未见过这份资料。

[2] 麦柯丽所称的线索，分别来自汪辉祖所撰的《病榻梦痕录》和《学治说赘》。汪辉祖曾在《病榻梦痕录》中提及自己在乾隆五十二年（1787 年）任湖南宁远知县时，"三八收辞，日不下二百余纸计"，参见（清）汪辉祖：《病榻梦痕录》卷下，清道光三十年（1850 年）龚裕刻本，收入《续修四库全书》（555 册），"史部·传记类"，上海古籍出版社 1995 年版，第 647 页。而他在《学治说赘》中则说道："邑虽健讼，初到时词多，然应准新词每日总不过十纸，余皆恳词、催词而已。"参见（清）汪辉祖：《学治说赘》，《理讼簿》，清同治十年（1871 年）慎间堂刻汪龙庄先生遗书本，载《官箴书集成》（第 5 册），第 308 页。

[3] See Melissa Macauley, *Social Power and Legal Culture: Litigation Masters in Late Imperial China*, Stanford, California: Stanford University Press, 1998, p. 342.

[4] 参见［日］夫马进："中国诉讼社会史概论"，载［日］夫马进编：《中国訴訟社会史の研究》，京都大学学术出版会 2011 年版，第 73~76 页、第 109 页。

十）之外〔1〕，大多数的州县对于民事讼案奉行每月"三六九放告"的惯例，即将每月的初三、初六、初九、十三、十六、十九、廿三、廿六、廿九定为受理民词的放告日。这种做法至少可追溯至明代。明代以来，尽管在一些"民淳事简之地"也有施行"初二、十六放告"的做法，〔2〕但"三六九放告"已逐渐成为大部分州县衙门奉行的惯例。撰者不详的官箴书《居官格言》之中收录的一则关于递状日期的文告显示，至少从明武宗正德年间（16世纪前期）开始，三六九放告的做法便已被不少地方衙门所采用。〔3〕吴遵在明末撰写《初仕录》之时，便清楚地记载："放告明开告示，或三或六或九。"〔4〕明代关于州县放告的惯例，也为清代所继承。一直到19世纪中期左右，清代的多数衙门皆奉行"三六九放告"的定例。成书于17世纪末的《福惠全书》中明确写道："凡告期必以三六九日为定。"〔5〕根据康熙末年刊刻的《天台治略》中的记载，在18世纪前期的浙江天台，凡有词状相告者，"俱于三六九日期当堂投递"。〔6〕

　　不过，到了19世纪中后期，"三六九放告"的做法，开始在绝大多数的清代州县被"三八放告"的新惯例所取代，亦即民事讼案的放告日被压缩为每月初三、初八、十三、十八、廿三、廿八，从原先的九日减至六日。19世纪前期刊行的《州县事宜》（该书得到雍正皇帝谕旨钦颁）中提到："州县放

　　〔1〕　需要指出的是，尽管清代法律规定每年四月初一至七月三十日农忙时节停讼，仅受理刑事案件，但并不意味着一切民事讼案在此期间都无法提起，实际上，"农忙虽有停讼之例，亦有不应停讼之例"，参见（清）陈宏谋：《申明农忙分别停讼檄》，收入（清）徐栋辑：《牧令书》卷十七《刑名上》，载《官箴书集成》（第7册），第399页。

　　〔2〕　"民淳事简之地，初二、十六放告，此正理也。"参见（明）余自强：《治谱》卷四《词讼门·准状不妨多》，明崇祯十二年（1639年）呈祥馆重刊本，载《官箴书集成》（第2册），第108页。

　　〔3〕　参见（明）不著撰者：《居官格言》下篇《施行条件·放告》，明崇祯金陵书坊唐氏刻官常政要本，载《官箴书集成》（第2册），第78~79页。

　　〔4〕　（明）吴遵：《初仕录·刑属·严告诘》，明崇祯金陵书坊唐氏刻官常政要本，载《官箴书集成》（第2册），第52页。

　　〔5〕　参见（清）黄六鸿：《福惠全书》卷十一《刑名部·放告》，清康熙三十八年（1699年）金陵濂溪书房刊本，载《官箴书集成》（第3册），第328页。

　　〔6〕　（清）戴兆佳：《天台治略》卷七《告示·一件示谕放告日期事》，清活字本，载《官箴书集成》（第4册），第171页。

告不可拘三六九日。"〔1〕这似乎在暗示"三六九放告"的通例当时虽尚属常见，但可能已有所改变。进入 19 世纪中后期，放告日在很多州县衙门都有所减少，取而代之的是"三八放告"这种通常做法。〔2〕19 世纪中期刊刻的《牟公案牍存稿》在叙及放告之期时，便已直接写为"三八收呈之日"。〔3〕而 19 世纪末刊行的《平平言》一书中则更是明确写道："三八放告，上下衙门通例也。"〔4〕

上述变化表明，帝国衙门试图通过缩减放告日的方式，来达到减少衙门收词总量进而减轻压力的目的。一些地方官更是未雨绸缪，在农忙停讼行将结束、衙门开始放告之初，便发布告示劝诫百姓切勿受健讼之人唆使而轻易兴讼。〔5〕在晚清，一些为繁剧词讼所累而感到烦不可耐的衙门，为了减少所收词状的总量，甚至立下了被抨击为"千古未闻之奇政"的规矩：严格限定三八放告之时收受词状的数额，根据定额，每期只接受多少张新词、多少张旧词，超过限额的便不再收受。对于这种荒谬的做法，时人王韬以"考试之士子文章尽好，竟以额满而见遗"加以讽喻，并表示"不亦大堪骇异耶"。他的批评还透露，当时甚至有极个别的衙门为了避免讼累而竟然"概不收呈"。〔6〕

然而，这些措施总体成效不大。清代的各级衙门，均不同程度地困扰于其治下未决积案的广泛存在，一些区域尤为严重。例如在嘉庆十二年（1807

---

〔1〕 参见（清）田文镜：《州县事宜·放告》，清道光八年（1828 年）刊本，载《官箴书集成》（第 3 册），第 666 页。

〔2〕 需要指出的是，"三八放告"的做法并非 19 世纪以来方才出现，至少在 13 世纪中期以前，已有一些衙门将此例适用于一般案件的受理上，例如在写于南宋端平乙未（1235 年）的《昼帘绪论》一书之中，已有"县道引词，类分三八"的记载，参见（宋）胡太初：《昼帘绪论·听讼篇第六》，百川学海景刊宋咸淳本，载《官箴书集成》（第 1 册），第 105 页。但同书中也有主张"间日放告"的文字。这似乎表明南宋时并未如清代一样形成被大部分衙门所遵行的放告日通例。南宋时期将受理词讼的日期称为"引状日分""放词状日"，关于南宋讼牒案件受理时间的情况，可参见刘馨珺：《明镜高悬：南宋县衙的狱讼》，北京大学出版社 2007 年版，第 66~71 页。

〔3〕 （清）牟述人：《牟公案牍存稿》卷一《访拏讼师示》，清咸丰壬子（1852 年）西湖公寓开雕本，现藏中国社会科学院法学研究所图书馆。

〔4〕 （清）方大湜：《平平言》卷二《三八放告》，清光绪十八年（1892 年）资州官廨刊本，载《官箴书集成》（第 7 册），第 639 页。

〔5〕 例如，《湖南省例·刑律》卷十二《诉讼·教唆词讼·严禁讼师讼棍诬告越诉》，北京大学图书馆藏本。

〔6〕 参见（清）王韬：《论息讼之难》，收入（清）宜今室主人编：《皇朝经济文新编·西律》卷二，文海出版社 1987 年影印版，据清光绪二十七年（1901 年）上海宜今室石印本影印，第 196 页。

年），根据安徽等九省省级衙门的奏报，福建巡抚衙门先前所积压的未结讼案达 2977 案，而湖南省级衙门所积压的未结积案更是高达 3228 件之多（这意味着该省当年每 5008 人中就有一起积案），即便是积压讼案数量相对较少的陕西，也上报了 208 件。[1] 此种常被形容为"讼案山积"的情形，并不能简单地被归咎为地方官员的懈怠其职，而毋宁是在清代故步自封的制度设计之下，州县衙门的有限理讼能力（一个州县衙门平均每月所能实际审结的词讼案件数量一般只有一二十件不等），在遭遇总体上日渐扩大的民间词讼规模之时不可避免的后果。[2]

五、"鼠雀细事"及其讼争之物

（一）明清司法中的"细故"

明清时期的官员们在面对积案而痛斥健讼之风时，往往都会强调讼民们通常将大量本不应该烦扰官府的琐屑纠纷提至衙门。

康熙年间徽州境内发布的一则官府告示提及，在很多看似严重争端的词状背后，真正隐藏的其实不过是民间轻微纠纷："或因口角微嫌而驾弥天之谎，或因睚眦小忿而捏无影之词，甚至报鼠窃为劫杀，指假命为真伤，止图诳准于一时，竟以死罪诬人而弗顾……更有不论事之大小，情之轻重，理之曲直，纷纷控告。一词不准必再，再投不准必三，而且动辄呼冤，其声骇听。及唤之面讯，无非细故。"[3]

其中所称的"细故"，又常被称为"细事"，乃是清代诉讼法制中的一个基本分类概念。清代法律明确将讼案区分为"重情"与"细事"。[4]其中前者常以"命盗重案"来指称，有时也被略称为"案件"；后者则是指事关婚

---

〔1〕 See Melissa Macauley, *Social Power and Legal Culture: Litigation Masters in Late Imperial China*, Stanford, California: Stanford University Press, 1998, pp. 66-67.

〔2〕 参见尤陈俊："清代简约型司法体制下的'健讼'问题研究——从财政制约的角度切入"，载《法商研究》2012 年第 2 期。

〔3〕 （清）吴宏：《纸上经纶》卷五《禁健讼》，据清康熙六十年（1721 年）吴氏自刻本整理，载郭成伟、田涛整理：《明清公牍秘本五种》，中国政法大学出版社 1999 年版，第 221 页。

〔4〕 例如《大清律例·刑律·诉讼·告状不受理》中关于农忙止讼的一条例文将"谋反、叛逆、盗贼、人命及贪赃坏法等"名之为"重情"，而以"细事"来指称"户婚、田土等"，参见（清）薛允升：《读例存疑》，胡星桥、邓又天点注，中国人民公安大学出版社 1994 年版，第 684页。

户、田土、钱债之类的诉讼，按照清代的规定，这属于州县"自理词讼"的范围，因此也有人直接将之唤为"词讼"。[1] 由于"户婚、田土、钱债及一切口角细故，乃民间常有之事"，[2] 官方认为涉及此类的词讼过于琐细。因此，正如乾隆年间的一份告示所形容的，它们被看作是"鼠牙雀角微嫌"。[3]

尽管"户婚、田土、钱债、偷窃等案，自衙门内视之，皆细故也"，被看作是一些鸡毛蒜皮的轻微纠纷，但是正如方大湜所意识到的，"自百姓视之，而利害切己，故并不细"。[4] 而正是由于此类常见的纠纷于百姓而言往往具有直接利害关系，结果造成"一州一县之中，重案少，细故多"，[5] 以至于晚清时期的樊增祥甚至声称，中简州县"所听之讼皆户婚田土、诈伪欺愚"。[6] 因此，它们是衙门讼案之中占据相当比例的重要部分，处理民事讼案也就成为州县官们所经常面对的事务。

当代的多份研究不同程度地支持了上述判断。黄宗智对清代巴县、宝坻和淡水—新竹等三地的现存诉讼档案所做的研究表明，诸如此类的民事讼案，大概要占到衙门处理总案数的1/3。[7] 而包恒对1789~1895年的淡新档案现存卷宗进行辨认后统计发现，尽管无法找到绝对精确的标准用以分类，但可以认为这是由555起行政事务案件、218起民事讼案和361起涉及刑事的案件所构成。也就是说，其中19.2%属于"细事"案件，并且，"细事"案件所

---

〔1〕"自斥革衣顶、问拟杖徒以上，例须通详招解报部，及奉各上司批审呈词，须详覆本批发衙门者，名为案件。其自理民词，枷杖以下，一切户婚、田土钱债、斗殴细故，名为词讼。"见（清）包世臣：《齐民四术》卷七下《刑一下·为胡墨庄给事条陈清理积案章程折子》，潘竟翰点校，中华书局2001年版，第252页。

〔2〕（清）方大湜：《平平言》卷二《为百姓省钱》，清光绪十八年（1892年）资州官廨刊本，载《官箴书集成》（第7册），第638页。

〔3〕《湖南省例·刑律》卷十二《诉讼·教唆词讼·严禁讼棍以安良善良》："乾隆四十九年十二月初一日，奉巡抚部院陆札开。照得楚南民情素称好讼，每因鼠牙雀角微嫌，辄架虚词，频年讦告……""鼠牙雀角"的说法，典出《诗经·召南·行露》，参见（清）阮元校刻：《十三经注疏》（上册），中华书局1980年版，第288页。

〔4〕（清）方大湜：《平平言》卷三《勿忽细故》，清光绪十八年（1892年）资州官廨刊本，载《官箴书集成》（第7册），第675页。

〔5〕（清）方大湜：《平平言》卷三《勿忽细故》，清光绪十八年（1892年）资州官廨刊本，载《官箴书集成》（第7册），第675页。

〔6〕（清）樊增祥：《樊山政书·批拣选知县马象雍等禀》，那思陆、孙家红点校，中华书局2007年版，第595页。

〔7〕[美]黄宗智：《清代的法律、社会与文化：民法的表达与实践》，上海书店出版社2001年版，重版代序，第5页。

涉的内容，遍及民事生活的方方面面。[1]

既然婚户、田土、钱债等纠纷被冠以"鼠雀细事"之类的鄙称，那么意味着，如果民众直接据此呈控，将很可能会被官府认为过于琐屑而不予受理。这使得讼民们不得不采取相应的对策。用黄六鸿的话来说，"恐细事不准，务张大其词，以耸上听"。[2]19世纪后期《申报》上刊登的一篇时论举例说，在词状之中被写成"白昼鸣锣连毙二命"的某起控案，其实不过是"卖糖者手敲小锣，践毙小鸡二只"而已。[3]除了夸大其词这种为官方所深恶痛绝的谎状技法之外，[4]讼民们尚有其他的手段。在16世纪后期编纂的讼师秘本《珥笔肯綮》之中，其编者在评点一则状词时指出，由于"此系小事，多难告准"，故而撰状之人在词内多叙述了一些煽情的"闲话"，"布情以动人"。[5]

（二）"细故"具象：以《珥笔肯綮》与《器利集》为例

令人感兴趣的是，这些往往通常被官方认为在词状中夸大其词而实则轻微的"鼠雀细事"，事实上究竟有多琐细？或者说，其讼争的对象是否真得如官方所不屑的那样皆属鸡毛蒜皮？

《珥笔肯綮》中的前述诉状显示，该案起因于某人借银5两却久赖不还。在《珥笔肯綮》成书的1580年代左右（即明神宗万历中期），根据学者的研究，白米一石价约800文，在京师宛平，每一匹绢值价6钱整，即便是在山多地少、田价甚昂的徽州，从一些契约上的记载来看，万历时期每亩地一般也不会超过10两（五六两居多）。[6]可见5两的债务在当时绝非小数目，尤

---

〔1〕 See David C. Buxbaum, "Some Aspects of Civil Procedure and Practice at the Trial Level in Tanshui and Hsinchu from 1789 to 1895", *Journal of Asian Studies*, Vol. 30, No. 2, 1971, pp. 264-267.

〔2〕 （清）黄六鸿：《福惠全书》卷十一《刑名部·批阅》，清康熙三十八年（1699年）金陵濂溪书房刊本，载《官箴书集成》（第3册），第329页。

〔3〕 参见《申报》（第21册），上海书店出版社1983年影印版，第859页，1882年10月11日号。

〔4〕 可参见尤陈俊："从讼师秘本到新式诉讼指导用书：中国法制近代化背景下的撰状技巧之变"，载陈金全、汪世荣主编：《中国传统司法与司法传统》（下册），陕西师范大学出版社2009年版，第742~754页。

〔5〕 参见（明）新安婺北小桃源觉非山人：《珥笔肯綮·户·财本私债》，现藏江西省婺源县图书馆。关于《珥笔肯綮》的考证，参见［日］夫马进："讼师秘本《珥笔肯綮》所见的讼师实象"，严雅美、廖振旺译，载邱澎生、陈熙远编：《明清法律运作中的权力与文化》，联经出版事业股份有限公司2009年版，第14~15页。

〔6〕 参见黄冕堂：《中国历代物价问题考述》，齐鲁书社2008年版，第59页、第107页、第141~142页。

其对于下层百姓而言更是如此。而在觉非山人看来，这样的官司在官方那里很可能只被视为"小事"。这个例子多少能表明，那些被官方称为"鼠雀细事"的讼案，实际上却可能在经济意义上对当事人相当重要。

官方将民事讼案贬称为"鼠雀细事"，可能是受到一些比较特殊但令人印象深刻的民事讼案的影响所致。大约成书于清代同治年间的稿本讼师秘本《器利集》，其编纂者江西赣州廪生邹列金收录了不少当地的讼案文书（涉及其族人的颇多），其中包括道光年间一件"猫儿官司"的两份文书。

这两份文书的文字记载显示，该案是由一只丢失的猫儿所引发的相互控告。民人王某、张某两家都丢失了猫儿。道光某年的三月廿七日，王某丢失的雌猫被蔡某捡到，但不久后王某便到蔡家认领。这只雌猫被王某带回家中养了数月之后，后来生下了三只小猫。张某得知后，声称王某的猫儿正是他先前丢失的那只，不听中人劝说，于该年六月十九日趁无人注意之际，将王某的那只母猫捉走。并且，张某事后还到县衙控告王某偷窃其衣衫、猫儿等。王某获悉后，以"盗反捏窃"等情反控张某，其亲邻则向衙门呈递甘结，声称王某"父子素履无嫌，迹形无玷，何得有行窃之事，且伊父子端悫，并无盗窃过犯"，请求县宪主大爷断明张某"控窃衣衫、猫儿等项，实无此情，原属虚捏"。面对两家的相互控告，县官签票唤究。此时，当地的士绅表示"不忍坐视听其终讼"，在两造之间进行调解，最终斡旋出一个张某拥有母猫而小猫归王某所有的和解方案。王某、张某均表示接受这一方案。士绅于是向县衙递交了请求销案的和息状，声称若蒙准息则"不惟两造戴德，即生等均沐鸿慈"。[1]

上述那样的"猫儿官司"虽不多见，但并非绝无仅有。宋人范峿便曾有诗云："些小言词莫若休，不须经县与经州。衙头府底赔杯酒，赢得猫儿卖了牛。"[2]"赢得猫儿卖了牛"，这或许有文学性的夸张成分在内，未必确有其事，不过也并非全无可能。在帝制中国时期，民人由于一时之气蒙蔽了功利上的算计而发动诉讼的例子，也并非鲜见。不然的话，在康熙二十二年（1683年）所立的一通劝诫民人切勿好讼的碑刻上，两江总督于成龙也不至于写下这样的文字——"乃若好讼犹可异，事其睚眦极细微。不肯按住心头

---

〔1〕 详见《器利集》《诬盗乡村进公呈》与《盗情和息》。原书隐去了张某和王某的名，只留下其姓氏。

〔2〕 （明）凌濛初等：《别本二刻拍案惊奇》卷十《赵五虎合计挑家衅，莫大郎立地散神奸》，萧相恺点校，浙江古籍出版社1993年版，第173页。

刀,非争名利只争气"。[1]

(三) 重思"细故"的意涵

由此看来,尽管清代的绝大部分民众视打官司为畏途,但衙门公堂却未必就是与其完全隔绝的神秘所在。这或许可以用"恐惧下的可就性"(黄宗智语)来概括。[2] 在某些情况下,他们甚至可能主动将一些的确非常琐屑的事端提交给官方,[3] 从而在官方那里加深了"健讼"的成见。从这个意义上讲,对于在纷繁词讼面前业已穷于应付的衙门来说,官员们将民事讼案鄙称为"鼠雀细事",未必就一定是全无道理。

不过,"鼠雀细事"之称的真正含义,并不在于认为此类讼争之物的价值均低得微不足道,不值一提,而更可能是官方试图借助此类鄙称来表达如下意思,即民众不应该动辄将琐屑的纠纷闹到几已不堪重负的衙门面前,而首先应该由社会(宗族、行会等)尽最大努力来自行化解。潜藏在这种有着特殊含义的称谓之背后的,除了在儒家意识形态之支配性影响下形成的治理理念之外,还有受制于财政因素及其模式的司法体制之特征。从某种意义上讲,"细故""鼠雀细事"之类的称谓,究其实质而言,与清代官方所持的"健讼"之论相同,可被视为在官府理讼能力与民间诉讼需要之间的张力不断拉大的社会现实面前,"当时的司法体制,在'制度资源'方面逐渐无法有效地应对社会情势变迁之时,用来弥补其正当性和合理性的一种'话语资源'"。[4]

---

[1] 该碑刻现藏于苏州碑刻博物馆,其上所刻的《忍字歌》碑文,参见王国平、唐力行主编:《明清以来苏州社会史碑刻集》,苏州大学出版社 1998 年版,第 553~554 页。

[2] [美] 黄宗智:《清代的法律、社会与文化:民法的表达与实践》,上海书店出版社 2001 年版,第 181 页。艾马克(Mark A. Allee)也对"中国人鉴于诉讼带来的风险与钱财耗费,而几乎竭尽所能地避免与法律的纠缠"的说法表示质疑,并且强调:"甚至连平民百姓也乐意利用国家的法律结构,他们的这种意愿不应再让我们感到诧异。" Mark A. Allee, *Law and Local Society in Late Imperial China: Northern Taiwan in the Nineteenth Century*, Stanford: Stanford University Press, 1994, p.164。

[3] 在 1898 年之后"租借"给英国的威海卫,英国官员便见识到中国人的"好讼"。最早来到威海卫的英国裁判官中的一位甚至如此写道:"本地民众热衷于打官司,且将其视同于上剧场或其他休闲场所一般。"当然,这种情形有其特殊背景:"威海卫的任何居民只要递交诉状就可以得到裁判官的帮助",而"与调解相比,诉讼花费很少"。参见 [马来西亚] 陈玉心、赵岚:"清代健讼外证——威海卫英国法庭的华人民事诉讼",赵岚译,苏亦工校,载《环球法律评论》2002 年第 3 期,亦可参见 Carol G. S. Tan, *British Rule in China: Law and Justice in Weihaiwei 1898-1930*, London: Wildy, Simmonds and Hill Publishing, 2008, pp.184-220。

[4] 详见尤陈俊:"清代简约型司法体制下的'健讼'问题研究——从财政制约的角度切入",载《法商研究》2012 年第 2 期。

六、"诉讼社会"的区域错综性

在 18 世纪中叶，清人袁守定如此描绘帝国南方的健讼之烈："南方健讼，虽山僻州邑，必有讼师。每运斧斤于空中，而投诉者之多，如大川腾沸，无有止息。办讼案者不能使清，犹抶川流者不能使竭也。"〔1〕由于帝国官员们在论及民间词讼之时往往因其成见而下笔偏颇，这番即便山僻州邑也是讼民川流不息的景象，自然也难免包含夸张的成分在内。而且，正如袁守定也已经意识到的，"南北民风不同"，词讼有繁有简。但即使如此，前引数量如此众多的史料记载，已足以共同向我们展示了一幅与先前印象大不相同的社会图景：明清时期，至少在帝国的不少区域，奔走在前往衙门途中的涉讼小民，可能谈不上络绎不绝，但也为数可观。

而且，当时的一些人们也很可能对此深信不疑。在 19 世纪晚期，当出任陕西臬司之职的樊增祥发现三原县令上报的月报清册中并无一起自理案件之时，他根本就不相信其所报属实。樊增祥因此在批词中对该县令加以嘲讽："三原之民竟一月不打官司乎？抑因该令不能问案，不屑告状乎？该令腼颜注册，深堪怪异！"〔2〕这不禁让人想起乾嘉时人崔述的那一番言论，"自有生民以来，莫不有讼。讼也者，事势之所必趋，人情之所断不能免者也"。〔3〕这番当年也许尚显另类的言说，后来却逐渐因为词讼日渐汹涌而被越来越多的官员们无可奈何地实际承认。

一位论者多年前曾强调说："尽管'健讼'的概念应当被视为一个相对的说辞，清代社会无疑相当好讼。"〔4〕这一概括，可以追溯到夫马进的先行研究。在其关于明清讼师的系列研究之中，夫马进曾开创性地将明末以后的中

---

〔1〕 （清）袁守定：《图民录》卷二《南北民风不同》，清光绪五年（1879 年）江苏书局重刊本，载《官箴书集成》（第 5 册），第 202 页。

〔2〕 （清）樊增祥：《樊山政书·批三原县六项月报清册》，那思陆、孙家红点校，中华书局 2007 年版，第 6 页。

〔3〕 参见（清）崔述：《无闻集》卷二《讼论》，收入顾颉刚编订：《崔东壁遗书》，上海古籍出版社 1983 年版，第 701 页。

〔4〕 Guangyuan Zhou, "Beneath the Law: Chinese Local Legal Culture during the Qing Dynasty", Ph. D. dissertation, University of California, Los Angeles, 1995, p. 5.

国社会形容为"诉讼社会"。[1]"诉讼社会"的提法，后来不仅为日本的其他学者（如寺田浩明）所接受并加以使用[2]，近年来其影响也逐渐扩展至中国学界，以至于有中国学者也开始使用"健讼社会"这样大同小异的变称。[3]中日学者这些名虽有小异但其质实同的提法，在有助于我们重新认识明清司法与社会的同时，或许也应当稍作修正。

如同我们在前文中所看到的，在目前所见关于"健讼之风"的资料之中，绝大部分均为描述帝国疆域内东南沿海和南方诸省的情形。具体而言，那些素称"健讼"之地，主要包括湖南、湖北、江西、安徽、浙江、江苏、福建和广东等省，其中的一些省份（例如江西、湖南与湖北）甚至长期被视为健讼之渊薮。[4]尽管健讼之风在明清以来也不同程度地向四川、山东、河南、陕西等其他地区扩散，[5]但东南沿海和南方的上述诸省始终构成其核心区域。

事实上，清代的数位论者便已从不同的角度强调过当时讼风分布的"南

---

〔1〕 夫马进早期关于明末以来"诉讼社会"的提法，参见［日］夫马进："明清时代的讼师与诉讼制度"，载［日］滋贺秀三等著，王亚新等译：《明清时期的民事审判与民间契约》，法律出版社1998年版，第411页；［日］夫马进："讼师秘本《萧曹遗笔》的出现"，载［日］寺田浩明主编：《中国法制史考证·丙编第四卷·日本学者考证中国法制史重要成果选译·明清卷》，郑民钦译，中国社会科学出版社2003年版，第490页。夫马进还将其主持的一个日本学术振兴会科学研究费补助金研究计划直接名之为"東アジア史上における中国訴訟社会の研究"（"东亚历史上的中国诉讼社会之研究"，2006年4月至2010年3月），其研究成果已于2011年结集出版。值得注意的是，在该书中，夫马进还主要依据王符《潜夫论》中的相关记载，实际上将诉讼社会的雏形向前推进至后汉时期，参见［日］夫马进："中国诉讼社会史概论"，载［日］夫马进编：《中国訴訟社会史の研究》，京都大学学术出版会2011年版，第30~42页。

〔2〕 参见［日］寺田浩明："中国清代的民事诉讼与'法之构筑'——以《淡新档案》的一个事例作为素材"，李力译，载易继明主编：《私法》（第3辑第2卷），北京大学出版社2004年版，第306页。

〔3〕 例如邓建鹏："清代健讼社会与民事证据规则"，载《中外法学》2006年第5期。

〔4〕 参见方志远：《明清湘鄂赣地区的人口流动与城乡商品经济》，人民出版社2001年版，第190~203页；陈宝良："'乡土社会'か'好讼'社会か？——明清时代の'好讼'社会の形成およびその諸相"，［日］水越知译，载［日］夫马进编：《中国訴訟社会史の研究》，京都大学学术出版会2011年版，第267~269页。山本英史指出，江西自宋代至清初一直被地方官僚们作为"健讼之地"大书特书，乃是出于一种延续传统说法的成见，参见［日］山本英史："健讼の認識と実態——清初の江西吉安府の場合"，载［日］大岛立子编：《宋—清代の法と地域社會》，东洋文库2006年版，第195页。

〔5〕 可参见方志远：《明清湘鄂赣地区的人口流动与城乡商品经济》，人民出版社2001年版，第190~203页；邓建鹏："清代健讼社会与民事证据规则"，载《中外法学》2006年第5期；［日］山本英史："健讼の認識と実態——清初の江西吉安府の場合"，载［日］大岛立子编：《宋—清代の法と地域社會》，东洋文库2006年版，第194~195页。

北"问题。清代名幕万维瀚在乾隆初年谈论习幕之道时指出："北省民情朴鲁，即有狡诈，亦易窥破。南省刁黠最多，无情之辞每多出意想之外，据事陈告者不过十之二三。"[1] 此中所着重强调的南北词状之风格差别，正是讼风之中的重要内容之一。袁守定在稍后的 18 世纪中期所描述的"南北民风之不同"，其实即为"南北讼风之不同"。他在描绘南方的健讼情形之后，作为对照，认为"北方则不然，讼牍既简，来讼者皆据事直书数行可了。即稍有遮饰，旋即吐露"。[2] 类似的论调，也出现在差不多同一时期的一些官员奏折之中。乾隆二十九年（1763 年）八月十七日，江苏按察使钱琦在呈递皇帝的一份奏折中表示，其在履任之后"于一切词讼时时留心"，结果每每发现"江北民情朴实，词状稀少，即有一二控告之人，词意肤浅，虚实一览可尽，讼棍唆使尚属间有之事。至江以南，则讦讼成风，除按期放告外，拦舆喊冤投递者，殆无虚日"。[3] 按照钱琦所言，在江苏一省之内，其地讼风便因长江之隔而南北颇有不同。这些论述，无疑暗示了清代讼风的一种总体性分布状况，即清代所谓的"健讼之风"，其影响所及虽然可能已远至西北及北方，但其核心区域则主要在长江以南的省份。易言之，清代的"健讼之风"并非同等烈度地席卷帝国全境，而是主要集中分布在南方与东南诸省。

倘若深入考察的话，我们甚至还可以进而发现，所谓的"南北"之别，实际上也并不具有精确界分的意涵，甚至还容易掩盖某些问题。一个足以说明此点的个案是清代广东的情形。位处南方沿海的广东，在清代通常被视为健讼之风最剧的帝国疆域之一，其积案率位居全国所有省份之前列。例如在嘉庆十二年（1807 年）各省巡抚奉命上报各省级衙门的未结案件数之时，广东便上报了 2107 起未结讼案，仅次于湖南上报的 3228 起和福建上报的 2977起，在总数上位居全国第三，而按照人均积案率（未结案件总数除以人口总数）来算，也同样名列全国三甲之末。[4] 此种粤省乃属健讼之地的总体印

〔1〕（清）万维瀚：《幕学举要·总论》，清光绪十八年（1892 年）浙江书局刊本，载《官箴书集成》（第 4 册），第 732 页。

〔2〕（清）袁守定：《图民录》卷二《南北民风不同》，清光绪五年（1879 年）江苏书局重刊本，载《官箴书集成》（第 5 册），第 202~203 页。

〔3〕"江苏按察使臣钱琦谨奏为请严积惯讼棍之例，以杜刁健，以安良善事"，见《宫中档乾隆朝奏折》（第 22 辑），我国台湾地区"故宫博物院"1984 年影印本，第 448 页。

〔4〕See Melissa Macauley, *Social Power and Legal Culture*: *Litigation Masters in Late Imperial China*, Stanford, California: Stanford University Press, 1998, pp. 66~67.

象，晚近以来更是借助于不少论著对曾经任官广东的一些清代官员所记文字的引述（蓝鼎元的《鹿洲公案》便是最常被引证的史料之一），在学界不断得到强化。实际上，即便是在广东，其辖下各府县衙门的收呈情况，也并非均是如同蓝鼎元所描述的潮阳县那样放告一日便会收词逾千。杜凤治曾在同治年间就任广东肇庆府广宁县知县，根据其所撰《望凫行馆宦粤日记》中的相关记载，在同治五年（1866 年）的十月、十一月和同治六年的六至十二月，三八放告之时，广宁县衙每日所收的呈状总数，最多之时也只有四十二张，通常以从十几张到二十几张不等的情形居绝大多数。杜凤治还在其日记中描述了紧邻广宁的四会县的情形——"每乡呈词多至十余张止矣"。[1] 这一例子提醒我们注意，当我们描述粤省讼风之时，也应当注意该省内部的区域差异，比如蓝鼎元任职的潮州府潮阳县和杜凤治任职的肇庆府广宁县的各自情形，便很可能大不相同。[2] 而且，不独广东如此，东南沿海和南方其他被总体归入健讼区域之列的其他诸省亦不应例外。

因此，"诉讼社会"的提法，在启发我们去反思学界成说的同时，亦容易不经意间将一些人云亦云的后来者导向另一个均质而论的学术陷阱。倘若笼统地使用此一概括而不是立体化地去深入理解，如前所示，很可能会遮蔽和忽略核心/非核心区域的相对差别，以及那些所谓核心区域内部的错综结构。尤其是考虑到"二次简化引证"之风在当代中国法律史论著的大量存在（即在简化引用前人所创的某个新学术概念之时，却不对前人用来论证支撑这一学术概念的事实论据保持应有的鉴别意识乃至进行必要的重新检讨），如果片面地突出"诉讼社会"这一宽泛概念，固然能对"厌讼"旧论有所拨正，但很可能又将塑造出另一种似乎万家皆赴讼的新幻象。而这种"诉讼社会"之区域错综性实相及其彼此异同具体如何，以及如何在观照到区域性差异的同

---

〔1〕 参见张研：《清代县级政权控制乡村的具体考察——以同治年间广宁知县杜凤治日记为中心》，大象出版社 2011 年版，第 187~189 页、第 231 页。

〔2〕 步德茂（Thomas Michael Buoye）对 18 世纪粤省财产权纠纷的地理分布的细致考察，可以作为我们理解这一问题的有用参照，参见 Thomas M. Buoye, *Manslaughter, Markets, and Moral Economy: Violent Disputes over Property Rights in Eighteenth Century China*, New York: Cambridge University Press, 2000, pp. 131-132. 此外，清代的县等制度亦有助于我们深入探讨这一问题。例如潮州府居粤省之最东，蓝鼎元任职的潮阳县在该府之东南部，其县等为"疲繁难"，其官缺为"要缺"，而杜凤治任职的肇庆府广宁县位处粤省中部偏西北，在清代划分不同县等的"冲""繁""疲""难"四字中，只占一"疲"字，其官缺因此仅为简缺。

时，又妥当地理解"健讼"或"好讼"之类总体提法中的内在微妙差异（例如"健讼"的实际程度差异），尽管已有一些现行的研究,[1]但仍然尚待更多细致研究的深入探讨。

（本文原载《中外法学》2012年第4期，收入本书时，由作者本人稍作修订）

---

[1] 黄宗智曾主要根据当地经济发展状况和社会结构等差异，区分了清代民事调判制度运作中的"巴县—宝坻型式"和"淡水—新竹型式"，参见［美］黄宗智：《清代的法律、社会与文化：民法的表达与实践》，上海书店出版社2001年版，第131~161页。王志强比较了同治年间四川巴县衙门和差不多同时期（19世纪中期）英格兰法院各自所收的案件数和司法官员数量，认为清代中国诉讼的绝对数量虽然的确不小，但其（尤其是新案）相对于人口而言的比例则恐怕未必比同时期英格兰更多，并且，面对同样的词讼压力，英格兰的法官在数量上并不比清代行政兼理司法的州县官占有优势。参见王志强："清代巴県銭債案件の受理と審判——近世イギリス法を背景として"，［日］田邊章秀译，载［日］夫马进编：《中国訴訟社会史の研究》，京都大学学术出版会2011年版，第829~831页。后一研究虽然比较的是清代中国与英格兰，但仍然对我们思考"健讼"或"好讼"在不同区域的复杂意涵有着启发意义。